ESSAI

SUR LA VIE ET LE CARACTÈRE

DE

JEAN-JACQUES ROUSSEAU.

TABLE DES CHAPITRES.

	Pages
CHAPITRE Ier. — De la nécessité et des difficultés de l'apologie de Rousseau..	1
CHAP. II. — Du séjour de Rousseau à l'Ermitage................	8
CHAP. III. — Du séjour de Rousseau à Montmorency, jusqu'à l'époque du décret..	81
CHAP. IV. — Du séjour de Rousseau en Suisse..................	122
CHAP. V. — Du séjour de Rousseau en Angleterre...............	164
CHAP. VI. — Du séjour de Rousseau en France, depuis son départ d'Angleterre jusqu'à son retour à Paris.....................	262
CHAP. VII. — Du séjour de Rousseau à Paris, et de son état moral à cette époque..	293
CHAP. VIII. — De la retraite de Rousseau à Ermenonville, et des causes de sa mort...	413
CHAP. IX. — Des calomnies intentées contre la mémoire de Rousseau, depuis sa mort jusqu'à nos jours. Réfutation de quelques jugements récents...	450
CHAP. X. — Du caractère de Rousseau.........................	494
CHAP. XI. — Des ouvrages de Rousseau........................	550
NOTES SUPPLÉMENTAIRES..	573

TYPOGRAPHIE DE HENNUYER ET Cⁱᵉ, RUE LEMERCIER, 24.
Batignolles.

ESSAI

SUR LA VIE ET LE CARACTÈRE

DE

J.-J. ROUSSEAU

PAR

G.-H. MORIN

PARIS
LEDOYEN, LIBRAIRE, PALAIS-NATIONAL,
GALERIE D'ORLÉANS, 31.

1851

ESSAI
SUR LA VIE ET LE CARACTÈRE
DE
JEAN-JACQUES ROUSSEAU.

CHAPITRE I.

De la nécessité et des difficultés de l'apologie de Rousseau.

Il n'est guère de caractère qui ait été plus souvent analysé que celui de Rousseau ; il n'en est guère, non plus, qui ait été plus mal apprécié. Dans l'origine, l'opinion publique se forma sur des données, la plupart mensongères, que la légèreté et la haine eurent bientôt accréditées. Depuis, les éditions *augmentées et corrigées*, les notices, les anecdotes, les digressions, se sont succédé, sans que ce jugement primitif ait sensiblement varié ; de sorte qu'on peut dire qu'après les soixante-dix ans qui se sont écoulés depuis la mort de Rousseau, la question en est à peu près au même point que de son vivant. Rousseau est maintenant un de ces types historiques que l'on regarde comme définis sans retour, et qui, d'ailleurs, n'intéressent plus assez pour qu'on puisse espérer de ramener sur eux l'attention publique.

Il y a vingt-cinq ans, un écrivain, peu connu, essaya de ranimer cette question presque éteinte [1]. Son travail contient beaucoup de détails inédits, les uns futiles, les autres, d'une importance décisive. Du reste, sa critique littéraire est si faible, son style si médiocre, que, sans quelques injures du parti rétrograde qui le firent un peu valoir, son ouvrage, précieux pourtant sous bien des rapports, n'eût pas même été remarqué. Honnête, bienveillant, modéré, mais superficiel, méticuleux et parfois prévenu, Musset-Pathay n'avait ni assez de zèle, ni une connaissance assez appro-

---

[1] Musset-Pathay, *Histoire de la vie et des ouvrages de Rousseau*, 2 vol. Paris, 1821 ; et *Œuvres inédites de Rousseau*, 2 vol. Paris, 1825.

fondie de l'homme qu'il voulait décrire, pour inspirer seulement à ses lecteurs les dispositions consciencieuses qui avaient présidé à ses recherches ; à plus forte raison, pour entraîner après lui l'opinion publique. En outre, malgré des titres réels à la reconnaissance des amis de la vérité, il a nui, sans le vouloir, à la cause qu'il défendait. Enfermé dans quelques affirmations systématiques posées au début de son livre et soutenues avec opiniâtreté, il a donné de certains actes de la vie de Rousseau une interprétation erronée, et qui paraît même contredire l'estime réelle qu'il professe pour lui. Cette inconséquence est fâcheuse, en ce que, partant d'une plume amie, elle est plus persuasive et plus difficile à réfuter que si elle provenait d'une intention décidément malveillante. On paraît, aujourd'hui, apprécier davantage la valeur des travaux de Musset-Pathay ; ils m'ont été d'une grande utilité pour la partie historique de mon écrit. Forcé d'y signaler d'inexcusables erreurs, j'ai cherché à compenser les exigences de la critique par des témoignages fréquents d'une estime sincère. Je dois prévenir ceux qui se sentiront le courage d'entreprendre un examen sérieux de la question, qu'ils ne peuvent se dispenser de lire les deux ouvrages de Musset-Pathay ci-dessus indiqués. Ils y trouveront des documents pleins d'intérêt, tous authentiques, et qui ont dû coûter à l'auteur de longues et pénibles recherches. J'ai cité tous ceux qui importent essentiellement à la question ; il ne m'eût pas été possible de reproduire les autres sans surcharger énormément mon travail, et peut-être même sans encourir l'accusation de plagiat.

La connaissance du caractère de Rousseau et l'appréciation judicieuse des actes de sa vie sont des problèmes moins simples qu'on ne paraît le croire. Les observateurs bienveillants, et ils sont encore en petit nombre, s'imaginent avoir beaucoup fait lorsque, sur des lectures, la plupart du temps superficielles, ils sont arrivés à une sorte de terme moyen qui n'est ni le mépris, ni l'estime. Très-peu d'entre eux vont au delà, et ce scepticisme des honnêtes gens nuit presque autant à la vérité que l'animosité des détracteurs. Un autre inconvénient grave consiste en ce que ce sont toujours des littérateurs qui jugent la vie privée de Rousseau. Or, il est facile de voir, à la présomption et à l'injustice invariable de leurs arrêts, que, dans cette classe d'hommes, la supériorité intellectuelle ne fait qu'ajouter une nouvelle force à des préjugés en quelque sorte héréditaires. La difficulté du sujet est précisément dans son extrême simplicité. Rousseau n'était ni un grand homme, comme on l'a dit quelquefois, ni un homme vertueux, ni même une intelligence extraordinaire ; c'était un type essentiellement naturel, et remarquable seulement par une énergie de vérité et de sensibilité dont nul autre, peut-être, ne fut doué au même degré. Les hommes qui ont le plus subi l'influence artificielle de la civilisation, ce qu'on appelle vulgairement les gens du monde, et ceux-là ont malheureusement le privilége de former l'opinion, ne saisiront jamais bien l'anomalie apparente qui constitue l'organisation de Rousseau. La difficulté est encore plus grande pour les écrivains et les penseurs de profession, et pour ces myriades d'intelligences en action qui marchent à leur suite. Quant à des arbitres exactement organisés comme Rousseau, il n'y faut pas songer. Ces natures spéciales sont non-seulement introuvables en masses, elles sont très-rares comme faits accidentels ; et d'ailleurs, des sympathies trop vives pourraient nuire à l'impartialité de leurs jugements. Il faut donc s'arrêter à une forme morale qui ne soit, ni une exception presque imaginaire, ni le type banal qui fait la règle. Ce terme moyen n'est pas, non plus, très-commun, mais il existe. Les esprits les moins imbus d'idées communiquées et de préjugés d'état ; ceux qui joignent à une intelligence ordinaire et médiocrement cultivée, beaucoup de bonté et de sincérité : tels sont les juges, pour ainsi dire naturels de J.-J. Rousseau. Disséminés dans la masse sociale, et de conditions très-diverses, ils forment une espèce de jury en qui la conscience n'est dominée par aucune prévention, par aucun intérêt personnel. Ce ne sont ni des dévots, ni des athées, ni des gens de parti, ni des écrivains haineux, ni des enthousiastes de Rousseau ; je voudrais même qu'ils n'eussent jamais entendu parler de lui, ni en bien, ni en mal. Ils n'ont à résoudre qu'une question morale, dégagée de toute complication littéraire, politique ou philosophique ; c'est presque la neutralité parfaite. Maintenant, imaginez parmi eux un homme simple, mûri par le temps et les épreuves ; ayant assez vu le monde pour le connaître, pas assez pour en subir le joug ; doué d'une instruction peu étendue, mais solide ; écrivant tout juste assez bien pour être compris ; possédant parfaitement tout ce qui se rapporte à la destinée de Rousseau ; exempt d'enthousiasme, mais parvenu, à force d'étudier son sujet, à un état de calme affectueux, et d'estime profonde qui n'exclut pas l'impartialité la plus sévère ; enfin supposez-le guidé dans ses travaux par le seul amour de la vérité, et non par l'espoir d'une célébrité qu'il sait bien être impossible à ce prix : voilà l'avocat. Afin que personne ne s'y trompe, je me hâte de répéter qu'il ne s'agit pas ici d'une seconde création du caractère de Rousseau, encore moins d'une copie grimacière. L'homme que je viens de dépeindre est assez sensé pour ne pas se faire illusion sur sa valeur personnelle, et trop sincère pour s'abaisser à cette singerie misérable. Ceci bien établi, comme je ne suppose pas que des conditions aussi modestes puissent faire envie au moindre de ceux qui pourchassent la gloire littéraire, il me semble pouvoir, en toute humilité, déclarer que cet avocat de J.-J. Rousseau, je crois que c'est moi.

On peut juger maintenant si, entendue de cette manière, l'entreprise est d'une exécution facile, et si elle offre de bien grandes chances de succès. D'un côté, un homme obscur et inculte, qui s'adresse à des hommes plus obscurs et plus incultes que lui ; de l'autre, de brillants écrivains surchargés de célébrité, imposant leurs arrêts à un public qui les aime, et qui ne veut plus entendre parler d'une question, lorsqu'elle a seulement un an de date ! D'un mot, ces oracles de l'opinion peuvent écraser de ridicule les pénibles ergoteries de l'apologiste et le réduire à plaider dans le désert. Cela leur sera d'autant plus facile que tout est ingrat dans cette tâche, la forme et le fond. De longues énumérations de faits privés, de lourdes discussions, une évocation continuelle de dates et de noms presque séculaires : voilà le sommaire de mon écrit. Comment un tel fatras pourrait-il subsister un moment devant ce qu'on nomme *l'actualité*, cet unique régulateur des succès du jour ? Mais il y a plus, c'est que dans cette thèse déjà si fastidieuse, la démonstration exacte est toujours très-difficile, souvent même impossible, à cause de l'absence ou de l'insuffisance des documents existants. Ainsi, dans les éditions les plus complètes, la correspondance de Rousseau ne contient absolument que ses lettres ; on en a fort peu publié des personnes avec lesquelles il était en relation, et elles sont presque toutes insignifiantes. Il en résulte une foule d'incertitudes auxquelles il faut obvier par des inductions pénibles et rarement persuasives, ou par le témoignage de Rousseau qui, pour la majorité des lecteurs, l'est encore moins. C'est pourtant dans cette correspondance ainsi mutilée que le critique doit puiser ses données les plus positives ; parce que les faits y sont distribués d'après des dates certaines, et que leur authenticité est bien moins contestable sous la forme épistolaire, que sous celle d'un simple récit, tel, par exemple, que celui des *Confessions*. Enfin, un grand nombre de particularités importantes, éparses dans ce recueil de lettres et sommairement indiquées, exigeraient des éclaircissements devenus absolument impossibles, à moins de lumières nouvelles. Cependant, une seule d'entre elles, bien connue dans tous ses détails, suffirait peut-être pour résoudre tout le problème de la destinée de Rousseau. En voici une preuve frappante. On avait ignoré pendant près d'un demi-siècle la participation de Hume à la rédaction de la fausse lettre du roi de Prusse; circonstance décisive que Rousseau avait devinée sans autre résultat que l'incrédulité et le blâme général. La découverte fortuite d'une lettre de Hume a révélé cette perfidie d'un homme que l'opinion avait honoré, tandis qu'elle avait flétri son adversaire. Quel trait de lumière, si le public voulait réfléchir !

En présence de ces difficultés rebutantes, il m'a fallu, pour entreprendre mon travail et braver le dédain qui l'attend, des motifs plus sérieux que ceux qui inspirent ordinairement les recherches de ce genre. Il faut encore que je m'explique à cet égard. Le déshonneur qui pèse sur la mémoire de Rousseau n'est plus qu'un fait en lui-même indifférent. L'éternité a reçu la victime et ses persécuteurs; justice est faite au ciel, qu'importe qu'elle soit encore à faire ici-bas? Mais, si Rousseau, délivré de la vie terrestre et jouissant du bonheur des justes, n'a plus besoin de l'estime des hommes, Rousseau, écrivain et philosophe, est resté parmi nous; il règne encore par son génie sur cette époque présomptueuse qui ne se soucie plus d'étudier sa personne. Son nom est dans toutes les bouches, ses écrits sont dans toutes les mains; à chaque instant ils vont émouvoir les jeunes âmes, soit par l'ascendant de la vérité, soit par l'enivrement des passions tendres. Après avoir admiré l'écrivain, ces intelligences ardentes veulent aussi connaître l'homme qui sut agir si puissamment sur elles. Les *Confessions* leur ouvrent son âme. L'originalité des récits les surprend et les amuse; le style les captive; mais, le plus souvent, le but du livre leur échappe; elles ont vu un homme singulier, rien de plus. C'est au milieu de ces dispositions frivoles que l'opinion se présente aux jeunes gens avec son irrésistible puissance et ses erreurs. Les célébrités contemporaines et celles du jour sont unanimes sur *le philosophe de Genève;* leurs arrêts ont maintenant force de loi. Son éloquence, ont-elles dit, n'était qu'un leurre; sous ce fastueux langage se cachaient des vices odieux, des intentions détestables : l'homme a déshonoré l'écrivain. Ces cruelles paroles ont, de prime abord, persuadé une société tout entière; elles ont resisté à l'action réparatrice du temps; comment ne séduiraient-elles pas l'inexpérience de la jeunesse? Que peuvent, contre cet anathème universel, quelques apologies généreuses, accueillies avec dédain, outragées par la haine des partis, et qui ne sont plus connues aujourd'hui que d'un petit nombre de penseurs obscurs? Si, parfois, la force de la vérité et des sympathies arrache une protestation à quelque bonne nature de jeune homme ; la réprobation générale, le ridicule surtout, en ont bientôt fait justice. Tout cela, je le répète, bien qu'odieux, n'est au fond qu'une injure personnelle. Mais cette flétrissure imprimée au caractère de Rousseau a, selon moi, des conséquences morales de la plus haute gravité. La jeunesse, si mobile dans ses penchants, si facile à tromper, s'étonne que la vertu ait eu pour interprète le dernier des hommes ; qu'un histrion ait su la revêtir d'une forme si séduisante. Qui peut savoir si, du mépris de l'apôtre, elle ne passe pas en secret à celui de la doctrine ; et si cette vertu, objet de tant d'enseignements sublimes et de déclamations pompeuses, ne devient pas pour elle un frein artificiel qu'on impose à sa crédulité? Et qu'on ne dise pas que j'exagère ; la preuve de ce que j'avance est sous nos yeux. A quoi faut-il attribuer le scepticisme funeste de la jeunesse actuelle? N'est-ce pas à ce contraste perpétuel de beau langage et d'actes vils que présente notre vie publique et privée? Tous les bons esprits ne sont-ils pas d'accord sur cette triste vérité? Ce n'est donc plus Rousseau qui est en cause maintenant, ce sont ses principes ; c'est cette vertu dont il est si souvent question dans ses livres. Voilà ce qu'il faut sauver du doute et de l'avilissement. Je veux essayer de prouver qu'il n'est pas donné à un homme, quel que soit son talent d'écrivain, quelle que soit la fausseté de son caractère, de répandre dans ses productions la sensibilité la plus exquise, de se passionner jusqu'à l'imprudence pour tous les genres de vérité, tandis que son cœur ne renferme pas la moindre étincelle du feu qui semble le dévorer. Je veux surtout persuader aux jeunes gens que ce langage tout-puissant, qui répand dans leurs âmes l'enthousiasme de la vertu, est un don du Ciel, qui ne peut sortir de la bouche impure du méchant, et que Dieu n'a pas permis à l'hypocrisie de profaner à ce point les plus sublimes facultés de la nature humaine. Il faut que les livres de Rousseau parlent en faveur de sa vie, et que, réciproquement, sa vie soit la garantie de ses livres, de sorte que nous puissions tous dire : Écoutons cet homme, car il est innocent du mal dont on l'accuse ; ne craignons pas de nous livrer aux sentiments que ses paroles nous inspirent, car ces sentiments étaient dans son cœur. Aussi faible que passionné, il fut rarement vertueux, il nous l'a dit lui-même ; mais il aima la vertu, il souffrit pour elle ; il y croyait donc. Que sa foi soit aussi la nôtre ; la vertu n'est pas un vain mot! Voilà ma tâche : si je la remplis mal, ou si mes efforts demeurent inutiles, au moins ne pourra-t-on pas dire que de tels sujets ne méritent plus d'occuper l'attention des hommes.

Ce que je reproche à la plupart de ceux qui ont écrit en faveur de Rousseau, c'est de n'avoir pas su s'animer en présence de ces hautes questions (¹). Ils l'ont disculpé d'être un monstre ; c'est quelque chose, sans doute, mais c'est peu pour des amis. Du sein de leur existence paisible, ils ont pesé sévèrement les fautes d'un infortuné, harcelé, diffamé sans relâche ; ils ont calculé impitoyablement la mesure d'impassibilité que la victime devait opposer à ses misères ; ils lui ont prescrit des vertus d'un stoïcisme surhumain ; ils ont mis sur ses épaules, suivant l'énergique expression de l'Ecriture, *un fardeau qu'ils n'eussent pas voulu remuer du bout du doigt!* Et ces mêmes hommes, si rigoureux, ont reculé devant ses persécuteurs! Ils ont plaidé froidement, timidement, contre la haine, la calomnie, la cruauté ; ils se sont sentis pleins de scrupules pour la cause de l'iniquité, eux si prompts à voir l'exagération et les torts, dans celle de l'innocence avilie! Plusieurs, Musset-Pathay surtout, ont même poussé l'irréflexion et le manque de tact, jusqu'à se laisser abuser par une bénignité perfide ; ils ont pris l'ennemi masqué pour un ami ; ils ont ajouté de lourdes bévues aux inepties et aux injures de la foule. Voilà comment la bienveillance a presque toujours payé sa dette ; chacun sait ce qu'a osé la haine! Ils ont oublié, ces amis sans vigueur, que Rousseau fut le défenseur intrépide de la vérité religieuse, morale et politique, contre le matérialisme et ses malfaisants apôtres, contre le despotisme et la superstition réunis pour l'accabler, et qu'il succomba dans cette lutte glorieuse. S'ils ont craint de trop faire pour l'homme privé, pour ses faiblesses, pour ses bizarreries, ne pouvaient-ils sortir de leur apathie en faveur du philosophe qui, seul, osa braver les erreurs et les excès de son siècle, et qui les écrasa de tout le poids de son talent ? Ne devaient-ils pas quelques paroles de compassion à des infortunes souffertes pour une si noble cause ? Ne devaient-ils pas flétrir, par des traits d'indignation énergique, les auteurs de ce martyre véritable? Mais ils ont obéi à je ne sais quelle fausse décence qui, aujourd'hui, ne permet plus que des argumentations glacées, et condamne l'apologiste à l'im-

---

(¹) J'excepte Mme de la Tour, Du Peyrou, Bernardin de Saint-Pierre et Ginguené; mais aucun d'eux n'a entrepris une justification complète.

passibilité automatique, sous peine de se voir traiter d'énergumène; comme si la raison et la chaleur étaient inconciliables ; comme si la vérité était en péril, dès que ses défenseurs osent s'affranchir des formes arides d'un mémoire d'avocat !

Ce qu'on n'a pas voulu faire, je l'essayerai. Je ne me fais illusion, ni sur le mérite, ni sur le sort de mes travaux. Je sais que j'écris pour très-peu de personnes, pour moi seul peut-être. Cette perspective peu encourageante ne m'arrête pas. Je ne suis même pas effrayé d'un obstacle bien autrement grave. Il est évident que jamais moment ne fut plus mal choisi pour une telle publication. Au milieu des luttes sauvages qui désolent l'Europe, et dont il est impossible de prévoir l'issue, comment espérer d'attirer l'attention publique sur une question qui n'a pu la fixer un seul instant, au sein d'une paix profonde? Le devoir seul peut expliquer ma persévérance. J'en ai deux à remplir : un envers l'opinion, j'oserai même dire envers l'humanité ; j'ai dit en quoi il consistait. Le second est un acte de reconnaissance pour l'homme que je commençai d'aimer dès ma première jeunesse, et auquel j'ai dû, dans le cours de ma vie, de bien douces consolations. Arrivé à l'âge mûr, j'acquitte enfin cette double dette. Si mon livre peut traverser l'avenir lugubre qui s'avance; si, dans de meilleurs jours, il peut seulement réhabiliter dans quelques âmes douces la mémoire du plus religieux, du plus sincère, du plus aimant, du plus méconnu des hommes, je serai trop bien payé de mes peines. S'il est condamné à l'oubli, je m'en console en pensant au sentiment honorable qui me l'a inspiré, et parce que j'espère qu'un jour, ce noble sujet pourra être repris par des hommes plus capables que moi de se faire écouter.

CHAPITRE II.

Du séjour de Rousseau à l'Ermitage,

Depuis avril 1756 jusqu'à décembre 1757.

Mon intention n'étant pas de présenter le tableau complet de la vie de Rousseau, mais seulement d'analyser les principaux faits sur lesquels reposent les jugements qu'on a portés sur sa conduite et sur son caractère, je passe sur tout ce qui est antérieur à sa retraite à l'Ermitage, parce que c'est de cette époque que date réellement son existence publique. Cependant, je me réserve de revenir sur les circonstances antécédentes, lorsque l'intérêt de mon sujet l'exigera.

Ce fut le 9 avril 1756 que Rousseau quitta Paris pour se retirer à la campagne. Je ne parle pas des motifs de cette démarche ; les *Confessions* contiennent, à cet égard, des détails suffisants. Je renvoie également à cet ouvrage, pour tout ce qui regarde la composition de son ménage et son genre de vie, et j'arrive immédiatement à l'historique abrégé des manœuvres employées par ses prétendus amis pour le dégoûter de sa solitude et pour le ramener à Paris.

A peine installé à l'Ermitage, Rousseau apprend de sa compagne Thérèse Levasseur, que Diderot et Grimm intriguaient depuis longtemps et en secret pour la détacher de lui, ainsi que sa mère ; qu'à Paris, la vieille Levasseur *faisait à Grimm de fréquentes visites ; que les petits présents s'en étaient mêlés ;* qu'on promettait de procurer à ces deux femmes, par le crédit de Mme d'Epinay, un regrat de sel, ou un bureau de tabac (*Confessions*, livre IX).

Ces menées pourraient se concevoir, si Rousseau se fût plaint de son sort, s'il eût sollicité l'appui de ses amis. Loin de là, son rêve était de subsister uniquement de son travail, sans rien devoir à personne. Pourquoi donc ce mystère et cette sollicitude affectée pour un homme qui ne demandait rien ? Comment croire aux dispositions bienveillantes de ces singuliers amis, qui s'efforçaient de priver un homme isolé, pauvre et souffrant, des soins d'une personne qu'il aimait, et de le réduire à un abandon absolu ? Rousseau se fit longtemps illusion sur le but réel de ces tracasseries. « Si j'eusse eu de
« meilleurs yeux, dit-il en parlant de la mère de sa compagne, j'au-
« rais vu dès lors que je nourrissais un serpent dans mon sein. Mais
« mon aveugle confiance, que rien encore n'avait altérée, était telle,
« que je n'imaginais pas même qu'on pût vouloir nuire à quel-
« qu'un qu'on devait aimer, et qu'en voyant ourdir autour de
« moi mille trames, je ne savais me plaindre que de la tyrannie de
« ceux que j'appelais mes amis, et qui voulaient, selon moi, me for-
« cer à être heureux à leur mode plutôt qu'à la mienne » (*Confessions*, liv. IX).

Plus loin, il dit : « J'avais des amis des deux sexes, auxquels j'é-
« tais attaché par la plus pure amitié, par la plus parfaite estime ; je
« comptais sur le plus vrai retour de leur part, et il ne m'était pas
« même venu dans l'esprit de douter une seule fois de leur sincérité.
« Cependant cette amitié m'était plus tourmentante que douce par
« leur obstination à contrarier mes goûts, mes penchants, ma ma-
« nière de vivre, tellement qu'il me suffisait de paraître désirer une

« chose qui n'intéressait que moi seul, et qui ne dépendait pas d'eux,
« pour les voir tous se liguer à l'instant même pour me contraindre
« d'y renoncer. Cette obstination de me contrôler en tout dans mes
« fantaisies, d'autant plus injuste que, loin de contrôler les leurs, je
« ne m'en informais pas même, me devint si cruellement onéreuse,
« qu'enfin je ne recevais pas une de leurs lettres sans sentir en l'ou-
« vrant un certain effroi qui n'était que trop justifié par sa lecture.
« Je trouvais que, pour des gens tous plus jeunes que moi, et qui
« tous auraient eu grand besoin pour eux-mêmes des leçons qu'ils
« me prodiguaient, c'était aussi trop me traiter en enfant. Aimez-
« moi, leur disais-je, comme je vous aime, et du reste ne vous mê-
« lez pas plus de mes affaires que je ne me mêle des vôtres; voilà tout
« ce que je vous demande. Si de ces deux choses, ils m'en ont ac-
« cordé une, ce n'a pas été du moins la dernière » (liv. IX).

« La coterie holbachique (¹), qui ne me voyait faire aucun voyage
« à Paris, commençait à craindre tout de bon que je ne me plusse
« en campagne, et que je ne fusse assez fou pour y demeurer. Là
« commencèrent les tracasseries par lesquelles on cherchait à me
« rappeler indirectement à la ville. Diderot, qui ne voulait pas se
« montrer, me détacha Deleyre à qui j'avais procuré sa connaissance,
« lequel recevait et me transmettait les impressions que voulait
« lui donner Diderot, sans que lui Deleyre en découvrît le vrai but »
(liv. IX, pag. 326).

Rousseau, s'étant aperçu des vols du jardinier de l'Ermitage, le fit
renvoyer. Pour rassurer les *gouverneuses* que les menaces de cet
homme effrayait, il se munit d'un fusil et d'un chien de garde, et recommanda au nouveau jardinier de ne tirer qu'en cas de violence.
Delyre étant venu le voir, il lui conta son aventure. Deleyre commença
par approuver ses précautions ; mais revenu à Paris, il lui écrivit des
lettres remplies de plaisanteries *amères*, et dans lesquelles il blâmait
ces précautions comme *inconséquentes à ses principes et pis que ridicules* (liv. IX).

Ce trait est remarquable, à cause du changement d'idées qui se fit
chez Deleyre lorsqu'il fut de retour à Paris, et qu'il est impossible de
ne pas attribuer à Diderot. Il prouve aussi à quel point les faux amis
de Rousseau abusaient de la facilité de son caractère.

Au printemps de 1757, Rousseau reçut la visite de Mme d'Houdetot, et conçut pour cette dame une passion violente, qui eut sur sa

---

(¹) C'était le nom que donnait Rousseau à la société du baron d'Holbach.

destinée une influence des plus graves. Il raconte dans ses *Confessions*, avec quelle confiance il se promenait tête à tête avec Mme d'Houdetot sous les fenêtres de sa belle-sœur, et l'art que celle-ci mit à dissimuler son ressentiment. Le baron d'Holbach vint tout exprès à la Chevrette pour jouir du coup d'œil des amours de Rousseau ; et celui-ci, tout absorbé qu'il était, ne laissa pas de remarquer dans les yeux du baron une *maligne joie* qui, dit-il, *l'eût inquiété, s'il l'eût aussi bien remarquée alors qu'il se la rappela dans la suite* (liv. IX).

Après les railleries vinrent les noirceurs. Saint-Lambert, amant de Mme d'Houdetot, fut secrètement averti. Il y eut entre lui et sa maîtresse une scène très-vive, à la suite de laquelle Mme d'Houdetot exigea de Rousseau qu'il mît un terme à ses assiduités. Rousseau chercha à savoir d'où partait ce coup perfide. « Mme d'Epinay, dit-
« il, était en commerce de lettres avec Saint-Lambert. Ce n'était pas
« le premier orage qu'elle avait suscité à Mme d'Houdetot, dont elle
« avait fait mille efforts pour le détacher, et que les succès passagers
« de quelques-uns de ces efforts faisaient trembler pour la suite.
« D'ailleurs Grimm, qui, ce me semble, avait suivi M. de Castries à
« l'armée, était en Westphalie, aussi bien que Saint-Lambert ; ils se
« voyaient quelquefois. Grimm avait fait près de Mme d'Houdetot des
« tentatives qui n'avaient pas réussi. Grimm, très-piqué, cessa tout
« à fait de la voir. Qu'on juge du sang-froid avec lequel, modeste
« comme on sait qu'il l'est, il lui supposait des préférences pour un
« homme plus âgé que lui et dont, lui Grimm, depuis qu'il fréquentait
« les grands, ne parlait plus que comme de son protégé » (liv. IX).

Ces rapports de Grimm avec Saint-Lambert, tels que les indique Rousseau, sont confirmés par une lettre du premier à Mme d'Epinay, dont il était l'amant, comme on sait. (Voyez les Mémoires de cette dame, tome III, pag. 18.) Cette lettre est sans date, comme toutes celles que contiennent les Mémoires, mais ses détails établissent une coïncidence évidente avec l'époque dont parle Rousseau. Lorsque je traiterai spécialement de Grimm, je ferai voir qu'il existait alors entre lui et sa maîtresse une correspondance très-active et très-envenimée au sujet des amours de Rousseau. Les soupçons de celui-ci, sur la perfidie de Mme d'Epinay, ne tardèrent pas à se changer en certitude ; il cite en preuve les audacieuses tentatives de cette dame auprès de Thérèse Levasseur pour soustraire les lettres de Mme d'Houdetot (l. IX). On conviendra qu'il lui était permis de se décider sur ces seuls indices. Peut-être eût-il dû temporiser, comme Mme d'Houdetot le lui avait conseillé ; mais, incapable de prudence, il éclata. C'était tout ce qu'il pouvait faire de pis, et très-probablement Mme d'Epinay, qui le connaissait bien, et que Grimm dirigeait en secret, s'était arrangée de manière à ce que tout se passât ainsi. Alors s'engagea entre elle et Rousseau une correspondance dans laquelle celui-ci s'abandonna aveuglément à toute son indignation, tandis que Mme d'Epinay, feignant d'abord de ne rien comprendre, puis éludant toute explication, joua le trouble, la douleur, la générosité, avec ce talent de théâtre qui n'est donné qu'aux femmes préoccupées de vengeance. Rousseau avoue sincèrement sa maladresse et son embarras. « Il fallait, dit-il, « sortir de l'Ermitage ou aller voir Mme d'Epinay. » Il prit ce dernier parti. L'habile comédienne le reçut à bras ouverts, versa beaucoup de larmes, mais ne s'expliqua pas. L'ours était enchevêtré dans ses propres sottises et remuselé ; c'était tout ce qu'elle voulait.

Cependant les Holbachiens continuaient leur guerre de sarcasmes. « Depuis mon établissement à l'Ermitage, dit Rousseau, Diderot n'a« vait cessé de m'y harceler, soit par lui-même, soit par Deleyre ; et « je vis bientôt, aux plaisanteries de celui-ci sur mes courses *bosca-* « *resques*, avec quel plaisir ils avaient travesti l'ermite en galant ber« ger » (liv. IX). Enfin Diderot, dans l'introduction du *Fils naturel*, fulmina l'anathème : *Il n'y a que le méchant qui soit seul.* Rousseau comprit sans peine que ce trait s'adressait à lui. « J'écrivis, dit-il, « à Diderot pour m'en plaindre, mais avec une douceur et un atten« drissement qui me fit inonder mon papier de mes larmes, et ma « lettre était assez touchante pour avoir dû lui en tirer » (livre IX, page 348).

Diderot répondit sèchement, et confirma l'interprétation que Rousseau avait donnée à sa sentence ; seulement, il fit semblant de l'excepter personnellement. Dans cette même réponse, Diderot trouvait monstrueux que Rousseau pût garder à la campagne une femme de quatre-vingts ans. On trouve dans les *Confessions* (liv. IX) des détails sur la vieille Levasseur, qui prouvent à quel point Rousseau avait poussé le scrupule et la générosité à son égard. Cette femme méprisable finit par avouer qu'elle aimait le séjour de la campagne, et qu'elle n'avait dit le contraire que parce qu'on l'y avait secrètement engagée (liv. IX). « Cette tentative, dit Rousseau, n'ayant pas « réussi, on tâcha d'obtenir par le scrupule ce que la complaisance « n'avait pas produit. On me fit un crime de garder là cette vieille « femme, loin des secours dont elle pouvait avoir besoin à son âge, « sans songer qu'elle et beaucoup d'autres vieilles gens, dont l'ex« cellent air du pays prolonge la vie, pouvaient tirer ces secours de

« Montmorency, que j'avais à ma porte, et comme s'il n'y avait des
« vieillards qu'à Paris, et que partout ailleurs ils fussent hors d'état
« de vivre. »

Au lieu d'en finir une bonne fois avec ces sottes persécutions, par une déclaration énergique, et au besoin par une rupture, Rousseau se mit à écrire des lettres pathétiques à Diderot, et, pour comble de niaiserie, il prit pour arbitre Mme d'Epinay, devenue son ennemie secrète. La vieille écrivit à cette dame, pour lui déclarer que son intention était de rester à l'Ermitage ; l'honnête Rousseau refusa de prendre connaissance de sa lettre. Diderot ne fut pas touché de tant de condescendance et de franchise ; il continua ses ridicules remontrances. Une de ses lettres contient le trait suivant : « Le *lettré*
« (c'était le sobriquet du fils de Mme d'Epinay) a dû vous écrire qu'il
« y avait sur le rempart vingt pauvres qui mouraient de faim et de
« froid, et qui attendaient le liard que vous leur donniez ; *c'est un*
« *échantillon de notre petit babil ; si vous entendiez le reste, il vous*
« *réjouirait comme cela* » (liv. IX).

Le fiel enjoué de cette dernière phrase est remarquable, et trahit déjà un ennemi. Rousseau, toujours aussi confiant, je dirai même, aussi bête, s'empressa de se disculper du reproche d'égoïsme et d'inhumanité ; sa lettre est un chef-d'œuvre de logique, de fine ironie et de modération. Douze ans après, revenu de sa longue erreur, il écrivit dans ses *Confessions* : « Tels étaient les singuliers scrupules
« sur lesquels un homme d'esprit avait l'imbécillité de me faire
« sérieusement un crime de mon éloignement pour Paris, et pré-
« tendait me prouver, par mon propre exemple, qu'on ne pouvait
« pas vivre hors de la capitale, sans être un mauvais homme. Je
« ne comprends pas comment j'eus la bêtise de lui répondre et de
« me fâcher, au lieu de lui rire au nez pour toute réponse » (liv. IX).

Cependant Rousseau, vaincu par les instances de Mme d'Houdetot, *grande admiratrice de Diderot*, se décida à l'aller voir. Les détails des *Confessions* prouvent combien cette détermination fut généreuse de toutes manières. Diderot le reçut bien. « Que l'embrassement d'un ami, dit à ce sujet Rousseau, peut effacer de torts ! » Il est bon de remarquer que Diderot le mena malgré lui chez d'Holbach, qui le reçut *comme à l'ordinaire*, c'est-à-dire sèchement et ironiquement. Sa femme, précédemment bienveillante, fut presque malhonnête. Il est bien difficile de croire que Diderot, intimement lié avec M. et Mme d'Holbach, ignorât leurs dispositions hostiles ; et si l'on se rappelle le silence singulier qu'il garda, pendant une scène brutale que ce même d'Holbach fit à Rousseau dans une autre rencontre, on peut regarder au moins comme suspecte cette visite si chaudement sollicitée.

Peu après, Rousseau reçut à l'Ermitage la visite de Saint-Lambert et de Mme d'Houdetot, qui vinrent *maritalement* lui demander à dîner. Ce que dit Rousseau de cette entrevue est plein d'une honnêteté bien rare, mais un peu trop humble, à mon avis. « Saint-Lambert, « dit-il, me traita durement, mais amicalement. Je vis que j'avais « perdu quelque chose dans son estime, rien dans son amitié » (liv. IX). Je ne vois pas ce qu'il pouvait tant perdre dans l'estime de cet homme, pour avoir seulement demandé à sa maîtresse de se laisser aimer. La dureté et les impertinences de Saint-Lambert se concevraient dans un mari ; mais se redresser ainsi quand il s'agit d'un commerce adultère, et pour des ardeurs aussi innocentes, ou, si l'on veut, aussi niaises que celles du pauvre Rousseau, c'est, selon moi, de l'arrogance gratuite.

Cette visite de Saint-Lambert était-elle une affaire d'amitié? Bien des raisons, que j'exposerai ailleurs, permettent d'en douter. Je suppose qu'il voulut accabler du spectacle de son bonheur l'homme qu'il regardait comme un rival. Si cela fut, il manqua son but. Rousseau, plus généreux que lui, ne vit que de la cordialité dans un procédé qui eût exaspéré un amant vulgaire ; et le résultat de cette entrevue fut d'inspirer à son cœur honnête la résolution de *transformer sa folle passion en une amitié pure et durable* » (liv. IX).

Après le départ de Saint-Lambert, Rousseau trouva Mme d'Houdetot très-changée à son égard. Cette dame lui redemanda ses lettres. « Je les lui rendis toutes, dit Rousseau, avec une fidélité dont elle « me fit l'injure de douter un moment. » Puis il réclama les siennes. Mme d'Houdetot prétendit les avoir brûlées. Rousseau douta à son tour. C'était faute de réfléchir ; Saint-Lambert avait très-certainement exigé de sa maîtresse le sacrifice de ces lettres, qui n'ont pas été retrouvées.

Rousseau prit le parti bizarre, mais conforme à sa franchise naturelle, de se plaindre à Saint-Lambert du refroidissement de Mme d'Houdetot. Sa lettre (4 septembre 1757) dut déplaire, elle sent trop la passion ; quant à sa noble confiance, il est probable que Saint-Lambert ne s'en souciait guère. Rousseau ne dit rien de sa réponse ; elle eût été curieuse à connaître. Je reparlerai de cette lettre.

Je renvoie aux *Confessions* pour le détail des impertinences dont Grimm, pendant son séjour à la Chevrette, affecta d'accabler son ancien ami. Joignant à ces procédés arrogants un grand nombre de traits antérieurs plus ou moins ridicules ou hostiles, entre autres la révélation du secret des enfants, Rousseau complète avec beaucoup de finesse et de naturel le portrait de cet intrigant, déjà ébauché dans le livre VIII. Malgré tant de faits concluants, il n'ose encore se décider. Cet homme si défiant, si prompt à accuser, comme on le répète sans cesse, se contente de dire : « Tout cela résumé, ma « raison fit taire enfin mon ancien attachement. Je jugeai son ca- « ractère au moins très-suspect, et quant à son amitié, je la décidai « fausse ; puis, résolu de ne plus le voir, j'en avertis Mme d'Epinay, « appuyant ma résoluion de plusieurs faits sans réplique, mais que « j'ai maintenant oubliés » (liv. IX).

Ici, je demanderai aux détracteurs obstinés du caractère de Rousseau, s'ils connaissent beaucoup d'hommes en qui s'efface ainsi le souvenir des offenses? Ce défaut si honorable de mémoire n'en est pas moins fâcheux ; il eût été essentiel de connaître ces *faits sans réplique*. Mais j'espère démontrer bientôt la perfidie de ce Grimm, par la seule analyse de ses calomnies, et par les maladresses que toute son astuce n'a pu lui faire éviter.

Mme d'Epinay combattit la résolution de Rousseau dans une lettre qui n'existe plus. Elle lui fit un crime d'avoir pu douter de son ami, et l'exhorta à se réconcilier avec lui. Rousseau se laissa persuader. On trouve dans les *Confessions* (liv. IX) le récit attristant de cette démarche, qui atteste autant sa faiblesse que la bonté de son cœur. « Je n'y pense jamais, dit-il, sans sentir combien sont trom- « peurs les jugements fondés sur l'apparence, auxquels le vulgaire « donne tant de poids, et combien souvent l'audace et la fierté sont « du côté du coupable, la honte et l'embarras du côté de l'innocent » (liv. IX).

Rousseau reçoit, par Mme d'Houdetot, la nouvelle de la maladie de Saint-Lambert. Tout ce qu'il dit à ce sujet est plein de la plus douce sensibilité, de l'honnêteté la plus parfaite. Quels aveux! que de scrupules et de regrets pour une faute si légère et déjà si durement expiée (liv. IX)!

La lettre écrite à Rousseau par Saint-Lambert, quatre jours après son attaque de paralysie, fait honneur à ce dernier. Malheureusement on verra que cette bienveillance ne se soutint pas. Cette même lettre a cela de précieux, qu'elle servira bientôt à démontrer l'imposture de Grimm et Diderot, au sujet des rapports de Rousseau avec Mme d'Houdetot et Saint-Lambert.

Mme d'Epinay, séparée depuis longtemps de son mari, vivait avec Grimm. Elle devint enceinte, et, pour sauver le scandale, elle résolut d'aller faire ses couches à Genève. Ce voyage fournit à Grimm et à Diderot l'idée perfide d'imposer à Rousseau l'obligation d'accompagner sa bienfaitrice. Ils savaient bien que sa pauvreté et son infirmité habituelle ne lui permettraient pas d'accomplir ce devoir, et ils comptaient travestir cette impossibilité en égoïsme et en ingratitude. Mme d'Epinay hasarda *négligemment* la proposition. Rousseau, croyant qu'il s'agissait d'une plaisanterie, répondit en conséquence, et la chose en resta là. Quelques jours après, il reçut de Diderot un billet doucereux, probablement minuté entre lui, Grimm et Mme d'Epinay. Diderot y décidait qu'il ne pouvait se dispenser de faire le voyage de Genève, lui laissant entrevoir qu'on attribuerait son refus au désir de ne pas s'éloigner de Mme d'Houdetot; il ne précisait rien à cet égard, mais lorsque Rousseau montra sa lettre à cette dame, celle-ci sentit tout de suite que l'insinuation s'appliquait à elle (liv. IX). Rousseau, indigné, commença enfin à montrer quelque énergie. Il répondit vigoureusement à Diderot, porta la lettre de celui-ci et sa réponse à la Chevrette, et les lut devant Grimm et Mme d'Epinay, qui, déconcertés, ne dirent mot ni l'un ni l'autre (liv. IX).

Mme d'Houdetot étant sur le point de quitter Eaubonne, sa résidence d'été, Rousseau alla lui faire ses adieux. Cette entrevue est délicieusement décrite dans les *Confessions*. Indépendamment de sa vive sensibilité et de sa droiture invariable, il y fit preuve d'une force d'âme qui étonne, après les traits qui précèdent. Il importe de bien lire tout ce qu'il dit de sa position délicate relativement à Mme d'Epinay (liv. IX). Il venait presque de rompre avec cette dame, et par conséquent l'honneur lui prescrivait de sortir de sa maison. Mais Mme d'Houdetot, qui craignait d'être compromise par cette retraite, fut assez peu généreuse pour exiger qu'il attendît encore, et qu'il excusât auprès de ses faux amis son refus d'accompagner Mme d'Epinay. De plus, il ne pouvait divulguer les motifs réels du voyage, sans trahir le secret d'une femme à qui il devait de la reconnaissance. « Tout bien considéré, dit-il, je me trouvai dans la dure
« mais indispensable alternative de manquer à Mme d'Epinay, à
« Mme d'Houdetot, ou à moi-même; je pris ce dernier parti; je le
« pris hautement, pleinement, sans tergiverser, et avec une générosité digne, assurément, de laver les fautes qui m'avaient réduit à
« cette extrémité. Ce sacrifice, dont mes ennemis ont su tirer parti

« a fait la ruine de ma réputation, et m'a ôté, par leurs soins, l'estime
« publique ; mais il m'a rendu la mienne, et m'a consolé dans mes
« malheurs » (liv. IX).

Décidé à remplir ce noble devoir, Rousseau écrivit à Grimm pour
lui exposer les motifs de s'abstenir du voyage de Genève (17 octobre 1757). Je recommande la lecture de sa lettre. Il y poussa l'abandon et l'abnégation jusqu'à promettre de s'en rapporter à la décision de cet homme qu'il savait bien être désormais son ennemi mortel. Quant au motif réel du voyage, dont il était instruit, il n'en parla qu'avec une discrétion admirable. Son respect pour sa bienfaitrice lui ferma la bouche ; il ne voulut pas dire à ce Grimm:
Infâme ! tu es le père de cet enfant dont on veut cacher l'existence,
et c'est moi que tu charges de remplir le devoir dont tu t'abstiens !

La réponse provisoire de Grimm est remarquable par sa sécheresse et son ambiguïté (liv. IX). Son but, en prolongeant les perplexités de Rousseau, était sans doute de préparer à loisir le dénoûment de sa basse intrigue. Il se décida enfin à jeter le masque.
« Après des siècles d'attente dans la cruelle incertitude où cet homme
« barbare m'avait plongé, dit Rousseau, j'appris que Mme d'Epinay
« était partie, et je reçus de lui une seconde lettre. Elle n'était *que*
« *de sept ou huit lignes*, que je n'achevai pas de lire. C'était une
« rupture, mais dans des termes tels que la plus infernale haine les
« peut dicter, et qui même devenaient bêtes à force de vouloir être
« offensants ; il me défendait sa présence comme il m'aurait défendu
« ses Etats, etc. » (liv. IX).

La réponse de Rousseau, tout énergique et modérée qu'elle est,
contient encore une imprudence. « Grimm, dit-il, m'avait fait va-
« loir, dans sa lettre, la grâce qu'il me faisait de ne pas montrer la
« mienne ; il était bien sûr que, dans l'indignation de ma colère, je
« me refuserais à sa feinte discrétion, et lui permettrais de montrer
« ma lettre à tout le monde. C'était précisément ce qu'il voulait...
« Il fit courir ma lettre dans tout Paris, avec des commentaires de
« sa façon, qui, pourtant, n'eurent pas tout le succès qu'il s'en
« était promis » (liv. IX).

Rousseau avait promis à Mme d'Houdetot de ne pas quitter brusquement l'Ermitage. En conséquence, il écrivit à Mme d'Epinay
(23 novembre 1757), pour lui exposer que puisque ses amis le désiraient, il resterait dans sa maison jusqu'au printemps. Mme d'Epinay répliqua par un congé positif. Rousseau, indigné, quitta
l'Ermitage le 15 décembre 1757, et se fixa à Montmorency.

Entre la lettre de Rousseau à Mme d'Epinay et la réponse de cette dame, il s'écoula un intervalle de dix-sept jours, pendant lequel Diderot vint à l'Ermitage. Rousseau lui ayant raconté les indignes manœuvres de Mme d'Epinay pour surprendre les lettres de Mme d'Houdetot, la vieille Levasseur, au témoignage de laquelle il avait recours, nia *que rien de tout cela fût à sa connaissance.* « Il « n'y avait pas quatre jours qu'elle m'en avait répété le récit à moi-« même, dit Rousseau, et elle me dément en face de mon ami ! » (liv. IX). Après ce qu'on sait déjà des procédés tortueux de Diderot, n'est-il pas permis de soupçonner que cet affront avait été concerté d'avance ?

Le départ de Rousseau embarrassa Grimm et Mme d'Epinay, qui comptaient le réduire *aux dernières bassesses.* « Il ne leur resta plus, « dit Rousseau, que l'option de jouer à quitte ou double, et d'achever « de me perdre ou de tâcher de me ramener. » Il ajoute que Grimm prit le premier parti, mais que Mme d'Epinay eût préféré l'autre. En effet, il reçut de cette dame une lettre qui semblait ouvrir la voie à un raccommodement. Il dit qu'il n'y répondit pas. C'est de sa part un défaut de mémoire. On trouve dans sa correspondance une lettre du 27 février 1758, adressée à Mme d'Epinay, et qui est certainement la réponse à celle de cette dernière, transcrite dans les *Confessions*, sous la date du 17 janvier même année. Elle contient des explications relatives aux gages du jardinier de l'Ermitage, et quelques plaintes sur les propos de Mme d'Epinay à Genève. L'éditeur des Mémoires de cette dame a relevé malignement cette inadvertance. Voici ce que dit à ce sujet Musset-Pathay : « L'éditeur des « Mémoires n'a pas fait attention que cette lettre étant tout entière « à l'avantage de Rousseau, il n'a eu aucun intérêt à la supprimer ; « le neuvième livre des *Confessions* ayant été écrit en 1769, plus de « dix ans après l'événement, Rousseau pouvait avoir omis invo-« lontairement quelques circonstances, l'essentiel est qu'il n'y en « ait aucune de fausse ; or, il n'en est *aucune* qui, même d'après les « Mémoires de Mme d'Epinay, faits évidemment pour noircir Jean-« Jacques, ne soit de la plus exacte vérité » (*Histoire de Rousseau*, tome I, page 344).

La rupture était désormais consommée et irrévocable. Rousseau dit que Mme d'Epinay, Grimm et Tronchin s'unirent pour le décrier dans Genève. « Ils eurent, ajoute-t-il, plus de peine à Paris où j'é-« tais plus connu et où les cœurs étaient moins disposés à la haine. « Pour porter leurs coups avec plus d'adresse, ils commencèrent

« par débiter que c'était moi qui les avais quittés. (Voyez la lettre
« de Deleyre, liasse B, n° 30) (¹). De là, feignant d'être toujours
« mes amis, ils semaient adroitement leurs accusations malignes,
« comme des plaintes de l'injustice de leur ami. Cela faisait que,
« moins en garde, on était plus porté à les écouter et à me blâmer.
« Les sourdes accusations de perfidie se débitaient avec plus de pré-
« caution et par là avec plus d'effet. Je sus qu'ils m'imputaient des
« noirceurs atroces, sans jamais apprendre en quoi ils les faisaient
« consister. Tout ce que je pus déduire de la rumeur publique, fut
« qu'elles se réduisaient à ces quatre crimes capitaux : ma retraite à
« l'Ermitage ; mon amour pour Mme d'Houdetot ; refus d'accom-
« pagner à Genève Mme d'Epinay ; sortie de l'Ermitage. S'ils y ajou-
« tèrent d'autres griefs, ils prirent leurs mesures si justes, qu'il m'a
« été parfaitement impossible de savoir jamais quel en était le sujet »
(liv. X).

Rousseau a oublié de joindre à cette énumération de méchance-
tés la révélation du secret des enfants, qui, plus tard, fournit un des
traits les plus odieux du libelle intitulé *Sentimens des citoyens*.

Plus loin, Rousseau ajoute : « Deleyre me disait dans ses lettres
« qu'on m'imputait des noirceurs ; Diderot me disait à peu près la
« même chose, et quand j'entrais en explication, tout se réduisait
« aux chefs d'accusation ci-dessus notés » (liv. X).

Il est essentiel de lire dans les *Confessions* tout ce qui est relatif
à ce système de diffamation, dont j'espère plus tard démontrer la
réalité. On devra surtout peser ce trait : « Si un homme généreux fût
« venu me dire : Vous faites le vertueux, cependant voilà comme on
« vous traite, qu'avez-vous à dire ? Grimm était perdu. Il le savait,
« mais il a sondé son propre cœur, et n'a estimé les hommes que ce
« qu'ils valent ; je suis fâché pour l'honneur de l'humanité qu'il ait
« calculé si juste » (liv. X). En effet, n'est-il pas étrange que personne
ne se soit avisé de ce moyen si simple de découvrir la vérité ?

En réfutant les calomnies insérées par Diderot dans ses Notes sur
Sénèque, je parlerai des circonstances de sa rupture avec Rousseau,
et de celles qui mirent fin aux relations de ce dernier avec Saint-
Lambert et Mme d'Houdetot.

Je viens de citer sommairement le récit des *Confessions*, relatif au
séjour de Rousseau à l'Ermitage, dans le seul but de préciser les faits,

---

(¹) Ces liasses de lettres qui, selon le vœu de Rousseau, devaient être jointes
aux *Confessions*, n'ont malheureusement pas été publiées.

et sans prétendre le faire adopter, pour le moment du moins, comme irrécusable. Je vais maintenant rapprocher cet ensemble de circonstances des assertions contradictoires émises par Grimm, Mme d'Epinay, Diderot, Marmontel et D'Hòlbach. Ce mode de discussion est le seul qui puisse conduire à une solution certaine, le lecteur devra donc se résigner à endurer les longueurs et les redites inévitables qui surchargent la digression suivante.

Je commence par Grimm. Au portrait plein d'originalité et de fine ironie que Rousseau a fait de cet homme dans ses *Confessions*, je joins un extrait de sa biographie, emprunté à l'ouvrage de Musset-Pathay. « Grimm (*Frédéric-Melchior*), né à Ratisbonne en 1723, mort à Go-
« tha en 1807. Le comte de Schomberg ayant envoyé ses enfants à
« Paris, Grimm les accompagna, devint lecteur du duc de Saxe-Go-
« tha, puis successivement, secrétaire du comte de Friese, du ma-
« réchal de Castries, du duc d'Orléans, correspondant de plusieurs
« souverains d'Allemagne ; envoyé ou plutôt espion (¹) du duc de
« Saxe à la cour de France ; enfin ministre plénipotentiaire de Ca-
« therine II près des Etats de Basse-Saxe. Ce fut lorsqu'il n'était que
« lecteur, que Rousseau le connut. Il le produisit dans les sociétés
« où lui-même était reçu, *et cessa de voir ceux qui refusaient de le*
« *recevoir.* Grimm reconnut ce service en détachant de lui ses con-
« naissances et ses amis. Si l'on n'en croit pas Rousseau, on ne peut
« refuser de croire Mme d'Epinay, dont les Mémoires confirment le
« témoignage du premier, tout en voulant l'affaiblir. On y voit que
« Grimm, introduit chez cette dame par Rousseau, la prévenait con-
« tinuellement contre celui-ci, bien avant que lui, nouveau venu,
« eût remplacé Francueil dans les affections de Mme d'Epinay »
(Musset-Pathay, *Histoire de Rousseau*, tome II, p. 103).

L'auteur que je cite ajoute avec raison qu'il est impossible de déterminer au juste le mérite littéraire de Grimm. « Il ne se distingua,
« dit-il, par aucun ouvrage considérable, se reposa les vingt der-
« nières années de sa vie, et ce n'est qu'après sa mort que la publi-
« cation de sa correspondance lui fit une réputation littéraire. Mais
« comment faire sa part dans cette correspondance, quand on sait
« que Diderot et Raynal l'aidaient et qu'ils lui fournirent beaucoup
« d'articles, et qu'on a lieu de croire que d'autres écrivains moins
« connus enrichirent son recueil ?... Pour bien juger de la véracité

(¹) Voyez Musset-Pathay, *Œuvres inédites de Rousseau*, tome I, page 390, en note.

« de Jean-Jacques sur le compte de Grimm, on peut consulter les
« amis du correspondant. Je citerai entre autres l'abbé Galiani ([1]),
« qui traite mal Rousseau, dont il ne goûtait pas les ouvrages, et
« que, du reste, il ne connaissait que par Grimm, Diderot et Mme d'E-
« pinay. Le rapprochement à faire entre le langage de Jean-Jacques
« sur Grimm et celui de Galiani est curieux ; le trait caractéristique
« que fait ressortir le premier est une fatuité choquante. Elle aug-
« menta quand il devint baron de la création de je ne sais lequel des
« sept princes avec qui il correspondait, ou peut-être de la sienne. Il
« ne répondait plus à Galiani qui s'en plaint ironiquement dans ses
« lettres à Mme d'Epinay. En 1772, il écrivait à Grimm : Le choléra-
« morbus dont vous êtes atteint est un effet des souffrances que
« vous avez occasionnées à votre bas-ventre par des révérences ex-
« cessives » (Musset-Pathay, ouvrage cité, tom. II, pag. 105). Grimm
était alors en faveur auprès de Catherine II, qui s'amusa à en faire
un *colonel*, en attendant mieux.

Musset-Pathay dit que la haine de Grimm précéda de beaucoup
l'époque où il devint l'amant de Mme d'Epinay. Il aurait dû dire
qu'elle datait presque de l'origine de sa liaison avec Rousseau.
Voyez dans les *Confessions* le trait de la fille de la rue des Moineaux,
et celui du morceau de musique chez d'Holbach. « Tous mes amis,
« dit Rousseau, devinrent les siens, cela était tout simple ; mais aucun
« des siens ne devint jamais le mien, voilà peut-être ce qui l'était
« moins. » Après son aventure ridicule au sujet de Mlle Fel, Grimm
devint un homme à la mode et négligea Rousseau. Celui-ci lui en
fit des reproches affectueux, qu'il termina ainsi : « J'espère que vous
« reviendrez à moi, et vous me retrouverez toujours. Quant à pré-
« sent, ne vous gênez point, je vous laisse libre, et je vous attends.
« Il me dit que j'avais raison et se mit si bien à son aise, que je ne le
« vis plus qu'avec nos amis communs » (liv. VIII). Je joins à ce qu'a
dit Rousseau de la haine de Grimm, le témoignage de Mme d'Epinay,
que Musset-Pathay n'a fait qu'indiquer et qui méritait pourtant une
mention expresse. Mme d'Epinay, après avoir déterminé Rousseau
à habiter l'Ermitage, reçut de lui une lettre qu'on trouve dans la
Correspondance, sous la date de mars 1756. Elle commence ainsi :
« Enfin, madame, j'ai pris mon parti, etc. » Voici ce que Mme d'Epi-

---

[1] Abbé italien, secrétaire de l'ambassade de Naples à Paris ; c'était un athée machiavéliste de l'école de Hobbes, dissolu, caustique, très-lié avec les encyclopédistes et avec Grimm, dont il s'est cruellement moqué. Il détestait Rousseau instinctivement, comme Walpole et tant d'autres.

nay dit de cette lettre dans ses *Mémoires* : « La joie qu'elle me causa
« fut si grande que je ne pus m'empêcher de la laisser éclater devant
« M. Grimm qui était chez moi. J'ai été très-étonnée de le voir
« désapprouver le service que je rendais à Rousseau, et cela d'une
« manière qui m'a d'abord paru dure. J'ai voulu combattre son opi-
« nion ; je lui ai montré les lettres que nous nous sommes écrites. —
« Je n'y vois, m'a-t-il dit, de la part de Rousseau, que l'orgueil caché
« partout. Vous lui rendez un mauvais service en le mettant à l'Er-
« mitage ; mais vous vous en rendez un plus mauvais encore. La
« solitude achèvera de noircir son imagination ; il verra tous ses amis
« injustes, ingrats, et vous toute la première. Si vous refusez une fois
« d'être à ses ordres, il vous accusera de l'avoir sollicité de vivre
« auprès de vous, et de l'avoir empêché de se rendre aux vœux de
« sa patrie. Je vois déjà le germe de ces accusations, mais elles
« seront vraisemblables, et cela suffira pour vous faire blâmer......
« Je vous jure que ce qui peut vous arriver de moins fâcheux, c'est
« de vous donner un ridicule. On croira que c'est par air et pour
« faire parler de vous. »

Mme d'Epinay répond qu'elle prendra son parti sur les propos.
— « Et moi aussi, dit Grimm ; *mais si ces propos venaient à la suite*
« *d'une rupture avec Rousseau*, ils auraient plus de portée que vous
« ne pensez. » Mme d'Epinay insiste : « Je sais, dit-elle, que Rous-
« seau sera malheureux partout, par l'habitude qu'il a *d'être gâté ;*
« mais je mettrai mon bonheur à lui rendre la vie douce. — On
« se repent toujours, reprend Grimm, de céder à la déraison, et
« cet homme en est plein ; plus on la tolère, et plus on l'augmente.
« Mais comment vivra-t-il, et que faites-vous pour lui ? — C'est un
« secret, mon ami, ai-je répondu ; il me coûtera peu, il sera bien, et
« il ignorera ce que je ferai........ Je détaillais à M. Grimm le plan
« de conduite que je voulais tenir avec M. Rousseau, le priant de
« me seconder dans l'exécution. — Que vous connaissez mal votre
« Rousseau ! dit-il ; retournez toutes ses propositions si vous voulez
« lui plaire ; ne vous occupez guère de lui, mais ayez l'air de vous
« en occuper beaucoup ; parlez de lui sans cesse aux autres, même
« en sa présence, et ne soyez pas dupe de l'humeur qu'il vous en
« marquera.—Je ne pus pas m'empêcher d'être *un peu* choquée de
« l'entendre se livrer à la satire sur le compte de son ami malheu-
« reux. Voilà la première fois que je le vois injuste. Il ajouta :—Au
« reste, je vous conseille de travailler à le détourner de passer l'hiver
« prochain à l'Ermitage ; je vous jure qu'il y deviendra fou ; puis,

« il serait barbare d'exposer la vieille Levasseur à rester six mois
« sans secours dans un lieu inabordable par le mauvais temps, sans
« société, sans distractions, sans ressources ; cela serait inhumain »
(*Mémoires* de Mme d'Epinay, t. II, pag. 297 et 298).

Il est inutile, je pense, d'analyser cette citation, dont chaque phrase est un trait de perfidie et de bassesse ; mais il importe de faire remarquer à ceux qui croient que Rousseau a été injuste envers Grimm, qu'il y a dans ces seuls détails de quoi prouver tout ce qu'il dit de l'influence que ce misérable exerça sur sa destinée. On notera aussi que, de l'aveu de Grimm, ces vils procédés avaient lieu à l'insu de Rousseau, et dans un temps où celui-ci croyait encore à sa droiture, sinon à son amitié. Enfin, le trait hypocrite sur la vieille Levasseur confirme les assertions des *Confessions*, et démontre que Grimm s'associait aux intrigues qui avaient pour but de chasser Rousseau de son asile, si même il n'en fut pas l'instigateur. On vient de voir Grimm prédire à Mme d'Epinay que Rousseau verrait ses amis *injustes, ingrats, et elle toute la première; qu'il romprait avec sa bienfaitrice, et l'accuserait de l'avoir empêché de se retirer dans sa patrie*. Il est évident que tout cela a été écrit après coup par Grimm, qu'on s'accorde à regarder comme le rédacteur, sinon l'auteur des Mémoires de Mme d'Epinay, et dont le style, empreint d'un cachet étranger, le trahit à chaque instant. Alors, on conçoit comment il a pu laisser subsister le reproche que lui fait Mme d'Epinay, *d'avoir été cruel envers son ami malheureux*. Il savait bien que ce qui lui restait à dire l'en disculperait assez aux yeux d'un public crédule. Continuons à suivre ce fourbe dans son œuvre de diffamation.

Presque tout le deuxième volume des Mémoires est employé à noircir Duclos, ami de Rousseau. On l'y accuse d'avoir instruit Mme d'Epinay des amours de sa femme avec Francueil (pag. 102) ; d'avoir nui à Grimm et à Diderot ; d'avoir prévenu ce dernier contre Mme d'Epinay (pag. 346). A chaque instant, il est traité de *maraud, de scélérat, d'homme abominable, d'infâme* (pag. 102 et 246). Rousseau est présenté comme complice des efforts de Duclos pour détacher Mme d'Epinay de Grimm (pag. 306), et, pour surcroît de perfidie, on lui fait dire, en parlant de Duclos : *un Duclos despote, mordant et traîtreusement brusque* (pag. 170). Toutes ces calomnies servent de cadre à un portrait de Grimm dicté à Mme d'Epinay par son digne ami, et qui surpasse tout ce qu'on peut imaginer en fait d'impertinence. Il est trop long et trop rebutant pour que je le cite, mais j'en conseille la lecture à ceux qui voudront connaître l'homme.

Pendant le cours des liaisons de Rousseau avec Mme d'Houdetot, la correspondance de Grimm et de son amie devient plus active et plus haineuse. Les dates manquent à presque toutes les lettres, mais on y supplée facilement par celles des faits. Grimm était alors à l'armée ([1]). Il conseille à Mme d'Epinay d'être prudente avec Rousseau. « Il y a longtemps, dit-il, que sa conduite envers vous ne me paraît pas nette » (t. III, pag. 4).

Mme d'Epinay à Grimm. « Je tiens de Thérèse Levasseur, que « Rousseau et Mme d'Houdetot *se voient tous les jours dans la forêt* » (pag. 8).

Quel charitable avis, et comme Saint-Lambert, qui voyait Grimm, dut être charmé d'apprendre ces rendez-vous quotidiens de sa maîtresse ! Rousseau étant venu passer deux jours à la Chevrette, château de Mme d'Epinay, celle-ci écrit à Grimm : « Ce que vous « m'avez dit de cet homme me l'a fait examiner de plus près ; « je ne sais si c'est prévention, ou si je le vois mieux, mais cet « homme n'est pas vrai » (pag. 31).

Grimm à Mme d'Epinay. « Je pense comme vous que Rousseau « devient fou. Je l'ai toujours prévu, et ne cesserai de vous dire que « vous avez eu grand tort de partager ses écarts, par la faiblesse « avec laquelle vous l'avez traité » (pag. 44).

Mme d'Epinay à Grimm. « Les bonnes femmes Levasseur sont à « vos genoux, et pleurent de tendresse et de reconnaissance en par- « lant de vous. La vieille m'a dit à l'oreille, comme si elle avait « peur que Rousseau ne l'entendît : Madame, voulez-vous qu'on « vous demande des nouvelles de *quelqu'un* (Grimm) ? Ah ! madame, « nous lui avons bien de l'obligation ! On ne nous donne rien, nous « sommes endettées d'un louis..... *Vous pensez bien que je ne me le* « *suis pas fait dire deux fois.* »

Grimm à Mme d'Epinay. « Pourquoi ne me parlez-vous plus des « amours de Rousseau ? Vous avez de bons yeux, mandez-moi ce « que vous pensez de la comtesse (Mme d'Houdetot). Vous ne lui « supposez aucun tort, je suis porté à la juger comme vous, *mais* « *encore faudrait-il savoir à qui l'on a affaire* » (pag. 68).

L'insigne méchanceté de ce trait n'a pas besoin d'être relevée ; mais il est bon de rappeler que, dans ses *Confessions*, Rousseau

---

([1]) En qualité de secrétaire du maréchal de Castries, ou du maréchal d'Estrées, suivant Mme d'Epinay.

fait dire à Mme d'Houdetot : « *Saint-Lambert est instruit et mal instruit.* » Or, qui pouvait lui avoir parlé, sinon ce Grimm qui le voyait, et qui s'exprimait ainsi sur sa maîtresse ?

On a vu précédemment que Rousseau, pour complaire à Mme d'Houdetot, fit les avances d'un raccommodement avec Diderot. Voici ce que Mme d'Epinay écrit à Grimm sur ce sujet : « Grande nouvelle, « aussi admirable qu'inattendue ! Rousseau est allé, où ? Devinez ; « à Paris ? oui. Et pourquoi ? pour voir Diderot se jeter à son cou. « Si cette démarche était sincère, elle serait fort belle ; mais il ne « faut pas avoir de distractions quand on veut en imposer. Il me « demanda si je n'avais pas un portefeuille à lui prêter.—Et pour-« quoi donc faire ?—C'est pour mon roman, répondit-il, un peu em-« barrassé. Je compris alors le motif de son grand empressement. « Tenez, lui dis-je, voilà un portefeuille ; mais il est de trop dans « votre voyage, il vous en fait perdre tout le fruit » (t. III, p. 59).

Rousseau dit, en parlant de ce voyage : « Il y avait près de six « mois que j'avais *envoyé* à Diderot les deux premières parties de la « *Julie*, pour m'en dire son avis ; il ne les avait pas encore lues ; « nous en lûmes un cahier ensemble (¹) » (liv. IX).

D'après ce passage, le trait du portefeuille serait de l'invention de Grimm, puisque la *Julie* était *depuis six mois* entre les mains de Diderot. Grimm dit plus loin, dans sa réponse à Mme d'Epinay : « Si Rousseau vous a dit qu'il n'avait pas porté son ouvrage à Pa-« ris, il a menti, car il n'a fait son voyage que pour cela » (page 74). Grimm étant alors en Allemagne, n'a pu parler ici que d'après Diderot, avec lequel il correspondait, car il ajoute, en parlant de lui : « Rousseau l'écrasait de ses lectures, et lui refusait un quart « d'heure d'audience pour les siennes » (page 74). Comment eût-il pu savoir cela, si Diderot ne le lui eût pas dit ? Mais, d'abord, je ferai observer que les originaux des lettres contenues dans les Mémoires de Mme d'Epinay n'existent plus, qu'ils n'ont jamais été vus de personne, et que ces Mémoires ont été imprimés sur le manuscrit unique trouvé chez Grimm, et remis aux éditeurs par les héritiers de son secrétaire (²). Il n'y a donc aucun moyen de vérifier si

---

(¹) Dans une lettre de Rousseau à Mme d'Epinay (janvier 1757), on lit ce passage, qui paraît se rapporter à l'envoi de la *Julie* : « Voici un paquet et une let-« tre que je vous prie de faire porter chez Diderot. » L'entremise de Mme d'Epinay fait supposer que ce paquet contenait quelque chose de précieux.

(²) Voir la préface des *Mémoires*, page 9, et l'aveu formel de l'éditeur, tome III, page 86.

la correspondance de Grimm avec sa maîtresse est toujours authentique. En outre, lorsque Rousseau écrivait ses *Confessions*, il ne pouvait prévoir l'accusation de Grimm ; au lieu que celui-ci connaissait les *Confessions* lorsqu'il rédigeait les Mémoires de Mme d'Epinay ; par conséquent, vil et méchant, comme on le connaît déjà, il a pu imaginer l'anecdote et la correspondance qui lui sert de véhicule, afin d'empoisonner le motif généreux de Rousseau, et donner un démenti aux *Confessions*. Musset-Pathay dit à ce sujet :
« Nous n'avions à opposer au récit de Mme d'Epinay que celui de
« Rousseau, et comme nous avons toujours vérifié le témoignage
« de ce dernier sans le prendre *une seule fois* en faute, nous le
« préférons à celui de *l'auteur* des Mémoires de Mme d'Epinay
« (Grimm) » (*OEuvres inédites de Rousseau*, t. I, p. 35).

Dans la lettre ci-dessus citée, Grimm attribue le trait qui suit à la femme de Diderot : « Vous ne connaissez donc pas ce Rousseau ?
« Il est dévoré d'envie ; il enrage quand il paraît quelque chose de
« beau qui n'est pas de lui. On lui verra faire *quelques grands for-*
« *faits*, plutôt que de se laisser ignorer. Tenez, je ne jurerais pas
« qu'il ne se rangeât du côté des jésuites, [etc. » Grimm ajoute :
« Il ne fera pas cela ; il *écrira contre les philosophes, contre ses amis,*
« *il fera le dévot, etc.* » (*Mémoires*, t. III, p. 74).

Grimm *prédit* ici l'*Emile*, les *Confessions*, la *Communion de Motiers* ; donc il écrit encore après coup.

Je passe sur ce que Grimm dit des rapports de Rousseau avec Saint-Lambert, au sujet de Mme d'Houdetot. Son thème étant à peu près le même que celui de Diderot, inséré par Marmontel dans ses Mémoires, c'est seulement en parlant de Diderot que je réfuterai les mensonges de ces trois calomniateurs. Je néglige également le récit arrogant de Grimm sur son raccommodement avec Rousseau. Comme je vais dans l'instant le prendre en flagrant délit de mensonge, il me sera facile de conclure d'une seule calomnie à toutes les autres.

Après le départ de Mme d'Epinay pour Genève, Grimm lui écrivait : « Votre réponse à la lettre de Rousseau *est très-bien* (c'était
« celle qui lui signifiait son congé) ; mais on dit que Rousseau
« semble moins pressé de sortir de votre maison. Pour moi, je
« crois qu'après tout ce qui s'est passé, vous ne pouvez l'y laisser
« sans vous manquer » (t. III, p. 203).

Grimm craignait que Mme d'Epinay, écoutant son ancienne amitié, ne revînt sur sa détermination. Peu après il lui écrivait encore :

« Une seule chose me trouble, c'est ce que vous m'apprenez de ce
« *monstre* de Rousseau ; vous ne sauriez croire quel effet font sur
« moi de telles horreurs ; elles ébranlent toute ma machine !...
« Tâchons d'effacer le souvenir de ces *infamies*. Il faut que nous
« nous chargions de faire vivre la mère Levasseur. Il ne la met pas
« à la porte, il n'a garde, mais il se conduit avec elle de façon
« qu'elle préférerait mendier son pain à rester avec lui. Voyez si
« elle pourrait s'établir chez vous. *Diderot, vous et moi*, partage-
« rons ces frais, chacun suivant nos moyens » (t. III, p. 205).

Ainsi la pension de la vieille Levasseur n'était pas payée en entier par Grimm, comme Rousseau le croyait. Diderot et Mme d'Epinay s'étaient associés à cet acte de charité perfide. Grimm, désormais protecteur et bienfaiteur de cette indigne femme, l'installa au village de Deuil, qui touche à Montmorency, dans l'intention manifeste de mortifier Rousseau, et d'étaler sa vile munificence. « Je ne
« dirai pas l'effet que fit sur moi cette nouvelle, qui aurait été moins
« surprenante, dit Rousseau, si Grimm avait eu 10,000 livres de
« rentes, et qu'on ne m'eût pas fait un si grand crime de l'avoir
« amenée à la campage, où cependant il lui plaisait maintenant de
« l'établir, comme si elle était rajeunie depuis ce temps » (*Confessions*, liv. X). Cette réflexion prouve que les emphatiques remontrances de Diderot, au sujet de cette vieille, n'étaient que de l'hypocrisie pure.

Le libraire Brunet, éditeur des Mémoires de Mme d'Epinay, a mis en note, à la page 328 du tome II, le trait suivant : « Rousseau igno-
« rait *ou feignait d'ignorer* que la pension que Diderot faisait à la
« mère Levasseur le mettait dans le cas de regarder à la dépen-
« se, etc. » Comment l'éditeur peut-il savoir que Rousseau feignait d'ignorer cela ? Voilà, chemin faisant, un échantillon de la malveillance gratuite des jugements publics. Je n'en citerai que trop dans le cours de cet écrit. Ce même éditeur, si hostile en toute occasion, *ignore ou feint d'ignorer* qu'un bienfait imposé à un homme, dans le but de l'avilir, n'est qu'un outrage et une lâcheté. On remarquera que ni Grimm, ni Mme d'Epinay, ni leur éditeur, n'ont dit que Rousseau, en renvoyant la mère Levasseur, s'était engagé à pourvoir à ses besoins (*Confessions*, liv. IX et liv. X). Si l'on pouvait en croire Grimm, cette insultante aumône datait déjà de loin, car, bien avant le renvoi de la vieille Levasseur, Mme d'Epinay écrivait à M. de Lisieux : « Je croyais être seule à contri-
« buer au bien-être de Rousseau, mais j'ai appris *par Mlle Levas-*

« *seur* que M. Grimm et M. Didérot font, *à elle* et à sa mère, « 400 livres de rentes. Concevez-vous cette générosité! Deux hommes « qui ont à peine le nécessaire! Grimm ne m'en avait rien dit. « *Chaque jour je découvre de nouveaux sujets de l'estimer*» (*Mémoires*, t. II, p. 302). Il est très-probable que Grimm aura saisi cette occasion de faire valoir son *noble* caractère aux dépens de la vérité. Il a bien soin de mettre en cause Mlle Levasseur, et d'une manière assez peu honorable. On verra plus tard que ce n'est pas la seule occasion où il cherche à la rendre méprisable ; en attendant, voici un trait des Mémoires qui prouve déjà de l'animosité contre cette femme. Grimm à Mme d'Epinay : « J'oubliais de vous dire que j'ai « montré à Diderot les lettres de Rousseau et vos réponses; toutes « ces *horreurs* le confondent. L'honnêteté qui lui est naturelle l'o-« blige de vous avertir que, de la façon que Mlle Levasseur parle « de vous, vous ne devez pas souffrir qu'elle remette le pied dans « votre maison. Je n'ai pas le temps de vous faire ce détail. Man-« dez-moi seulement si vous êtes bien sûre, dans tout ce que vous « lui avez dit, de ne vous être pas compromise en propos sur la « comtesse (Mme d'Houdetot) » (t. III, p. 220).

Les lettres de Rousseau, dont il est question ici, se rapportent à sa sortie de l'Ermitage (*Confessions*, liv. IX). Chacun peut juger des *horrreurs* qu'elles contiennent. Quant au fait relatif à Thérèse, il est facile à déterminer. Peu après la correspondance dont il vient d'être parlé, Diderot vint à l'Ermitage. Rousseau voulut qu'il apprît de la bouche même de Thérèse le récit des tentatives de Mme d'Epinay pour se procurer les lettres de Mme d'Houdetot. La vieille Levasseur, interrogée à son tour, nia tout, comme on sait. Il paraît que Diderot n'eut rien de plus pressé que de communiquer ces détails à son ami Grimm, qui, de son côté, les transmit à sa maîtresse, avec la recommandation ci-dessus. Mme d'Epinay, dans sa réponse, affirma n'avoir jamais parlé à Thérèse de Mme d'Houdetot. Cela se conçoit.

Je termine par un trait maladroit, que Grimm a laissé subsister dans les Mémoires, sans se douter de sa portée. Rousseau dit dans ses *Confessions*, liv. IX, que Grimm le décriait partout comme mauvais copiste, et qu'il ne lui laissait aucune des pratiques qu'il pouvait lui ôter. Il venait de copier un morceau de musique pour Mme d'Epinay, et vantait devant Grimm l'exactitude de son travail. « Voyez-vous, dit celui-ci à Mme d'Epinay, cette prétention de co-« piste qui le saisit. Si vous disiez qu'il ne manque pas une virgule à

« ses écrits, tout le monde en serait d'accord ; mais je parie qu'il
« y a bien quelques notes de transposées dans sa copie. Rousseau
« rougit, et rougit plus fortement encore quand, à l'examen, il se
« trouva que Grimm avait raison. Il resta triste toute la soirée. Il
« est retourné ce matin à l'Ermitage, sans mot dire... *Il est certain*
« *que son humeur le gagne de jour en jour.* Il n'a pas pardonné à
« Grimm d'avoir découvert des fautes dans sa copie ; il n'ose me le
« marquer. Il a dit à Mme d'Houdetot qu'il ignorait ce qu'il avait fait
« à Grimm, mais qu'il voyait bien que celui-ci le desservait auprès
« de nous » (*Mémoires*, t. II, p. 303 et 315).

Voilà ce que Grimm a le courage d'avouer ! Notez qu'à cette époque, Rousseau n'avait guère d'autre ressource que celle de sa copie, et jugez de la cruauté dérisoire de ce trait : *L'humeur le gagne de jour en jour !*

Je suis forcé d'omettre une foule d'autres particularités aussi odieuses ; mais ce que j'ai cité suffit, je pense, pour dévoiler dans Grimm beaucoup de bassesse et de méchanceté. Comparez cette série d'accusations et d'injures au simple et douloureux récit de Rousseau, et, sans rien décider sur le fond des choses, dites si l'avantage n'est pas déjà du côté de l'auteur des *Confessions !*

Après avoir montré Grimm haineux et vil, il me reste à le montrer menteur et calomniateur. Voici ce qu'on lit dans sa Correspondance littéraire, en date du 15 juin 1762, t. VI, p. 172 : « Depuis
« plus de quatre ans que *Jean-Jacques* [1] vivait à Montmorency,
« il occupait, tantôt sa petite maison de la ville, tantôt un apparte-
« ment du château. *Il avait quitté tous ses anciens amis*, entre les-
« quels je partageais son intimité avec le philosophe Diderot.
« *Il nous avait remplacés par des gens du premier rang.* Je ne dé-
« cide pas s'il a perdu ou gagné au change. Dans la société de ses
« amis, il trouvait de *l'amitié* et de *l'estime ;* mais la réputation, et
« plus encore, *la supériorité* qu'il était obligé de reconnaître à
« quelques-uns d'entre eux, pouvaient lui rendre leur commerce
« pénible [2] ; au lieu qu'à Montmorency, sans aucune rivalité, il
« jouissait de l'encens de tout ce qu'il y a de plus grand dans le
« royaume. Le rôle de la singularité réussit toujours à celui qui a

---

[1] On remarquera que depuis le décret, les ennemis de Rousseau ne le désignèrent plus que par ses prénoms. Musset-Pathay a eu l'inadvertance de les imiter.

[2] Grimm a oublié de citer ces supériorités. En serait-il une, par hasard ?

« le courage et la patience de le jouer. Rousseau a passé sa vie à
« décrier les grands, ensuite il a dit qu'il n'avait trouvé de l'amitié
« et des vertus que parmi eux. »

Ici Grimm laisse percer malgré lui une basse jalousie, au sujet de l'accueil que Rousseau avait reçu de M. de Luxembourg; mais laissons de côté cette platitude. Je dis qu'il n'est pas vrai, du moins pour ce qui regarde Grimm, que Rousseau ait quitté ses anciens amis; c'est Grimm qui va le prouver lui-même. « J'ai été intime-
« ment lié, dit-il, avec M. Rousseau, pendant plus de huit ans,
« et je le connais peut-être trop bien pour ne pas me récuser
« quand il s'agit d'un jugement sur ses faits et gestes. Il y a *tout*
« *juste neuf ans que je me crus obligé de rompre tout commerce avec*
« *lui*, quoique je n'eusse aucun reproche à lui faire qui fût relatif
« à moi, et qu'à son tour, il ne m'eût fait aucun reproche pendant
« tout le temps de notre liaison. Vraisemblablement *la probité* et
« *la justice* ne me laissaient pas le choix entre une rupture et le
« parti vil de trahir la vérité, et de déguiser mes sentiments d'une
« manière déshonnête dans une occasion décisive dont M. Rous-
« seau m'avait constitué juge fort mal à propos, mais dont je pou-
« vais juger avec d'autant plus de sécurité *que le procès m'était*
« *absolument étranger*. J'ai toujours pensé que c'est manquer
« essentiellement à un homme que d'oser lui confier des sentiments
« révoltants, dans l'espoir qu'il les approuvera; c'est dire à son
« ami : Je me flatte que vous n'avez ni honneur ni délicatesse.
« Je ne connais pas d'offense plus grave » (*Corresp. lit.*, août 1766).

Grimm écrivait ceci en rendant compte, avec son fiel ordinaire, de l'affaire de Hume et de Rousseau; le trait qui porte la date de juin 1762 est postérieur de quelques jours au décret de prise de corps. On voit qu'il choisissait habilement les occasions de placer ses diatribes. Il ne s'explique pas sur *l'occasion décisive*, de sorte que l'imagination du lecteur s'arrête nécessairement à quelque chose de monstrueux. Je ne doute pas que ses phrases entortillées n'eussent pour but de produire cette impression. Il ne me sera pas difficile de réduire à sa juste valeur toute cette hypocrite faconde.

Dans le trait écrit en 1762, Grimm avance que Rousseau avait quitté ses anciens amis; dans celui de 1766, il prétend avoir été obligé de rompre avec lui; il n'avait donc pas été *quitté*. Premier mensonge. Grimm affirme qu'il n'avait aucun reproche personnel à faire à Rousseau; alors pourquoi ces traits de haine et de diffamation qui remplissent les Mémoires de Mme d'Épinay, bien avant l'époque de la rupture? Est-il permis de traiter ainsi un homme dont on avoue n'avoir pas à se plaindre? N'est-ce pas se déclarer méchant et lâche? De plus, n'y a-t-il pas de la part de Grimm ironie cruelle et impudence à prétendre que, de son côté, Rousseau n'avait aucun reproche à lui faire? Mettons, si l'on veut, les *Confessions* de côté ; mais les Mémoires de Mme d'Epinay n'existent-ils pas? Rousseau n'y est-il pas, à son insu il est vrai, et bien avant la rupture, traîné dans la fange par son *généreux* ami Grimm? Comment celui-ci a-t-il donc osé mentir ainsi à sa conscience? Était-il moins coupable parce que ses coups frappaient dans l'ombre et que Rousseau ne voyait pas la main traîtresse qui les lui portait?

On sait maintenant que dans *l'occasion décisive*, dont Grimm a l'effronterie de parler, il n'était question pour lui ni *de probité*, ni *de justice*, ni *de trahir la vérité*, ni *de déguiser ses sentiments d'une manière déshonnête*. Il est avéré qu'il vivait avec Mme d'Epinay ; que celle-ci étant devenue grosse de son fait, il se concerta avec elle et avec Diderot pour faire servir cet incident au déshonneur de Rousseau ; qu'il imposa à ce dernier, par la voie de Diderot, et sous peine d'ingratitude, l'obligation de suivre Mme d'Epinay dans un voyage dont l'objet était de faire disparaître la preuve de l'adultère ; tandis que lui Grimm se dispensait d'accompagner sa maîtresse. Voilà, dans toute sa nudité, la turpitude que ce fourbe enveloppe de si belles phrases ; il a donc encore menti cette fois. Il a menti de nouveau lorsqu'il dit que *le procès lui était parfaitement étranger*, lui, amant de la dame et père de l'enfant adultérin ; lui, auteur probable du guet-apens dont Rousseau fut victime !

Voici la réponse que Grimm prétend avoir faite à la lettre que Rousseau lui écrivit pour le consulter au sujet du voyage de Genève (19 octobre 1757). « J'ai fait ce que j'ai pu pour éviter de répondre
« positivement à l'horrible apologie que vous m'avez adressée. Vous
« me pressez, je ne consulte plus que ce que je me dois à moi-même,
« et ce que je dois à mes amis que vous outragez. Je n'ai jamais cru
« que vous dussiez faire le voyage de Genève avec Mme d'Epinay.
« Quand le premier sentiment devait vous engager à vous offrir, elle,
« de son côté, devait vous en empêcher, en vous rappelant ce que
« vous devez à votre situation, à votre santé, et à *ces fem-*
« *mes que vous avez entraînées dans votre retraite;* voilà mon
« opinion. Vous n'avez pas eu le premier sentiment, et je n'en ai
« pas été scandalisé. Il est vrai qu'ayant appris, à mon retour de
« l'armée, que, malgré toutes mes représentations, vous aviez voulu

« partir pour Genève, il y a quelque temps, je n'ai plus été étonné
« de la surprise de mes amis de vous voir rester, lorsque vous aviez
« une occasion si naturelle et si honnête pour partir. Je ne connaissais
« pas alors *votre monstrueux système;* il m'a fait frémir d'indignation.
« J'y vois des principes si odieux, tant de noirceur et de duplicité !
« Vous osez me parler de votre esclavage, à moi qui, depuis plus de
« deux ans, suis le témoin journalier de toutes les marques de l'ami-
« tié la plus tendre et la plus généreuse que vous ayez reçues de cette
« femme ! Si je pouvais vous parler, je me croirais indigne d'avoir
« un ami. Je ne vous reverrai de ma vie, et me croirai heureux si je
« puis bannir de mon esprit le souvenir de vos procédés. Je vous
« prie de m'oublier et de ne plus *troubler mon âme;* si la justice de
« cette demande ne vous touche pas, songez que j'ai entre les mains
« votre lettre, qui justifiera aux yeux de tous les gens de bien l'hon-
« nêteté de ma conduite. »

Je commence par répéter ce que Rousseau dit dans ses *Confessions*
de la lettre de rupture de Grimm : « *elle n'était que de sept à huit lignes*
« *que je n'achevai pas de lire* ; c'était une rupture, mais dans des
« termes tels que la plus infernale haine les peut dicter, et qui
« même devenaient *bêtes* à force de vouloir être offensants. Il me
« défendait sa présence, comme il m'aurait défendu ses Etats. Il ne
« manquait à sa lettre, pour faire rire, que d'être lue de sang froid »
(*Confessions,* liv. IX).

Ces *sept ou huit lignes* ainsi formulées ne ressemblent guère à la
lourde traînée de pathos ci-dessus citée, et comme j'ai déjà pris
Grimm en flagrant délit de mensonge, l'authenticité de sa pièce est
déjà bien suspecte. J'ajoute qu'il n'est mort qu'en 1807 et qu'il
connaissait les *Confessions*, puisqu'il en a donné des analyses virulentes dans son recueil. De plus Rousseau avait fait la faute de lui
renvoyer sa lettre de rupture. Il est donc très-probable que Grimm
minuta après coup, et sans craindre d'être démenti, celle qui figure
dans les Mémoires de Mme d'Epinay. C'est, du reste, l'opinion de
Musset-Pathay.

Grimm fait semblant de n'avoir pas cru que Rousseau dût faire
le voyage de Genève. Si l'on veut prendre la peine de parcourir le
troisième volume des Mémoires de Mme d'Epinay, on trouvera, de
la page 146 à la page 150, des détails où Grimm, tout en affectant
la neutralité, trahit assez gauchement son rôle d'instigateur. Dans
sa lettre, il objecte à Rousseau que puisqu'il était décidé à se retirer
à Genève, il lui était facile de concilier sa commodité et ses devoirs

envers Mme d'Epinay. D'abord, rien dans la Correspondance ni dans les *Confessions* n'indique cette prétendue résolution de Rousseau. Grimm fait ici, et sans doute avec intention, un anachronisme facile à relever. C'était avant d'habiter l'Ermitage que Rousseau avait projeté de retourner dans sa patrie. Les instances de Mme d'Epinay le retinrent près de son amie. Il était si peu préparé à ce voyage, que dans sa lettre à Grimm il dit : « S'il est des devoirs qui m'ap-
« pellent à la suite de Mme d'Epinay, n'en est-il pas de plus indis-
« pensables qui me retiennent, et ne dois-je rien qu'à elle seule?
« Je n'aurai pas fait six lieues que Diderot, qui trouve si mauvais
« que je reste, trouvera plus mauvais que je parte, et sera beau-
« coup mieux fondé. Ah! m'écrira-t-il, vous suivez une femme à
« son aise, bien accompagnée, à laquelle, après tout, vous ne de-
« vez rien, et qui n'a pas besoin de vous, pour laisser ici dans la
« misère et l'abandon deux personnes qui ont passé leur vie à vous
« servir et que votre départ réduit au désespoir... Si je paie ma part des
« frais, comme je veux et dois faire, d'où rassembler promptement tant
« d'argent? à qui vendre sitôt le peu de livres, d'effets et de meubles qui
« me restent, etc. » Si, comme le dit Grimm, Rousseau eût eu l'intention de retourner à Genève, la proposition de Mme d'Epinay ne l'eût pas mis dans un si grand embarras, et l'on ne concevrait pas qu'il fût si peu préparé à ce voyage. D'ailleurs pourquoi Rousseau, déterminé à se retirer dans sa patrie, eût-il refusé d'accompagner Mme d'Epinay? Que lui coûtait-il de voyager agréablement avec son amie? N'était-ce pas même un moyen d'acquitter à bon marché ses obligations envers elle, et de conserver la réputation d'homme reconnaissant? Pourquoi tant résister, tant argumenter pour se dispenser de faire une chose qui était tout à son avantage? Grimm, en faisant cette objection fictive, n'a pas senti qu'elle se tournait contre lui ; personne ne croira que Rousseau, décidé à s'en aller à Genève, ait refusé de partir avec Mme d'Epinay, uniquement pour se donner la satisfaction d'être ingrat. C'est pourtant ce que Grimm donne à entendre. « Je ne connaissais pas, dit-il, votre *monstrueux système.* » J'examinerai dans un instant si le *système* de Rousseau était si monstrueux ; en attendant, je demande à quoi il pouvait lui servir? Quand on se déshonore, on a un intérêt quelconque ; où était, dans ce cas, celui de Rousseau? Grimm prouve trop, donc il ne prouve rien ; donc il ment. La haine ne saurait sauver tout, Dieu merci ; on remarquera qu'en publiant la lettre de Rousseau et la réponse qu'il prétend avoir faite, Grimm a eu bien soin de ne rien dire du billet suivant qui avait précédé cette

réponse : « Le départ de Mme d'Epinay est reculé ; son fils est malade, il
« faut attendre qu'il soit rétabli. Je *rêverai à votre lettre.* Tenez-vous
« tranquille à votre Ermitage ; je vous ferai passer mon avis à temps.
« Comme elle (Mme d'Epinay) ne partira pas sûrement de quelques
« jours, rien ne presse. En attendant, si vous le jugez à propos, vous
« pouvez lui faire vos offres, quoique cela me paraisse encore assez
« égal, car, connaissant votre position aussi bien que vous-même, je
« ne doute pas qu'elle ne réponde à vos offres comme elle doit ; et
« tout ce que je vois à gagner à cela, c'est que vous pourrez dire à ceux
« qui vous pressent, que si vous n'avez pas été, ce n'est pas faute de
« vous être offert » (¹) *Confessions* (liv. IX).

Aux réflexions très-justes que fait Rousseau sur cette épître si
suspecte, je joins celles qui résultent de son rapprochement avec la
lettre publiée par Grimm. Qu'attendait donc cet honnête homme qui
frémissait d'indignation à l'idée du *monstrueux* système de Rousseau,
pour lui témoigner l'horreur vertueuse dont il était saisi ? Quel besoin avait-il de *rêver* à cette affreuse lettre qui *troublait sa belle
âme ?* Pourquoi cet intervalle de dix jours entre son billet énigmatique, et le manifeste solennel de la rupture ? Pourquoi ce style ambigu ? Est-ce ainsi qu'on écrit sous l'influence des nobles sentiments
dont Grimm se dit transporté ? Enfin pourquoi taire ce billet sournois qui cache si mal les plus cruelles intentions ? Examinons maintenant la lettre qui révoltait tant l'amant *vertueux* de la *chaste* d'Epinay. Je conviens que Rousseau, poussé à bout par tant d'indignes
procédés, et commençant à comprendre qu'il ne s'agissait de rien
moins que de flétrir son caractère, y discute assez rigoureusement la
mesure de reconnaissance qu'il doit à son amie. En pareil cas, on
a toujours le droit de compter avec ses bienfaiteurs. Ainsi, lorsque
Diderot lui écrivait hypocritement : « Mon ami, content de Mme d'E-
« pinay, il faut partir avec elle; mécontent, il faut partir beaucoup
« plus vite : pour moi, je vous avoue que si je ne pouvais supporter
« la chaise, je prendrais un bâton et je la suivrais » ; il me semble
qu'il lui était permis d'examiner si ses obligations envers son amie
lui imposaient cette ridicule abnégation. Il avait été logé gratuitement, mais malgré lui, à l'Ermitage ; « Mme d'Epinay, dit-il dans sa
« lettre à Grimm, a employé les sollicitations, et même les intrigues.
« Mes vœux pour ma patrie, mon goût, l'improbation de mes amis,
« tout céda dans mon cœur à la voix de l'amitié ; je me laissai en-

(¹) Il me semble reconnaître là le style saccadé de Diderot ; l'*Allemand* était
bien plus verbeux et plus lourd.

« traîner à l'Ermitage. » Grimm prétend que Rousseau *persécuta Mme d'Epinay pour se faire donner cet asile.* J'ai cité, page 22, le témoignage de cette dame, qui dément formellement ce lâche mensonge ; on ne conçoit pas que Grimm n'ait pas retiré des Mémoires de son amie une preuve si accablante de sa mauvaise foi. Remarquons, d'ailleurs, que si Rousseau eût persécuté Mme d'Epinay pour avoir l'Ermitage, il n'eût pas eu l'audace d'avancer le contraire dans sa lettre à Grimm, au risque de s'attirer un démenti ignominieux ; et de plus Grimm n'eût pas manqué de relever cette bassesse dans la majestueuse épître où il parle tant du *monstrueux système* de Rousseau et de ses *noirceurs.* Pour qu'il ne reste aucun doute sur l'indignité de Grimm, j'indique dans la correspondance de Rousseau les lettres suivantes à Mme d'Epinay : 1° celle datée de 1755, qui commence ainsi : « Il s'en faut bien que mon affaire avec M. Tronchin, etc. » 2° la suivante : « Je me hâte de vous écrire deux mots, « etc. » ; 3° celle-ci : « Enfin, madame, j'ai pris mon parti et *vous vous doutez bien que vous l'emportez*, etc. » Je demande à ceux qui les ont lues, si l'on peut pousser plus loin la gratitude, la fierté et l'amour de l'indépendance, et s'il n'est pas avéré que Rousseau, en acceptant l'asile de l'Ermitage, ne céda qu'aux sollicitations pressantes de son amie. Mais supposons qu'il se trompât sur l'étendue de ses devoirs envers Mme d'Epinay ; mettons de côté sa santé, sa pauvreté, et tous les arguments très-plausibles que contient sa lettre à Grimm ; voici comment il terminait : « Pesez bien mes raisons, *mon* « *cher ami*, et puis dites-moi ce que je dois faire. Je veux remplir mon « devoir ; mais dans l'état où je suis, en vérité, l'on ne doit rien exiger « de plus. Si vous pensez que je doive partir, prévenez-en Mme d'Epi-« nay ; prenez quelques mesures pour ne pas laisser ces pauvres femmes « seules cet hiver au milieu des bois ; puis, envoyez-moi un exprès, et « soyez sûr que je pars pour Paris à la réception de votre réponse. » Le même jour, il écrivait à Mme d'Epinay : « Soyez sûre qu'au lieu de « tous ces mensonges détournés, si vous eussiez insisté avec amitié, « que vous m'eussiez dit que vous le désiriez fort, et que je vous serais « utile, j'aurais passé par-dessus toute autre considération, et je serais « parti » (oct. 1757). Grimm et son amie sont jugés sur ces deux traits seulement. Accuser un tel homme de *noirceur*, traiter ses raisonnements timides, sa confiance sans bornes, ses scrupules excessifs, *de principes odieux, de monstrueux système*, c'est se démasquer de ses propres mains, c'est faire retomber sur soi l'infamie dont on veut l'accabler !

Il est bon de remarquer que ces gens qui trouvaient si affreux que Rousseau eût entraîné deux femmes dans sa solitude, n'en exigeaient pas moins qu'il les y laissât pendant l'hiver, pour suivre Mme d'Epinay !

Encore un mensonge de Grimm, plus lâche peut-être que tous ceux que je viens de citer. Voici ce qu'on lit dans les *Mémoires* de son amie (t. II, pag. 83) : « On a été obligé de transporter à bras la
« mère Levasseur à l'Ermitage. Cette pauvre femme pleurait de joie
« et de reconnaissance ; mais Rousseau, après le premier moment
« de surprise et de reconnaissance passé, marchait en silence, tête
« baissée, sans avoir l'air d'avoir la moindre part à ce qui se passait.
« Nous dînâmes avec lui. Mme d'Epinay était si épuisée qu'elle pensa
« se trouver mal ; elle fit ce qu'elle put pour le cacher à Rousseau
« qui s'en douta, *mais qui ne voulut pas avoir l'air de s'en aper-*
« *cevoir.* » Grimm était présent, et c'est lui qui parle ici, comme en beaucoup d'autres endroits des *Mémoires*, sous le voile d'un tiers anonyme. Voici maintenant un passage d'une lettre de Rousseau à Mme d'Epinay, relative à cet incident : « Au surplus, je ne vous con-
« seille pas beaucoup de compter sur des compliments à notre pre-
« mière entrevue. Je vous réserve, au contraire, une censure grave
« d'être venue malade et souffrante m'installer ici, sans égard pour
« vous ni pour moi. Hâtez-vous de me rassurer sur les suites de cette
« indiscrétion, et souvenez-vous, une fois pour toutes, *que je ne vous*
« *pardonnerai jamais d'oublier ainsi vos intérêts en songeant aux*
« *miens.* » Cette lettre est sans date, mais son contenu indique qu'elle fut écrite trois jours après l'installation de Rousseau, c'est-à-dire le 12 avril. Comment croire que l'homme qui s'exprimait ainsi sur les souffrances de son amie ait pu en supporter la vue sans émotion ?

J'en ai dit assez, je pense, pour donner une juste idée du caractère de Grimm et de la valeur de ses accusations. Il me reste à produire un témoin à charge dont, à coup sûr, il n'a pu prévoir l'accablante déposition. Ce témoin, c'est le fils de Mme d'Epinay. M. Piguet, de Lausanne, qui a publié quelques détails sur J.-J. Rousseau, à l'époque de l'apparition de la *Correspondance* de Grimm, s'exprime comme il suit : « Grimm ne s'est pas justifié des reproches
« que lui fait Rousseau ; on ne peut donc accuser celui-ci de l'avoir
« calomnié. Au reste, j'avais déjà une présomption que Rousseau
« n'avait pas chargé son portrait. Une de mes parentes, qui connais-
« sait le fils aîné de Mme d'Epinay, a bien voulu lui demander pour
« moi quelques renseignements sur l'auteur d'*Emile*. Il a adressé,
« à ce sujet, à ma cousine C..., une lettre datée de Fribourg, le 20

« mai 1811, et dont voici quelques fragments : « Le grand succès
« du *Devin du village*, dit M. d'Epinay fils, et surtout celui du
« *Discours sur les causes de l'inégalité*, refroidit visiblement la plu-
« part des amis de Rousseau. Cette remarque l'attrista, et fut peut-
« être le premier germe de la manie qu'il eut toujours depuis, d'ima-
« giner que ses amis le desservaient sous de faux dehors. Cette idée
« amère pour son cœur aimant a empoisonné le reste de sa vie.
« On a de Grimm plusieurs petites brochures de circonstance, écrites
« avec esprit et facilité, pour un Allemand. On trouva le moyen de
« le faire entrer dans la maison de M. le duc d'Orléans, grand-père
« du prince actuel, en qualité de secrétaire. On lui procura encore
« une correspondance littéraire avec l'impératrice de Russie et la
« cour de Saxe-Gotha. Cela dura plusieurs années et le mit en état
« de monter sa garde-robe. Au petit habit noir râpé, aux mauvais
« bas usés, il substitua l'habit brodé, le bas de soie blanc, le fin es-
« carpin, l'épée, et le carrosse de remise au mois. Il accompagna
« tout cela d'un laquais, et d'un valet de chambre qui le coiffait et
« écrivait sous sa dictée. Mais si chacun fut frappé de cette prompte
« métamorphose de costume, on ne tarda pas à l'être encore plus
« de ses manières envers ses amis. Du moment qu'il fréquenta les
« grands, il oublia qu'il était petit, prit un air d'insolence avec ses
« inférieurs, de protection et de suffisance avec ses amis et ses égaux,
« et *fut rampant avec ses supérieurs*..... Lorsque Rousseau allait à la
« Chevrette chez Mme d'Epinay, il y trouvait quelquefois Grimm dont
« la morgue lui faisait essuyer à tout moment quelque humiliation.
« Mme d'Epinay s'en apercevait et en souffrait. Je suis même persuadé
« qu'elle en a parlé à Grimm en particulier. Le trait du souper au
« coin du feu (*Confess.*, liv. IX) est très-vrai, et si *je n'en avais pas
« été témoin oculaire*, j'avoue que j'aurais eu de la peine à le croire.
« Plusieurs traits de ce genre firent croire à Rousseau qu'un homme
« à qui la tête tournait ainsi ne pouvait être son ami. La lettre que
« Mme d'Epinay écrivit de Genève à Rousseau (1er décembre 1757)
« est remarquable. Il est clair qu'on avait desservi Jean-Jacques
« auprès d'elle, et même qu'on l'avait calomnié. Qui lui avait rendu
« ce mauvais service ? Cela n'est pas difficile à deviner. Le congé
« si imprévu et si positif qui termine ce billet ne serait jamais venu
« à l'idée de Mme d'Epinay, si on ne le lui avait pas suggéré. Malgré
« les torts *réels ou apparents* de Rousseau, l'humanité lui aurait fait
« rejeter bien loin l'idée de mettre à la porte, à l'entrée de l'hiver,
« un homme malade, *qu'elle aimait encore en secret*. Mais elle était

« obsédée, circonvenue ; elle n'a pas osé montrer du caractère
« en cette occasion. *Notre philosophe a succombé sous l'animosité de*
« *gens à qui il n'avait jamais fait de mal.* Mme d'Epinay, par tout
« ce que j'ai vu et entendu depuis 1757, s'est bien repentie de son
« aveuglement, de sa trop grande confiance en Grimm ; mais il était
« trop tard. Ainsi, il paraît constant que la rupture de Rousseau
« avec Mme d'Epinay vient uniquement de Grimm. *En donner la*
« *raison, ne m'est pas possible.* Tout ce que je puis affirmer, c'est
« que depuis cette époque, *j'ai été témoin bien souvent des vifs re-*
« *proches que Mme d'Epinay a faits à Grimm*, lorsqu'il a été la re-
« joindre à Genève, sur les durs procédés qu'il avait eus pour le pau-
« vre Rousseau, qui ne les avait pas mérités. »

Musset-Pathay, à qui j'emprunte cette citation ([1]), ajoute les réflexions suivantes : « Ce témoignage du fils de Mme d'Epinay con-
« firme le récit de Rousseau dans ses moindres particularités... Re-
« marquons avec quelle réserve le fils glisse sur les torts de la mère, et,
« ne pouvant parler de sa honteuse passion pour Grimm, en dit cepen-
« dant assez pour ceux qui la connaissent. Les *Mémoires* de la mère,
« qui laissent voir cette passion aux yeux les moins clairvoyants,
« n'avaient pas encore été publiés lorsque la lettre du fils fut écrite. »

En voilà assez sur ce méprisable Grimm et sur la femme dont il
pervertit l'âme naturellement droite et sensible. Passons à Diderot!

La vive amitié de Rousseau pour cet homme ne saurait être mise
en doute. Ce sentiment fut d'abord réciproque. Rousseau attribue le
changement de Diderot à la jalousie que lui inspirèrent ses succès
lyriques et littéraires, et surtout à l'exemple d'indépendance qu'il
osait donner aux gens de lettres. Nous venons de voir M. d'Epinay
fils confirmer ces assertions. L'influence de Grimm sur l'âme faible
et vaniteuse de Diderot acheva ce que ces motifs secrets avaient
commencé. L'aventurier allemand parvint à y verser une partie de
la haine instinctive qui régnait dans la sienne. On en a vu les effets
dans les récits des *Confessions*; il reste à en chercher la confirmation
dans la *Correspondance* de Rousseau avec Diderot. Je répète ici,
que dans la pénurie où nous laisse l'absence des pièces justificatives
que Rousseau avait jointes à ses *Confessions*, ce mode d'analyse est
le seul qui reste à la critique. Des lettres offrent plus de garanties
qu'une narration composée longtemps après les événements, et dans
laquelle on peut craindre que l'auteur, trompé par sa mémoire, ou

---

([1]) *Œuvres inédites de Rousseau*, tome I, page 389.

dominé par la passion, ne reproduise pas fidèlement la vérité. La *Correspondance*, au contraire, conserve des détails futiles, faciles à oublier, et pourtant précieux ; elle présente les faits à l'époque même où ils ont eu lieu ; en outre, elle sert souvent à en constater l'authenticité aussi sûrement que les preuves matérielles. En voici un exemple très-sensible. Quand Rousseau, en écrivant à Mme d'Epinay (V. pag. 35), discute avec elle les conditions de son entrée à l'Ermitage et dit qu'il cède à l'amitié en acceptant cet asile, on peut affirmer que Grimm a menti en avançant que Rousseau avait *persécuté* Mme d'Epinay pour obtenir d'elle cette habitation.

Diderot, piqué de n'avoir pu chasser Rousseau de sa retraite par le scrupule, publia, avec une affectation évidente, son trait sur les solitaires. Rousseau, justement offensé, engagea avec lui et avec Mme d'Epinay une correspondance dont, malheureusement, il ne reste plus que ses propres lettres, et quelques extraits de celles de Diderot. Comme elles existent dans toutes les éditions des œuvres de Rousseau, je me bornerai à les indiquer par leurs phrases initiales, et à en signaler les traits les plus remarquables. La lettre affectueuse que Rousseau dit avoir écrite à Diderot, à l'apparition de la sentence, n'a pas été retrouvée, et cette perte est fâcheuse. Diderot répondit par celle dont on trouve un court extrait dans les *Confessions* (liv. IX). Elle est remarquable par sa sécheresse et son ironie.

Réponse de Rousseau (mercredi 1757). « Quand vous prenez des « engagements, etc. » On voit par cette lettre que Diderot donnait des rendez-vous et n'y venait pas. Rousseau promet de nouveau de renvoyer à Paris la vieille Levasseur : « Je lui donnerai, dit-il, tout ce « que j'ai ; je vendrai tout ; si je puis gagner quelque chose, le produit « sera pour elle ; elle a des enfants à Paris qui peuvent la soigner ; « s'ils ne suffisent pas, *sa fille l'y suivra.* En tout cela, je ne ferai « pas trop pour mon cœur, ni assez pour mes amis... Je resterai « seul ici, je mangerai du pain, je boirai de l'eau, je serai heureux « et tranquille ; vous aurez Mme Levasseur, et je serai bientôt ou- « blié... Je remarque une chose qu'il est important que je vous dise. « Je ne vous ai jamais écrit sans attendrissement, et je mouillai de « mes larmes ma précédente lettre ; mais enfin la sécheresse des « vôtres s'étend jusqu'à moi ; mes yeux sont secs et mon cœur se « resserre, en vous écrivant. » Il termine en le priant de ne pas venir le voir *pour ne pas exposer leur amitié à une rupture infaillible.*

13 sept. 1756, à Mme d'Epinay. « Ma chère amie, il faudra que

« j'étouffe si je ne verse pas mes peines dans votre sein, etc. » Il lui rend compte de la sèche réponse de Diderot. Il dit qu'on le tracasse cruellement au sujet de la vieille Levasseur qui, dit-il, *ne désire point aller à Paris*, qui ne se plaint point, et qui est très-contente. Il ajoute que Grimm ne sera content que lorsqu'il lui aura ôté tous les amis qu'il lui a donnés. Il prophétisait. Cette lettre se termine ainsi : « J'oubliais de vous dire qu'il y a de la plaisanterie « dans la lettre du philosophe, il devient barbare avec légèreté. » L'extrait de la lettre de Diderot, rapporté dans les *Confessions*, prouve la vérité de ce reproche.

A la même. Janvier 1757. « Tenez, madame, voilà les lettres de « Diderot et ma dernière réponse, lisez et jugez-nous, etc. » Cette lettre donne une idée très-juste des dispositions de Diderot et consorts ; elle est en même temps une preuve affligeante de l'extrême faiblesse de Rousseau ; mais aussi que de bonté, que de confiance et de délicatesse elle révèle dans ce pauvre homme ! Il prend pour arbitre Mme d'Epinay, parce que, dit-il, *il est trop aigri pour avoir de la raison* ; il consent à envoyer à Paris la mère Levasseur qui, d'abord, fait semblant d'en être affligée, puis éclate en violents reproches, *du ton d'une femme qui se sent bien appuyée*. Il y a dans cette lettre un trait affectueux sur Diderot qui eût dû le ramener, s'il fût resté dans son cœur quelque sentiment d'amitié.

A la même. ... 1757. « Je reçois votre lettre, ma bonne amie, etc. » Il lui dit que son amitié le console de tout, que Diderot étant agresseur aurait dû faire les premières avances. « Un mot, dit-il, un seul « mot, m'eût fait tomber la plume des mains, j'étais aux pieds de « mon ami. Au lieu de cela, voyez le ton de sa seconde lettre (¹), « voyez comment il raccommode la dureté de la première... Croyez-« moi, ma bonne amie, Diderot est maintenant un homme du monde. « Il fut un temps où nous étions tous deux pauvres et ignorés, et « nous étions amis ; j'en puis dire autant de Grimm ; mais ils sont « devenus des gens importants, etc. » Enfin, il pousse la bonté et l'illusion jusqu'à convenir qu'il a fait injure à Grimm, en l'accusant de connivence avec Diderot. L'infortuné ! que ne connaissait-il la vérité dévoilée plus tard dans les *Mémoires* de cette indigne femme, dont l'amitié *le consolait de tout !* Que ne voyait-il l'odieux Grimm, retranché dans sa neutralité hypocrite, corrompant deux âmes faibles pour désoler et déshonorer l'homme dont le seul tort était de l'avoir trop aimé !

(¹) Cette lettre n'a pas été publiée ; j'ignore même si elle existe.

A la même..... 1757. Il la prévient que la mère Levasseur va lui écrire pour lui exposer ses intentions. Il consent à supprimer une réponse à Diderot que Mme d'Epinay, inspirée constamment par Grimm, trouvait trop dure. De plus elle exigeait qu'il convînt envers lui de *ses torts*. Rousseau, cette fois, commence à ouvrir les yeux et se refuse aux injonctions perfides de sa fausse amie.

A Diderot..... 1757. « J'ai envie de reprendre en peu de mots « l'histoire de nos démêlés, etc. » Cette lettre doit être lue en entier ; elle est une de celles qui font le mieux ressortir la différence de caractère des deux hommes. Je me borne à faire remarquer qu'après avoir traité Rousseau d'homme *injuste, cruel, féroce*, Diderot fut assez peu généreux pour lui objecter *ses services*. Il est encore essentiel de noter que Mme d'Epinay prenait le parti de Diderot à tel point, que Rousseau ne peut s'empêcher de dire, en parlant d'elle : « Si je « ne connaissais son motif, je la croirais aussi injuste que vous. » Ce soupçon n'était que trop fondé.

A Mme d'Epinay. Jeudi 1757. « Diderot m'a écrit une troisième « lettre en me renvoyant mes papiers. » Cette lettre doit être également lue en entier. Quel courage il fallait pour porter le trouble dans une âme si droite, si inoffensive, si étonnamment subjuguée par ses affections! Cependant, malgré son défaut d'énergie et ses illusions, Rousseau réfutait sans pitié les misérables sophismes de Diderot, et résistait avec une sagacité instinctive aux efforts de Mme d'Epinay pour l'amener à céder aux exigences de ses prétendus amis.

A Mme d'Epinay. 1757. Cette lettre ne contient qu'une circonstance digne de remarque; c'est la présence de la vieille Levasseur à Paris, où sans doute elle eut des conférences avec ses dignes protecteurs. Malgré l'absence de date, on juge, par la mention qui y est faite d'un cadeau d'almanachs, que la lettre doit être du courant de janvier 1757.

A Mme d'Epinay. Février 1757. Cette lettre, pleine de sensibilité, se termine par le trait qui suit : « Vous aviez bien raison de vouloir « que je visse Diderot. Il a passé hier la journée ici, il y a longtemps « que je n'en ai passé de si délicieuse. Il n'y a pas de dépit qui « tienne contre la présence d'un ami. »

A Diderot. 2 mars 1758. C'est la dernière de Rousseau à son ami. Elle est encore plus essentielle à lire que les précédentes, parce que l'âme de son auteur s'y peint encore mieux. Je n'en cite que le dernier trait, qui est déchirant: « Vous pouvez avoir été séduit et trompé; « cependant votre ami gémit dans sa solitude, oublié de tout ce qui

« lui était cher ; il peut y tomber dans le désespoir, y mourir enfin,
« maudissant l'ingrat dont l'adversité lui fait verser tant de larmes,
« et qui l'accable dans la sienne. Il se peut que les preuves de son
« innocence vous parviennent enfin, que vous soyez forcé d'*honorer*
« *sa mémoire*, et que l'image de votre ami mourant ne vous laisse
« pas des nuits tranquilles ! Diderot, pensez-y, je ne vous en repar-
« lerai plus. » Dans la plupart des éditions de Rousseau, on trouve,
au sujet du dernier trait de cette lettre, la note suivante : « *Voyez,*
« *lecteurs, les notes de la Vie de Sénèque.* » Il s'en faut que les auteurs
de cette courte protestation aient toujours été justes envers Rousseau ; mais ici le cri de la conscience a été plus fort que les préjugés. Il est probable qu'après cette lettre, toute correspondance cessa
entre Diderot et Rousseau, jusqu'à l'époque de leur rupture, dont
les causes sont clairement énoncées dans les *Confessions*, liv. X.
J'y reviendrai en détail lorsque j'analyserai les notes sur la Vie de
Sénèque.

Pour ne pas morceler cette discussion, j'anticipe sur la marche
des événements, en parlant ici d'une démarche de Diderot, dont il
est très-difficile d'apprécier le but. Rousseau étant à Motiers, un de
ses voisins, le comte d'Escherny, lui écrivit en avril 1765, au nom
de Diderot, pour exiger de lui *un désaveu*, je ne sais sur quel sujet.
Il paraît que le messager, qui ne manquait pas d'aplomb, comme
je le ferai voir en son lieu, hasarda, soit de son chef, soit de la
part de Diderot, quelques propositions de paix. « Lié avec tous les
« deux, dit-il dans sa notice sur Rousseau ([1]), et alternant entre le
« séjour de Paris et celui de la Suisse, Diderot m'avait prié de faire
« sa paix avec Rousseau. Je m'y suis porté avec tout le zèle possible.
« J'ai parlé, prié, j'ai écrit ; Rousseau a été inexorable. Voici la ré-
« ponse de Rousseau à d'Escherny : Je n'entends pas bien, monsieur,
« ce qu'après sept ans, M. Diderot vient tout à coup exiger de moi.
« Je n'ai nul désaveu à faire. Je suis bien éloigné de lui vouloir du
« mal, encore plus de lui en faire, ou d'en dire de lui. Je sais res-
« pecter jusqu'à la fin les droits de l'amitié éteinte, mais je ne la ral-
« lume jamais ; c'est ma plus inviolable maxime » (6 avril 1765).
D'Escherny prétend que ce n'est pas là *le plus beau trait de la vie
de Rousseau*, et tous les biographes l'ont répété. Il est impossible de
savoir en quoi consistait le désaveu exigé par Diderot ; mais il me
semble que si celui-ci eût voulu sincèrement se réconcilier avec

---

([1]) *Mélanges de littérature et d'histoire*, par d'Escherny, tome III, page 117.

son ancien ami, il n'eût pas débuté par un trait arrogant qui devait s'opposer d'emblée au succès de sa démarche. Peut-être même cette démarche ne fut-elle qu'un moyen détourné de mettre Rousseau dans son tort. Le public, déjà si prévenu contre lui, dut voir un trait de générosité dans les avances de Diderot, et, dans le refus de Rousseau, une nouvelle preuve de l'odieux caractère qu'on lui attribuait. Ce qu'on a déjà vu de la conduite de Diderot rend vraisemblable ce calcul perfide. Il le deviendra bien plus encore quand j'aurai achevé de dire tout ce qui le concerne.

Je cite un dernier trait de Rousseau à l'égard de Diderot, qui peut servir à apprécier les caractères des deux amis. Palissot, sachant leur rupture, envoya à Rousseau, par le libraire Duchesne, sa comédie des *Philosophes*, dans laquelle il était lui-même ridiculisé, mais qui contenait, au sujet de Diderot, des traits plus que satiriques. Rousseau écrivit au libraire une lettre, dans laquelle il refusait énergiquement cet *horrible présent*. « Cette lettre courut, dit-il ; « Diderot, qu'elle aurait dû toucher, s'en dépita. Son amour-propre « ne put me pardonner la supériorité d'un procédé généreux » (*Confessions*, liv. X).

Enfin, lorsque Rousseau écrivait ses *Confessions*, il était depuis longtemps proscrit, diffamé ; il savait que Diderot faisait cause commune avec ses plus mortels ennemis ; voyez pourtant quelle est la modération de ses jugements ! « Il est vrai, dit-il en parlant « des intrigues de Grimm, que Diderot et d'Holbach n'étaient pas, « du moins je ne puis le croire, gens à tramer d'eux-mêmes des com-« plots bien noirs ; l'un n'en avait pas la méchanceté, l'autre l'habi-« leté, etc. »(*Confessions*, liv. X). La note restrictive qui accompagne ce passage date des dernières années de la vie de Rousseau ; elle est ainsi conçue : « J'avoue que depuis ce livre écrit, tout ce que j'entrevois à travers les mystères qui m'environnent, me fait craindre de n'avoir pas connu Diderot. Les notes sur Sénèque existent heureusement, sans quoi on n'eût pas manqué de mettre ce trait sur le compte de la maladie mentale de Rousseau.

Pendant que l'infortuné s'exprimait sur la conduite de son ancien ami avec une si noble modération, Diderot tenait un tout autre langage ; et c'est Marmontel qui s'est chargé de nous le transmettre. Avant de citer textuellement son libelle, je dois rappeler au lecteur le trait maladroit qui valut à Rousseau la haine de cet écrivain (*Confessions*, liv. X).

Après avoir débuté par apprendre à la postérité combien il était

doux pour lui *de faire deux ou trois fois la semaine d'excellents dîners*, en compagnie de Diderot, d'Holbach, Galiani, Helvétius et autres, l'académicien raconte que, dans une de ces parties, se trouvant seul avec Diderot, à l'époque où la Lettre sur les spectacles venait de paraître, il lui témoigna son indignation au sujet de la note qui se trouve dans la préface de cet écrit, et qu'il appelle bénignement *un coup de stylet*. « Jamais, dit-il à Diderot, mon opi-
« nion ne sera en balance entre vous et Rousseau ; je vous connais,
« et je crois le connaître ; mais dites-moi par quelle rage et sur quel
« prétexte il vous a si cruellement outragé ? Retirons-nous, me
« dit-il, dans cette allée solitaire, là je vous confierai ce que je ne
« dépose que dans le sein de mes amis. »

J'avertis, avant d'aller plus loin, que ce qui suit est bien réellement de Diderot, c'est-à-dire imaginé et rédigé par lui, à loisir, selon toute apparence. Ceux qui ont l'habitude de son style ne sauraient s'y méprendre ; Marmontel, écrivain de théâtre, n'a fourni que la mise en scène.

« Lorsque Diderot se vit seul avec moi, et assez loin de la compagnie
« pour n'en être pas entendu, il commença son récit en ces mots : Si
« vous ne saviez pas une partie de ce que j'ai à vous dire, je garderais
« avec vous le silence, comme je le garde avec le public, sur l'origine
« de l'injure qui m'a été faite par un homme que j'aimais et que je
« plains encore, car je le crois bien malheureux. Il est cruel d'être ca-
« lomnié, de l'être avec noirceur, de l'être sur le ton perfide de l'ami-
« tié trahie, et de ne pouvoir se défendre ; mais telle est ma position.
« Vous allez voir que ma réputation n'est pas ici la seule intéressée.
« Or, dès qu'on ne peut défendre son honneur qu'aux dépens de
« l'honneur d'autrui, il faut se taire et je me tais. Rousseau m'ou-
« trage sans s'expliquer ; mais pour lui répondre, il faut que je
« m'explique, il faut que je divulgue ce qu'il a passé sous silence,
« et il a bien prévu que je n'en ferais rien. Il était bien sûr que je
« le laisserais jouir de son outrage, plutôt que de mettre le public
« dans la confidence d'un secret qui n'est pas le mien. En cela, Rous-
« seau est un agresseur malhonnête ; il frappe un homme désarmé.

« Vous connaissez sa passion malheureuse pour Mme d'Houdetot.
« Il eut un jour la témérité de la lui déclarer d'une manière qui de-
« vait la blesser. Peu de temps après, Rousseau vint me trouver à
« Paris. — Je suis un fou, je suis un homme perdu, me dit-il,
« voici ce qui m'est arrivé ; et il me conta son aventure. — Eh
« bien, lui dis-je, où est le malheur ? — Comment, ne voyez-vous

« pas, reprit-il, qu'elle va écrire à Saint-Lambert que j'ai voulu
« la séduire, et doutez-vous qu'il ne m'accuse d'insolence et de
« perfidie ? — Point du tout, répondis-je froidement, Saint-Lam-
« bert est un homme juste, il sait bien que vous n'êtes ni un Cy-
« rus, ni un Scipion. Après tout, de quoi s'agit-il ? D'un moment
« de délire, d'égarement ; il faut sans différer lui écrire, lui tout
« avouer, le prier de vous pardonner ce moment de trouble et
« d'erreur. Rousseau transporté m'embrassa.—Vous me rendez la
« vie, me dit-il ; dès ce soir, je vais écrire. Depuis, je le vis plus
« tranquille, et je ne doutai pas qu'il n'eût fait ce dont nous étions
« convenus. Mais quelque temps après, Saint-Lambert arriva, et
« m'étant venu voir, il me parut, sans s'expliquer, si profondé-
« ment indigné contre Rousseau, que ma première idée fut que
« celui-ci ne lui avait pas écrit. — N'avez-vous pas reçu de lui
« une lettre ? lui dis-je. — Oui, me dit-il, une lettre qui mériterait
« le plus sévère châtiment. — Ah ! monsieur, lui dis-je, est-ce à
« vous de concevoir tant de colère d'un moment de folie dont il
« vous a fait l'aveu, dont il vous demande pardon ? Si cette lettre
« vous offense, c'est moi qu'il en faut accuser, car c'est moi qui
« lui ai conseillé de l'écrire. — Savez-vous, me dit-il, ce que con-
« tient cette lettre ? — Je sais, répondis-je, qu'elle contient un
« aveu, des excuses. — Rien de tout cela. C'est un tissu de fourbe-
« ries et d'insolences ; c'est un chef-d'œuvre d'artifice pour re-
« jeter sur Mme d'Houdetot le tort dont il veut se laver. — Vous
« m'étonnez, lui dis-je, ce n'était pas là ce qu'il m'avait promis.
« Alors, pour l'apaiser, je lui racontai la douleur et le repentir où
« j'avais vu Rousseau d'avoir pu l'offenser, et la résolution qu'il
« avait prise de lui demander grâce. Par là je l'amenai sans peine
« au point de le prendre en pitié. C'est à cet éclaircissement que
« Rousseau donne le nom de perfidie. Dès qu'il apprit que j'avais
« fait pour lui un aveu qu'il n'avait pas fait, il jeta feu et flamme,
« m'accusant de l'avoir trahi. Je l'appris, j'allai le trouver. — Que
« venez-vous faire ici ? me dit-il. — Je viens savoir, lui dis-je, si vous
« êtes fou ou méchant.—Ni l'un ni l'autre, me dit-il, mais j'ai le cœur
« ulcéré contre vous ; je ne veux plus vous voir. — Qu'ai-je donc
« fait ? lui demandai-je. — Vous avez fouillé, dit-il, dans les replis
« de mon âme, vous en avez arraché mon secret, vous l'avez trahi ;
« vous m'avez livré au mépris, à la haine d'un homme qui ne me
« pardonnera jamais. Je laissai son feu s'exhaler, et quand il se fut
« épuisé en reproches : — Nous sommes seuls, lui dis-je, et entre

« nous, votre éloquence est inutile. Nos juges sont ici, la raison,
« la vérité, votre conscience et la mienne. Voulez-vous les inter-
« roger ? Sans me répondre, il se jeta dans son fauteuil, les deux
« mains sur ses yeux, et je pris la parole.—Le jour, dis-je, où nous
« convînmes que vous seriez sincère dans votre lettre à Saint-Lam-
« bert, vous étiez, disiez-vous, réconcilié avec vous-même. Qui
« vous fit donc changer de résolution ? Vous ne répondez pas ;
« je vais répondre pour vous. Quand il vous fallut prendre la plume
« et faire l'aveu de votre folie, votre diable d'orgueil se souleva.
« Il vint vous faire entendre qu'il était indigne de votre caractère
« de vous humilier devant un homme, de demander grâce à un rival
« heureux ; que ce n'était pas vous qu'il fallait accuser, mais celle
« dont la séduction, la coquetterie, les flatteuses douceurs vous
« avaient engagé ; et vous, avec votre art, colorant cette belle ex-
« cuse, vous ne vous êtes pas aperçu qu'en attribuant le manége
« d'une coquette à une femme délicate et sensible, aux yeux d'un
« homme qui l'estime et qui l'aime, vous blessiez deux cœurs à la
« fois. — Eh bien, s'écria-t-il, que j'aie été injuste, imprudent, in-
« sensé, qu'en inférez-vous qui vous justifie à mes yeux d'avoir
« trahi ma confiance ? — J'en infère, lui dis-je, que c'est vous
« qui m'avez trompé, que c'est vous qui m'avez induit à vous dé-
« fendre comme j'ai fait. Que ne me disiez-vous que vous aviez
« changé d'avis ? Je n'aurais pas parlé de votre repentir, je n'aurais
« pas cru répéter les propres termes de votre lettre. Vous vous êtes
« caché de moi pour faire ce que vous saviez bien que je n'aurais
« pas approuvé ; et lorsque votre coup de tête a l'effet qu'il devait
« avoir, vous m'en faites un crime ! Allez, puisque dans l'amitié la
« plus tendre vous cherchez des sujets de haine, votre cœur ne sait
« que haïr. — Courage, barbare ! achevez d'accabler un homme
« faible et misérable. Il ne me restait au monde que ma propre es-
« time, et vous venez me l'arracher ! Alors Rousseau fut plus tou-
« chant et plus éloquent dans sa douleur qu'il ne l'a été de sa vie.
« Pénétré de l'état où je le voyais, mes yeux se remplirent de larmes.
« En me voyant pleurer, il s'attendrit et me reçut dans ses bras.

« Nous voilà donc réconciliés ; lui continuant de me lire sa *Nou-
« velle Héloïse*, et moi allant à pied deux ou trois fois la semaine
« à son Ermitage, pour en entendre la lecture et répondre en ami
« à la confiance de mon ami. C'était dans les bois de Montmorency
« qu'était le rendez-vous. J'y arrivais baigné de sueur, et il ne lais-
« sait pas de se plaindre lorsque je le faisais attendre. Ce fut dans

« ce temps-là que parut la lettre sur les spectacles, avec le beau pas-
« sage de Salomon, par lequel il m'accuse de l'avoir outragé et trahi.
« — Quoi ! m'écriai-je, en pleine paix ? Cela n'est pas croyable.—
« Non, cela ne l'est pas, et cela n'en est pas moins vrai. Rousseau vou-
« lait rompre avec moi et avec mes amis ; il en avait manqué l'occasion
« la plus favorable. Quoi de plus commode, en effet, que de m'attribuer
« des torts dont je ne pouvais me laver ? Fâché d'avoir perdu cet avan-
« tage, il le reprit, en se persuadant que, de ma part, notre réconcilia-
« tion n'avait été qu'une scène jouée.—Quel homme, m'écriai-je, et il
« croit être bon !—Diderot me répondit : Il serait bon, car il est né
« sensible, et dans l'éloignement il aime assez les hommes. Il ne hait
« que ceux qui l'approchent ; parce que son orgueil lui fait croire
« qu'ils sont tous envieux de lui ; qu'ils ne lui font du bien que pour
« l'humilier ; qu'ils ne le flattent que pour lui nuire. C'est là sa ma-
« ladie. Intéressant par son infortune, par ses talents, par un fonds
« de bonté, de droiture, il aurait des amis, s'il croyait aux amis.
« Il n'en aura jamais, ou ils l'aimeront seuls ; car il s'en méfiera
« toujours » (*Mémoires de Marmontel*, t. II, pages 1 à 7).

Examinons la première assertion de Diderot. Il prétend que Rousseau s'accusa devant lui d'avoir déclaré sa passion à Mme d'Houdetot *de manière à la blesser*. Chacun peut voir avec quel naturel et
quelle sincérité cette circonstance est décrite dans les *Confessions*
(liv. IX) ; mais comme c'est Rousseau qui raconte, je consens à écarter son témoignage. Il avoue, j'en conviens, que Mme d'Houdetot,
après avoir appris de lui sa faiblesse, ne voulut pas s'éloigner brusquement, de peur d'être obligée d'en dire la cause à Saint-Lambert,
ce qui eût infailliblement brouillé les deux amis ; mais cette conduite délicate s'explique très-bien dans le récit des *Confessions*, et
ne fait supposer aucun outrage. Elle parle même en faveur de
Rousseau ; car pourquoi Mme d'Houdetot l'eût-elle ménagé à ce point
s'il eût été coupable ? Admettons un instant l'accusation de Diderot,
supposons que la prudence ou la pitié eussent suggéré à Mme d'Houdetot quelques précautions pour éviter un éclat scandaleux ; dans ce
cas, les relations qu'elle eût conservées avec Rousseau eussent été
rares et froides. L'amitié n'eût pu succéder à de tels antécédents.
« Elle continua, dit Rousseau, à me faire des visites que je ne tar-
« dai pas à lui rendre. Elle aimait à marcher ainsi que moi ; nous
« faisions de longues promenades dans un pays enchanté, etc. » (*Confessions*, liv. IX). *Une correspondance s'établit*, il en reste encore des
preuves irrécusables. Si l'on poussait le rigorisme jusqu'à repousser

ce qui est de notoriété publique, on trouverait la confirmation de ces relations intimes dans la correspondance de Grimm avec Mme d'Epinay. (Voyez *Mémoires*, t. III, p. 68, 70, 82, 111.) Ainsi ce fut Mme d'Houdetot, *outragée* par Rousseau, qui fit les avances de cette liaison. Je demande s'il est possible d'admettre une telle absurdité ? Rousseau n'a donc pu avouer à Diderot qu'il avait blessé Mme d'Houdetot, en lui déclarant sa passion. Premier mensonge.

Diderot affirme avoir conseillé à Rousseau d'écrire à Saint-Lambert, pour s'excuser et lui demander pardon. Il dit que Rousseau, après avoir promis de le faire, changea d'avis, et adressa à Saint-Lambert une lettre insolente et perfide, dans laquelle il accusait Mme d'Houdetot de l'avoir égaré par ses agaceries. Cette calomnie, bien plus grave que la précédente, est tout aussi facile à réfuter. Je fais observer, tout d'abord, que cette prétendue lettre n'a jamais été produite. Diderot, Grimm et Marmontel ont eu bien soin de n'en parler qu'après la mort de Rousseau, c'est-à-dire lorsqu'ils ne risquaient plus d'être sommés par lui de la faire voir. C'est déjà une assez forte présomption contre eux. Passons aux preuves directes.

« Tandis que j'étais à Paris (chez Diderot), dit Rousseau, Saint-« Lambert y arriva de l'armée. Comme je n'en savais rien, je ne le « vis qu'après mon retour à la campagne, d'abord à la Chevrette, « ensuite à l'Ermitage, où il vint avec Mme d'Houdetot me demander « à dîner » (*Confess.*, liv. IX). Notez que cela se passait précisément au moment où, selon le récit de Diderot, Saint-Lambert, furieux de la prétendue lettre de Rousseau, éclatait en invectives contre lui, et disait que cette lettre *méritait le plus sévère châtiment.* Or, voilà ce terrible Saint-Lambert qui s'invite à dîner chez cet insolent, chez ce fourbe, avec sa maîtresse qui a été deux fois outragée par lui ! Il est vrai que Rousseau dit que Saint-Lambert le traita *durement, mais amicalement.* J'ai dit ailleurs ce que je pensais de ce procédé. On se l'expliquera facilement, en se rappelant que Saint-Lambert avait été *instruit et mal instruit* par un traître, dont je tâcherai plus tard de soulever le masque. Ce qu'il y a d'incontestable, c'est que dans cette visite, la conduite de Saint-Lambert n'est pas celle qu'il eût tenue, si les assertions de Diderot étaient vraies. Veut-on que Saint-Lambert n'eût pas encore reçu la lettre de Rousseau ? j'y consens. Rousseau dit qu'après cette visite, il trouva Mme d'Houdetot fort changée à son égard : « J'en fus surpris, ajoute-t-il, comme si « je n'avais pas dû m'y attendre. Je vis qu'il s'était passé quel-« que chose qu'elle ne voulait pas me dire, et que je n'ai jamais su »

(*Confessions*, liv. IX). Cela s'explique encore. Saint-Lambert était très-jaloux ; une lettre anonyme, dont je parlerai bientôt, avait excité ses soupçons ; quelques scènes avaient eu lieu, sans doute entre lui et sa maîtresse ; et de là venait le refroidissement de Mme d'Houdetot. Rousseau le devina, car il dit : « Je compris enfin qu'il y avait « plus de jalousie que de mésestime dans l'éloignement où il la tenait « de moi. » Navré des procédés de Mme d'Houdetot, il imagina de s'en plaindre à Saint-Lambert même. Sa lettre est du 4 septembre 1757 (¹) ; en voici un trait : « Tout est changé, hormis mon cœur. « Depuis votre départ, elle me reçoit froidement ; elle me parle à « peine, même de vous. Un homme dont on veut se défaire n'est « pas traité autrement. Que signifie ce changement? *si je l'ai mérité,* « *qu'on me le dise,* et je me tiens pour chassé ; si c'est légèreté, qu'on « me le dise encore, je me retire aujourd'hui et je serai consolé de- « main.... Dites-moi donc d'où peut venir son refroidissement. Au- « riez-vous pu craindre que je ne cherchasse à vous nuire auprès « d'elle, et qu'une vertu malentendue ne me rendît perfide et trom- « peur ? L'article d'une de vos lettres qui me regarde m'a fait en- « trevoir ce soupçon. Non, non, Saint-Lambert, la poitrine de « J.-J. Rousseau n'enferma jamais le cœur d'un traître, et je me « mépriserais bien plus que vous ne pensez, si j'avais tenté de vous « ôter le sien. Ne croyez pas m'avoir séduit par vos raisons ; j'y vois « l'honnêteté de votre âme et non votre justification. Je blâme vos « liens, vous ne sauriez les approuver vous-même, et tant que vous « me serez chers l'un et l'autre, je ne vous laisserai jamais la sécu- « rité de l'innocence dans votre état, etc. »

Cette lettre est du 4 septembre 1757. Saint-Lambert était revenu de l'armée pendant le séjour de Rousseau à Paris, c'est-à-dire dans le courant de juin 1757 (¹). Par conséquent, au moment où Rousseau lui écrivait ce qui précède, il devait avoir reçu depuis longtemps la lettre supposée par Diderot. C'était, ou jamais, le cas d'éclater, de jeter cette indigne lettre à la figure de l'homme qui avait l'audace de demander pourquoi on le fuyait, et celle plus incroyable encore d'afficher le rigorisme sur des liaisons qu'il avait voulu troubler pour se disculper. Saint-Lambert ne fit rien de tout cela. Il est frappé d'une attaque d'apoplexie, et *trois jours* après son accident, il écrit à Rousseau une lettre remplie de témoignages *d'estime et*

(¹) Voir le récit de Diderot ci-dessus cité, et la lettre de Rousseau à Mme d'Epinay (juin 1757), qui commence ainsi : « Votre fièvre m'inquiète, etc. »

d'amitié (Confess., liv. IX). « Dès ce moment, dit Rousseau en par-
« lant de cette lettre, je fis mon devoir ; mais il est constant que si
« Saint-Lambert se fût trouvé moins sensé, moins généreux, moins
« honnête homme, j'étais perdu sans retour. » L'éditeur des Mémoires de Mme d'Epinay, quoique très-hostile envers Rousseau, a si bien senti la force de cette lettre de Saint-Lambert, comme argument, qu'il a eu la bonne foi de l'opposer au récit venimeux de Grimm sur ce sujet, et qui ressemble en tout à celui de Diderot. (Voyez *Mémoires*, t. III, pag. 181.) Les sceptiques objecteront-ils que cette lettre de Saint-Lambert n'a pas été publiée ? Soit ; voici la réponse de Rousseau, et celle-là existe dans toutes les éditions de ses œuvres. « Que de joie et de tristesse me viennent de vous, mon
« *cher ami!* A peine l'*amitié* est-elle commencée entre nous, que
« vous m'en faites sentir tous les tourments et tous les plaisirs. Je
« ne vous parlerai pas de l'impression que m'a faite votre accident.
« Mme d'Epinay en a été témoin. Je ne vous peindrai pas non plus
« les agitations de *notre amie,* votre cœur est fait pour les imaginer.
« J'avais à la fois le sentiment de votre état et le spectacle du sien ;
« jugez de celui de *votre ami....* Notre amie vint mardi faire ses
« adieux à la vallée. J'y passai une demi-journée triste et délicieuse ;
« nos cœurs vous plaçaient entre eux, et nos yeux n'étaient pas
« secs en parlant de vous. Je lui dis que son attachement pour vous
« était désormais une vertu. Elle en fut si touchée, qu'elle voulut
« que je vous l'écrivisse. Je lui obéis volontiers. Oui, *mes enfants*,
« *soyez à jamais unis* ; il n'est plus d'âmes comme les vôtres, vous
« méritez de vous aimer jusqu'au tombeau, etc. » Voilà en quels termes se trouvaient alors l'*insolent*, le *perfide* Rousseau, Mme d'Houdetot, *outragée, calomniée* par lui, et le *terrible* Saint-Lambert plein de *son juste ressentiment!*

Le dernier trait de cette citation pourra sembler risible à certains lecteurs ; mais je ne crois pas qu'un seul d'entre eux puisse douter maintenant que l'outrage fait par Rousseau à Mme d'Houdetot, la lettre insolente à Saint-Lambert, et toutes les scènes que Diderot a brodées sur ce canevas, ne soient autant de mensonges. Il ne reste plus de cet odieux roman qu'un seul fait réel, et il est accablant ; c'est que Diderot convient d'avoir parlé à Saint-Lambert de l'amour de Rousseau pour Mme d'Houdetot. Rousseau ne s'était donc pas trompé sur ce point, et cet aveu de Diderot, dégagé des fables avec lesquelles il a cru le justifier, rend très-vraisemblable l'indiscrétion encore plus grave que Rousseau lui reproche, et qui le détermina à rompre avec lui. Quant à la prétendue délicatesse qui, suivant Diderot, l'empêcha de répondre à la note de la lettre sur les spectacles, je prouverai plus loin qu'elle n'est que de la tartuferie pure.

Je ne dois pas négliger de relever un autre mensonge de détail, qui n'est pas sans importance. Diderot prétend avoir fait à pied, deux ou trois fois la semaine, la course de Paris à l'Ermitage, pour entendre la lecture de la *Julie*. Rousseau (*Confess*., liv. IX) dit que cette lecture n'eut lieu *qu'une fois*, lors de son voyage à Paris pour se réconcilier avec Diderot (juin, 1757); et que celui-ci, qui promettait sans cesse des visites, et n'en faisait jamais, ne vint qu'une fois à l'Ermitage dans le cours de cette même année. Suivant Diderot, ces courses auraient eu lieu dans l'été de 1758 : mais alors Rousseau n'habitait plus l'Ermitage, et après ce qui s'était passé entre lui et Diderot au sujet du voyage de Mme d'Epinay, il est peu probable que cet ami, déjà si équivoque, se montrât aussi empressé de le voir, après l'avoir si longtemps négligé. La version de Diderot a évidemment pour but de se montrer au lecteur *suant, haletant* et *grondé*, c'est-à-dire de faire ressortir sa touchante abnégation et le dur égoïsme de son ami. Je pense qu'on aura remarqué l'insigne hypocrisie de l'espèce d'éloge qui termine la diatribe de Diderot, et qui est destiné à faire passer plus aisément les calomnies qui précèdent. Et l'on croit généralement que Diderot n'était pas méchant!

Grimm a inséré, dans les *Mémoires* de M^{the} d'Epinay, l'épisode mensonger que je viens de réfuter, et l'a revêtu de formes encore plus haineuses. Je penche même à croire qu'il en est l'inventeur, et que Diderot, moins pervers que lui, l'aura écrit sous sa dictée. Grimm fait dire à Saint-Lambert que la prétendue lettre de Rousseau est de celles auxquelles on ne répond qu'*avec des coups de bâton*; qu'elle n'est qu'un long sermon sur ses liaisons avec Mme d'Houdetot; que Rousseau lui en fait honte, et le peint comme un *scélérat* qui abuse de la confiance que le comte d'Houdetot a en lui (*Mémoires*, t. III, p. 180). Dans un autre endroit, il accuse Rousseau d'avoir cherché à inspirer des scrupules à Mme d'Houdetot sur ses liaisons avec Saint-Lambert, dans le but de le supplanter. Il prétend tenir ces détails du marquis de Croix-Marc, auquel, selon lui, Mme d'Houdetot les avait confiés (*Mémoires*, t. III, p. 82). Enfin, il raconte que Diderot ayant été voir Rousseau, celui-ci lui donna à lire des lettres de Mme d'Houdetot qui, selon lui, contenaient sa justification, et que la première que parcourut Diderot *était remplie de reproches amers*. « La comtesse, dit Grimm, s'y plai-

« gnait qu'il *abusait de sa confiance pour l'alarmer sur ses liaisons,*
« tandis qu'il ne rougissait pas d'employer les piéges, la ruse et les
« sophismes pour la séduire. Ah! certes, vous êtes fou, s'écria Di-
« derot, de vous être exposé à me laisser lire ceci! Lisez donc vous-
« même; cela est clair. Rousseau pâlit, balbutia, puis entra dans
« une colère effroyable ; fit une sortie contre le zèle indiscret de ses
« amis, et ne convint jamais qu'il eût tort. C'est à l'indignation
« qu'elle a causée à Diderot que nous devons la connaissance de
« tous ces détails. Je suis sûr qu'il n'en aurait jamais parlé, s'il ne
« se trouvait lui-même forcé de se justifier, etc. » (*Mémoires*, t. III,
p. 181). Grimm et Diderot étant, l'un et l'autre, convaincus de
mensonge et de calomnie, je me contente de faire remarquer que
cette méprise de Rousseau est invraisemblable ; un fourbe ne se
livre pas si bêtement ; de plus, la lâche conduite que Grimm lui
prête est victorieusement réfutée par toutes les preuves que j'ai
données ci-dessus de son intimité avec Saint-Lambert et avec
Mme d'Houdetot. J'ajoute que si l'anecdote racontée par Grimm lui
a été réellement fournie par Diderot, on peut, en la réunissant au
roman de Marmontel, y trouver déjà les indices d'un bien affreux
caractère. Grimm, dont l'acharnement passe toute idée, cite encore
l'extrait suivant d'une lettre de Diderot à M. N... « Je cause avec
« vous, comme je causais autrefois avec cet homme qui s'est en-
« fermé dans une forêt où son cœur s'est aigri, où ses mœurs se
« sont perverties. Que je le plains ! Imaginez que je l'aimais, et que
« je le vois seul entre le *crime* et le *remords*... Il sera souvent le
« tourment de ma pensée. Nos amis communs ont jugé entre lui et
« moi. Je les ai tous conservés, il ne lui en reste aucun, etc. » (*Mé-
moires* de Mme d'Epinay, t. III, p. 199). Si ce trait n'est pas de l'invention de Grimm, il faut convenir que Diderot a vraiment bonne grâce
de parler des *mœurs perverties* de Rousseau, sans doute à propos
de ses platoniques amours. Ne sait-on pas ce qu'étaient les siennes ?
J'engage ceux qui pourraient en douter à lire ses lettres à sa maîtresse, Mlle Voland, dont l'odieuse obscénité n'a pas effrayé M. Génin,
inspecteur de l'Université, et éditeur des œuvres *choisies* de Diderot.

J'ai parlé (pag. 48) d'une lettre anonyme adressée à Saint-Lambert et dans laquelle on cherchait à l'irriter contre Rousseau, en le
représentant comme occupé à séduire Mme d'Houdetot. Voici ce
que Grimm dit de cette lettre : « *J'ai toujours soupçonné Thérèse,*
« *et cette idée est venue à tous ceux qui ont été témoins de l'aven-*
« *ture.* » Non content de cette insinuation perfide contre la com-

pagne de Rousseau, Grimm ajoute : « Une explication eut lieu entre
« Saint-Lambert et Mme d'Houdetot. *Saint-Lambert soupçonna*
« Mme *d'Epinay* » (*Mémoires*, t. III, pag. 82). Rousseau paraît aussi
croire que Mme d'Epinay instruisit Saint-Lambert ; mais, si en effet
elle écrivit la lettre anonyme, ce fut certainement sous la dictée de
ce Grimm à qui elle s'était donnée et qui exerçait alors sur elle un
empire absolu. Le lâche s'abrite derrière elle ! Sur ces deux traits,
je n'ai jamais douté que Grimm ne fût l'auteur de la lettre.

Je passe maintenant aux notes jointes par Diderot à la Vie de Sénèque([1]). Les apologistes de Rousseau ont tous commis la faute de
n'en donner que des extraits qui sont loin de rendre la profonde
méchanceté de ce libelle ; je vais suppléer à leurs réticences. Voici
le texte exact et complet de ces notes : « C'est ici que j'ai dit dans
« la première édition de cet *Essai* : Si, par une bizarrerie qui n'est
« pas sans exemple, il paraissait jamais un ouvrage où d'honnêtes
« gens fussent impitoyablement déchirés par un *artificieux scélérat*,
« qui, pour donner quelque vraisemblance à ses injustes et cruelles
« imputations, se peindrait lui-même sous des couleurs odieuses,
« anticipez sur le moment, et demandez-vous à vous-mêmes, si un
« imprudent, un Cardan qui s'avouerait coupable de mille méchan-
« cetés, serait un garant bien digne de foi ; ce que la calomnie au-
« rait dû lui coûter, et ce qu'un *forfait* de plus ou de moins ajou-
« terait à la turpitude secrète d'une vie cachée, pendant plus de
« cinquante ans, sous le masque le plus épais de l'hypocrisie. Jetez
« loin de vous son infâme livre et craignez que, séduits par une élo-
« quence perfide, et entraînés par les exclamations aussi puériles
« qu'insensées de ses enthousiastes, vous ne finissiez par devenir ses
« complices. Détestez l'ingrat qui dit du mal de ses *bienfaiteurs*. Dé-
« testez l'homme *atroce* qui ne balance pas à noircir ses anciens amis ;
« détestez le *lâche* qui laisse sur sa tombe la révélation des secrets
« qui lui ont été confiés, ou qu'il a surpris de son vivant. Pour moi,
« je jure que mes yeux ne se seraient jamais souillés de la lecture
« de son écrit. Je proteste que je préférerais ses invectives à ses
« éloges. Mais ce *monstre* a-t-il existé ? Je ne le pense pas. »

Je m'arrête pour faire remarquer le tour hypocrite de ce dernier
trait. On va voir tout à l'heure que ce monstre *qui n'existe pas*, est
pourtant bien J.-J. Rousseau. Je pense aussi qu'on sera frappé de

---

([1]) Ou mieux, dans ses *Essais sur les règnes de Claude et de Néron*, œuvres
complètes, **1782**, t. V, page 92 et suivantes.

la ridicule emphase de cette tirade autant que de la rage concentrée qui y règne. Il est triste de voir le spirituel, le transcendant Diderot, descendre, sous l'influence de la haine, jusqu'au style d'un prédicateur de village. Je continue à citer.

« Ce paragraphe de mon ouvrage *a fait un grand bruit*, et j'espère
« qu'on me pardonnera de quitter un moment mon sujet pour me
« livrer à une justification qu'on se croit en droit de me demander.
« On a dit que ma sortie s'adressait à J.-J. Rousseau. Ce J.-J. Rous-
« seau a-t-il fait un ouvrage tel que celui que je désigne? A-t-il ca-
« lomnié ses anciens amis? A-t-il décelé l'ingratitude la plus noire
« envers ses bienfaiteurs? A-t-il déposé sur sa tombe la révélation des
« secrets confiés ou surpris? Cette lâche et cruelle indiscrétion peut-
« elle semer le trouble dans les familles et allumer de longues haines
« parmi des gens qui s'aiment? Je dirai, j'écrirai sur son monument,
« ce Jean-Jacques fut un pervers. Censeurs, j'en appelle à vous-
« mêmes : interrogez ceux qui vous entourent; bons ou méchants,
« je n'en récuse aucun : Jean-Jacques n'a-t-il rien fait de pareil, ce
« n'est pas de lui que j'ai parlé. Existe-t-il, a-t-il jamais existé un
« méchant assez artificieux pour donner de la consistance aux hor-
« reurs qu'il débite d'autrui par les horreurs qu'il confesse de lui-
« même? J'ai protesté *que je n'en croyais rien*. Censeurs, à qui donc
« en voulez-vous? S'il y a quelqu'un à blâmer, c'est vous. J'ai ébau-
« ché une tête hideuse, vous avez écrit le nom du modèle au-dessous. »

Encore des réticences équivoques et des figures, qui, à la vérité, ne peuvent tromper personne; on sait bien que tout ce flux d'injures s'adresse à Rousseau. Ce qui suit est beaucoup plus positif; le rhéteur a retiré son masque.

« Ceux des gens du monde, continue Diderot, qui jugent sans par-
« tialité, ont dit : Les Mémoires secrets dont il est question n'exis-
« tent-ils pas? la querelle est finie. Existent-ils? il faut convenir
« qu'il est fou, qu'il est atroce d'immoler en mourant ses amis et ses
« ennemis pour servir de cortège à son ombre; de sacrifier la re-
« connaissance, la discrétion la fidélité, la décence, la tranquillité do-
« mestique à la rage orgueilleuse de faire parler de soi dans l'avenir;
« en un mot, de vouloir entraîner tout son siècle dans son tombeau,
« pour en grossir la poussière. Ils ont ajouté : Ce morceau de l'auteur
« sur J.-J. Rousseau, si c'est à lui qu'i s'adresse, est violent. Mais
« que penser d'un homme qui laisse après sa mort des mémoires où
« plusieurs personnes sont maltraitées, et qui y joint la précaution
« odieuse de n'en permettre la publicité que quand il n'y sera plus,

« lui pour être attaqué, celui qu'il attaque pour se défendre ? Que
« J.-J. Rousseau dédaigne tant qu'il lui plaira le jugement de la pos-
« térité, mais qu'il ne suppose pas ce mépris dans les autres. On
« veut laisser une mémoire honorée ; on le veut pour les siens, pour
« ses amis, et même peut-être pour les indifférents. J.-J. Rousseau
« écrit bien; mais, par son caractère ombrageux, il était sujet à voir
« mal ; témoin sa haine contre M. d'Alembert, contre Voltaire ; ses
« procédés avec Milord Maréchal, M. Hume, M. Dussaulx, et une
« infinité d'autres, entre lesquels on pourrait citer l'auteur de l'*Essai*
« *sur la vie de Sénèque*. C'est ainsi qu'il a perdu vingt *respectables*
« amis. Trop *d'honnêtes gens* auraient tort, s'il avait eu raison. »

Nous verrons pourtant, qu'à part Milord Maréchal, tous ces *honnêtes gens et respectables* amis n'étaient ni *amis*, ni *honnêtes*, ni *respectables*. Nous savons déjà que Grimm, qui est sous-entendu ici,
était le dernier des lâches et des fourbes, et que l'auteur des *Essais*
n'a pas rougi de marcher sur ses traces. (Voir, pag. 44, l'épisode de
Marmontel.) L'argument sur la précaution que Rousseau avait prise
d'ajourner la publication de ses *Confessions* serait juste, si Diderot
s'était abstenu lui-même de toute justification, de toute attaque contre Rousseau, après sa rupture avec lui. Mais, loin de là, pendant
que celui-ci proscrit, diffamé, gardait un noble silence, Diderot,
intimement lié avec tous ses persécuteurs, mêlait sa voix aux leurs
et s'associait à leur cruel système. Nous l'avons vu dès 1763 confier à Marmontel, et probablement à beaucoup d'autres, la justification mensongère de ses torts. La *Correspondance* de Grimm, dont
il était notoirement le principal rédacteur, contient, au sujet de Rousseau, une foule de traits haineux et diffamatoires, dont quelques-
uns sont avoués par lui; et les autres portent l'empreinte manifeste
de son style. Les *Mémoires* de Mme d'Epinay le dépeignent comme
un des détracteurs les plus passionnés de Rousseau, comme le complice de Grimm et de sa maîtresse. J'ai déjà cité quelques extraits
de ses lettres au premier, qui prouvent avec quelle ardeur il travaillait à la diffamation publique de son ancien ami. Ainsi, à l'époque
où Rousseau écrivait ses *Confessions*, il était depuis longtemps la
victime de Diderot ; plus tard, sur des indices qu'on ignore, mais
dont il est facile maintenant d'admettre la réalité, il soupçonna ce
rôle perfide [1], et cependant, il se borna à exposer les faits, sans
invectives, sans récriminations. On va voir tout à l'heure Diderot,

---

[1] Voir la note des *Confessions* sur Diderot, livre X.

vaincu par sa conscience, avouer qu'il a été *épargné* dans les *Confessions.* Epargné! Mais alors quel tort lui faisait donc Rousseau, en reculant l'époque de la publication de son livre? Diderot n'avait-il pas ridiculisé, flétri, calomnié à son aise l'infortuné qui s'est montré si généreux envers lui? Ce que j'objecte contre lui a encore plus de force contre Grimm, qui, dans les *Mémoires* de sa digne amie, avoue sans le vouloir qu'il fut le premier mobile des malheurs de Rousseau et de la ruine de sa réputation.

Suite des notes. — « Nous désirerions fort qu'on fixât notre opi-
« nion sur un homme que ses plus ardents défenseurs n'absoudraient
« de méchanceté qu'en l'accusant de folie. Que les *Confessions* de
« Rousseau paraissent ou ne paraissent pas, l'auteur n'aura pas
« moins employé un temps considérable de sa vie à composer de sang
« froid un ouvrage diffamatoire que l'honnêteté d'un dépositaire ou
« la honte tardive de l'auteur aura lacéré. Il n'en aura pas moins
« appelé la malédiction du Ciel sur le téméraire qui oserait le sup-
« primer. Nous louerons son repentir, mais sa faute n'en sera que
« plus évidente et n'en déposera qu'avec plus de force contre le ca-
« ractère moral du libelliste. Si on eût imprimé dans les papiers pu-
« blics : J.-J. Rousseau, en mourant, a reconnu l'injustice cruelle
« qu'il avait commise envers un ami qui lui écrivait : Vous croyez en
« Dieu et vous porterez ce crime à son tribunal! Si l'on eût publié
« qu'en présence d'un nombre de témoins il avait mis en cendres
« ses indignes *Confessions,* ses ennemis se seraient tus. *Les admi-*
« *rateurs de ses vertus* l'auraient mis au nombre des saints, sans que
« personne eût réclamé, si ce n'est peut-être des envieux de toute
« vertu par état, et des détracteurs de tout talent par métier. »

Ce qu'il y a de plus intelligible dans cet amphigouri, c'est que son auteur éprouve un grand désir de voir ces terribles *Confessions lacérées* ou *brûlées.* On remarquera même qu'il fait à cet égard un appel indirect à *l'honnêteté* du dépositaire. Il me semble pourtant que si les *Confessions* ne contenaient que des calomnies, si la droiture de ceux que Rousseau y a jugés était si universellement méconnue, Diderot ne serait pas dans une si grande perplexité sur leur publicité future (¹). Un libelle qui noircit des hommes vertueux tourne à la honte de son auteur; à quoi bon le brûler? Abandonnez-le au mépris qu'il mérite. L'ami qui écrivait à Rousseau : « Vous

---

(¹) A l'époque où ces notes furent écrites, on ne connaissait encore les *Confessions* que par les lectures que Rousseau en avait faites en 1770.

« croyez en Dieu et vous porterez ce crime à son tribunal », serait-ce l'athée Diderot par hasard? Si c'est lui, cela prouverait seulement que cette idée de *Dieu* et de son *tribunal* ne l'inquiétait guère, lui qui imagina de gaieté de cœur la fable sur Saint-Lambert, et les calomnies dont je vais bientôt faire justice.

Suite des notes. — « Si l'auteur de la Vie et des écrits de Sénèque
« a peu ménagé Jean-Jacques, s'il y a de la *véhémence* dans son
« apostrophe, on n'y remarquera pas une présomption plus révol-
« tante que la sévérité, plus insultante que l'injure. Non, censeurs!
« Ce n'est pas la crainte d'être maltraité dans l'écrit posthume de
« J.-J. Rousseau qui m'a fait parler, je savais par un des hommes
« les plus véridiques(¹), M. Dussaulx, de l'Académie des inscrip-
« tions et belles-lettres, et par d'autres personnes à qui Rousseau
« n'avait pas dédaigné de lire ses *Confessions*, que j'étais *malheu-
« reusement* épargné entre un grand nombre de personnes qu'il y
« déchirait. Cette fois, je n'étais que le *vengeur d'autrui*. Pour m'as-
« surer de la sublime vertu de J.-J. Rousseau, on me renvoie à ses
« écrits : c'est me renvoyer aux sermons d'un prédicateur pour
« m'assurer de ses mœurs et de sa croyance. Cependant, j'y con-
« sens, à condition que, pour s'assurer de la vertu de Sénèque, les
« censeurs me permettront de renvoyer tout autre que le fanatique
« de Jean-Jacques aux écrits de Sénèque et aux Annales de Tacite.
« Je ne suis pas trop exigeant, à ce qu'il me semble. »

Diderot convient qu'il est *malheureusement épargné* dans les *Confessions*. La modération de Rousseau irrite son amour-propre; il fait semblant de regretter de n'avoir pas été traité aussi durement que les autres. C'est ainsi qu'il vit avec dépit Rousseau refuser généreusement la comédie des *Philosophes*. Pour masquer son animosité personnelle, il se dit le *vengeur d'autrui*. Cet *autrui* n'est pas difficile à deviner. Il me semble voir le lâche Grimm soufflant à Diderot la moitié de cette rhétorique pesante et empoisonnée.

Suite des notes. — « Nous avons chacun notre saint. Jean-Jacques
« est celui du censeur; Sénèque est le mien ; avec cette différence
« entre nos saints, que celui du censeur s'est plus d'une fois pro-
« sterné secrètement aux pieds du mien ; avec cette différence entre
« le censeur et moi, que le censeur n'a pas vécu à côté de saint Sé-
« nèque, et qu'après avoir fréquenté pendant dix-sept ans, dans sa

---

(¹) Voyez, chap. vii, les Preuves de la *véracité* de M. Dussaulx, de l'Académie des inscriptions et belles-lettres.

« cellule, de saint Jean-Jacques, à égalité de sens, je dois le con-
« naître un peu mieux que lui.

« Qu'un homme (¹), qui n'aurait vécu avec Rousseau qu'un in-
« stant, se rendît le garant public, soit du blâme, soit de l'éloge que
« le disert atrabilaire aurait distribué sur une classe de citoyens
« que cet homme n'aurait guère fréquentés davantage, si ce procédé
« n'était pas une noirceur, ce serait au moins une légèreté de cer-
« velle difficile à pardonner. Qu'un autre (²), dominé par son en-
« thousiasme, rende un pompeux hommage à la cendre d'un mort,
« sans s'apercevoir que son oraison funèbre devient la satire de ses
« propres amis vivants, de citoyens qu'il estime tous, et parmi les-
« quels il en est qu'il honore, sa faute serait grave sans doute, mais
« la noblesse du sentiment qui l'animait sollicitera de l'indulgence,
« et on lui en accordera. »

Il faut expliquer ce trait arrogant. Le poëte Dorat avait été admis à une des lectures particulières des *Confessions*; le lendemain même, il publia dans un journal une lettre, dans laquelle il exprimait ses sympathies pour l'auteur du livre et pour ses malheurs. *Inde iræ.* Deleyre était lié avec les encyclopédistes; honnête, mais faible, il n'avait pu ni partager leur hostilité, ni se détacher d'eux. A la mort de Rousseau, il fit paraître un article nécrologique favorable à son ancien ami; c'est à ce sujet que Diderot l'admoneste. Je reparlerai, dans le chapitre IX, de la censure véritablement inquisitoriale que le parti philosophique exerça à cette époque sur les rares apologistes de Rousseau; en attendant, on peut déjà voir combien Diderot et consorts supportaient difficilement ces manifestations de la conscience publique.

Suite des notes. — « Il est lâche d'attaquer Rousseau parce
« qu'il est mort. Sur quoi, on demandera si Sénèque est moins
« mort que Rousseau, et s'il est plus facile au premier de répondre ?
« On a fait une lâche injure aux mânes de Rousseau. On n'a pas fait
« d'insulte aux mânes de Rousseau; on n'a pu souffrir que ses
« mânes insultassent aux vivants. Je ne me reprocherai jamais
« d'avoir prévenu les effets d'une grande calomnie, au moment où
« la rumeur générale en annonçait le prochain éclat. »

J'ai déjà dit, et je répète que pendant vingt ans Diderot n'avait cessé de faire son apologie, de diffamer Rousseau absent et hors

---

(¹) Dorat, suivant l'éditeur Naigeon.
(²) Deleyre, suivant le même.

d'état de se défendre. C'est donc à tort qu'il se présente ici comme un homme généreux, qui rompt enfin le silence pour *prévenir les effets d'une grande calomnie*, tandis qu'il cède évidemment aux alarmes de sa conscience et aux inspirations de la haine. .

Suite des notes. — « J.-J. Rousseau fut le plus éloquent de nos « écrivains. Je préférerais un petit volume qui contiendrait l'éloge « de Fénelon, celui de Marc-Aurèle, ou quelques pages, au choix, « de l'Histoire naturelle (de Buffon), à tous les ouvrages de Rous- « seau. S'il fut éloquent, il faut avouer que personne ne fit un plus « mauvais usage de l'éloquence. Il en fut le plus vertueux. Il y en « a très-peu d'entre eux que je ne crusse insulter en pensant ainsi. « J'en demande pardon à mon premier éditeur ; je fais très-grand « cas des OEuvres du citoyen de Genève. On m'objectera qu'il n'y « a peut-être pas une idée principale, folle ou sage, qui lui appar- « tienne ; que la préférence de l'état sauvage sur l'état civilisé n'est « qu'une vieille querelle réchauffée ; qu'on avait fait cent fois, avant « lui, l'apologie de l'ignorance contre les sciences et les arts ; qu'on « retrouve partout la base et les détails de son *Contrat social ;* « qu'un homme d'un peu de goût ne s'avise jamais de comparer son « *Héloïse* avec les romans de Richardson qu'il a pris pour modèle ; « que son *Devin* n'est aujourd'hui que de la très-petite musique ; « que, si on avait un enfant à élever, on laisserait les idées fantas- « ques d'*Emile*, pour les sages préceptes de Locke ; que l'on ne douta « jamais que les langes où nous emprisonnons les nouveau-nés ne « les fissent pâtir et ne les déformassent ; qu'on lit dans la plupart « des moralistes et des médecins, que les mères exposent leur santé « en refusant d'allaiter leurs enfants, et que c'est autant la fréquence « des accidents que l'éloquence de Rousseau qui les a persuadées. « Que ces observations soient fausses ou vraies, Jean-Jacques aura « toujours entre les littérateurs le mérite des grands coloristes en « peinture, dont les ouvrages sont recherchés, malgré les incorrec- « tions du dessin et les négligences du costume. Jean-Jacques eût « été chef de secte il y a deux cents ans, en tout temps démagogue « dans sa patrie. Le séjour et la solitude des bois *l'ont perdu*. On « ne s'améliore pas dans les bois, avec le caractère qu'il y portait et « le motif qui l'y conduisait. Ce qui lui est arrivé, je l'avais prédit. »

Ici Diderot laisse tomber son masque et met à nu la véritable cause de sa haine, la jalousie que lui cause la gloire littéraire de Rousseau. *On ne s'améliore pas dans les bois*, selon lui ; croit-il avoir prouvé par le libelle de Marmontel, par les notes sur Sénèque, par ses contes licencieux, qu'on s'améliore beaucoup dans les villes? J'ai dit, plus haut, qu'il avait eu beaucoup de part à la rédaction de la *Correspondance* de Grimm. En voici, chemin faisant, la preuve. On trouve le trait qui suit dans cette *Correspondance*, t. V, pag. 341 (1766) : « Jean-« Jacques est venu deux cents ans trop tard. Son vrai lot était ce-« lui de réformateur ; il aurait eu *l'âme aussi douce que Jehan Chau-« vin* (Calvin). » Le trait des notes n'est qu'une variante de celui-ci et sort de la même plume.

·Suite des notes. — « Mais par quel prodige celui qui a écrit la *Pro-« fession de foi du vicaire savoyard*, qui a tourné le Dieu du pays en « dérision, en le peignant comme un agréable qui aimait le bon vin, « qui ne haïssait pas les courtisanes, et qui fréquentait volontiers les « fermiers généraux ; celui qui traitait les mystères de la religion de « logogriphes et les miracles de contes de Peau-d'Ane, a-t-il après sa « mort tant de zélés partisans dans les classes de citoyens les plus « opposées d'intérêts, de sentiments, de caractères ? La réponse est fa-« cile, c'est qu'il s'était fait antiphilosophe ; c'est qu'entre ses fanati-« ques, ceux qui traîneraient au bûcher l'indiscret qui aurait proféré « la moitié de ces blasphèmes, haïssent plus leurs ennemis qu'ils « n'aiment leur Dieu ; c'est que nombre de vieilles dévotes ont été, « comme de raison, de l'avis de leurs directeurs ; c'est que nombre « de jeunes filles ont été séduites par ses peintures voluptueuses ; « c'est qu'entre les gens du monde, la plupart ont oublié son traité « sur l'inégalité, ou le lui ont pardonné en faveur de son aversion « pour des *moralistes sévères* qu'ils redoutent, pour d'insolents pen-« seurs qui osent préférer la vertu et les talents à l'opulence et aux « dignités ; c'est qu'entre les hommes de lettres, quelques-uns par « esprit de religion politique, d'autres par adulation, ont dû faire « cause commune avec des protecteurs puissants dont ils attendent « des grâces ; et que ceux à qui le caractère et la morale pratique « de Jean-Jacques étaient le mieux connus n'en prisaient pas moins « son talent et se confondaient avec ses admirateurs. »

Diderot, embarrassé de l'indignation qui accueillit ses notes sur Sénèque, l'Eloge de Milord Maréchal et les nombreux pamphlets publiés contre Rousseau après sa mort (voir chap. IX), cherche à atténuer la valeur de cette démonstration honnête. Il y a du vrai dans ce qu'il dit du parti dévot. On vit, à cette époque, des écrivains fanatiques prendre la défense de Rousseau, qu'ils détestaient au fond du cœur, uniquement pour lutter en tout d'opinions avec le parti philosophique. Diderot suppose à tort que des protecteurs puissants imposèrent leurs sympathies à quelques gens de lettres qui dépendaient d'eux ; Rousseau n'eut qu'un puissant protecteur, le prince de Conti, mort en 1776. Ce n'est donc pas de lui qu'il peut être question ici. Mais les suppositions ne coûtent pas à Diderot pour dénaturer quelques témoignages de sympathie publique, bien légers, bien éphémères, en faveur de l'homme qu'il veut achever de déshonorer. N'est-il pas curieux, aussi, de voir figurer parmi les *moralistes sévères* le dissolu Diderot, l'auteur cynique *de la Religieuse, des Bijoux indiscrets*, et *des Lettres à Mlle Voland*, et parmi les personnes qui *préfèrent la vertu à l'opulence et aux dignités*, le machiavéliste Grimm, colonel russe, vil flatteur, espion secret de Catherine *le Grand !*

Suite des notes. — « Mais après avoir vécu vingt ans avec des phi-
« losophes, comment Rousseau devint-il antiphilosophe ? Précisé-
« ment comme il se fit catholique parmi les protestants, et protes-
« tant parmi les catholiques ; et qu'au milieu des protestants et des
« catholiques il professa le socinianisme ; comme il écrivit dans la
« même semaine deux lettres à Genève, dont l'une exhortait les
« citoyens à la paix et l'autre soufflait le feu de la haine et de la
« vengeance. »

Rousseau ne se fit pas catholique parmi les protestants, puisqu'il abjura à Turin. Ce fut une erreur de sa première jeunesse, un fruit de la nécessité et de l'inexpérience. A quarante-deux ans, il rentra dans la communion protestante. Il donne dans ses *Confessions* les raisons de cette démarche ; elles n'ont aucun rapport avec celles que Diderot lui attribue. Quant à son socinianisme, sans le justifier, je dirai qu'il fut sincère, puisqu'il lui valut dix ans d'exil. Les philosophes du temps faisaient de l'athéisme à bien meilleur compte ; témoin Helvétius, Saint-Lambert, d'Holbach et Diderot lui-même. Quant à la lettre séditieuse, c'est une invention de Diderot, qu'il avait déjà insérée dans la correspondance de Grimm. Cette lettre n'existe nulle part, et je démontrerai ailleurs que Rousseau ne cessa d'exhorter les Genevois à la paix.

Suite des notes. — « Comme il plaida la cause des Iroquois à Paris,
« et comme il eût plaidé la nôtre dans les forêts du Canada ; comme
« il écrivit contre les spectacles après avoir fait des comédies. »

Je néglige ces antithèses, excepté une. Rousseau a fait des comédies à Paris. Il n'en eût pas fait à Genève. Voyez sa lettre sur les spectacles.

« Comme il prétendit que nous n'aurions jamais de musique, quand

« nous en avions une ; comme il se déchaîna contre les lettres qu'il
« a cultivées toute sa vie ; *comme il a calomnié l'homme qu'il estima*
« *le plus après avoir avoué son innocence ; comme il le rechercha*
« *après l'avoir calomnié.* »

Examinons ces deux graves accusations. Rousseau a-t-il en effet
calomnié Diderot *après avoir avoué son innocence ?* Le seul document
qui pourrait donner une ombre de vraisemblance à cette assertion,
c'est la phrase suivante de la lettre écrite à Rousseau par Saint-
Lambert, après la réception de la lettre sur les spectacles (10 octobre 1758). « Après les conversations de cet été, vous m'avez paru
« convaincu que Diderot était innocent des prétendues indiscrétions
« que vous lui imputiez » (*Confessions*, liv. X). Je vais démontrer
que ce propos de Saint-Lambert est une erreur, ou un acte de
mauvaise foi. Je commencerai par bien préciser les faits qui moti-
vèrent la rupture de Rousseau avec Diderot. En novembre 1757,
celui-ci étant venu à l'Ermitage, Rousseau lui fit l'aveu de sa passion pour Mme d'Houdetot ; confidence bien superflue, car depuis
longtemps Diderot était au fait, comme Mme d'Epinay, Grimm,
d'Holbach et leurs intimes ; mais il est essentiel de remarquer que ce
fut à Diderot seul que Rousseau s'ouvrit. Quelque temps après, ce
dernier reçut de Mme d'Houdetot une lettre dans laquelle elle lui
marquait que sa passion pour elle était connue dans tout Paris ;
qu'il en avait parlé à des gens qui l'avaient rendue publique, etc. ;
elle terminait en le priant de rompre avec elle tout commerce. Les
soupçons de Rousseau se portèrent naturellement sur le seul confident qu'il se fût donné. « Et toi aussi, Diderot, m'écriai-je, indigné
« ami !... *Je ne pus cependant me résoudre à le juger encore ;* ma fai-
« blesse était connue d'autres gens qui avaient pu le faire parler »
(*Confessions*, liv. X). Rousseau est si souvent taxé de défiance, que
j'ai dû insister sur ce scrupule honnête qui est une forte garantie de
la vérité de son récit. Un nouvel incident dissipa ses doutes ; Saint-
Lambert vint le voir deux fois à l'Ermitage. Sa première visite fut
courte et insignifiante ; à la seconde, Rousseau était absent, mais il
y eut entre Saint-Lambert et Thérèse une conversation importante
dont on trouve le sommaire dans les *Confessions*. Je n'en cite que
ce trait décisif : « Par rapport à Mme d'Houdetot, dit Rousseau,
« Saint-Lambert détailla à Thérèse des circonstances qui n'étaient
« connues ni *d'elle,* ni *même de Mme d'Houdetot ; que je savais seul,*
« *que je n'avais dites qu'au seul Diderot sous le sceau de l'amitié ;*
« *et c'était précisément Saint-Lambert qu'il avait choisi pour* lui en

« *faire la confidence.* Ce trait me décida, et, résolu de rompre avec
« Diderot pour jamais, je ne délibérai plus que sur la manière, etc. »
On a vu, dans l'analyse que j'ai faite du récit de Marmontel, que
Diderot avoue avoir parlé à Saint-Lambert de la passion de Rousseau pour Mme d'Houdetot. J'ai démontré que les faits au moyen
desquels Diderot cherche à pallier cette perfidie, ne sont que d'o-
dieux mensonges, et que, par conséquent, l'indiscrétion dont il est
parlé dans le trait précédent devient presque certaine. Ce qui me
confirme dans cette opinion, c'est que, dans le récit de Marmontel,
Diderot ne dit absolument rien de cette révélation particulière, véritable cause de la rupture. Cependant il avait dû l'apprendre de
Dussaulx et autres qui, après avoir été admis aux lectures des *Confessions* faites par Rousseau, s'étaient empressés de lui donner avis
de ce qui le concernait. Ce silence, réuni aux mensonges avérés de
Diderot, est concluant. Venons maintenant à Saint-Lambert. Il serait possible que, lors de la première visite qu'il fit à Rousseau, celui-ci lui eût parlé favorablement de Diderot, puisqu'il n'avait pas
encore acquis la preuve de son infidélité. A la seconde visite, Rousseau étant absent, ne put faire à Saint-Lambert l'aveu de l'innocence de Diderot. Ainsi, de deux choses l'une : ou Saint-Lambert
manquait de mémoire, ou il parlait contre sa conviction. La dernière supposition me paraît la plus probable. En effet, il fallait
bien que son assertion fût fausse et injuste pour que Rousseau, habituellement affectueux et même timide avec lui, lui répondît avec une
fierté si dédaigneuse ; et si Saint-Lambert ne se fût pas senti coupable, il n'eût certainement pas enduré cette superbe réplique, lui
irritable, hautain, et jaloux des rapports d'amitié intime qui avaient
eu lieu entre Rousseau et sa maîtresse. Au lieu de causer amicalement avec lui, lorsqu'il le revit quelques jours après au dîner de
M. d'Epinay, il n'eût pas manqué d'entrer dans des explications sévères. Du reste, Rousseau était si persuadé des torts de Saint-Lambert, qu'il crut *que sa lettre l'avait fait rentrer en lui-même.* Il est
à regretter qu'il ait donné si peu de détails sur cette affaire qu'il a
laissée, comme beaucoup d'autres, dans un vague très-embarras-
sant. Dans une préface que M. Génin a mise en tête d'une édition
des *Œuvres choisies de Diderot*, on lit ce qui suit à propos de la rupture de Rousseau avec Diderot : « Il est difficile de dire au juste à
« qui appartenaient les torts, cependant je crois qu'il faut les attri-
« buer à Rousseau. » Or, voici sur quoi M. Génin fonde ce jugement :
« Saint-Lambert, dit-il, se rend à l'Ermitage, s'explique avec Rous-

« seau, et lui démontre, *preuves en main*, l'innocence de Diderot.
« Jean-Jacques semble convaincu. Point du tout ; la lettre sur les
« spectacles paraît, et dans la préface on trouve cette note, etc. »
Si M. Génin eût pris la peine de lire les *Confessions*, il y eût vu que
Saint-Lambert se rendit à l'Ermitage, qu'il n'y trouva pas Rousseau,
et que par conséquent il ne put lui démontrer, *preuves en main*, l'innocence de Diderot ; qu'au lieu de cela, il laissa sans le savoir à
Thérèse Levasseur *des preuves* qui établissaient sa culpabilité.
M. Génin a presque copié sur ce sujet la version perfide de Grimm
(*Mémoires* de Mme d'Epinay, t. III, pag. 202). Il aurait dû dire, au
moins, pourquoi il a préféré le témoignage de ce fourbe, au récit de
Rousseau, si souvent confirmé, et dans lequel personne, jusqu'ici,
n'a pu indiquer un seul mensonge avéré.

Au reste, je conviens que la note de l'Ecclésiastique était une
gaucherie. Rousseau eût dû se borner à rendre sa rupture publique,
sans en indiquer si vaguement les motifs. Il n'a pas senti qu'il accusait Diderot d'une perfidie qu'il ne pouvait prouver qu'en compromettant Saint-Lambert, qui la lui avait révélée, ce qu'il était incapable de faire, et ce qu'il ne fit pas en effet. De plus, dans le cas où
Diderot eût exigé des explications, il s'exposait à être démenti par
Saint-Lambert, dont les dispositions commençaient visiblement à
devenir hostiles. Quant à Diderot, il profita habilement de cette
faute. Bien sûr que la délicatesse prescrivait à Rousseau un silence
absolu, à cause de Mme d'Houdetot, qui ne pouvait être nommée, il
se borna à jouer le rôle d'un ami injustement et lâchement outragé,
et le public se laissa prendre à sa fausse indignation. Les *Confessions*, que Rousseau avait lues dès 1770, ne lui arrachèrent aucune
protestation ; il attendit, pour publier les mensonges dont je viens
de faire justice, que Rousseau fût mort, et que toute discussion avec
lui cessât d'être possible. J'achèverai dans un instant de démontrer
la fausseté de la conduite de Diderot dans cette circonstance ; ce que
je viens de dire suffit déjà pour établir que Rousseau *n'a pas calomnié Diderot après avoir reconnu son innocence*, et qu'au contraire,
c'est Diderot seul qui est le calomniateur.

J'ai prouvé précédemment (pag. 42) que Rousseau n'avait *pas
recherché Diderot après l'avoir calomnié;* que ce fut Diderot qui,
par l'entremise de d'Escherny, fit les avances d'une réconciliation
sincère ou simulée ; cette autre assertion de Diderot est donc encore
une calomnie.

Je continue à citer les notes. « Comme il prêcha contre la licence

« des mœurs après avoir composé un roman licencieux ; comme après
« avoir mis les Jésuites à la tête des moines les plus dangereux, il
« fut sur le point de prendre leur défense lorsqu'ils furent bannis. »

Cette assertion se trouve dans les *Mémoires* de Mme d'Epinay ; on l'y met dans la bouche de Mme Diderot. Autre preuve de la solidarité de son mari avec Grimm, car cette Mme Diderot était une femme encore plus commune que Thérèse Levasseur, et par conséquent incapable d'écrire autrement que sous la dictée d'autrui. Diderot avait donc fourni la lettre à son *estimable* associé. Rousseau avoue, dans ses *Confessions*, qu'il n'a jamais pu haïr sincèrement les Jésuites, quoique leur doctrine lui ait toujours paru dangereuse, parce que leur souvenir se liait dans son cœur à celui de ses chères Charmettes (liv. VI). A qui fera-t-on croire que cette sympathie indirecte ait pu déterminer Rousseau à renier ses principes au profit d'une secte dont il était détesté ? D'ailleurs, où est la preuve du fait ? Nulle part.

« Il me protesta, un jour, qu'il était chrétien. Oui, lui dis-je, vous
« êtes chrétien comme Jésus était juif. — Que peu s'en fallut qu'il
« ne crût à la résurrection. — Vous y croyez comme Pilate lorsqu'il
« demandait si Jésus était mort. »

Je demande en quoi toute cette dogmatique importe à l'athée Diderot ? Rousseau ne niait pas le christianisme, il en doutait ; il était à moitié chrétien. Est-ce que, par hasard, la philosophie moderne ne permettrait pas le doute ? Faut-il absolument s'abîmer avec elle dans le néant religieux ?

« Lorsque parut le programme de l'Académie de Dijon, il vint
« me consulter sur le parti qu'il prendrait. — Le parti que vous
« prendrez, lui dis-je, c'est celui que personne ne prendra. —Vous
« avez raison, me répondit-il. »

Ce trait prouve que Diderot ne pardonnait pas à Rousseau l'idée originale qui fut le point de départ de sa célébrité. Marmontel, Morellet et tous les biographes ont répété cette anecdote. Il me semble qu'au point où en est venue la discussion, je ne risque rien d'opposer à Diderot un simple démenti.

« Ce qu'il écrivit à M. de Malesherbes, il me l'a dit vingt fois :
« Je me sens le cœur ingrat, je hais les bienfaiteurs, parce que le
« bienfait exige de la reconnaissance, que la reconnaissance est un
« devoir, et que le devoir m'est insupportable. »

On peut voir dans sa première lettre à M. de Malesherbes ce que Rousseau dit des bienfaits, et juger de l'art perfide avec lequel Di-

derot dénature ses idées. Je réponds à ce sorite empoisonné par le trait suivant de la quatrième lettre, que Diderot s'est bien gardé de citer : « J'ai un cœur très-aimant, mais qui peut se suffire à lui-
« même. J'aime trop les hommes pour avoir besoin de choix parmi
« eux ; je les aime tous, et c'est parce que je les aime que je hais l'in-
« justice ; c'est parce que je les aime que je les fuis ; je souffre
« moins de leurs maux quand je ne les vois pas. Cet intérêt pour
« l'espèce suffit pour nourrir mon cœur ; je n'ai pas besoin d'amis
« particuliers, mais quand j'en ai, j'ai grand besoin de ne pas les
« perdre, car, quand ils se détachent de moi, ils me déchirent ; en
« cela d'autant plus coupables, que je ne leur demande que de l'a-
« mitié, et que pourvu qu'ils m'aiment, je n'ai même pas besoin de
« les voir. Mais ils ont toujours voulu mettre à la place du sentiment
« *des soins et des services* que le public voyait et dont je n'avais que
« faire ; quand je les aimais, ils ont voulu paraître m'aimer. Pour
« moi, qui dédaigne en tout les apparences, je ne m'en suis pas
« contenté, et ne trouvant que cela, je me le suis tenu pour dit.
« *Ils n'ont pas précisément cessé de m'aimer, j'ai seulement décou-*
« *vert qu'ils ne m'aimaient pas.* » Je laisse le lecteur faire lui-même l'application.

Suite des notes. « Mais pourquoi cette habitation de dix-sept ans,
« dans la cellule d'un moine qu'on méprise ? Demandez à un amant
« trompé la raison de son opiniâtre attachement pour une infi-
« dèle, et vous apprendrez le motif de l'opiniâtre attachement d'un
« homme de lettres pour un homme de lettres distingué. »

Ceci n'est que de la sensiblerie ridicule, mais voici pis :

« Demandez à un *bienfaiteur* la raison de son attachement ou de
« ses regrets pour un *ingrat*, et vous apprendrez qu'entre tous les
« liens qui *serrent* les hommes, un des plus difficiles à rompre *est*
« *celui du bienfait dont l'amour-propre est flatté.* »

Ici, il y a, tout à la fois, mensonge, calomnie, fatuité et bassesse. Mensonge, parce que Rousseau n'a jamais reçu les bienfaits de Diderot, comme je vais le prouver tout à l'heure ; calomnie, parce que lorsqu'on n'a pas reçu de bienfait, on ne peut être ingrat ; fatuité, parce que Diderot se donne des airs de Mécène tout à fait risibles ; bassesse, parce que tout bienfait qui a pour mobile l'*amour-propre flatté* est un acte méprisable.

« Mais est-il bien d'attendre la mort de l'ingrat, du méchant, pour
« s'expliquer sur sa méchanceté ? Sans doute, lorsque sa méchan-
« ceté lui survit, lorsque la plainte eût entraîné, de son vivant, des

« éclaircissements nuisibles à la réputation et au repos de nombre
« de gens de bien. »

J'ai déjà expliqué en partie (pag. 64) le silence que garda Diderot sur la note dans laquelle Rousseau publia sa rupture. Il me reste à dévoiler l'hypocrisie des scrupules étalés dans le trait qui précède. Au fond, de quoi s'agissait-il ? Uniquement de savoir si, en effet, Diderot avait révélé à Saint-Lambert les confidences que Rousseau lui avait faites relativement à Mme d'Houdetot ; ce sujet était délicat, et je conviens que le public ne pouvait en être l'arbitre. Il n'en est pas moins vrai que la note publique de Rousseau nécessitait une explication entre les trois amis. Saint-Lambert l'évita ; cela se conçoit ; il avait accusé Diderot (¹), ce rôle l'embarrassait. Rousseau, de son côté, n'eût jamais consenti à nommer Saint-Lambert ; sa générosité le liait. Diderot, accusé publiquement, était le seul qui eût un intérêt réel à provoquer un éclaircissement. Rousseau l'avait-il effectivement calomnié ? Il fallait se rendre chez lui avec Saint-Lambert, constater son mensonge, et publier ensuite le témoignage de Saint-Lambert, en réponse à la note de la lettre sur les spectacles, sans entrer dans des détails que la délicatesse ne permettait pas de révéler, et qui d'ailleurs n'étaient pas essentiels à connaître. Cette marche suffisait amplement à la justification de Diderot, et par conséquent, son argument sur les inconvénients de la publicité porte à faux. Il ne voulut pas courir les risques de cette enquête, et je répète que, par cela seul, il est jugé. Je fais remarquer de nouveau que dans l'apologie qu'il a publiée par l'organe de Marmontel, Diderot ne dit absolument rien du véritable motif de la rupture ; qu'il ne s'y justifie que d'un fait sur lequel Rousseau consentait à le trouver innocent, quoiqu'il ne le fût pas, puisque Diderot avoue lui-même avoir révélé à Saint-Lambert l'amour de son ami pour sa maîtresse. Enfin, on ne voit rien dans cette apologie tardive qui *compromette la réputation et le repos de nombre d'honnêtes gens*. Saint-Lambert et Mme d'Houdetot, les seuls que la fausse délicatesse de Diderot puisse concerner, y figurent comme *amants* offensés par le *perfide* Rousseau ; les *Mémoires* de Marmontel ont paru de leur vivant ; ils ne se sont plaints ni l'un ni l'autre de cette indiscrétion. Il est donc démontré que Diderot a voulu masquer par des apparences de générosité le véritable motif qui lui fit ajourner sa justification jusqu'après la mort de Rousseau, et ce motif, je l'ai

---

(¹) Lors de sa visite à l'Ermitage.

déjà dit, c'était de diffamer sa victime, sans avoir à redouter les chances d'une discussion.

Suite des notes.—« Mais qui nous garantira ce que vous avancez, « à présent que le contradicteur n'existe plus? Trente témoins « honnêtes et non récusables, dont les voix se sont élevées lors- « qu'elles ont pu se faire entendre sans fâcheuses conséquences; « lorsqu'il fallait s'opposer à la méchanceté, si l'on ne voulait pas « en partager la noirceur. »

Grimm est un de ces témoins *honnêtes* et *non récusables.* J'ai prouvé, et je prouverai encore plus d'une fois, qu'il ne fut qu'un fourbe. Je le prouverai aussi de tous ceux *qui ont élevé lâchement leurs voix* lorsqu'ils ne risquaient plus d'entendre celle du *contradicteur.*

« Rousseau n'est plus. Quoiqu'il eût accepté de la *plupart d'entre « nous, pendant de longues années, tous les secours de la bienfaisance,* « et qu'après avoir reconnu mon innocence, il m'ait perfidement « et lâchement insulté, *je ne l'ai ni persécuté ni haï.* Tout mon res- « sentiment se réduisit à repousser les avances *réitérées* qu'il a « faites pour se rapprocher de moi. »

« *Autant de mensonges que de mots* », s'écrie ici Musset-Pathay, avec une chaleur qui n'est guère dans ses habitudes (*Histoire*, t. II, p. 62). Rousseau reçut les services de Diderot, cela est constant par son témoignage même; et quel témoignage! comme il honore l'obligé, comme il avilit le faux bienfaiteur! « Vous me parlez de « vos services, lui écrivait Rousseau, je ne les avais pas oubliés; « mais ne vous y trompez pas, bien des gens m'en ont rendu qui « n'étaient pas mes amis... Tout votre empressement pour me « procurer *des choses dont je n'ai que faire* me touche peu. Je « ne veux que de l'amitié, et c'est la seule chose qu'on me refuse. « *Ingrat!* je ne t'ai point rendu de services, mais je t'ai aimé, et tu « ne me payeras de ta vie ce que j'ai senti pour toi pendant trois « mois. Montre cet article à ta femme, plus équitable que toi, et « demande-lui si, quand ma présence était douce à ton cœur affligé, « je comptais mes pas et regardais au temps qu'il faisait pour aller à « Vincennes consoler mon ami. Homme insensible et dur! deux lar- « mes versées dans mon sein m'eussent mieux valu que le trône du « monde; mais tu me les refuses, tu te contentes de m'en arracher; « eh bien! garde tout le reste, je ne veux plus rien de toi. » Est-ce là, je le demande, le langage d'un homme capable *d'accepter pendant de longues années tous les secours de la bienfaisance?* D'ailleurs, des services ne sont pas des secours; quelle bassesse y a-t-il à en recevoir de celui qu'on regarde comme son ami? Quant à la pension de la mère Levasseur, œuvre d'ostentation et de perfidie, imaginée par Grimm, si, comme ce misérable le dit dans *ses* Mémoires, Diderot en payait la moitié, j'en serai quitte pour mettre la moitié de la honte à sa charge. L'expression « *de la plupart d'entre nous* » est encore un mensonge, en ce qu'elle fait supposer un grand nombre de bienfaiteurs.

A qui fera-t-on croire que celui qui se décida si difficilement à accepter une modique pension de Milord Maréchal, son noble et véritable ami, ait jamais reçu l'aumône d'un Grimm, d'un Diderot et de leurs méprisables collègues (¹)?

Le mensonge sur les prétendues avances de Rousseau est reproduit dans le trait ci-dessus, aggravé et multiplié, pour ainsi dire, par l'addition du mot *réitérées*. J'ai prouvé qu'il n'y avait eu d'avances que de la part de Diderot, et que Rousseau les avait rejetées. Il y a quelque chose d'effronté et de lâche dans cette répétition. On voit que Diderot ne craignait pas d'être démenti par le pauvre défunt, et qu'il comptait sur la discrétion de son ami et messager d'Escherny, qui, effectivement, ne le trahit pas. Et ce d'Escherny se donne pour un ami de Rousseau!

Je ne l'ai ni persécuté ni haï!... Ne serait-ce pas le cas de dire, comme le misanthrope, *Et que fais-tu donc, traître!* J'ai déjà fait observer, et il est généralement admis aujourd'hui, que Diderot était le principal rédacteur de la correspondance de Grimm. Parmi une foule de diatribes à formes germaniques, qui ne peuvent être attribuées qu'à Grimm, on en trouve de non moins cruelles dans lesquelles il est facile de reconnaître la manière enflée et caustique de Diderot. Ce rôle de diffamateur anonyme, joint aux invectives qu'il débitait dans le monde, et dont quelques-unes vinrent jusqu'aux oreilles de Rousseau, achève de rendre plus odieuse la modération dérisoire qu'il affecte dans ses notes. Voici, à la charge de Diderot, deux traits caractéristiques. 1° Rousseau, dans son second dialogue, se plaint *d'avoir été traité de juif par le philosophe Diderot*, au sujet de ses copies de musique. Cela rappelle le procédé de Grimm (voir p. 28). En avril 1770, Rousseau écrivait à M. de Saint-Germain : « En ce moment, monsieur, il me revient, sur les matières dont

---

(¹) Voltaire osa dire que Rousseau avait *reçu quelques louis d'Helvétius*. S'il le tenait de ce dernier, voilà encore un *bienfaiteur* dont l'*ingrat* Rousseau, qui en a toujours parlé avec honneur, était loin de soupçonner l'existence.

« j'ai eu l'honneur de vous entretenir, un fait bien minutieux en
« apparence, mais que je ne puis m'empêcher de vous dire, à cause
« de ses conséquences et de la facilité que vous avez de le vérifier.
« Depuis notre dernière entrevue, je parlai par hasard une fois de
« l'*Emile* avec un officier *de votre connaissance*. Il me dit que,
« causant un jour avec M. Diderot, lorsqu'on parlait de ce livre,
« longtemps avant sa publication, M. Diderot lui avait dit qu'il le
« connaissait, que je le lui avais montré ; que c'était un projet pour
« élever chaque homme pour l'état dans lequel il devait vivre. Par
« exemple, ajoutait-il, s'il devait vivre dans une monarchie, *on lui
« apprendra de bonne heure à être un fripon*, etc. Pourquoi M. Di-
« derot mentait-il avec tant d'impudence? Je ne lui avais pas
« montré ce livre, *puisqu'il n'était pas encore commencé quand je
« rompis avec lui*, et que le plan qu'il me prête est exactement con-
« traire au mien. » Cette conversation de Rousseau avec un officier
connu de M. de Saint-Germain ne peut être, ni un mensonge, ni
une vision ; qu'on juge alors de ce que Diderot était capable de dire
et de faire contre son ancien ami, absent et malheureux ! Achevons :

« *Je n'en veux pas à sa mémoire ;* mais si Rousseau fut un homme
« de bien, on en pourrait conclure, et les *méchants* (ici Diderot se
« nomme sans y songer) en ont conclu, qu'il avait été longtemps
« entouré de pervers. Lui-même, en plusieurs endroits de ses ou-
« vrages, a suggéré cette conséquence à la *malice* de son lecteur.
« (Diderot oublie de citer les endroits qui ont suggéré cette consé-
« quence à sa malice.) Plus il est devenu célèbre par son talent,
« par l'austérité *prétendue* de ses mœurs, plus il semblait important
« de rompre le silence. *Ce n'est point une satire que j'écris*, c'est
« mon apologie. »

Quels aveux dans ces deux négations effrontées : *je n'en veux pas
à sa mémoire ; ce n'est pas une satire que j'écris*, et comme
« la conscience de Diderot dut frémir lorsqu'il écrivit cela ! C'est
« l'apologie d'un assez grand nombre de *citoyens* qui me sont chers
« (les *citoyens* Grimm, d'Holbach, Hume , Voltaire et autres). C'est
« un devoir *sacré* que je remplis. Si je ne m'en suis pas acquitté plus
« tôt, si je n'entre pas ici dans un détail de faits *sans réplique* (on
« connaît ces faits sans réplique, ce sont les calomnies recueillies par
« Marmontel), plusieurs des défenseurs de Rousseau connaissent mes
« raisons et les approuvent. Je les nommerais sans balancer, s'il
« leur était permis de s'expliquer avec franchise, sans tomber dans
« une criminelle indiscrétion. »

Autre fourberie, et assez grossière même. Diderot fait semblant de ne pouvoir nommer ces prétendus défenseurs de Rousseau qui approuvaient *ses raisons*, c'est-à-dire les mensonges du récit de Marmontel. Que ne s'ouvrait-il aussi à Du Peyrou, à Mᵐᵉ La Tour, à Bernardin de Saint-Pierre, véritables *défenseurs* de Rousseau ; peut-être eussent-ils levé ses *honnêtes* scrupules ? Cet expédient de témoins *anonymes*, envers lesquels on se dit lié par *l'honneur et la délicatesse*, est commode, mais un peu usé.

Suite des notes. « Mais Rousseau lui-même, dans un ouvrage
« posthume, où il vient de se déclarer fou orgueilleux, hypocrite
« et menteur, a levé un coin du voile. Le temps achèvera, et justice
« sera faite du mort, lorsqu'on le pourra sans affliger les vivants.
« Pour moi, j'ai dit tout ce que je pouvais dire sans reproche, je
« n'y reviendrai plus. »

L'ouvrage posthume, ce sont les *Confessions*. Il faut que Diderot compte bien sur la crédulité de ses lecteurs, pour affirmer que Rousseau y a fait de tels aveux. Les vivants qu'il ne faut pas *affliger*, ce sont Saint-Lambert et Mᵐᵉ d'Houdetot, car il n'est question que d'eux dans la fable de Marmontel ; or, on a vu que cette fable ne les a nullement affligés, et qui pis est, je prouverai qu'ils s'en sont rendus complices par leur indigne silence. Quant au mort, dont le temps *doit faire justice*, il se trouve, malheureusement pour Diderot, que c'est lui, précisément à cause de ses notes sur Sénèque, et aussi des mensonges de Marmontel, autre mort que le temps a mis aussi à sa place, comme on va le voir tout à l'heure.

Voilà *en son entier* le libelle de Diderot. On remarquera, je pense, l'extrême médiocrité de cette pièce sous le rapport littéraire. M. Génin, qui cherche à en pallier l'odieux tant qu'il peut, prétend qu'elle doit être attribuée à Grimm. J'ai dit que je croyais qu'il y avait travaillé ; on y reconnaît en maint endroit son style empesé, incorrect, et surtout son fiel infernal ; mais celui de Diderot y est encore plus sensible. D'ailleurs, quelle si grande différence doit-on mettre entre l'homme qui ourdit un système de calomnie, et celui qui l'écrit sous sa dictée et qui y met son nom ? M. Génin, malgré les notes sur la Vie de Sénèque, assure que Diderot n'était pas *menteur*, et que Rousseau a pu être *inexact*. Je viens de prouver que Diderot était menteur, et personne n'a prouvé que Rousseau fût inexact. Ai-je eu tort de dire que les gens de lettres sont les plus mauvais juges du procès ?

Suivant M. Génin, Diderot n'était pas athée, il n'était que sceptique. Il accuse Naigeon de lui avoir attribué deux doctrines, l'une *ésotérique* ou intérieure, l'autre *exotérique* ou extérieure. Il est singulier que M. Génin veuille en savoir plus à cet égard que l'athée Naigeon, éditeur et ami de Diderot. Ces messieurs ne se gênaient guère entre eux et devaient se connaître. D'ailleurs chacun sait que cette hypocrisie philosophique n'est pas nouvelle; qu'elle était familière aux anciens, et qu'elle n'est pas rare chez les modernes, parmi les médecins physiologistes principalement. « C'est, dit « M. Damiron, une justice à rendre à M. Broussais, on ne lui trouve « pas ces concessions de complaisance, ces soumissions hypocrites « dont croient devoir se couvrir quelques physiologistes timorés, qui « *jésuitisent* leur matérialisme, pour se donner plus de sécurité. » (*Essais sur l'histoire de la philosophie en France au dix-neuvième siècle*, t. I, pag. 163).

M. Génin affirme que le *Code de la nature* n'est pas de Diderot, mais d'un vaurien obscur nommé *Morelly*. C'est possible : cependant il reste toujours très-singulier que Diderot n'ait pas protesté contre l'insertion de cet écrit monstrueux dans l'édition frauduleuse de 1773. M. Génin objecte que cette édition contenait *des ouvrages de toutes mains*, et que, si un auteur était obligé de désavouer tout ce qu'on lui attribue, *sa vie serait occupée à se défendre*. Je réponds qu'un auteur doit toujours trouver du temps pour repousser le déshonneur. Diderot, qui n'est mort qu'en 1784, a eu *dix ans* pour désavouer le *Code de la nature*, et, vaniteux comme on sait qu'il était, il a souffert, pendant tout ce temps, que le public lui attribuât un livre exécrable. Il ne l'a pas composé, je veux bien le croire, sur l'autorité très-suspecte de Naigeon ; il l'a tacitement approuvé ; c'est beaucoup trop.

M. Génin, après avoir cité quelques traits de la lettre de Diderot *sur les aveugles*, et de *l'Interprétation de la nature*, en conclut que ce philosophe n'était pas *athée*, mais *panthéiste ;* un peu plus loin, il le dit *matérialiste*, et il ajoute : « L'affectation de Diderot à éviter « jusqu'à la simple mention de l'immortalité de l'âme, *est très-si-* « *gnificative* » (Préface des œuvres choisies de Diderot, pag. LXV). Oui vraiment, et tellement significative, que ce n'est plus la peine de discuter. Non, les panthéistes ne sont pas des *athées* en style d'école; ils sont bien pis : ils admettent un Dieu sans bonté, sans justice; ils laissent subsister la cause suprême en la déshonorant ; ils la réduisent à n'être qu'un immense récipient où vont s'engouffrer des myriades d'âmes humaines à l'état de *fluide animal*; franchement, j'aime mieux l'athéisme pur.

Suivant M. Génin, Mme de Vandeul, fille de Diderot, « fut une femme distinguée par sa piété et par les lumières de son esprit. » Ce n'est certainement pas la faute de son père; car en parlant de l'éducation que celui-ci donnait à sa fille, M. Génin fait cette réflexion: « Il prenait, comme on voit, tous ses principes de morale sur la terre, et ne les *appuyait pas au ciel* » (ouvrage cité, pag. 88, t. I). Cela est encore assez clair. En décrivant la mort de Diderot, il dit aussi: « Le dernier mot de Diderot fut: Le premier pas vers la phi-« losophie, *c'est l'incrédulité*. Il mourut le lendemain. » Il me semble que ce dernier trait eût dû épargner à M. Génin sa discussion sur l'athéisme de Diderot. Des croyances, passons aux mœurs. M. Génin a judicieusement compris que tant de productions licencieuses, que tant de cynisme dans les lettres intimes ne lui permettaient pas l'indulgence; aussi a-t-il avoué sincèrement les désordres de la vie privée de Diderot, de cet homme qui avait osé dire de Rousseau que *ses mœurs s'étaient perverties dans les bois!* Je n'insiste pas davantage sur ce point.

Je vais achever de faire ressortir la différence de ces deux caractères d'hommes, par celle de leurs productions et de leurs destinées. Diderot, pauvre, mais répandu dans le monde, se fit un nom par des écrits où dominent le matérialisme, l'obscénité, la causticité. Moraliste gourmé dans ses livres, il fut, dans sa vie privée, licencieux et dissipateur. Fanfaron d'amitié, il troubla à plaisir le repos d'un homme faible, inoffensif, dont il était tendrement aimé; il affecta de rabaisser ses talents, il calomnia son caractère, révéla ses secrets, insulta à ses infortunes, et finit par verser l'outrage sur sa tombe, au moment où toutes les haines se réunissaient pour déshonorer sa mémoire. Philosophe frondeur, presque démocrate, il s'humilia devant Catherine II, reçut d'elle des pensions considérables, acheva sa vie dans l'aisance, qu'il devait au plus absolu des despotes de l'Europe, et laissa une mémoire honorée parmi les hommes!

Rousseau, plus pauvre encore que Diderot, ardent, sensible, faible, maladroit, ne put supporter la vue des misères sociales; il prit la ville en aversion, et se retira dans une solitude profonde, où il composa ses meilleurs écrits. Ses idées furent souvent exagérées, bizarres, inconséquentes même; il attaqua énergiquement des erreurs accréditées, des abus révoltants; il heurta témérairement l'iniquité toute-puissante ; mais il respecta les personnes. Aussi décent que sévère, il s'abstint constamment de disputes brutales et de satires ; peu d'écrivains ont été, à cet égard, aussi irréprochables que lui. Atteint d'un délire érotique, dont la source était bien moins dans ses sens que dans son cœur, il peignit la passion et ses égaremenls avec un charme qui a ses dangers ; mais jamais une image lascive, jamais un mot cynique ne ternirent ses tableaux les plus enivrants. Qui oserait mettre sa *Julie* en parallèle avec la *Religieuse* de Diderot ? Il discuta les principes du droit politique avec une hardiesse dont les démagogues modernes n'ont que trop abusé ; mais jamais il n'attaqua aucun gouvernement de fait, et, dans les troubles de son injuste patrie, on le voit, oubliant ses propres injures, donner au parti populaire des conseils de modération et de paix. Il a pu se tromper dans ses hypothèses sur l'état de nature, dans ses raisonnements contre le christianisme ; mais il osa confesser Dieu et proclamer l'excellence originelle du cœur humain parmi les sectateurs du néant moral et religieux. Jamais il n'eût souffert, comme Diderot, qu'une plume étrangère insérât dans ses écrits une thèse contre les lois divines et humaines ; il eût renié avec horreur ce prétendu *Code de la nature*, dont les sophismes ont préparé les voies aux sectes hideuses qui infestent la société actuelle ; il vécut de son travail et du produit de ses ouvrages ; au milieu des haines et des persécutions, il ne flatta ni souverains, ni grands ; il refusa les pensions des rois, les bienfaits des particuliers avec une constance dont on a fait un calcul d'orgueil, parce qu'il est plus facile d'avilir un tel désintéressement que de l'imiter. Enfin, il mourut pauvre, ridiculisé, chargé d'un déshonneur injuste qui persiste malgré le temps, et qui ne s'effacera peut-être jamais ! Quel triste contraste, et que cette absurdité des arrêts de l'opinion serait effrayante si elle ne prouvait pas invinciblement une justice suprême !

J'ai peu de chose à dire de d'Holbach. On peut voir dans l'article biographique que lui a consacré Musset-Pathay, qu'il est auteur d'un traité de matérialisme intitulé *Système de la nature*, imprimé sous le nom d'un académicien nommé Mirabaud. Grimm dit de cette misérable production que « bon nombre de pages, où l'on re- « connaît la plume d'un écrivain supérieur, *sont de Diderot.* » M. Génin a sans doute ignoré, ou bien oublié cet *éloge* de l'athée Grimm. On attribue à d'Holbach d'autres écrits du même genre, aujourd'hui complétement oubliés, Dieu merci. Rousseau dit dans ses *Confessions* qu'il fuyait la société de d'Holbach, à cause de sa grande for-

tune. « Il s'obstina, dit-il, et vainquit. » Voici comment d'Holbach a parlé de Rousseau. « Rien n'était plus commun, dit-il, que sa
« conversation ordinaire ; mais elle devenait réellement sublime ou
« folle dès qu'il était contrarié. J'ai à me reprocher d'avoir multi-
« plié ces contrariétés pour multiplier ces moments d'éclat et de
« verve. J'étais idolâtre de la musique italienne, il ne l'était pas
« moins. Son *Devin du village* ne fut goûté ni prôné par personne
« autant que par moi. On l'accusa de plagiat. Je voulus vérifier le
« fait. *Je ne tendis pas de piéges, mais je hasardai des épreuves.* Il
« s'aperçut de mes méfiances, et dès ce moment je perdis son ami-
« tié. Ayant perdu ma première femme, je reçus de lui une lettre *si*
« *touchante*, que je crus son amitié ranimée par mes chagrins. Je
« l'accueillis, je le recherchai, je le soignai avec un zèle nouveau et
« pour ainsi dire paternel. C'est dans ce moment qu'il venait de se
« vouer à une bien plate union. On ne peut imaginer de contraste
« plus affligeant que celui qu'il présentait avec sa Thérèse et son
« génie. Diderot, *Grimm* et moi, nous fîmes une conspiration *ami-*
« *cale* contre ce ridicule et bizarre assemblage. Il fut blessé de notre
« zèle, indigné de notre désapprobation, et dès ce moment il se
« tourna avec fureur contre notre philosophie *antithérèsienne*. Plus
« nous cherchions à le ramener vers ses anciens *principes* et ses an-
« ciens amis, plus il s'éloignait des uns et des autres. »

Il est bien avéré maintenant qu'il y eut *conspiration* contre Rousseau, *amicale* suivant d'Holbach, hostile si l'on consulte les faits. De plus, on voit que Grimm était du complot, quoiqu'il ait toujours affecté la neutralité. Ce n'est pas tout ; il y a ici un mensonge facile à constater. La liaison de Rousseau avec Thérèse date de 1745. La mort de Mme d'Holbach eut lieu pendant qu'il était à Genève, c'est-à-dire en juin 1754 ; il ne retourna chez d'Holbach qu'un peu avant d'habiter l'Ermitage, où il entra au printemps de 1756 (*Confessions*, liv. VIII). La *plate union* durait donc depuis dix ans, lorsque d'Holbach et ses collègues s'avisèrent d'en être scandalisés. Le moyen de croire que ce fut là leur motif ! Nous avons vu d'ailleurs que dans cette *conspiration* il ne s'agissait pas, au fond, de détacher Rousseau de Thérèse, mais de le ramener à Paris, en lui inspirant des scrupules au sujet de la mère de cette femme. Ce qui achève de le prouver, c'est que Diderot, dans ses remontrances sur la solitude, ne parle nullement de la compagne de Rousseau ; ayant fait lui-même un choix *plus plat* que le sien, il se serait bien gardé de le moraliser sur ce chapitre. D'Holbach a donc menti. Il convient qu'il aimait à *contrarier* Rousseau ; cette expression mitigée rend plus que probables les procédés grossiers dont celui-ci se plaint dans ses *Confessions*. Il dit aussi qu'il crut aux plagiats lyriques, et prétend n'avoir pas *tendu de piéges*, mais simplement *hasardé des épreuves*, comme si cela ne revenait pas au même. Cependant les *Confessions* parlent d'un véritable piége (voy. liv. VIII). Les aveux du baron, et le mensonge qui vient d'être constaté dans son récit, ne confirment que trop le récit de Rousseau. D'Holbach convient d'avoir reçu de lui une lettre *touchante*, puis il se hâte d'atténuer ce témoignage favorable, en avançant que l'amitié de Rousseau ne fut pas *ranimée* par celle qu'il lui témoigna. Comment se trouva-t-elle donc ranimée avant? Que la haine est maladroite! Enfin, pour comble de perfidie, il prétend qu'il chercha à ramener Rousseau à *ses anciens principes*, c'est-à-dire qu'il insinue que ces principes étaient primitivement les mêmes que les siens, et que Rousseau ne joua les convictions religieuses que parce qu'on l'avait persécuté à cause de sa Thérèse!

La lettre qui vient d'être citée fut insérée par Cerutti dans le *Journal de Paris*, numéro du 2 décembre 1789, avec d'autres détails dont je n'ai pas cru devoir parler. On la retrouve en partie dans la correspondance de Grimm (novembre 1789). Les *Confessions* étaient alors publiées. Nul doute que le but de cette lettre ne fût de donner un démenti à ce que Rousseau dit de ses relations avec d'Holbach. Cerutti y raconte l'anecdote du curé de Monchauvet, dans laquelle Rousseau joue un rôle ridicule. Cette anecdote existe aussi dans la correspondance de Grimm (août 1755). On y trouve cette phrase : « Le seul citoyen de Genève, avec sa probité à toute épreuve, était « résolu de faire le rôle d'honnête homme. » Quand Grimm écrivait cela, Rousseau supposait encore qu'il était son ami, et cependant quelle haine perfide dans cette insinuation! Je ne m'occupe pas de l'authenticité suspecte de l'anecdote, mais elle va me servir à constater encore un mensonge de d'Holbach ou de Grimm, son interprète. Il existe dans la correspondance de ce dernier, à la date ci-dessus indiquée, une nouvelle version dans laquelle on prétend que Rousseau, furieux des moqueries dont le curé de Montchauvet était accablé, partit brusquement, et que depuis ce moment il cessa de voir d'Holbach. Le fait date de 1755. Or, en mars 1756, Rousseau écrivait à Mme d'Epinay qu'il venait de dîner *chez le baron*. En outre, les *Confessions* et les Mémoires de Mme d'Epinay nous apprennent qu'en 1757 d'Holbach se trouva à la Chevrette, résidence

de cette dame, et qu'il y ridiculisa Rousseau au sujet de son amour pour Mme d'Houdetot. Il est aussi question, dans les *Confessions*, d'une visite de Rousseau à d'Holbach, faite en 1757, sur les instances de Diderot. Enfin, dans le récit de d'Holbach, Saint-Lambert figure parmi les témoins de la scène de Montchauvet, tandis qu'il était alors en garnison à Lunéville. « Ce mensonge, dit à ce propos
« Musset-Pathay, me donne l'occasion de répéter une remarque déjà
« faite, c'est que toutes les fois qu'on vérifie une accusation contre
« Rousseau, on arrive à ce résultat, c'est-à-dire à une imputation
« calomnieuse. *Ce fait est sans exception* » (*Histoire de Rousseau*, t. II, p. 132).

Il me reste maintenant à parler de quelques personnages dont le rôle se lie à celui des précédents. Je ne dis rien de Mme d'Epinay. Les *Confessions*, ses propres *Mémoires*, et les commentaires de son digne ami Grimm, la peignent suffisamment.

Marmontel n'est guère connu dans la littérature que par les opéras de Grétry, dont il fit les paroles, par ses Contes soi-disant *moraux*, et par quelques romans devenus insipides. Il était assidu chez les financiers. Palissot prétend l'avoir vu servir des rafraîchissements chez le fameux la Popelinière (¹); cela peut n'être pas vrai, mais les *Mémoires* de Marmontel n'en trahissent pas moins des habitudes d'épicurien-parasite très-prononcées. Il était intimement lié avec tous les ennemis de Rousseau, et surtout avec d'Alembert, auquel il succéda à l'Académie. On connaît la cause première de sa haine contre Rousseau, ses écrits en contiennent de nombreux témoignages. Le plus remarquable est le récit des confidences de Diderot, que j'ai analysé et réfuté précédemment. Je ne daigne pas citer les autres. Cependant, je dois faire exception pour un dialogue très-curieux qui eut lieu entre l'académicien et sa femme, dans une promenade à Montmorency. Mme Marmontel reprochait à son mari son animosité contre Rousseau. « Il faut, lui disait-elle, pardonner
« quelque chose à celui qui nous a appris à être mères. » Là-dessus, Marmontel entama une lourde diatribe, dans laquelle, après avoir fait de Rousseau *un débauché, un sophiste, un fourbe, un calomniateur, un misanthrope orgueilleux*, il finit par dire *ingénument*, comme son ami Diderot, que la nature l'avait créé *sensible, équitable, sincère et bon*. « Ma femme m'écoutait tristement, dit avec un air
« de naturel le sournois académicien. —Mon ami, me dit-elle, je suis
« fâchée de vous entendre parler mal *souvent* de Rousseau ; on vous

(¹) *Mémoires littéraires*, tome II, page 147.

« accusera de quelque *inimitié personnelle, et peut-être d'un peu d'en-*
« *vie*.— Pour de la personnalité dans mon aversion, elle serait, lui
« dis-je, très-injuste, car *il ne m'a jamais personnellement offensé,*
« *il ne m'a fait aucun mal.* Il serait plus possible qu'il y eût de
« l'envie, car je l'admire assez dans ses écrits pour en être envieux,
« et je m'accuserais de l'être *si je me surprenais à médire de lui;*
« mais j'éprouve au contraire, en vous parlant des maladies de son
« âme, cette tristesse amère que vous éprouvez à m'entendre. »
Mme Marmontel insiste, et demande *s'il n'y a pas de l'impiété à
troubler la cendre des morts.* Alors son mari tâche de lui faire comprendre comment, les écrits de Rousseau étant pleins de *poisons
assaisonnés,* il était de son devoir à lui, *moraliste austère,* comme
on sait, d'opposer des *préservatifs* et des *contre-poisons* à ces écrits
d'un *éloquent sophiste,* d'*un corrupteur séduisant;* comment il ne
doit pas de *ménagements* à un homme *qui n'a ménagé personne,* et
qui, dans ses Mémoires, *a diffamé les gens qui l'ont le plus aimé*
(*Mémoires,* t. II, p. 139 et suiv.). Il n'est pas sûr que tout cela ait
persuadé Mme Marmontel, femme équitable et pénétrante, comme
on voit; quant à *Monsieur,* je ne suppose pas que ceux qui voudront
lire ses *Mémoires* soient dupes de sa fausse ingénuité et de ses ver-
tueuses colères contre l'homme *qui ne l'avait jamais offensé.*

Saint-Lambert est bien plus connu comme amant de Mme d'Houdetot que comme littérateur. On peut même dire qu'il doit à Rousseau de n'être pas aujourd'hui complétement oublié. Palissot l'a
traité assez durement; je consens à ne point user de son témoignage.
Grimm, son ami, raconte qu'il fit arrêter, par ordre supérieur, la
publication d'une critique de son poëme *des Saisons,* par Clément,
et que celui-ci lui ayant écrit à ce sujet une lettre *impertinente,* fut
envoyé au Fort-l'Evêque (*Corresp.,* mai 1770). Il est bon de dire
que ce même Clément fut mis à la Bastille par les soins de d'A-
lembert, qu'il avait offensé dans une critique dirigée contre Voltaire. Voilà comment les philosophes athées pratiquaient la tolérance, dont il est tant question dans leurs livres. Tous les biographes
de Saint-Lambert le représentent comme exigeant, quinteux, jaloux,
vaniteux, et, chose remarquable, Rousseau est celui qui a le plus
honoré son caractère. On va voir que ce témoignage favorable ne
fut pas toujours mérité. Rousseau paraît croire, dans ses *Confessions,* que l'invitation de M. d'Epinay, qui le mit pour la dernière
fois en rapport avec Saint-Lambert et Mme d'Houdetot, eut un motif bienveillant. Plus tard il changea d'avis, comme le prouve la

note qu'on trouve au commencement du livre X des *Confessions.*
Je partage sa dernière interprétation, et je me fonde sur ce trait
des *Confessions :* « Je n'ai jamais tant souffert, dit-il, ni fait si mau-
« vaise contenance, *ni reçu d'atteintes plus imprévues.* » Pouvait-on,
en effet, imaginer une réunion de convives plus embarrassante pour
le pauvre Rousseau ? Comment des gens si fins, si consommés dans
l'art d'observer les convenances, n'avaient-ils pas senti cela ? Cette
impitoyable *Blainville,* surtout, n'avait-elle pas été amenée là tout
exprès ? Il est donc probable que ce dîner n'était qu'une comédie
cruelle, dans laquelle il est pénible de voir figurer Mme d'Houdetot.
Ce qui me reste à dire de Saint-Lambert prouvera que les conjectures de Rousseau étaient fondées. Voici ce qu'écrivait Grimm à
Mme d'Epinay : « Saint-Lambert est de retour des eaux. *La com-*
« *tesse et lui* sont, comme nous, brouillés sans retour avec Rous-
« seau ; ils le connaissent pour ce qu'il est, et commencent à con-
« venir que vous vous êtes conduite comme il le fallait » (*Mémoires*
de Mme d'Epinay, t. III, page 262). Saint-Lambert revint des eaux
à la fin de 1757, et la veille même du jour où Rousseau lui avait
envoyé sa lettre sur les spectacles (octobre 1758), il avait reçu de
lui, *et au nom de Mme d'Houdetot, un billet plein de la plus tendre
amitié (Confess.,* liv. X). Grimm a-t-il menti, ou bien cette démonstration de Saint-Lambert était-elle un acte de fausseté ? C'est
ce qu'il faut rechercher. J'ai prouvé, page 63, que dans l'affaire de
la rupture de Rousseau avec Diderot, Saint-Lambert n'avait agi ni
sincèrement ni généreusement ; que son changement subit de dispositions ne pouvait s'expliquer naturellement ; qu'avant de traiter
d'*atroce* la conduite de Rousseau, il eût dû lui demander compte de
ses motifs ; et cela était d'autant plus nécessaire que, dans sa lettre,
il lui disait : « Diderot peut avoir des torts envers vous, *je l'i-*
« *gnore.* » Alors, pourquoi prononcer si durement ? Voilà déjà des
probabilités en faveur de la réalité des assertions de Grimm qui,
tout imposteur qu'il était, pouvait dire la vérité lorsqu'elle tournait
au préjudice de Rousseau. J'ajoute que Saint-Lambert, jaloux jusqu'à la fureur, ne devait pas pardonner à celui-ci son amour pour
sa maîtresse et la publicité de cet amour. Ses deux visites à l'Ermitage, faites immédiatement après les scènes violentes qui eurent
lieu entre lui et Mme d'Houdetot, avaient sans doute pour objet
d'éclaircir les doutes que lui laissait cette intimité cultivée en son
absence. Sans cela, on ne concevrait guère que le *marquis* de Saint-
Lambert eût daigné s'entretenir *pendant plus de deux heures* avec une

pauvre fille comme Mlle Levasseur (*Confess.*, liv. X). Mais ce ne sont là, j'en conviens, que des conjectures; voici qui est plus positif. Diderot écrivait ce qui suit à sa maîtresse Mlle Voland (1765) : « Il y a trois jours que Rousseau est à Paris. Je ne m'attends pas à « sa visite, mais je ne vous célerai pas qu'elle me ferait grand plai- « sir. *Je serais bien aise de voir comment il justifierait sa conduite* « *à mon égard*... Il passera ici une quinzaine, il y attendra le dé- « part de M. Hume, qui le conduit en Angleterre, où il jouira du « repos, *s'il est vrai qu'il le cherche*. M. de Saint-Lambert a dit de « lui un mot *charmant*. *Ne le plaignez pas trop, il voyage avec sa* « *maîtresse, sa réputation* » (*Œuvres choisies* de Diderot, édition Charpentier, t. II, p. 321).

Cet extrait de lettre est remarquable en ce que Diderot, tout en étalant la prétendue facilité de son cœur, ne laisse pas de déchirer l'ami qu'il feint de regretter, et de faire entendre que cet ami *est hors d'état de se justifier devant lui*. Quant au propos de Saint-Lambert, c'est celui d'un ennemi déclaré ; et cependant, qu'était-il arrivé depuis que Rousseau avait cessé d'avoir des relations avec lui ? L'*Emile* avait paru, il avait mis son auteur au premier rang des écrivains de son époque, tandis que Saint-Lambert n'était pas même au second. De là, l'hostilité envieuse de ce mot que Diderot trouve *charmant*, parce qu'il était lui-même offusqué de la gloire de son ancien ami. Musset-Pathay prétend, contre l'assertion de Palissot, que Saint-Lambert n'a jamais écrit contre Rousseau : il est vrai que son nom ne se trouve pas une seule fois dans ses ouvrages, mais il y combat très-aigrement ses principes, et quelques allusions hostiles peuvent s'appliquer à lui. D'ailleurs, ce silence même trahit la malveillance secrète d'un homme qui sent son infériorité, et qui ne la pardonne pas à celui dont probablement il n'avait pas deviné la portée. Veut-on récuser le témoignage de Diderot, j'y consens. J'ai prouvé, page 47, que Rousseau n'avait pas outragé Mme d'Houdetot, qu'il n'avait pas écrit de lettre insultante à Saint-Lambert, et que tout le récit de Marmontel dicté par Diderot était calomnieux. Voici maintenant ce qu'on lit dans les *Mémoires* dudit Marmontel : « Vous avez, mes enfants, entendu dire mille « fois, par votre mère, quel était pour nous l'agrément de vivre « avec M. de Saint-Lambert et Mme d'Houdetot, *son amie*, et quel « était le charme d'une société où l'esprit, le goût, l'amour des let- « tres, les qualités du cœur nous attiraient, soit auprès *du sage* « *D'Eaubonne* (Saint-Lambert), soit auprès de la *Sévigné* de San-

« nois (Mme d'Houdetot)... Nous avions été Saint-Lambert et moi des
« sociétés de d'Holbach, d'Helvétius, de Mme Geoffrin ; nous fûmes
« aussi constamment de celle de Mme Necker, etc. » (*Mémoires*,
t. II, p. 128). Il y eut donc intimité entre Marmontel, Mme d'Houdetot et Saint-Lambert. De plus, ils furent liés tous les trois avec
d'Holbach, Helvétius, Diderot, et en relations, par conséquent, avec
Grimm, qui était ami de ces derniers. Saint-Lambert et Mme d'Houdetot vivaient donc à la source même des calomnies dont on accablait leur ancien ami, absent et malheureux ; ils approuvaient les
calomniateurs, puisqu'ils les admettaient dans leur intimité ; mais il
y a plus, on lit dans l'avertissement qui se trouve en tête des *Mémoires* de Marmontel, édition de 1818, que ces *Mémoires* ont été
publiés pour la première fois en 1800 ; or, Saint-Lambert est mort
en 1803, et Mme d'Houdetot en 1813 ; ils ont dû connaître l'ouvrage
de leur ami Marmontel, au moins quant aux détails qui les concernaient ; ils n'ont réclamé ni l'un ni l'autre contre des accusations
qu'ils savaient bien être fausses, puisque l'analyse seule des faits le
démontre. Musset-Pathay prétend que Saint-Lambert s'est tu,
parce qu'il a cru *que le mépris suffisait pour faire justice des calomnies de Marmontel et Diderot*. Le mépris a si peu suffi, que dans
l'article *Rousseau* de la *Biographie universelle*, on retrouve ces calomnies répétées, aggravées même, et que Musset-Pathay, indigné,
s'est vu forcé d'en faire une longue réfutation. (Voyez *Œuvres inédites* de Rousseau, t. II, p. 439.) Je m'arrête ici : il me suffit d'avoir
démontré l'hostilité de Saint-Lambert [I]([1]) ; ce que j'ai à dire de
Mme d'Houdetot trouvera place ailleurs (voyez chap. x). Je ne
veux pas profaner le nom d'une femme qui fut si chère à l'infortuné
Rousseau, en l'associant à ceux de ses véritables ennemis.

CHAPITRE III.

Du séjour de Rousseau à Montmorency,

Jusqu'à l'époque du décret de décembre 1757 à juin 1762.

« En narrant les événements qui me regardent, dit Rousseau au
« commencement du livre XII des *Confessions*, les traitements que

---

([1]) Le n° [I] enfermé entre deux crochets désigne la première note supplémentaire (voir à la fin de l'ouvrage).

« j'ai soufferts, et tout ce qui m'est arrivé, je suis hors d'état de re-
« monter à la main motrice, et d'assigner les causes en disant les
« faits. Ces causes primitives sont toutes marquées dans les deux
« précédents livres; tous les intérêts relatifs à moi, tous les motifs
« secrets y sont exposés. Mais dire en quoi ces diverses causes se
« combinent pour opérer les étranges événements de ma vie, voilà
« ce qu'il m'est impossible d'expliquer, même par conjecture. Si,
« parmi mes lecteurs, il s'en trouve d'assez généreux pour vouloir
« approfondir ces mystères et découvrir la vérité, qu'ils relisent
« avec soin les trois précédents livres; qu'ensuite, à chaque fait
« qu'ils liront dans les suivants, ils prennent les informations qui
« seront à leur portée; qu'ils remontent d'agent en agent, d'intrigue
« en intrigue, jusqu'aux premiers moteurs de tout; je sais certai-
« nement à quel terme aboutiront leurs recherches, mais je me perds
« dans la route obscure des souterrains qui les y conduiront. »

Ces lecteurs, dont parle ici Rousseau, ne se sont pas rencontrés.
Du Peyrou, le seul, peut-être, de tous ses amis qui fût capable de
remplir cette mission, par ses rapports avec un grand nombre de
personnes qui ont influé sur la destinée de Rousseau, par la confiance sans bornes que celui-ci lui témoigna, n'a publié que des
apologies partielles qui, sans manquer de force et d'utilité, sont loin
de répondre, sous le rapport des faits, à ce qu'on aurait pu attendre
de lui. Lorsque les *Confessions* parurent, la plupart des personnes
qui y sont nommées ou jugées vivaient encore, ainsi qu'un grand
nombre d'autres qui, sans y figurer, avaient eu des rapports plus
ou moins intimes avec les premières, et se trouvaient par conséquent en état de fournir des renseignements précieux. Toutes, certainement, n'auraient pas dit la vérité; mais la multiplicité des témoignages eût permis aux observateurs de faire des rapprochements
propres à éclairer et à fixer les questions. Des chercheurs opiniâ-
tres pouvaient épier les moindres indices, noter les circonstances,
en apparence les plus futiles, recueillir les propos de société, les
articles de journaux, les écrits apologétiques, les libelles et même
les lettres particulières. Ce dernier article demandait, je l'avoue, de
la délicatesse et de la prudence; mais rien n'empêchait de réserver
pour l'avenir les pièces dont il eût été impossible ou dangereux de
faire un usage immédiat. C'est ce que Rousseau avait réalisé, en partie, dans les recueils de pièces auxquels il renvoie dans le cours de
ses *Confessions*, et qui, malheureusement, n'ont pas été publiés.
Ainsi, sans parler de ce qui a été supprimé à dessein, que de corres-

pondances ont été détruites après le décès d'un grand nombre de personnes contemporaines de Rousseau, et liées avec lui, lorsqu'il était reconnu que leur conservation n'importait pas aux intérêts de leurs héritiers ! et cependant, qui peut savoir si, examinées avec soin, elles n'eussent pas concouru à résoudre des questions qui, aujourd'hui, se refusent à tout examen positif ? Plus de quatre-vingts ans se sont écoulés depuis l'époque du décret ; plusieurs générations se sont succédé, et avec elles ont péri, non-seulement les témoins contemporains, mais une grande partie des renseignements écrits ; les imprimés mêmes sont difficiles à retrouver. La révolution de 1789, en dispersant la classe sociale où ces documents devaient surtout abonder, a opéré leur destruction presque complète, et ce n'est que bien rarement qu'on retrouve, dans la poussière des greniers ou dans les bibliothèques particulières, quelques pièces inédites, ordinairement sans valeur. Les recherches indiquées par Rousseau ne sont donc plus praticables aujourd'hui. Ce qui nous reste, en fait de moyens d'investigation, se réduit à ses *Confessions*, à sa correspondance, aux jugements, tantôt équitables, tantôt erronés ou malveillants auxquels elles ont donné lieu, et à un très-petit nombre de preuves matérielles que la Providence, sans doute, a voulu sauver de l'anéantissement. Sans vouloir imposer ici au lecteur une confiance aveugle, je dois faire remarquer, de prime abord, qu'aucun des faits dont se compose la question que je me propose d'examiner dans ce chapitre, n'a été nié, même par les ennemis de Rousseau les plus intéressés à infirmer son témoignage ; qu'en outre, il y a accord constant entre les *Confessions* et la correspondance ; de sorte que dans le sujet actuel, comme dans ceux que j'ai traités précédemment, ces deux données se prouvent l'une par l'autre. On ne peut donc, sans tomber dans un scepticisme systématique, refuser d'admettre les faits que je puiserai à ces deux sources, lorsqu'ils présenteront cette coïncidence décisive. Quant à la marche logique prescrite par Rousseau, j'ai tâché de la suivre, autant que possible, dans toutes les discussions que renferme mon écrit ; elle est préférable à toute autre, et convient surtout au problème difficile que je vais essayer de résoudre.

Retiré à Montmorency, et décidé à quitter pour toujours le métier d'auteur, Rousseau ne songea plus qu'à assurer sa subsistance avec le produit de ses ouvrages. « Ce projet de retraite absolue,
« dit-il, un des plus sensés que j'aie jamais faits, était fortement
« empreint dans mon esprit, et déjà je travaillais à son exécution,

« quand le Ciel, qui me préparait une autre destinée, me jeta dans
« un nouveau tourbillon » (liv. X).

Rousseau fait ensuite l'histoire de sa connaissance avec M. et
Mme de Luxembourg. On a vu, dans le chapitre précédent, avec
quelle basse jalousie Grimm parle de cette circonstance, et les mensonges qu'elle lui suggère. Pour achever de confondre ce fourbe,
recourons à la correspondance de Rousseau avec ses illustres hôtes.
Nous l'y retrouverons toujours le même, sensible à l'excès, facile à
subjuguer; mais fier, jaloux de son indépendance, et surtout imprudent. Je recommande de lire toute sa lettre du 30 avril 1759 au
maréchal de Luxembourg. Je n'en cite ici que le passage le plus
saillant : « Vos bontés m'ont mis dans une perplexité qu'augmente
« le désir de n'en être pas indigne. Je conçois comment on rejette
« avec un respect froid les avances des grands qu'on n'estime pas ;
« mais comment, sans m'oublier, en userai-je avec vous que mon
« cœur honore, avec vous que je rechercherais si vous étiez mon
« égal ? N'ayant jamais voulu vivre qu'avec mes amis, je n'ai qu'un
« langage, celui de l'amitié, de la familiarité. Je n'ignore pas com-
« bien, de mon état au vôtre, il faut modifier ce langage ; je sais
« que mon respect pour votre personne ne me dispense pas de celui
« que je dois à votre rang : mais je sais encore mieux que la pau-
« vreté qui s'avilit devient bientôt méprisable ; je sais qu'elle a
« aussi sa dignité, que l'amour même de la vertu l'oblige de con-
« server, etc. »

Le 21 mai 1759, il écrivait au chevalier de Lorenzy, en parlant
de ses hôtes : « Je suis fâché qu'il y ait si loin d'eux à moi. Je ne
« fais ni ne veux faire ma cour à personne, pas même à eux. J'ai
« mes règles, mes manières que je ne saurais changer ; mais toute
« la sensibilité que les témoignages d'estime et de bienveillance
« peuvent exciter dans une âme honnête, ils la trouveront dans la
« mienne. »

27 mai 1759. Au maréchal : « Ne veuillez pas être mon patron,
« je vous promets, moi, de ne pas être votre panégyriste ; au con-
« traire, si vous voulez me protéger, me faire des dons, obtenir
« pour moi des grâces, me tirer de mon état et que j'acquiesce à
« vos bienfaits, vous n'aurez recherché qu'un faiseur de phrases, et
« vous ne serez plus qu'un grand à mes yeux. » Voilà l'homme
dont Grimm a voulu faire un plat courtisan comme lui !

Rousseau, pour se soutenir auprès de Mme de Luxembourg
qu'il craignait beaucoup, imagina de lui lire son roman qui était

alors sous presse : « Le succès, dit-il, passa mon attente ; Mme de
« Luxembourg s'engoûa de la *Julie* et de son auteur. » Ici l'attention devient plus que jamais nécessaire. Tout est important dans les rapports de Rousseau avec cette dame, le reste de sa destinée en dépend ; et que la frivolité des faits ne trompe personne, des haines implacables, des vengeances cruelles, des guerres sanglantes, de grandes révolutions n'ont pas eu dans l'origine de motifs plus sérieux. « Mme de Luxembourg, dit Rousseau, passait pour mé-
« chante ; cette réputation dans une si grande dame m'effrayait. »
Cette opinion de Rousseau est confirmée par tous ceux qui ont parlé de cette dame. « Il résulte, dit Musset-Pathay, des lettres de Mme du
« Deffand, de Walpole et des mémoires du temps, que la maréchale
« *était plus crainte qu'aimée*, et qu'étant duchesse de Boufflers, elle
« tint une conduite plus que légère, pour me servir de l'expression
« de son biographe, M. de La Porte » (*Hist.*, t. II, p. 210).

Quant au maréchal, ce qu'en dit Rousseau ne laisse aucun doute sur l'excellence de son caractère. Il est du petit nombre des hommes qu'il estima et aima jusqu'à la fin.

Rousseau s'attacha sincèrement à ses hôtes ; mais, incapable de mesure et de tact, il passa rapidement de la répugnance à l'expansion, de l'embarras à la familiarité. Il n'eut pas même l'art de dissimuler sa préférence pour M. de Luxembourg, ce qui était déjà une assez lourde faute. On voit par sa correspondance avec la maréchale, combien il était gêné avec elle, quoiqu'il l'aimât réellement. Toutes les lettres qu'il adresse à cette redoutable patronne sont gauches, empesées ou remplies de sottes lamentations. Heureux encore s'il se fût borné à être ennuyeux ! Rappelons sommairement ses involontaires, mais fatales offenses.

La maréchale fut choquée, on ne sait trop pourquoi, d'un trait d'une lettre de Rousseau (*Conf.*, liv. X). Ce trait n'est que plat et guindé, comme tout ce qu'il écrivait quand il voulait s'évertuer à froid. La maréchale le releva avec une ironie tranquille, sous laquelle on découvre une certaine amertume. Rousseau répondit en protestant de ses bonnes intentions, mais au lieu de s'en tenir là, il termina sa lettre par ce passage audacieux : « Je vous avoue,
« madame la maréchale, que je ne sais plus si c'est moi qui vous
« dois des excuses, ou si c'est vous qui m'en devez. »

La maréchale lui envoyait quelquefois des provisions, et faisait de petits cadeaux à sa gouvernante. Rousseau se redresse bêtement et se met à écrire ce qui suit : « Non, madame la maréchale, vous

« ne me faites pas de cadeaux, vous n'en faites qu'à ma gouver-
« nante. Quel détour ! *Est-il digne de vous, et me méprisez-vous*
« *assez pour me donner le change ?* En vérité, vous me faites bien
« souvenir de moi. J'allais tout oublier, hormis mon devoir, et
« comme si j'étais votre égal, mon cœur allait s'élever jusqu'à l'a-
« mitié ; *mais vous ne voulez que de la reconnaissance*, il faut bien
« tâcher de vous obéir. » A ces maladresses succédèrent de véritables outrages dont Rousseau se rendit coupable avec une bonne foi inepte, qui ne serait croyable dans aucun autre homme. Je citerai d'abord l'extrait des aventures de milord Edouard, inséré, par *privilége*, dans l'exemplaire manuscrit que Mme de Luxembourg voulut avoir de la *Julie*. Si réellement les allusions dont parle Rousseau étaient si frappantes, il est singulier que cette dame n'ait pas détruit son exemplaire et qu'elle en ait souffert l'impression. Cependant, ce que dit Rousseau de l'accueil plus que froid fait par la maréchale à sa stupide galanterie, et surtout des sottes précautions qu'il eut soin d'y joindre, permet de croire à la réalité de l'offense[1]. « On ne comprend guère, dit Grimm, l'attention que l'au-
« teur a eue de dédier ce livre à Mme de Luxembourg » (*Correspondance*, août 1780). Il joint à cette réflexion un lourd et cruel persiflage sur les galanteries de la maréchale. Il ne lui pardonnait pas l'accueil brillant qu'elle avait fait à Rousseau. Je ne cite l'opinion de cet homme vil que parce qu'elle vient à l'appui de celle que j'ai énoncée ci-dessus.

La lettre de Rousseau à M. Silhouette, contre les gagneurs d'argent, est encore plus malheureuse (v. *Conf.*, liv. X). Mme de Luxembourg, qui était un de ces gagneurs d'argent si maltraités par M. Silhouette et par Rousseau, voulut avoir une copie de cette lettre. Pourquoi ? Je ne me le suis jamais expliqué, mais la maréchale n'était pas femme à demander de ces choses-là sans motif.

On ne peut guère aujourd'hui apprécier la signification exacte du trait de l'opiat (*Conf.*, liv. III). Rousseau dit que la *balourdise était terrible* ; il faut le croire.

Les traits que je viens de citer sont tous antérieurs à la proposition de Mme de Luxembourg, relative à l'impression d'*Emile* en France. Il est important de se le rappeler. Ceux qui suivent sont postérieurs. Ce sont : l'éloge d'un hideux portrait de la maréchale,

---

[1] Cette offense était tout entière dans le procédé bêtement discret de Rousseau, et par lequel il laissait voir qu'il avait fait l'application de l'épisode.

barbouillé par l'abbé de Boufflers, et le conseil donné par Rousseau, à M. de Luxembourg, de renoncer à la vie de courtisan (v. *Conf.*, livre XI). Dès ce moment, la bienveillance de la maréchale s'altéra au point que Rousseau, alors plein d'une entière confiance, ne put éviter d'en être frappé.

Voici maintenant d'autres particularités qui n'ont pas rapport à Mme de Luxembourg et qui n'en sont pas moins essentielles à retenir : 1° la note sur les maîtresses des princes, insérée dans la *Julie*, et que des *âmes charitables* firent remarquer à Mme de Pompadour. Musset-Pathay avance, sans le prouver, que cette note n'avait pu blesser Mme de Boufflers, *maîtresse du prince de Conti*; comme si la position de cette dame n'était pas exactement la même que celle de Mme de Pompadour. Trouvez une femme qui ne remarque pas un trait pareil et qui le pardonne !

2° La faiblesse, bientôt surmontée, qu'éprouva Rousseau pour cette même Mme de Boufflers, qui s'en aperçut.

3° Les conseils un peu trop francs qu'il lui donna sur sa tragédie.

4° Le refus de recevoir le gibier du prince de Conti, et la description passionnée, que contient l'*Emile*, des cruautés exercées sur les paysans par le comte de Charolais, oncle de ce prince.

Ces données importantes une fois rappelées, j'arrive au fait principal de la question : l'impression de l'*Emile en France*, à la sollicitation et par les soins de Mme de Luxembourg. Ce fait et la discussion qui s'y rattache renferment tout le problème de la destinée de Rousseau ; j'engage donc ceux qui voudront s'éclairer à ne se rebuter ni de la longueur, ni de la sécheresse des détails dans lesquels je vais être obligé d'entrer.

A peine délivré des chagrins que ses faux amis lui avaient suscités, Rousseau est recherché par le maréchal de Luxembourg et cède à ses avances. Honoré malgré lui de l'intimité d'une des premières dames de la cour, il se donne envers elle des torts innocents, mais que, dit-il, *une femme ne pardonne jamais*. Je fais remarquer de nouveau, parce que cela importe beaucoup, que toutes ces gaucheries de Rousseau sont antérieures à la proposition de la maréchale, relativement à l'*Emile*. Vers le milieu de 1760, Rousseau, inquiet du refroidissement progressif de cette dame à son égard, et ne sachant comment l'amuser, eut recours à la lecture d'*Emile* qui, dit-il, *réussit médiocrement*. Ce fut alors que Mme de Luxembourg lui proposa de se charger de l'impression de son livre. Il est encore très-essentiel de noter que lorsqu'elle lui fit cette offre, elle connaissait

déjà le contenu du livre, puisque Rousseau le lui avait lu ; que, douée de beaucoup d'esprit et de tact, elle avait pu, non-seulement en apprécier le mérite, mais encore comprendre les risques que la témérité de certaines digressions pouvait faire courir à l'auteur. Rousseau consentit au désir de la maréchale, sous l'*expresse condition* que l'ouvrage ne s'imprimerait pas en France. « C'est sur quoi,
« dit-il, nous eûmes une longue dispute ; moi prétendant que la
« permission tacite était impossible à obtenir, imprudente même,
« et ne voulant pas permettre l'impression dans le royaume ; elle,
« soutenant que cela ne ferait pas même une difficulté à la censure,
« dans le système que le gouvernement avait adopté. Elle trouva le
« moyen de faire entrer dans ses vues M. de Malesherbes, qui m'é-
« crivit une longue lettre, *toute de sa main*, pour me prouver que la
« profession de foi était précisément une pièce faite pour avoir l'ap-
« probation du genre humain et celle de la cour dans la circon-
« stance (¹). Je fus surpris de voir ce magistrat, si craintif, devenir
« si coulant dans cette affaire. Comme l'impression d'un livre
« qu'il approuvait était par cela seul légitime, je n'avais plus de
« bonne objection à faire contre celle de cet ouvrage. Cependant,
« par un scrupule extraordinaire, j'exigeai toujours que l'ouvrage
« s'imprimerait en Hollande, et même par le libraire Néaulme, que
« je ne me contentai pas d'indiquer, mais que je prévins ; consen-
« tant, au reste, que l'édition se fît au profit d'un libraire de France,
« et que quand elle serait faite on la débitât, soit à Paris, soit où l'on
« voudrait, attendu que ce débit ne me regardait pas. Voilà exacte-
« ment ce qui fut convenu entre moi et Mme de Luxembourg ; après
« quoi, je lui remis mon manuscrit » (*Conf.*, liv. XI).

Pour l'intelligence complète de ce passage, il faut savoir que, lors de l'impression de la *Julie*, M. de Malesherbes s'était montré très-sévère, principalement sur le dogme. On en trouvera la preuve dans une suite de notes assez vives, échangées entre Rousseau et lui à ce sujet (voyez *OEuvres inédites*, Musset-Pathay, t. Ier, p. 54 et suiv.).

La condescendance de ce magistrat pour la profession de foi du vicaire savoyard est donc plus que surprenante, quand on la rapproche de ses excessifs scrupules pour les propositions de la *Julie*, lesquelles, bien moins hardies que celles de l'*Emile*, sont, en outre, bien moins faciles à saisir, parce qu'elles sont disséminées dans le

---

(¹) Le parti *philosophique* l'emportait sur les jésuites.

cours de l'ouvrage. Ce changement de dispositions ne peut être attribué qu'à la maréchale, qui poursuivait avec ardeur son projet de faire imprimer l'*Emile* en France. M. de Malesherbes, trompé, ou plutôt intimidé, se décida à seconder ses vues ; d'où il faut conclure que Rousseau a eu raison de dire de lui, qu'il était *aussi faible qu'honnête*.

Quel pouvait être le but de la maréchale en s'opiniâtrant ainsi à vouloir que l'*Emile* fût imprimé en France, et non à l'étranger ? Il n'en résultait pour l'auteur aucun avantage pécuniaire. Pourquoi donc tant d'instances pour obtenir une chose si complétement indifférente ? Pourquoi égarer la conscience de l'honnête Malesherbes ? Pourquoi lui faire plaider auprès de Rousseau une thèse évidemment fausse ? Que M. de Malesherbes partageât au fond de son cœur les principes de Rousseau, je suis disposé à le croire ; mais il est impossible qu'il se fît illusion sur les dangers de la publication d'*Emile* en France, lui qui avait, quelque temps avant, censuré si sévèrement la *Julie*. Il était donc coupable, lorsqu'il cherchait à inspirer à l'auteur une confiance qu'il n'avait pas lui-même. Quant à Mme de Luxembourg, elle avait évidemment un motif secret, et il est déjà bien difficile de croire que ce motif fût un sentiment de bienveillance pour l'auteur d'*Emile*.

« Après avoir demeuré *longtemps*, dit Rousseau, sans entendre
« parler de mon livre, depuis que je l'avais remis à Mme de Luxem-
« bourg, j'appris enfin que le marché en était conclu à Paris avec
« le libraire Duchesne, et par celui-ci avec le libraire Néaulme,
« d'Amsterdam. Mme de Luxembourg m'envoya les deux doubles
« de mon traité avec Duchesne pour les signer. *Je reconnus l'écri-
« ture pour être de la même main dont étaient celles de M. de
« Malesherbes qu'il n'écrivait pas lui-même*. Cette certitude, que
« mon traité se faisait de l'aveu et sous les yeux du magistrat, me
« le fit signer avec confiance. Après avoir signé les deux doubles,
« je les renvoyai tous deux à Mme de Luxembourg, *qui l'avait ainsi
« désiré*. Elle en donna un à Duchesne, et *garda l'autre*, au lieu de
« me le renvoyer. *Je ne l'ai jamais revu* » (*Conf*., liv. XI).

Rousseau avait remis précédemment à Mme de Luxembourg le manuscrit d'*Emile*, dont il n'avait pas de double. D'après *son désir*, et ce désir était bien étrange, il lui remit également, comme on vient de le voir, les deux traités avec le libraire, de sorte qu'il n'était plus maître, ni de son livre, ni de l'écrit qui contenait les clauses de l'impression. Nous verrons bientôt que le procédé de Mme de

Luxembourg ne peut être attribué à une distraction ou à un défaut de mémoire.

« Le *Contrat social*, dit Rousseau, s'imprimait assez rapidement ;
« il n'en était pas de même de l'*Emile*, dont j'attendais la publica-
« tion pour exécuter ma retraite. Duchesne m'envoyait de temps à
« autre des modèles d'impression pour choisir ; quand j'avais choisi,
« au lieu de commencer, *il m'en envoyait encore d'autres*. Quand,
« enfin, nous fûmes bien déterminés sur le format, sur le carac-
« tère, et qu'il avait déjà plusieurs feuilles imprimées, sur quelque
« léger changement que je fis à une épreuve, *il recommença tout*,
« et, *au bout de six mois*, nous nous trouvâmes moins avancés que
« le premier jour (¹). Durant tous ces essais, je découvris que l'ou-
« vrage s'imprimait en France ainsi qu'en Hollande, et qu'il s'en
« faisait à la fois deux éditions. Que pouvais-je faire ? je n'étais
« plus maître de mon manuscrit. Loin d'avoir trempé dans l'édi-
« tion de France, je m'y étais toujours opposé ; mais enfin, puisque
« cette édition se faisait bon gré, malgré moi, il fallait bien y jeter
« les yeux et voir les épreuves, pour ne pas laisser défigurer mon
« livre. D'ailleurs, l'ouvrage s'imprimait tellement de l'aveu du
« magistrat, que c'était lui qui dirigeait l'entreprise en quelque
« sorte, qu'il *m'en écrivait très-souvent*, et qu'il me vint même
« voir à ce sujet (*Conf.*, liv. XI).

Ici commencent les mystérieuses circonstances qui accompagnèrent l'impression d'*Emile*. Le manége cauteleux du libraire Duchesne est déjà sensible. Le fait de la double édition est encore plus frappant. Rousseau, en consentant à ce que l'*Emile* fût vendu en France, ou ailleurs, au profit d'un libraire de Paris, avait exigé que l'impression eût lieu en Hollande. De cette manière, il évitait, pour sa part, toute responsabilité envers le gouvernement français, laissant au libraire les risques d'une opération à laquelle il demeurait étranger. Cette édition frauduleuse déjouait toutes ses précautions, et réalisait, malgré lui, l'idée première de la maréchale, qui était d'imprimer d'emblée en France. Il fallait bien que cet incident fût prémédité et qu'il fût l'ouvrage d'une haute volonté, puis-

---

(¹) Tous ces faits sont attestés par la correspondance de Rousseau avec le libraire Duchesne, depuis octobre 1761 jusqu'à mars 1762. Voir *Œuvres inédites de Rousseau*, par Musset-Pathay, t. I, p. 69 et suivantes. Voyez surtout la lettre du 22 décembre 1761, où il est question *des formes de deux feuilles défaites contre toute attente et sans nécessité*.

que M. de Malesherbes prit la peine de diriger lui-même l'édition, tandis que son devoir, comme magistrat chargé de la police de la librairie, était de la faire saisir et d'en poursuivre les auteurs, tant pour la sûreté et l'honneur de Rousseau, qu'on pouvait soupçonner de connivence, que dans l'intérêt du libraire d'Amsterdam, que cette édition ruinait. On notera aussi que Rousseau, forcé, comme auteur, de revoir les épreuves de cette édition, coopérait involontairement à une démarche contre laquelle il avait lutté si énergiquement, et qu'il se plaçait de lui-même dans la position périlleuse qu'il avait voulu éviter.

En relisant la correspondance de Rousseau avec le libraire Duchesne, je remarque que le manuscrit d'*Emile* était resté entre les mains de ce dernier, au lieu d'être envoyé à Néaulme, comme cela devait être, puisque c'était lui qui, d'après les conditions imposées par Rousseau, était exclusivement chargé de l'impression. C'était Duchesne lui-même qui faisait l'édition de Paris ; *elle avait été commencée avant celle de Hollande*. On n'envoyait à Néaulme que des feuilles sur lesquelles il composait la sienne (voir la lettre de Rousseau à Duchesne, 13 février 1762). Si cette double édition n'eût été qu'une affaire entre les deux libraires, rien n'empêchait d'en prévenir Rousseau ; mais celui-ci dit qu'il la *découvrit*. On la lui avait donc cachée ; pourquoi ce mystère ? Ces faits, que Rousseau sans doute avait oubliés en partie lorsqu'il écrivit ses *Confessions*, puisqu'il en parle si vaguement, auraient dû être pour lui des traits de lumière. Il est évident qu'on violait les conditions du marché ; que l'édition de Hollande ne s'imprimait que pour la forme ; que Néaulme, qui affectait de se plaindre, avait été gagné et s'entendait sous main avec Duchesne, sans quoi il ne se fût pas prêté avec tant de facilité à une opération si contraire en apparence à ses intérêts. Mais Rousseau, alors plein de confiance en Mme de Luxembourg, et surtout en M. de Malesherbes, dont le rôle, il faut bien le dire, est ici encore plus inexplicable, ne vit pas le piége que cachait cette manœuvre. Cependant sa correspondance avec Duchesne atteste qu'il prit bientôt son parti sur un fait contre lequel il ne pouvait plus rien. Il engagea ce libraire à faire en sorte que tout le monde fût persuadé que les deux derniers volumes d'*Emile* étaient imprimés en Hollande (voir la lettre du 4 mars 1762). De son côté, Duchesne, feignant d'être inquiet pour son propre compte, lui proposa de mettre aux deux premiers volumes de l'édition de Paris des *titres hollandais* portant le nom de Néaulme, et *La Haye* au lieu de *Paris*. Rousseau répondit que ce mensonge lui répugnait, et que d'ailleurs le public n'en serait pas dupe. « Faites ce que « vous voudrez, lui écrivait-il, je ne puis décider des expédients « convenables dans un arrangement auquel je n'ai pas participé (à Duchesne, 26 mars 1762. Mussel-Pathay » *OEuvr. inéd.*, t. Ier, p. 94). J'ignore ce que fit le libraire, mais tout cela n'était qu'une comédie ; Duchesne savait bien qu'il ne risquait rien, et, en effet, il ne fut pas poursuivi au sujet de l'impression d'*Emile*. Quant à Rousseau, sa prudence ne le sauva de rien ; le Parlement lança son décret sans avoir égard au lieu où le livre avait été imprimé, se fondant sur le seul fait de son existence à Paris. Cette édition de Paris avait encore un objet secret dont je parlerai en traitant des causes qui arrêtèrent l'impression d'*Emile*.

Rousseau a encore oublié de dire dans ses *Confessions*, qu'à la fin de mai 1762, il parut une édition furtive de l'*Emile*, qui fut activement colportée dans Paris, et au sujet de laquelle il crut devoir écrire au lieutenant de police (voir les lettres des 26 et 28 mai à Duchesne). Cette édition était-elle simplement une contrefaçon, ou bien, partant de la même source que celle dont il a été parlé ci-dessus, était-elle destinée à augmenter la fermentation produite par l'apparition de l'*Emile ?* C'est ce qu'il est impossible de décider.

« Tandis que Duchesne avançait à pas de tortue, dit Rousseau, « Néaulme, qu'il retenait, avançait encore plus lentement ; on ne « lui envoyait pas fidèlement les feuilles à mesure qu'elles s'impri- « maient. Il crut apercevoir de la mauvaise foi dans la manœuvre « de Duchesne, c'est-à-dire de Guy qui faisait pour lui, et « voyant qu'on n'exécutait pas le traité, il m'écrivait lettres sur « lettres pleines de doléances et de griefs auxquels je pouvais « encore moins remédier qu'à ceux que j'avais pour moi-même. « Son ami Guérin, qui me voyait fort souvent alors, me parlait in- « cessamment de ce livre, mais toujours avec la plus grande réserve. « Il savait et ne savait pas qu'on l'imprimait en France ; il savait « et ne savait pas que le magistrat s'en mêlât. En me plaignant des « embarras qu'allait me donner ce livre, il semblait m'accuser d'im- « prudence, sans vouloir jamais dire en quoi elle consistait. *Il sem-* « *blait ne parler que pour me faire parler* » (*Confessions*, liv. XI).

J'ai dit plus haut que Néaulme ne pouvait être de bonne foi et j'en ai donné la raison. Ce passage achève de le prouver. Pourquoi fatiguait-il Rousseau de ses plaintes continuelles ? il savait bien que les procédés de Duchesne envers lui ne le regardaient pas et qu'il n'y pouvait rien. Ses jérémiades tendaient donc à couvrir sa singulière complaisance au sujet de l'édition de Paris, et dont il importait que Rousseau ne s'aperçût pas. En outre, Néaulme était ami de l'alarmiste Guérin, et à l'apparition d'*Emile*, il joua aussi l'effroi dans les lettres qu'il écrivait à Rousseau (*Confessions*, liv. XI).

Au reste quand je me tromperais sur ce Néaulme, personnage accessoire dans la question, tout ce que j'ai dit sur l'édition de Paris ne perdrait rien de sa force.

Rousseau, *sûr d'être en règle*, ne prit pas au sérieux les inquiétudes du libraire Guérin ; celles de Duclos le frappèrent davantage. « Je savais, dit-il, qu'il voyait beaucoup M. de Malesherbes, j'eus « peine à concevoir comment il pensait si différemment que lui sur « le même sujet. » Cette dernière observation est importante ; elle ajoute à la singularité des procédés antérieurs de M. de Malesherbes. Les propos du libraire Guérin ne sont pas moins remarquables. Ils contrastent avec le rôle du magistrat qui, pendant que ledit Guérin tâchait de terrifier Rousseau, dirigeait tranquillement l'édition de Paris. Il est vraiment inconcevable que jusqu'ici on n'ait point été frappé de ces détails. Musset-Pathay lui-même n'a pas daigné en faire mention.

Voici un trait curieux d'une lettre de Rousseau à Duchesne (19 octobre 1761). « Quoiqu'il ne me fût pas indifférent, monsieur, de « revoir tout mon ouvrage sur les épreuves, je ne mettrais pas ce- « pendant une grande importance à commencer par le deuxième « tome, plutôt que par le premier, si je pouvais pénétrer la cause « de cette inversion. Mais je vous avoue que ce mystère m'effraye « un peu. Serait-il possible que vous eussiez communiqué le ma- « nuscrit à quelqu'un, et que le premier tome ne fût pas actuelle- « ment dans vos mains ? Je ne le pense pas, mais je reste dans une « peine dont vous me tirerez quand il vous plaira. »

L'idée absurde de commencer l'impression d'un ouvrage par le second volume n'était sans doute qu'un expédient grossier destiné à amuser Rousseau et à gagner du temps. Je dirai ailleurs pourquoi on avait besoin de temporiser. Dans une autre lettre du 12 décembre 1761, à Moultou, Rousseau disait : « Pendant *deux ou trois* « *mois*, le libraire feignant de vouloir imprimer, m'a envoyé quel- « ques épreuves et même quelques dessins de planches ; mais ces « épreuves allant et revenant sans cesse les mêmes, sans qu'il m'ait « été possible de voir une seule bonne feuille, et les dessins ne se « gravant pas, j'ai enfin découvert que tout cela ne tendait qu'à

« m'abuser par une feinte ; qu'après les épreuves tirées, *on défaisait*
« *les formes, au lieu d'imprimer*, et qu'on ne songeait à rien moins
« qu'à l'impression de mon livre. » Ces détails sont confirmés par
les lettres de Rousseau à Duchesne, dont j'ai parlé ci-dessus. Les
lecteurs qui voudront les examiner verront par eux-mêmes à quel
point ceux qui dirigeaient cette manœuvre se jouaient du pauvre
Rousseau. Le libraire, qui se sentait bien appuyé, eut même l'impudence de lui écrire *que les lenteurs venaient de lui* (voyez la lettre
à Duchesne, 22 décembre 1761).

« Tandis que mon état empirait, dit Rousseau, l'impression
« d'*Emile* se ralentissait, et fut enfin tout à fait suspendue sans que
« j'en pusse apprendre la raison, *sans que Guy* (associé de Du-
« chesne) *daignât plus m'écrire ni me répondre*, sans que je pusse
« avoir de nouvelles de personne, ni rien savoir de ce qui se pas-
« sait (*Confess.*, liv. XI). Ce jeu barbare dura depuis le 19 octobre
1761 jusqu'au 7 mars 1762 (voir la correspondance ci-dessus citée).
On sait l'effet qu'il produisit sur l'imagination de Rousseau. Privé
de toute relation, retenu chez lui par un surcroît d'infirmités, il
crut que le libraire Guérin, dévoué aux jésuites, leur avait livré
son écrit, et que ces prêtres, comptant sur sa fin prochaine, s'occupaient de le défigurer ou de le détruire. Il ne tarda pas à reconnaître son erreur, et dans ses lettres à Moultou, à Mme de
Luxembourg, à M. de Malesherbes, à Duchesne même, on le voit
s'accuser avec une exaltation qui émeut de pitié, quand on songe
que l'infortuné ne se trompait qu'à moitié, et qu'au fond il était
bien question, pendant ce fatal délai, du sort de son livre et du
sien. De peur de l'oublier plus tard, je cite ici un trait qui prouve
jusqu'où le pauvre Rousseau poussait l'excès des scrupules honnêtes. Le 20 novembre 1761, au moment où les manœuvres dont
je viens de parler commençaient à lui donner de l'inquiétude, voici
ce qu'il écrivait à ce sournois de Duchesne : « Ma précédente lettre
« n'est pas intelligible si vous n'avez aucun tort (il venait de lui
« parler de ses soupçons sur les jésuites), et alors c'est moi qui en ai
« beaucoup, quoique votre négligence ne soit pas irrépréhensible ;
« le temps éclaircira tout... Si le tort est de mon côté, comme je
« le souhaite, vous me verrez empressé à le réparer ; de plus, je
« vous préviens que, dans ce cas, *vous aurez une remise de cent
« écus sur votre dernier billet ; il convient de mettre à l'amende mon
« étourderie, lorsqu'elle me rend injuste.*

« Enfin, dit Rousseau, l'impression fut reprise sans que j'aie ja-

« mais pu savoir pourquoi elle avait été suspendue. » Plus loin il ajoute : « L'impression, après avoir été reprise, se continua et s'a-« cheva même assez tranquillement. » Il dit *assez tranquillement*, car il y eut encore bien des tracasseries et des faux-fuyants de la part du libraire, comme on peut le voir dans sa correspondance avec cet homme. Rousseau fait remarquer qu'après les cartons (¹) qu'on avait sévèrement exigés pour les deux premiers volumes, *on passa les deux derniers sans rien dire (Confess.*, liv. XI). Ces cartons ne pouvaient être qu'un moyen de plus de traîner en longueur; peut-être aussi voulut-on faire accroire à Rousseau qu'on se préoccupait de sa sûreté; mais c'était encore une simagrée dérisoire, car si l'on eût eu réellement cette intention, il eût fallu retrancher des deux derniers volumes toute la seconde partie de la profession de foi du vicaire savoyard, qui servit de texte au réquisitoire lancé contre l'*Emile*. Dira-t-on que ces deux derniers volumes, devant être revêtus de titres hollandais, les cartons devenaient inutiles, puisque la censure française cessait d'avoir droit d'inspection sur l'ouvrage? Mais alors, pourquoi tant inquiéter Rousseau sur les conséquences d'une thèse qu'il publiait en pays étranger avec privilège de l'autorité de ce pays, tandis que d'un autre côté, en laissant subsister cette thèse en son entier, on semblait faire entendre à l'auteur qu'elle ne pouvait lui attirer aucune affaire fâcheuse? Si donc après la reprise de l'impression on cessa d'exiger des cartons, c'est une preuve que les premiers n'avaient pas de but sérieux. Je fais observer, avec regret, que ce fut M. de Malesherbes qui d'abord exigea les cartons, et qui ensuite cessa de les trouver nécessaires. Je discuterai en son lieu les causes probables de la suspension de l'impression d'*Emile*, et je continue à exposer les faits.

Un peu avant l'apparition d'*Emile*, la maréchale fit redemander à Rousseau toutes les lettres de M. de Malesherbes qui avaient rapport à l'impression de son livre. Elle sentit si bien l'indignité de cette démarche, qu'elle n'osa la faire elle-même. Elle en chargea le maréchal, qui eut la faiblesse de s'y prêter. Je veux croire M. de Malesherbes incapable d'avoir exigé, ou seulement approuvé cette restitution ; peut-être même eut-elle lieu à son insu. Toujours est-il vrai qu'au moment où l'orage allait éclater, Rousseau n'avait entre les mains *aucune pièce écrite* qui pût servir à sa justification,

---

(¹) On nomme ainsi des feuillets réimprimés pour corriger une erreur, ou faire un changement.

puisque, indépendamment de la remise des lettres de M. de Malesherbes, il ne possédait plus le double de son traité avec le libraire. Il ne lui restait donc plus, en cas de poursuite, que la ressource de recourir au témoignage personnel du magistrat et à celui de Mme de Luxembourg.

L'*Emile* parut enfin ; ce fut vers la fin de mai 1762. Rousseau reçut de nombreuses félicitations, accompagnées de précautions singulières et de propos alarmants qui, toutefois, ne purent altérer sa confiance. Je rappelle ici qu'un peu avant cette époque, il avait reçu « des lettres anonymes assez singulières, dit-il, et des lettres « signées qui ne l'étaient pas moins. » Parmi ces dernières, il cite celle d'un conseiller qui, inquiet de l'état des affaires publiques, le consultait sur le choix d'une retraite à l'étranger ; et celle d'un président, qui lui proposait de rédiger des remontrances en faveur d'un Parlement de province, alors en disgrâce. Rousseau fait remarquer que ce président était fort lié avec les Encyclopédistes et les *Holbachiens*. Ces démarches prouvent qu'on tenait non-seulement à l'effrayer, mais encore à l'engager dans des démarches imprudentes qui auraient pu servir à aggraver sa position.

Il faut lire dans les *Confessions* les détails de la fermentation qu'*Emile* produisit à Paris, et les propos inquiétants qui furent tenus à son sujet. Je ferai remarquer ici que Rousseau raconte sur des ouï-dire, et qu'il est probable que ceux qui le mettaient au fait exagéraient à dessein la sensation occasionnée par son livre.

Le voyage de M. de Luxembourg à Montmorency fut avancé d'un mois cette année-là (1762). On en verra plus tard le motif.

« J'entendis fort peu parler de mes livres au château, dit Rous-
« seau, malgré le bruit qu'ils faisaient à Paris, et *les maîtres de la*
« *maison ne m'en parlaient pas du tout* » (*Confess.*, liv. XI). Par *mes livres*, il entend l'*Emile*, et le *Contrat social* qui avait paru deux mois avant. Quant à ce dernier ouvrage, il faut noter que l'avocat Mauléon, avec lequel Rousseau était lié, lui en avait parlé d'une manière mystérieuse et inquiétante.

Cependant le bon maréchal, cédant à sa droiture naturelle et à son amitié, demanda un jour à Rousseau s'il n'avait pas mal parlé de M. de Choiseul dans son *Contrat social*. Rousseau répondit que loin de là, il en avait fait *le plus bel éloge que jamais ministre eût reçu*. Et dans l'*Emile?* reprit le maréchal. « Pas un mot, dit
« Rousseau, il n'y a pas un mot qui le regarde. — Ah ! dit-il avec
« plus de vivacité qu'il n'en avait d'ordinaire, il fallait faire de

« même dans l'autre livre, ou être plus clair. — J'ai cru l'être, ajoutai-
« je, je l'estimais assez pour cela. Il allait reprendre la parole, je
« le vis prêt à s'ouvrir ; il se retint et se tut. Malheureuse prudence
« de courtisan qui, dans les meilleurs cœurs, domine l'amitié même!
« Cette conversation, quoique courte, m'éclaira sur ma situation,
« du moins à certain égard, et me fit comprendre que c'était bien
« à moi qu'on en voulait » (*Conf.*, liv. XI).

Il est temps de parler du duc de Choiseul. Ce ministre, ayant rencontré Rousseau chez la maréchale, parut s'intéresser à lui. Rousseau, sensible à sa bienveillance, et prévenu en faveur de ses talents d'homme d'Etat, imagina d'insérer dans le *Contrat social* le trait qui suit : « Un défaut essentiel et inévitable, qui mettra tou-
« jours le gouvernement monarchique au-dessous du républicain,
« est que dans celui-ci la voix publique n'élève presque jamais aux
« premières places que des hommes éclairés qui les remplissent
« avec honneur, au lieu que ceux qui parviennent dans les monar-
« chies ne sont, le plus souvent, que de petits brouillons, de petits
« fripons, de petits intrigants, à qui les petits talents qui font dans
« les cours parvenir aux grandes places, ne servent qu'à montrer
« au public leur ineptie dès qu'ils y sont arrivés. Aussi, quand par
« quelque heureux hasard, un de ces hommes faits pour gouverner
« vient à prendre le timon des affaires dans une monarchie presque
« abîmée par ces tas de jolis régisseurs, on est tout surpris des res-
« sources qu'il trouve, et cela fait époque dans un pays » (Première partie, chap. vi).

Il y avait là pour le ministre éloge brillant ou satire cruelle ; il paraît que sa conscience se décida pour la satire. Je ne discuterai pas ici l'animosité du duc de Choiseul contre Rousseau, formellement niée par Musset-Pathay, et sans preuve, comme d'habitude ; il faudrait pour cela anticiper sur les événements ; mais on verra en son lieu qu'elle ne saurait être douteuse. Je me borne pour le moment à renvoyer le lecteur à la lettre que Rousseau, alors réfugié au château de Trye, écrivit, le 27 mars 1768, à M. de Choiseul, pour se disculper du sens hostile qu'on lui avait fait voir dans le passage ci-dessus cité. On y lit ce qui suit : « Un mot que me dit
« M. de Luxembourg, à mon départ pour la Suisse, autorise le
« détail dans lequel je vais entrer, et qui serait superflu, s'il vous
« eût rendu ma réponse : mais le meilleur et le plus aimable des
« hommes n'en fut pas toujours le plus courageux. » Je cite ce trait, parce qu'il prouve l'authenticité de la conversation de Rousseau

avec le maréchal, et l'extrême faiblesse de celui-ci, qui n'osa pas même justifier son ami.

Le *Contrat social* n'ayant paru que deux mois avant l'*Emile*, on pourrait aussi, en raison de ce court intervalle, élever quelques doutes sur l'effet du passage dont il s'agit ; mais il faut remarquer que le manuscrit du *Contrat social*, confié par Rousseau, longtemps avant son impression, au ministre protestant Duvoisin, *avait été ouvert*, et que par conséquent il avait pu passer en bien des mains avant d'être remis à Rey, qui s'était chargé de l'imprimer en Hollande, où il était alors. Ce fait coïncide à peu près avec la conclusion du traité avec Duchesne pour l'impression d'*Emile*. Rey eut donc le manuscrit entre les mains pendant très-longtemps, et si Duchesne communiqua celui d'*Emile*, on ne voit pas pourquoi Rey, que Rousseau dépeint comme peu scrupuleux, aurait été plus fidèle. Quoi qu'il en soit de cette explication, il y a un fait certain, c'est que le *Contrat social* fut lu par le ministre Duvoisin, qui l'avoua à Rousseau, et probablement par d'autres (Voyez *Confessions*, liv. XI). Donc le duc de Choiseul eut tout le temps d'être initié au passage qui le concernait.

« L'orage grondait de plus en plus, dit Rousseau,... une chose
« pourtant me rassurait toujours. Je voyais Mme de Luxembourg si
« tranquille, si contente, si *riante* même, qu'il fallait bien qu'elle
« fût sûre de son fait pour n'avoir pas la moindre inquiétude à mon
« sujet, pour ne pas me dire un seul mot de commisération ni
« d'excuse, pour voir le tour que prenait cette affaire avec autant
« de sang-froid que si elle ne s'en fût pas mêlée, et qu'elle n'eût
« pas pris à moi le moindre intérêt. Ce qui me surprenait, *était*
« *qu'elle ne me disait rien du tout;* il me semblait qu'elle aurait dû
« me dire quelque chose. » Je demanderai aux lecteurs les plus prévenus, si cette manière d'être, dans une occasion si critique, peut s'accorder avec la bienveillance la plus ordinaire ? Ne semble-t-elle pas prouver que, sûre désormais de sa vengeance, Mme de Luxembourg ne daignait pas prendre la peine de dissimuler ses sentiments, et que peut-être elle était bien aise que Rousseau les pénétrât ?

Après avoir fait disparaître toute preuve écrite, il restait à mettre Rousseau dans l'impossibilité de s'appuyer du témoignage de ceux qui l'avaient si gravement compromis. Mme de Boufflers, femme à grands sentiments et à grandes phrases, partie intéressée dans l'affaire, en raison de ses griefs personnels, se chargea de cette négociation importante. « Elle allait et venait, dit Rousseau, avec un air

« d'agitation, se donnant beaucoup de mouvement et m'assurant
« que le prince de Conti s'en donnait beaucoup aussi pour parer le
« coup qui m'était préparé *et qu'elle attribuait aux circonstances
« présentes, dans lesquelles il importait au Parlement de ne pas se
« laisser accuser d'indifférence sur la religion.* »

Je ferai remarquer que Mme de Boufflers accompagna ces discours d'une proposition dont j'aurai beaucoup à reparler plus tard ; c'est celle qu'elle fit à Rousseau de se réfugier en Angleterre et de se confier à David Hume, dont elle était l'amie.

Ces tentatives n'ayant pas ébranlé Rousseau, qui persistait à attendre l'événement, Mme de Boufflers lui représenta qu'il ne pouvait éviter de mentir devant ses juges ou de compromettre Mme de Luxembourg. Rousseau parut frappé de cette observation ; mais comme il ne se décidait pas à partir, Mme de Boufflers parla de la Bastille pour quelques semaines. « Je n'objectai rien, dit Rous-
« seau, contre cette singulière grâce ; comme elle ne m'en parla
« plus, j'ai jugé qu'elle n'avait proposé cette idée que pour me
« sonder, et qu'on n'avait pas voulu d'un expédient qui finissait
« tout.

« Peu de jours après, le maréchal reçut une lettre du curé de
« Deuil, *ami de Grimm et de Mme d'Epinay*, portant avis qu'il disait
« avoir reçu *de bonne part*, que le Parlement devait procéder contre
« moi avec la dernière rigueur, et que tel jour *qu'il marqua*, je
« devais être décrété de prise de corps. Je jugeai cet avis de fa-
« brique Holbachienne, etc. »

Rousseau ne se trompait pas. On lit ce qui suit dans la correspondance de Grimm (1762, t. III, p. 123) : «Nous avons *depuis huit jours* l'ouvrage de J.-J. Rousseau sur l'*Education*, en quatre gros volumes. Ce livre n'a pas tardé à faire grand bruit. On dit que le Parlement va poursuivre l'auteur pour la profession de foi qu'il y a insérée. L'intolérance et la bigoterie ne manqueront pas cette occasion de tourmenter un écrivain célèbre, et *vraisemblablement M. Rousseau sera obligé de quitter la France.* »

La date de ce trait est à peu près la même que celle de la lettre du curé de Deuil, et donne par conséquent beaucoup à penser. Quant à la supposition de Grimm sur les suites probables du décret, elle deviendra encore plus frappante quand j'aurai exposé mes idées sur le mécanisme secret de l'intrigue.

« Le lendemain, continue Rousseau, je reçus une lettre de Guy, qui
« me marquait que, s'étant trouvé le même jour chez le procureur

« général, il avait vu sur son bureau le brouillon d'un réquisitoire
« contre l'*Emile* et contre son auteur. Notez que ledit Guy était
« l'associé de Duchesne, qui avait imprimé l'ouvrage, lequel Du-
« chesne, fort tranquille pour son propre compte, donnait par charité
« cet avis à l'auteur ; Mme de Boufflers et d'autres me confirmèrent
« la même chose. » Je répète à ce sujet une remarque importante,
c'est que les libraires Guy et Duchesne ne furent pas poursuivis.
Cela est d'autant plus singulier que Rousseau dit : « Sûr d'être en
« règle à tous égards, je n'étais pas sans inquiétude sur le compte
« du pauvre Duchesne, sachant qu'en pareil cas l'usage est de sévir
« contre les libraires et d'épargner les auteurs. » Or, ce fut précisément l'inverse qui eut lieu.

Toutes ces menées, dont le but évident était de déterminer Rousseau à s'éloigner, n'ayant pas réussi, on arrangea la scène nocturne
du château. Le prince de Conti écrivit une lettre alarmante ; Mme de
Luxembourg fit semblant d'avoir peur, et Rousseau céda. On peut
voir dans *les Confessions* le peu de sensibilité que cette dame montra
dans cette occasion. Il fallait que ce procédé eût quelque chose de
bien choquant, non-seulement dans le fond, mais dans la forme,
puisque Rousseau, habituellement si facile, fut sur le point de se rétracter.

Après avoir raconté la scène d'adieu avec le bon maréchal, Rousseau dit qu'en sortant du parc, il lui rendit la clef dont il se servait
habituellement pour y entrer : « Il la prit, dit-il, avec une vivacité
« extraordinaire, à laquelle je n'ai pu m'empêcher de repenser sou-
« vent depuis. »

Le pauvre homme craignait sans doute que Rousseau ne se ra-
visât en chemin et qu'il ne rentrât au château avec cette clef. La
conversation sur M. de Choiseul ne permet pas de douter qu'il ne
fût instruit des véritables causes du décret. Dans ce moment pénible,
malgré l'émotion qui l'agitait, son excellent cœur ne put s'ouvrir.
L'homme de cour, le mari craintif l'emportèrent sur l'ami. Il abandonna Rousseau à son triste sort, sans oser lui dire comment et par
qui il y avait été voué.

Maintenant que l'exposition des faits est complète et que le rôle
ostensible de chaque personnage est bien caractérisé, je pense qu'on
doit déjà soupçonner que cet ensemble bizarre cache une intrigue
secrète. Il reste à en découvrir les mobiles et à rendre raison, s'il
se peut, des singularités mystérieuses dont je viens de faire l'énumération. Voici ce que dit résolument Musset-Pathay des causes

qui arrêtèrent l'impression de l'*Emile*. « Les causes de cette suspen-
« sion que Rousseau n'a jamais connues sont : les communications
« qu'on avait faites de son manuscrit à son insu, l'examen de l'ou-
« vrage; l'hésitation sur le parti qu'on prendrait; le partage des
« opinions, *Emile* étant approuvé par des hommes puissants, tels
« que le prince de Conti, le maréchal de Luxembourg, M. de Ma-
« lesherbes, et condamné par le clergé qui l'emporta » (*Histoire de
Rousseau*, t. Ier, p. 68).

Dans une note sur le même sujet, annexée à une lettre de Rousseau à Duchesne (19 octobre 1761), Musset-Pathay dit encore : « Il
« paraît qu'on voulait traîner en longueur, pour avoir le temps de
« noter et d'extraire les passages d'*Emile* qu'on trouvait répréhen-
« sibles et de motiver la condamnation de cet ouvrage. »

Dans ces deux passages, Musset-Pathay parle absolument comme
s'il croyait à la légitimité de cette enquête secrète, ce qui est déjà
assez extraordinaire ; de plus, il n'a pas vu que le seul aveu de ces
faits établit l'existence d'un véritable *complot*, idée contre laquelle
il s'est formellement prononcé en toute occasion. Je demande maintenant pourquoi on s'occupait d'avance de la condamnation d'un
livre qui, n'étant pas encore imprimé, n'avait aucune existence publique, et ne donnait lieu, par conséquent, à aucune espèce de
délit ? Existe-t-il dans les annales de la jurisprudence un seul
exemple d'une semblable procédure ? Par qui l'attention du ministère public avait-elle été dirigée sur le manuscrit de l'*Emile* ? Qui
s'était chargé d'en extraire les *propositions répréhensibles* ? Qui pouvait être si fort intéressé à ce que ces propositions fussent examinées
et réunies en corps de délit pour servir à des poursuites criminelles ?
Quelle était la volonté despotique qui forçait un imprimeur à livrer
le manuscrit dont il était dépositaire, et à tromper la confiance de
l'auteur pour contribuer à sa perte ? Pourquoi, au lieu de se plaindre
à Rousseau de la violence qu'on lui faisait, cet homme employait-il
à son égard tant d'indignes subterfuges ? L'avait-on effrayé ? L'avait-
on séduit à prix d'argent ? Quelle que soit l'idée à laquelle on s'arrête, on conviendra qu'une telle influence devait partir de haut.
Musset-Pathay ne s'est fait aucune de ces questions si simples ; oubliant ce qu'il disait dans les traits ci-dessus cités, il prétend dans
une note subséquente que le libraire Duchesne crut devoir communiquer son manuscrit à *l'autorité* pour s'assurer s'il pouvait l'imprimer sans danger (Ouvrage cité, t. Ier, p. 72). D'abord, cette supposition de Musset-Pathay ne repose sur aucun fait notoire et de

plus elle est absurde. Duchesne savait bien que l'impression avait été résolue sous les auspices de M. de Malesherbes, magistrat chargé de la police de la librairie ; on ne voit donc pas à quelle autre autorité il pouvait recourir pour mettre sa responsabilité à couvert. D'ailleurs, si, en communiquant le manuscrit, il n'avait eu en vue que sa sûreté personnelle, pourquoi ne faisait-il pas part à Rousseau de ce motif si simple, si légitime, au lieu de le tromper et de le désoler pendant près de six mois ? J'accorde qu'en effet il communiqua le manuscrit, mais ce fut sur ordre et non de son propre mouvement, comme l'avance Musset-Pathay, après avoir débuté par dire que cette communication avait pour objet de procéder *par anticipation* contre le livre. Mais admettons pour un instant l'espèce de consultation officielle supposée par cet auteur, et dans laquelle l'hostilité du Parlement et du clergé prévalût sur les efforts de ceux qu'il regarde comme les protecteurs de Rousseau. Dans ce cas, le rôle subséquent de ces prétendus protecteurs est, il faut en convenir, bien étrange. Aucun délit n'existait encore, je le répète, parce que cela importe extrêmement. Alors, comment les *protecteurs*, voyant l'inutilité de la résistance et le danger qui menaçait leur *protégé*, ne le prévinrent-ils pas à l'instant même ? Pourquoi ne firent-ils pas arrêter immédiatement l'impression de son livre ? Objectera-t-on le traité conclu avec les libraires ? Mais de si hauts personnages ne pouvaient-ils pas facilement vaincre à prix d'argent l'opposition de deux marchands ? Il n'était même pas besoin de cela. M. de Malesherbes, en raison de ses fonctions, pouvait défendre purement et simplement l'impression, ce qui eût résilié de droit la convention passée entre Rousseau et Duchesne ; en cas d'obstination, une lettre de cachet eût tranché la difficulté ; à cette époque on y avait recours pour bien moins. Quant à Rousseau, il eût adhéré à tout, d'autant plus facilement qu'il n'avait cessé de déplorer l'impression de son livre en France. Ses lettres des 18 et 19 février 1762 à la maréchale, celle du 8 février 1762 à M. de Malesherbes, prouvent même qu'excédé des lenteurs et de la mauvaise foi de Duchesne, il avait offert de rompre son marché avec lui et de lui rendre ses avances. On remarquera, dans la lettre du 19 février 1762, que Duchesne, *paresseux ou diligent toujours mal à propos*, se hâta de commencer l'impression des deux derniers volumes d'*Emile*, quoique Rousseau lui eût écrit de la suspendre, ou plutôt à cause de cela même. Il est clair que cette proposition donna de l'inquiétude, et qu'on enjoignit à Duchesne de terminer. Supposons encore qu'une volonté supérieure à celle des protecteurs de Rousseau exigeât l'impression et la publication du livre, tout exprès pour arriver à la condamnation de l'auteur. Dans ce cas, le silence, l'inaction de ces amis si *dévoués* suivant Musset-Pathay seraient encore plus coupables. Leur devoir était plus que jamais de dévoiler à Rousseau cette odieuse trame et de lui offrir les moyens de se soustraire au sort qui le menaçait, au lieu d'attendre, comme ils le firent, que le livre fût publié et que le Parlement eût terminé son réquisitoire. Quoi! tandis que l'infortuné, isolé, malade, était en proie à ses perplexités et se livrait au délire de son imagination, pas un de ces prétendus amis ne vint lui dire un mot des terribles vérités que cachait la suspension de l'impression d'*Emile!* Le seul M. de Malesherbes chercha à le calmer, en lui faisant observer que les Jésuites avaient bien autre chose à faire que de détruire son ouvrage. C'était, j'en conviens, réfuter une erreur réelle de Rousseau, mais ce n'était pas l'éclairer sur le reste ; c'était même lui inspirer une très-fausse sécurité, car si les Jésuites ne songeaient pas à son livre, d'autres n'y songeaient que trop; et M. de Malesherbes, par sa position, ne pouvait rien ignorer de ce qui se passait. Rousseau dit que Mme de Luxembourg fit des démarches auprès du libraire. Cela devait être ; l'apathie absolue eût été par trop maladroite. Dans l'article biographique qu'il a consacré à M. de Malesherbes, Musset-Pathay lui reproche avec raison d'avoir abusé Rousseau sur les dangers d'une publication en France, et de ne l'avoir pas protégé lorsqu'il fut atteint par le décret; puis il ajoute : « Ce tort serait plus grand si M. de Malesherbes avait pu « faire autrement. » Je conviens que ce magistrat ne pouvait lutter contre le Parlement, poursuivant l'auteur d'un livre *imprimé et publié*; mais je soutiens qu'il pouvait et qu'il devait parler et agir, lorsque ce livre, encore sous presse, était, contrairement à toute justice, menacé d'une condamnation juridique. Il ne le fit pas, et c'est en cela que je le déclare aussi inexcusable que les autres *protecteurs* de Rousseau.

Il me semble que, sur ce que je viens de dire, l'explication donnée par Musset-Pathay sur les retards de l'impression d'*Emile* ne saurait être admise. Avant de risquer la mienne, il est nécessaire que j'achève d'exposer les idées de cet écrivain sur l'ensemble de la question du décret.

« Dans un événement singulier, *qu'on a voulu couvrir d'un voile*
« *épais*, dit-il, et *dont on a supprimé les causes avec soin*, on ne peut
« faire que des conjectures pour l'expliquer; mais si ces conjec-

« tures s'accordent avec les données certaines et les faits connus,
« elles doivent s'approcher de la vérité » (*Histoire de Rousseau*,
t. Ier, p. 68). D'après ce préambule, on croirait que Musset-Pathay
va s'occuper de rechercher *ces causes supprimées avec soin*, et d'écarter le *voile épais qui les couvre*. Voici à quoi se réduit son analyse.
« Les faits connus et certains, dit-il, sont le refus positif de Rous-
« seau de laisser imprimer l'*Emile* en France ; la protection spé-
« ciale du maréchal de Luxembourg, celle de M. de Malesherbes,
« chargé de la librairie, et par conséquent, seul responsable de la
« publication d'un ouvrage dont il revoyait les épreuves, et dont il
« fit faire une édition en France contre le gré de l'auteur. Toutes
« ces circonstances étaient constatées par des lettres et des pièces,
« dont il ne reste plus que la plus importante, le certificat de
« M. de Malesherbes. En paraissant avec toutes ces pièces, Rous-
« seau gagnait évidemment son procès ; mais il compromettait ses
« protecteurs. En se renfermant dans une dénégation pure et sim-
« ple, il ne pouvait éviter le mensonge. Dans l'un et l'autre cas,
« Mme de Luxembourg et les autres auraient couru des risques. Il
« était beaucoup plus simple de sacrifier l'auteur, c'est ce qu'on
« fit. On le mit dans la nécessité de partir précipitamment. Les
« personnes intéressées et compromises par leur correspondance
« s'emparèrent de cette correspondance ; elle fut détruite. Le Par-
« lement était alors occupé des Jésuites ; le 6 août 1762, près de
« deux mois après la condamnation d'*Emile*, il prononça la disso-
« lution de la société. Le 8 juillet 1761, il avait condamné plu-
« sieurs ouvrages des Jésuites à être brûlés par la main du bourreau.
« Epargner *Emile* et l'auteur c'était, aux yeux de cette société et
« de ses nombreux partisans, une contradiction choquante. La cour
« ne pouvait donc se dispenser de faire ce qu'elle fit. Il était mal-
« heureux qu'*Emile* parût dans ces circonstances » (*Histoire de
« Rousseau*, t. Ier, p. 69 et 70).
Il est déjà facile de voir combien Musset-Pathay omet ici de choses
essentielles. Ainsi, il ne daigne pas même examiner quelle put être
l'intention de Mme de Luxembourg, en s'obstinant à vouloir que
l'*Emile* fût publié en France. Dans un autre endroit de son ouvrage,
il penche à croire que cette intention fut bienveillante ; seulement,
il accorde que la maréchale eut tort de ne pas protéger Rousseau
au moment du danger (*Histoire*, t. II, art. *Luxembourg*). Il ne
s'occupe pas davantage du rôle de M. de Choiseul, se contentant
de dire : *Rousseau crut être l'objet de sa malveillance* (*Ibid.*, art.

Choiseul). Voilà le parti que Musset-Pathay tire des *faits connus*. Outre cela, il commet des méprises que je vais signaler. Le certificat de M. de Malesherbes, mentionné dans le trait qui précède, est ainsi conçu : « Quand M. Rousseau traita de son ouvrage intitulé *Emile*, « ceux avec qui il conclut son marché lui dirent que leur intention « était de le faire imprimer en Hollande. » (Il y a erreur ici, ce fut Rousseau qui exigea l'impression à l'étranger.) « Un libraire, de- « venu possesseur du manuscrit, demanda la permission de le faire « imprimer en France, *sans en avertir l'auteur*. On lui nomma un « censeur; le censeur ayant examiné les premiers cahiers, donna « une liste de quelques changements qu'il croyait nécessaires. Cette « liste fut communiquée à M. Rousseau, à qui l'on avait appris, « quelque temps auparavant, qu'on avait commencé à imprimer « son ouvrage à Paris. Il déclara au magistrat chargé de la librai- « rie, qu'il était inutile de faire des changements aux premiers ca- « hiers, parce que la lecture de la suite ferait connaître que l'ou- « vrage entier ne pourrait jamais être permis en France. Il ajouta « qu'il ne voulait rien faire en fraude des lois, et qu'il n'avait fait son « livre que pour être imprimé en Hollande, où il croyait qu'il pou- « vait paraître sans contrevenir à la loi du pays. Ce fut d'après cette « déclaration, faite par M. Rousseau, que le censeur eut ordre de dis- « continuer l'examen, et qu'on dit au libraire qu'il n'aurait jamais « de permission. D'après ces faits, qui sont très-certains et qui ne « seront point désavoués, M. Rousseau peut assurer que, si le livre « intitulé l'*Emile* a été imprimé à Paris, malgré les défenses, c'est « sans son consentement, c'est à son insu, et même qu'il a fait « tout ce qui dépendait de lui pour l'empêcher. Les faits contenus « dans ce mémoire sont exactement vrais. Puisque M. Rousseau dé- « sire que je les lui certifie, c'est une satisfaction que je ne puis lui « refuser. *Paris, le 31 janvier* 1765; signé de Lamoignon de « Malesherbes. »

On ignore les raisons qui portèrent Rousseau à solliciter ce certificat. Il voulait sans doute prendre ses sûretés pour l'avenir; mais ce n'est pas cela qui importe. Musset-Pathay, en transcrivant cette pièce, ne s'est pas aperçu qu'elle est de 1765, c'est-à-dire postérieure de près de trois ans au décret, et que, par conséquent, Rousseau n'eût pu en faire usage en 1762, comme il le dit étourdiment. Il oublie également que Rousseau ne pouvait paraître devant ses juges *ayant en main les lettres de M. de Malesherbes*, puisqu'elles lui avaient été redemandées avant l'apparition d'*Emile*, et *qu'on les* avait *détruites*; qu'il ne pouvait non plus faire valoir son traité avec Duchesne, puisque la maréchale ne lui en avait pas laissé le double. Ces distractions sont au moins singulières dans un critique qui paraît si sûr de son fait. Examinons maintenant le certificat. M. de Malesherbes y dit que le libraire demanda la permission d'imprimer en France sans en avertir l'auteur. Mais ce libraire ne pouvait s'adresser pour cela qu'à M. de Malesherbes, qui *seul* délivrait ces permissions; s'il fût coupable de ne pas avoir averti l'auteur, M. de Malesherbes, qui ne l'avertit pas davantage, fut bien plus coupable que lui. Rousseau, dans ses *Confessions*, dit qu'il *découvrit* que l'ouvrage s'imprimait en France. Le certificat prouve qu'il a dit vrai. « La liste des changements, y est-il dit, fut communiquée à « M. Rousseau, à *qui l'on avait appris*, quelque temps avant, qu'on « avait commencé à imprimer son livre à Paris, etc. » Il est très-remarquable que tous les documents certains qu'on possède s'accordent exactement avec les récits de Rousseau. Quant aux explications de M. de Malesherbes, au sujet de la censure exercée sur l'édition de Paris, elles sont malheureusement encore à sa charge. En effet, si le magistrat *chargé de la librairie* donna ordre au censeur de discontinuer l'examen, s'il fit déclarer au libraire qu'il n'aurait jamais de permission, comment souffrit-il qu'au mépris de ces injonctions formelles, l'ouvrage continuât à être imprimé en France ? Bien plus, comment put-il consentir à en diriger lui-même l'impression ; et s'il en dirigea l'impression, comment cessa-t-il d'exiger des cartons pour les deux derniers volumes où se trouvait précisément le morceau qui devait donner lieu aux poursuites du Parlement ? Rousseau a donc eu raison d'insister sur cette dernière circonstance. Du reste, dans ce certificat, tout trahit l'embarras de l'honnête Malesherbes ; on y voit combien il souffre en secret du sentiment de ses torts ; mais ce qu'on y voit encore mieux, c'est l'action de cette volonté mystérieuse et irrésistible, qui exigeait l'impression de l'*Emile* en France.

Il n'est encore venu à l'idée de personne de rechercher quels risques pouvait courir Mme de Luxembourg en déclarant généreusement qu'elle avait conseillé et même exigé cette impression. Il me semble impossible qu'une dame de ce rang, si adroite, si spirituelle, pût être intimidée par une difficulté aussi peu sérieuse. De quoi s'agissait-il, en effet ? De la participation d'une femme à la publication d'un ouvrage abstrait, d'un grave traité sur l'éducation. Ne pouvait-elle pas objecter qu'elle en ignorait le contenu, ou qu'elle n'appréciait pas la portée des propositions incriminées ? Ne pouvait-elle pas dire que son seul motif avait été de prendre les intérêts de l'auteur ? A une époque où le comte de Charolais tuait un couvreur sur un toit, et venait tranquillement recevoir sa grâce des mains du roi, il est à croire qu'une des premières dames de la cour n'eût pu être bien sévèrement punie d'un délit qui pouvait être si facilement transformé en erreur de raisonnement, ou en inadvertance, surtout si l'on considère que toute cette procédure était artificielle, et ne reposait pas sur un zèle véritable pour la religion. Il ne s'agissait que de donner de mauvaises raisons, et tout était dit. Mme de Luxembourg connaissait trop bien le peu de gravité du fait, et la mesure de son crédit, pour s'inquiéter beaucoup des conséquences, si Rousseau eût persisté à la vouloir mettre en cause. Ne l'a-t-on pas vue, du fort de l'orage suscité par l'apparition d'*Emile*, *gaie*, *riante même*, et ne disant pas un mot au pauvre Rousseau, sur la tête duquel était suspendu ce terrible procès ? Mettons les choses au pis. Supposons que la raison politique exigeât des rigueurs, et que Mme de Luxembourg fût réellement menacée. Que pouvait-il lui arriver de pis qu'une disgrâce ? Peut-on croire sérieusement qu'on eût traité la femme d'un maréchal de France comme un pauvre auteur sans nom, et qui n'avait pas même en sa faveur la qualité de sujet français ? En présence d'un si mince danger, je dis qu'il y avait de la lâcheté à sacrifier l'homme qu'on avait jeté malgré lui dans de tels embarras, et qu'en s'abandonnant aux chances du procès, Mme de Luxembourg eût été bien dédommagée de son sacrifice par l'honneur public qui lui en serait revenu. Mais ce n'était encore là, je le répète, qu'un péril imaginaire. Louis XV, pour qui le maréchal était, non pas un courtisan mais un ami particulier, n'eût certainement pas pris au sérieux la peccadille littéraire de sa femme. Ainsi, pour ceux qui connaissent bien l'esprit du temps, et qui ont bien étudié les circonstances de l'affaire du Décret, il doit être évident que, de toutes manières, la maréchale ne risquait rien. Son *agitation*, lors de la scène nocturne du château, n'était donc qu'une simagrée. Quant à M. de Malesherbes, j'ose dire que son caractère de magistrat *spécial* l'obligeait, tout autant que Mme de Luxembourg, à protéger l'homme auquel il avait inspiré une confiance si funeste ; et en accordant que cette dame craignît réellement d'être compromise dans cette affaire, il eût été digne de M. de Malesherbes de prendre tout sur lui. Le fils du chancelier de France eût risqué tout au plus de perdre sa place, ou d'aller passer six mois dans ses terres. Quel léger sacrifice, et qu'il devait être facile à celui qui, plus tard, sut mourir pour son roi! Il ne le fit pas. Je ne crois pas possible qu'un homme si généralement et si justement honoré, fût complice de la trame ourdie contre l'auteur d'*Emile*; mais, en vérité, il fallait qu'il fût bien fasciné, pour s'abuser sur le rôle qu'il y remplissait effectivement. En cas de procès, eût-il accordé le certificat dont il a été parlé ci-dessus? Je n'en doute pas; mais n'est-il pas permis de s'étonner qu'au lieu de le délivrer à Rousseau, et *sur sa demande*, trois ans après le Décret, il ne le lui ait pas offert spontanément, au moment où cette pièce seule eût pu le faire absoudre? N'est-il pas singulier aussi que M. de Malesherbes n'y dise absolument rien des instances qu'il avait faites auprès de Rousseau pour vaincre ses scrupules au sujet de la publication de l'*Emile* en France? N'y a-t-il pas un certain égoïsme dans cette réticence? On conçoit que ce qui regarde Mme de Luxembourg ne soit pas révélé dans ce certificat, mais M. de Malesherbes ne devait rien taire de ses propres démarches. C'était donc une bien terrible puissance que celle qui enchaînait ainsi la conscience d'un si excellent homme!

La conclusion de Musset-Pathay n'est pas plus logique que son argumentation. Ainsi, après avoir commencé par avouer que l'événement offre des bizarreries inexplicables, et qu'on en est réduit aux conjectures, il arrive à une solution à la fois superficielle et tranchante, dans laquelle il n'envisage plus le décret que comme un résultat nécessaire des circonstances publiques. Les causes réelles de l'intrigue qui, il n'y a qu'un moment, étaient pour lui enveloppées *d'un voile épais*; ces causes *supprimées avec tant de soin*, deviennent tout d'un coup d'une lucidité parfaite. Négligeant absolument tout l'ensemble des faits que j'ai si longuement analysés, oubliant même tout ce qu'il vient de dire, Musset-Pathay attribue tout au Parlement et au clergé, c'est-à-dire qu'il confond les instruments avec la main qui les mit en œuvre. Il ne fournit à l'appui de ce jugement que la raison artificieuse employée par Mme de Boufflers, savoir: la nécessité de sévir contre les livres irréligieux, dans un moment où il s'agissait de dissoudre l'ordre des Jésuites. Puis, la question lui paraissant complètement résolue, il passe à autre chose. Cette interprétation irréfléchie a été généralement admise. Ceux de mes lecteurs qui auront médité attentivement le texte des *Confessions* et les commentaires que j'y ai joints, sentiront qu'il est impossible de se contenter d'une semblable solution. Voici

la mienne. On sait que l'expulsion des Jésuites avait été résolue par
M. de Choiseul et Mme de Pompadour, de concert avec le parti
janséniste et celui des encyclopédistes. A peu près à l'époque où
Mme de Luxembourg se chargea de l'impression de l'*Emile*, le Parlement, par arrêt du 6 août 1761, venait d'assigner les Jésuites à
comparaître devant lui dans le délai d'un an, pour entendre juger
leur constitution qu'on était en train d'examiner. Dans l'intervalle,
il y eut une lutte très-active entre les partis opposés. Le roi, gagné
par les évêques, se décida pour les Jésuites, et rendit en leur faveur
un arrêt que le Parlement refusa d'enregistrer à l'instigation secrète
de M. de Choiseul et de Mme de Pompadour. Lorsque l'impression
de l'*Emile* fut suspendue, rien n'était encore décidé, mais il était
facile de prévoir que le Parlement, si puissamment soutenu, devait
l'emporter. Il est probable qu'en arrêtant l'impression, ceux qui
préparaient la proscription de Rousseau au moyen de son livre,
cherchèrent à rapprocher le plus possible l'époque du décret de celle
de la dissolution de la société, qu'on fixait d'avance à l'expiration
du délai d'un an, dont il a été question ci-dessus. En effet, elle fut
prononcée le 6 août 1762. Ce rapport factice, qu'on tenait à établir
entre les deux événements, avait pour objet de donner une apparence de raison d'État aux poursuites qui devaient être ordonnées
contre l'*Emile*, et d'en masquer les véritables causes, qui toutes
étaient privées et personnelles. L'argument opposé à Rousseau par
Mme de Boufflers lorsqu'elle l'exhortait à partir (v. page 99), peut
être considéré comme la toile derrière laquelle se cachaient les agents
secrets de l'intrigue. L'impression d'*Emile* ne fut commencée que
dans le courant de septembre 1761 (voir la Correspondance avec
Duchesne). On remarquera que cette date est bien tardive, puisque
la conclusion du traité avec le libraire devait avoir eu lieu dans le
courant de juillet de la même année ; mais j'admettrai, si l'on veut,
que les préliminaires de l'impression aient exigé tout ce temps.
Cependant, Rousseau semble trouver que les choses auraient dû
marcher plus vite. « Après avoir demeuré *longtemps*, dit-il, sans
« entendre parler d'*Emile*, *j'appris enfin*, etc. » (*Conf.*, liv. XI) ([1]).
Si l'impression eût suivi son cours ordinaire, le livre eût pu paraître
à la fin de 1761 ou au commencement de 1762. Dans le plan qu'on
avait arrêté, c'eût été trop tôt. Le prétexte politique dont on comp-

---

([1]) On remarquera d'ailleurs que le *Contrat social* s'imprimait *assez rapidement*, dit Rousseau.

tait se servir pour colorer les poursuites n'eût pas eu alors la même opportunité, ni par conséquent la même vraisemblance que six mois plus tard. D'un autre côté, une coïncidence absolue entre le décret et l'expulsion des Jésuites eût été imprudente, en ce que, prolongeant outre mesure les retards de l'impression, elle pouvait inspirer à Rousseau quelque démarche énergique capable de faire avorter le projet, et peut-être de démasquer ses auteurs. Il fallut aussi un certain temps pour se concerter sur les moyens d'exécution ; il en fallut pour examiner le livre, pour en extraire les propositions irréligieuses qui devaient motiver l'action juridique, et les traits propres à blesser l'amour-propre des personnes puissantes qu'on voulait associer à l'intrigue. Cette recherche dut avoir lieu en comité intime et non ouvertement et juridiquement, comme Musset-Pathay semble le croire. On possédait déjà l'anathème de la *Julie* contre les maîtresses des princes ; on savait que la favorite le connaissait et qu'elle ne l'avait pas oublié ; on y joignit la tirade du *Contrat social* sur les *jolis régisseurs* des monarchies. Il fallut ensuite trouver *la bonne âme* qui devait initier le *vizir* à l'insulte qui le concernait ; commission délicate, qui ne pouvait être exécutée brusquement, sans exposer beaucoup celui qui s'en serait chargé. Rousseau soupçonna Grimm, il pouvait avoir de bonnes raisons pour cela ; mais d'abord Grimm n'était alors qu'un assez mince personnage, et tout méchant qu'il était, il ne convenait pas, selon moi, pour cette espèce de tour de gibecière. Une femme aimable et d'un rang distingué pouvait, seule, se faire pardonner d'avoir trouvé un rapport quelconque entre le brillant ministre et les polissons fustigés par Rousseau. De ces femmes-là, il n'en manquait pas dans la société de Mme de Luxembourg ; et si, suivant Barruel Bauvert (*Vie de J.-J. Rousseau*), Mme de Boufflers prit la peine de faire remarquer au procureur général Omer de Fleury la note de la *Julie*, sur les Jansénistes, on ne voit pas pourquoi elle eût dédaigné la mission bien autrement importante qui devait assurer à l'entreprise le concours du premier ministre, chef effectif de la monarchie. Enfin, il n'est pas impossible qu'indépendamment de tous ces motifs, on prît plaisir à prolonger les retards de l'impression, uniquement pour tourmenter le pauvre solitaire, dont on connaissait la faiblesse et l'irritabilité, sauf à le payer, comme on fit, de mauvaises raisons et de fausse bienveillance. Ce genre d'amusement devait surtout convenir aux dames *offensées* qui figuraient dans l'affaire.

Ces manœuvres préliminaires une fois accomplies, on s'occupa des démarches auprès du Parlement, ce qui demanda encore un certain temps. J'admets sans difficulté que les informations juridiques purent avoir lieu lorsque l'*Emile* était encore sous presse. Cette iniquité, sans exemple, s'explique maintenant par les motifs secrets qui l'inspirèrent, et surtout par la puissance des leviers qu'on avait eu l'art de faire agir. Je suis également persuadé que le Parlement, parfaitement étranger au secret de l'intrigue, ne vit dans la condamnation du livre et de son auteur qu'un moyen d'étaler son zèle pour la religion, au moment où il allait écraser un ordre religieux qui comptait encore en France des partisans nombreux et d'augustes protecteurs. Mais j'affirme de nouveau que cette cour, habituellement si scrupuleuse en matière de formes, n'eût jamais, de son propre mouvement, procédé contre l'*Emile* avant son apparition ; or, c'est cette anticipation qui importe, et que n'expliquent nullement Musset-Pathay et les autres critiques. J'ai démontré précédemment, qu'en admettant la réalité très-probable de cette ténébreuse manœuvre, on ne pouvait justifier la conduite des prétendus protecteurs de Rousseau pendant tout le temps qu'elle dura ; que l'honneur, ou si l'on veut la compassion, leur prescrivaient d'avertir et de sauver Rousseau ; que loin de le faire, ils lui cachèrent soigneusement le sort terrible qui le menaçait.

En rapprochant ces indignes procédés de ce qu'on sait déjà de ceux de Mme de Luxembourg, il est impossible ou au moins très-difficile de ne pas voir dans cette dame l'auteur primitif de la trame, et dans M. de Malesherbes l'instrument malheureusement trop docile de ses vues malfaisantes. Le rôle des autres personnages, bien qu'accessoire et beaucoup moins sensible, confirme en tout cette première et importante donnée. Quant à M. de Choiseul et à Mme de Pompadour, leur influence, encore plus secrète, devient presque évidente lorsqu'on observe avec attention la marche de l'affaire. Tout, en effet, y révèle un caractère d'absolutisme, une direction suprême qu'on ne peut attribuer qu'à l'action des deux volontés qui, alors, disposaient des destinées de l'Etat. On conçoit maintenant comment M. de Luxembourg et M. de Malesherbes n'osèrent révéler à Rousseau le secret d'une machination à laquelle ces deux redoutables auxiliaires ne dédaignaient pas de prendre part. L'intérêt personnel domina, dans ces deux excellents hommes, le sentiment de ce qu'ils devaient au malheur et à l'amitié.

Si la procédure secrète au sujet de l'*Emile* manuscrit est un acte d'iniquité dont l'analogue n'existe nulle part, la procédure publique

contre le livre imprimé et contre l'auteur n'est pas moins remarquable par l'arbitraire de ses formes. C'est encore une circonstance que presque tous les critiques ont négligée, ou bien faiblement discutée. « Un Genevois fait imprimer un livre en Hollande (¹), dit
« Rousseau dans sa lettre à M. de Beaumont, et par arrêt du Parle-
« ment de Paris, ce livre est brûlé, sans respect pour le souverain
« dont il porte le privilège. Un protestant propose, en pays protes-
« tant, des objections contre l'Eglise romaine, et il est décrété
« par le Parlement de Paris..... Ce même Parlement, toujours si
« soigneux, pour les Français, de l'ordre des procédures, les néglige
« toutes dès qu'il s'agit d'un pauvre étranger. Sans savoir si cet
« étranger est bien l'auteur du livre qui porte son nom, s'il le re-
« connaît pour sien, si c'est lui qui l'a fait imprimer ; sans égard
« pour son triste état, on commence par le décréter de prise de
« corps, on l'eût arraché de son lit, pour le traîner dans les mêmes
« prisons où pourrissent les scélérats, on l'eût peut-être brûlé sans
« l'entendre ; car qui sait si l'on eût poursuivi plus régulièrement
« des procédures si violemment commencées, et dont on trouverait
« à peine un autre exemple en pays d'inquisition ?..... Le citoyen de
« Genève ne doit rien à des magistrats injustes et incompétents qui,
« sur un réquisitoire calomnieux (²), ne le citent pas, mais le décrè-
« tent. N'étant pas sommé de comparaître, il n'y est pas obligé ;
« l'on n'emploie contre lui que la force, il s'y soustrait, etc. »

Ici, Rousseau s'exagérait les conséquences du décret, et cela se conçoit. Il ignorait encore tout ce qu'il y avait d'artificiel dans cette affaire. Au fond, les formes brutales du réquisitoire n'avaient pour but que de l'effrayer et de le forcer à prendre la fuite. Il le comprit

---

(¹) Rousseau ne pouvait être responsable de l'édition de Paris, qui avait été faite à son insu, et contre son gré. En droit, il n'existait qu'une seule édition légitime, celle de Hollande.

(²) Dans cette pièce, insérée dans l'édition de Neufchâtel, 1765, il est dit : « Qu'à l'impiété l'auteur ajoute des *détails indécents qui blessent la bienséance et la pudeur*; qu'il tend à détruire le principe d'obéissance due à l'autorité souveraine ; à affaiblir le respect et l'amour des peuples pour leurs rois. Que des sujets élevés dans de pareilles maximes, abandonnés à leurs passions, livrés aux plaisirs des sens, ne connaîtraient d'autres penchants que ceux de la nature, substitueraient au noble désir de la solide gloire *la pernicieuse manie de la singularité*, et des principes qui font également horreur au chrétien et au citoyen. » Tout cela est évidemment faux, et annonce de la haine ; l'expression : *pernicieuse manie de la singularité* est une invective personnelle qui seule révèle un ennemi dans le rédacteur de ce réquisitoire.

plus tard. Cependant, on ne peut disconvenir que ces illégalités, si contraires aux habitudes constantes du Parlement, n'annoncent une véritable perturbation dans l'action régulière de ce corps. C'était donc encore une main bien forte que celle qui faussait à ce point les graves fonctions de la première magistrature du royaume, et qui substituait l'arbitraire, la violence même, au cours régulier des lois. On objectera peut-être que le Parlement savait résister au besoin ; j'en conviens, mais il faut remarquer qu'il y avait accord entre cette compagnie et le premier ministre, relativement à l'espèce de coup d'État qui frappait les Jésuites. Le décret se liait à cette mesure, et devait contribuer à son succès. Il n'est donc pas surprenant que les magistrats qui, d'ailleurs, ne savaient rien des causes secrètes de l'affaire, aient consenti si facilement à la violation des formes. En outre, je rappelle que le réquisitoire était l'ouvrage du procureur général, janséniste ardent, auquel on avait eu soin de communiquer la note de la *Julie* (voy. pag. 110).

L'animosité personnelle, le machiavélisme politique, et la haute influence de M. de Choiseul, se réunissaient donc pour produire l'anomalie accidentelle dont il s'agit ici ; c'est bien plus qu'il n'en faut pour l'expliquer. D'après cela, on ne comprend guère comment Mussel-Pathay a pu dire : *Que tout le tort du Parlement se réduisit à avoir fait un mauvais réquisitoire* (*Histoire*, t. I, pag. 70).

On remarque aussi que dans la citation ci-dessus, Rousseau ne dit rien des informations faites contre son livre manuscrit, qu'il n'a jamais sues, ou qu'il n'a pu, tout au plus, que soupçonner ; mais ce qu'il dit de la procédure publique, et qui est justifié parfaitement par la lecture du réquisitoire, suffit pour démontrer l'esprit de haine et d'iniquité qui animait les auteurs véritables du décret.

Pour achever de faire sentir tout ce qu'il y eut de factice et de personnel dans cette intrigue, je cite cet autre trait de la lettre à M. de Beaumont : « Voici peut-être, dit Rousseau, une des situa-
« tions les plus difficiles de ma vie ; une de celles où la vengeance et
« l'amour-propre sont les plus aisés à satisfaire, et permettent le
« moins à l'homme juste d'être modéré. Dix lignes seulement, et je
« couvre mes persécuteurs d'un ridicule ineffaçable. Que le public
« ne peut-il savoir *deux anecdotes* seulement sans que je les dise !
« Que ne connaît-il ceux qui ont médité ma ruine et ce qu'ils ont
« fait pour l'exécuter ! Par quels méprisables insectes, par quels té-
« nébreux moyens, il verrait s'émouvoir les puissances ! Quel levain
« il verrait s'échauffer par leur pourriture, et mettre le Parlement

« en fermentation. Par quelle risible cause, il verrait les États de
« l'Europe se liguer contre le fils d'un horloger! Que je jouirais
« avec plaisir de sa surprise, si je pouvais n'en pas être l'instru-
« ment! »

Les expressions méprisantes de ce trait ne peuvent s'appliquer
à aucun des personnages, la plupart éminents, que l'on a vus
coopérer à l'affaire du décret. Rousseau veut-il désigner les
encyclopédistes, Grimm surtout, digne à tous égards de ces qualifications ignominieuses, et dont plus tard quelques indices trahi-
ront la sourde complicité, ainsi que celle de ses indignes collègues? Ces *méprisables insectes* seraient-ils les deux cuistres qui
vinrent s'établir à Montmorency, auprès de Rousseau, et qu'il
soupçonne, non sans raison, de lui avoir soustrait, pendant quelques jours, un volume d'*Emile*, en escaladant les murs de son
jardin? Cela pourrait bien être, car dans une lettre de Rousseau à
Moultou (24 juillet 1761), on trouve ce passage : « Si vous per-
« sistez dans votre projet d'écrire ma défense, je vous recommande
« sur toutes choses le réquisitoire fabriqué à Montmorency, par
« deux prêtres déguisés qui font la *Gazette ecclésiastique*, et qui
« m'ont pris en haine parce que je n'ai pas voulu me faire jansé-
« niste. » Il est bon de se rappeler que ces individus, suspects tout
au moins, logeaient dans la maison de d'Alembert, chez sa nourrice.
(Voyez *Confessions*, liv. XI).

Cette particularité donne de l'importance aux assertions de
Rousseau, en faisant entrevoir des relations entre ces deux intrigants et d'Alembert, intimement lié avec les encyclopédistes, encyclopédiste lui-même, et dont l'hostilité n'était plus douteuse, depuis
son âcre réponse à la *Lettre sur les spectacles*. Cependant on ne concevrait pas que Rousseau se crût obligé d'épargner de pareils êtres ;
ses scrupules avaient donc un motif plus sérieux. Quels que fussent
ces vils agents, ils obéissaient nécessairement à des personnes puissantes, qui ne sont pas maintenant difficiles à deviner ; ce sont ces
personnes que Rousseau veut encore respecter. Quelle peut être la
cause risible qu'il ne fait qu'indiquer? Faut-il y voir Mme de Boufflers,
offensée dans ses prétentions de femme et d'auteur, mettant sous
les yeux du procureur général la note sur les jansénistes? Ou bien
s'agirait-il de *l'opiat* de Mme de Luxembourg? Ce ne sont là que des
conjectures bien hasardées ; mais ce qu'il y a de très-clair dans tout
ceci, c'est que Rousseau en savait plus sur les causes secrètes de son
malheur, qu'il n'en a voulu dire, même dans les *Confessions*. Ce

n'est pas le seul cas où ses honnêtes scrupules aient tourné au préjudice de sa cause. Si, comme cela est possible, il ménage ici Mme de Luxembourg et Mme de Boufflers, combien cette réticence est généreuse, et comme elle confirme le fait d'instigation et de complot, que jusqu'à présent tous les critiques ont traité de chimère avec une légèreté inconcevable!

Rousseau termine ainsi le livre XI des *Confessions* : « Supposons « que pour l'exécution du complot dont j'étais l'objet, mon éloigne- « ment fût nécessaire, tout devait, pour l'opérer, se passer à peu « près comme il se passa. Mais si, au lieu de me laisser épouvanter « par l'ambassade nocturne de Mme de Luxembourg, et troubler « par ses alarmes, j'avais continué comme j'avais commencé, à tenir « ferme, et qu'au lieu de rester au château, je m'en fusse retourné « dans mon lit dormir la fraîche matinée, aurais-je été également « décrété? Grande question d'où dépend la solution de beaucoup « d'autres, et pour l'examen de laquelle, l'heure du décret commi- « natoire et celle du décret réel ne sont pas inutiles à remarquer. « Exemple grossier, mais sensible, de l'importance des moindres « détails dans l'exposé des faits dont on cherche les causes secrètes « pour les découvrir par induction. »

Les critiques ont négligé ce passage important ; le mot de *complot* les a tous effrayés. Des observateurs contemporains, convenablement placés et animés d'intentions droites, eussent peut-être résolu la question. Il est trop tard aujourd'hui. On peut néanmoins supposer, sans invraisemblance, que si Rousseau eût attendu les huissiers, les directeurs secrets de l'intrigue se seraient tirés d'affaire avec une lettre de cachet, et en laissant le Parlement brûler le livre pour sauver sa dignité. Il était même facile de donner à cet expédient les apparences d'une faveur. Mais je suis convaincu qu'on n'eût pas couru les risques d'un procès en forme ; quelque généreux que Rousseau eût voulu être, il eût difficilement évité de mettre en cause Mme de Luxembourg et M. de Malesherbes. Ce qu'il n'a pas vu, c'est qu'il était entre deux écueils, et que s'il eût comparu, il n'eût échappé à l'exil qu'en se faisant accuser d'ingratitude pour avoir compromis ceux que l'opinion regardait comme ses protecteurs.

Il me semble qu'il est maintenant facile d'expliquer une partie des singularités qui ont été signalées dans l'exposé des faits, et dont j'ai voulu ajourner jusqu'ici l'examen. Ainsi, l'*Emile* devait être imprimé à Paris, et non en Hollande, d'abord, pour que l'auteur fût compromis, puis, parce qu'il fallait avoir l'opération sous la main, pour la ralentir ou la presser suivant la marche de l'événement po litique qui abritait l'intrigue. On ne devait pas exiger de cartons pour les derniers volumes où se trouvait la profession de foi du vicaire savoyard, puisque, cette pièce étant le corps du délit, il eût été absurde de la faire disparaître. Il est tout aussi facile de rendre raison des propos alarmants débités avant l'apparition d'*Emile*, des lettres insidieuses, et des avis officieux sur l'imminence du décret. Le but de la trame n'était pas de faire arrêter et juger Rousseau, c'était au contraire ce qu'on voulait éviter ; il s'agissait uniquement de le faire partir. Si ces moyens d'intimidation eussent réussi, et que Rousseau eût pris la fuite, on eût toujours lancé le décret pour la forme, mais on eût épargné toute la comédie du château, et surtout on n'eût pas risqué de voir l'intrépide philosophe s'obstiner à paraître devant ses juges, comme il fut près de le faire, malgré l'éloquence et les fausses terreurs des deux grandes dames. On conçoit aussi pourquoi le voyage de Montmorency avait été avancé d'un mois. Le jour du décret étant arrêté d'avance, et le dénoûment de l'affaire devant avoir lieu au château, il fallut déroger pour cette fois aux usages de la maison. La différence entre l'heure du décret comminatoire annoncée par la lettre du prince de Conti (*Confessions*, liv. XI), et celle du décret réel, est moins facile à expliquer ; on peut le faire néanmoins, et d'une manière assez vraisemblable. « Les huissiers, dit Rousseau, avaient dû venir à dix heures du matin, il était quatre heures après midi quand je partis, et ils n'étaient pas encore arrivés. » Plus loin, il ajoute: « Entre La Barre et Montmorency, je rencontrai, dans un carrosse de remise, quatre hommes en noir, qui me saluèrent *en souriant*. Sur ce que Thérèse m'a rapporté dans la suite de la figure des huissiers, de l'heure de leur arrivée et de la façon dont ils se comportèrent, je n'ai pas douté que ce ne fussent eux ; surtout ayant appris dans la suite, qu'au lieu d'être décrété à sept heures, comme on l'avait annoncé, je ne l'avais été qu'à midi » (*Confessions*, liv. XI). Ainsi Rousseau devait d'abord être décrété à sept heures, et saisi à dix heures du matin ; mais les préparatifs de son départ et le triage de ses lettres ayant demandé un temps considérable, des courriers expédiés à Paris firent retarder l'heure du décret, parce qu'on tenait à ce que la saisie n'eût lieu qu'après le départ de Rousseau qui, présent, pouvait changer de résolution. Quant aux huissiers, il est probable qu'on les établit d'avance au hameau de la Barre, à un quart de lieue de Montmorency. Quand tout fut terminé, et qu'on fût bien sûr que

Rousseau ne se raviserait pas, un exprès les avertit de se mettre en marche. Cette explication est d'autant plus naturelle, que les huissiers saluèrent Rousseau en souriant ; ils le connaissaient donc, et s'ils le connaissaient, pourquoi le laissèrent-ils passer ? C'est qu'ils avaient reçu des instructions dans ce sens, et que tout cet appareil juridique n'était qu'un jeu.

Il reste à examiner comment l'éloignement de Rousseau pouvait être un point si important. Dans une lettre à M. de Saint-Germain (26 février 1770), il s'exprime ainsi : « Les *Holbachiens*, qui croyaient « m'avoir déjà coulé à fond, furieux de me voir bien au château de « Montmorency et chez M. le prince de Conti, firent jouer leurs ma« chines par d'Alembert, et, profitant des piques secrètes dont j'ai « parlé, firent passer, par le Temple, leur complot à l'hôtel de « Luxembourg. Il est aisé d'imaginer comment M. de Choiseul « s'associa pour cette affaire particulière avec la ligue et s'en fit le « chef ; ce qui rendit dès lors le succès immanquable, au moyen des « manœuvres souterraines *dont Grimm* avait probablement fourni « le plan. Ce complot a pu se tramer de toute autre manière ; mais « voilà celle où les indices, *dans ce que j'ai vu*, se rapportent le « mieux. Il fallait, avant de rien tenter du côté du public, m'éloigner « au préalable, sans quoi le complot risquait à chaque instant d'être « découvert, et son auteur confondu. »

Voilà l'idée sommaire de Rousseau. Je ne doute pas que sa date tardive n'effarouche beaucoup les lecteurs ; examinons-la toutefois, et voyons si Rousseau s'est trompé, je ne dis pas sur le fond, qui sera plus tard l'objet d'une discussion spéciale, mais sur les détails. Il dit que les indices se rapportent le mieux *à ce qu'il a vu*. C'est déjà beaucoup. On peut raisonner plus juste que lui, mais il serait ridicule de vouloir se mettre à sa place pour prononcer sur ce qu'il dit *avoir vu;* surtout si l'on considère que jusqu'ici sa véracité n'a pas été mise une seule fois en défaut. Commençons par d'Alembert. On sait que lorsque l'abbé Morellet sortit de la Bastille, par l'entremise de Rousseau, le géomètre eut l'art de succéder à ce dernier dans les bonnes grâces de Mme de Luxembourg (*Confessions*, liv. XI). Cette faveur, qui se soutint, est attestée par l'abbé lui-même, dans ses Mémoires. Ainsi, voilà déjà une assertion de Rousseau qui se trouve vraie, et elle est très-importante. Il faut maintenant que j'ajoute quelques commentaires à son texte, qui est un peu obscur. Les *piques* dont il parle, ce sont ses gaucheries à l'égard de Mme de Luxembourg et de Mme de Boufflers surtout. Cette dernière, maîtresse du prince de Conti *qui résidait au Temple*, et amie intime de d'Alembert, favorisa sans doute l'entrée et les succès de cet homme à l'hôtel de Luxembourg, et c'est ce que sous-entend Rousseau, lorsqu'il dit que le complot *passa du Temple à cet hôtel;* supposition déjà probable et qui, par la suite, deviendra, je l'espère, une vérité. Ce qui regarde Grimm est moins appréciable, ce fourbe ayant toujours eu le talent d'opérer dans l'ombre. Rousseau parle des questions réitérées que Mme de Luxembourg lui fit à son sujet, « sans « lui dire ce qu'elle en pensait, et sans lui laisser pénétrer si cet « homme était ou non de sa connaissance » (*Confessions*, liv. XI).

Cette réticence seule, dont Rousseau fut justement blessé, et à laquelle il dit avoir *repensé souvent,* prouverait que Mme de Luxembourg connaissait Grimm, au moins indirectement. Rousseau ajoute que Laroche, valet de chambre du maréchal, fit connaissance avec la mère Levasseur que Grimm avait établie à Deuil, et qu'il portait à cette femme les cadeaux que lui faisait la maréchale. Il paraît attacher de l'importance à cette particularité ; il est sûr que les questions sur Grimm lui en donnent. C'est le cas de rappeler l'avis sur le décret donné au maréchal par le curé de Deuil, *ami de Grimm et de Mme d'Epinay;* et surtout la singulière assertion de Grimm sur la fuite probable de Rousseau (voir pag. 99). Cette fuite était, comme on sait, le but de l'intrigue ; comment Grimm s'y trouvait-il initié ? Cela ne fait-il pas supposer des rapports secrets, sinon avec Mme de Luxembourg, au moins avec quelques-uns des instigateurs du décret ? J'ai parlé du rôle de M. de Choiseul ; il est déjà assez sensible ; plus tard nous verrons s'entr'ouvrir le nuage qui couvre encore la haine du premier ministre. Toutes ces données sont vagues, j'en conviens, et cela ne peut pas être autrement, dans une question dont le mystère forme l'élément principal ; mais il reste un fait certain, c'est la faveur auprès de Mme de Luxembourg, de d'Alembert, ami de Grimm, et des autres *Holbachiens*. Ce fait seul, joint aux dispositions hostiles qu'il est maintenant permis d'attribuer à la maréchale, suffit pour justifier ce que dit Rousseau de l'influence de ses ennemis primitifs sur cette dame, et de leur participation à l'œuvre du décret. Il double pour ainsi dire le champ de l'intrigue en rattachant tout l'épisode de l'Ermitage à celui du château de Montmorency. On a vu dans le chapitre précédent (pag. 19) que la rupture de Rousseau avec ses faux amis donna lieu de leur part à une série d'accusations, les unes clairement exprimées, les autres enveloppées d'une ambiguïté perfide. Ces accusations forment la base du système de diffamation que l'on verra s'organiser dans les périodes subséquentes, avec un art et un succès qui ont rendu si difficile la tâche des apologistes. Quant au décret, qui désormais peut être considéré, sans invraisemblance, comme l'œuvre solidaire de Grimm, Diderot, d'Alembert, Mme d'Epinay, M. de Choiseul, Mme de Luxembourg, et Mme de Boufflers, il avait ce double but: consommer la diffamation déjà ébauchée de l'auteur d'*Emile*, et le vouer aux rigueurs de l'exil et de la persécution. Ces deux choses se combinaient parfaitement et se prêtaient un mutuel secours. Ainsi l'exil, en éloignant Rousseau, permettait à la calomnie de s'exercer sans opposition dans les lieux où il avait vécu, et surtout, d'agir sur le public de Paris, cet arbitre suprême de la réputation littéraire et morale; tandis que cette même calomnie, en propageant au loin les haines, en fomentant partout de sourdes intrigues destinées à ruiner l'honneur du proscrit, à désoler sa vie par de continuelles avanies, aggravait progressivement les souffrances de l'exil. Telle est, en attendant la démonstration à peu près complète que j'espère en donner par la suite, la définition sommaire d'une œuvre d'iniquité à laquelle Rousseau a prêté sur la fin de sa vie des proportions ridicules, mais qui, étudiée avec tout le sang-froid et la sévérité possibles, n'en demeure pas moins une des plus détestables conceptions que la méchanceté humaine ait jamais imaginées et mises à exécution.

J'ai dû ajourner jusqu'à ce moment une remarque importante relative à Mme de Luxembourg, parce qu'en la présentant plus tôt, je me serais exposé au reproche d'exagération. *Peu de temps après la conclusion du traité d'Emile*, cette dame fit faire des recherches pour retrouver les enfants de Rousseau. Tout paraîtrait généreux dans cette démarche, sans sa date qui donne beaucoup à penser. On a peine à concilier une telle sollicitude avec des intentions perfides qui ne sont maintenant que trop évidentes. Sans admettre les idées outrées que Rousseau exprima à cet égard sur la fin de sa vie, il est permis de croire que, déjà préoccupée de ses plans de vengeance, la maréchale chercha à prévenir les soupçons qu'auraient pu éveiller son refroidissement déjà très-sensible, et la bizarrerie de ses instances au sujet de l'impression de l'*Emile* en France, par un acte qui offrît toutes les apparences du dévouement. Son calcul, s'il fut réel, se trouva juste; Rousseau en fut complétement dupe. J'ajoute que les procédés ultérieurs de la maréchale, envers Rousseau, sont parfaitement en harmonie avec sa conduite dans l'affaire du

décret; elle ne lui écrivit que très-rarement pendant le cours de ses infortunes, et d'un style qui trahissait plus que de l'indifférence. Elle finit même par ne plus lui répondre. «Par trait de temps, dit-il
« à ce sujet, et malgré quelques démonstrations affectées et *toujours*
« *plus rares*, les sentiments secrets de Mme de Luxembourg se ma-
« nifestaient davantage de jour en jour; cependant, *craignant tou-*
« *jours d'être injuste*, je ne cessai point de me confier à elle dans mes
« malheurs, *quoique toujours sans réponse et sans succès*. Enfin, en
« dernier lieu, ayant écrit à M. de Choiseul pour lui demander, dans
« l'extrémité où j'étais, un passe-port pour sortir du royaume, et
« n'ayant pas de réponse, j'écrivis encore à Mme de Luxembourg,
« *qui ne me fit aucune réponse non plus*. Ce silence, dans la circon-
« stance, me parut décisif, etc.» (Lettre à M. L. D. M., 23 novembre 1770). Si ce n'est pas là de l'hostilité, à coup sûr c'est encore moins de la bienveillance [II].

Je crois maintenant, d'après l'ensemble de cette discussion, pouvoir tirer les conclusions suivantes : 1° l'obstination de la maréchale à vouloir que l'*Emile* fût imprimé en France cachait une intention malveillante qui s'explique par les offenses involontaires de Rousseau. 2° La complaisance de M. de Malesherbes, ses efforts pour obtenir de Rousseau une concession dont il connaissait le danger, sa conduite pusillanime et peu généreuse dans le reste de l'affaire, prouvent à quel point un honnête homme intimidé peut servir malgré lui la cause de l'iniquité puissante. 3° L'action du Parlement dans l'affaire du décret est un fait mixte dans lequel on doit reconnaître une cause apparente et une cause secrète. La cause apparente, ou mieux, le prétexte, ce sont les circonstances publiques dont il a été parlé. Elle est la seule qu'au mépris de tant d'indices accusateurs, tous les critiques aient voulu adopter. La cause secrète, le véritable mobile du décret, est une intrigue concertée entre plusieurs personnes que la discussion précédente désigne plus ou moins clairement, et qui, profitant d'une raison d'Etat, eurent assez d'adresse et de pouvoir pour faire concourir le Parlement au succès d'un acte de vengeance particulière. 4° Il est extrêmement probable, sinon démontré, que ceux que Rousseau appelle les *Holbachiens* fournirent le plan de l'intrigue et se chargèrent de l'exécution des détails. Quant à M. de Choiseul, tout semble prouver que ce fut lui qui donna à la procédure parlementaire ses semblants politiques, ses formes illégales, ses proportions terrifiantes, et qui mit à la disposition des auteurs de la trame le levier gouvernemental dont il disposait à son gré.

On ne manquera pas de m'objecter que dans toute cette thèse je ne fais que reproduire et paraphraser les idées de Rousseau. Qu'importe? Ai-je raisonné juste? Voilà la question. De ce qu'une idée appartient à Rousseau ; s'ensuit-il qu'elle soit nécessairement erronée? La crainte d'ennuyer, la manie des détails inédits, portent trop souvent les écrivains chargés d'une tâche aride, à négliger l'essentiel qu'ils ont sous la main, pour courir après la variété et l'originalité. C'est ce qu'a fait Musset-Pathay. Presque toujours prévenu contre les interprétations fournies par Rousseau, il n'a guère écrit que deux pages sur le décret ; il a écourté sans scrupule la discussion de ce fait capital, il est tombé dans une contradiction choquante, en admettant, d'une part, des causes secrètes qu'il ne prend pas la peine d'étudier, et, de l'autre, en expliquant tout par les causes apparentes. Pour moi, il se peut que j'aie manqué le but que je me suis proposé, mais je n'en demeure pas moins convaincu que la méthode que j'ai suivie, d'après les indications mêmes de Rousseau, est la seule qui puisse répandre quelque lumière sur un problème dont l'entière solution est, selon toute apparence, à jamais impossible[1].

[1] J'ai oublié de parler du Genevois Balexsert, auteur réel ou supposé d'une *Dissertation sur l'éducation physique des enfants depuis la naissance jusqu'à la puberté*. Cet écrit parut en août 1762. Rousseau dit qu'il est tiré *mot à mot* du premier volume de l'*Emile*, et croit qu'il fut composé sur son manuscrit pendant qu'il était sous presse. « Ce n'est, dit-il, que bien des années après que, « sur un mot échappé à d'Yvernois, j'ai entrevu ceux qui avaient mis en jeu « Balexsert » (*Confessions*, liv. XI). Il n'a pas rapporté ce mot de d'Yvernois. On se rappelle que dans ses notes sur la Vie de Sénèque, Diderot affecte de rabaisser les idées de Rousseau sur l'éducation des enfants (voir chap. II, pag. 59). Voici maintenant sur Balexsert quelques détails assez curieux, tirés de la Correspondance de Voltaire. — A Damilaville, 13 février 1763. « Le *Traité sur l'é-« ducation* me paraît un très-bon ouvrage, et digne de l'honneur que frère « *Platon-Diderot lui a fait d'en être l'éditeur.* » — A M. d'Argental, 23 juillet 1766. « Un Genevois nommé Balessert, qui a remporté le prix à je ne sais quelle Aca- « démie *par un excellent ouvrage*, se présentera devant mes anges pour obtenir, « par leur protection, *une audience de M. de Choiseul. Je ne sais s'il veut lui parler « des affaires de Genève*, ou s'il a quelque autre grâce à lui demander, mais je « supplie mes divins anges de lui accorder toute la faveur qu'ils pourront, etc. » Le *Traité de l'éducation*, en raison de la date de la lettre de Voltaire, ne peut être que celui de Balexsert, et il se trouve que frère Platon-Diderot en est *l'éditeur* ! Ne serait-ce pas là le propos échappé à d'Yvernois? L'audience de M. de Choiseul, sollicitée par Balexsert, et la recommandation du poëte, ne sont pas moins frappantes que la coopération de Diderot. Musset-Pathay, qui s'est procuré, avec beaucoup de peine, l'écrit de Balexsert, dit que le plagiat dont se plaint Rousseau est fondé *quant aux idées*, mais non quant au style. Il résulte

CHAPITRE IV.

Du séjour de Rousseau en Suisse,

De juin 1762 à décembre 1765.

Une des choses que je me suis le plus appliqué à faire ressortir dans l'affaire du décret, c'est l'action secrète du pouvoir. On va la voir reparaître désormais avec une continuité inexorable ; toujours équivoque et mystérieuse, mais se trahissant quelquefois par des indices si frappants, qu'il ne sera pas possible de méconnaître, dans la nouvelle série de fourberies et d'iniquités que je vais décrire, la main qui mit en mouvement le Parlement de Paris. Cependant, je dois prévenir que dans cette période les données positives, tout en conservant le même caractère d'hostilité, sont moins nombreuses et moins significatives que dans la précédente. L'éloignement de Rousseau, son séjour en pays étranger, introduisent nécessairement sur la scène des agents intermédiaires dont la mission ne peut être souvent que soupçonnée ; les intrigues se multiplient, mais elles sont si habilement conçues, la distance du foyer d'où elles émanent est si grande, l'ascendant de la volonté qui les dirige est si absolu, qu'il n'est que trop facile de prendre le change sur leur nature et sur leur origine. Ainsi, quoiqu'on puisse arriver à démontrer que les auteurs des persécutions de Genève et de Suisse résidaient à Paris, il y a dans l'ensemble des faits une sorte de physionomie locale qui a trompé bien des observateurs, non qu'ils ne fussent très-habiles, mais parce que l'attention et la patience leur ont manqué. Ces complications ne peuvent manquer de rendre l'analyse des faits plus laborieuse ; la méthode d'induction surtout, cette ressource presque unique au milieu de tant d'apparences trompeuses et d'incertitudes, deviendra d'une application bien plus difficile. Quoi qu'il en soit, ceux qui ont bien étudié avec moi la question du décret, et qui ont adopté mes conclusions, devront se souvenir que ces conclusions forment déjà une présomption très-forte en faveur de celles que je tirerai de la discussion qui va suivre.

de tout cela, que cet écrit peut en effet avoir été composé sur le manuscrit de Rousseau pendant les délais prolongés de l'impression ; que Balexsert ne fut que le prête-nom de *l'éditeur*, c'est-à-dire de l'auteur Diderot, et que le but de cette manœuvre fut de contester à Rousseau l'originalité de ses idées sur l'éducation.

Lors donc que l'insuffisance des faits, où leur obscurité, s'opposera à une démonstration complète, les résultats certains fournis par l'examen de l'affaire du décret deviendront d'utiles auxiliaires, et permettront d'établir, par analogie, ce qui n'aura pu être résolu rigoureusement.

Arrivé en Suisse, Rousseau se fixa à Yverdun, ville bernoise, et reçut l'hospitalité de M. Roguin, un de ses plus anciens amis. « Je « ne fus pas longtemps en doute, dit-il, sur l'accueil qui m'attendait « à Genève, au cas que j'eusse envie d'y retourner. Mon livre y fut « brûlé, et je fus décrété de prise de corps le 18 juin 1762, c'est-à-« dire neuf jours après l'avoir été à Paris. Tant d'incroyables ab-« surdités étaient accumulées dans ce second décret, et l'édit ec-« clésiastique y était si formellement violé, que je refusai de croire « aux premières nouvelles qui m'en vinrent, et que quand elles fu-« rent bien confirmées, je tremblai qu'une si manifeste et si criante « infraction de toutes les lois, à commencer par celles du bon sens, « ne mît Genève sens dessus dessous. J'eus de quoi me rassurer ; « tout resta tranquille ; s'il s'émut quelque rumeur dans la populace, « ce fut contre moi... Ces deux décrets furent le signal du cri de « malédiction qui s'éleva contre moi dans toute l'Europe, avec une « fureur qui n'eut jamais d'exemple, etc. » (*Confess.*, liv. XII). Rousseau décrit ensuite les effets de ce *tolle* général dont on retrouve de nombreuses traces dans les journaux périodiques du temps. Il termine en faisant remarquer la différence de son sort avec celui d'Helvétius. « Dans l'orage qui s'éleva contre l'auteur de « ce livre, dit-il, le public, loin de joindre sa voix à celle de ses « persécuteurs, le vengea d'eux par ses éloges. Que l'on compare « ses livres et les miens, l'accueil différent qu'ils ont reçu, les trai-« tements faits aux deux auteurs dans les divers Etats de l'Europe ; « qu'on trouve à ces différences des causes qui puissent contenter « un homme sensé ; voilà tout ce que je demande, et je [me tais » (liv. XII). Cette réflexion, déjà si frappante, le deviendra bien plus par la suite.

Le *Contrat social* fut brûlé à Genève à peu près à la même époque que l'*Emile*. Pour se rendre raison de ces deux actes d'iniquité absurde, il est nécessaire de jeter un coup d'œil sur l'état de la république au moment où ils eurent lieu, et de connaître les dispositions des Genevois à l'égard de Rousseau. On voit dans les *Lettres de la Montagne* comment, à la suite d'empiètements habilement gradués, le petit Conseil ou pouvoir exécutif avait réussi à se créer une autorité presque absolue. Rousseau y décrit rapidement, mais avec clarté et énergie, les résistances inutiles de la bourgeoisie, les troubles graves qui en furent la suite, et l'intervention de la France, qui apaisa l'agitation, sans remédier à ses causes. Naturellement, les agents d'une monarchie absolue ne pouvaient régler d'une manière bien impartiale les divisions intestines d'un petit Etat républicain. Malgré des apparences de modération et de bienveillance, il est probable qu'une connivence secrète des médiateurs avec les magistrats genevois ne fit qu'affermir le pouvoir illégal du petit Conseil. Composé de familles riches et influentes, presque toutes alliées entre elles; débarrassé depuis longtemps des Conseils généraux ou assemblées-primaires; maître du Conseil des deux cents, espèce de terme moyen entre le souverain et le pouvoir exécutif, ce corps, à l'époque du décret, pouvait passer pour une des oligarchies les plus altières et les moins pondérées qu'il y eût en Suisse, où cette espèce de despotisme était alors presque général. On en peut juger par les incroyables maximes avancées par l'auteur des *Lettres écrites de la Campagne*, sur l'étendue du droit négatif, ou *veto* genevois. C'était, en matière gouvernementale, exactement la doctrine de l'infaillibilité en matière de foi. Rousseau avait dédié à la république de Genève son Discours sur les causes de l'inégalité. « Cette dédicace, « dit-il, que le plus pur patriotisme m'avait inspirée, ne fit que m'at- « tirer des ennemis dans le Conseil, et des jaloux dans la bourgeoi- « sie » (*Confess.*, liv. VIII). Il suffit de la lire pour comprendre ce mauvais effet. Ce n'est qu'une suite de contre-vérités qui, dictées par d'excellentes intentions, équivalaient, par le fait, à une satire. A cette première cause d'animadversion se joignirent plus tard les manœuvres de Grimm et de Mme d'Epinay. Le premier, rédacteur et probablement auteur, en grande partie, des Mémoires de sa maîtresse, y a laissé maladroitement des détails qui prouvent la réalité de leurs intrigues communes (voir t. III, p. 249 et suivantes). Je profite de l'occasion qui ramène sous ma plume le nom de ce méprisable Grimm, pour donner une idée de sa rage contre Rousseau, et des calomnies qu'il avait dû répandre dans Genève lorsqu'il alla y rejoindre son amie. J'ai cité, chapitre II, page 29, une partie de la diatribe qu'il publia le 15 juin 1762, six jours après la fuite de Rousseau; voici le trait perfide qui la termine : « On prétend, dit-il « en parlant de son ancien ami persécuté, qu'il a passé les derniers « jours dans des convulsions de désespoir des suites de son ouvrage. « *Il se croyait à l'abri de toute atteinte, étant lié avec tant de per-*

« *sonnes de la plus haute distinction*. Je le connais assez pour être
« sûr qu'il sera toute sa vie inconsolable de ne plus être dans un
« pays dont il se plaisait à exagérer les maux et les abus. On dit
« qu'il a pris la route de la Suisse. Il n'ira point à Genève, car une
« de ses inconséquences était d'élever sa patrie aux nues, *en la dé-*
« *testant secrètement*, et d'aimer passionnément Paris en l'accablant
« d'imprécations » (*Corresp.*, 1762, p. 178).

A propos de la profession de foi du vicaire savoyard, Grimm
prétend que « le naturel et la vérité ne se font jamais sentir dans les
« écrits du citoyen de Genève » (p. 180). Le grand défaut de cette
profession de foi, aux yeux de l'athée Grimm, c'était son déisme, et
surtout la réputation qu'elle attirait à son auteur. A la suite d'une
critique très-dédaigneuse de l'*Emile*, il met cette phrase empoisonnée : « Ce qui n'est pas moins étrange, c'est de voir cet écrivain
« prêcher partout l'amour de la vérité, et employer toujours l'artifice
« et le mensonge avec son élève » (p. 192).

Voici ce qu'il dit des décrets : « Le Conseil de Genève a fait brûler
« *Emile* et le *Contrat social* par la main du bourreau. Cette procédure *inconsidérée* pourrait bien faire aller M. Rousseau dans sa
« patrie, car il ne doit pas manquer de partisans dans une démo-
« cratie ; et rentrer dans Genève, malgré le Conseil, serait bien
« autrement piquant que d'y aller quand personne ne s'y oppose.
« *Il se ferait alors chef de parti parmi le peuple*, et, par ses combi-
« naisons, M. de Voltaire serait peut-être inquiété dans sa maison
« des Délices » (p. 218).

Cette dernière accusation, relative à Voltaire, sera examinée dans
un instant.

Grimm continue de calomnier. « Il a paru, dit-il, à Genève une
« lettre séditieuse en faveur de M. Rousseau, contre M. de Vol-
« taire. On craignait d'abord que cette lettre ne troublât la tran-
« quillité de la ville, mais M. Rousseau n'a pas eu le *courage* ou
« l'envie de profiter de cette fermentation passagère. Depuis, le
« Conseil de Berne a condamné les ouvrages du citoyen de Genève,
« et ordonné à l'auteur de quitter le territoire. En vain M. Rousseau
« a-t-il présenté une requête à Berne, il a fallu obéir. Il s'est retiré
« à Neufchâtel. Le voilà donc sous la protection d'un prince *qu'il*
« *faisait profession de haïr, parce qu'il le croyait l'objet de l'admi-*
« *ration publique*. Il y a dans son livre un passage très-indiscret et
« très-violent à ce sujet, et ce sera une raison de plus à Frédéric de
« respecter le malheur de Rousseau, et de protéger un écrivain il-

« lustre en dépit de ses propres folies » (p. 218). On voit, par cette espèce de journal, que le lâche suivait des yeux, avec une joie barbare, les infortunes de l'homme dont il avait médité et réalisé en partie la ruine. Grimm adressait ces détails à des princes allemands ; craignant que Frédéric n'eût pas remarqué le trait de l'*Emile* qui le concernait, il a bien soin de le dénoncer à ses correspondants, dans l'espoir, sans doute, de le faire parvenir sûrement à son adresse. L'hypocrisie du dernier trait de la citation rend la méchanceté encore plus révoltante. En parlant de la lettre à M. de Beaumont, Grimm dit, entre autres invectives odieuses : « L'auteur « prétend que ses écrits ont toujours eu pour but le bonheur des « hommes, mais il craint si fort que nous puissions être heureux, « qu'il ajoute : Je n'ai pas assuré que cela fût possible, dans l'état « où sont les choses. *Oh ! il ne voudrait pas avoir un si grand re-* « *proche à se faire* » (p. 376). On se rappellera que Diderot était au moins de moitié dans la rédaction de la correspondance de Grimm, et que, par conséquent, on doit mettre à sa charge une bonne partie de ces lâches calomnies.

Rousseau dit que Tronchin seconda puissamment Grimm et Mme d'Epinay, et qu'il devint le plus furieux de ses persécuteurs, sans avoir eu de lui le moindre sujet de plainte (*Confess.*, liv. X). Du reste, il n'entre à cet égard dans aucun détail ; je vais tâcher de suppléer, autant que possible, à son silence. Tronchin, médecin célèbre, et passablement charlatan, était frère du procureur général de la république, auteur des *Lettres de la Campagne*, ce qui trancherait déjà une partie de la difficulté. On voit dans les *Confessions*, que ses premières relations avec Rousseau avaient été bienveillantes, et qu'il lui écrivit même sur le compte de son ami Voltaire une lettre méprisante, conservée et citée par Du Peyrou (¹), et que Rousseau eut la rare générosité de ne jamais publier. Musset-Pathay conclut de cette lettre de Tronchin qu'il était *franc*, et que Rousseau eut tort de le regarder comme un ennemi. C'est décider un peu lestement, comme à l'ordinaire, du reste. Cependant, dans une lettre de Rousseau à Hume (10 juillet 1766), on lit ce qui suit : « J'apprends que le fils du jongleur Tronchin, *mon plus mortel en-* « *nemi*, est non-seulement l'ami, le protégé de M. Hume, mais « qu'ils logent ensemble ; et quand M. Hume voit que je sais cela, « il m'en fait la confidence, *m'assurant que le fils ne ressemble pas*

(¹) Voyez édition de Genève, t. XXX, p. 416.

« *au père.* » Cet aveu seul de Hume prouve que Tronchin était coupable, et son authenticité ne peut être suspecte, puisque dans cette lettre Rousseau rappelait à Hume le propos qu'il lui avait tenu. En pareil cas, il n'y a pas moyen de supposer un mensonge. Je reviendrai bientôt sur Tronchin. [III.]

La haine de Voltaire n'a pas besoin d'être prouvée ; à chaque instant on en trouve dans ses écrits des traits de l'espèce la plus brutale. Je ferai seulement observer qu'elle existait bien avant l'époque du décret, et c'est ce dont il est encore facile de se convaincre par sa seule correspondance. Rousseau avait donc à Genève un grand nombre d'ennemis personnels, sans compter ceux qui, sans le connaître, le haïssaient à cause de ses écrits. Revenons maintenant au petit Conseil. L'auteur des *Lettres de la Campagne* prétendait que le scandale causé en Europe par l'*Emile* et le *Contrat social* avait déterminé le gouvernement de Genève à sévir contre ces deux livres. « Au contraire, dit Rousseau, ce furent les décrets
« de Paris et de Genève qui occasionnèrent ce scandale. Il y avait
« peu de jours que le livre était publié à Paris, lorsque le Parle-
« ment le condamna ; il ne paraissait encore en nul autre pays, pas
« même en Hollande où il était imprimé, et *il n'y eut entre le dé-*
« *cret de Paris et celui de Genève que neuf jours d'intervalle ; le*
« *temps qu'il fallait à peu près pour avoir avis de ce qui se passait*
« *à Paris* » (*Lettres de La Montagne*, quatrième lettre). Rousseau fait ensuite observer que le décret de Genève est une absurdité légale ; qu'il brave le Parlement de Paris et lui dispute la compétence ; qu'un homme ne peut être coupable du même délit en deux lieux à la fois ; qu'il y a pour lui impossibilité physique à purger les deux décrets. Toutes ces objections sont sans réplique, et jettent sur la question de précieuses lumières. Après ce qu'on sait des causes secrètes du décret de Paris, comment douter de l'influence de la France sur le petit Conseil, lorsqu'on voit l'*Emile* décrété à Genève sur le simple envoi du réquisitoire du Parlement, et *avant que le livre y fût connu ?* Cette dernière circonstance est confirmée par le trait suivant d'une lettre de Rousseau à un magistrat de Berne (juillet 1762) : « La révolution dont on s'entretient dans le
« monde est-elle véritable ? Vos confrères sont-ils décidés aussi à
« me condamner sans m'entendre ? Le Conseil est-il une succursale
« du Parlement ? *Quoi ! il n'existe pas un exemplaire de mon ou-*
« *vrage dans toute la Suisse,* personne ne peut dire ce qu'il con-
« tient, ce qu'il loue, ce qu'il blâme, et il est question de me dé-

« créter » (*OEuvres inédites de Rousseau*, t. I, p. 106)! Il ajoute à ces remarques que l'arrêt du Conseil de Genève fut tenu secret, et qu'on en refusa communication à sa famille. « Imaginez, dit-il, « ce que c'est qu'un Etat libre, où l'on tient cachés de pareils « décrets contre l'honneur et la liberté des citoyens » (lettre première). Ce refus du Conseil est très-bien expliqué dans une lettre de Rousseau à Mme de Boufflers (4 juillet 1762). « C'est, lui « dit-il, sur ce libelle (*le réquisitoire de Paris*) qu'on se hâte de me « juger dans toute l'Europe, avant que le livre y soit connu ; c'est « sur ce libelle que, sans m'assigner pour m'entendre, on a com-« mencé par me décréter à Genève ; et quand enfin mon livre y est « arrivé, la lecture y a causé l'émotion qui y règne encore, à tel « point que le magistrat désavoue son décret, *nie même qu'il l'ait* « *porté*, et refuse, à la requête de ma famille, la communication du « jugement, procédé qui n'eut peut-être jamais d'exemple depuis « qu'il existe des tribunaux. » La réalité du décret de Genève est si incontestable, que le 3 janvier 1791 il fut proposé au Conseil des deux cents de l'abolir, et d'élever à Rousseau une statue destinée à expier cette injustice. Le 2 mars de la même année, le Conseil fit inscrire sur le registre des délibérations la résolution suivante : « Les règles « de l'ordre judiciaire ne permettent pas de révoquer les décrets « rendus contre Rousseau, mais le Conseil ne pense pas qu'ils por-« tent atteinte à l'honneur de ce grand écrivain ; que d'ailleurs ce « qu'ils présentent de rigoureux contre lui se trouve de nul effet, « *attendu qu'il n'a jamais été ouï.* » — « C'était, dit Musset-Pathay, « avouer que les lois avaient été violées ; il n'en coûtait pas plus « d'abolir le décret. » Quant à la proposition de la statue, elle fut adroitement écartée, sous prétexte qu'à Genève *les grands hommes ne devaient avoir de monuments que dans le cœur de leurs concitoyens* (*OEuvres inédites de Rousseau*, t. I, p. 456).

A peine installé à Yverdun, Rousseau reçut du Sénat de Berne l'ordre de sortir des terres de la république. Cette mesure n'était pas, comme celle de Genève, inspirée en partie par des haines personnelles. Rousseau dit qu'on l'attribuait aux dévots, mais qu'il n'a jamais pu en pénétrer la première cause. Ses livres n'étant pas encore connus en Suisse, il est impossible d'admettre uniquement l'influence des dévots, et voici un fait qui le prouve sans réplique. « Le ban-« neret Roguin étant mort, dit Rousseau, un an ou deux après mon « départ d'Yverdun, le vieux papa Roguin eut la bonne foi de m'é-« crire qu'on avait trouvé dans les papiers de son parent des preuves

« qu'il était entré dans le complot pour m'expulser d'Yverdun et
« de l'Etat de Berne. Cela prouverait bien clairement que ce com-
« plot n'était pas, comme on voulait le faire croire, une affaire de
« cagotisme, puisque le banneret Roguin, loin d'être un dévot,
« poussait le matérialisme jusqu'à l'intolérance et au fanatisme. Au
« reste, personne à Yverdun ne s'était si fort emparé de moi, ne
« m'avait tant prodigué de caresses et de flatteries que ledit banne-
« ret ; il suivait fidèlement le plan chéri de mes persécuteurs. »
(*Confess.*, liv. XII). Le 6 juillet 1762, Rousseau écrivait à Moultou :
« On a écrit ici à M. le Bailli que le Sénat de Berne, prévenu par le
« réquisitoire imprimé dans la *Gazette*, doit, dans peu, m'intimer
« l'ordre de sortir des terres de la république. J'ai peine à croire
« qu'une pareille délibération soit mise à exécution par un si sage
« Conseil. Ce *réquisitoire*, ou plutôt ce libelle, me poursuit d'Etat
« en Etat, pour me faire interdire partout le feu et l'eau ; on vient
« encore de l'imprimer dans le *Mercure de Neufchâtel*, etc. »

Dans plusieurs autres lettres il parle, comme de choses notoires, des manœuvres de Voltaire et Tronchin dans l'affaire de l'expulsion d'Yverdun. Il est impossible aujourd'hui d'en constater la réalité, mais l'empressement de ces républiques helvétiques à s'incliner devant le réquisitoire de Paris, démontre une cause secrète et puissante dont Voltaire, Tronchin, Roguin et autres n'étaient que les agents ; et quelle peut être cette cause, si ce n'est celle même qui fit lancer ce magique réquisitoire ?

Le manque de documents positifs à l'égard de Tronchin m'oblige à citer un fragment d'une lettre de Rousseau à Moultou (1er septembre 1762) : « J'ai eu le plaisir, vendredi dernier, de passer la
« journée avec M. le professeur Hess, lequel m'a appris des choses
« plus nouvelles pour moi que surprenantes, entre autres l'histoire
« de deux lettres que vous a écrites le jongleur (Tronchin) à mon
« sujet, et votre réponse. Je suis persuadé que le poëte et le jon-
« gleur méditent quelque noirceur pour l'exécution de laquelle
« votre vertu leur est incommode, etc. » Ces deux lettres de Tronchin avaient certainement pour objet de détacher Moultou de Rousseau.

Dans une autre lettre de Rousseau à M. Marcet (10 août 1762), on lit : « Le procédé du jongleur est une jonglerie très-bien en-
« tendue. » Le reste de la lettre, bien que peu intelligible maintenant, fait imaginer des manœuvres malfaisantes. Il est triste d'en

être réduit à de tels indices; mais dans un sujet si obscur rien n'est à négliger.

Chassé des Etats de Berne, Rousseau se retira dans le comté de Neufchâtel, appartenant à la Prusse. Accueilli avec bonté par Milord Maréchal, dont il devint l'ami, il échappa pour quelque temps aux persécutions directes. Les mesures juridiques et l'expulsion officielle n'étant plus praticables dans les Etats de Frédéric, on eut recours à d'autres moyens. L'accueil généreux du roi et du gouverneur excita les murmures du public, des magistrats et de la classe des ministres. Ces derniers firent défendre l'*Emile*, et remplirent les journaux de Neufchâtel *d'inepties* et *du plus idiot cafardage*, qui, dit Rousseau, « ne laissaient pas d'échauffer le peuple et « de l'animer contre moi. » On reconnaît là le premier indice des menées genevoises à Neufchâtel ; celui des menées de Paris ne tardera pas à se montrer. Rousseau, naturellement religieux, désira assister aux exercices du culte de la paroisse de Motiers, qu'il habitait. Craignant l'affront d'un refus, il n'osa se présenter à la communion, et pour sonder, à ce sujet, les dispositions de son pasteur, il lui écrivit pour lui demander l'autorisation d'être admis à la sainte table, sans être assujetti à aucune explication sur le dogme. Il s'attendait à un refus formel. Le ministre, à sa grande surprise, lui répondit que lui et ses anciens se feraient un grand honneur de l'avoir dans leur troupeau (*Confess.* liv. XII). Sur ce qui a été dit précédemment de la conduite des magistrats et du clergé de Neufchâtel, il n'est pas facile d'expliquer la tolérance du pasteur de Motiers, surtout quand on la compare à l'indigne conduite qu'il tint plus tard. Faute de preuves contraires, on doit admettre que ses intentions primitives étaient bonnes. « Quelque temps après, dit « Rousseau, Milord m'envoya une lettre de M{^me} de Boufflers, venue, « du moins je le présume, par la voie de d'Alembert, qui connaissait Milord Maréchal. Dans cette lettre, la première que cette « dame m'eût écrite depuis mon départ de Montmorency ([1]), elle me « tançait vivement de celle que j'avais écrite à mon pasteur, et « surtout d'avoir communié. Il me paraissait plaisant que M{^me} de « Boufflers se mêlât de diriger ma conscience ; cependant, comme « je ne doutais pas que son intention, quoique je n'y comprisse « rien, ne fût la meilleure du monde, je ne m'offensai pas de cette

---

([1]) Il se trompe, elle lui avait écrit trois fois avant la lettre dont il s'agit (voir la *Correspondance* de 1762).

« singulière sortie, et lui répondis sans colère, en lui disant mes
« raisons » (*Confess.*, liv. XII).

Il faut que j'insiste sur cette démarche de Mme de Boufflers ; on en verra la raison dans le chapitre suivant. La lettre de cette dame n'a pas été publiée, mais celle de Rousseau (30 octobre 1762) existe ; c'est en l'analysant que l'on peut parvenir à connaître le ton que prit Mme de Boufflers dans la sienne, la tournure de ses arguments, et, par suite, ses intentions. Dans une précédente lettre (4 juillet 1762), au lieu des consolations qu'elle aurait dû donner à Rousseau, au moins par bienséance, elle l'avait fortement blâmé de son indignation contre le Parlement de Paris, ce qui est déjà assez suspect. Dans celle dont il est question ci-dessus, elle débutait par lui annoncer un changement heureux dans sa position. « Là-dessus, je
« croyais, lui répond Rousseau avec une certaine ironie, que le Par-
« lement de Paris, que les magistrats de Genève avaient reconnu
« leurs torts, et que le public me rendait enfin justice ; mais loin
« de là, je vois, par votre lettre même, qu'on m'intente encore de
« nouvelles accusations. Le changement de sort que vous m'annon-
« cez se réduit à *des offres de subsistance* dont je n'ai pas besoin,
« quant à présent, et comme j'ai toujours compté pour rien, même
« en santé, un avenir aussi incertain que la vie humaine, c'est pour
« moi, je vous jure, la chose la plus indifférente que d'avoir à dîner
« dans trois ans d'ici. »

Il fallait que les représentations de Mme de Boufflers, au sujet de la communion, fussent bien absurdes, puisque Rousseau ajoute : « Je viens maintenant au dernier article de votre lettre, auquel j'ai
« peine à comprendre quelque chose, et qui me surprend à tel
« point, surtout après les entretiens que nous avons eus sur cette
« matière, que j'ai regardé plus d'une fois à l'écriture pour voir si
« elle était bien de votre main, etc. » Je passe sur l'argumentation religieuse qui fait suite à ce trait, pour en venir aux motifs que Rousseau donne de sa lettre à son pasteur. Il expose à Mme de Boufflers les intrigues de Voltaire et consorts, dont le but était de le faire considérer à Genève comme *déserteur de sa religion*, et à lui fermer ainsi l'accès de sa patrie ; les lois privant du droit de cité ceux qui ne professaient pas la religion reconnue par elles. Ces motifs, et la fermentation excitée à Neufchâtel, le déterminèrent à profiter du temps de la communion pour démentir les accusations de rupture avec l'Église réformée. Il rend ensuite compte du succès inespéré de sa démarche, et ajoute que les *voltairiens* avaient pris

soin de répandre des copies falsifiées de sa lettre à son pasteur ; que ce dernier, pour justifier sa tolérance aux yeux de ses confrères, avait fait courir cette lettre, qui avait produit à Genève un effet favorable. Il termine en se défendant d'être un *hypocrite*. Mme de Boufflers avait-elle employé cette expression, ou en avait-elle laissé entrevoir l'équivalent ? Il fallait bien qu'elle eût été blessante, car Rousseau revient souvent, et avec chaleur, sur cette idée. Il faut remarquer aussi que le début pompeux de Mme de Boufflers n'aboutit qu'à la perspective d'une aumône. Voici comment Rousseau en parlait à Milord Maréchal (novembre 1762) : « Mme de Boufflers sem-
« ble oublier dans cette occasion le respect dû aux malheureux, je
« lui réponds plus durement que je ne devrais, etc. » Cette *dure* réponse, dont j'ai cité plus haut des extraits, se trouve dans la *Correspondance;* c'est un modèle de raison et de modération ; et Rousseau s'accuse !

Une lettre subséquente de Mme de Boufflers ne fut, à ce qu'il paraît, ni plus juste, ni plus mesurée, puisque Rousseau, dans sa réponse, débute ainsi : « Je reçois votre lettre, madame ; je vous
« avoue qu'elle me surprend encore plus que la précédente. J'ai
« tant d'estime pour vous, que, dussiez-vous continuer à m'en écrire
« de semblables, elles me surprendraient toujours. » Mme de Boufflers insistait pour que Rousseau acceptât les bienfaits du roi de Prusse, et renouvelait ses offres d'assistance. Rousseau lui répond avec humeur, « qu'il est sensible à ses soins, mais qu'il n'a jamais
« donné à personne occasion de prendre un si grand souci de ses
« besoins. » Il eût dû éviter cette boutade. Mme de Boufflers prétendait que la lettre de Rousseau à son pasteur avait *fait un mauvais effet* à Paris, et en demandait une copie. Pourquoi cette copie ? c'est ce qu'elle ne daignait pas dire. Rousseau la lui envoya sans montrer ni curiosité ni défiance, mais il termina ainsi sa lettre :
« J'ai toujours approuvé que mes amis me donnassent des avis,
« mais non pas des lois ; je veux bien qu'ils me conseillent, mais
« non qu'ils me gouvernent. Vous avez daigné, madame, remplir
« envers moi les soins de l'amitié ; je vous en remercie. Vous vous
« en tenez là, je vous en remercie encore, car je n'aimerais pas à
« être obligé de marquer moi-même la borne de votre pouvoir sur
« moi. » Et le pauvre homme croyait pouvoir dire cela impunément à une grande dame déjà offensée, et qui se livrait si clairement au plaisir de la vengeance. Passons sur les formes altières de Mme de Boufflers ; son rang les explique, s'il ne les excuse pas. Mais

pourquoi inquiéter Rousseau sur ses affaires de conscience ? Pourquoi insinuer cette idée injurieuse d'hypocrisie ? Pourquoi ces offres de service réitérées à un homme qu'on offense, et dont on connaît la susceptibilité sur l'article des bienfaits ? Mme de Boufflers craignait-elle que l'acte religieux de Rousseau ne calmât la fermentation dont il était l'objet à Neufchâtel, et qu'elle ne lui procurât le repos qu'on paraissait ne vouloir lui laisser nulle part ? On serait tenté de le croire, et peut-être en restera-t-on persuadé comme moi par la suite. En attendant, on ne peut refuser de convenir qu'on s'occupait beaucoup à Paris des démarches de Rousseau, puisqu'une grande dame daignait prendre la peine d'être son directeur de conscience. La copie de lettre demandée par elle, et que sans doute elle ne tint pas secrète, prouve aussi qu'elle n'était pas la seule qui prît part à ces pitoyables tracasseries (voyez la note supplémentaire, n° IV, à la fin de l'ouvrage).

Comme il n'est question, dans la lettre à l'archevêque de Paris, que de matières dogmatiques, je me borne à rappeler de nouveau au lecteur le trait dans lequel Rousseau fait remarquer au prélat, grand partisan des jésuites, qu'il sert, sans le savoir, la cause des jansénistes ses adversaires, et que la note de la *Julie* sur ces derniers est la véritable cause des rigueurs du Parlement (voyez chap. III, page 110. [V.]

Après avoir attendu plus d'un an que quelqu'un, à Genève, réclamât contre la procédure illégale du décret, Rousseau se décida à abdiquer ses droits de bourgeoisie (voir sa lettre au premier syndic de la république, 12 mai 1763, et l'exposé de ses motifs dans le liv. XII des *Confessions*). Cette démarche fut blâmée ; on alla même jusqu'à contester le droit que Rousseau croyait avoir de renoncer à sa patrie. M. Eymar, de Marseille, à qui l'on doit une Notice intéressante sur ses rapports avec Rousseau, et diverses critiques, la plupart judicieuses, sur ses écrits, a traité cette question dans un mémoire spécial, et s'est prononcé pour la négative. Il se fonde sur ce que les torts des Genevois n'étaient que partiels, et que par conséquent Rousseau n'avait pas été juste en prenant pour la patrie un petit nombre de citoyens et de magistrats auteurs de ses disgrâces. Comme il y a presque toujours plus d'avantage à citer Rousseau qu'à raisonner soi-même, je renvoie le lecteur à deux de ses lettres sur ce sujet, l'une au Genevois Marc Chappuis (26 mai 1763), et l'autre à Duclos (30 juillet 1763). On y trouvera la réfutation succincte et complète de toutes les objections de M. Eymar.

La démarche de Rousseau ouvrit les yeux aux Genevois ; ils firent des représentations que le Conseil, qui se sentait appuyé par la France, repoussa durement. L'apparition des *Lettres de la Campagne*, ouvrage rédigé en faveur du Conseil, par le procureur général Tronchin, réduisit les représentants au silence. Ceux-ci s'adressèrent à Rousseau, qui entreprit et exécuta la réfutation de l'écrit dont il s'agit, sous le titre de *Lettres écrites de la Montagne*. Mais il fallait trouver le moyen de la faire imprimer sans risques, et cela n'était pas facile dans la position où Rousseau se trouvait alors. Les visiteurs affluaient à Motiers ; ils étaient la plupart Français, militaires ou étrangers à la littérature ; la curiosité pouvait les amener chez Rousseau, mais leur affectation à taire leurs noms et souvent leur état, fait supposer d'autres intentions. « On sent, dit Rousseau,
« que cela ne faisait pas pour moi des conversations bien intéres-
« santes, quoiqu'elles pussent l'être pour eux, selon ce qu'ils vou-
« laient savoir ; car, comme j'étais sans défiance, je m'exprimais sans
« réserve sur toutes les questions qu'ils jugeaient à propos de me
« faire ; et ils s'en retournaient, pour l'ordinaire, aussi savants que
« moi sur tous les détails de ma situation » (*Conf.*, liv. XII). Les particularités relatives à MM. de Montauban et Dastier sont encore plus singulières. M. Dastier se chargea de faire imprimer, à Avignon, les *Lettres de la Montagne ; après les avoir gardées assez longtemps*, il les renvoya à Rousseau, assurant qu'aucun libraire n'avait voulu s'en charger. L'ouvrage fut imprimé en Hollande, par Rey ; mais Rousseau sut qu'il avait été vu, avant la publication, dans les bureaux des ministres de France. « D'Escherny, dit Rousseau,
« me parla d'un livre de l'*Homme de la Montagne*, que d'Holbach
« lui avait dit être de moi » (*Conf.*, liv. XII). Quels que fussent les auteurs de l'infidélité, cet examen préalable du livre et le propos de d'Holbach font naître bien des réflexions. Encore un indice léger, mais certain du concours du pouvoir et du parti philosophique dans ces ténébreuses manœuvres. Il se retrouve également dans les circonstances qui suivirent la publication des *Lettres de la Montagne*. « On parut s'étonner, à Genève et à Versailles, dit Rousseau,
« qu'il y eût quelque contrée au monde où on laissât respirer un
« monstre tel que moi. Le Conseil, excité par le *résident de France*,
« et dirigé par le procureur général, donna une déclaration sur mon
« ouvrage, par laquelle, avec les qualifications les plus atroces, il le
« dit indigne d'être brûlé par la main du bourreau, et ajoute avec
« une adresse qui tient du burlesque, qu'on ne peut, sans se désho-

« norer, y répondre, ni même en faire aucune mention. Les repré-
« sentants, loin de faire aucune plainte sur cette odieuse déclaration,
« suivirent la route qu'elle leur traçait, et au lieu de faire trophée
« des *Lettres de la Montagne,* qu'ils volèrent pour s'en faire un
« bouclier, ils eurent la lâcheté de ne rendre ni justice ni honneur
« à cet ouvrage, ni le citer, ni le nommer, quoiqu'ils en tirassent
« tacitement leurs arguments, et que l'exactitude avec laquelle ils
« ont suivi le conseil par lequel finit cet ouvrage ait été la seule
« cause de leur salut » (*Conf.*, liv. XII).

On va voir, par les extraits suivants de la Correspondance de Grimm, que Rousseau n'a pas exagéré l'effet des *Lettres de la Montagne.* Juin 1764. Article virulent de *Diderot,* contre les représentations des citoyens de Genève, au sujet de la renonciation de Rousseau à ses droits de cité (t. IV, pag. 117). Diderot, protestant contre une démarche si juste et si tardive, faite en faveur de son ancien ami proscrit, quel trait à joindre à ceux que l'on connaît déjà !

Décembre 1764. « On dit toujours qu'il existe des *Lettres de la*
« *Montagne,* par J.-J. Rousseau, *volume de plus de 300 pages ;* mais
« on ne les connaît ni à Paris ni à Genève » (t. IV, pag. 275). Ceci confirme ce que dit Rousseau de la communication du manuscrit avant la publication.

15 janvier 1765. « Nous avons ici des exemplaires des *Lettres*
« *de la Montagne.* » Après cette annonce sommaire, Grimm fait l'éloge des *Lettres de la Campagne,* où, dit-il, *Rousseau était traité avec les plus grands égards,* puis il ajoute : « Sa réponse est un chef-d'œuvre d'éloquence, de sarcasmes, de fiel, d'emportement, de déraison, de mauvaise foi, de folie, *d'atrocité ;* on n'a jamais fait de ses talents un tel abus. » Après cet exorde *modéré,* Grimm fait l'analyse des lettres à peu près dans le même style (voyez pag. 306). Je n'ai pas le cœur de citer tout, en voici seulement quelques traits :
« Vous trouverez en passant un éloge très-entortillé du roi de
« Prusse([1]), une apostrophe touchante à George Keith, mais surtout
« une *naïveté* bien grande sur son propre mérite, sur le respect et
« la reconnaissance que lui doit le genre humain. Il dit que Cicéron
« n'est qu'un rhéteur, Voltaire un Aristophane, et que lui, Rous-
« seau, est un Socrate. Tout cela serait bien fou, si cela n'était pas
« si *atroce.* »

([1]) Il a raison ; Rousseau ne savait pas flatter. C'était le métier de Grimm et non le sien.

Grimm ajoute qu'il n'est pas *sévère*, qu'il ne reproche pas à Rousseau son ton satirique qui ne respecte rien, qui tombe maladroitement sur le compte des ministres de Genève, qu'il fallait ménager; mais, dit-il, « *un acte d'hypocrisie de plus ne devait rien coûter à l'auteur.* » Pour justifier cette insulte, Grimm rappelle les éloges que Rousseau donnait aux pasteurs, dans l'épître dédicatoire de son discours sur l'inégalité. Le contraste existe, j'en conviens; mais lorsqu'il écrivait son discours, Rousseau estimait sincèrement ces pasteurs; s'il en parle si sévèrement dans les *Lettres de la Montagne*, c'est que leurs indignes procédés l'avaient enfin guéri d'une illusion qui tenait à son amour excessif pour sa patrie et à ses souvenirs d'enfance. Grimm n'avait garde de dire que dans ces mêmes lettres il fait exception pour quelques ministres respectables; c'est un devoir généreux auquel il n'a jamais manqué dans les circonstances les plus difficiles de sa vie. « Ce que je reproche à M. Rous« seau, continue Grimm, ce que je trouve *criminel*, c'est d'avoir « traité la Constitution de sa patrie comme la religion chrétienne « (L'athée Grimm, défenseur du christianisme!); c'est-à-dire qu'il « prétend qu'il faut maintenir cette Constitution, et puis après se « met à la démolir de fond en comble. Or, ici, il n'est plus question « d'opinions absurdes, il ne s'agit pas moins que d'*armer le citoyen* « *contre le citoyen!* Rousseau déclare franchement, à la fin de son « ouvrage, qu'il croit la bourgeoisie *en droit de prendre les armes* « *contre le Conseil*, le tout pour avoir brûlé l'*Emile*. »

Tout cela n'est qu'un tissu de faussetés. Dans les *Lettres de la Montagne*, Rousseau dit de la Constitution de Genève, qu'elle est *bonne et saine* en elle-même, mais que si le pouvoir exécutif s'arroge le droit de faire parler la loi à son gré, il n'y aura plus ni Constitution, ni liberté. Loin d'attaquer cette Constitution, il prouve qu'elle est paralysée par les empiétements du Conseil, et propose des moyens pour obvier à cet abus. Il veut si peu détruire, qu'il recommande même le maintien du règlement de la médiation française. « Quoi qu'on puisse dire, l'édit de la médiation a été, dit-il, le salut « de la république, et quand on ne l'enfreindra pas, il en sera la « conservation » (lettre VII). Examinons maintenant si le but de Rousseau était d'armer *le citoyen contre le citoyen*. Il dit que le remède des troubles de Genève est de recourir à un Conseil général, et au pis-aller, à *la garantie*. Je suis resté longtemps sans imaginer ce que pouvait être cette garantie; j'ai cru en trouver l'explication dans le passage suivant: « Les médiateurs, dit Rousseau, avaient à concilier

« des choses presque incompatibles, les droits du peuple, les pré-
« tentions du Conseil, l'empire des lois et *la garantie du règlement;*
« il est clair d'abord que ce règlement n'est point une loi que les
« médiateurs aient voulu imposer à la république ; mais seule-
« ment un accord qu'ils ont établi entre ses membres, et qui ne
« porte aucune atteinte à sa souveraineté : cela est clair par l'art. 54,
« qui laisse au Conseil général, légitimement assemblé, le droit de
« faire aux articles du règlement tel changement qu'il lui plaît.
« Ainsi, les médiateurs ne mettent pas leur volonté au-dessus de la
« sienne, *ils n'interviennent qu'en cas de division* » (lettre VIII). C'est,
à ce qu'il me semble, dans ce droit d'intervention réservé par les
médiateurs que consistait la garantie de leur règlement. Il s'agissait
donc simplement, dans la mesure proposée par Rousseau, de recourir à la puissance médiatrice, pour forcer le petit Conseil à exécuter
le règlement ; encore dit-il que cette mesure *fait gémir son cœur
patriote.* Tel est l'humble expédient que Grimm qualifie d'*appel
aux armes.* Supposons que je me trompe sur le sens véritable de
la garantie, il m'est facile de prouver qu'elle ne pouvait être un
moyen de sédition et de guerre civile. « Il ne s'agissait là, dit Rous-
« seau, en parlant du droit de faire des représentations, ni de tumul-
« tes, ni de violences; il ne s'agissait pas de ces ressources quelquefois
« nécessaires, mais toujours terribles, *qu'on vous a très-sagement
« interdites,* non pas que vous en ayez jamais abusé, puisqu'au
« contraire vous n'en usâtes qu'à la dernière extrémité, seulement
« pour votre défense, et toujours avec une modération qui, peut-
« être, eût dû vous conserver le droit des armes, *si quelque peuple
« eût pu l'avoir sans danger.* Toutefois, je bénirai le Ciel, quoi qu'il
« arrive, de ce qu'on n'en verra plus l'affreux appareil parmi nous.
« *Tout est permis dans les maux extrêmes, dit plusieurs fois l'auteur
« des Lettres de la Campagne;* cela fût-il vrai, *tout ne serait pas
« salutaire.* Quand l'excès de la tyrannie met celui qui la souffre au-
« dessus des lois, encore faut-il que ce qu'il tente pour la détruire, lui
« laisse quelque espoir d'y réussir. Voudrait-on vous réduire à cette
« extrémité? Je ne puis le croire ; et quand vous y seriez, *je pense
« encore moins qu'aucune voie de fait pût vous en tirer.* Dans votre
« position, toute fausse démarche est fatale ; tout ce qui vous induit
« à la faire est un piége, et fussiez-vous les maîtres, en moins de
« quinze jours vous seriez écrasés pour jamais (¹). Quoi que fassent

---

(¹) C'est ce qui leur arriva en 1782. Cernés par les troupes françaises, ils se
rendirent presque sans coup férir, malgré des préparatifs formidables de défense.

« vos magistrats, *quoi que dise l'auteur des lettres, les moyens violents*
« *ne conviennent pas à la cause juste*. Sans croire qu'on veuille vous
« forcer à les prendre, je crois qu'on les verrait prendre avec plaisir,
« *et je ne pense pas qu'on doive vous faire envisager comme une res-*
« *source ce qui ne peut que vous ôter toutes les autres*. La justice et
« les lois sont pour vous ; ces appuis, je le sais, sont faibles contre le
« crédit et l'intrigue, *mais ils sont les seuls qui vous restent ; tenez-*
« *vous-y jusqu'à la fin*. Eh! comment approuverais-je qu'on voulût
« troubler la paix civile, pour quelque intérêt que ce fût, moi qui
« lui sacrifiai le plus cher de tous les miens? Vous le savez, j'étais
« désiré, sollicité, je n'avais qu'à paraître, mes droits étaient soute-
« nus, peut-être mes affronts réparés ; ma présence, du moins, eût
« intrigué mes persécuteurs. J'étais dans une de ces positions en-
« viées dont quiconque aime à faire un rôle, se prévaut toujours
« avidement. J'ai préféré l'exil perpétuel de ma patrie ; j'ai renoncé
« à tout, même à l'espérance, plutôt que d'exposer la tranquillité
« publique ; j'ai mérité d'être cru sincère, lorsque je parle en sa
« faveur » (lettre VIII). Rousseau termine ainsi : « Défiez-vous de la
« *turbulente jeunesse*, de *l'opulence insolente*, de *l'indigence vénale*,
« nul salutaire conseil ne peut venir de là. Consultez ceux qu'une
« honnête médiocrité garantit des séductions de l'ambition et de la
« misère ; ceux dont une honorable vieillesse couronne une vie sans
« reproche ; ceux qu'une longue expérience a versés dans les affai-
« res publiques ; ceux qui, sans ambition dans l'Etat, n'y veulent
« d'autre rang que celui de citoyens ; enfin, ceux qui, n'ayant jamais
« eu pour objet dans leurs démarches que le bien public et le main-
« tien des lois, ont mérité par leurs vertus l'estime du public et la
« confiance de leurs égaux, etc. »

Voilà un singulier langage dans un factieux, et comme nos démagogues modernes doivent sourire de pitié en lisant ces honnêtes et timides conseils d'un homme que les absolutistes leur ont donné pour apôtre! Grimm, non content des effrontés mensonges que je viens de réfuter, cite une longue lettre datée de Genève, et dans laquelle on dit : «Rousseau vient de publier le livre le plus ingénieu-
« sement *atroce* dont on ait jamais ouï parler ; je conviens qu'il y
« rend justice à nos ministres et peut-être aux miracles, mais tout
« le reste est un tissu de *malignité* et de *noirceur*. Il y a dans ces
« lettres quelques principes vrais, des faits altérés, exposés artifi-
« cieusement, des *réticences criminelles*, des *conséquences affreuses*,
« tendantes à détruire notre constitution, à nous occasionner une

« guerre civile, à compromettre l'indépendance de notre État....
« Je suis effrayé, saisi d'horreur, quand je vois que l'hypocrisie,
« l'orgueil, la vengeance sont les premiers sentiments d'un homme
« justement célèbre que l'Europe admire, et que, faute de connaître
« mieux, elle honore peut-être du nom de philosophe ! *Vitam im-*
« *pendere vero.* Quelles vérités, bon Dieu ! vous pouvez m'en croire,
« je ne suis pas du tout amoureux de notre Conseil, mais ce livre
« est l'ouvrage d'un perturbateur du repos public.... Lorsque la
« mauvaise foi est employée dans une discusssion oiseuse, on peut
« séduire le vulgaire et déplaire, malgré la magie de son style, aux
« esprits sages ; mais lorsque cette mauvaise foi et ces talents sont
« employés à troubler le repos même du plus petit État, ils deviennent
« *horribles et affreux. S'il y a un crime de lèse-majesté sur la terre,*
« c'est celui d'attaquer la constitution d'un État avec les armes que
« Rousseau a employées pour renverser celle de sa patrie » (*Corresp.*,
t. IV, p. 309, 1764). Quelle rage et quel style ! le reste de la lettre
n'est qu'un ramas d'invectives dégoûtantes. J'y renvoie ceux qui
voudront en endurer la lecture. Grimm, ne trouvant pas tout
cela assez virulent, à ce qu'il paraît, y joint un persiflage aussi
plat qu'outrageant, sur *les vertus patriotiques* de Rousseau. Il lui
demande si, par hasard, il voudrait se comparer à Aristide et à
Cimon. « Ces vertueux citoyens, dit-il, n'ont pas cherché à se ven-
« ger *en ensanglantant les rues et les temples.* S'il arrivait qu'il y
« eût une goutte de sang versé à Genève, l'injure faite à votre
« *Emile* mériterait-elle une si horrible punition ? etc. » Un peu plus
loin il dit : « Un assez plaisant contraste, c'est de voir M. Rousseau
« *mettre le feu dans sa patrie* au moment où il se fait le législateur
« de la Corse » (p. 312, janvier 1765). On fera bien de lire aussi la
lettre de l'abbé Mably sur les *Lettres de la Montagne* (voyez *Correspondance* de Rousseau, 6 février 1765). Rousseau y est traité de
factieux et d'*Erostrate*, et quoique, en somme, les expressions en
soient plus décentes que celles des diatribes de Grimm, la haine y
perce à chaque mot. Voilà comment on s'exprimait à Paris sur
l'écrit de Rousseau ; il n'a donc rien exagéré en disant que *l'effet en
fut terrible.* J'ai suffisamment démontré, je pense, que Rousseau
n'a pas attaqué la constitution de sa patrie, et que son ouvrage ne
tendait qu'à exhorter les Genevois à éviter un parti violent ; mais
comme ces accusations ont été renouvelées à propos de ses relations
particulières avec quelques-uns de ses amis et des chefs de la bourgeoisie genevoise, je dois achever d'en démontrer l'absurdité. Pour

éviter une surcharge de citations, je me bornerai à indiquer comme décisives les lettres suivantes : à Deluc, mars 1763 ; au même, 7 juillet 1763 ; à d'Ivernois, 6 juillet 1764 ; au même, 7 janvier 1765 ; à Gauffecourt, 12 janvier 1765 ; à Moultou, 18 février 1765 ; à Deluc, 24 février 1765 ; à d'Ivernois, 30 décembre 1765 ; au même, 7 février 1787 ; au même, 6 avril 1767, 29 janvier 1768, 9 février 1768 ; du même jour au même ; au même, 23 février 1768 ; à du Peyrou, 3 mars 1768 ; à Moultou, 7 mars 1768 ; à d'Ivernois, 8 mars 1768.

On a vu, page 125, Grimm insinuer que Rousseau voulait faire expulser Voltaire de sa maison des Délices, située sur le territoire de Genève. Voltaire, en effet, avait fait courir ce mensonge qui avait été admis comme tant d'autres. On le reproduisit après la mort de Rousseau, et du Peyrou crut devoir le réfuter. Dans un commentaire adressé à M*me* de La Tour, il commence par citer la lettre de Rousseau à d'Ivernois (30 décembre 1765), au sujet des troubles de Genève, et dans laquelle il exhortait les représentants à remettre leur sort entre les mains de Voltaire. Cette lettre admirable, que j'ai indiquée ci-dessus, et qu'il importe de lire tout entière, se termine ainsi : « Livrez-vous à lui rondement et franchement, gagnez
« son cœur par cette confiance ; prêtez-vous à tout accommode-
« ment raisonnable ; assurez les lois et la liberté, mais sacrifiez
« l'amour-propre à la paix. *Surtout, aucune mention de moi*, pour
« ne pas aigrir ceux qui me haïssent ; et si M. de Voltaire vous sert
« comme il le doit, *comblez-le d'honneurs et consacrez à Apollon*
« *Pacificateur*, *Phœbo pacatori*, *la médaille que vous m'aviez*
« *destinée.* » Quel *boute-feu* que ce Rousseau ! s'écrie du Peyrou ; puis il ajoute ce qui suit : « Quand Voltaire affirme que ce furent
« les menées de Rousseau qui le forcèrent à quitter sa maison des
« Délices, répétez, madame, qu'il est de notoriété publique à Ge-
« nève, que le grand homme était depuis longtemps possesseur et
« habitant de Tournai et de Ferney, quand il résilia son bail à vie
« des Délices, dont il avait conservé la jouissance ; qu'il est encore
« plus notoire, s'il est possible, que ce furent ses écrits irréligieux
« et *ses démarches politiques* qui lui valurent les désagréments dont
« il s'est plaint, et qui le dégoûtèrent de son domicile des Délices,
« désagréments dont l'effet fut puissamment renforcé par l'appât
« de recevoir *trente-huit mille livres*, contre l'abandon d'une jouis-
« sance qui n'était pour lui qu'un droit stérile, depuis l'acquisition
« de Ferney et la préférence qu'il donnait à cette nouvelle habita-

« lion » (*OEuvres de Rousseau*, édition de Genève, 1782, t. XXX, p. 414). Voilà un échantillon de la bonne foi de Voltaire et de ses estimables collègues [VI].

Des diatribes, arrivons aux événements. Les *Lettres de la Montagne* furent brûlées d'abord à La Haye, où elles avaient été imprimées, puis à Genève. Rousseau écrivait, le 7 février 1755, à du Peyrou : « Vous avez su que mon livre fut brûlé le 22 janvier à
« La Haye ; Rey me marque que l'inquisiteur Voltaire a écrit dans
« ce pays-là beaucoup de lettres, et que le ministre Chaix, de Genève,
« s'est donné de grands mouvements. *Au surplus*, *on laisse Rey*
« (l'imprimeur) *fort tranquille*. Cela n'est-il pas plaisant? » [VII].

A Berne, les *Lettres* furent défendues, et M. de Sartine en empêcha l'entrée à Paris (*Confess.*, liv. XII). Ici l'influence française est évidente. Elle l'est bien plus encore dans le trait suivant, que je crois devoir placer ici, quoiqu'il soit d'une date postérieure à celle des *Lettres de la Montagne*. « Rousseau, dit Musset-Pathay, cor-
« respondait d'Angleterre, où il passa l'année 1766, avec M. d'Iver-
« nois, un de ses compatriotes qui, sachant qu'il avait connu
« M. de Beauteville, ministre de France à Genève, lui demanda
« pour ce personnage une lettre de recommandation. Rousseau
« l'écrivit ; elle est datée de Chiswick, 23 février 1766, et se trouve
« dans les dernières éditions de Rousseau. » La réponse de M. de Beauteville est du 9 mai 1766 ; la voici : « Vous me rappelez,
« monsieur, un nom dont je ne saurais me souvenir sans regrets
« et sans attendrissement ; la mémoire de feu M. le maréchal de
« Luxembourg me sera toujours chère ; jamais je n'oublierai
« son amitié pour vous. Il vous connaissait et se plaisait à vous
« rendre justice. Croyez aussi, monsieur, que personne ne joint
« avec plus de plaisir que moi son suffrage aux applaudissements
« de l'Europe, qui depuis le moment que vous vous êtes déterminé
« à paraître, s'est empressée d'honorer vos talents et votre génie.
« Plût à Dieu que vous ne les eussiez jamais employés que pour le
« bien de votre patrie ! Vous l'aimez, sans doute, et c'est à force de
« l'aimer que vous avez contribué à son malheur. Je répète souvent
« ce que vous en avez écrit vous-même, que son bonheur était tout
« fait, qu'il ne fallait qu'en jouir, et qu'elle n'avait plus besoin, pour
« devenir parfaitement heureuse, que de savoir se contenter de
« l'être (¹). Mais la part que vous avez eue aux tristes dissensions

---

(¹) Tous ces arguments de M. de Beauteville sont réfutés dans les *Lettres de la*

« qui agitent aujourd'hui cet État, m'interdit de m'en entretenir
« avec vous. Je me borne à vous assurer que tous les Genevois,
« sans distinction, trouveront auprès de moi l'accès le plus facile, et
« que je serai fort aise de faire connaître à M. d'Ivernois en particu-
« lier, le désir que j'ai d'être utile à un homme que vous me pré-
« sentez comme votre ami. »

Sur cette lettre moitié louangeuse, moitié arrogante, Musset-Pathay a senti s'émouvoir sa conscience de critique. Oubliant tout le contenu des *Lettres de la Montagne*, toute la correspondance de Rousseau, qui réfutent si complètement les reproches du chevalier de Beauteville, il dit que « se rétracter quand on reconnaît son erreur, « ne lui paraît nullement difficile. » Il rétracterait donc tout ce qu'il a dit sur le rôle pacifique et conciliateur de Rousseau, par cela seul que M. de Beauteville a avancé le contraire, si, heureusement pour lui et pour Rousseau, il n'avait découvert un témoignage qui, à ses yeux, est plus puissant que toutes les preuves que j'ai données ci-dessus. Ce témoignage, c'est celui de M. Simond, auteur d'un *Voyage historique en Suisse*, et qui, plein, du reste, de préventions contre Rousseau, ne laisse pas de faire de l'agent français un portrait assez peu avantageux. « Les puissances médiatrices, dit-il, in-
« tervinrent par leurs plénipotentiaires ; mais il semblait que celui
« de France, le chevalier de Beauteville, eût pris à tâche de révolter,
« *par sa hauteur*, le parti populaire. Il commença par accorder aux
« magistrats une déclaration qui approuvait leur conduite, et sur
« ce que les commissaires de la bourgeoisie exprimèrent *très-hum-*
« *blement* les craintes que devait leur inspirer cette mesure préli-
« minaire, le plénipotentiaire français leur répondit, par une dé-
« claration écrite, qu'il ne se serait pas attendu qu'il y eût parmi
« les représentants des *gens* capables de s'oublier à ce point ; qu'il
« voulait bien se persuader que la généralité n'avait pas senti *l'in-*
« *décence* et la *témérité* de cette démarche ; qu'il se réservait d'en
« *punir* les auteurs. Les citoyens et bourgeois, désespérés de se voir
« soumis aux décisions d'un tel médiateur, rejetèrent le projet qui
« leur fut présenté. Le chevalier de Beauteville prit congé de la
« république le même jour, et remit aux commissaires de la bour-
« geoisie une déclaration *fulminante*, dans laquelle les expressions
« *d'actes insolents*, de *conduite téméraire*, de *représentations cho-*

Montagne. Rousseau n'attaquait que l'arbitraire du petit Conseil ; mais le moyen de faire entendre cela à un envoyé du roi Louis XV !

« *quantes*, de *déclarations séditieuses* étaient répétées à chaque li-
« gne, et le ministre de *paix* finissait par dénoncer, de la part du
« roi *son maître*, un interdit général contre les Genevois. » Musset-
Pathay, complétement rassuré, ajoute : « Ces détails prouvent que le
« médiateur avait, dès son arrivée, pris parti pour les magistrats
« dont il approuva la conduite avant d'avoir eu le temps de la ju-
« ger. Or, c'étaient ces mêmes magistrats qui avaient condamné
« Rousseau sans l'entendre, et qui l'accusaient d'être la cause des
« troubles. Son nom, sa condamnation étaient, il est vrai, mêlés aux
« représentations de la bourgeoisie, mais c'était contre ses instances
« formelles, *comme je l'ai fait voir ailleurs*, etc. » Tout cela est très-
juste; mais puisque Musset-Pathay avait *prouvé* ailleurs que Rousseau était innocent des troubles de sa patrie, il n'avait pas un besoin
si urgent du témoignage de M. Simond, et l'on ne voit pas sur quoi
reposaient ses excessifs scrupules. Il fallait se borner à citer M. Simond comme autorité confirmative, et ne pas en faire l'arbitre suprême de la question. On remarquera, je pense, l'excès d'injustice
et les allures despotiques de M. de Beauteville, dans une négociation
dont la cause première était l'affaire du décret porté à Genève contre
Rousseau. Quelle que pût être l'insolence naturelle de cet homme,
il est à croire qu'il n'eût pas pris les choses sur ce ton, si les instructions du ministère français ne l'y eussent autorisé. Qui sait même si
son caractère altier et tranchant ne le fit pas choisir pour une mission dans laquelle il s'agissait de vexer et d'humilier une poignée
de bourgeois républicains, qui osaient soutenir la cause de Rousseau, en plaidant la leur?

Le passage suivant de la *Correspondance* de Grimm mérite aussi
d'être cité, à cause de son impertinence, et parce que le frère de
M. de Choiseul, alors ministre des affaires étrangères, y est nommé.
« Les troubles excités à Genève, par les *Lettres de la Montagne*,
« ont été enfin apaisés par la publication des *Lettres populaires*, et
« bien mieux par une lettre de M. le duc de Praslin au vice-rési-
« dent de France, qui lui enjoignait de déclarer aux chefs de la bour-
« geoisie que le roi ayant eu la principale part à la médiation et
« étant resté *garant* de la loi fondamentale connue sous ce nom, ne
« souffrira pas qu'il lui soit porté la moindre atteinte, et qu'il s'en
« prendra aux chefs de la bourgeoisie, si la tranquillité n'est pas
« promptement rétablie. Cette *petite insinuation*, ajoute avec satis-
« faction Grimm, grand absolutiste, comme on sait, *a fait cesser le
« bourdonnement de la ruche* » (t. IV, pag. 409, 1765). Grimm fait

un grand éloge des *Lettres populaires* écrites, malgré leur titre, en faveur du Conseil. Il m'a été impossible de me les procurer. Il est probable que leur plus grand mérite était de coïncider avec l'*ultimatum* de M. de Praslin, c'est-à-dire de son frère M. de Choiseul.

M. Simond, cité ci-dessus, a prouvé la réalité des intrigues de Voltaire dans les troubles de Genève, attestée également par du Peyrou, dans ses explications sur la maison des Délices. On trouve, à cet égard, dans l'ouvrage de M. Simond et dans les *OEuvres inédites* de Rousseau, publiées par Musset-Pathay (t. II, pag. 398), des renseignements curieux qui prouvent le mépris qu'on avait généralement pour Voltaire. On y remarquera aussi, et ce fait est très-important, que le poëte correspondait avec M. de Choiseul (t. Ier, pag. 400).

Ce ministre, irrité du rejet de son projet de médiation, ne recourut pas à la force pour réduire la bourgeoisie genevoise; Rousseau dit qu'il en sait les raisons (*Conf.*, liv. XII), mais qu'il ne croit pas devoir les dire. J'ignore si elles ont été exposées par d'autres. La question étant assez indifférente en elle-même, je n'ai point fait de recherches pour l'éclaircir. Ce qu'il y a de certain, c'est que la générosité n'eut aucune part à l'espèce de modération que montra M. de Choiseul. Il résolut de ruiner Genève. Par édit du 8 septembre 1770, Louis XV ordonna qu'il serait créé à Versoix, bourg situé à deux lieues de Genève et *sur son territoire*, un port et une ville de commerce. Des travaux furent exécutés; on attira à Versoix un assez grand nombre de *natifs* : on nommait ainsi les enfants des étrangers auxquels le gouvernement de Genève avait permis de résider dans la ville, sans leur accorder de droits politiques. Pendant les troubles de la république, ils se montrèrent remuants et exigeants, au point de réunir contre eux les deux partis. C'était cette population dangereuse que M. de Choiseul favorisait pour nuire à Genève. Suivant M. Simond, Voltaire fut chargé, par le ministre, d'endoctriner les natifs, et s'acquitta avec zèle de cette vile mission ([1]). La disgrâce M. de Choiseul fit échouer son projet. A coup sûr, je suis loin de croire que Rousseau fût l'unique objet de ces mesures malfaisantes, mais il est impossible de n'y pas voir un absolutisme puéril, qui, rapproché des circonstances des décrets de Paris et de Genève, trahit, dans le ministre, une animosité personnelle. Elle deviendra plus sensible à mesure que j'a-

---

([1]) Voyez la note supplémentaire, n° VII.

vancerai dans l'examen de la destinée de Rousseau. Au moment où l'*Emile* fut décrété à Genève, le ministre Vernes, ancien ami de Rousseau, publia des lettres dans lesquelles sa profession de foi était attaquée avec aigreur. Rousseau, pour toute réponse, inséra dans les *Lettres de la Montagne* une note dédaigneuse, qui, dit-il, « mit « Vernes en fureur. Il remplit Genève des cris de sa rage, et d'I- « vernois me marqua qu'il ne se possédait pas. Peu de temps après, « parut une feuille anonyme, qui semblait écrite, au lieu d'encre, « avec l'eau du Phlégéton. On m'accusait, dans cette lettre, d'a- « voir exposé mes enfants dans les rues, de traîner après moi une « coureuse de corps-de-garde, d'être usé de débauche, pourri de « vérole et autres gentillesses du même ton. » Ce libelle repoussant se trouve en entier, avec les notes que Rousseau y ajouta, dans le volume XXVII de l'édition de Genève (1782), p. 166. Voici quelques-unes des *gentillesses* que Rousseau n'a pas daigné citer : « Il est vrai qu'il se compare à Jésus-Christ, avec la même humi- « lité qu'il a dit que nous devions lui dresser une statue. On sait « que cette comparaison est un des accès de sa folie ; mais une « folie qui blasphème à ce point *ne peut avoir d'autre médecin que « la main qui a fait justice de ses autres scandales.* » Il s'agit ici de la main qui brûla *Emile*, c'est-à-dire celle du *bourreau !*

« S'il a cru que nous tirerions l'épée pour le roman d'*Emile*, il « peut mettre cette idée au nombre de ses ridicules et de ses folies ; « mais il faut lui apprendre que si on châtie légèrement un roman- « cier impie, *on punit capitalement un vil séditieux.* » Ces citations prouvent que si Rousseau n'a pas été brûlé avec ses livres, ce n'est pas la faute des magistrats et des tartufes de Genève. Il eut le tort d'envoyer ce libelle au libraire Duchesne, pour le faire imprimer, et de l'attribuer à Vernes. Plusieurs de ses amis ayant paru douter que ce ministre en fût l'auteur, il consentit à arrêter l'impression. Le reste de l'affaire est exposé en détail dans les *Confessions*, et surtout dans un Mémoire qui y fait suite. Il est essentiel de lire cette pièce, beaucoup trop longue pour être transcrite ici. Rousseau y avoue plusieurs fois le tort qu'il eut de s'abandonner à un premier mouvement d'indignation ; et après avoir exposé les motifs de sa conviction, il finit par proposer à son adversaire de prendre pour arbitre le *Petit Conseil de Genève*, promettant que si ce corps prononçait qu'il n'était pas l'auteur du libelle, *il partirait sur-le-champ pour aller se jeter à ses pieds et lui demander pardon, jusqu'à ce qu'il l'eût obtenu.* Je ne m'explique pas que du Peyrou ait détourné Rousseau de publier ce Mémoire, qui est non-seulement un monument précieux de sincérité et de générosité, mais dans lequel la culpabilité de Vernes est presque complétement démontrée par induction, et elle ne pouvait l'être autrement. J'accorde que la proposition de s'en rapporter au Conseil de Genève était téméraire, mais du Peyrou aurait dû publier le Mémoire après la mort de Rousseau ; cependant on ne le voit pas figurer dans l'édition de Genève, entreprise par lui ; et cela est d'autant plus choquant, qu'il n'a pas balancé à y insérer le libelle, ainsi que beaucoup d'autres pièces d'une hostilité révoltante. Musset-Pathay, malgré le Mémoire de Rousseau, prétend que celui-ci fit à Vernes *une injure grave*, et que le libelle était de Voltaire. J'en conclus qu'il lisait bien légèrement. D'abord il n'est pas démontré que Voltaire fût l'auteur de cette lâche et plate satire. Du Peyrou est le seul qui l'ait dit ([1]); et Mme de La Tour ne l'a répété que d'après lui. Voyez d'ailleurs, dans le Mémoire de Rousseau, les raisons très-fortes qui doivent faire repousser cette supposition ; remarquez surtout ce second libelle, publié immédiatement après le premier, et dans lequel l'orthographe de Voltaire était si gauchement imitée. Mais ce n'est pas là ce qui importe. Quand le libelle ne serait pas de Vernes, il n'en demeurerait pas moins constant que ce dernier avait répandu à Genève et à Paris précisément les mêmes calomnies que celles qui figurent dans cette ignoble pièce. Rousseau, dans son Mémoire, rapporte textuellement les passages des lettres qu'on lui adressait à ce sujet, de Genève même ; et l'on ne peut douter de la fidélité de ces citations, puisque, suivant son désir, le Conseil devait être pris pour juge du différend. Mentir, eût été se préparer un affront irréparable. Comment donc concilier le rôle antérieur de Vernes, si furibond, si outrageant, avec celui qu'il joua après l'apparition du libelle ? Rousseau put se tromper ; mais quelle *injure grave* fait-on à un homme, lorsqu'on le juge capable d'écrire et d'imprimer ce qu'il a dit de vive voix ? Quelle différence si grande y a-t-il entre des calomnies proférées devant un grand nombre de personnes qui l'attestent, et ces calomnies rassemblées dans un libelle anonyme ? En outre, on remarquera dans les lettres de Vernes, jointes au Mémoire de Rousseau, un mensonge effronté. Il assure qu'en lisant les *Lettres de la Montagne*, il s'était contenté de dire :

([1]) On dit que M. Wagnère, secrétaire de Voltaire, a affirmé que celui-ci était l'auteur du libelle. M. Barbier, qui a parlé de cette attestation, n'a point indiqué la source où il l'avait puisée.

Je ne reconnais pas là M. Rousseau, lorsqu'il était notoire à Genève qu'il s'était conduit comme un forcené. Le seul tort de Rousseau est donc parfaitement défini par l'aveu qu'il en a fait dans son Mémoire : « Les premiers mouvements, dit-il, peignent les carac-
« tères de ceux qui s'y livrent. Celui de l'auteur du libelle fut de
« l'écrire et de le publier à Genève ; le mien fut de le publier aussi
« à Paris, et d'en nommer l'auteur pour toute vengeance. *J'eus*
« *tort;* mais qu'un autre homme d'un esprit ardent se mette à ma
« place, qu'il lise le libelle, qu'il s'en suppose l'objet, qu'il sente
« ce qu'il aurait fait dans le premier moment, et puis qu'il me
« juge. » Voici, pour terminer sur Vernes, un trait qui peut donner une idée de son caractère. Rousseau écrivait à Moultou, le 28 mars 1770 : « Rey vient de faire une édition générale de mes écrits...
« Entre autres remarques que j'ai faites sur cette édition, j'y ai
« trouvé, avec autant d'indignation que de surprise, trois ou quatre
« lettres de M. Tressan, avec les réponses, qui furent écrites, il y a
« une quinzaine d'années, au sujet de Palissot. *Je n'ai jamais com-*
« *muniqué ces lettres qu'au seul Vernes*, auquel j'avais alors, et bien
« malheureusement, la même confiance que celle que j'ai en vous ;
« depuis lors, *je ne les ai montrées à qui que ce soit*, et ne me rap-
« pelle pas même en avoir parlé. Voilà pourtant Rey qui les im-
« prime. D'où les a-t-il eues ? Ce n'est certainement pas de moi ; et
« il ne m'a pas dit un mot de ces lettres, en me parlant de cette édi-
« tion. Je comprends aisément qu'il n'a pas mieux rempli le devoir
« d'obtenir l'agrément de M. Tressan, qui probablement ne l'eût
« pas plus donné que moi, etc. (¹). »

Grimm parle du libelle avec une ironie cruelle et tout à fait digne de lui : « Dans cette feuille, dit-il, on reproche à Rousseau
« d'avoir passé sa vie dans la débauche avec sa gouvernante, et
« d'en avoir fait exposer les enfants à la porte d'un hôpital. *Quelle*
« *horreur!* On dit que ce papier est de M. Vernes, qui est traité
« dans les *Lettres* comme un polisson, et qui s'en venge en traitant
« Rousseau comme un infâme. M. de Voltaire dira sans doute qu'il
« n'y a qu'un prêtre qui puisse se venger ainsi. Rousseau a jugé à
« propos de faire imprimer ce libelle à Paris, en y ajoutant quel-
« ques notes, où il nie simplement les faits. Ceux qui ne se payent
« pas de mots diront que *nier n'est pas répondre* » (*Corresp.*,

---

(¹) Vernes correspondait assez assidûment avec *Voltaire*, qui riait beaucoup avec lui de son titre de *prêtre*.

t. IV, p. 335). Ici, Grimm, révélateur du secret de Rousseau, brave effrontément le cri de sa conscience, et semble triompher de sa perfidie ! J'en dis autant de Diderot, son complice et son collaborateur. Quel doute peut-il rester maintenant sur la perversité de ces deux hommes ? Les éditeurs de la *Correspondance* de Grimm ont ajouté à ce trait odieux la note qui suit : « Non-seulement Rous-
« seau n'a pas toujours nié ces faits, mais il a essayé d'en faire l'a-
« pologie dans ses *Confessions*. » Rousseau était accusé dans le libelle de traîner une *malheureuse*, c'est-à-dire une femme perdue, *dont il avait fait mourir la mère*, d'avoir exposé ses enfants dans la rue, d'être atteint de maladies honteuses ; je demande s'il a avoué et justifié rien de pareil dans ses *Confessions ?* Voilà encore un exemple de la bonne foi de ses juges.

On sait quels furent, à Motiers, les résultats de la publication des *Lettres de la Montagne*. Rousseau, malgré la protection du roi de Prusse, fut attaqué de nuit dans sa maison, et se décida à quitter la Suisse. Grimm, après avoir plaisanté sur ces persécutions, compare Rousseau à *saint Etienne*. Il prétend que tout se réduisit à quelques cailloux lancés par des ivrognes et *sans dessein*. Des détracteurs modernes ont été plus loin que lui. MM. de Fortia et de Sevelinges, écrivains du parti absolutiste, sous la Restauration, ont nié toute persécution et prétendu que Rousseau s'était *lapidé lui-même* (*OEuvres inédites* de Rousseau, t. II, pag. 465). Il faut donc se résoudre à mettre encore la patience du lecteur à l'épreuve, en citant les documents contemporains qui démentent les calomnies de ces messieurs. Avant tout on devra lire, dans les *Confessions*, tout le détail du livre XII compris depuis l'alinéa qui commence ainsi : « L'effet des lettres à Neufchâtel fut d'abord très-paisible, etc. », jusqu'à : « Je cédai donc, etc. » Il sera indispensable d'ajouter à cette lecture celle de la lettre de Rousseau à du Peyrou sur le ministre Montmollin (8 août 1765).

Du Peyrou publia dans le temps un Mémoire sur cette affaire (voy. édition de Genève, t. XXVII, pag. 178 et suivantes). Il est plein de faits curieux et tous concluants; mais comme il est très-volumineux et surchargé de digressions inutiles, je n'en citerai que les traits réellement importants. Les ministres de Neufchâtel n'avaient pas inquiété Rousseau au sujet de l'*Emile ;* ils avaient même toléré qu'il fût admis à la communion par le pasteur de Motiers. Ce ne fut qu'après la publication des *Lettres de la Montagne* qu'ils se prirent tout d'un coup d'une frénésie orthodoxe d'autant plus singulière,

que ces lettres, sous le rapport religieux, ne sont autre chose que la justification de l'*Emile*. Cette observation est importante, parce qu'elle fait tout au moins soupçonner l'influence secrète que l'on a vue agir à Paris et à Genève. Rousseau, instruit de ce qui se passait, adressa, le 10 mars 1765, à la *vénérable classe* des ministres une lettre dans laquelle il s'engageait à ne plus rien écrire désormais sur les questions religieuses. Cette démarche n'empêcha pas qu'il ne fût assigné à comparaître devant le consistoire pour rendre compte de sa foi. Indépendamment de cet acte inquisitorial, le pasteur de Motiers intriguait de son mieux dans sa paroisse pour irriter les esprits. L'extrait suivant d'une lettre de Milord Maréchal (10 mars 1765) prouve qu'il y eut des menées et qu'elles furent même de nature à attirer l'attention du gouvernement : « Le roi, écrivait-il à M. Meuron,
« procureur général, trouve très-mauvais que vos compatriotes
« s'acharnent sur un homme qu'il protége, et il a déclaré qu'il
« se ressentirait vivement contre ceux qui persisteraient à *persécuter*
« M. Rousseau. Je le tiens de la bouche même du roi. » Dans le même temps on répandit dans le public, qu'il existait un écrit de Rousseau, intitulé *des Princes*. « Personne ne l'avait vu, dit du Peyrou, mais on assurait que les gouvernements aristocratiques, celui de Berne en particulier, y étaient fort maltraités. » Rousseau protesta contre cet écrit, qui, dit-il, *sortait de la même fabrique que tant d'autres* (Lettre à M. de Félice, 14 mars 1765).

Le consistoire de Motiers n'étant pas complet, le ministre Montmollin fit élire deux anciens parmi ses affidés. On sait qu'au lieu de comparaître, Rousseau s'excusa sur le mauvais état de sa santé. Montmollin voulut empêcher la lecture de sa lettre en consistoire ; mais l'officier du prince qui, suivant l'usage, assistait à la séance, exigea que cette lecture eût lieu. Quand il fut question de voter, le pasteur prétendit que sa voix devait compter pour deux, et, de plus, il en réclama une pour son diacre, quoique celui-ci n'eût pas même le droit d'assister à la délibération ; ces deux prétentions furent repoussées. Il se trouva heureusement parmi les *anciens* quatre honnêtes paysans, qui refusèrent de voter avec leur pasteur. Rousseau fut acquitté. Ces braves gens, indignés des manœuvres de l'homme d'église, adressèrent au Conseil d'Etat une supplique dans laquelle ils exposaient « qu'ils avaient été alarmés d'être requis à
« délibérer sur un cas qui surpasse infiniment leurs faibles connais-
« sances, demandant à être éclairés sur les trois chefs suivants :
« 1° S'ils étaient obligés de scruter et sévir sur les croyances et sur la

« foi, ayant toujours cru qu'ils n'étaient appelés à prononcer que
« sur les dérèglements scandaleux et l'irrégularité des mœurs, etc.
« 2° Si un pasteur peut et doit avoir deux voix délibératives en con-
« sistoire. 3° Si le diacre y a droit de séance et de voix délibérative. »
Ils terminaient en dénonçant ce diacre qui se dispensait de faire le
catéchisme dans une paroisse voisine, *quoiqu'il fût payé pour cela*
(pag. 210). Sur cette supplique, le Conseil d'État, par arrêt du 2 avril
1765 décida « que les consistoires n'avaient pas le droit de se faire
« rendre compte de la croyance et de la foi des personnes; que les
« anciens étaient fondés à refuser d'en connaître et d'en juger,
« même étant requis par leur pasteur; que ledit pasteur ne
« pouvait avoir qu'une seule voix délibérative ; enfin qu'il serait sta-
« tué sur ce qui concernait le diacre » (pag. 215). Irrité de cet arrêt,
Montmollin publia dix lettres, tissu d'invectives, de mensonges et de
cafardage. On les trouve dans le Mémoire de du Peyrou, pag. 221.
Rousseau les réfuta dans sa lettre du 8 août 1765, à du Peyrou,
et celui-ci, dans une lettre à lord Weimiss, acheva de dévoiler les
viles intrigues du ministre. On trouve dans les lettres publiées par
ce dernier, celle de Rousseau, qu'il eut l'adresse de lui faire corriger, pour faire croire qu'elle était publiée de son aveu (voir la
lettre de Rousseau du 8 août 1765). Les corrections sont indiquées
en italique, et Montmollin a bien soin d'avertir qu'elles sont de la
main même de Rousseau. Je cite cette particularité, parce qu'elle
confirme le récit de ce dernier.

Malgré les deux arrêts du Conseil d'État, Montmollin ne se tint
pas pour battu : « Il sut faire valoir son ministère, dit du Peyrou
« dans sa lettre à lord Weimiss, et, au grand scandale des âmes
« pieuses, il fit entendre, du haut de la chaire de vérité, le langage
« des passions ; et dans un sermon sur les sept péchés mortels, il eut
« soin d'en faire une application odieuse, dont l'objet ne pouvait
« être méconnu. Aussi parvint-il à exciter parmi ses paroissiens une
« fermentation dont M. Rousseau ressentit plus d'une fois les effets,
« ainsi que les quatre anciens qui avaient osé recourir au Conseil
« d'État » (page 313). Du Peyrou ajoute que les choses furent poussées si loin, que le Conseil d'État jugea nécessaire de réprimer le
pasteur. Sa famille ayant intercédé, le Conseil d'État renonça à le
poursuivre, mais il fut admonesté, et promit « qu'il ne dirait plus
« rien, ni en public, ni en particulier, *qui pût ameuter le peuple* »
(page 314). Nonobstant cette promesse, le gouvernement crut devoir faire une démonstration publique pour imposer à la populace

de Motiers. Le châtelain du Val-de-Travers se rendit dans cette paroisse et y prononça un discours dans lequel on remarque ce trait : « Le Conseil d'État est informé que certaines personnes tien-
« nent contre M. Rousseau des discours insultants et séditieux qui
« outragent à la fois et le souverain, et le sujet qu'il protège. Je
« viens d'apprendre que M. Rousseau n'est pas le seul ici qu'on at-
« taque, et que MM. les anciens (suivent les noms) sont exposés à
« de fréquents mauvais propos et même à *des menaces*.... Je dois
« déclarer que Sa Majesté, par un rescrit récent, ordonne au Con-
« seil d'État de pourvoir *au repos et à la sécurité* de M. Rousseau »
(page 315). Ce rescrit royal est du 30 mars 1765. Du Peyrou ne l'a pas cité textuellement dans l'édition de Genève ; on le trouve dans le tome VII de l'édition de Neufchâtel de 1768, pag. 175. La classe des ministres intimidée décida « qu'il fallait laisser tomber l'af-
« faire de M. Rousseau. » Un arrêt du Conseil d'État, du 15 mai 1765, avait défendu au diacre de Motiers de siéger au consistoire et d'y voter. Cet arrêt lui fut signifié le 18 mai. Le lendemain, Montmollin assembla son consistoire, et lui déclara que, malgré l'arrêt du Conseil d'État, le diacre voulait assister à la délibération, mais qu'il s'en était abstenu à la prière de son pasteur. Sur quoi l'*officier du prince* répliqua que : « si le diacre avait enfreint les ordres du
« Conseil d'État, *il aurait bien trouvé le moyen de le faire obéir* (page 321). Non content de cette bravade, Montmollin, malgré les deux rescrits royaux, malgré le Conseil d'État et l'opposition du châtelain, osa remettre aux voix l'affaire de Rousseau ; le consistoire rejeta sa proposition. Du Peyrou dit qu'en rendant compte de cet échec à la classe des ministres, Montmollin déclara « qu'il n'y
« avait plus rien à espérer de Motiers contre M. Rousseau ; mais
« que, puisque celui-ci avait dessein de changer d'habitation, et
« que les arrêts du Conseil ne liaient les mains qu'au seul consis-
« toire de Motiers, *on pouvait prendre d'avance les mesures pour procéder contre lui quand il serait dans une autre paroisse* » (pag. 322). Malheureusement pour le ministre, il arriva un nouveau rescrit plus énergique que le premier, 24 mai 1765, édit. de Neufchâtel, tome VII, page 190. « Le roi y témoignait son mécontentement de
« la conduite intolérante des ministres, et déclarait que sa volonté
« sérieuse était que le Conseil assurât complétement les effets de
« sa protection royale accordée à M. Rousseau. » Du Peyrou raconte que les conférences particulières de Montmollin avec ses anciens avaient lieu autour *d'une table et d'un buffet abondamment*

garnis; que Rousseau y fut traité d'*Antechrist;* et que dans tout le Val-de-Travers, on avait persuadé aux femmes qu'il avait écrit *qu'elles n'avaient pas d'âme;* que ces femmes avaient préparé des fourches pour recevoir Rousseau qui eût été leur victime, si la rigueur de la saison ne l'eût retenu chez lui (édition de Neufchâtel, tome VII, pages 44 et 285). On alla même jusqu'à répandre que « le salut de la patrie dépendait de son excommunication ; que les « différents corps de l'Etat s'y intéressaient vivement ; que les can- « tons alliés, Berne surtout, voulaient renoncer à leur ancienne al- « liance avec ce pays, si Rousseau n'était pas excommunié » (page 44, ibid.). Enfin le Conseil d'Etat, par arrêt du 18 juin 1765, ayant intimé au diacre du Val-de-Travers de remplir ses fonctions salariées de catéchiste, cet homme eut l'audace de répondre *qu'il ne se croyait tenu d'obéir qu'aux ordres de la vénérable classe* (page 289). Ces détails attestés par un homme d'honneur qui vivait dans le pays, et qui était répandu dans la première société de Neufchâtel, donnent une idée de l'arrogance du clergé protestant de cette époque, et dans les Etats d'un prince qui n'était rien moins que dévot. On achèvera de connaître le caractère et les procédés du pasteur Montmollin, en lisant les observations de du Peyrou qui font suite à la lettre de Rousseau (8 août 1765), et l'enquête du Conseil d'Etat sur les abus incroyables introduits par ce pasteur dans le consistoire de Motiers (édition de Neufchâtel, tome VII, pag. 212, 185 et suivantes).

Il ne restait plus à Montmollin que de forcer Rousseau à quitter Motiers. On voit dans les *Confessions* quels moyens il employa pour arriver à ce but. Ce récit est confirmé par une seconde lettre de du Peyrou à lord Weimiss (19 septembre 1765). « Je n'avais pas « tort, lui dit-il, de vous marquer dans ma dernière lettre qu'il était « difficile de prévoir comment finirait cette affaire. Qui pouvait « croire, en effet, que les défenseurs de la saine orthodoxie devien- « draient ouvertement des coupe-jarrets; que Rousseau, pour n'a- « voir pas été excommunié, *risquerait d'être assassiné*, et que ce « serait un temps de jeûne et de communion qu'on choisirait pour « cette bonne œuvre? La fermentation, parmi le peuple, s'était bor- « née à des murmures, à des huées, ou à des attentats faits avec plus « de méchanceté que de violence ; mais le dimanche, 1er septem- « bre, on en vint aux voies de fait. Après s'être *préparé*, par la com- « munion du matin, à sanctifier la journée, on la termina en lançant « des pierres dans les fenêtres de M. Rousseau. Le lendemain et le

« jour suivant, ce furent de nouveaux outrages. Si M. Rousseau pas-
« sait dans la rue, il était hué, injurié, poursuivi par la populace;
« s'il se promenait dans la campagne, on s'apprêtait à lui tirer des-
« sus ; toutes les nuits on insultait sa maison. La tranquillité avec la-
« quelle il continua de se promener tous les jours sans cortége et
« sans armes, parut en imposer à ces braves, et nul n'osa de jour
« attenter à sa personne. Mais enfin la nuit du 6 au 7 septembre, il
« fut attaqué chez lui sans ménagement. La *maison où il loge por-
« tait au dehors les marques des plus grandes violences. Une de ses
« portes fut ouverte, l'autre enfoncée; son mur fut criblé de pierres.*
« On en lança particulièrement une *fort grosse* à travers la fenêtre
« de sa cuisine, qui porta le verre jusque dans sa chambre et vint
« tomber à deux pas de son lit. S'il se fût levé un moment plus tôt,
« il était assommé. M. le châtelain, qui fut éveillé par le tumulte,
« étant accouru, vit avec effroi l'état des choses, *et en fit le lende-
« main son rapport au Conseil d'Etat.* Le même jour, la commu-
« nauté de Motiers, assemblée par ordre du magistrat, ayant appris
« ce qui s'était passé, *témoigna froidement qu'elle en était fâchée*,
« mais sans donner aucun ordre pour la sûreté de M. Rousseau, ni
« lui faire dire aucun mot d'honnêteté sur le danger qu'il avait couru.
« Or, vous saurez, Milord, que cette même nuit, lendemain de
« foire, il y avait eu des gardes extraordinaires, tant du village de
« Motiers que de celui de Fleurier ; que les gardes de Fleurier
« ayant voulu faire conjointement leurs rondes, ceux de Motiers
« s'y étaient opposés ; qu'ils avaient voulu la faire seuls, et cela pré-
« cisément à l'heure où la maison qu'occupait M. Rousseau fut
« attaquée.... Au moment de fermer ma lettre, j'apprends des par-
« ticularités qui vous feront juger de l'*excès du désordre qui règne
« à Motiers.* Par ordre exprès de M. le châtelain, qui a cru cette
« précaution nécessaire, deux gardes bien armés, choisis dans la
« communauté de Couvet, ont constamment passé la nuit dans la
« maison qu'occupait M. Rousseau, jusqu'au déménagement com-
« plet de ses effets. On ajoute que ce magistrat, chargé par le gou-
« vernement de faire les enquêtes les plus sévères pour découvrir
« les coupables, et se trouvant, à cause de cela, menacé dans une
« pasquinade des mêmes violences exercées contre M. Rousseau,
« s'est vu obligé, pour sa sûreté, d'avoir aussi des gardes de nuit
« chez lui ; et qu'enfin, il a pris le sage parti de quitter Motiers
« pour aller établir son domicile à Couvet. Sans doute que le Con-
« seil d'Etat trouvera les moyens de rétablir l'ordre et de faire res-

« pecter l'autorité du souverain ; sans quoi, rentrant dans l'état
« de nature, chacun de nous se verra forcé de pourvoir à sa dé-
« fense, etc. »

Un des écrivains *rétrogrades* dont il a été question plus haut a prétendu que, *très-récemment* (son article est de 1825), on a fait parmi les gens âgés du pays une enquête, de laquelle il résulterait que Rousseau déposa lui-même les pierres qu'on trouva près de sa porte. Cette enquête est très-probablement un mensonge ; supposons-la vraie. Musset-Pathay fait remarquer qu'en 1825, le plus jeune des contemporains, en état de témoigner, ne devait pas avoir moins de quatre-vingts ans, ce qui réduirait déjà beaucoup le nombre des témoins, les hommes de cet âge n'étant communs nulle part. De plus, on s'adressait à des individus qui, tous très-jeunes à l'époque de l'événement, n'avaient pu l'observer avec connaissance de cause, et répétaient, par conséquent, ce qu'ils avaient recueilli de la bouche même des auteurs de l'attentat : quelle confiance peut-on accorder à un pareil témoignage? Mais pourquoi ceux qui ont, à ce qu'ils disent, provoqué cette enquête, n'ont-ils pas en même temps consulté les registres du Conseil d'Etat de Neufchâtel ? Ils y auraient infailliblement trouvé le rapport du châtelain, et les preuves d'une autre enquête plus sérieuse que la leur, celle qui fut ordonnée par le gouvernement pour découvrir les coupables. La raison en est simple, c'est qu'il s'agissait de calomnier Rousseau, et non pas de rechercher la vérité.

Je ne dois pas omettre un fait qui paraît futile et qui ne l'est pas. C'est la visite que Mme de Verdelin fit à Rousseau au commencement de l'effervescence populaire (1). « Je fus touché de ce voyage, dit
« Rousseau, surtout dans la circonstance où je me trouvais et où
« j'avais grand besoin des consolations de l'amitié. Je craignais
« qu'elle ne s'affectât des insultes que je recevais de la populace,
« et j'aurais voulu lui en dérober le spectacle ; mais cela ne fut pas
« possible, et quoique sa présence contînt un peu les insolents dans
« nos promenades, elle en vit assez pour juger de ce qui se passait
« dans les autres temps. Sa femme de chambre trouva, un matin,
« ma fenêtre couverte des pierres qu'on y avait jetées dans la nuit.
« Un banc très-massif, qui était dans la rue à côté de ma porte, et
« fortement attaché, fut enlevé et posé tout debout contre la porte ;
« de sorte que si on ne s'en fût aperçu, les premiers qui, pour sor-

---

(1) Voyez, avant tout, ce qu'il dit de ses rapports avec cette dame (*Confessions*, liv. X).

« tir, auraient ouvert la porte d'entrée, devaient naturellement être
« assommés. Mme de Verdelin n'ignorait rien de ce qui se passait ;
« car outre ce qu'elle voyait elle-même, son domestique, homme
« de confiance, était très-répandu dans le village, y accostant tout
« le monde ; on le vit même en conférence avec Montmollin. Ce-
« pendant, *elle ne me parut faire aucune attention à rien de ce qui
« m'arrivait, ne me parla ni de Montmollin, ni de personne, et ré-
« pondit peu de chose à ce que je lui en dis quelquefois.* Seulement,
« paraissant persuadée que le séjour de l'Angleterre me convenait
« plus qu'aucun autre, elle me parla beaucoup de M. Hume, de son
« amitié pour moi, etc... Après son départ, Montmollin poussa ses
« manœuvres, et la populace ne connut plus de frein, etc. » (*Conf.*,
liv. XII). Un peu plus loin, Rousseau dit que Mme de Verdelin lui
écrivait que milord Walpole, *pris d'un grand zèle en sa faveur*, lui
proposait un asile dans ses terres.

Le silence de Mme de Verdelin, à Motiers, rappelle celui de
Mme de Luxembourg, lors de la fermentation excitée par l'apparition
d'*Emile*. C'était une singulière amie que celle qui faisait un voyage
de plus de cent lieues pour voir Rousseau, et à laquelle le spectacle
des outrages de la populace n'arrachait pas un seul mot de commisération ni même de curiosité. Il n'est pas moins remarquable
que la fermentation parvint à son comble, après son départ. Ce sont
là de ces indices dont on ne peut rien conclure rigoureusement,
mais qui frappent précisément par leurs apparences insignifiantes.
Musset-Pathay n'en a pas même parlé, et cela n'est pas surprenant ;
il a négligé des choses bien plus importantes. On ne peut rien dire
encore de la proposition de passer en Angleterre et de se confier à
Hume ; plus tard, elle pourra paraître moins amicale que dans le
moment dont il s'agit. Celle d'accepter un asile dans les terres de
milord Walpole, *pris d'un grand zèle* en faveur de Rousseau, est
plus significative. Comment admettre ce *zèle* de Walpole, lorsqu'on
sait que quatre mois après, il composa la fausse lettre du roi de
Prusse ? Etait-ce mensonge de la part de Mme de Verdelin, ou ironie
perfide de la part de Walpole ? La suite prouvera peut-être que c'était
l'un et l'autre ; c'est-à-dire que Walpole se jouait de l'infortune de
Rousseau, et que Mme de Verdelin était son complice.

Grimm, dont le regard satanique suivait jour par jour la destinée de sa victime, cherche à égayer ses augustes correspondants
sur les démêlés de Rousseau avec les ministres protestants, sur sa
communion et sur les avanies de Motiers. La lâcheté et la rage percent, malgré l'histrion, sous son faux et plat enjouement. Il trouve

du Peyrou *triste* et *lourd*; il a raison, mais il n'a garde de l'attaquer sur les faits. « Quand on est fanatique et plat, dit-il encore de cet « honnête homme, on s'attache à la cause d'un homme célèbre pour « avoir la satisfaction de jouer un *rôlet*. » Il termine par ce trait révoltant : « Je ne suis pas de l'avis de ceux qui croient M. Rous- « seau dédommagé de tous ses malheurs par sa célébrité ; je pense « que depuis qu'il a quitté Montmorency, il est un des plus mal- « heureux hommes de la terre » (t. V, pag. 63, 1765). Il le savait mieux que personne, le misérable ! Forcé de quitter Motiers, Rousseau se réfugia à l'île de Saint-Pierre, située dans le lac de Bienne, et sur le territoire de Berne. Avant de prendre ce parti, il avait eu la précaution de faire sonder, à plusieurs reprises, les intentions du Conseil de Berne par l'entremise de Milord Maréchal, qui avait obtenu une réponse favorable. « Un M. Sturler, dit Rous- « seau, assura Milord que les Bernois, honteux de leur conduite, « ne demandaient pas mieux que de me voir domicilié dans leur « île et de m'y laisser tranquille » (*Conf.*, liv. XII). Sur ces garanties trompeuses, Rousseau s'installa, non sans peine et sans frais, dans son nouvel asile, pour lequel il se passionna bientôt. Quand il fut bien établi, lorsqu'on vit combien il était heureux et tranquille dans cette charmante solitude, on lui envoya, deux mois après son arrivée, et à l'entrée de l'hiver, l'ordre de sortir du territoire de la république. Atterré par cette injonction barbare, Rousseau demanda un délai ; il fit même plus, il proposa aux Bernois de lui assigner l'île pour prison perpétuelle. Cette offre fut repoussée durement. Grimm traite cette démarche de *déplorable requête*, et raconte avec une satisfaction odieuse les détails de l'expulsion. Cela n'a plus rien de surprenant ; mais tandis que cet homme vil assouvissait sa haine, la lettre de Rousseau au bailli de Nidau (20 octobre 1765) était lue au Dauphin, alors mourant ; « il en a paru touché, écrivait Rousseau « à d'Ivernois, et a dit là-dessus des choses qui feraient bien « rougir mes persécuteurs, s'ils étaient gens à rougir de quelque « chose. »

On voit, dans les *Confessions*, avec quelle indigne fausseté Rousseau fut attiré à Bienne, qu'il quitta au bout de trois jours. Je ne pense pas que personne soit tenté de donner à tout cela une explication naturelle ; la dérision et la cruauté sont par trop évidentes. Le rôle de Barthez, secrétaire du résident de France, à Berne, est surtout remarquable. Il avait sans doute pour objet d'abuser Rousseau sur les causes secrètes de ses malheurs ; mais le piége était grossier, la main de M. de Choiseul était encore là.

Rousseau termine le récit de son séjour en Suisse par ce trait :
« On verra, dans ma troisième partie, si j'ai jamais la force de l'é-
« crire, comment croyant partir pour Berlin, je partis, en effet, pour
« l'Angleterre, et comment les deux dames qui disposaient de moi
« et de ma réputation, après m'avoir, à force d'intrigues, chassé
« de la Suisse, où je n'étais pas assez en leur pouvoir, parvinrent,
« enfin, à me livrer à leur ami. »

Les deux dames sont Mme de Boufflers et Mme de Verdelin. Leur rôle sera examiné en son lieu. Rousseau a cru que l'imprudence avec laquelle il parlait à tout le monde de ses *Confessions*, fut une des causes qui contribuèrent à son expulsion de Suisse. Il est difficile de prononcer sur cette opinion, mais on verra par la suite qu'elle n'est pas dénuée de fondement.

Il me reste à parler de la démarche que les Corses firent auprès de Rousseau pendant son séjour à Motiers. On devra lire d'abord tout ce qu'il en a dit dans le livre XII des *Confessions*, depuis : « J'avais parlé des Corses dans mon *Contrat social*, etc. », jusqu'à « Voilà comment il fallut renoncer à mon projet chéri, etc. »

Avant toute discussion, il est nécessaire de jeter un coup d'œil sur la situation du pays dont Rousseau devait être le législateur. Pendant toute la durée du dix-septième siècle, les Génois, souverains de la Corse, y avaient exercé la plus affreuse tyrannie. Il est à remarquer que ce fut alors que naquit la funeste coutume de la *vendetta*, devenue aussi indestructible en Corse que l'est parmi nous le préjugé du duel. En 1729, un soulèvement général eut lieu. Les Génois, chassés de l'intérieur de l'île et réduits aux places du littoral, demandèrent du secours à l'empereur Charles VI. Le prince de Wurtemberg fut envoyé en Corse avec un corps considérable de troupes allemandes. Prévoyant que la lutte serait longue et coûteuse, ce prince conseilla la paix. Elle fut conclue le 4 mai 1731. Après le départ des Allemands, la lutte avec les Génois recommença plus furieuse que jamais. Elle durait encore lorsqu'en 1736 un aventurier, nommé le baron de Neuhoff, se fit reconnaître roi de l'île. Hyacinthe Paoli, père de Pascal Paoli, celui qui traita avec Rousseau, fut un de ses ministres. Le *roi Théodore* fit la guerre aux Génois avec assez de succès, mais le manque de ressources et les discordes intérieures le déterminèrent à s'évader. En 1737, Gênes, épuisée, eut recours à la France. A cette époque, M. de Campredon, ambassadeur de France à Gênes, avait déjà conseillé au cardinal de Fleury de traiter avec les Génois pour la cession de la Corse; mais le vieux ministre n'accueillit pas ce projet et se contenta d'envoyer dans l'île trois mille hommes de troupes, pour garantir la souveraineté de la république de Gênes. Les Français, ayant voulu opérer un désarmement général, furent attaqués et battus. M. de Maillebois arriva en Corse en 1739, avec des forces considérables, soumit toute l'île et l'évacua en 1741. Les vexations des Génois occasionnèrent une nouvelle insurrection. Le roi Théodore reparut et fut bientôt chassé ignominieusement. De 1741 à 1748, la guerre continua sans interruption. Le roi de Sardaigne ayant fait quelques tentatives pour s'emparer de la Corse, Gênes implora de nouveau le secours de la France. Le 2 septembre 1748, M. de Curzay débarqua à Bastia et parvint à pacifier l'île par la voie des négociations. Les intrigues des Génois l'ayant fait rappeler en France, une insurrection générale suivit de près sa retraite. Pascal Paoli fut nommé chef militaire de la Corse. Sur les instances de Gênes, la France envoya dans l'île, en novembre 1756, trois mille hommes de troupes, commandés par M. de Castries. M. de Vaux remplaça bientôt après M. de Castries ; mais, cette fois, les Français restèrent neutres et déclarèrent à Paoli que leur mission se bornait à prévenir l'intervention anglaise. La guerre entre les Corses et les Génois continua jusqu'en 1764. A cette époque, Paoli se trouvant à peu près maître de l'île, et voulant assurer l'indépendance de sa patrie, fit prier Rousseau, par l'entremise de son compatriote Buttafuoco, de rédiger, pour la Corse, un plan de législation et de constitution politique. La lettre de Buttafuoco à Rousseau est du 31 août 1764. Le 4 *août* de la même année, l'ambassadeur génois avait signé, à Compiègne, un traité par lequel le roi de France s'engageait à faire occuper pendant quatre ans, par ses troupes, les villes du littoral de la Corse, et à garantir les conditions d'une pacification avec la république de Gênes. En conséquence, M. de Marbeuf fut envoyé en Corse avec six bataillons et occupa les villes de Bastia, Ajaccio, Calvi et Saint-Florent. Paoli ne vit pas sans inquiétude cet envoi de troupes ; mais comme les Français affectaient la stricte neutralité, il se fia à leurs promesses. Quant aux Génois, sentant bien l'impossibilité de soutenir par eux-mêmes leur domination en Corse, ils ne songèrent qu'à prolonger le plus possible l'occupation française. En 1768, les Jésuites, définitivement expulsés de France, furent accueillis par les Génois. Le cabinet de Versailles feignit d'être offensé de cette mesure et fit des représentations. Les Génois alarmés offrirent la cession de la Corse. M. de Choiseul s'empressa d'accepter, et le 15 mai 1768, le roi de

France signa un traité par lequel, se substituant aux droits de la république de Gênes, il s'engageait, *dans l'avenir*, à lui rendre l'île moyennant indemnité des frais auxquels donnerait lieu l'occupation; clause illusoire, attendu que Gênes, affaiblie et obérée, se trouvait à jamais dans l'impossibilité de la remplir. Le traité fut tenu secret pendant quelque temps. Aussitôt que Paoli en eut connaissance, il appela ses concitoyens aux armes, et après une lutte énergique, il finit par céder au nombre et à la trahison. L'affabilité calculée des Français, le soin qu'ils avaient eu de flatter les ambitions, le désir général de la paix, achevèrent de ruiner la cause de l'indépendance. Paoli renonça à prolonger une lutte inutile et se retira en Angleterre.

Il résulte de ce court exposé qu'au moment où Buttafuoco s'adressait à Rousseau de la part de Paoli, c'est-à-dire le 31 août 1764, l'envoi des troupes françaises en Corse, en vertu du traité du 4 août, même année, masquait déjà l'intention de s'emparer de l'île, et que l'incident des Jésuites ne fut que le prétexte d'une résolution arrêtée depuis longtemps. Il faut maintenant faire connaître l'envoyé de Paoli. Buttafuoco appartenait à une des premières familles de Corse, et servait en qualité de capitaine dans le régiment Royal-Italien. Il était beaucoup plus jeune que Paoli et d'un caractère tout différent. On en trouve la preuve dans une lettre du 4 janvier 1766, adressée à Rousseau par un jeune Ecossais, M. Boswel, ami de Milord Maréchal, et qui venait de parcourir la Corse. « Si vous êtes, lui « disait-il, encore *autant* affectionné aux braves insulaires que vous « l'étiez en écrivant au *galant* Buttafuoco, vous m'embrasserez avec « plaisir » (*OEuvres inédites de Rousseau*, t. Ier, p. 410). Cette épithète semble annoncer dans l'officier corse des inclinations toutes françaises. Dans le petit nombre d'articles biographiques et de documents historiques où il est question de lui, on s'accorde à le regarder comme l'agent du duc de Choiseul dans les affaires de Corse. En 1768, il fut chargé par ce ministre de négocier avec Paoli la réunion de l'île à la France, et ne rougit pas d'accepter cette mission qui le démasquait. Paoli ayant rejeté les propositions de la France, Buttafuoco se déclara ouvertement contre lui et prit une part active aux opérations de la conquête. Cette conduite méprisable lui attira la haine de ses compatriotes; sa maison fut pillée pendant la guerre de 1768, et ses papiers furent détruits. Après la retraite de Paoli, il fut amplement dédommagé par les faveurs du ministre auquel il avait sacrifié la liberté de sa patrie. Il fut nommé

maréchal de camp. En 1789, il était député de la noblesse corse aux
États généraux. En 1791, Paoli ayant été rappelé en Corse par ses
compatriotes, Buttafuoco le dénonça à l'Assemblée nationale comme
coupable de vexations contre les Corses partisans de la domination
française. Du reste, il se montra si constamment opposé à toute réforme politique, et embrassa si chaudement le parti de la cour, que
les Corses le pendirent en effigie. Napoléon, alors lieutenant d'ar-
tillerie à Auxonne, écrivit contre lui une lettre énergique, imprimée
à Dôle et *adressée au club d'Ajaccio*. Buttafuoco émigra à la fin de
la session de l'Assemblée nationale, et ne revint en Corse que lorsque les Anglais s'en emparèrent et qu'ils se furent débarrassés de
Paoli, dont l'influence et l'énergie les inquiétaient. L'île ayant été
reprise en 1796 par les Français, il émigra de nouveau et mourut
vers 1800. Il faut dire à la louange de Paoli, que les excès de la révolution l'effrayèrent. Il fut dénoncé à la Convention par les jaco-
bins corses et mis hors la loi par décret du 26 juin 1793. Il répondit
à ce décret par une insurrection, dont le résultat fut l'expulsion des
républicains et l'occupation de l'île par les Anglais. Ceux qui lui ont
reproché cette conduite oublient que la Corse avait été conquise
contre toute justice, et que, selon l'expression pittoresque de
Napoléon, « Gênes n'avait pas le droit de vendre les Corses au roi
« de France, *comme un troupeau de bœufs*. » Paoli, type parfait du
patriote corse, ne devait rien à la France; en livrant sa patrie à l'Angleterre, il voulut la préserver des calamités que la démagogie française versait sur l'Europe entière. Ce fut le dernier et peut-être le
plus essentiel des services que lui rendit ce grand homme trop peu
connu. Il est inutile d'insister sur l'énorme différence que ces détails
établissent entre Paoli et Buttafuoco. Venons maintenant aux rapports des deux Corses avec Rousseau.

Il est à présumer que le projet de constitution avait été conçu par
Paoli, et que celui-ci avait chargé Buttafuoco, qui se trouvait en
France, de faire la démarche auprès de Rousseau. Cette démarche
fut bientôt divulguée. On en trouve d'abord la preuve dans l'extrait
suivant de la lettre de Rousseau à Buttafuoco (26 mai 1765) : « Il faut
« vous dire que le bruit de la proposition que vous m'avez faite s'est
« répandu, sans que je sache comment, etc. » On voit par une autre
lettre au prince de Wurtemberg (15 novembre 1765), *que ce prince
en était instruit*. A cette même date, Grimm, toujours bassement
envieux, écrivait que la démarche de Paoli *devait flatter singulièrement le ci-devant soi-disant citoyen de Genève* (Corresp., t. IV,

p. 314). Milord Maréchal, qui était alors à Berlin, avait écrit sur le même sujet à Rousseau, comme le prouve la réponse de celui-ci (8 décembre 1764). Enfin, Lenieps et le libraire Duchesne lui en avaient parlé. Il écrivait à ce dernier (2 décembre 1764) : « Je n'ac-
« cepte point votre compliment sur la chimérique députation des
« Corses, malgré ce que vous en a dit M. Lenieps, et dont je suis
« très-surpris. Il est vrai que mes ennemis ont fait mettre cette im-
« pertinence dans la *Gazette de Berne*, pour me rendre ridicule, etc. »
(*Œuvres inédites*, t. Ier, p. 158). La mission de Buttafuoco était donc entièrement ébruitée. Il ne s'agit plus que de savoir qui avait parlé. Ce ne pouvait être Rousseau, puisqu'il écrivait à Buttafuoco :
« *Comme j'étais très-sûr de vous*, je laissai dire, j'allai mon train et
« ne vous en parlai même pas. » Un mensonge eût exposé Rousseau au démenti le plus humiliant, dans le cas où Buttafuoco eût voulu faire des recherches. Quant à Paoli, outre que son intérêt n'était pas de divulguer ses projets, il avait trop peu de relations sur le continent et trop d'autres affaires dans son pays pour que l'indiscrétion pût lui être attribuée. Reste Buttafuoco, résidant à Paris, voyant la grande société, ayant des relations avec les ministres, et, selon toute apparence, avec M. de Choiseul. Quel autre que lui avait pu violer le secret de la négociation ?

Pendant que Rousseau et Buttafuoco correspondaient sur les affaires de Corse, Voltaire, qu'on avait aussi mis au fait, répandit que la proposition de Paoli était une plaisanterie de sa façon, et prétendit avoir fabriqué lui-même la lettre du chef corse. Ce propos fut bientôt connu à Paris ; Grimm s'empressa de le répéter (*Corresp.*, t. IV, p. 315). Lenieps et Mme de Verdelin le mandèrent à Rousseau (voyez ses réponses : à Lenieps, 8 février 1765 ; à Mme de Verdelin, 3 février 1765). Il est curieux de voir avec quelle rapidité ces menues nouvelles circulaient, et l'empressement qu'on mettait à s'adresser à Rousseau pour savoir à quoi s'en tenir. Il n'avait donc pas si grand tort de croire qu'on s'occupait beaucoup de lui. Dans sa lettre du 26 mai 1765, à Buttafuoco, Rousseau, après l'avoir instruit du propos de Voltaire sur la lettre de Paoli, ajoute : « Vol-
« taire se vanta l'hiver dernier que, malgré Milord Maréchal et le
« roi lui-même, *il me ferait chasser du pays*. Il avait des émissaires,
« les uns connus, les autres secrets. Au plus fort de la fermentation
« à laquelle mon dernier écrit servit de prétexte, arrive ici M. de
« R***, chevalier de Malte. Il me vient voir de la part de M. Paoli,
« *sans m'apporter aucune lettre*, ni de la sienne ni de la vôtre. Il

« refuse de se nommer. Il venait de Genève, il y avait vu mes plus
« ardents ennemis; *on me l'écrivait.* Son *long séjour en ce pays,
« sans y avoir aucune affaire,* avait l'air du monde le plus mysté-
« rieux ; *ce séjour fut précisément le temps où l'orage fut excité
« contre moi.* Ajoutez qu'il avait fait tous ses efforts pour savoir
« quelles relations je pouvais avoir en Corse. Comme il ne vous avait
« pas nommé, je ne voulus pas vous nommer non plus. *Enfin*, il
« m'apporta la lettre de M. Paoli, dont je ne connaissais pas l'écri-
« ture : jugez si tout cela devait m'être suspect, etc. »

Le 3 mai, Rousseau écrivait à Lenieps, à propos des avanies de
Motiers : « Je vous avoue que je soupçonne un peu notre chevalier
« de Malte d'avoir quelque part à toute cette affaire. Il vint ici
« sur un mauvais prétexte, y demeura *quinze jours;* après avoir
« cessé de me voir, *vit en secret M. de Montmollin,* mon pasteur, et
« depuis ce temps-là ledit pasteur est à la tête de mes persécuteurs...
« Le chevalier part d'ici et s'en va à Neufchâtel, où il est encore au
« moment où j'écris ceci, sans qu'on sache ce qu'il y fait. Ce qu'on
« sait très bien, c'est que depuis qu'il y est, *tous les membres du
« Conseil qui me favorisaient me sont devenus contraires,* et que
« tout opine de concert aux partis les plus violents, sans raison,
« sans prétexte, et sans que personne ait la moindre plainte à faire
« sur ma conduite en ce pays, tout au contraire. »

Du 22 avril, à d'Ivernois. — « Je ne puis rien vous dire du che-
« valier de Malte. Il est encore à Neufchâtel. Il m'a apporté une
« lettre de M. Paoli, qui n'est certainement pas supposée. Cepen-
« dant la conduite de cet homme est si extraordinaire que je ne puis
« prendre sur moi de m'y fier. Je lui ai remis pour M. Paoli une
« réponse qui ne signifie rien et qui le renvoie *à notre correspon-
« dance ordinaire,* laquelle n'est pas connue du chevalier. »

On a vu que dans sa lettre à Buttafuoco, Rousseau disait *ne pas
connaître l'écriture de Paoli.* J'en concluais d'abord qu'il n'avait
encore reçu aucune lettre de lui. Cependant il parle à d'Ivernois de
sa correspondance ordinaire avec le chef corse; ce dernier lui avait
donc écrit plusieurs fois. J'ai cru pouvoir expliquer comme il suit
cette espèce de contradiction. Je suppose que Paoli adressait directement ses lettres à Buttafuoco, et que celui-ci n'en transmettait à
Rousseau que des copies. Cet arrangement permettait à Buttafuoco
de garder les lettres originales de son compatriote, et de les communiquer à M. de Choiseul. En se rappelant le rôle ultérieur de cet
homme, on ne trouvera dans cette interprétation rien d'invrai-

semblable. Quant au chevalier, les détails qui précèdent rendent nécessairement son rôle plus que suspect. Sa première visite à Rousseau datait du 27 janvier 1765 (voir la lettre à Lenieps, 8 février même année), et le 22 avril il était encore à Neufchâtel. Il avait débuté par taire son nom; s'était dit seulement chargé de *commissions* par Paoli, avait cherché à savoir quelles relations Rousseau avait en Corse; puis, à la seconde visite, il apporta *enfin* une lettre de Paoli. Pourquoi ne la remit-il pas tout d'abord? Dira-t-on qu'il ne l'avait pas? Mais alors d'où lui venait-elle? Paoli lui aurait-il adressé à *Motiers* une lettre pour Rousseau qui y demeurait? Cela n'est pas soutenable. Voici ce que j'imagine encore pour résoudre cette difficulté. Je crois que ce chevalier venait de Paris et non de Corse; que c'était un émissaire de M. de Choiseul et de Buttafuoco, chargé d'organiser, ou au moins de fomenter l'émeute de Motiers, de vérifier si Rousseau avait des relations secrètes avec Paoli, ou d'autres Corses; qu'ayant rendu compte à Buttafuoco du mauvais succès de sa première visite, celui-ci, pour prévenir tout soupçon, lui expédia en toute hâte de Paris une lettre originale de Paoli, récemment arrivée; ce qui expliquerait comment Rousseau a pu écrire qu'en recevant cette lettre, il n'avait pu juger de son authenticité, *ne connaissant pas l'écriture de Paoli*. La phrase : « Il me remit *enfin* une lettre de Paoli »; employée par lui, semble indiquer entre les deux visites du chevalier un intervalle assez long, et suffisant pour que cette correspondance entre lui et Buttafuoco pût avoir lieu. Quand ces explications seraient fausses, le chevalier de Malte n'en serait pas moins un intrigant et un espion. Quant à Buttafuoco, d'après ce qui a été dit ailleurs, il me semble qu'il est jugé de reste. J'ajoute à son égard une dernière remarque : il passa par Lyon en 1765 pour se rendre en Corse, et n'alla pas voir Rousseau, qui n'était qu'à trente lieues de là et qui désirait ardemment avoir une entrevue avec lui. Enfin, après son expulsion de l'île de Saint-Pierre, Rousseau l'ayant consulté sur son projet de se retirer en Corse, n'en reçut aucune réponse.

En résumant tous ces faits, je conclus : 1° que si en 1764 Buttafuoco eût songé sérieusement à assurer l'indépendance de sa patrie, on ne l'eût pas vu en 1769 devenir l'adversaire de Paoli, intriguer pour gagner les Corses à la domination française, recevoir les faveurs de M. de Choiseul, et se ranger plus tard du côté des adversaires les moins raisonnables de la révolution de 1789. Il est donc certain qu'en 1764 il trompait à la fois Paoli et Rousseau, pour servir les projets de la France. 2° Il est vraisemblable que, gagné dès le principe par M. de Choiseul, Buttafuoco dévoila à ce ministre, non-seulement les plans de législation de Paoli, mais ceux sur lesquels il fondait l'indépendance future de sa patrie, et les ressources matérielles dont il pouvait disposer ; que sa démarche auprès de Rousseau avait pour objet d'abuser Paoli sur les vues secrètes de la France, lors du premier envoi de troupes en Corse. 3° Rien n'empêche de croire que M. de Choiseul, dont la haine, déjà probable, deviendra certaine par la suite, put voir dans cette intrigue politique l'occasion d'exercer contre Rousseau une vengeance moqueuse. 4° La persuasion où fut ce dernier que l'expédition de 1769 n'avait été entreprise qu'à cause de lui, est une des illusions les plus regrettables de la fin de sa vie. Il n'en est pas moins vrai que la conquête de la Corse fut non-seulement inique, mais qu'elle fut ignominieuse, parce que l'intrigue, la séduction y eurent plus de part que les armes. Il suffirait, pour la déshonorer, du rôle seul de Buttafuoco, créature de M. de Choiseul, trahissant la confiance de Paoli, et s'abaissant à corrompre le peuple dont il eût dû défendre jusqu'à la fin l'indépendance, comme le fit son noble compatriote. A part l'erreur personnelle, c'est donc avec raison que Rousseau a flétri le machiavélisme qui inspira cette expédition, et les honteux moyens qui en assurèrent le succès.

CHAPITRE V.

Du séjour de Rousseau en Angleterre.

De janvier 1766 à mai 1767.

A partir de cette période, les *Confessions* s'arrêtant au départ de Rousseau pour Strasbourg, il ne reste plus pour moyens de discussion que les correspondances contemporaines et les divers écrits polémiques auxquels a donné lieu l'affaire de Rousseau avec David Hume. Ces documents, par une faveur toute providentielle, se trouvent plus que suffisants pour résoudre la question ; mais leur emploi est d'un usage difficile, et l'attention devient plus nécessaire que jamais. On sait que depuis le décret, Mme de Boufflers avait insisté à plusieurs reprises auprès de Rousseau pour qu'il se rendît en Angleterre auprès de David Hume. On a vu Mme de Verdelin, lors de sa visite à Motiers, lui faire les mêmes instances, et même lui offrir un asile dans les terres de Walpole *son ami*. J'ai dit dans le chapitre précédent ce que je pensais de cette proposition. Celle de Mme de Boufflers ne peut encore être interprétée défavorablement. Ce n'est que plus tard qu'on pourra juger de sa valeur. De son côté, Hume, dès 1763, avait fait des offres à Rousseau qui y avait répondu avec effusion. Voyez sa lettre du 19 février de cette année. Mais il répugnait instinctivement au séjour de l'Angleterre. Chassé de l'île Saint-Pierre, il se détermina à partir pour Berlin, où l'appelait Milord Maréchal. A Strasbourg, il reçut de Hume une lettre contenant *l'invitation la plus tendre* de passer avec lui en Angleterre. Cette démarche de Hume est prouvée par la réponse de Rousseau (4 décembre 1765). On y voit qu'avant de se décider, Rousseau avait consulté Milord Maréchal, et que Mme de Boufflers lui avait écrit encore une fois pour obtenir qu'il se confiât à David Hume. Enfin, il résulte d'une lettre de Rousseau à M. de Malesherbes (10 mai 1766), que le duc d'Aumont avait obtenu un passeport pour lui à la prière de Mme de Verdelin. Le concours des deux dames dont il est question à la fin des *Confessions*, se retrouve donc encore ici et devra être noté.

L'accueil que Rousseau reçut à Strasbourg fut bienveillant ; il le fut même à tel point, que quand on le compare à l'hostilité constante des agents français en Suisse, il devient justement suspect. Le pauvre exilé qui venait d'être lapidé à Motiers, ignominieusement chassé par les Bernois, tourné en dérision à Bienne, se vit comblé d'attentions par le maréchal de Contades, gouverneur de l'Alsace, et par tout ce qu'il y avait de distingué à Strasbourg. Il en parle à du Peyrou et à ses autres amis avec une sensibilité qui ne laisse supposer aucune défiance. On représenta, tout exprès pour lui, le *Devin du village* et *Pygmalion*. On alla même jusqu'à imprimer un bulletin quotidien où sa personne et ses actions étaient minutieusement décrites. Mais il faut remarquer qu'on ne l'y appelle que *Jean-Jacques*, qu'on s'y permet des traits virulents, des sarcasmes, des anecdotes controuvées, et que ce journal se trouve en entier dans la correspondance de Grimm, ce qui est bien plus suspect encore. Quelle était la véritable cause de ces démonstrations si exagérées, si contradictoires ? C'est ce que chacun pourra décider à la fin de la présente discussion.

L'hiver, cette année-là, fut extrêmement rigoureux. « Il semble, « écrivait Rousseau à du Peyrou, que la charité de MM. de Berne « l'ait choisi tout exprès pour me faire voyager. » Rousseau arriva

à Paris le 17 septembre 1765. Il logea d'abord chez Mme Duchesne, veuve de son libraire, puis au Temple dont le prince de Conti était grand-prieur, et dans l'enceinte duquel le Parlement n'avait aucune juridiction. Il y fut traité avec une magnificence extraordinaire. Cet accueil d'un prince du sang, et l'affluence des visiteurs, la plupart d'un rang élevé, irritèrent la basse jalousie de Grimm. « Rousseau, dit-il, a fait son entrée dans Paris le 17. Le lende-
« main, il s'est promené au Luxembourg en habit arménien ; mais
« comme personne n'était prévenu, personne n'a profité du spectacle.
« M. le prince de Conti l'a logé à l'hôtel de Saint-Simon, en-
« ceinte du Temple, où ledit Arménien a eu tous les jours nom-
« breuse cour, en hommes et en femmes. Il s'est promené tous les
« jours sur le boulevard, dans la partie la plus proche de son loge-
« ment. Cette affectation de se montrer a choqué le ministre. On
« lui a fait dire par la police de partir sans délai ». (*Corresp.*, t. V, page 124). Encore un mensonge dont il est facile de faire justice. Voici ce que Rousseau écrivait, à Strasbourg, au libraire Guy, le 7 décembre 1765 : « Je vous prie en grâce *de ne pas annoncer mon*
« *arrivée, et de ne pas parler de moi à qui que ce soit,* hors le seul
« M. de Luze ou Mme de Verdelin. Si vous me décelez, je serai ac-
« cablé de curieux, qui, sous le nom d'amis, ne me laisseront pas
« le temps de voir vos feuilles (celles du *Dictionnaire de musique*,
« alors sous presse). A l'égard de la *sûreté*, je suis certain de l'avoir
« entière ; et quand je ne l'aurais pas, que fera-t-on désormais à
« un homme qui a pris son parti sur la vie et la liberté ? Qu'ils se
« satisfassent tout à leur aise : j'ai vécu, je les mets au pis. » Le 4 novembre, il écrivait au même : « Ce n'est ni au Parlement, ni
« au gouvernement que je veux me cacher, mais aux importuns ». (*Œuvres inédites*, t. I, pages 205 et 207). Arrivé à Paris, il écrivait à du Peyrou : « J'ai le plus grand besoin de repos, je sortirai le
« moins que je pourrai ; je ne veux pas m'exposer derechef aux
« dîners et aux fatigues de Strasbourg, etc. » (17 décembre 1765).

A d'Ivernois, 28 décembre 1765 : « J'apprends que M. le prince
« de Conti a la bonté de me faire préparer un logement au Temple ;
« je ne pourrai guère me dispenser d'accepter cet honneur, etc. »

A du Peyrou, le 1er janvier 1756 : « Je suis ici comme San-
« cho dans son île de Barataria, en représentation toute la journée.
« J'ai du monde de tous les états, depuis l'instant où je me lève,
« jusqu'à celui où je me couche ; je suis forcé de m'habiller en pu-
« blic. *Je n'ai jamais tant souffert;* mais heureusement cela va

« finir, etc. » A M. de Luze, 26 décembre 1765 : « Je ne saurais « durer plus longtemps sur ce théâtre public. Pourriez-vous, par « charité, *accélérer un peu notre départ ?* »

Ces citations prouvent que Rousseau se montra fort peu au dehors, tant par répugnance pour l'effet public, qu'à cause des visites dont il était accablé, et qui ne devaient guère lui permettre *ces promenades de tous les jours en costume arménien*. Il ne voulait ni se donner en spectacle, ni se cacher. Quant à l'appareil de grandeur dont il était entouré, il est clair que, loin d'en tirer vanité, il en était gêné au point de désirer le moment du départ. Grimm, dans cette occasion, s'est donc montré aussi haineux, aussi menteur que dans toutes les autres.

Le rôle que Grimm attribue à M. de Choiseul est très-réel. Le 2 février 1767, Hume écrivait à Mme de Boufflers : « Ceci arriva « deux jours avant mon départ de Paris, et *étant pressé par les or-* « *dres de M. de Choiseul à M. Rousseau,* je n'eus pas le temps de « chercher une autre maison » (Musset-Pathay, *Histoire de Rousseau,* t. Ier, p. 106). Ainsi, le premier ministre de la monarchie française ne dédaigna pas de remplir, dans cette occasion, les fonctions un peu vulgaires de lieutenant de police. C'est la première fois qu'il paraît à découvert ; mais c'est d'une manière si mesquine, si basse même, que par cela même il dévoile son influence antérieure sur la destinée de Rousseau, et celle qu'il va exercer encore. Musset-Pathay dit que le décret n'étant pas révoqué, M. de Choiseul, pour ménager le Parlement, se trouva dans la nécessité d'intimer un ordre de départ. A cela je réponds qu'il est singulier que M. de Choiseul n'ait pu souffrir que Rousseau se montrât sur le boulevard, *tout près de son logement,* lui qui avait permis qu'il restât près d'un mois et demi à Strasbourg, et qu'il y fût fêté publiquement. Quand, après son retour d'Angleterre, Rousseau vint habiter le château de Trye, les circonstances étaient absolument les mêmes ; l'arrêt subsistait toujours, et cependant il ne fut ni arrêté ni expulsé. Il est vrai qu'il avait changé de nom, et que Trye était hors de la juridiction du Parlement de Paris ; mais le Temple était également un asile inviolable ; comment le prince de Conti, peu endurant, comme on sait, souffrit-il que le premier ministre se permît d'attenter à ses droits, en ordonnant le départ d'un homme qui était sous sa protection particulière, et *logé chez lui ?* Mais admettons la raison d'État ; quand Rousseau quitta Trye, il aurait dû être immédiatement arrêté, ou recevoir au moins l'ordre de sortir de France. On le laissa libre. Objectera-t-on de nouveau le faux nom qu'il portait? mais quelque temps après il reprit son nom véritable, et revint à Paris, sans qu'on songeât à exécuter l'arrêt du Parlement. Puis, croit-on sérieusement que ce faux nom eût été un obstacle, si on eût voulu sévir? On savait bien qu'à la première interrogation, le sincère Rousseau se fût nommé. Pourquoi donc cet ordre de départ que rien ne motivait? C'est que le voyage d'Angleterre était une affaire concertée d'avance, et qu'on avait hâte d'ouvrir cette nouvelle scène d'iniquité. Mais n'anticipons pas sur la discussion. Ce qu'il y a de sûr, c'est que le procédé de M. de Choiseul ne peut s'expliquer par le motif politique objecté par Musset-Pathay. Ce trait sur le premier ministre, échappé à la plume habituellement si cauteleuse de Grimm, est une de ces inadvertances, au moyen desquelles la Providence fait concourir les fourbes mêmes à la manifestation de la vérité. Cette réflexion m'amène naturellement à parler d'une découverte bien autrement importante. Au mois d'août 1820, cinquante-quatre ans après l'affaire de Hume avec Rousseau, et lorsque l'opinion semblait irrévocablement fixée sur la *générosité* du protecteur et sur l'*ingratitude* du protégé, un Anglais, dont j'ignore le nom, publia à Londres un recueil de lettres de Hume, Rousseau, Mme de Boufflers et Milord Maréchal, sous ce titre : *Private correspondence of David Hume between the years 1761 and 1776.* Ce recueil, composé, en partie, de lettres inédites, n'a pas été traduit en français. Musset-Pathay, qui en a parlé le premier, dit qu'il doit à l'obligeance du savant Depping, polygraphe allemand, la connaissance du seul exemplaire qui existât à Paris. On verra bientôt quelle lumière inespérée cette découverte a jetée sur la question. Revenons aux faits.

Ce fut pendant le séjour de Rousseau à Paris, que Walpole, cet ami de Rousseau, si *zélé*, si *hospitalier*, suivant Mme de Verdelin, composa et publia la fausse lettre du roi de Prusse, qu'il est nécessaire de publier en entier : « Mon cher Jean-Jacques, vous avez re-
« noncé à Genève, votre patrie ; vous vous êtes fait chasser de la
« Suisse, pays tant vanté dans vos écrits ; la France vous a décrété.
« Venez donc chez moi. J'admire vos talents, je m'amuse de vos
« rêveries, qui, soit dit en passant, vous occupent trop et trop long-
« temps. Il faut à la fin être sage et heureux. Vous avez assez fait
« parler de vous par vos singularités, peu convenables à un vérita-
« ble grand homme ; démontrez à vos ennemis que vous pouvez
« avoir quelquefois le sens commun : cela les fâchera sans vous faire

« tort. Mes États vous offrent une retraite paisible. Je vous veux du
« bien et vous en ferai, si vous le trouvez bon ; mais si vous vous
« obstinez à refuser mes secours, attendez-vous que je ne le dirai
« à personne. Si vous persistez à vous creuser l'esprit pour trouver
« de nouveaux malheurs, je suis roi, je puis vous en procurer au
« gré de vos souhaits ; et, ce qui sûrement ne vous arrivera pas *vis-
« à-vis* de vos ennemis, je cesserai de vous persécuter, quand vous
« cesserez de mettre votre gloire *à l'être.* »

Walpole raconte dans ses œuvres, tome V, p. 129, que « s'étant
« amusé chez Mme Geoffrin à plaisanter sur Rousseau, il avança des
« propositions qui *divertirent* la compagnie. De retour chez lui, il
« écrivit une lettre qu'il fit voir à Helvétius et au duc de Nivernais.
« Ceux-ci en furent si contents, qu'après avoir indiqué *plusieurs*
« *fautes de langage à corriger*, ils engagèrent l'auteur à la publier. »
Rousseau dit de cette lettre, qu'elle est *pleine de la plus cruelle malignité*, ce qui est vrai ; cependant voici *l'adorable* Mme Geoffrin ; le
bienfaisant Helvétius, l'*aimable* duc de Nivernais, tous gens à qui
Rousseau n'avait pas fait la moindre offense, qui, de gaieté de cœur,
applaudissent à la satire de Walpole contre un proscrit, et l'encou-
ragent à la publier. Je recommande ceci aux gens qui crient si facilement à l'exagération quand on leur parle des *haines instinctives*
contre Rousseau. « D'Alembert et Mme du Deffand, dit Musset-Pa-
« thay, passèrent pour avoir travaillé à cette lettre, qui n'est pour-
« tant pas un chef-d'œuvre, pour être l'enfant de tant de gens d'es-
« prit. » J'ajoute que la dernière phrase contient deux fautes de
français, dont une assez grossière ; je dirai tout à l'heure pourquoi
elles y sont.

La lettre de Walpole parut vers la fin de décembre, pendant que
Rousseau était encore à Paris ; mais il n'en eut connaissance qu'après
son arrivée en Angleterre. La date ci-dessus est établie, d'abord
par les Mémoires secrets de Bachaumont (tome XI, p. 277, 28 décembre 1765 ; et par une lettre du même jour, de Mme du Deffand, à
Voltaire. « Savez-vous, lui disait-elle, que Jean-Jacques est ici ?
« M. Hume lui a ménagé un établissement en Angleterre ; *je vous
« envoie une plaisanterie d'un de mes amis.* »

« Hume, dit à ce sujet Musset-Pathay, avait si peu ménagé l'éta-
« blissement de Rousseau, qu'il mit plus de *six semaines* à lui trou-
« ver un asile. Il est bon de noter cette circonstance pour montrer
« l'importance que se donnait David qui voyait souvent la marquise.
« La lettre fut donc faite pendant que Hume et Rousseau se liaient.

« L'un d'eux connut la plaisanterie dont l'autre était l'objet ; on « prit des mesures efficaces pour que ce dernier l'ignorât » (*Hist.* « tome Ier, page 108).

On va voir, dans l'instant, que non-seulement Hume connut ce que Mussel-Pathay a l'indulgence d'appeler une *plaisanterie*, mais que son titre de protecteur et d'ami ne l'empêcha pas de s'allier aux diffamateurs de Rousseau.

Arrivé à Londres dans les premiers jours de janvier 1766, Rousseau fut installé par Hume dans un village nommé Chiswich, à deux lieues de cette capitale. Le 16 février suivant, le *protecteur* écrivit la lettre suivante à la marquise de Barbantane, une de ses admiratrices : « Vous avez été embarrassée par des données contra-
« dictoires sur le caractère de M. Rousseau. Ses ennemis ont fait
« naître des doutes sur sa sincérité ; vous m'avez demandé mon
« opinion ; après l'avoir examiné sous tous les points de vue, je suis
« maintenant en état de le juger. Je vous déclare que je ne connus
« jamais un homme plus aimable et plus vertueux. Il est doux,
« modeste, aimant, désintéressé, doué d'une sensibilité exquise. En
« lui cherchant des défauts, je n'en trouve d'autres qu'une extrême
« impatience, de la susceptibilité, *et une disposition à nourrir con-*
« *tre ses meilleurs amis d'injustes soupçons. Je n'en ai vu aucun*
« *exemple ; mais ses querelles avec d'anciens amis me le font présu-*
« *mer.* Quant à moi, je passerais ma vie dans sa société, sans qu'il
« s'élevât aucun nuage entre nous. Il a dans ses manières une sim-
« plicité remarquable ; c'est un véritable enfant dans le commerce
« ordinaire. Cette qualité, jointe à sa grande sensibilité, fait que
« ceux qui vivent avec lui peuvent le gouverner facilement. En
« voici une preuve : il m'a montré des lettres de Corse dans les-
« quelles on l'invitait à venir dans le pays pour y donner des lois. Il
« consulta Thérèse, et la répugnance de cette femme le fit renoncer
« à son projet. Son chien le rend esclave. Ce n'est qu'avec la plus
« grande peine que je suis parvenu à l'en séparer pour l'amener
« dans la loge de Garrick, où il avait promis de se rendre pour être
« vu du roi et de la reine. *Je l'ai mis* dans un village à six milles de
« Londres, mais il persiste à vouloir un isolement plus complet. Il
« va bientôt partir pour le pays de Galles, *malgré tous les obstacles*
« *que j'ai fait naître contre ce projet. Dites à Mme de Boufflers que*
« *la seule plaisanterie que je me sois permise relativement à la lettre*
« *du roi de Prusse, a été faite par moi à la table de lord Osory.* »
Cette plaisanterie est celle qui termine la lettre, comme on le verra

plus tard dans une autre lettre de Mme de Boufflers, et c'est la plus offensante; car elle fait supposer que Rousseau tirait vanité de ses malheurs; ce qui équivaut à le traiter de tartufe et d'histrion. Qu'on ne croie pas, du reste, que cet aveu de Hume soit une affaire de sincérité. Mme de Boufflers, instruite, à ce qu'il paraît, de la *plaisanterie*, voulut savoir s'il en était réellement l'auteur; je prouverai en son lieu qu'il ne risquait rien à s'accuser.

La lettre que je viens de citer fait partie du recueil anglais dont il a été parlé ci-dessus. Constatons avant tout ce fait capital, *la participation de Hume à la rédaction de la fausse lettre du roi de Prusse*; c'est-à-dire à un acte d'ironie cruelle contre un homme malheureux que, lui Hume, avait recherché, dont il se disait l'ami et le protecteur, et qui avait remis son sort entre ses mains. On conçoit maintenant les deux fautes de la phrase finale de cette lettre. Cette phrase était de l'Ecossais Hume, qui écrivait assez mal le français, comme on en peut juger par sa lettre à Mme de Barbantane. Il est probable que, pour ne pas trop se trahir, il ne communiqua sa portion de satire qu'à Walpole seulement, et après que le reste de la lettre eut été corrigé par MM. Helvétius et de Nivernais. Walpole, étranger lui-même, ne vit pas ces fautes, qui sont, en quelque sorte, le cachet du perfide auteur de la phrase. J'aime à croire que, pour un grand nombre de lecteurs, la question est déjà décidée par le seul fait de la complicité de Hume dans la lettre de Walpole; mais il y en a bien davantage, je le sais, à qui cette preuve, tout accablante qu'elle est, ne suffira pas (¹). Je ne me crois donc pas dispensé de la longue discussion qui compose ce chapitre, et par laquelle j'espère que l'infamie de Hume sera démontrée dix fois au lieu d'une. Reprenons sa lettre à Mme de Barbantane. Elle commence par des éloges affectés dont il ne faut pas être dupe, car ils sont évidemment destinés à sauver l'odieux des insinuations qui viennent après. Hume ridiculise la faiblesse de Rousseau pour sa compagne et pour son chien; il parle de son impatience, de sa *susceptibilité, de ses soupçons contre ses meilleurs amis;* il ajoute avec une sincérité hypocrite *qu'il n'en a vu aucun exemple*, mais il a soin de rappeler les querelles de Rousseau avec *d'anciens amis*. Ce trait est maladroit; il trahit déjà de la sympathie, et des relations intimes avec ces anciens amis, et nous verrons bientôt que tout cela

---

(¹) Elle n'a pas empêché M. Petitain de déclarer que Rousseau avait été *absurde* et *injuste* envers Hume.

existait. En outre, Hume, en s'exprimant ainsi, fait pressentir qu'il sera bientôt traité comme tous les autres. Cependant, jusqu'alors Rousseau avait en lui la plus entière confiance, il lui témoignait l'affection la plus vive. Pourquoi donc cette singulière prévision? Sur cela seul, ne pourrait-on pas soupçonner qu'il s'arrangeait d'avance pour que les choses tournassent ainsi? Et ce soupçon devient certitude, maintenant qu'on sait que lorsque Hume écrivait cette artificieuse lettre à Mme de Barbantane, il était le complice de Walpole dans la rédaction de celle du roi de Prusse. Voilà donc déjà le protecteur de Rousseau coupable envers lui de deux fourberies odieuses et parfaitement prouvées. Continuons. On remarquera que Hume répugnait à ce que Rousseau s'éloignât de Londres. Celui-ci s'en plaignit à Mme de Boufflers (18 janvier 1766) et à du Peyrou (2 mars même année). « Certaines instructions, dit-il à ce dernier, « m'ont un peu dégoûté, non pas du pays de Galles, mais de la « maison que j'y devais habiter. Je ne sais encore où je me fixerai. « Chacun me tiraille de son côté, et *quand je prends une résolution,* « *tous conspirent à m'en faire changer.* » Ces procédés ne sont pas faciles à expliquer. Hume pensait-il que ses plans seraient plus faciles à réaliser, Rousseau restant à Londres, et par conséquent sous sa dépendance, ou bien, connaissant le projet qu'il avait formé d'écrire ses mémoires, espérait-il abuser de l'intimité pour se les faire communiquer ou pour les soustraire? On verra par la suite que rien de tout cela n'est inadmissible. Pour le moment, on peut toujours affirmer que le but *du collaborateur de Walpole* ne pouvait être bienveillant.

Après un séjour de deux mois, tant à Londres qu'à Chiswich, Rousseau se fixa enfin à Wooton, village du comté de Derby, à cinquante lieues de Londres. Son hôte, M. Davenport, Anglais riche et distingué, mit toute sa maison de campagne à sa disposition; mais, s'il faut en croire Hume, Rousseau exigea qu'il reçût un loyer annuel de 30 livres sterling. Je dirai ailleurs les raisons qui me font douter de la réalité de ce fait.

Je m'arrête ici pour recommander la lecture de toute la lettre de Rousseau à Hume, datée du 10 juillet 1766, et à laquelle rien ne saurait suppléer. Il est important de se rappeler que cette lettre s'adresse à Hume seul, et qu'elle n'est connue que parce que ce fourbe eut l'habileté de la rendre publique. Cela étant, on concevra que certains articles, très-intelligibles pour lui, le soient très-peu pour des tiers. Je serai donc forcé de joindre à l'analyse rapide du texte de Rousseau quelques faits importants qui ne s'y trouvent pas, et d'éclaircir tout ce qui n'y sera pas d'une lucidité parfaite.

Rousseau, dans cette lettre, suppose que Hume fut jaloux de l'accueil qu'il avait reçu à Paris. Pourquoi se ferait-on scrupule de voir un envieux dans celui qu'on sait déjà être un perfide? « Nous « sommes fêtés en arrivant à Londres, dit Rousseau, on s'empresse « dans tous les états à me marquer de la bienveillance... Mon atta- « chement pour M. Hume prenait chaque jour de nouvelles forces; « le sien pour moi paraissait des plus tendres, il m'en a donné « quelquefois des marques dont je me suis senti très-touché. Celle de « faire mon portrait en grand ne fut pourtant pas de ce nombre. « Cette fantaisie me parut trop affichée; c'est tout ce que j'aurais pu « passer à M. Hume s'il eût été homme à jeter son argent par les fe- « nêtres, et qu'il eût eu dans une galerie le portrait de tous ses amis. « Au reste, j'avouerai sans peine qu'en cela je puis avoir tort. » Non, il n'avait pas tort, mais il ignorait, en écrivant cela, que cet homme si tendre, si pressé de faire à *ses frais* le portrait de son ami, venait de le frapper lâchement par derrière dans la satire de Walpole. Je reparlerai de ce portrait. Maintenant, pourquoi ces démonstrations affectées? C'était pour donner de l'éclat au rôle d'ami; voyons ce que Hume fit pour rehausser celui de bienfaiteur. Il s'empressa de solliciter une pension royale pour Rousseau, qui ne l'accepta qu'à la condition qu'il obtiendrait le consentement de Milord Maréchal, dont il avait précédemment refusé les bienfaits (voyez sa lettre du 31 mars 1764). Ce consentement fut accordé. Le roi d'Angleterre avait exigé que cette faveur fût tenue secrète; Rousseau se conforma religieusement aux intentions de son bienfaiteur. Nous verrons bientôt que Hume, dont cette clause gênait la vanité, ne fut pas aussi scrupuleux. Quand ce qu'on sait déjà de ses procédés perfides per- mettrait de se faire illusion sur l'intention qui lui fit solliciter la pension royale, il serait impossible de ne pas voir de l'ostentation dans cette manière bruyante de manifester son amitié. « Je ne venais « pas, dit Rousseau, quêter du pain en Angleterre, j'y venais cher- « cher un asile, il y est ouvert à tout étranger. » Ces réflexions sont justes, et le deviennent bien davantage, quand on pense que le *bienfaiteur* venait de s'unir aux ennemis de son protégé, pour le bafouer et pour déshonorer son caractère.

Peu de temps après l'arrivée de Rousseau à Londres, les pa- piers publics, jusqu'alors pleins de ses éloges, commencèrent à le traiter d'une manière *équivoque* ou *malhonnête*. Des biographies mensongères, malveillantes, y furent insérées ; on n'y parla point de l'accueil qu'il avait reçu à Paris, *on ne supposait même pas qu'il eût osé y paraître.* Rousseau s'étonne avec raison que la présence de Hume, si répandu, si influent à Londres, eût produit cet effet, et *que parmi tant d'écrivains, pas un de ses amis ne se montrât le sien.* « On « voyait bien, dit-il, que ceux qui parlaient de moi n'étaient pas ses « ennemis, puisqu'en faisant sonner bien haut son caractère public, « ils disaient que j'avais traversé la France sous sa protection, à la « faveur d'un passe-port qu'il m'avait obtenu de la cour, etc. » Les amis de Hume, d'abord très-accueillants, prirent bientôt avec Rousseau des manières *bizarres, choquantes même.* Comme on ne manquera pas de mettre cela sur le compte d'une illusion, je n'insiste pas. Cependant, il est difficile de croire que Rousseau ait pu être dans l'erreur sur des faits aussi positifs que ceux qu'il énumère dans sa lettre; ainsi, il faut bien le croire quand, *parlant à Hume lui-même*, il lui rappelle des flagorneries de sa façon, et tellement grossières, *qu'il ne put s'empêcher de lui en dire son sentiment.* Celle qui se rapporte à *la Nouvelle Héloïse* est surtout frappante. L'affectation des amis de Hume à offrir leur bourse à un homme qui ne demandait rien, ne peut être non plus regardée comme une vision. Il s'agit ici de démarches réelles, au sujet desquelles Rousseau en appelle à Hume, qui en avait été témoin et probablement instigateur. Quant au procédé, Rousseau a raison de le trouver insupportable, et de dire que « ce n'est pas sur ce pied qu'il faut présenter en « Angleterre un homme auquel on veut attirer un peu de consi- « dération. »

La lettre du roi de Prusse paraît à Londres. « J'apprends, dit « Rousseau, que c'est un M. Walpole, *ami de M. Hume*, qui répand « cette lettre ; je lui demande si cela est vrai ; *il me demande de qui* « *je le tiens ;* un moment avant, il m'avait donné une carte pour ce « même Walpole, afin qu'il se chargeât de *papiers importants* et que « je veux faire venir de Paris en sûreté. » La réponse de Hume, au sujet de son associé Walpole, n'a rien de surprenant ; mais le trait relatif aux papiers cachait une nouvelle perfidie. Ces papiers consistaient dans un recueil de lettres et de notes dont Rousseau avait besoin pour rédiger ses mémoires. On en trouve la preuve dans divers passages de sa correspondance avec du Peyrou, et surtout dans le suivant (14 mars 1766) : « M. Hume m'a donné l'adresse « ci-jointe pour son ami M. Walpole, qui part de Paris dans un mois « d'ici ; mais, par des *raisons trop longues à déduire* par lettres, je

« voudrais qu'on n'employât cette voie que faute de toute autre. »
On voit par là que déjà Rousseau commençait à être sur ses gardes, et que Hume avait un grand désir de saisir au passage les matériaux des *Confessions*. Le mot d'ordre lui venait certainement de Paris, où l'on savait depuis longtemps que Rousseau avait le projet d'écrire cet ouvrage. Ainsi, le pamphlet de Walpole paraît à Londres, Rousseau l'apprend par son ami du Peyrou (15 mars 1766); *Hume ne lui avait rien dit*, et l'on a vu sa réponse audacieuse quand Rousseau lui parla du libelle et de son auteur ! En vérité, je ne prendrais pas la peine d'aller plus loin, si je ne savais à quel point l'opinion est faussée sur ce sujet.

J'ai fait remarquer ailleurs (chap. IV, p. 126) l'intimité de Hume avec le fils de Tronchin, et le propos qu'il tint sur cette circonstance; j'y joins l'accueil outrageant que Rousseau et sa compagne reçurent dans la maison de Hume, où ils logèrent pendant quelques jours, et certaines manœuvres de lettres très-extraordinaires. Déjà, en écrivant à du Peyrou (2 mars 1766), Rousseau commençait à soupçonner que ses lettres étaient ouvertes et même retenues. Sa lettre du 14 mars au même exprime encore plus de craintes sur cet article. La scène du coin du feu, racontée dans la lettre du 10 juillet 1766, est encore plus frappante ; et je rappellerai de nouveau que, dans ce récit, Rousseau s'adresse à Hume ; qu'il lui oppose des faits qui se sont passés entre eux deux, et que par conséquent on peut bien supposer l'erreur, mais non le mensonge. Cette scène singulière avait profondément frappé l'imagination de Rousseau, et cette impression l'avait suivi dans sa solitude. Il commençait à douter sérieusement du caractère de son faux bienfaiteur. « Avant de me dé« cider, dit-il, je voulus faire un dernier effort et lui écrire pour le
« ramener, s'il se laissait séduire par mes ennemis, ou pour le faire
« expliquer de manière ou d'autre. Je lui écrivis donc une lettre
« qu'il dut trouver fort naturelle s'il était coupable, mais fort ex« traordinaire s'il ne l'était pas ; car, quoi de plus extraordinaire
« qu'une lettre pleine, à la fois, de *gratitude sur ses services et*
« *d'inquiétudes sur ses sentiments*, et où mettant, pour ainsi dire,
« d'un côté ses actions et de l'autre ses sentiments, au lieu de parler
« des preuves d'amitié qu'il m'avait données, *je le prie de m'aimer*
« *à cause du bien qu'il m'avait fait ?* Je n'ai pas pris mes précautions
« d'assez loin pour garder copie de cette lettre, mais puisqu'il les a
« prises, lui, qu'il la montre, et quiconque la lira, y voyant un
« homme tourmenté d'une peine secrète qu'il veut faire entendre et

« qu'il n'ose dire, sera curieux, je m'assure, de savoir quel éclair-
« cissement cette lettre aura pu produire, surtout à la suite de la
« scène précédente (celle du coin du feu). Aucun, rien du tout.
« M. Hume se contente en réponse de me parler des soins obligeants
« que M. Davenport se propose de prendre en ma faveur ; du reste,
« pas un mot sur le principal sujet de ma lettre ni sur l'état de mon
« cœur dont il devait si bien voir le tourment. Je fus frappé de ce
« silence encore plus que je ne l'avais été de son flegme à notre
« dernier entretien. J'avais tort, ce silence était très-naturel après
« l'autre, car lorsqu'on a osé dire à un homme : je suis tenté de
« vous croire un traître, et qu'il n'a pas la curiosité de demander
« sur quoi, on peut compter qu'il n'aura cette curiosité de sa vie,
« *et pour peu que les indices le chargent, cet homme est jugé.* » La
lettre dont parle ici Rousseau, est du 22 mars 1766. Au premier
abord, il n'est pas facile d'y apercevoir l'intention qu'il a voulu y
exprimer, mais Hume ne pouvait s'y méprendre. La scène du coin
du feu lui avait déjà fait connaître les inquiétudes secrètes de Rousseau ; celles de la lettre du 22 mars, toutes vagues qu'elles étaient,
auraient dû achever de l'éclairer ; un homme qui n'eût eu rien à se
reprocher, eût immédiatement demandé des explications. Hume se
tut, et Rousseau a raison de dire que, par cela seul, il est jugé.
Quelque temps après, Hume, en répondant à cette lettre, marqua à
Rousseau qu'il *en était très-content et qu'il la trouvait fort bien.*
Cela se conçoit parfaitement ; l'homme que la scène du coin du feu
avait trouvé impassible, n'avait garde de s'émouvoir pour une lettre
qui disait bien moins. On notera que dans cette même lettre du 22
mars, Rousseau se plaignait assez amèrement à son patron d'avoir
été trompé sur les frais de la voiture qu'il avait prise pour se rendre de Londres à Wooton. Hume l'avait accompagné dans ce
voyage, et, fidèle à son système de munificence, il avait diminué la
note des dépenses. Je parlerai ailleurs de cet incident de voiture,
me bornant à dire ici que Hume ne répondit absolument rien à des
reproches assez mortifiants pour attirer son attention, en supposant
qu'il n'eût pas saisi le sens du reste de la lettre. Rousseau dit, dans
celle du 10 juillet 1766, qu'après la réception de la réponse de
Hume, il résolut de ne plus lui écrire. C'est de sa part un oubli.
On a encore une lettre de lui adressée à Hume et datée du 29 mars
1766 ; à en juger par les détails, c'est une réponse. Il s'est aussi
trompé quand il dit que celle de Hume *tarda beaucoup*, puisqu'il
n'y a que sept jours d'intervalle entre les dates des deux lettres.

Hume, dans son *Exposé succinct*, n'a pas manqué de relever cette erreur qui est sans importance. Rousseau ne s'adressait pas au public, comme l'Ecossais eut l'art de le faire ; il parlait *à Hume seul*. Il est absurde de supposer de la mauvaise foi chez un homme qui, dans une lettre particulière, rend son ennemi juge de sa propre cause.

Musset-Pathay a complétement pris le change sur le sens de la « lettre du 22 mars 1766. Voici ce qu'il en dit : « Les deux premiè-« res lettres que Rousseau écrit de Wooton à D. Hume sont rem-« plies d'expressions de reconnaissance et d'amitié ; mais dans « une autre, écrite à d'Ivernois (31 mars 1766), il commence à se « plaindre amèrement de Hume, qu'il accuse d'être lié avec ses plus « dangereux ennemis, etc. *Cette révolution est arrivée dans l'espace* « *de vingt-quatre heures,* car la lettre amicale qu'il venait d'écrire « à David porte la date du 29 mars » (*Histoire*, t. Ier, p. 116). Musset-Pathay suppose que cette *révolution* est l'effet du *caractère de Rousseau* et *de la solitude.* Il ne se rappelait donc pas les explications sur le sens de la lettre du 22 mars, que je viens de citer textuellement ; il oubliait aussi la scène du coin du feu, qui avait déjà profondément altéré la confiance de Rousseau. Hume, dans son *Exposé succinct,* affecte de dire que la lettre du 22 mars est *pleine de cordialité* et *sans la moindre apparence de soupçon ;* il savait bien le contraire, mais il savait aussi que le public ne pouvait manquer de s'y tromper. C'est précisément la bévue que Musset-Pathay a commise. Quant à la lettre du 29 mars, elle est familière, mais sans être *amicale ;* elle ne contient pas, comme la précédente, des traits d'humeur et de défiance, mais il est certain, par tout ce qui s'était passé antérieurement, et par ce que dit Rousseau dans sa lettre du 10 juillet à Hume, qu'il avait déjà cessé de regarder cet homme comme un ami. L'idée de *révolution subite arrivée en vingt-quatre heures* est donc inadmissible. Il reste à expliquer la différence très-grande, en effet, entre le ton de la lettre du 29 mars adressée à Hume, et celui de la lettre du 31 mars adressée à d'Ivernois. Un peu d'attention eût fourni à Musset-Pathay la solution de cette difficulté. D'abord, le 29 mars, date de la lettre à Hume, Rousseau écrivait à du Peyrou : « Je sens tous les jours mieux que *je n'ai* « *que deux amis sûrs.* Ne donnez à mon sujet votre confiance qu'au « *seul* Milord Maréchal. » Il est clair que l'autre ami est du Peyrou, et que Hume est exclu. La lettre du 29 mars ne pouvait donc être *amicale.* « Je n'entends plus parler de l'impression de vos lettres,

« ajoute Rousseau ; cela, et *d'autres choses*; me rendent le libraire
« de Hondt un peu suspect. » Je prouverai tout à l'heure que ces
soupçons regardaient Hume. Mais voici qui est plus concluant encore. Rousseau, dans sa lettre du 10 juillet, après avoir parlé de sa
résolution de rompre avec Hume, s'exprime ainsi : « *Dans le même*
« *temps* (c'est-à-dire à l'époque où la lettre du 29 mars fut écrite),
« je reçois encore deux lettres, qui ont été ouvertes, une de
« M. Boswel, dont le cachet était en si mauvais état, que M. Da-
« venport, en la recevant, le fit remarquer au laquais de M. Hume,
« et l'autre de M. d'Ivernois (celle à laquelle il répondit le 31 mars),
« dans un paquet de M. Hume, laquelle avait été recachetée au
« moyen d'un fer chaud, qui, maladroitement appliqué, avait brûlé
« le papier autour de l'empreinte. J'écrivis à M. Davenport, pour
« le prier de garder pardevers lui toutes les lettres qui lui seraient
« remises pour moi, et de n'en remettre aucune à personne, sous
« quelque prétexte que ce fût. J'ignore si M. Davenport, bien éloi-
« gné de croire que cette précaution pût regarder M. Hume, lui
« montra ma lettre, mais tout disait à celui-ci qu'il avait perdu ma
« confiance, et qu'il n'en allait pas moins son train sans s'embarras-
« ser de la recouvrer. » La lettre du 31 mars à d'Ivernois fut nécessairement écrite après la découverte de ces faits ; et ce qui le prouve,
c'est qu'il y est question de *lettres décachetées* et de précautions à
prendre pour éviter *le dangereux entrepôt de M. Hume*. Cette lettre
était donc parfaitement motivée, et Musset-Pathay a manqué à la
fois de réflexion et d'équité, en attribuant la conduite de Rousseau
à un travers ridicule, coupable même, tandis qu'elle est si bien justifiée par les faits, et, de plus, si clairement décrite dans la lettre du 10
juillet 1766. Avec d'excellentes intentions, il est venu en aide au
fourbe qu'il a démasqué, aux préjugés publics qu'il a voulu détruire,
et m'a forcé à imposer au lecteur un lourd supplément de discussion.

On remarquera que, malgré tant d'indices accusateurs, Rousseau
n'osa pas encore se décider. Il dit à d'Ivernois, que *si Hume n'est
pas un fourbe, il aura intérieurement bien des réparations à lui faire*.
Ce scrupule est honorable et se retrouve souvent dans sa conduite.
Ce ne fut qu'après la publication à Londres de la fausse lettre du roi
de Prusse, qu'il comprit enfin à quelle espèce d'homme il avait affaire. Continuons à énumérer les circonstances de détail qui trahissent la tactique artificieuse de Hume.

On se rappelle que lors des avanies de Motiers, du Peyrou fit paraître a Neufchâtel des lettres apologétiques sur cet événement (voyez chap. IV, page 148). Rousseau pensa que la publication de ces lettres en Angleterre pouvait lui être utile. Hume, à qui il en parla et dont il ne se défiait pas encore, voulut se charger de les faire traduire (voyez la lettre de Rousseau à du Peyrou, 27 janvier 1766). Il eut même le soin hypocrite d'indiquer des corrections et des augmentations. « M. Hume, dit Rousseau, serait d'avis qu'on « fît encore une lettre sur ma retraite à l'île Saint-Pierre, puis à « Bienne, et enfin en France et ici. » Et là-dessus, le pauvre homme se livre à toute sa reconnaissance ! On trouve dans sa lettre cette phrase remarquable : « M. Hume me fera parvenir votre lettre » ; elle démontre que l'*entrepôt*, dont parlait Rousseau à d'Ivernois, était bien réel, et son but n'est pas maintenant difficile à pénétrer. Le 15 février 1766, Rousseau écrivait à du Peyrou qu'on travaillait à traduire ses lettres, mais *très-lentement* ; que la traduction étant *détestable*, il préférait supprimer le tout. Dans cette même lettre, Rousseau, en parlant de l'envoi des papiers que du Peyrou devait lui faire, lui dit : « Je ne puis me défendre d'être un peu inquiet, « vu l'*importance* dont ils sont pour les *recueils* dont je vais m'oc- « cuper. » Il s'agissait des matériaux des *Confessions*. Qu'on juge si Hume, qui s'était chargé de recevoir les lettres de Rousseau, de les lui expédier, et qui ne se faisait pas scrupule de les ouvrir, dut redoubler de surveillance pour tâcher de saisir au passage ces mystérieux papiers et peut-être de les détruire. Revenons aux lettres de du Peyrou. Hume s'arrangea de manière à ce qu'elles parussent le plus tard possible. En voici la preuve. Le 2 mars 1766 Rousseau écrivait à du Peyrou : « Je n'entends plus parler de vos lettres, ni « du libraire de Hondt. » 14 mars 1766, au même : « Je n'entends « plus parler des traductions de vos lettres. M. Hume m'a pourtant « dit qu'elles allaient leur train, *mais on ne m'a rien montré*. » Dans sa lettre du 10 juillet à Hume, Rousseau dit que les lettres de du Peyrou n'ont jamais paru, et il ajoute en note : « Les libraires vien- « nent de me marquer que cette édition est faite et prête à paraître. « Cela peut être, mais c'est trop tard, et, qui pis est, *trop à propos*. » Il faut expliquer cette expression : *et qui pis est, trop à propos*. Les lettres en question ne pouvaient guère former qu'une brochure de cent pages, à en juger par la place qu'elles occupent dans les éditions de Neufchâtel et de Genève. Les traduire était l'affaire d'un mois tout au plus, surtout si Hume, qui savait le français, eût voulu s'en occuper sérieusement. Le tout avait été commencé en février 1766 (voir la lettre de cette date à du Peyrou), et le 10 juillet suivant, époque à laquelle Rousseau s'expliquait avec Hume, rien n'avait encore paru. Près de cinq mois pour traduire et imprimer une mince brochure dans la capitale de l'Angleterre, cela peut-il s'expliquer naturellement ? Évidemment les lenteurs étaient calculées, et voici, à ce qu'il me semble, dans quel but. J'ai parlé plus haut du changement qui eut lieu à l'égard de Rousseau dans l'opinion publique et dans les journaux, dès que Hume fut de retour à Londres ; cette brusque transition ne peut être attribuée qu'à l'homme qui arrivait en Angleterre, déjà coupable d'avoir coopéré à la rédaction d'un pamphlet contre son protégé. Publier prématurément un écrit apologétique en faveur de Rousseau, c'était nuire à l'œuvre de sourde diffamation dont la lettre du roi de Prusse était le début. Au contraire, le répandre à l'époque où Rousseau, poussé à bout, éclatait enfin, était un trait d'habileté. En effet, Hume, après la lettre du 10 juillet, jeta son masque et cria de toutes ses forces à l'*ingrat* et au *scélérat*. Dès lors, les lettres de du Peyrou devenaient insignifiantes, nuisibles même. Le public anglais dut dire que celui qui s'était montré ingrat envers un ami comme Hume, pouvait bien aussi avoir tort dans une affaire de moindre importance. En outre, la lettre du roi de Prusse ayant insinué que ses malheurs étaient imaginaires, et qu'il se complaisait dans le rôle de martyr, on en concluait que l'apologie de du Peyrou était mensongère, et que Rousseau n'avait désiré sa publication en Angleterre que pour y continuer la comédie qu'il venait de jouer en Suisse. Hume put d'autant mieux faire ce calcul, qu'il connaissait parfaitement le public anglais ; et, en effet, ce public se montra si léger, si dédaigneux, si *français*, en un mot, qu'on peut sans scrupule adopter mon explication (voyez, pour ce qui regarde les dispositions des Anglais, à Londres, les lettres de Rousseau à lord... et à M..., avril 1766).

Rousseau, en lisant la lettre du roi de Prusse, crut y reconnaître la plume de d'Alembert. « A l'instant, dit-il, un trait de lumière « vint m'éclairer sur la cause secrète du changement étonnant et « prompt du public anglais à mon égard, et je vis à Paris le foyer du « complot qui s'exécutait à Londres. » Ici, comme dans l'affaire de Vernes, il eut le tort de s'abandonner trop facilement à sa première impression ; mais, outre que ce qu'il dit du complot est parfaitement exact, il ne se trompait guère relativement à d'Alembert. On verra bientôt que si celui-ci ne rédigea pas la lettre, il fut un des éditeurs du plaidoyer de Hume, et que d'ailleurs il prit, après la mort de

Rousseau, une bien lâche revanche dans l'éloge de Milord Maréchal. Il est bon de noter ici les questions sur d'Alembert, adressées par Hume, d'abord à Rousseau, puis à sa gouvernante, et la chaleur qu'il mit à justifier son ami accusé d'être *adroit et rusé* (voyez la lettre du 10 juillet). Enfin, je suppose qu'on aura aussi remarqué les doubles informations prises par Hume auprès de Rousseau et de Thérèse, relativement à ses ressources et à ses connaissances (même lettre); toutes ces menues données sont ennuyeuses, je le sais, mais leur ensemble a de l'importance. Lorsque la lettre du roi de Prusse parut à Londres, on a déjà vu que Hume n'en donna pas avis à Rousseau, et qu'il ne fit aucune protestation contre cet odieux libelle. De son côté, Rousseau, suffisamment éclairé sur son compte, au lieu de s'adresser à lui, écrivit aux rédacteurs du *Saint-James Chronicle*, journal dans lequel le pamphlet avait été inséré, une lettre contenant des reproches énergiques sur l'indécence de cette publication. Il ajoutait : « Je vous apprends, messieurs, que cette « lettre a été fabriquée à Paris, et ce qui navre et déchire mon « cœur, c'est que l'imposteur *a des complices en Angleterre*. » Ici, Rousseau désignait Hume, mais l'accusation ne pouvait être comprise que de Hume seul, et sa conscience dut lui apprendre qu'il était enfin jugé. Non-seulement il se tut, mais il eut la froide méchanceté de répandre que l'affliction de Rousseau était *celle d'un homme vain qu'une satire affecte beaucoup*. Comment douter après cela que le même traître qui avait bafoué son ami à Paris, ne fût coupable d'avoir publié à Londres le pamphlet de Walpole?

Bientôt après, la même feuille publia un autre pamphlet, « plus « cruel que le premier, dit Rousseau, et où l'auteur ne peut dé- « guiser sa rage sur l'accueil de Paris. » Je dirai plus loin quel était le but de ce nouvel outrage et de quelle main il partait.

L'affaire de la pension venait d'être terminée dans les bureaux du ministère. Hume en donna avis à Rousseau. Avant de poursuivre l'examen de cette démarche, j'ai des remarques importantes à faire. On sait déjà que le roi avait exigé que la pension serait tenue secrète; il est bon qu'on sache aussi avec quelle discrétion Hume se conforma aux ordres du monarque. Le 2 mai 1766, c'est-à-dire dans le temps où Rousseau, renonçant à toute relation avec son faux ami, lui laissait assez entendre qu'il était démasqué à ses yeux, l'imperturbable Hume osait écrire la lettre suivante à un ami de Rousseau, que je crois être M. de Luze, celui qui l'avait accompagné en Angleterre : « J'ai bien besoin d'apologies auprès de vous,

« monsieur, pour avoir tant tardé à vous écrire ; mais j'ai différé à
« vous répondre jusqu'à ce que *notre ami* fût établi. Il paraît être
« à présent dans la situation la plus heureuse, ayant égard à son
« caractère singulier. Il m'écrit qu'il est parfaitement content. »

Hume ment doublement ici. Il fait entendre que Rousseau vient de lui écrire cela, tandis que depuis le 29 mars il n'avait pas reçu un mot de lui ; en outre, il savait bien, par ce silence même, que Rousseau n'était pas parfaitement content.

« Il est à cinquante lieues éloigné de Londres, dans la province
« de Derby. M. Davenport, très-honnête homme et très-riche, lui
« donne une maison qu'il habite fort rarement, et comme il y en-
« tretient une table pour ses domestiques qui ont soin de la maison
« et des jardins, il ne lui est pas difficile *d'accommoder notre ami* et
« sa gouvernante de tout ce que des personnes si sobres peuvent
« désirer. Il a la bonté de prendre 30 livres sterling de pension,
« car sans cela *notre ami* n'aurait jamais mis le pied dans sa mai-
« son. »

Il est sûr que Rousseau payait pension à Wooton, on en a la preuve dans sa lettre à M. Davenport (30 avril 1767) ; cependant je soupçonne que Hume diminue ici le montant de cette pension, pour faire croire à une charité, car le 19 juillet 1766 Rousseau écrivait à du Peyrou. « Je vous suis obligé de la copie de la lettre de M. Hume ;
« c'est à peu près ce que j'imaginais. *L'article des 30 livres sterling*
« *m'a fait rire. Vous pourrez du moins juger par vous-même de ce*
« *qu'il en est.* » Du Peyrou devait venir à Wooton. Quant à cette lettre de Hume, c'est celle que je transcris et que M. de Luze avait communiquée à du Peyrou.

« S'il est possible qu'un homme *peut* vivre sans occupation, sans
« livres, sans société et sans sommeil, il ne quittera pas ce lieu sau-
« vage où tout semble concourir pour le rendre heureux ; mais je
« crains la faiblesse et l'inquiétude naturelles à tout homme, surtout
« à un homme de son caractère. *Je ne serais pas surpris qu'il quit-*
« *tât bientôt cette retraite,* etc. Mme de Boufflers vous a sans doute
« appris les bontés que le roi a eues pour lui. *Le secret qu'on veut*
« *garder sur cette affaire est une circonstance bien agréable à notre*
« *ami.* »

Ici, Musset-Pathay met en note : « Voilà *cinq ou six fois que Da-*
« *vid confie ce secret.* » Dans un autre endroit, il parle d'une *dou-*
zaine de personnes déjà instruites. Il en a sans doute trouvé la preuve dans la correspondance secrète de Hume ; comme ce recueil est

aujourd'hui introuvable à Paris, il m'a été impossible de m'en assurer. Mais il résulte toujours de la présente lettre, que Hume a confié le secret, d'abord à Mme de Boufflers, puis à l'ami auquel il écrit. Voici une autre preuve de son indiscrétion et en même temps de sa fourberie. Le 4 octobre 1766, Rousseau, écrivant à du Peyrou, lui citait un passage d'une lettre qu'il avait reçue de lui et qui était datée du 16 mars. « Si vous avez besoin d'un homme sûr, lui disait « du Peyrou, adressez-vous à mon ami à Cerjeat. *Il me mande que* « *le roi vous a offert une pension que vous avez refusée*, etc. » Les lettres mettant alors au moins quinze jours pour aller de Londres à Neufchâtel, ce M. Cerjeat n'avait pu écrire cela à du Peyrou que vers le 1er mars 1766 ; Hume avait donc déjà parlé de la pension à cette époque, c'est-à-dire *quatre mois avant la rupture*, et il fallait que le secret fût déjà bien ébruité pour que ce M. Cerjeat, qui ne paraît pas avoir eu de rapports personnels avec Hume, fût instruit. On voit par là à quel point Hume était pressé d'étaler son rôle de bienfaiteur ; on voit aussi qu'il accusait déjà Rousseau *d'avoir refusé la pension*, ce qui était faux, comme je vais le prouver ci-après.

« Il a, continue Hume, la faiblesse de vouloir se rendre intéres-
« sant en se plaignant de sa pauvreté et de sa mauvaise santé. Mais
« j'ai découvert, *par hasard*, qu'il a quelques ressources d'argent,
« très-petites à la vérité, mais qu'il nous a cachées en nous rendant
« compte de ses biens. Pour ce qui regarde sa santé, elle me paraît
« plutôt robuste qu'infirme, à moins que vous ne vouliez compter les
« *accès de spleen* auxquels il est sujet. C'est grand dommage, car il
« est fort aimable par ses manières, et d'un cœur honnête et sensi-
« ble ; mais ces accès l'éloignent de la société et donnent quelque-
« fois à sa conduite un air de bizarrerie et de violence, qualités qui
« ne lui sont pas naturelles. »

Musset-Pathay, à qui j'emprunte cette lettre, en a parfaitement senti la perfide adresse. Hume, prévoyant tout ce qui va résulter bientôt de ses manœuvres, annonce que Rousseau ne tiendra pas à Wooton ; il parle, comme jadis Diderot, des effets malheureux de la solitude sur son caractère ; autre bout d'oreille très-significatif. L'athée écossais et l'athée français étaient faits pour s'entendre ; ils s'étaient vus à Paris, et de là cette conformité d'avis. Je n'ai pas besoin de faire remarquer la malveillance du trait sur la santé. Il est notoire que Rousseau était atteint d'une maladie de vessie qui, sans danger par elle-même, n'en était pas moins cruelle ([1]). Quant

---

([1]) Voir, chap. viii, le procès-verbal d'autopsie du corps de Rousseau.

à l'affectation de pauvreté, il en sera question dans un autre endroit.

Rousseau fut aussi discret sur l'article de la pension que Hume le fut peu. Il n'en parla pas même à du Peyrou, son meilleur ami, son confident intime. Voici ce qu'il lui écrivait le 16 août 1766 : « Je « vous dirai seulement un mot de la pension du roi d'Angleterre « dont il a été question et *dont vous m'avez parlé souvent vous-* « *même. Je ne vous répondis pas* sur cet article, non-seulement à « cause du secret que M. Hume *exigeait* au nom du roi, et que je « lui ai fidèlement gardé, jusqu'à ce qu'il l'ait publié lui-même, etc. « Comme il répand partout qu'après avoir accepté la pension, *je l'ai* « *malhonnêtement refusée,* je vous envoie une copie de la lettre que « j'écrivis, à ce sujet, au ministre, par laquelle vous verrez ce qu'il « en est (c'est la lettre au général Conway, 22 mai 1766). Lorsqu'on « vous marqua (M. de Cerjeat, voyez pag. 183) que la pension m'a- « vait été offerte, cela était vrai ; mais lorsqu'on ajouta que je l'a- « vais refusée, cela était faux, car, au contraire, sans défiance alors « (mars 1766) sur la sincérité de M. Hume, je ne mis pour accepter « cette pension qu'une condition, savoir l'agrément de Milord Ma- « réchal que, vu ce qui s'était passé à Neufchâtel, je ne pouvais me « dispenser d'obtenir. Or, nous avions eu cet agrément avant mon « départ de Londres. Il ne restait de la part de la cour qu'à termi- « ner l'affaire, ce que je n'espérais pas beaucoup ; mais ni dans ce « temps-là, ni avant, ni après, *je n'en ai parlé à qui que ce fût au* « *monde, hors le seul Milord Maréchal* qui, sûrement, m'a gardé le « secret. Il faut donc que ce secret ait été ébruité par M. Hume. Or, « comment a-t-il pu dire que j'avais refusé, puisque alors mon inten- « tion n'était pas même de refuser? Cette anticipation ne montre- « t-elle pas *qu'il savait que je serais bientôt forcé à ce refus, et qu'il* « *entrait dans son plan de m'y forcer pour amener les choses au point* « *où il les a mises?* »

Ainsi, en mars 1766, Hume violait, par vanité, le secret de la pension, après l'avoir imposé à Rousseau, *au nom du roi;* il avançait faussement que Rousseau avait refusé cette pension ; et plus tard il aggravait ce mensonge en publiant que Rousseau *l'avait refusée après l'avoir acceptée!* On verra plus tard combien est juste l'interprétation que Rousseau donne de ces deux mensonges. On trouve dans la lettre du 10 juillet le récit détaillé de sa démarche auprès du général Conway, non pour refuser la pension, mais pour faire différer le moment où il lui serait possible de l'accepter. On fera bien de lire toute sa lettre (23 mai 1766). Hume, feignant de croire que la clause du secret était le seul motif qui empêchât Rousseau d'accepter, lui écrivit effrontément pour l'assurer *qu'il pouvait toujours compter sur les bontés du roi, s'il se ravisait sur la pension.* Il n'eut pas de réponse et ne s'en inquiéta pas davantage. Cependant il eut soin de faire insérer la lettre de Rousseau dans le numéro 2123 d'un journal intitulé *Public-Ledger* (voir à ce sujet les observations de Mme de La Tour, sur l'*Exposé succinct* de Hume, édit. de Genève, t. XXVIII, pag. 178). Cette lettre, dans laquelle Rousseau ne pouvait s'expliquer clairement, semblait indiquer un refus d'accepter la pension; Hume le vit, et comme depuis longtemps il avait annoncé faussement qu'elle avait été refusée, il se hâta de publier la lettre au général Conway, comme confirmation de ce mensonge.

Dans le même moment parut la lettre au docteur Pansophe, libelle odieux que Rousseau attribua, à tort, à Voltaire : j'en rechercherai plus tard l'auteur. Du Peyrou, je ne sais trop pourquoi, l'a insérée dans son édition dite de Genève, t. XXVIII, pag. 426. J'engage le lecteur à le parcourir et à bien peser les réflexions importantes de Rousseau sur cette vile production. Il est bon de savoir ce qu'en disait Hume. Le 16 mai 1766 il écrivait à Mme de Boufflers : « Vous
« connaissez sans doute la lettre de Voltaire à notre philosophe
« étranger. J'imagine qu'elle le réveillera de sa léthargie. Ce sont
« deux gladiateurs dignes d'entrer en lice ; ils rappelleront la lutte de
« Darès et d'Entellus. La souplesse, l'ironie et la grâce de l'un for-
« meront un contraste *agréable* avec la véhémence et l'énergie de
« l'autre » (*Private Corresp.* pag. 168). Hume ne voit que de l'*ironie*, de la *souplesse* et de la *grâce* dans ce noir libelle, il se réjouit d'avance de le voir *réveiller Rousseau de sa léthargie!* Je demande à ceux qui l'ont lu, si ce jugement seul ne trahit pas une haine mortelle? J'ajoute que Hume écrivait cela avant la rupture, et encore affublé de ses allures de bienfaiteur, comme on va le voir par le reste de la lettre. Enfin, c'était à une *amie* de Rousseau qu'il parlait, sur ce ton, d'un écrit que Musset-Pathay, ordinairement si calme, n'a pu s'empêcher de nommer *une ironie sanglante!* Dans la même lettre, Hume informait Mme de Boufflers du *refus* de Rousseau d'accepter la pension, et traitait ce refus *d'inconcevable extravagance.* C'était encore un mensonge, puisque Rousseau n'avait fait qu'ajourner son acceptation (voir sa lettre au général Conway). « Milady
« Aylesbury ([1]), ajoute Hume, croit que son humeur est causée par

---

([1]) Cette dame, amie de Hume, et assez hostile, comme on voit, à l'égard de Rousseau, est citée avec *éloges* dans le *docteur Pansophe.* Cela est bon à noter.

« la lettre de Walpole. Celui-ci vient d'en faire une seconde *pleine*
« *d'esprit*, mais il est résolu de n'en pas laisser prendre de copies.
« Il m'assure qu'il est, ainsi que Mme du Deffand, innocent de la
« publication de la première lettre, prétendant qu'elle est due à
« *une de vos amies.* » Cette seconde lettre est un persiflage presque
aussi cruel que la fausse lettre du roi de Prusse. Hume se contente
de dire qu'elle est *pleine d'esprit!* Loin d'éprouver la moindre indignation contre les satires qui attaquent l'honneur de son protégé
absent, il ne sait en faire ressortir que les mérites, et ceux de leurs
auteurs. N'est-il pas aussi très-singulier que cette dame, à qui Walpole attribue la publication de la fausse lettre du roi de Prusse, se
trouve être une *amie* de Mme de Boufflers? Est-il facile de concilier
cette amitié-là avec celle que Musset-Pathay veut absolument que
cette dame ait eue pour Rousseau? Enfin, la dame dont il s'agit ne
serait-elle pas Mme de Verdelin, grande amie de Walpole?

Un autre écrit anonyme parut dans le même temps à Londres. Il
contenait, dit Rousseau, des particularités relatives à lui et connues
de *Hume seul*, et finissait par un trait caractéristique, que nous avons
vu revenir souvent sous la plume de l'Ecossais ; Rousseau était accusé *d'être sujet à changer d'amis.* « Il ne faut pas être bien fin, dit
« celui-ci, pour deviner à quoi cela prépare. » Très-probablement
Hume était l'auteur de ce nouveau libelle. Quoi qu'il en soit, voilà
déjà, en comptant la lettre du roi de Prusse, quatre écrits satiriques publiés à Londres contre Rousseau, sans que ce bienfaiteur si
zélé eût songé à l'en instruire ; sans qu'il lui eût écrit, à ce sujet, le
moindre mot de consolation, sans qu'il eût fait en sa faveur la moindre démarche.

En terminant la lettre du 10 juillet 1766, Rousseau achève de
dévoiler le plan ténébreux de son ennemi avec une logique irrésistible. Quelques points, cependant, pouvant laisser encore l'incertitude dans l'esprit du lecteur, j'ai cru qu'il ne serait pas inutile de
résumer et au besoin de commenter cette dernière partie de l'argumentation de Rousseau. Suivant lui, le but de Hume, en l'attirant en
Angleterre, était de l'amener, par une suite de manœuvres habilement conçues, à opérer lui-même la ruine de sa réputation. La lettre du roi de Prusse et les pamphlets qui la suivirent n'étaient que
des moyens accessoires de diffamation. Hume savait bien qu'on ne
déshonore pas un homme avec des satires. L'objet principal de ces
écrits était d'irriter Rousseau et de l'amener à un éclat scandaleux.
Les choses furent arrangées de manière à ce qu'il pût seul aperce-

voir la part que son faux protecteur prenait à ces actes hostiles, et l'on fit même en sorte qu'il pénétrât tout le plan de l'intrigue ; mais on eut soin de ne lui laisser qu'une conviction morale. En effet, on voit à la seule lecture de la lettre du 10 juillet, que toutes les preuves matérielles furent dissimulées avec un art qu'on admirerait s'il ne s'agissait pas d'une œuvre vraiment infernale. Quant au public, on était sûr de le fasciner par des apparences de dévouement et par le fracas des services. Ce fut dans ce but qu'une pension fut sollicitée et bientôt ébruitée, malgré les ordres du roi. D'après ce système, on comprend comment Hume devait d'abord rester impassible et se refuser à toute explication. Quand ces menées préparatoires eurent produit tout l'effet désirable ; quand Rousseau fut suffisamment éclairé et que Hume fut sûr d'être pris pour ce qu'il était réellement, arriva *l'ultimatum* du protecteur : *acceptez-vous ou non la pension ?* Si Rousseau eût accepté, alors Hume recouvrant subitement toute sa lucidité, lui eût opposé ses soupçons, ses accusations publiques contenues dans les pièces suivantes : 1° la lettre au rédacteur du *Saint-James-Chronicle*, où il est indirectement désigné ; 2° la lettre du 9 avril 1766, à Mme de Boufflers, dans laquelle Rousseau nomme Hume en l'accusant de manœuvres perfides. Quand on connaîtra toute la partialité, pour ne rien dire de plus, de cette dame pour son ami Hume, on ne doutera pas que, dans la supposition dont il s'agit, elle ne se fût empressée de lui livrer la lettre de son adversaire ; on doit même croire qu'elle la lui avait communiquée immédiatement après sa réception ; 3° la lettre aux libraires Becket et de Hondt (9 avril 1766), dans laquelle Hume est clairement accusé d'avoir arrêté la publication des lettres de du Peyrou ; 4° la lettre de Rousseau à son cousin (10 avril 1766) où se trouve ce passage : « Vous saurez que *cet homme* (Hume), à l'abri d'une amitié « traîtresse, a formé avec deux ou trois complices l'honnête projet « de déshonorer votre parent, etc. » Rousseau marqua à du Peyrou *que ce cousin était en secret l'âme damnée du bon David* (2 avril 1767). Veut-on que ce fût une erreur, j'y consens, et je mets cette lettre de côté ; 5° la lettre à milord *** (7 avril 1766), où il disait : « Il faut « que le public sache qu'il y a *des traîtres* qui, sous le masque d'une « *amitié perfide*, travaillent à me déshonorer » ; 6° la lettre à milord *** (19 avril 1766) : « Trompé, dit-il, par des traîtres qui, ne pou« vant me déshonorer dans les pays où j'ai vécu, m'ont entraîné « dans un pays inconnu et dont j'ignore la langue, afin d'y exécuter « plus aisément leur abominable projet... *seul, sans appui, sans*

« *ami*, sans défense, abandonné à la témérité des jugements publics,
« j'avais le plus grand besoin d'un *protecteur* qui ne dédaignât pas
« ma défense, ne pouvais-je mieux le chercher que parmi cette illus-
« tre noblesse à laquelle je me plaisais à rendre honneur, etc. » En
disant qu'il n'a ni *amis*, ni *protecteurs* en Angleterre, Rousseau déclare assez nettement, je pense, que Hume n'est pour lui ni *un ami*,
ni *un protecteur*. Ces lettres, bien que confidentielles, durent être
communiquées ; tout le monde étant persuadé que Hume était l'*ami*
et le *protecteur* de Rousseau, il était naturel qu'on voulût savoir de
lui la cause des étranges idées que son *protégé* émettait sur son
compte. Ce sont là les imprudences dont Rousseau s'accuse dans sa
lettre du 10 juillet, lorsqu'il dit : « Dans l'impétuosité d'un premier
« mouvement dont je ne fus jamais le maître, et que mes adroits
« ennemis savent faire naître pour s'en prévaloir, j'écris des lettres
« pleines de désordre, où je ne déguise ni mon trouble, ni mon indi-
« gnation. » Hume, en rassemblant ces documents écrits, prouvait
sans réplique que Rousseau acceptait bassement les services d'un
homme qu'il accusait de perfidie. Si, au contraire, Rousseau eût
refusé, il était tenu de s'expliquer et, par conséquent, d'accuser celui
qui, aux yeux de tous, était son protecteur, et c'est ce qui eut lieu
en effet. Quelque parti qu'il prît, il ne pouvait donc éviter le déshonneur. On verra toute la conduite subséquente de Hume confirmer
parfaitement cette explication (¹). Rousseau termine sa lettre du
10 juillet par un trait de franchise et d'abnégation qui seul prouve
plus que tous ses arguments. On ne peut le soupçonner de l'avoir
placé là pour l'effet, puisque tout se passait entre Hume et lui, et
qu'il ne soupçonnait même pas que son ennemi osât jamais publier
cette lettre. Il l'osa pourtant : j'en dirai ailleurs le motif.

Je vais maintenant faire l'analyse du mémoire justificatif de Hume.
Elle sera, je l'espère, la contre-preuve de tout ce qui a été démontré
précédemment, et achèvera d'éclaircir tout ce qui aura pu paraître
obscur ou hasardé dans les explications précédentes.

Ce mémoire a pour titre : *Exposé succinct de la contestation survenue entre M. Rousseau et M. Hume*. On le trouve en entier dans l'édition de Genève, t. XXVIII, pag. 16 et suivantes. D'abord publié
à Londres, en anglais, il fut ensuite traduit et imprimé à Paris par
Suard et d'Alembert, qui y mirent un avertissement dans lequel ils

---

(¹) J'engage le lecteur à revoir celle de Rousseau (lettre à du Peyrou, 16 août 1766).

font l'éloge du caractère pacifique de Hume, ajoutant que « ce n'é-
« tait qu'avec la plus grande peine qu'il avait consenti à laisser pa-
« raître son apologie. » Ils ajoutent que « pour prix de ses bienfaits,
« Hume ayant reçu de Rousseau une lettre outrageante, il l'écrivit
« à un de ses amis, et s'exprima dans ses lettres avec toute l'indi-
« gnation que méritait un si étrange procédé » (*Avertissement*,
pag. 6). Nous avons heureusement des renseignements exacts sur
la conduite de Hume dans cette circonstance, et on ne se douterait
pas que c'est Mme Suard elle-même qui s'est chargée de révéler la
vérité, si soigneusement déguisée par son mari et par d'Alembert.
Voici ce que dit cette dame : « *Six semaines* après le départ de Rous-
« seau pour l'Angleterre, nous étions allés souper chez Mme Necker.
« Une personne qui sortait de chez d'Holbach nous dit qu'il venait
« de recevoir une lettre de M. Hume, qui commençait par ces mots :
« Mon cher baron, *Rousseau est un scélérat !* On resta frappé d'é-
« tonnement. *Ces mots étaient échappés à l'indignation de cet
« excellent homme.* Je crois que l'épithète d'insensé lui aurait mieux
« convenu, quoiqu'on ne puisse le disculper d'ingratitude. *On passa
« toute la soirée à en citer des preuves sans nombre*, etc. » (*Essais de
mémoires sur M. Suard*, 1820, pag. 90). Ce trait est cité par Musset-
Pathay (*Histoire*, t. Ier, pag. 153).

Il y a probablement erreur dans l'époque indiquée par Mme Suard;
il faut lire *six mois* au lieu de six semaines; en effet, Rousseau arriva à Londres au commencement de janvier 1766, et la rupture
eut lieu en juin suivant. Ce qu'il y a de sûr et de très-remarquable,
c'est la virulence des expressions de ce Hume, jusque-là si impassible. Voici d'autres preuves encore plus irrécusables de sa rage et
de sa mauvaise foi. Après la première explosion racontée par
Mme Suard, Hume comprit qu'il s'était livré trop ardemment à sa
haine et au transport d'une joie barbare. Il craignit que le public
ne fût frappé de le voir prendre pour premier confident un des ennemis les plus acharnés de Rousseau. Pour réparer cette faute, il
écrivit à Mme de Boufflers une lettre assez mesurée, dans laquelle,
après avoir raconté à sa manière l'affaire de la pension et celle de la
rupture, il dit : « Quoique je suppose un calomniateur, *je sais qu'il
« n'en est pas, parce qu'il ne reçoit aucune lettre par la poste*, soit
« parce qu'on ne pourrait, s'il en recevait, lui parler que des preu-
« ves de *ma constante amitié* » (*Private Corresp.*, lettre du 15 juillet 1766, pag. 173). Pourquoi Hume, avouant ici qu'il ne croit pas
à un calomniateur, eut-il l'effronterie de sommer Rousseau de le

lui faire connaître (voyez sa lettre du 26 juin 1766, *Exposé succinct*, pag. 45)? Comment savait-il que Rousseau ne recevait pas de lettres par la poste, et que celles qui lui parvenaient par voie particulière ne contenaient rien qui fût à sa charge? N'est-ce pas avouer qu'il était à l'affût de la correspondance de son protégé et qu'il s'entendait avec ceux qui la recevaient pour en violer le secret? Je défie qu'on explique autrement ce trait de sa lettre. Enfin, comment ose-t-il parler à Mme de Boufflers des preuves de sa *constante amitié* pour Rousseau, lorsque précédemment il lui faisait dire par Mme de Barbantane qu'il avait coopéré à la rédaction de la lettre du roi de Prusse (voyez pag. 170)? Etait-ce là une preuve d'amitié?

« Donnez-moi vos avis, continue Hume. Si je suis le conseil que me
« donnent lord Hereford et le général Conway, de publier les détails
« relatifs à cette querelle, je ruine entièrement ce malheureux ; cha-
« cun tournera le dos à un être si faux, si ingrat, si méchant, si dan-
« gereux... Malgré sa conduite envers moi, je ne puis me résoudre
« à commettre une telle cruauté envers un homme qui a si longtemps
« trompé une partie du genre humain. D'un autre côté, le silence a
« ses dangers; il compose maintenant un livre dans lequel il me
« déshonorera par des mensonges atroces. *Il écrit ses mémoires.*
« Supposez qu'ils soient publiés après sa mort, ma justification per-
« dra beaucoup de son authenticité; on me dira qu'il est aisé d'in-
« culper un mort. J'ai donc l'intention d'écrire cette querelle, en y
« joignant les pièces originales; de donner à ce récit la forme d'une
« lettre adressée au général Conway, d'en faire des copies qui se-
« ront déposées dans vos mains, dans celles de M. Davenport et de
« quelques autres personnes ; enfin, d'en envoyer une à *Jean-Jac-
« ques*, en lui désignant les dépositaires, afin que s'il a quelque
« chose à répondre il le leur adresse. Tel est mon projet; mais
« n'est-il pas cruel de prendre tant de peine pour un pareil *scélérat?*
« Ne soyez pas surprise si vous entendez parler de cette affaire. *J'en
« ai entretenu tous les amis que je possède* afin de me justifier con-
« tre un homme si dangereux. J'en ai dit *un mot* au baron d'Hol-
« bach. Faites-en part au prince de Conti, en lui demandant ses
« ordres sur la conduite que j'ai à tenir. Je désirerais, si la santé de
« Mme de Luxembourg lui permettait de recevoir de pareilles confi-
« dences, que vous eussiez la bonté de la lui faire. Je compte sur
« l'intérêt de Mme de Barbantane. Je n'ai pas encore écrit à Milord
« Maréchal, mais je vais le faire. » Ainsi, le généreux D. Hume qui, selon ses éditeurs, ne peut se résoudre à la cruelle nécessité de pu-

blier cette affaire, avoue en avoir déjà entretenu *tous ses amis de Paris*, et en avoir écrit *un mot* au baron d'Holbach ; or, on sait quels étaient ces amis et quel était ce mot. Non content de cet éclat, il prie Mme de Boufflers d'instruire tous ceux qui ne sont pas encore au fait, ajoutant qu'il va écrire à Milord Maréchal ; le tout pour se justifier contre *un homme dangereux* qui n'a encore rien dit qu'à lui seul, David Hume, et qui, plus tard, ne daigna pas même se défendre! Comment savait-il que Rousseau écrivait ses mémoires ? Et pourquoi ces mémoires lui donnaient-ils tant d'inquiétude ; s'il se sentait si irréprochable ? Dépendait-il d'un *scélérat* tel que Rousseau de *déshonorer l'excellent* David Hume, comme l'appelle Mme Suard ? Pourquoi ce sage, ce stoïcien, jusqu'alors si calmé, n'attendait-il pas, sinon la publication des *Mémoires de Rousseau*, au moins quelque accusation publique ? Que ne se plaignait-il décemment à quelques amis discrets, au lieu d'envoyer d'emblée à d'Holbach une lettre furibonde? Pourquoi, en écrivant à Mme de Boufflers, ne peut-il s'abstenir d'accumuler des épithètes outrageantes qui démentent sa fausse modération? J'accorde, si l'on veut, qu'il pouvait songer à se défendre ; il n'en est pas moins évident qu'il mentait sottement en avançant qu'il lui répugnait de publier son apologie, c'est tout ce que je veux prouver pour le moment.

Mme de Boufflers, qui prétendait, comme on le verra bientôt, à la confiance exclusive de Hume, fut piquée de n'avoir pas été instruite la première. Elle le fit sentir à son ami dans une longue lettre que je citerai en entier, lorsque j'examinerai les procédés très-équivoques de cette dame. Hume répliqua par la lettre suivante, du 12 août 1766. « Il eût été fort inconvénant, dit-il, que vous et
« M. le prince de Conti fussiez instruits de ma querelle avec *Jean-*
« *Jacques* par d'autres que par moi. Je vous savais à cent lieues de
« Paris. J'écrivis en effet au baron d'Holbach, mais sans lui recom-
« mander ni en attendre le secret. Je croyais que cette histoire se-
« rait racontée à huit ou dix personnes ; dans une semaine ou
« deux, vingt ou trente pouvaient en entendre parler, *et il fallait*
« *trois mois avant qu'elle vous parvînt à Pougues*. Je n'imaginais
« pas qu'un fait particulier raconté à un seul homme serait porté
« d'un bout du royaume à l'autre en un moment. Si le roi d'Angle-
« terre eût déclaré la guerre à la France, cette nouvelle n'eût pas
« fait plus de bruit que ma rupture avec Rousseau. J'avoue que
« cela m'inquiéta ; je différai de vous écrire, attendant de jour en
« jour de nouveaux renseignements... Vous voyez que mon erreur

« vient de ce que j'ai mal raisonné. Je vous prie de m'accorder mon
« pardon, et de l'obtenir de M. le prince de Conti. »

A la suite de ces mauvaises raisons, Hume s'excuse tout aussi mal de son emportement, en objectant l'outrage que lui a fait Rousseau. Il fait semblant d'attribuer la lettre de ce dernier (10 juillet 1766) à un calcul froidement prémédité ; il l'accuse de mensonge, et il ajoute : « Ce qui m'a déterminé à ne garder aucune mesure avec cet « homme, c'est la certitude qu'il écrivait ses *Mémoires*, et qu'il m'y « faisait faire une belle figure. » Encore les *Mémoires !* Cette fois Hume prétend en connaître le contenu ; c'est avouer de nouveau l'espionnage que Rousseau lui a si souvent reproché. « J'ai donné, « continue-t-il, quelques détails à M. d'Alembert qui vous les com-« muniquera. J'aurais dû vous écrire, *mais j'ignorais votre adresse ;* « je savais seulement que vous n'étiez pas à Paris. » Notez qu'un peu plus haut Hume venait de lui dire *qu'il la savait aux eaux de Pougues ;* le quiproquo est plaisant dans un fourbe de cette force. On remarquera aussi ce trait de sa lettre : *je différai de vous écrire ;* on ne diffère pas d'écrire à quelqu'un dont on ignore l'adresse. Si Hume différait d'écrire, c'est qu'il comptait écrire plus tard ; *il avait donc l'adresse.* Il termine ainsi : « J'ai fait un récit « de cette histoire, que j'ai envoyé au général Conway, pour *la* « *faire passer à M. d'Alembert.* Toutes les conjectures qu'on a faites « à Paris, et dont vous m'informez, *sont fausses ;* il les invente. « *Jamais on ne l'instruisit de la plaisanterie dont vous me parlez,* « *quand même elle aurait eu lieu.* »

La *plaisanterie* dont il est question ici est celle qui figure à la fin de la fausse lettre du roi de Prusse ; je le démontrerai à l'article de Mme de Boufflers. C'est la même que celle que Hume avoue avoir faite à la table de lord Osory (voir sa lettre à Mme de Barbantane, page 170).

Mme de Boufflers ayant entendu dire à Paris que Rousseau avait été prévenu de cette perfidie, et qu'elle était la cause de sa rupture avec Hume, l'écrivit à ce dernier, qui lui répondit comme on vient de le voir. Je demande maintenant comment Hume eût osé affirmer si résolument que jamais on n'avait pu instruire Rousseau de la plaisanterie dont il était l'auteur, s'il n'eût pas ouvert *toute sa correspondance ?* Mais ce qu'il y a de vraiment incroyable, c'est qu'après avoir confié précédemment à Mme de Boufflers, par l'entremise de Mme de Barbantane, que cette plaisanterie était de lui, il semble opposer une négation à cet aveu formel, au moyen de la phrase équivoque : *quand même elle aurait eu lieu.* L'effronterie est presque insultante ; mais Mme de Boufflers, qui avait ses vues, fit semblant de ne pas s'en apercevoir, comme de bien d'autres choses encore plus frappantes.

Le fracas du bon David, comme disait Rousseau, déjà évident par ses propres lettres, est constaté par ses éditeurs mêmes. Ils disent : « Que les *plaintes* de Hume parvinrent bientôt à la connais« sance du public, et que ses amis craignirent que dans un premier « moment de *sensibilité* il ne se fût laissé emporter trop loin. » Ils disent aussi « qu'il aima mieux courir le risque d'un jugement in« juste que de se résoudre à un éclat si contraire à son caractère. » Encore un mensonge. Hume avait écrit à d'Holbach immédiatement après avoir reçu la lettre de Rousseau, du 23 juin 1766, dans laquelle celui-ci lui signifiait la rupture ; de plus, le 12 août suivant, il marqua à Mme de Boufflers que son *Mémoire apologétique* était fait, et qu'il venait de l'envoyer à d'Alembert ; à coup sûr, il n'avait pas perdu de temps. Quant à ses amis de Paris, ils l'avaient servi avec une diligence bien plus grande encore, puisque, d'après ses propres expressions, la querelle fut connue *en un moment, d'un bout de la France à l'autre;* ce qui, soit dit en passant, prouve que Rousseau n'a exagéré ni le nombre ni la violence de ses ennemis dans ce pays [VIII]. Hume fait même mine de regretter cette marche pour ainsi dire électrique de la publicité, comme s'il n'était pas clair, par sa conduite, qu'il y comptait d'avance. Mais ce n'est pas tout : le 29 août 1766, il écrivait à Mme de Barbantane une lettre dans laquelle, après avoir traité Rousseau d'*homme dangereux, d'esprit noir et atroce,* il annonce à cette dame qu'il a communiqué son apologie au roi et à la reine d'Angleterre, *qui l'ont lue avec avidité,* dit-il modestement, et lui ont conseillé de ne rien publier qu'il n'y fût forcé par Rousseau. Ce récit, dont je suspecte fort la vérité, est une nouvelle preuve des *ménagements* et des *répugnances* de Hume ; après avoir sonné le tocsin à Paris, il prenait à Londres des têtes couronnées pour arbitres ! Malgré la recommandation de leurs majestés, et quoique Rousseau n'eût fait aucune démarche publique, il n'en fit pas moins paraître son apologie. Mais il lui fallait un prétexte pour colorer cette démarche, et ne pas démentir son hypocrite générosité. Ses éditeurs l'eurent bientôt trouvé. « M. Rousseau, disent-ils, « a adressé à un libraire de Paris une lettre dans laquelle il accuse, « sans détour, M. Hume de s'être ligué avec ses ennemis pour le « trahir et le diffamer, et où il le défie hautement de faire impri-

« 'mer les pièces qu'il a entre les mains. Cette lettre a été commu-
« niquée à Paris à un grand nombre de personnes ; elle a été *traduite*
« *en anglais*, et imprimée dans les papiers de Londres. Une accu-
« sation et un défi si publics ne pouvaient rester sans réponse »,
(*Avertissement*, page 10). Les éditeurs terminent en assurant de
nouveau que Hume *redoutait fort l'extrémité à laquelle il est réduit*
(nous savons ce qu'il en faut croire); que M. Rousseau *peut revenir
à la charge, produire de nouvelles suppositions, créer de nouveaux
fantômes, il ne sera pas contredit; M. Hume abandonne sa cause
aux esprits droits, aux cœurs honnêtes,* etc.

On croirait, d'après cela, que Rousseau avait réellement fait une
démarche publique; on va en juger. Sa lettre au libraire est celle
du 2 août 1766 ; on la trouve dans sa *Correspondance*. Guy venait
de l'informer des bruits qui couraient à Paris sur son compte,
grâce aux soins de Hume et de ses amis ; je l'ai démontré. Rousseau lui répond *qu'il se serait bien passé de les apprendre*, et qu'il
est convaincu que toute résistance de sa part à la ligue qui s'est
formée contre lui est absolument inutile ; que les qualifications de
canaille et de *scélérat* employées par Hume ne l'émeuvent pas. « Si
« je savais, dit-il, répondre à de pareils noms, je m'en croirais di-
« gne. » Il ajoute que Hume se gardera bien de publier, comme il
l'écrit, toutes les pièces relatives à cette affaire, ou du moins qu'il ne
le fera pas fidèlement. « *Montrez*, dit-il, *cette lettre à mes amis, et
« priez-les de se tranquilliser.* Ceux qui ne jugent que sur des
« preuves ne me condamneront certainement pas, et ceux qui ju-
« gent sans preuves ne valent pas la peine qu'on les désabuse... J'ai
« un défenseur dont les opérations sont lentes, mais sûres ; je les
« attends. Je me bornerai à vous présenter une seule réflexion. Il
« s'agit de deux hommes, dont l'un a été amené par l'autre en An-
« gleterre, presque malgré lui : l'étranger, ignorant la langue du
« pays, ne pouvant parler ni entendre, seul, sans ami, sans appui,
« sans savoir même à qui confier une lettre en sûreté, livré sans
« réserve à l'autre et aux siens, malade, retiré, ne voyant personne,
« écrivant peu, est allé s'enfermer au fond d'une retraite, où il her-
« borise pour toute occupation. Le Breton, homme actif, intrigant,
« liant, au milieu de son pays, de ses amis, de ses parents, de ses
« patrons, en grand crédit à la cour, à la ville, répandu dans le plus
« grand monde, à la tête des gens de lettres, disposant des papiers
« publics, en grande relation à l'étranger, *surtout avec les plus mor-
« tels ennemis* du premier. Dans cette position, il se trouve que l'un

« des deux a tendu des piéges à l'autre. Le Breton crie que c'est
« cette *vile canaille*, ce scélérat d'étranger qui lui en tend ; l'étran-
« ger, seul, malade, abandonné, gémit et ne répond rien (¹). Là-
« dessus, le voilà jugé, et il demeure clair qu'il s'est laissé mener
« dans le pays de l'autre, qu'il s'est mis à sa merci, tout exprès
« pour conspirer contre lui. Que pensez-vous de ce jugement ? Si
« j'avais été capable de former un projet aussi monstrueusement
« extravagant, où est l'homme ayant quelque sens, quelque huma-
« nité, qui ne devrait pas dire : Vous faites tort à ce pauvre misérable,
« il est trop fou pour pouvoir être un scélérat : plaignez-le, saignez-
« le, mais ne l'injuriez pas ? J'ajouterai que le ton seul que prend
« M. Hume devrait décréditer ce qu'il dit. Ce ton si brutal, si bas,
« si indigne d'un homme qui se respecte, marque assez que l'âme
« qui l'a dicté n'est pas saine ; il n'annonce pas un langage digne de
« foi. Je suis étonné, je l'avoue, que ce ton seul n'ait pas excité
« l'indignation publique. C'est qu'à Paris c'est toujours celui qui
« crie le plus fort qui a raison. A ce combat-là, je n'emporterai ja-
« mais la victoire, et je ne la disputerai pas. Il m'est prouvé que
« M. Hume, lié avec mes plus cruels ennemis, d'accord à Londres
« avec des gens qui se montrent, et à Paris avec tel qui ne se montre
« pas, m'a attiré dans son pays, en apparence pour m'y servir avec
« la plus grande ostentation, et, en effet, pour m'y diffamer avec la
« plus grande adresse. Je m'en suis plaint, *il a voulu savoir mes rai-*
« *sons, je les lui ai écrites dans le plus grand détail;* si on les de-
« mande, il peut les dire : quant à moi, *je n'ai rien à dire du tout.*
« Plus je pense à la publication promise par M. Hume, moins je
« puis concevoir qu'il l'exécute. S'il l'ose faire, à moins d'énormes
« falsifications, je prédis hardiment que, malgré son extrême
« adresse et celle de ses amis, sans même que je m'en mêle,
« M. Hume est un homme démasqué. » Ainsi, traité publiquement
de *canaille* et de *scélérat* par Hume et ses amis, Rousseau n'opposa
à leurs outrages que la lettre qu'on vient de lire, et qu'il recommande de montrer *seulement à ses amis.* Les éditeurs de Hume ap-
« pellent cela *un défi et une accusation publique.* Il est vrai que la
lettre fut traduite en anglais et publiée à Londres, comment et par
qui ? C'est ce qu'il faut tâcher de découvrir. Je commencerai par
rappeler que le libraire Guy était l'associé et par conséquent le com-

---

(¹) Il est essentiel de se rappeler que lorsque Rousseau écrivait à Guy, sa lettre du 10 juillet à Hume n'était pas encore publique.

plice du libraire Duchesne dans l'affaire de l'impression d'*Emile* (voir chap. III, p. 92). Depuis le décret, *il fréquentait beaucoup l'hôtel de Luxembourg* (*Confess.*, liv. XII). Il s'était empressé, et de son propre mouvement, d'instruire Rousseau des bruits qui couraient à Paris, mais il ne lui avait rien dit des écrits publiés dans le même moment pour sa défense. Rousseau le lui reproche dans sa lettre du 7 février 1767. Cette réticence est suspecte. Dans cette même lettre se trouve le trait suivant : « Il « est certain que la lettre que je vous écrivis (celle du 2 août) « a été traduite par *extraits* (par copies), et insérée dans les pa- « piers de Londres. Il n'est pas difficile de comprendre d'où ve- « naient ces extraits, ni pour quelle fin. » Rousseau ne dit rien de plus, mais son amie véritable, Mme de La Tour, a en partie suppléé à son silence dans la réponse qu'elle fit à l'*Exposé succinct*. « M. Guy, dit-elle, n'a communiqué cette lettre *qu'avec peine* aux « personnes qui ont été l'en prier » (édit. de Genève, tom. XXVIII, pag. 147). Pourquoi Guy ne communiquait-il *qu'avec peine* une lettre que Rousseau l'avait prié de montrer à ses amis ? Il est probable que, connaissant le dévouement sincère de Mme de La Tour, il voulut se donner avec elle un air d'excessive discrétion.

Quels étaient les *amis* de Rousseau qu'il mit dans la confidence ? C'est ce qu'il importe d'examiner. A coup sûr, Guy, reçu chez Mme de Luxembourg, n'eut garde d'excepter cette dame, non plus que Mme de Boufflers et Mme de Verdelin, qui, aux yeux du public, passaient pour des amies dévouées de Rousseau. Cela est déjà plus que douteux quant à Mme de Luxembourg, et l'on verra bientôt que les deux autres dames, Mme de Boufflers surtout, étaient loin de mériter ce titre. D'un autre côté, d'Alembert, très-lié avec Mme de Boufflers, voyait souvent Mme de Luxembourg, et par conséquent Guy venait souvent chez elle. Il est donc difficile que la lettre de Rousseau ait pu échapper à l'académicien, *éditeur de l'Exposé succinct*, comme je vais le prouver tout à l'heure. Ce qu'il y a de sûr, c'est que parmi les lecteurs ou dépositaires de cette lettre, il s'en trouva qui la publièrent en Angleterre. Les amis de Rousseau, j'entends les véritables, ne peuvent être soupçonnés ; ils n'eussent certainement pas fait cette démarche sans son aveu, puisqu'il les avait priés de se tranquilliser, et d'attendre tout du temps et de la Providence. On peut encore moins l'attribuer à Rousseau, qui, confiné dans sa solitude, ne cherchait qu'à oublier son ennemi. Restent les éditeurs de l'*Exposé succinct*, déjà convaincus de malveillance et de mensonge, et qui, dans leur *Avertissement,* se fondent précisément sur la publication de la lettre de Rousseau pour justifier celle du *Mémoire* de Hume. Ce besoin de mettre un prétexte en avant suffit pour les déceler ; et qu'on n'objecte pas que Hume est maltraité dans cette lettre ; il l'est bien davantage dans celle du 10 juillet, qu'il eut l'audace de publier en entier. J'ai rappelé la conduite de Guy dans l'affaire d'*Emile,* et ses relations suspectes ; j'ai cité de lui des procédés équivoques ; je demande à présent s'il serait impossible que cet homme, gagné par les éditeurs de Hume, eût instruit Rousseau des bruits publics, tout exprès pour tirer de lui une lettre accusatrice ? Au reste, je conviendrai, si l'on veut, que, sur cette seule lettre, Hume put se croire en droit de publier son apologie ; cette concession n'affaiblit en rien tout ce que j'ai dit précédemment des fureurs de David Hume, de son hypocrite modération quand il eut compris sa faute, de ses mensonges effrontés et de la manœuvre sournoise relative à la lettre adressée au libraire Guy.

Je viens d'avancer que d'Alembert était en secret un des éditeurs de Hume. Avant d'en donner la preuve, j'avertis que d'Alembert fit paraître, en même temps que l'apologie de Hume, une déclaration *adressée aux éditeurs de cet écrit,* et dans laquelle il protestait n'être pas l'auteur de la fausse lettre du roi de Prusse, ce qui était vrai, quoiqu'il ne soit pas sûr qu'il n'y ait pas travaillé. Il affirmait ensuite qu'il n'était pas l'ennemi de Rousseau, et mettait celui-ci au défi d'en fournir la moindre preuve. « Je crois, disait-il en termi-
« nant, devoir cette déclaration à moi-même, à *la vérité* et à la
« situation de M. Rousseau. Je le plains *bien sincèrement* de croire
« si peu à la vertu, et surtout à *celle de M. Hume* » (édit. de Genève,
t. XXVIII, p. 114).

Cependant, le 19 novembre 1766, Hume écrivait ce qui suit à M. Suard, éditeur avoué de son *Mémoire :* « Je ne saurais, monsieur,
« trop vous remercier de la complaisance que vous avez mise à
« traduire un ouvrage qui ne méritait guère votre attention, ni celle
« du public. Je suis on ne peut plus satisfait de ce travail. L'intro-
« duction m'a semblé écrite avec une grande prudence et une rare
« discrétion, si j'en excepte toutefois la partialité que vous montrez
« en ma faveur... *Vous et M. d'Alembert* avez agi sagement en
« adoucissant quelques expressions. Je ne crois pas pouvoir m'ac-
« cuser de la plus légère imprudence, si ce n'est d'avoir accueilli cet
« homme lorsqu'il s'est jeté dans mes bras. Pouvais-je m'attendre

« à un tel prodige d'orgueil et de *férocité* ! etc. » Ainsi d'Alembert était bien réellement un des éditeurs de l'*Exposé succinct*, et c'était *à lui-même* qu'il adressait sa *noble* protestation ! On peut juger par là de ce qu'étaient les *vertueux* amis du *vertueux* Hume.

« Cette lettre, dit Musset-Pathay, n'a été publiée qu'en 1820, dans « le *New-Monthly Magazine* » (*Histoire*, t. I, p. 151). Il ajoute que d'Alembert et Suard furent bien maladroits de conserver une semblable lettre. Il eût mieux fait d'y voir, comme moi, le doigt de la Providence.

Pour terminer sur l'éclat de Hume et sur ses éditeurs, voici un renseignement curieux que certainement personne ne récusera. Grimm, en rendant compte de sa querelle, s'est abandonné, avec sa lâcheté ordinaire, aux transports d'une joie cruelle, et aux plus odieuses calomnies. Il dit à propos de l'*Exposé succinct*: « M. Suard, « *seul éditeur* de cet écrit, dit, je ne sais pourquoi, dans son *Aver-* « *tissement*, que M. Hume n'a cédé qu'avec peine aux instances de « ses amis en publiant son apologie. Sans doute qu'il parle de ses « amis d'Angleterre, car, pour ses amis de France, j'en connais « plusieurs qui lui ont écrit exprès pour le dissuader de rendre « cette querelle publique » (*Corresp.*, octobre 1766, t. V, p. 333). Dans d'autres endroits, Grimm ne peut dissimuler son dépit sur les fureurs scandaleuses de Hume ; cela se conçoit. Le public, malgré ses préventions, en avait été frappé dans le premier moment. Grimm, fourbe moins téméraire que Hume, craignait que cette imprudence ne mît les honnêtes gens sur la trace de la vérité. Il est évident que par ce mot, *seul éditeur*, il laisse gauchement pénétrer qu'il veut mettre d'Alembert à l'abri du soupçon. C'est à peu près comme s'il le nommait.

Venons maintenant au *Mémoire* de Hume. Comme il est trop volumineux pour être transcrit en entier, on fera bien de le lire avant de s'engager avec moi dans l'examen que je vais faire de ses points les plus importants. Après un court préambule sur l'origine de ses liaisons avec Rousseau, Hume raconte qu'à l'époque du décret *une personne de mérite* lui écrivit que Rousseau avait l'intention de passer en Angleterre. Cette personne ne peut être que Mme de Boufflers. Or, Rousseau, dans ses *Confessions*, loin de parler de ce projet de retraite en Angleterre, dit formellement qu'il rejeta les instances que Mme de Boufflers lui faisait depuis longtemps à ce sujet. Hume dit aussi que Mme de Verdelin étant allée voir Rousseau à Motiers, celui-ci lui dit qu'il ne pouvait plus endurer le séjour de la Suisse ; qu'il était déterminé à se réfugier en Angleterre ; que Milord Maréchal lui avait conseillé de se mettre *sous sa protection*, et qu'en conséquence il était disposé à s'adresser à lui. « *Je ne « rejetai point*, dit Hume avec une morgue grotesque, cette proposition qui m'était faite en faveur d'un homme que son génie et ses « malheurs avaient rendu célèbre. Je lui écrivis pour lui offrir mes « services, il me fit la réponse suivante, etc. » Ici, Hume cite la lettre que Rousseau lui écrivit de Strasbourg, le 4 octobre 1765, pour lui annoncer qu'il partait pour *aller se jeter dans ses bras*. Son récit sur la visite de Mme de Verdelin est encore en contradiction avec celui des *Confessions*. Rousseau dit bien que cette dame lui proposa l'Angleterre, et qu'elle l'engagea à écrire à Hume, mais il ajoute qu'ayant peu de penchant pour ce parti, « il ne voulut « ni écrire ni promettre, laissant Mme de Verdelin faire ce qu'elle « jugerait à propos pour maintenir M. Hume dans ses bonnes dis- « positions » (*Confess.*, liv. XII).

Le 6 avril 1765, il écrivait à Milord Maréchal : « *Toutes mes rai- « sons contre l'Angleterre subsistent;* mon état et mon goût m'at- « tirent également vers l'Italie. » Après l'évènement de Motiers, il se mit en route pour Berlin, et l'on a vu, page 165, que ce ne fut *qu'un mois* après son arrivée à Strasbourg, que, vaincu par les instances de Hume, il se décida à passer en Angleterre. Au lieu de cela, Hume suppose que Rousseau avait formé cette résolution dès le moment de la visite de Mme de Verdelin, et il a bien soin de ne rien dire du projet de Rousseau de se rendre à Berlin, qu'il ne pouvait ignorer. C'est un nouveau mensonge dont le but n'est pas difficile à pénétrer. Tout le récit de Hume tend à établir qu'il fut constamment sollicité, soit par les amis de Rousseau, soit par Rousseau lui-même, et qu'il ne fit que céder à leurs instances, ce qui donne bien plus de relief à son rôle de protecteur. Rousseau, dans sa lettre du 10 juillet, reprochait à Hume ses flagorneries choquantes. Dans une note de l'*Exposé succinct*, Hume répond à ce sujet : « On « peut juger par les deux premières lettres de M. Rousseau que j'ai « publiées à dessein, de quel côté les flagorneries ont commencé. » Je désire qu'on lise ces deux lettres ; elles sont pleines de la plus vive sensibilité, d'une admiration sincère et simplement exprimée pour l'homme que Rousseau regardait alors comme un ami généreux ; voilà ce que Hume a la bassesse de transformer en flagorneries. On remarquera qu'en citant les lettres de Rousseau il a bien soin de taire les siennes, qui cependant devaient être bien pressantes, puisqu'elles purent vaincre toutes les répugnances de Rousseau pour l'Angleterre, et son extrême désir d'aller rejoindre Milord Maréchal.

Le reste de l'*Exposé succinct* n'est plus qu'une suite de mensonges plus ou moins audacieux que je vais successivement signaler et réfuter. Hume, toujours pressé d'étaler aux yeux du public ses soins protecteurs, cite une lettre de Rousseau à Clairaut (3 mars 1765), au sujet de son *Dictionnaire de musique*. Il priait ce savant d'accepter les fonctions de censeur de son ouvrage, et d'en corriger les fautes, parce qu'il se sentait hors d'état d'entreprendre ce travail. « Si vous daignez en user comme de votre bien, lui disait-il, pour « changer, ajouter ou retrancher, vous exercerez une *charité* très-« utile, et dont je vous serai très-reconnaissant. » Rousseau connaissait Clairaut depuis longtemps ; il en parle avec éloges dans ses *Confessions* ; cela explique le ton affectueux et confiant de sa lettre ; et qu'on ne se méprenne pas sur ce mot de *charité*. Il ne s'agissait que d'un service amical ; Hume imagina de le transformer en aumône, et voici comment. Après avoir décidé que *l'affectation de misère et de pauvreté est une charlatanerie* de la part de Rousseau, il raconte que Clairaut, *quelques semaines avant sa mort*, lui ayant lu la lettre relative au *Dictionnaire de musique*, il se sentit, lui Hume, *ému de compassion;* mais « sachant, ajoute-t-il, qu'on at-« tribuait à un orgueil extrême la répugnance de Rousseau pour les « services (Hume oublie que la lettre à Clairaut prouve le contraire), « il chercha à le servir *à sa manière* » (*Exp. succ.*, p. 20). Ayant montré la lettre de Rousseau à ses *amis* et *protecteurs* de Paris, il convint avec eux de l'expédient suivant. « C'était, dit-il, d'engager « le libraire qui se chargerait de son *Dictionnaire de musique* à lui « en donner une somme plus considérable que celle qu'il en aurait « offerte de lui-même, et de rembourser l'excédant au libraire. Ce « *projet échoua par la mort de Clairaut* » (page 21). Il n'y a pas un mot de vrai dans tout cela, et en voici les preuves matérielles. La lettre de Rousseau à Clairaut est du 3 mars 1765 : Clairaut mourut le 17 mai de la même année. Maintenant, le 30 décembre 1764, Rousseau écrivait au libraire Duchesne : « Mon *Dictionnaire* est si « bien prêt, qu'il est empaqueté depuis plus de quinze jours... Si le « choix de la forme du payement vous est égal, je préfère celle que « je vous ai proposée, de trois payements égaux de 1,600 francs, « en recevant le manuscrit, et les deux autres d'année en an-« née, etc. » Cette citation prouve qu'à la date du 30 décembre 1764

Rousseau était déjà entré en arrangement avec Duchesne pour l'impression de son livre. Mme de La Tour, qui, dans une réponse à l'*Exposé succinct*, a dévoilé la première le mensonge de Hume, dit que le traité définitif fut conclu le 27 janvier 1765. Ce qui le prouve sans réplique, c'est que le 21 avril 1765 Rousseau écrivait à Duchesne : « J'ai tiré sur vous une lettre de 1,200 francs, payable à « M. Roguin le 30 de ce mois ; j'en tirerai une pareille pour le 30 « de l'autre mois, au moyen de quoi cette affaire (celle du payement « total) sera réglée. » Ainsi, le 27 janvier 1765, le *Dictionnaire* avait été vendu par Rousseau au libraire Duchesne pour la somme de 4,800 fr., et cela *trois mois et demi avant la mort de Clairaut*. Le 30 avril même année, les deux tiers de ce prix se trouvaient soldés; le 30 mai suivant le dernier payement était fait, et *l'affaire entièrement réglée*. Et Hume a l'effronterie d'avancer publiquement que la mort de Clairaut fit échouer la conclusion du traité et son projet de bienfaisance secrète ! On notera que lorsqu'il écrivait ce mensonge, Duchesne était mort depuis le mois d'août 1765 (voir la lettre de Rousseau à Guy, 23 août même année). Hume ne risquait d'être contredit que par Guy, associé de Duchesne, et qui devait être au fait. Mais il comptait, à ce qu'il paraît, sur sa discrétion ; ce qui achève de rendre cet homme bien suspect. Mme de La Tour s'adressa probablement à la veuve de Duchesne pour avoir la date du traité ; quant à Guy, qui cachait à Rousseau l'existence des écrits publiés pour sa défense, il n'eut garde de réclamer contre le mensonge de Hume.

Venons maintenant à la *charlatanerie de pauvreté*, reprochée à Rousseau. Nous avons vu, page 183, qu'en mai 1766, Hume écrivait à un ami de son *protégé* qu'il avait la manie de se faire pauvre, mais qu'il lui avait découvert, *par hasard*, des ressources secrètes, *très-minimes* à la vérité. Avant tout, je ferai remarquer que Hume ne s'est jamais expliqué sur ces ressources secrètes, ce qui, joint à tous les mensonges dont il est déjà convaincu, doit rendre sa prétendue découverte bien douteuse. On verra bientôt, par une lettre de Mme de Boufflers à Hume, que celui-ci insistait auprès d'elle jusqu'à l'importunité, pour qu'elle prît, au sujet de la fortune de Rousseau, des informations chez le banquier Rougemont, qui lui faisait ses envois d'argent. Cette dame se chargea de cette perquisition clandestine, et, chose plus surprenante, le prince de Conti ne dédaigna pas de s'y associer. Musset-Pathay dit qu'on n'en connaît pas le résultat, et il ajoute que, d'après la *Correspondance* de Rousseau, l'accusation de Hume paraît avoir quelque fondement. Il cite en preuve un envoi de fonds fait par du Peyrou, pour vente de livres et effets, et d'autres envois provenant de la générosité de Milord Maréchal (*Hist.*, t. II, art. *Rougemont*). Quant à ce dernier point, Musset se trompe. L'envoi de fonds, provenant de Milord Maréchal, n'est autre chose que la rente que ce dernier avait faite à Rousseau, et qui reposait sur un capital de 300 louis, déposé entre les mains de du Peyrou (voir la lettre de Rousseau à celui-ci, 10 juin 1768). Ce n'était certainement pas là la ressource *minime* dont parle Hume, et Rousseau ne lui en eût pas fait mystère, sachant bien qu'on pouvait connaître facilement la vérité par le donataire même. Reste la petite somme provenant de la vente des livres et effets. Ici, je demanderai si, en conscience, Rousseau était obligé de la comprendre dans l'énumération de ses revenus? Je demanderai aussi de quel droit Hume prétendait à une confidence absolue sur ce point? Rousseau, en acceptant ses soins, ne demandait rien, et Hume avoue que ce fut lui qui mit en avant la proposition d'une pension du roi (*Exp. succ.*, pag. 29). Loin de le prendre au mot, Rousseau répondit *que cela n'était pas sans difficulté*, mais qu'il s'en rapporterait à l'avis de Milord Maréchal (pag. 30). D'ailleurs, on concevrait qu'il eût caché des ressources considérables pour inspirer plus d'intérêt, mais à quoi bon en cacher de minimes? Enfin, Hume aurait dû parler à Rousseau de sa prétendue découverte, pour savoir s'il n'y avait pas dans tout cela quelque faux renseignement de la part du banquier. Au lieu de cela, son premier soin fut d'écrire le fait à un ami de Rousseau, c'est-à-dire de l'accuser de mensonge et de charlatanisme. Enfin, il mentait encore lorsqu'il avançait que sa découverte était l'effet du hasard, puisqu'en l'admettant comme vraie, elle résultait des perquisitions qu'il avait pour ainsi dire exigées de Mme de Boufflers. Musset-Pathay dit que cette dame ne se pressant pas assez, *se fit presque gronder du bon David* (*Hist.*, t. II, pag. 149). La lettre de l'Ecossais sur ce sujet eût été curieuse à connaître; Musset-Pathay ne l'a ni citée ni même indiquée. Or, si Hume a menti en attribuant au hasard ce qui était dû à des informations qu'il avait provoquées, pourquoi ne mentirait-il pas sur la *découverte* même? On remarquera qu'il n'en dit rien dans son apologie; s'il eût eu la preuve du fait, eût-il manqué d'en instruire le public?

Hume continue l'énumération de ses bienfaits secrets. Il raconte qu'il forma le plan d'un artifice à peu près semblable à celui du *Dictionnaire de musique*: « J'écrivis, dit-il, sur-le-champ à **mon ami**

« Jean Stewart, que j'avais une affaire à lui communiquer, d'une
« nature si secrète et si délicate que je n'osais même la confier au
« papier, mais qu'il en apprendrait les détails par M. Elliot. » Ce
plan consistait à trouver aux environs de Londres un fermier qui
voulût bien prendre en pension Rousseau et sa gouvernante.
M. Stewart était autorisé à porter la pension à cinquante ou soixante
livres sterling par an, mais à *n'en exiger de Rousseau que la moitié*,
le reste devant *être acquitté par Hume.* Ce projet n'ayant pas réussi,
Hume dit qu'il se proposait de faire meubler une maison *à ses frais*
pour y installer son protégé. Ainsi, Rousseau *qui n'avait rien demandé*, et pour lequel on sollicitait une pension de 2,400 fr., se trouva
sans nécessité et à son insu à la charge du *généreux* Hume ! Cela
rappelle les aumônes secrètes, vraies ou fausses, de Grimm, Diderot
et Mme d'Epinay (voir chap. II, pag. 27). Il fallait que Hume et les
fourbes dont je viens de parler connussent bien le côté faible du
public sur l'article des bienfaits, pour hasarder l'aveu de ces viles
manœuvres. Mais admirez la *discrétion* du bienfaiteur qui n'ose *confier au papier* son noble projet, et qui, cependant, a déjà d'emblée
deux confidents, MM. Stewart et Elliot, ses amis, plus le fermier
qu'on devait aussi instruire; et Hume ajoute audacieusement que
« la vanité n'était pour rien dans cet arrangement, puisque le *secret*
« *en était la condition nécessaire* (*Exp.*; pag. 22)! Autre arrangement encore plus magnifique. Rousseau se passionne pour un site
du comté de Surrey, dans une visite qu'il fit avec son protecteur au
colonel Webb; à l'instant Hume offre au colonel de lui acheter sa
maison, avec un petit bien qui en dépendait; le tout afin d'y installer Rousseau ! Cette fois, Hume n'a encore que trois confidents,
M. Stewart, le général Clarke et le colonel Webb, lesquels, dit-il,
peuvent attester la vérité du fait (pag. 23). Aussi le public de Londres et celui de Paris furent-ils bientôt instruits des charités *secrètes* de Hume. Rousseau peut donc être cru lorsqu'il parle dans sa
lettre du 10 juillet, de l'affectation choquante des offres de service
qu'on lui faisait à Londres. Mme de La Tour fait remarquer avec une
malice toute féminine, qu'au résumé, les projets bienfaisants de
Hume ne lui coûtèrent pas une obole, et qu'il ne risquait pas de se
ruiner avec des libéralités comme celles-là.

Après avoir raconté les démarches qu'il fit pour la pension et
l'installation de Rousseau à Wooton, Hume cite les lettres des 22
et 29 mars 1766, que celui-ci lui écrivit de cette résidence. Il fait
semblant de ne rien voir de remarquable dans la première. J'en ai

déjà dit la raison (voir pag. 176). Il arrive ensuite à la fausse lettre du roi de Prusse, qu'il affecte de citer en entier, au mépris de sa conscience, et comme s'il craignait que cette odieuse pièce ne fût pas assez connue; puis il ajoute effrontément : « Cette lettre avait « été composée par M. Walpole, environ trois semaines avant mon « départ de Paris ; mais quoique je logeasse dans le même hôtel que « M. Walpole et que nous nous vissions très-souvent, cependant, « *par attention pour moi, il avait soigneusement caché cette plaisan-*« *terie jusqu'après mon départ.* Alors, il la montra à quelques amis ; « on en prit des copies qui bientôt se multiplièrent. Cette petite « pièce se répandit rapidement dans toute l'Europe. Elle était dans « les mains de tout le monde, *lorsque je la vis pour la première fois* « *à Londres.* » (*Exp. succ.*, pag. 33). J'ai déjà prouvé, pag. 169 que la lettre de Walpole avait été répandue à Paris dans le courant de décembre 1765. Il fallait qu'elle y fût déjà bien connue, puisqu'on trouve dans les *Mémoires* de Bachaumont le trait suivant : « Il *court* « une lettre très-singulière du roi de Prusse au célèbre J.-J. Rous- « seau. Si elle est authentique, elle peut expliquer les motifs du « changement de ce philosophe sur le lieu de sa retraite » (t. II, pag. 277, 28 *décembre* 1765). Hume a donc menti en avançant que Walpole *cacha soigneusement la lettre du roi de Prusse jusqu'après son départ*, qui n'eut lieu que le 3 janvier 1766, comme le prouve la lettre de Rousseau à du Peyrou, du 1er janvier même année. Notez que Hume affirmait cela au public de Paris qui devait savoir le contraire, à en juger par la note des *Mémoires* de Bachaumont. Mais plus de six mois s'étaient écoulés depuis, et Hume comptait que ce public, léger et distrait, ne se ressouviendrait pas de si loin. Ce calcul se trouva tellement juste, que son mensonge ne fut même pas remarqué de l'inexorable Mme de La Tour. Pour comble d'impudence, Hume se fit écrire par Walpole une lettre qu'il rapporte en entier dans son apologie (pag. 106). Elle est du 26 juillet 1766. *Ce digne ami* y certifie que, *par égard pour Hume,* c'est-à-dire pour ne pas blesser sa *délicatesse* et sa *vive amitié* pour Rousseau, il s'abstint de publier sa lettre, *tant que ledit Hume resta à Paris!* Rappelons maintenant trois particularités décisives : 1° l'aveu de Hume à Mmes de Barbantane et de Boufflers au sujet de la plaisanterie faite par lui contre Rousseau *pendant son séjour à Paris;* 2° la lettre de Mme de Boufflers à Hume, dans laquelle cette dame lui disait que la plaisanterie dont il s'agit était la plus virulente de la lettre du roi de Prusse, *et que Walpole lui-même la lui attribuait.* Musset-Pathay (*Hist.*, t. Ier, pag. 131); 3° la réponse de Hume où il affirmait que Rousseau ne pouvait être instruit de la plaisanterie *quand même elle aurait eu lieu;* ce qui était à la fois s'avouer coupable et laisser entrevoir l'intention de nier tout, s'il le fallait. C'est précisément ce qu'il fit dans son *Exposé succinct*. Sans s'embarrasser de ses aveux précédents et de ce qu'allaient penser de lui ses deux confidentes, il ose y avancer que non-seulement *il n'eut aucune part* à la fausse lettre du roi de Prusse, mais *qu'il ne la connut qu'après son arrivée à Londres;* et il prend à témoin son complice Walpole qui confirme froidement cette imposture, au mépris de la notoriété publique et de la conviction particulière des deux dames ci-dessus citées, *qui se turent*. Voilà en quelles mains le pauvre Rousseau était tombé! Poursuivons. A propos de la protestation adressée par Rousseau au rédacteur du *Saint-James-Chronicle*, Hume dit avec une ingénuité hypocrite : « Je fus *affligé* de voir M. Rousseau (¹) montrer tant de « sensibilité pour un incident si *simple et si inévitable* que la lettre du « roi de Prusse; mais, ajoute-t-il, je me serais cru coupable moi-« même de *noirceur* si j'avais imaginé que M. Rousseau me soup-« çonnât d'être l'éditeur de cette *plaisanterie* » (pag. 35). Il en était bien plus que l'éditeur, le traître, il avait aidé à la composer! Voyez comme il s'abrite derrière l'excessive sensibilité de sa victime! J'aurais voulu voir si le stoïque Hume et les grands philosophes, ses amis, ainsi outragés publiquement, eussent regardé la chose comme si *simple et si inévitable* (²)? Hume ajoute que huit jours avant d'adresser sa réclamation au *Saint-James-Chronicle*, Rousseau lui avait écrit une lettre pleine d'amitié; c'est celle du 29 mars 1766; j'ai déjà parlé de cette lettre (voyez pag. 177), et j'ai dit qu'elle n'était que familière, sans être amicale; comme elle existe dans la *Correspondance*, on peut s'en assurer facilement. D'ailleurs, quand Rousseau l'écrivait, il n'avait pas encore eu connaissance de la lettre du roi de Prusse, circonstance qui le décida sans retour sur le compte de Hume; l'objection de ce dernier est donc sans valeur. En outre, on notera qu'il se garde bien de parler de la lettre du 22 mars 1766, qui exprimait des reproches et de la défiance (voir pag. 176).

« Enfin, dit Hume, je vois l'affaire de la pension terminée, et *plein* « *de la plus vive joie*, je l'écris à M. Rousseau ; je n'en reçois pas de

---

(¹) On remarquera que dans son apologie Hume dit constamment M. Rousseau, tandis que dans ses lettres c'est *Jean-Jacques* tout court.

(²) Voyez, chap. II, p. 78, comment deux de ces messieurs firent traiter le critique Clément.

« réponse. » Il cite ensuite en entier la lettre que Rousseau écrivit à cette occasion au général Conway. Il fait semblant de croire que la clause du secret déplaisait à Rousseau, *quoique d'abord elle lui eût été agréable*, et que la honte de se rétracter l'avait empêché de lui répondre (*Exp. succ.*, pag. 39). Encore un trait de fausseté. Rousseau, dans sa lettre au général, ne dit pas un mot de la clause du secret, il parle *de nouveaux malheurs qu'il n'est pas permis à un honnête homme de prévoir ;* il dit *qu'il ne pourrait s'honorer aux yeux du public, comme aux siens, des bienfaits du roi,* etc. Hume ne remarque rien de tout cela ; il n'a pas la curiosité de s'informer de ce que peuvent être les *nouveaux malheurs* de cet homme auquel il s'intéresse si tendrement ; il n'est frappé que de cette clause du secret dont il n'est question ni dans la lettre de Rousseau, ni nulle part ! Plein de cette erreur *candide*, il écrit à son ami une lettre *affectueuse*, dans laquelle il le presse d'accepter la pension en le prévenant que la clause du secret sera écartée, puisqu'elle lui déplaît. Point de réponse. Alors Hume *commence* à s'étonner ; il écrit à M. Davenport que le procédé de Rousseau lui paraît *étrange* ; mais toujours *confiant et généreux*, il proteste *qu'il ne se décourage pas, et qu'il ne veut pas perdre pour un vain cérémonial l'occasion de lui être utile* (*Expos. succ.*, pag. 41). Il renouvelle ses sollicitations et met encore en avant la clause du secret. Rousseau indigné lui répond (23 juin 1766) *qu'il le connaît* et qu'il ne veut plus avoir de rapports avec lui. Hume comprend enfin, et adresse à Rousseau la lettre du 26 juin 1766 (*Epos. succ.*, pag. 45). Le lecteur y remarquera les traits suivants : 1° Hume insiste avec affectation sur ses bienfaits ; on voit déjà qu'il compte en faire son argument capital. 2° Il somme Rousseau de *nommer son accusateur ;* fourberie manifeste, puisqu'il écrivit plus tard à M*me* de Boufflers, qu'il savait bien que *cet accusateur n'existait pas* (voir pag. 189). 3° Il oppose de nouveau à Rousseau sa lettre *amicale* du 29 mars 1766, sans dire mot de celle du 22, qui ne l'est certainement pas. L'affectation seule de revenir à cette lettre du 29 prouve qu'il était sûr que le public s'y laisserait prendre et qu'il comptait tirer parti de son erreur. 4° Il avoue avoir confié toute l'affaire de la pension à M. Davenport, malgré le secret qu'avait exigé le roi. Cette déclaration est singulière, Rousseau n'ayant demandé aucun éclaircissement sur ce point ; mais Hume, prévoyant qu'on pourrait l'accuser d'indiscrétion, veut prévenir le blâme public. Voici l'insultant prétexte qu'il imagine pour cela : « Il est nécessaire, dit-il, que la personne qui

« s'est chargée de votre établissement connaisse exactement l'état de
« votre fortune, afin qu'elle ne soit pas tentée d'exercer à votre
« égard des *actes de générosité* qui, parvenant à votre connaissance,
« pourraient vous mécontenter » (*Exp. succ.*, pag. 48). D'après cela,
ne dirait-on pas que Rousseau était à la charge de M. Davenport
et qu'il ne s'agissait, comme il le dit dans sa lettre du 10 juillet, que
de lui faire l'aumône en lui en sauvant un peu l'embarras? D'ailleurs, n'avons-nous pas vu Hume se vanter de *ces actes de générosité secrète* qu'ici il a l'air de blâmer (voyez pag. 203)? La fausseté et
l'insolence ne peuvent aller plus loin.

Hume transcrit ensuite toute la lettre du 10 juillet 1766. Rousseau était persuadé qu'il n'oserait publier cette pièce accusatrice
sans la falsifier; il se trompait. Hume n'était pas un fourbe vulgaire; il sentit tout de suite que l'argumentation de son adversaire
ne pouvait être claire que pour lui, et que ses formes, quelquefois
acerbes, exciteraient infailliblement l'indignation. Rousseau s'était
adressé à Hume *seul;* celui-ci se garda bien de l'imiter, il s'adressa
d'emblée au public. Ce calcul était juste. On trouva surtout *atroce*
cette phrase répétée trois fois : *soufflet sur la joue de mon patron* ([1]):
J'avoue qu'à la première lecture j'en fus désagréablement frappé,
et quoique maintenant il soit clair pour moi que cette formule est
là comme argument et non comme injure, j'aurais désiré que Rousseau s'en fût abstenu, non pas à cause de Hume, qui méritait pis,
mais pour ôter à ce fourbe l'occasion d'en tirer avantage. D'ailleurs,
il ne faut pas oublier que, parlant à Hume *seul,* et convaincu de sa
perfidie, Rousseau se croyait en droit d'user avec lui de toute la
rigueur de la vérité. Hume publia donc avec assurance et sans infidélité la lettre du 10 juillet qui, soumise à un public moins prévenu,
l'eût nécessairement démasqué. Se bornant à quelques notes qui ne
renferment que des négations impudentes ou des observations artificieuses, indignes d'être relevées, il évita soigneusement toute discussion sérieuse sur cette lettre décisive, et affecta de la traiter avec
l'insouciance d'un homme qui connaît le côté faible de l'opinion et,
qui sait que son imprudent adversaire se sacrifie lui-même. Publier
naïvement l'acte d'accusation porté contre lui, était un trait d'audace dont le public devait être dupe. Rousseau le comprit enfin,
mais trop tard, l'arrêt était rendu. C'est le cas de rappeler ici ce

---

[1] Mme de Boufflers emploie cette expression d'*atroce* dans une lettre dont il sera bientôt question. Du Peyrou trouva de la *méchanceté* dans celle du 10 juillet.

qu'il disait d'un autre fourbe, de ce vil Grimm, dont j'ai tant parlé et dont je reparlerai encore : « Il n'estima les hommes que ce qu'ils « valent ; je suis fâché, pour l'honneur de l'humanité, qu'il ait cal- « culé si juste » (*Confess*., liv. IX).

Séduits par la fausse sincérité de Hume, par l'appareil des bienfaits et de la protection, le public de Paris, et, ce qui est plus surprenant, celui de Londres se déclarèrent en faveur du traître audacieux, contre l'innocent qui gardait le silence. Supposons pourtant que Mmes de Barbantane et de Boufflers, cédant à la voix de la conscience et de la pitié et révoltées de l'impudence de Hume, eussent révélé la lettre où il avouait la *plaisanterie* publique qu'il avait eu la lâcheté de se permettre contre Rousseau, au moment même où celui-ci remettait son sort entre ses mains, quel coup de foudre pour le triomphateur ! Cet acte de justice n'eut pas lieu, la Providence se l'était réservé (¹).

Après avoir cité la lettre du 10 juillet, Hume transcrit sa réponse qui est du 22 du même mois. Il y avance que la scène *du coin du feu*, racontée par Rousseau dans la lettre du 10 juillet, n'eut pas lieu à Londres, mais à Wooton : qu'elle fut occasionnée par une affaire de voiture (voir la lettre de Rousseau, du 22 mars 1766), et qu'elle se termina, de la part de ce dernier, par un transport d'attendrissement dont lui, Hume, prétend avoir été profondément touché, et par des *excuses*, dont il rapporte les termes presque serviles. De tous les mensonges de Hume, celui-ci est le plus audacieux et le plus habile, mais il ne tient pas plus que les autres devant un examen un peu attentif. J'ai déjà dit (pag. 176) que cette affaire de voiture était encore une de ces *générosités* secrètes si complaisamment étalées par Hume. Il s'agissait d'épargner à Rousseau, et sans qu'il le sût, la moitié des dépenses du voyage de Londres à Wooton. Rousseau s'étant aperçu de la supercherie, écrivit ce qui suit à Hume, le 22 mars 1766 : « *L'affaire de ma voiture n'est pas arran-* « *gée*, parce que je sais qu'on m'en a imposé. C'est une petite faute « *qui peut n'être que l'ouvrage d'une vanité obligeante, quand elle* « *ne revient pas deux fois. Si vous y avez trempé*, je vous conseille « *une fois pour toutes de quitter toutes ces petites ruses qui ne peuvent* « *avoir un bon principe, quand elles se tournent en piéges* contre la « *simplicité.* » Il résulte clairement de cette citation que Rousseau n'apprit la *petite ruse* qu'après le départ de Hume, qui l'avait ac-

(¹) Voir l'aveu de Hume à Mme de Barbantane, pag. 170.

compagné à Wooton, et qu'il ne savait pas encore positivement si son protecteur *y avait trempé.* Ces deux points importent beaucoup. Hume prétend que le lendemain ou le surlendemain, il raconta la scène à M. Davenport, « afin, dit-il, *de le dissuader de recourir à* « *de semblables ruses.* » Il dit aussi avoir écrit le fait à Mme de Boufflers ; ce qui est vrai. Dans sa lettre à cette dame, du 3 avril 1766 (*Private Corresp.*, pag. 147), on trouve le passage suivant : « Voici
« un trait qui prouve la bonté de son cœur. M. Davenport lui avait
« fait accroire que la voiture qu'il lui procurait pour aller à Wooton,
« en venait, et comme elle y retournait, que les frais seraient peu
« de chose. Rousseau fut d'abord dupe de cette ruse *innocente ;*
« mais un propos indiscret de M. Davenport ayant fait naître ses
« soupçons, il m'adressa de violents reproches. Après une heure
« environ de mauvaise humeur, il s'approcha de moi, m'embrassa
« en pleurant et me demanda pardon de sa folie. Je mêlai mes lar-
« mes aux siennes. *Racontez, je vous prie, ce trait à* Mmes *de*
« *Luxembourg, de Barbantane et à tous ceux qui seront dignes de*
« *l'entendre* » (Musset-Pathay, *Hist.*, t. Ier, pag. 119) (¹). Qu'on ne soit pas dupe de ce trait bénin, il cache une nouvelle perfidie. En attendant que je la dévoile, le lecteur devra remarquer que quand Hume écrivait cette lettre à Mme de Boufflers, il avait déjà reçu celle de Rousseau, du 22 mars 1766. On verra tout à l'heure que cette circonstance n'est pas indifférente. Continuons de suivre Hume dans son apologie. Pour prouver à Rousseau que la scène du *coin du feu* s'était passée à Wooton et non à Londres, il a l'audace de lui citer précisément cette lettre du 22 mars, qui établit le contraire ; il fait semblant de la trouver *pleine de cordialité et contenant seulement un reste d'humeur sur* l'affaire de *la voiture*, tandis qu'il y règne évidemment une humeur très-vive, très-sèchement exprimée, et causée par la découverte *toute récente* de la supercherie. Si l'explication eût eu réellement lieu à Wooton, Rousseau n'eût pas dit dans sa lettre que l'affaire de la voiture *n'était pas encore arrangée,* il n'en eût pas parlé comme d'une chose qu'il venait d'apprendre, et surtout, il n'eût pas dit à Hume, *si vous y avez trempé,* etc. Toute la fable de celui-ci s'évanouit devant cette phrase conditionnelle. Evidemment Rousseau ignorait encore s'il devait accuser son patron d'avoir pris part à cette affaire de voiture ; il n'avait donc pu précédemment re-

---

(¹) Je donne cette indication, parce que le recueil intitulé *Private Correspondence* est aujourd'hui introuvable à Paris.

connaître sa folie en sa présence, ni lui faire les plates excuses que celui-ci lui met dans la bouche. Mais admettons, contre toute raison, que Rousseau eût manqué de mémoire. Que devait faire Hume en recevant les reproches contenus dans la lettre du 22 mars? Transporté d'indignation, il devait se hâter de rappeler à Rousseau la scène qui venait de se passer quelque temps avant à Wooton, et les regrets qu'il avait témoignés de son incartade. Si Rousseau eût insisté, Hume pouvait recourir au témoignage de M. Davenport, *confident de la scène*, et à la lettre qu'il avait écrite à Mme de Boufflers; c'est-à-dire qu'il eût fait immédiatement ce qu'il ne jugea à propos de faire que *quatre mois après*. Pourquoi ce délai? Le voici.

En produisant son audacieux mensonge à l'époque de mars 1766, Hume était sûr que Rousseau, révolté, romprait avec lui, ce qui eût déjoué ses plans, dont l'exécution était à peine commencée; il dissimula, parce que la dissimulation imperturbable faisait partie de son système; il est impossible de supposer qu'il ne comprît pas le reproche, puisque Rousseau accusait nettement et durement. Etait-ce modération de sa part? Mais une telle modération eû é é non-seulement inconcevable dans un homme injustement offensé, elle eût été basse. Si donc Hume se contint, c'est que cela était nécessaire au succès de sa trame. Il lui restait à prévenir les plaintes que Rousseau pouvait faire à ses amis sur les générosités insultantes de son patron. Les termes de la lettre du 22 mars sur le fait de la voiture sont clairs pour des observateurs attentifs; ils devaient l'être surtout pour Hume, mais il fit sur cette lettre le même calcul que sur celle du 10 juillet. Il jugea que le public, insouciant et prévenu, ne se donnerait pas la peine d'examiner une affaire, en apparence si futile, et que par conséquent il ne risquait rien de hasarder un nouveau mensonge; en effet, personne ne le remarqua, pas même Mme de La Tour. Incommodé d'ailleurs du souvenir tout récent de la scène du *coin du feu*, et craignant aussi que Rousseau n'en parlât, il imagina de la transporter à Wooton, et de lui donner pour cause l'incident de la voiture. Ce fut dans ce but qu'il écrivit à Mme de Boufflers le récit fabuleux de cette scène, le 3 *avril* 1766, c'est-à-dire dix jours au plus après avoir reçu de Rousseau la lettre du 22 mars. Cette manœuvre était habile, et surtout opportune, car le 9 avril même année Rousseau écrivait à Mme de Boufflers pour lui confier les manœuvres équivoques de son prétendu protecteur, et la scène du *coin du feu* telle qu'elle s'était passée à Londres, de sorte que cette dame, préalablement instruite par la lettre de Hume, et très-prévenue en faveur de celui-ci, dut nécessairement croire que Rousseau lui en imposait sur le lieu réel et sur les circonstances de cette scène. Je ne suppose rien ici ; j'ai prouvé le mensonge, et le mensonge prouve tout le reste. Objectera-t-on la confidence que Hume prétendit avoir faite à M. Davenport, le lendemain ou le surlendemain de la scène ? Je réponds que cette confidence pourrait bien n'être encore qu'un mensonge, quoique Hume, dans son *Exposé succinct*, prenne à témoin M. Davenport, en toute assurance. Le seul fait de la complicité de ce dernier dans l'affaire de la voiture, et surtout ses procédés ultérieurs dont je parlerai bientôt, peuvent faire croire qu'il permit à Hume de s'appuyer faussement de son autorité. Admettons la réalité de la confidence. Il est démontré que la scène de Wooton était fausse ; cela posé, si l'on veut que Hume ait raconté cette fiction à M. Davenport pendant son séjour à Wooton, et que *cet ami de Hume* soit pur de toute connivence avec lui, il en résultera seulement que le faux protecteur de Rousseau était encore plus profondément pervers et plus habile que je ne l'ai supposé ; que l'imposture dont il s'agit ici avait été conçue par lui bien avant qu'il eût reçu la lettre du 22 mars ; que voulant à tout prix démentir ce que Rousseau pouvait dire sur la scène de Londres, il avait résolu, dès le moment même où cette scène avait eu lieu, de la dénaturer et d'en changer le lieu et l'époque ; que l'affaire de la voiture fut arrangée par lui dans ce but ; qu'étant à Wooton il confia à M. Davenport, et sous le secret, le récit de la scène imaginaire dont il s'agit, avant que Rousseau connût l'affaire de la voiture, ce qui assurait au fourbe un témoignage très-fort, auquel il eut bien soin de recourir. Enfin, je suppose que sa générosité clandestine fut révélée à Rousseau, soit par une imprudence de M. Davenport, comme le prétend M. Hume, que nous sommes maintenant dispensés de croire sur parole, soit à dessein par quelque personne de la maison qui lui était dévouée, ce qui est bien plus probable ; puis, que Rousseau s'étant plaint dans sa lettre du 22 mars, Hume, qui avait prévu et provoqué ses reproches, s'empressa d'écrire à Mme de Boufflers pour lui confier sa fable de Wooton, dans le but odieusement adroit de le faire passer pour un menteur. Tout cela est hideux, j'en conviens, mais plus que vraisemblable, et tout ce qu'on sait déjà de Hume ne justifie que trop mon explication. Bien plus, Hume lui-même fait, sans y songer, l'aveu indirect mais frappant de cette infernale fourberie. Voici ce qu'il dit à Rousseau dans sa lettre du 22 juillet 1766 : « Comme

« cette aventure (la scène prétendue de Wooton) me paraissait vous
« faire honneur, je l'ai contée ici à plusieurs de mes amis, je l'ai
« même écrite à Mme de Boufflers, à Paris. Personne, je pense, ne
« croira *que je préparais d'avance une apologie, au cas que je me
« brouillasse avec vous, d'autant plus que je continuais à vous rendre
« les services les plus essentiels* » (*Expos. succ.*, p. 104). Je réponds,
moi : oui Hume préparait d'avance la rupture et l'apologie ; je le
crois, parce qu'en se défendant de cet affreux calcul, il laisse entrevoir gauchement qu'il l'avait fait d'avance ; je le crois surtout à
cause de son étalage de fausse sincérité et de *services essentiels*.

Musset-Pathay n'a fait qu'entrevoir la vérité sur le sujet dont je
viens de parler avec tant de détails. Après avoir relevé assez superficiellement la mauvaise foi de Hume, il conclut, avec sa timidité
habituelle, que sa *conduite est équivoque, et qu'elle inspire des soupçons*
(*Hist.*, t. I, p. 120). Ce qui m'étonne davantage, c'est que la manœuvre de Hume ait échappé à Mme de La Tour, ordinairement si clairvoyante. Le fourbe avait donc bien raison de faire bon marché du
public parisien. Maintenant, qu'on juge de l'effrayante perversité
d'un homme qui, pour déshonorer un innocent, lui opposait un
fait imaginaire, en discutait froidement avec lui les prétendues
preuves, et osait le prendre à témoin de sa réalité !

Après cet acte d'audace inouïe, Hume, du haut de sa gloire,
prononce en son nom et en celui de ses amis l'arrêt solennel qui va
décider sans retour de l'honneur de Rousseau. Il déclare « que
« celui-ci, *tourmenté par l'orgueil*, a cherché l'occasion de refuser
« *avec éclat* la pension du roi d'Angleterre ; ostentation qu'il a
« souvent recherchée à l'égard des autres princes, et qu'il a voulu
« se débarrasser du fardeau de la reconnaissance. » Notez que *l'éclat*
de la part de Rousseau consiste à avoir écrit au ministre une lettre
dans laquelle il ne refuse pas la pension, et qui ne fut connue que
parce que Hume prit soin de la publier. Quant à l'ostentation reprochée à Rousseau relativement aux *pensions de princes*, c'est encore une calomnie ; Rousseau n'a jamais eu d'autre pension de
prince que celle du roi d'Angleterre.

Enfin, Hume ose protester une dernière fois qu'il n'a eu aucune
part à la plaisanterie de Walpole. Il prend à témoin de son *innocence* tous ses amis qui le savent coupable, et dont plusieurs étaient
ses complices. Puis, *fort du témoignage de sa conscience* et de ces
respectables autorités, il dit que parmi les juges de Rousseau les
uns le déclarent *faux, ingrat, pervers*, les autres pensent que sa

raison est altérée, et il ajoute avec *magnanimité* qu'il est de ceux qui adoptent cette dernière opinion! Il termine par un trait qui révèle en lui une inquiétude irrésistible. « Comme M. Davenport, « dit-il, m'a marqué que depuis sa retraite à Wooton *il écrit beau-* « *coup*, j'ai lieu de croire qu'il achève ses *Mémoires. Je m'attends* « *à y être traité en ennemi.* » On a vu, page 192, qu'il avait déjà écrit la même chose à Mme de Boufflers. Je répète que si Hume avait eu la conscience aussi nette qu'il affecte de le dire à chaque instant dans son apologie, il ne se serait pas tant ému d'apprendre que Rousseau *écrivait beaucoup*, et qu'il ne reviendrait pas si souvent sur l'article de ces terribles *Mémoires*.

Telle est l'apologie de l'*ami* et du *bienfaiteur* de Rousseau. On remarquera que, destinée à la publicité, elle est écrite avec une sorte de décence qui contraste singulièrement avec le ton furibond des lettres particulières de Hume, et surtout avec ce trait presque grotesque à force de violence, *mon cher baron, Rousseau est un scélérat* (voir pag. 189). Quant à Rousseau, retiré dans sa solitude, occupé de la première partie de ses *Confessions*, où il ne retrace que les souvenirs de sa jeunesse; employant ses loisirs à l'étude de la botanique, il ne songeait qu'à oublier ses infortunes et leurs implacables auteurs. Hume l'accuse de jouer la mélancolie et assure, d'après M. Davenport, *qu'il était gai à Wooton et même sociable* (*Exp. succ.*, pag. 109). C'est dans sa correspondance avec ses amis qu'on peut apprécier exactement l'état d'âme où Rousseau se trouvait alors. Le 16 août 1766 il écrivait à du Peyrou, à propos des jugements publics sur son affaire avec Hume : « Il ne m'a pas été pos- « sible de n'être pas affecté de cette révolution qui, je n'en doute « pas, a gagné toute l'Europe. *Mais cette émotion a peu duré, la sé-* « *rénité est revenue, et j'espère qu'elle tiendra,* etc. » Ainsi s'expliquent le chagrin dont Rousseau se dit accablé dans sa lettre, et la *gaieté* signalée par M. Davenport (voyez aussi les lettres suivantes : à du Peyrou, 19 juillet 1766; à Guy, 2 août; à Roustan, 7 septembre ; à Milord Maréchal, 7 septembre même année). Mais ce qui prouve surtout à quel point Rousseau avait horreur de la haine et de ses luttes cruelles, c'est qu'il ne répondit absolument rien à l'apologie mensongère de Hume, bien qu'il eût pu facilement le confondre sur bien des points de détail, sur celui de la voiture, par exemple. On conviendra qu'il lui fallut une modération bien rare, pour laisser passer un trait aussi éhonté. Voilà l'homme dont les graves éditeurs de Hume ont osé dire : « M. Rousseau *peut revenir à la charge,*

« il peut produire des suppositions, des chimères, il ne sera plus
« contredit, etc. » (*Avertissement*, pag. 7). Cela rappelle assez
Scapin, criant en bâtonnant Géronte.

Constatons une dernière fourberie de Hume, relative à son Mémoire. Le 2 décembre 1766, il écrivait à Mme de Boufflers : *Grâce à Dieu* (Hume était un des athées les plus fanatiques de l'Europe), mon affaire avec Rousseau est terminée, *du moins de mon côté* (Rousseau n'avait pas dit un mot); car, bien certainement il ne m'arrivera plus d'écrire une seule ligne à ce sujet (voyez sa longue et venimeuse lettre *à ce sujet*, à la fin du présent chapitre). « Ce fut « avec *une extrême répugnance* que j'ai publié le dernier écrit. » (Nous savons à quoi nous en tenir sur cette répugnance.) « Une chose me « contrarie, c'est que votre nom se trouve dans le dernier écrit pu-« blié à Londres (*Exp. succ.*); *je l'avais effacé, mais pas assez pour* « *qu'on ne pût le lire. C'est la faute de l'imprimeur.* » Hume, pour se donner du relief, avait nommé Mme de Boufflers dans son *Exposé succinct*, édition de Londres. Cette dame en fut blessée, et son ami, fidèle à ses habitudes de mensonge, se justifie comme on vient de le voir. « Cette excuse, dit Musset-Pathay, qui s'indigne de temps en « temps, rappelle celle qu'il donna à Mme de Boufflers, en lui disant « *qu'il ne savait pas son adresse aux eaux de Pougues* » (*Hist.*, t. Ier, pag. 145). « J'ai reçu, continue Hume, une lettre *vraiment curieuse* « d'un Suisse qui demeure à Londres. Il me mande qu'il est très-« surpris d'apprendre que Rousseau m'accuse d'être auteur ou com-« plice de deux libelles publiés contre lui. Il dit que ces libelles sont « de lui, et me permet de le faire connaître au public. Mais je ne « veux rien faire imprimer. J'ai seulement envoyé copie de cette « lettre à M. Davenport, afin qu'il la communiquât à Rousseau. « S'il lui reste le moindre sentiment d'honneur, *il se prosternera* « *devant moi.* » — « Rousseau, dit Musset-Pathay, ne se prosterna pas, « il crut que ce d'Eyverdun était un prête-nom (voir la lettre à M***, « janvier 1767). Si les soupçons qu'il y exprime sont fondés, *il en* « *faudrait conclure que Hume était un fourbe consommé* » (*Hist.*, t. Ier, pag. 147). Musset-Pathay émet cette formule dubitative, après avoir prouvé, assez mollement il est vrai, que Hume *était un fourbe consommé*. Ces sortes de distractions reviennent souvent dans son écrit. Rousseau fait remarquer que le Suisse d'Eyverdun était employé chez le général Conway qui, en toute occasion, s'était montré très-favorable à Hume. Sa lettre est malheureusement assez obscure ; on y voit qu'il en savait plus qu'il n'en voulait dire. Mais venons à la fourberie que j'ai annoncée. Hume, dans son apologie, prétend n'avoir pas eu connaissance du premier des libelles dont il est question, et que ceux auxquels il a parlé du second ne le connaissent pas davantage. D'après cela, on pourrait croire qu'il n'apprit leur existence que par le Suisse d'Eyverdun. Je vais prouver le contraire. « Puisque M. Hume, dit Mme de La Tour, n'a pu se procurer, à « Londres, *ce que j'ai lu ici*, il n'a qu'à prendre le *Saint-James-* « *Chronicle*, n° 821, à la quatrième page, il trouvera l'article sur « M. Rousseau. » Cette dame cite ensuite, textuellement, les calomnies et les invectives contenues dans l'article du journal ; elles se trouvent *en tout point* semblables à celles que Rousseau a signalées dans sa lettre du 10 juillet. Mais ce n'est pas tout ; parmi ces particularités, il s'en trouvait, suivant Rousseau, *qui n'étaient connues que de lui et de Hume ;* qui donc les avait confiées au Suisse d'Eyverdun ? Hume a oublié de résoudre cette difficulté. Voici maintenant qui explique *l'ignorance* de Hume et consorts au sujet des libelles. Rousseau écrivait à Guy, le 2 février 1767 : « Croiriez-vous que les « deux feuilles que j'ai citées du *Saint-James-Chronicle ont disparu* « *en Angleterre ?* M. Davenport les a fait chercher inutilement chez « l'imprimeur et dans les cafés de Londres, sur une indication suf- « fisante, par son libraire qu'il assure être un honnête homme ; il n'a « rien trouvé ; les feuilles se sont éclipsées. » Ces feuilles existaient, puisque Mme de La Tour en cite le texte et le numéro d'ordre, mais Hume qui, sans doute, avait été averti de cette recherche, prit ses mesures pour qu'elle n'eût pas lieu ; et le misérable prétendait que Rousseau devait se *prosterner* devant lui !

Il est temps de parler de Mme de Boufflers, amie intime et confidente de Hume. J'ai cité précédemment quelques traits de sa correspondance avec lui, qui prouvent la mauvaise foi et la haine gratuite du faux protecteur de Rousseau. Voici, en entier, la lettre que Mme de Boufflers lui écrivit le 22 juillet 1766, en réponse à celle où il lui annonçait la rupture. « Quelque raison que vous me puissiez « dire pour ne m'avoir pas instruite *la première* de l'étrange événe-« ment qui occupe, en cet instant, la France et l'Angleterre, je suis « convaincue que vous sentirez qu'il ne peut y en avoir de valable. « Le chagrin que vous prétendez avoir voulu m'éviter ne pouvait « être que retardé, et l'incertitude où vous me laissiez était plus « pénible que la connaissance du fait. Concevez tous les motifs que « j'avais de croire l'histoire fabuleuse, et combien ma surprise et mon « ignorance, que j'exprimais *naïvement* dans mes lettres, contri-

« buaient à la faire regarder comme fabuleuse à ceux qui concluaient,
« ainsi que moi, que le baron d'Holbach n'eût pas dû être votre
« premier confident... Persuadée que vous êtes incapable de vous
« refuser à l'évidence, je tiens ce point pour accordé et je conclus
« en vous assurant que si j'ai commencé par vous expliquer mes
« sentiments, ce n'est pas que mon mécontentement soit considéra-
« ble; c'est pour agir avec plus d'*ingénuité*, *pour qu'on ne me soup-
« çonne pas d'affecter de la modération* (¹). Voici maintenant la
« question qui se présente : avez-vous recommandé au baron d'Hol-
« bach de taire ou de répandre les plaintes au sujet de Rousseau?
« Le public, non encore instruit, les trouve *amères* (²), et juge que
« le baron, en servant votre indignation, vous a mal servi vous-
« même. *Votre douceur, votre bonté, votre indulgence* font attendre
« de vous une modération qui passe le pouvoir des hommes ordi-
« naires. Pourquoi se hâter de divulguer les premiers mouvements
« d'un cœur grièvement blessé? Pourquoi vous dérober la plus
« noble vengeance qu'on puisse tirer d'un *ennemi*, d'un *ingrat*, ou
« plutôt d'un malheureux que les *passions* et son humeur atrabilaire
« égarent (souffrez cet adoucissement) ; celle de l'accabler de *votre
« supériorité*, de l'éblouir par l'éclat de *cette vertu* qu'il veut mé-
« connaître ? Mais venons au fond de l'affaire. *La lettre de Rousseau
« est atroce, c'est le dernier degré de l'extravagance ; rien ne peut
« l'excuser, et c'est l'impossibilité d'effacer une pareille faute qui
« fera le tourment de sa vie.* Ne croyez pas pourtant qu'il soit cou-
« pable d'artifice ni de mensonge, qu'il soit un *imposteur* ni un *scé-
« lérat. Sa colère n'est pas fondée*, mais elle est réelle, je n'en doute
« pas. Voici le sujet que j'en imagine : j'ai ouï dire, et on lui aura
« peut-être mandé *qu'une des meilleures phrases de la lettre de
« Walpole était de vous; que vous aviez dit en plaisantant et par-
« lant au nom du roi de Prusse : si vous aimez les persécutions, je
« suis roi, je puis vous en procurer de toutes les espèces;* que depuis
« cela, *M. Walpole avait employé cette phrase, disant qu'elle était de
« vous.* Si ce fait est vrai et que Rousseau l'ait su, sensible, fou-
« gueux comme on dit qu'il est, faut-il s'étonner *qu'il soit devenu
« fou de rage?* Cette lettre, *peu digne de son génie*, qu'il adresse au
« gazetier anglais, témoigne sa disposition et en indique la cause.

(¹) Précaution oratoire dont on sentira bientôt la gaucherie.

(²) L'expression est indulgente; il y a plus que de l'amertume à traiter un homme de *scélérat*.

« Tel est indubitablement le principe de *son déplorable égarement*,
« que j'ai deviné trop tard ; car de l'accuser, comme vous faites, de
« préméditation, de dessein formé de vous déshonorer, c'est ce qui
« n'est pas vraisemblable. Tous les intérêts humains se réunissent
« pour l'en détourner. Estime-t-il la gloire, la réputation? Est-ce
« un moyen d'acquérir l'une et l'autre que de se montrer ingrat? *On
« assure que vous avez écrit qu'il voulait se ranger du côté de l'op-
« position* (1). Connaît-il les intérêts de l'Angleterre? Derbyshire
« est-il un lieu propre à intriguer? Tirera-t-il plus d'avantage des
« seigneurs du parti qu'il n'en eût pu tirer s'il l'eût voulu de votre
« amitié, de la protection de M. de Conway et des bontés du roi?
« Je le répète, je ne puis me persuader qu'à la dernière extrémité
« qu'il ait formé un projet infâme avec l'usage entier de sa raison ;
« mais cette raison une fois *troublée par des passions ardentes*, il n'a
« pu s'en servir pour les commander. *Il a oublié toute décence. Il a
« cru, contre toute apparence, ce qu'il ne devait jamais penser*, ce que
« la rectitude de son cœur aurait dû empêcher qu'il pensât jamais,
« c'est qu'un homme connu, *estimé comme vous l'êtes*, ait pu trom-
« per tant d'années, ou changer en un instant. *Quelques preuves qu'on
« lui ait données contre vous, il a dû les rejeter*, démentir ses yeux
« *mêmes et s'expliquer sur ses soupçons avec honte d'être assez fai-
« ble pour les avoir conçus*. Au reste, si ses plaintes ne sont fondées
« que sur la phrase qu'on vous attribue, *on peut dire que son amour-
« propre est facile à blesser*, puisque cette phrase est plutôt une
« satire contre le pouvoir arbitraire que contre lui. Se laisser aller
« à cette *violence* sur une simple raillerie, *passer toute borne, oublier
« tout devoir*, c'est un excès d'orgueil bien criminel ! *S'il vous a cru
« de moitié dans toute la lettre, cela l'excuse un peu plus, mais pas
« assez*. Mais vous, au lieu de vous irriter contre un malheureux
« qui ne peut vous nuire et qui se ruine entièrement lui-même, que
« n'avez-vous laissé agir cette pitié généreuse dont vous êtes si sus-
« ceptible? Vous eussiez évité un éclat scandaleux qui flatte la ma-
« lignité, qui divise les esprits et renouvelle les clameurs contre les
« philosophes et la philosophie (2). J'ose croire que si vous eussiez
« été près de moi lorsque cette *cruelle offense* vous a été faite, elle
« vous eût inspiré plus de compassion que de colère. Mais dans l'é-

(1) Voir à cet égard la lettre de Voltaire à d'Alembert, du 16 juillet 1766, et ma note supplémentaire n° IX.

(2) Mme de Boufflers était-elle donc un adepte de la philosophie de Hume? On le croirait à son grand zèle pour la gloire des philosophes.

« tal des choses, il ne faut s'occuper du passé, qui est sans remède,
« *que pour régler votre conduite présente et future.* Vous me deman-
« dez mon avis sur une question délicate, savoir : si vous devez
« instruire le public par écrit. C'est à quoi j'ai besoin de réfléchir ;
« je n'ai pas la présomption de me croire capable de bien conseiller
« un homme tel que vous, *qui a sa gloire à soutenir,* etc.... *P.-S.* Ma
« lettre a été interrompue trois jours, pendant lesquels j'ai fait
« soixante-quatre lieues. En arrivant à Paris j'ai trouvé la vôtre à
« M. d'Alembert, qui l'avait envoyée chez moi pour que je la lusse.
« J'avoue qu'elle m'a surprise et affligée au dernier point. Quoi !
« vous lui recommandez de la communiquer non-seulement à vos
« amis de Paris, mais à M. de Voltaire avec qui vous avez peu de
« liaison et dont vous connaissez si bien les dispositions ! Après ce
« trait de passion, après tout ce que vous m'avez dit et écrit, mes
« conseils seraient inutiles. Vous êtes trop confirmé dans votre opi-
« nion, trop engagé dans votre colère pour m'écouter. Peu s'en
« faut que je ne brûle ma lettre. Au reste, vous aurez ici un parti
« nombreux de tous ceux qui sont charmés de vous voir agir comme
« un homme ordinaire. Je n'ai pas la force d'écrire rien de plus sur
« ce triste sujet. Je n'ajouterai que quelques lignes, parce que ma
« conscience et mon amitié m'y obligent. Si les choses sont telles
« que j'imagine, le trouble de Rousseau, en écoutant M. Daven-
« port et en lisant votre lettre, n'est pas le signe d'une noirceur
« préméditée. *Il naît d'un trait de lumière que lui aura fait entre-
« voir l'abîme où son fol orgueil l'a précipité.* Il aura commencé à
« douter de la réalité de ses griefs et en aura été accablé. *Nous
« verrons quel effort il fera pour se tirer de ce mauvais pas.* Autre
« article auquel je dois répondre. M. le prince de Conti, à qui je
« n'ai pas montré votre lettre, parce qu'il est absent depuis six
« jours, *s'était chargé de l'information chez le banquier Rougemont.*
« Il l'a différée d'un jour à l'autre ; ensuite il a passé lui-même chez
« ce banquier qui s'est trouvé sorti. Le banquier, voyant un tel
« nom, aurait dû venir sur-le-champ demander quels ordres on
« avait à lui donner. Il n'en a rien fait. Bref, tantôt par une raison,
« tantôt par une autre, ce que nous voulions savoir n'a pas été su.
« Vous ne me connaissez pas quand vous vous imaginez que je
« puisse vous cacher le résultat des recherches *que nous faisions de
« concert ; mais que prétendez-vous faire des nouvelles informations
« dont vous chargez M. d'Holbach ?* Vous n'avez pas dessein, appa-
« remment, de rien écrire contre ce malheureux homme qui soit

« étranger à votre cause. Vous ne serez pas son *délateur* après avoir
« été son protecteur. *De semblables examens doivent précéder les
« liaisons et non suivre les ruptures.* Au nom de ce que vous vous
« devez, au nom d'une amitié dont l'estime fut la base, *prenez garde
« à ce que vous allez faire; ni Rousseau, ni personne ne peut vous
« nuire; vous êtes invulnérable si vous ne vous blessez pas vous-
« même.* »

Cette pièce d'éloquence arrache à Musset-Pathay des élans d'admiration : « Elle met, dit-il, dans tout son jour *le beau caractère* de
« Mme de Boufflers », et ce qui est bien plus fort, il ajoute *qu'elle
contient tout ce qu'on peut dire de mieux en faveur de Rousseau.*
Voyons si cet enthousiasme est fondé. Assurément, rien de plus
sonore et de plus compassé que la harangue de la maîtresse du
prince de Conti ; son ton *romain*, comme dit Rousseau, rappelle ce
jugement du caustique Walpole : « Mme de Boufflers est toujours po-
« sée pour faire tirer son portrait par son biographe. » Ces belles
apparences en ont imposé à Musset-Pathay et à beaucoup d'autres ;
mais il ne faut qu'une bien légère attention pour apercevoir tout
d'abord que, malgré ses prétentions à la modération, à la haute impartialité, Mme de Boufflers prend d'emblée parti pour son ami
Hume, dont, tout en le tançant, elle fait le plus magnifique éloge,
tandis que Rousseau n'est à ses yeux qu'un *orgueilleux*, un *ingrat*,
ou *tout au moins un fou;* ce sont précisément les conclusions de Hume
dans l'*Exposé succinct* (voir pag. 212). Elle trouve *atroce* la lettre du
10 juillet ; c'est, dit-elle, *l'excès de l'extravagance; elle fera le tourment de la vie de Rousseau.* Quant au *sage* Hume, elle s'étonne de
ce qu'il n'a pas exercé la *plus noble des vengeances, celle d'accabler
ce malheureux Rousseau de sa supériorité, de l'éblouir par l'éclat
d'une vertu qu'il veut méconnaître.* Il est vrai qu'elle ajoute avec une
miséricorde apprêtée, que pourtant Rousseau n'est ni un *imposteur
ni un scélérat,* comme le voulait son *vertueux* ami. Quelle grâce !
Il est, dit-elle, *égaré par des passions ardentes, par l'orgueil, par
son humeur atrabilaire,* vieille formule de Grimm, Diderot et consorts, et que Mme de Boufflers, qui voyait quelquefois ces messieurs (¹), répète ici assez maladroitement. *La colère de Rousseau,*
suivant elle, *n'est pas fondée, mais elle est réelle;* et à l'appui de cette
proposition, elle objecte à Hume le trait que, d'après la rumeur
publique, il a fourni à la satire de Walpole. « Si ce fait est vrai,

---

(¹) Chez d'Alembert, dont elle était l'amie.

« ajoute-t-elle froidement, et que Rousseau l'ait su, faut-il s'éton-
« ner qu'il soit devenu *fou de rage?* » Quelque prévenu qu'on soit,
je ne crois pas possible qu'on trouve *de la rage* dans la lettre du
10 juillet; par ce trait passionné Mme de Boufflers laisse pénétrer
qu'elle n'est pas elle-même de sang froid, comme le lui dit Rousseau
dans sa lettre du 30 août 1766. Elle trouve la lettre au *Saint-James-
Chronicle, indigne d'un homme de génie*, et ne conçoit pas plus que
son ami Hume que Rousseau se soit ému de si peu de chose que la
lettre du roi de Prusse. Il n'y a qu'à lire la lettre de Rousseau au
journaliste pour se convaincre que Mme de Boufflers est encore ici
dans l'exagération et dans la partialité, pour ne rien dire de plus.
Quant à son opinion sur la lettre du roi de Prusse, il en sera parlé
tout à l'heure. Musset-Pathay s'extasie sur cet argument, *sa colère
n'est pas fondée, mais elle est réelle.* « Par un seul mot, dit-il, Mme de
« Boufflers met la question dans tout son jour. » Et il ajoute : « Ce
« mot peut s'appliquer à beaucoup de circonstances de la vie de
« Rousseau, il démontre son *erreur et sa véracité* » (*Hist.*, t. Ier,
pag. 133). Ainsi, Musset-Pathay prononce que Rousseau, quoique
sincère, *était dans l'erreur* à l'égard de Hume, c'est-à-dire qu'il ré-
tracte tout ce qu'il a dit antérieurement sur la perfidie du complice
de Walpole, sur ses mensonges, sur une foule de traits vils et malveillants qui ont excité sa juste indignation. Non content de cette
incroyable palinodie, il va jusqu'à prétendre que tout ce que pouvait dire Rousseau contre Hume était sans valeur, attendu qu'il
n'avait pas la preuve de sa complicité dans la satire de Walpole, et
que la question générale de ses rapports avec ce fourbe n'a pu être
résolue que du moment que l'aveu à Mme de Barbantane est devenu un fait public (*Hist.*, t. Ier, pag. 117). La distraction et l'inconséquence ne sauraient être poussées plus loin. Il est certain que
Rousseau ne pouvait connaître la participation de Hume à la lettre
du roi de Prusse, puisque c'était un secret qui lui fut soigneusement
caché par les deux dames *qui en étaient dépositaires*, et dont l'une
était précisément Mme de Boufflers (voyez pag. 170). Mais ce n'était
pas d'avoir rédigé en partie cette lettre que Rousseau l'accusait,
c'était de l'avoir publiée à Londres. La preuve matérielle lui manquait, j'en conviens également; et cependant, qu'on relise attentivement la lettre du 10 juillet, on verra combien de faits, les uns
certains, les autres probables, justifiaient sa conviction à cet égard.
Les procédés équivoques, humiliants, et même hostiles du *protecteur*
et de ses amis, le ton méprisant des journaux, la scène du *coin du*

feu, les lettres ouvertes, le trait de la voiture, sur lequel Hume n'avait pas daigné s'expliquer, et surtout son silence décisif lorsque la lettre du roi de Prusse parut à Londres ; tels furent les indices sérieux sur lesquels Rousseau forma son opinion. Il ne fit que deviner la trahison sur un ensemble de preuves morales ; qu'importe, puisque les faits ont démontré plus tard que cette trahison existait et qu'elle était bien plus grave que ne le supposait Rousseau ? Hume avait fait pis que de publier la lettre de Walpole, il y avait travaillé ; *qui peut plus, peut moins.* D'ailleurs, en supposant même que Rousseau eût mis trop de précipitation dans son premier jugement, la conduite ultérieure de son ennemi, et surtout son artificieuse apologie, étaient plus que suffisantes pour changer ses soupçons en certitude. On peut même dire, au point où en est la discussion, que l'aveu de Hume à Mme de Barbantane n'est que la confirmation d'une imposture déjà surabondamment démontrée, et qu'en l'absence même de cette donnée précieuse, il n'en serait pas moins évident que Hume était le dernier des fourbes. Ainsi donc, Mme de Boufflers qui avait sous les yeux la lettre de Rousseau du 10 juillet, était au moins coupable de légèreté, lorsqu'elle décidait que la colère de Rousseau *n'était pas fondée*, puisque cette lettre contient assez de faits propres à prévenir un jugement si précipité et si absolu. Quant à Musset-Pathay, qui répète ce jugement et qui l'admire, il est bien plus inconséquent encore, lui qui possédait toutes les pièces du procès, et qui avait déjà prononcé plusieurs fois que Hume était un traître (voyez toute sa dissertation, *Hist.*, t. Ier, pag. 112 et suivantes). Objectera-t-on que Mme de Boufflers a pu, comme le public, prendre le change sur la valeur des arguments de la lettre du 10 juillet ? Je l'accorde, mais elle n'a pu s'abuser sur la réalité du fait suivant. Hume lui avait fait dire par son amie, Mme de Barbantane, qu'il était l'auteur d'une plaisanterie publique contre Rousseau. Instruite de cette lâcheté, Mme de Boufflers dut en conclure, au fond de son cœur, que Rousseau n'avait que trop bien jugé son adversaire. Une femme qui n'eût pas eu de haine secrète dans le cœur eût publié bien vite ce trait odieux, qui tranchait la question. Elle le lui eût au moins reproché dans sa lettre. Ce n'est pas ce que fit Mme de Boufflers. Elle dissimula cette conviction secrète, et, décidée à disculper à tout prix la conduite de son indigne ami, elle imagina pour cela un expédient assez adroit ; c'était de dénaturer le sens de la *plaisanterie* de Hume, de manière à réduire la perfidie à n'être plus qu'un trait de *gaieté* presque innocent. Elle affecta donc de n'y voir qu'une satire contre le pouvoir absolu. C'en est une effectivement, et assez fine, mais elle renferme une idée qui frappe cruellement sur le caractère de Rousseau. « *Si vous aimez les per-* « *sécutions*, lui dit le prétendu roi, etc. » Mme de Boufflers ne fait pas semblant de s'en apercevoir, elle a même soin de ne pas citer toute la plaisanterie telle qu'elle existe dans la lettre de Walpole (voir pag. 168), parce que l'idée hostile s'y trouve répétée et même aggravée. Musset-Pathay, au fort de sa ridicule admiration, n'a pu s'empêcher de protester contre cette indulgence étudiée; « il est « vrai, dit-il, que cette plaisanterie est piquante contre Frédéric, « mais elle suppose dans celui *qui aimerait les persécutions,* un or- « gueil insensé et l'amour de la célébrité poussé jusqu'à la dé- « mence » (*Hist.*, t. Ier, pag. 135, en note). C'est tout ce que sa conscience honnête lui suggère. Mme de Boufflers en juge tout autrement que son admirateur; elle prononce que la *sensibilité* de Rousseau au sujet de la lettre du roi de Prusse provient d'un *excès d'orgueil criminel;* qu'en se laissant aller à sa *violence* (elle veut parler encore de la lettre du 10 juillet), *il a passé toute borne, oublié toute décence et tout devoir*. Quant à Hume, il n'est coupable que *d'une simple raillerie. Sa douceur, sa bonté, son indulgence* éloignent toute autre interprétation. Elle va jusqu'à dire à son ami : « Si Rous- « seau vous a cru de moitié dans la lettre de Walpole, *cela l'excuse* « *un peu plus, mais pas assez.* » Ce seul trait dément tout l'étalage d'impartialité et de grands sentiments de Mme de Boufflers. Il ne faut que le plus simple bon sens et la probité la plus vulgaire pour voir un traître dans l'homme qui, passant aux yeux du public pour ami et pour bienfaiteur, eût été *de moitié* dans la satire de Walpole, et un complice de ce traître dans celui qui eût osé l'excuser; c'est pourtant ce qu'a fait Mme de Boufflers! Musset-Pathay n'a rien vu de tout cela. Continuons. Mme de Boufflers dit à Hume qu'on lui *a assuré* qu'il avait écrit que Rousseau voulait se ranger du côté de l'opposition. Les preuves positives du fait manquent, mais Mme de Boufflers paraît être sûre de ce qu'elle avance, comme Musset-Pathay l'a fort bien remarqué (*Hist.*, t. Ier, pag. 140); et d'ailleurs rien n'empêche maintenant de croire que Hume se rendit coupable de cet affreux mensonge [IX]. Qu'on juge de sa gravité! Rousseau, étranger, honoré des bienfaits du roi, accusé par son prétendu protecteur de passer du côté des adversaires du pouvoir! On imagine assez ce qui pouvait en résulter pour son honneur et peut-être pour sa sûreté. Il n'est même pas impossible que cette accusation fût la cause de l'animadversion évidente du général Conway, et de l'intérêt que le roi et la reine d'Angleterre témoignèrent à Hume, au sujet de son affaire avec Rousseau. Mme de Boufflers ne paraît pas plus s'émouvoir de cette indignité que de la *plaisanterie* de Hume. Elle se borne à disculper Rousseau d'avoir songé à se mettre du côté de l'opposition, ce qui, certes, n'était pas un grand effort d'équité, et quoiqu'elle paraisse à peu près sûre de la culpabilité de Hume, elle ne lui adresse aucun reproche. Quelques lignes plus loin elle lui dit : « Que *sa probité* et *l'estime* dont il jouit « depuis tant d'années auraient dû le mettre à couvert des soup- « çons de Rousseau. » Un juge vraiment impartial eût cherché à savoir si Hume était réellement coupable de cette horrible calomnie, il l'eût sommé de s'expliquer sur ce sujet et sur celui de la *plaisanterie;* Mme de Boufflers ne témoigne pas cette loyale curiosité ; on voit, au contraire, qu'elle craint d'en trop savoir et qu'elle est pressée de passer à autre chose, *mais c'en est trop là-dessus,* dit-elle ; puis elle retourne à Rousseau qu'elle achève d'accabler en glorifiant son ennemi ; elle va jusqu'à le blâmer *de n'avoir pas démenti ses yeux mêmes, quelques preuves qu'on eût pu lui donner contre Hume!* On croira peut-être qu'elle attendit les explications que l'honneur prescrivait à ce dernier s'il eût été innocent. Point du tout, la réponse de Hume est du 12 août 1766, et le 27 juillet, c'est-à-dire cinq jours après avoir écrit sa superbe lettre, Mme de Boufflers adressait à Rousseau la mercuriale ridicule dont je vais bientôt parler. Achevons, avant, l'analyse de sa lettre à Hume. Il faut éclaircir ce que dit Mme de Boufflers du trouble que, suivant Hume, Rousseau laissa paraître devant M. Davenport, en lisant la lettre de son protecteur, celle où il demandait audacieusement à Rousseau de lui faire connaître son accusateur. Ce trouble ne s'explique que trop par la surprise et l'indignation. Hume, comme de raison, en profite pour avancer que c'était, de la part de son adversaire, l'aveu involontaire *d'une noirceur préméditée;* Mme de Boufflers, fidèle à son rôle magnanime, daigne absoudre Rousseau du crime de noirceur, mais elle n'en décide pas moins que son émotion était du *repentir,* et *qu'un trait de lumière lui avait fait entrevoir l'abîme où son fol orgueil l'avait précipité;* puis elle laisse aller ce trait empreint d'une certaine malignité : « Nous verrons quel effort il fera pour se tirer « de ce mauvais pas ; » et Musset-Pathay appelle tout cela *impartialité, haute raison, amitié, générosité!* On voit aussi par la lettre de Mme de Boufflers que cette dame et son amant, le prince de Conti, avaient pris des informations chez le banquier Rougemont, au sujet des ressources pécuniaires de Rousseau. J'ai déjà fait observer que cette enquête était peu digne de personnages si haut placés; elle est de plus, pour moi, une occasion de rappeler le rôle que le prince de Conti avait joué dans l'affaire du décret (voir ch. III, pag. 100). Hume, à ce qu'il paraît, voulait continuer ses perquisitions par l'entremise de d'Holbach. « De semblables recherches, lui dit gravement Mme de « Boufflers, doivent précéder les liaisons et non suivre les ruptu- « res. » D'où il résulte qu'avant de se lier avec un homme, il faut préalablement s'assurer du chiffre de son revenu. Je répète encore que Rousseau ne demandait pas de secours, et que par conséquent les recherches dont il s'agit ne pouvaient avoir pour objet que de le prendre, s'il était possible, en flagrant délit de mensonge. C'est précisément ce qu'a fait Hume, sans toutefois fournir aucune preuve à l'appui de son accusation. Musset-Pathay dit dans une note *que Hume s'était fait l'espion de son ami* (Hist., t. Ier, pag. 139). Comment n'a-t-il pas vu que Mme de Boufflers et son auguste amant se firent les espions de Rousseau au profit de Hume? A la vérité, Mme de Boufflers blâme les recherches nouvelles que d'Holbach était chargé de faire, précisément comme elle avait blâmé Hume de s'être adressé au baron plutôt qu'à elle, lors de sa rupture avec Rousseau. Ce n'est qu'une jalousie de femme qui prétend à la confiance exclusive. Elle conjure Hume de ne pas être le *délateur* de Rousseau après avoir été son protecteur. Ceci est une affaire de prudence, car c'est immédiatement après qu'elle ajoute : « Prenez garde à ce que vous « allez faire, etc. » D'ailleurs ce mot de *délateur* est encore d'une exagération ridicule ; ne dirait-on pas qu'il s'agit de la révélation d'un crime? J'ai examiné ailleurs (voyez pag. 201) cette prétendue réticence de Rousseau et son peu de vraisemblance; serait-elle réelle, que rien n'excuserait l'expression hyperbolique de Mme de Boufflers et son affectation de générosité.

Je vais maintenant tâcher de saisir, à travers les phrases et les beaux semblants de Mme de Boufflers, le but réel de sa lettre qui y est assez artistement déguisé, mais pas assez cependant pour échapper à des yeux un peu clairvoyants. Hume, en s'empressant de rendre son démêlé public, s'abandonna aveuglément aux transports de sa haine. Son emportement, ses termes outrageants, le soin qu'il prit tout d'abord d'instruire les ennemis déclarés de Rousseau, avaient excité l'attention. On était surpris et choqué de cette explosion brutale contre un homme qui se taisait. Les éditeurs de son apologie l'avaient bien senti, lorsque, dans leur introduction hypocrite, ils disaient que, « dans un premier moment de sensibilité, « Hume s'était laissé emporter trop loin. » Mme de Boufflers vit le danger et se hâta d'écrire à son ami pour le lancer de son imprudence. On voit dans sa lettre que ce qu'elle ne peut lui pardonner, c'est d'avoir cédé à sa passion, au point de compromettre aux yeux du public son rôle de bienfaiteur, et de lui inspirer des doutes sur sa sincérité. « Mais vous, lui dit-elle, avec une chaleur qui trahit sa « contrariété, au lieu de vous irriter contre un malheureux *qui ne* « *peut vous nuire et qui se ruine lui-même*, que n'avez-vous laissé « agir cette pitié généreuse dont vous êtes si susceptible, etc. ? » Puis, oubliant le passé, *qui est sans remède*, elle s'occupe de régler la conduite *présente* et *future* de son ami. Elle lui dit qu'elle a besoin de réfléchir sur l'opportunité d'une apologie publique. Cela se conçoit, elle craignait quelque nouvelle balourdise, et préférait sans doute que Hume laissât Rousseau *se ruiner lui-même*. Elle entendait mieux la vengeance que le lourd et brutal Ecossais. « Je n'ai pas la « prétention de bien conseiller un homme tel que vous », lui dit-elle, après l'avoir *bien grondé et conseillé*; puis elle se met à le gronder et à le conseiller de plus belle. Le scrupule est grotesque, mais Mme de Boufflers tenait à ajouter la modestie à ses autres vertus. Dans son *post-scriptum*, elle reproche vivement à Hume sa lettre à d'Alembert, dont on ne connaît pas les termes (¹), et sa recommandation de la faire passer à Voltaire, ce qui, en effet, était de la dernière gaucherie. « Vous aurez ici, lui dit-elle ironiquement, « un parti nombreux de tous ceux qui seront charmés de vous voir « agir comme un homme ordinaire. » Elle termine par ce trait bien autrement frappant : « Au nom d'une amitié dont l'estime fut la base, « *prenez garde à ce que vous allez faire. Ni Rousseau, ni personne ne* « *peut vous nuire ; vous êtes invulnérable, si vous ne vous blessez* « *vous-même.* » C'est comme si elle lui avait dit : « Je sais que vous « avez à vous reprocher une plaisanterie cruelle contre celui qui « vous croyait son ami ; je sais que vous l'avez accusé de se ranger « du côté de l'opposition ; ce sont deux traits odieux que je feins de « ne pas sentir ; soyez prudent, laissez Rousseau *se ruiner lui-même*, « votre amie ne vous trahira pas. »

Voici maintenant ce qu'écrivait à Rousseau Mme de Boufflers, le

---

(¹) A en juger par l'extrême contrariété qu'éprouve Mme de Boufflers, cette lettre devait être à peu près dans le genre de celle à d'Holbach.

17 juillet 1766 : « M. Hume m'a envoyé, monsieur, la lettre outra-
« geante que vous lui avez écrite ; je n'en vis jamais de semblable.
« Tous vos amis sont dans la consternation et *réduits au silence*. Que
« peut-on dire pour vous, après une lettre si peu digne de votre
« plume, qu'il vous est impossible de vous en justifier, quelque
« offensé que vous puissiez vous croire ? Mais quelles sont donc ces
« injures dont vous vous plaignez ? Quel est le fondement de ces
« horribles reproches que vous vous permettez ? Ajoutez-vous foi si
« facilement aux trahisons ? Votre esprit, par ses lumières, votre
« cœur, par sa droiture, ne devaient-ils pas vous garantir des soup-
« çons odieux que vous avez conçus ? Vous vous y livrez contre toute
« raison, *vous qui eussiez dû vous refuser à l'évidence même et démen-
« tir jusqu'au* témoignage de vos sens ! M. Hume, un lâche, un
« traître ! Grand Dieu ! mais quelle apparence qu'il eût vécu cin-
« quante ans, aimé, respecté, au milieu de ses compatriotes, sans en
« être connu ? Attendait-il votre arrivée pour jeter le masque ? Et pour
« quel intérêt ? Ce ne peut être ni jalousie ni rivalité. Vos génies
« sont différents ainsi que vos langages, ainsi que les matières que
« vous avez traitées. Il n'envie pas non plus *votre bonne fortune* (¹),
« puisque de ce côté il a toutes sortes d'avantages sur vous ; ce serait
« donc seulement le plaisir de faire le mal et de se déshonorer gra-
« tuitement qui lui auraient inspiré les noirceurs dont vous l'accu-
« sez. Qui connut jamais de pareils scélérats, de pareils insensés ?
« Ne sont-ce pas *des êtres de raison ?* (Style philosophique ; la grande
« dame était une affiliée.) Je veux supposer un moment qu'il en
« existe, et que M. Hume est un de ces affreux prodiges : *vous n'êtes
« pas justifié pour cela ; vous l'avez cru trop tôt*, vous n'avez pas
« pris des mesures suffisantes pour vous garantir de l'erreur.
« Vous avez en France des amis et des protecteurs, vous *n'en avez
« consulté aucun.* » (Elle se trompe, Rousseau l'avait sinon consultée,
au moins prévenue *la première, et trois mois avant la rupture*.
Voir sa lettre du 9 avril 1766. Il avait également épanché son
cœur avec l'honnête et faible Malesherbes. Voir sa lettre du 10 mai
1766.) « Et quand bien même vous eussiez fait tout ce que vous avez
« omis, *quand vous auriez acquis toutes les preuves de l'attentat le
« plus noir,* vous eussiez dû modérer votre emportement contre un
« homme qui vous a réellement servi. Les liens de l'amitié sont
« respectables même après qu'ils sont rompus, *et les seules apparen-*

(¹) La *bonne fortune* du pauvre Rousseau ! Le mot est curieux.

« ces de ce sentiment le sont aussi. M. le prince de Conti, Mme la
« maréchale de Luxembourg et moi (les trois acteurs de la scène
« du décret, je tiens à ce qu'on ne l'oublie pas), nous atten-
« dons, *avec impatience*, vos explications sur cette incompréhen-
« sible conduite. De grâce, monsieur, ne les différez pas ; que
« nous sachions au moins comment *vous excuser*, si l'on ne peut
« vous disculper entièrement. Le *silence auquel nous sommes ré-
« duits* vous nuit plus que toute chose. »

Toujours le style dramatique, les sentiments transcendants, et en même temps toujours la même partialité extravagante en faveur de Hume. La meilleure réfutation qu'on puisse faire de cette amplification boursouflée, c'est de lui opposer la réponse de Rousseau (30 août 1766). Je la transcris en entier. « Une chose me fait grand
« plaisir, madame, dans la lettre que vous m'avez fait l'honneur de
« m'écrire le 27 du mois dernier, et qui ne m'est parvenue que
« depuis peu de jours ; c'est de connaître à son ton que vous êtes
« en bonne santé. Vous dites, madame, n'avoir jamais vu de lettre
« semblable à celle que j'ai écrite à M. Hume ; cela peut être, car je
« n'ai, moi, jamais rien vu de semblable à ce qui y a donné lieu ;
« cette lettre ne ressemble pas, du moins, à celles qu'écrit M. Hume
« (celles à d'Holbach et à d'Alembert); et j'espère n'en écrire jamais
« de semblables. Vous me demandez quelles sont les injures dont
« je me plains. M. Hume m'a forcé de lui dire que je voyais ses
« manœuvres secrètes, et je l'ai fait ; il m'a *forcé* d'entrer là-dessus
« en explication, je l'ai fait encore et dans le plus grand détail
« (dans la lettre du 10 juillet 1766). Il peut vous rendre compte de
« tout cela, madame ; pour moi, je ne me plains de rien. Vous me
« reprochez de me livrer à d'odieux soupçons : à cela je réponds
« que je ne me livre pas à des soupçons. Peut-être auriez-vous pu,
« madame, prendre pour vous un peu des leçons que vous me
« donnez, n'être pas si facile à croire que je croyais si facilement
« aux trahisons, *et vous dire pour moi une partie des choses que vous
« vouliez que je me disse pour M. Hume*. Tout ce que vous m'allé-
« guez en sa faveur forme un préjugé très-fort, très-raisonnable,
« d'un très-grand poids, surtout pour moi, et que je ne cherche
« pas à combattre ; *mais les préjugés ne font rien contre les faits.* »
Cette objection était accablante pour la conscience de Mme de Boufflers, puisqu'elle connaissait la lâche *plaisanterie* dont Hume était l'auteur, et qu'elle se gardait bien de la divulguer à celui qui en était l'objet.

« Je m'abstiens de juger du caractère de M. Hume, que je ne con-
« nais pas ; je ne juge que sa conduite avec moi, que je connais.
« Peut-être suis-je le seul homme qu'il ait jamais haï ; mais aussi
« quelle haine ! Un même cœur suffirait-il à deux comme celle-là ?
« Vous vouliez que je me refusasse à l'évidence, c'est ce que j'ai
« fait autant que j'ai pu ; que je démentisse le témoignage de mes
« sens, *c'est un conseil plus facile à donner qu'à suivre* ; que je ne
« crusse rien de ce que je sentais, que je consultasse les amis que
« j'ai en France : mais si je ne dois rien croire de ce que je vois
« et de ce que je sens, ils le croiront bien moins encore, ceux qui ne le
« voient pas, et qui le sentent encore moins. Quoi ! madame, quand
« un homme vient entre *quatre yeux* m'enfoncer, à coups redoublés,
« un poignard dans le sein, il faut, avant d'oser lui dire qu'il me
« frappe, que j'aille demander à d'autres s'il m'a frappé ? L'extrême
« emportement que vous trouvez dans ma lettre me fait présumer,
« madame, que vous n'êtes pas de sang froid vous-même, ou que
« la copie que vous avez vue est falsifiée. Dans la circonstance fu-
« neste où j'ai écrit cette lettre, et où M. Hume m'a forcé de l'é-
« crire, sachant bien ce qu'il en voulait faire, j'ose dire qu'il fallait
« avoir une âme forte pour se modérer à ce point. Il n'y a que les
« infortunés qui sentent combien, dans l'excès d'une affliction de
« cette espèce, il est difficile d'allier la douceur avec la douleur.

« M. Hume s'y est pris autrement ; tandis qu'en réponse à cette
« même lettre il m'écrivait en termes décents et même honnêtes
« (22 juillet 1766), *il écrivait à M. d'Holbach et à tout le monde
« en termes un peu différents*. Il a rempli Paris, la France, l'Europe
« entière de choses que ma plume ne sait pas écrire et qu'elle ne
« répétera jamais : était-ce comme cela, madame, que j'aurais dû
« faire ? Vous dites que j'aurais dû modérer mon emportement con-
« tre un homme qui m'a réellement servi. Dans la longue lettre que
« j'ai écrite, le 10 juillet, à M. Hume, j'ai pesé avec la plus grande
« équité les services qu'il m'a rendus : il était digne de moi d'y
« faire pencher partout la balance en sa faveur, et c'est ce que j'ai
« fait. Mais quand tous ces grands services auraient eu autant de
« réalité que d'ostentation, s'ils n'ont été que les pièges qui cou-
« vraient les plus noirs desseins, je ne vois pas qu'ils exigent une
« si grande reconnaissance.

« *Les liens de l'amitié*, dites-vous, madame, *sont respectables
« même après qu'ils sont rompus ;* cela est vrai, mais cela suppose
« que ces liens ont existé : malheureusement, ils ont existé de ma

« part ; *aussi le parti que j'ai pris de gémir tout bas et de me taire
« est-il l'effet du respect que je me dois.—Et les seules apparences ae
« ce sentiment le sont aussi.* Voilà, madame, la plus étonnante
« maxime dont j'aie jamais entendu parler. Comment ? sitôt qu'un
« homme prend en public le masque de l'amitié, pour me nuire plus
« à son aise, sans même daigner se cacher de moi, sitôt qu'il me
« flatte en m'assassinant, je ne dois plus oser me défendre, ni parer
« les coups, ni m'en plaindre, *pas même à lui !...* Je ne puis croire
« que ce soit là ce que vous avez voulu dire ; cependant en relisant
« ce passage dans votre lettre, je n'y puis trouver aucun autre sens.
« Je vous suis obligé, madame, des soins que voulez prendre pour
« ma défense, mais je ne les accepte pas. M. Hume a si bien jeté le
« masque, qu'à présent sa conduite parle et dit tout à qui ne veut
« pas s'aveugler ; mais quand cela ne serait pas, je ne veux pas
« qu'on me justifie, parce que je n'ai pas besoin de justification, et
« je ne veux pas qu'on m'excuse, parce que cela est au-dessous de
« moi. Je souhaiterais seulement que, dans l'abîme de malheurs où
« je suis plongé, les personnes *que j'honore* m'écrivissent des lettres
« moins accablantes, afin que j'eusse au moins la consolation de
« conserver pour elles tous les sentiments qu'elles m'ont inspirés. »

Voilà avec quelle modération et quelle logique puissante s'exprimait cet homme, dont Mme de Boufflers disait qu'il était devenu *fou de rage*. Si Rousseau eût connu la lettre de cette dame à Hume, la sienne eût été bien plus sévère. Je vais suppléer à ce qu'il n'a pu faire, et achever de dévoiler l'hypocrisie du pathos de la grande dame. Mme de Boufflers se dit plongée dans la *consternation*. Cependant ses anathèmes contre Rousseau, ses conseils à Hume sur la meilleure manière de le réduire *à ne pouvoir lui nuire*, son enthousiasme pour les *vertus* de l'Ecossais, annoncent bien moins une amie *consternée* qu'une ennemie satisfaite. Elle se dit *réduite au silence*, elle qui connaissait l'odieuse plaisanterie de Hume, elle qui d'un mot pouvait livrer le fourbe au mépris public ! Supposons que Rousseau eût appris par hasard l'aveu fait par Hume à Mme de Barbantane et à Mme de Boufflers ; supposons qu'il eût connu la grande lettre de cette dernière à son ami, il eût pu lui répondre ainsi : Vous me demandez quelle est l'injure dont je me plains ? c'est la trahison dont vous avez reçu la confidence et que vous ne révélez point. Vous vous écriez avec une fausse indignation: *M. Hume un lâche et un traître !* Oui, M. Hume est un lâche et un traître ; j'en appelle d'abord à votre conscience que vous bravez, puis au public. Veuillez, madame, lui confier le secret que vous m'avez si soigneusement caché, et tout ce que ce public renferme d'honnête et de sincère dira avec moi : M. Hume est un lâche et un traître. Vous me demandez des explications, vous qui, pouvant démasquer l'imposteur, gardez un impitoyable silence ; vous poussez la dérision jusqu'à m'offrir de me justifier, vous qui, écrivant à mon ennemi, flétrissez mon caractère, en exaltant le sien ; vous qui lui dites : « *Ni Rousseau ni personne ne peut vous nuire ; vous êtes invulnérable, si vous ne vous blessez vous-même!* » Maintenant, qu'on juge de la logique de Musset-Pathay, qui regrette que Rousseau n'ait pas connu la grande épître de Mme de Boufflers à Hume, parce que, dit-il, *c'eût été une occasion pour lui de rendre justice à cette dame!* (*Histoire*, t. II, p. 528, en note.) Ailleurs, pour excuser son arrogante lettre à Rousseau, il dit « que Mme de Boufflers con- « naissait les torts de Hume, c'est-à-dire son *indiscrétion*, mais « qu'elle ignorait ceux de son *rival*. » Eh bien ! c'était, il me semble, une raison de plus pour être sévère envers le premier, et c'est au contraire l'autre qu'elle accable. Par *indiscrétion*, Musset-Pathay veut parler des fureurs maladroites de Hume ; l'expression est timide ; celle de *rival*, pour désigner Rousseau, est injuste ; Rousseau était la victime de Hume et non son rival : il semble que Musset-Pathay ait voulu mettre son impartialité à l'unisson de celle de Mme de Boufflers. Il reste à chercher quels peuvent être les *torts* de Rousseau. Suivant Musset-Pathay, qui n'est encore ici que « l'écho de la grande dame, il serait coupable « d'avoir cru, *non* « *pas légèrement*, à la trahison de Hume, *car il avait des motifs de* « *croire*, mais d'avoir cru *avec trop de facilité* » (*Hist.*, t. Ier, p. 139). Si Rousseau avait des motifs de croire, comment se trouve-t-il blâmable d'avoir cru avec trop de facilité ? Musset-Pathay a oublié d'expliquer cela.

Jusqu'ici, me fondant sur l'aveu de Hume à Mme de Barbantane, j'ai regardé comme réelle sa participation à la satire de Walpole. A ma conviction personnelle je puis joindre celle de Musset-Pathay, exprimée dans les passages suivants de son ouvrage. Après avoir rapporté la réponse effrontée de Hume à Mme de Boufflers (V. p. 192), il dit : « *Hume savait bien la part qu'il avait prise à la* « *lettre de Walpole*, *et il glissait sur ce qui ne pouvait être dou-* « *teux pour lui* » (*Hist.*, t. Ier, p. 145). Ailleurs : « Ainsi, à l'époque « où David donnait à Rousseau les plus grandes marques d'amitié, il « contribuait à le rendre un objet de ridicule, par un bon mot

« *qui fit partie du persiflage de Walpole* »; et il cite immédiatement, comme étant de Hume, la dernière phrase de la lettre du roi de Prusse (*Hist.*, t. Ier, p. 115). Enfin, dans une note de la page 148, il dit : « Non-seulement Hume avait eu connaissance de « la lettre de Walpole pendant son séjour à Paris, *mais il avait « fourni une des plaisanteries les plus piquantes contre Rousseau.* » Cela est assez clair, je pense. Cependant, en analysant la lettre de Mme de Boufflers, Musset-Pathay, entraîné par son enthousiasme pour cette dame, oublie complètement ces assertions formelles, et se met à douter avec elle de la participation de Hume à la satire de Walpole : « *Si ce double rôle* ([1]), dit-il, *était aussi bien dé-« montré pour nous qu'il le parut aux yeux de Rousseau*, on con-« viendra que mieux vaut un ennemi déclaré qu'un ami de l'étoffe « de Hume » (*Hist.*, t. Ier, p. 140). Pour qu'on ne m'accuse pas d'écourter la discussion, je vais achever de fixer, une fois pour toutes, cette question importante, sur laquelle Musset-Pathay n'ose se prononcer, *après l'avoir décidée trois fois*.

Le fait certain, incontestable, c'est que Hume avoua à Mme de Barbatane, et par cette dame à son amie Mme de Boufflers, qu'il s'était permis une plaisanterie publique contre celui dont il passait pour être le protecteur. En supposant que cette plaisanterie ne soit pas celle qui termine la fausse lettre du roi de Prusse, on ne peut disconvenir qu'elle ne constitue un acte de perfidie tout aussi révoltant que la participation même à la rédaction de la lettre. Quand donc ce dernier fait se trouverait faux, ou non démontré, Hume n'en serait pas moins un fourbe et un traître. Mais maintenant que l'odieux caractère de cet homme est déjà si évident, que de probabilités se réunissent contre lui dans la question dont il s'agit ici! Ces bruits répandus dans le public, et recueillis par Mme de Boufflers, l'assertion de Walpole sur la complicité de son ami ([2]), puis ses négations effrontées et celles de Hume sur le même sujet ([3]), ne prouvent-ils pas que ces deux fourbes, après avoir été imprudents, croyaient réparer leur maladresse en payant d'audace? Si Hume n'eût pas aidé à rédiger la fausse lettre du roi de Prusse, s'il n'eût pas accusé Rousseau de vouloir favoriser l'opposition anglaise, il se fût justifié énergiquement de ces deux reproches. Au lieu de cela,

---

([1]) Il désigne ainsi la complicité de Hume dans la lettre de Walpole, et l'accusation politique intentée à Rousseau par son faux ami (voir page 217).

([2]) Voir la lettre de Mme de Boufflers, page 216.

([3]) *Exposé succinct*, page 106, et page 212 de mon livre.

dans sa réponse à Mme de Boufflers (voyez page 192), il ne dit absolument rien du second article, et sur le premier il fait à son amie cette objection à la fois effrontée et captieuse : « Jamais on n'instrui-« sit Rousseau de la plaisanterie dont vous me parlez, *quand même elle aurait eu lieu ; if such a thing ever existed*, dit le texte anglais. Pourquoi cette formule jésuitique, au lieu d'un aveu franc, ou d'une dénégation positive ? Je le répète, et il le faut, c'est que Hume, regrettant l'aveu qu'il avait fait à Mme de Barbantane et à son amie, était résolu à braver leur mépris secret, et à nier toute participation à la lettre du roi de Prusse. Ce fut, en effet, ce qu'il osa faire dans son *Exposé succinct*, en s'appuyant du témoignage de ce même Walpole qui d'abord avait déclaré publiquement que, lui Hume, avait fourni un trait à sa satire ! Devant de pareils traits d'impudeur, comment douter qu'il y ait identité entre la plaisanterie avouée par Hume et celle que lui attribuait son digne ami Walpole ?

Il reste à résoudre une autre difficulté. Mme de Boufflers fut-elle instruite par son amie, Mme de Barbantane, de la plaisanterie faite par Hume à la table de Lord Osory (voir page 170). Je réponds que l'affirmative résulte des termes mêmes de la lettre de Hume. « *Dites* « *à Mme de Boufflers* que la seule plaisanterie que je me sois per-« mise, etc. » Cette dame, instruite des bruits qui couraient sur la coopération de Hume à la lettre du roi de Prusse, chargea probablement Mme de Barbantane d'en faire part à celui-ci, et de lui demander des explications. La phrase de Hume indique visiblement qu'il répond à une question qui lui est faite de la part de Mme de Boufflers ; et dans le cas, très-peu vraisemblable, où Mme de Barbantane eût oublié de communiquer la réponse de Hume à son amie, celle-ci, dont on connaît maintenant la tendre sollicitude pour l'Écossais, n'eût pas manqué de réitérer sa question, soit à Mme de Barbantane, soit à Hume lui-même. On doit donc admettre comme à peu près démontré qu'elle était instruite. Mais pourquoi dans sa lettre à Hume ne lui objecte-t-elle pas cet aveu décisif ? C'est qu'il est écrasant, et que, décidée à voir dans Rousseau un ingrat et un fou, dans Hume un homme sincère et généreux, elle voulut épargner à ce dernier l'affront d'une preuve directe, que lui-même avait fournie. Mais supposons, j'y consens, malgré tant de motifs de croire le contraire, que Mme de Boufflers ignorât seule la plaisanterie de Hume, que tout le monde connaissait à Paris, et l'aveu de celui-ci. En ce cas, la lâche réticence que je lui ai reprochée demeurerait tout entière à la charge de Mme de Barbantane, mais le reste de mes arguments n'en subsisterait pas moins dans toute sa force, et, en ne la jugeant que sur cela seul, je demande aux lecteurs de bonne foi s'il est possible de voir en elle autre chose qu'une ennemie qui, sous le masque de la neutralité et de la grandeur d'âme, satisfait sans risques, et même avec une certaine gloire, sa profonde animosité ? Enfin, admettons qu'elle ait pu se tromper dans un premier moment de surprise : comment ne fut-elle pas frappée des réponses évasives de Hume, de sa fureur, de ses brutalités, de ses intelligences avec les plus mortels ennemis de Rousseau, des mensonges audacieux de l'*Exposé succinct*? Comment ne fut-elle pas éclairée par les apologies que publièrent dans le même temps de véritables amis de Rousseau, elle qui prétendait aussi à ce titre ? Comment surtout put-elle résister à la réponse pleine de douceur et de raison que le pauvre solitaire de Wooton fit à son arrogante lettre? Enfin, qu'on ajoute à tant de choses accusatrices les procédés suspects de Mme de Boufflers dans l'affaire du décret, ses tracasseries sur la communion de Rousseau (voy. chap. IV, p. 131), ses informations secrètes auprès de son banquier, ses liaisons avec d'Alembert, et sans doute avec bien d'autres personnages hostiles, son intimité constante avec Hume, qui dura jusqu'à la mort de ce fourbe, l'abandon dans lequel elle laissa Rousseau après l'affaire d'Angleterre; et je pense qu'il ne sera guère possible de se refuser à mes sévères conclusions sur le véritable rôle de cette dame. Voici, pour terminer son article, un trait qui n'est pas sans importance. Mme du Deffand, qui n'épargnait personne, pas même son cher Walpole, lui écrivait ce qui suit (31 mai 1767) : « Personne n'oserait chercher « quelque ombre de bon sens à tout ce que dit et fait Rousseau. « *Il m'est revenu que Mme de Boufflers est la première à raconter « toutes ses folies.* » On n'est pas obligé de croire la vieille marquise sur parole ; mais, en général, elle était bien informée, et son mot s'accorde parfaitement avec tout ce que j'ai démontré ci-dessus (¹).

Mme de Verdelin, autre *amie* plus qu'équivoque de Rousseau, lui écrivit aussi pour lui reprocher sa conduite envers Hume, avec le-

---

(¹) Milord Maréchal écrivait à Mme de Boufflers (28 novembre 1762) : « Qu'une « des raisons qui persuaderaient le plus Rousseau d'aller en Ecosse, était *qu'il « ignorait la langue du pays*. C'est bien de lui, cette raison, ajoute le bon Lord, « et *peut-être elle est bonne*. » En mai 1763, Grimm répétait ce mot, avec des réflexions dignes de lui (*Corresp*, t. III, p. 377). Mme de Boufflers avait donc répandu la lettre de Milord Maréchal, et Mme du Deffand disait vrai.

quel elle était liée aussi étroitement que Mme de Boufflers. On ne peut juger du ton de sa lettre, puisqu'elle n'a pas été publiée ; mais la réponse énergique de Rousseau fait penser que les remontrances de Mme de Verdelin n'étaient ni plus mesurées ni moins injustes que celles de Mme de Boufflers.

Ce que dit Rousseau de ces deux dames à la fin du liv. XII des *Confessions*, et peut-être aussi la discussion qu'on vient de lire, pourraient faire croire qu'elles agissaient de concert avec Hume ; c'est une erreur, et Rousseau lui-même est loin d'avoir eu cette idée. En insistant avec tant de chaleur pour qu'il passât en Angleterre, Mmes de Boufflers et de Verdelin avaient des vues secrètes, qui certainement ne pouvaient être bienveillantes ; cela est déjà hors de doute quant à Mme de Boufflers. Cependant, malgré son excessive injustice, je n'admets aucune connivence proprement dite entre elle et Hume. Ce qui le prouve déjà, c'est que celui-ci s'adressa tout d'abord à d'Holbach, avec lequel il pouvait se mettre à son aise, au lieu de se confier à Mme de Boufflers, qui conservait soigneusement le masque de l'amitié, et dont les sentiments secrets pouvaient être tout au plus devinés. Je suis même persuadé que cette dame eût été très-humiliée que Hume pénétrât trop avant dans sa pensée, et ce reste de pudeur explique très-bien les simagrées stoïques et le ton suprême de ses lettres. Il y a des haines décentes qui tiennent à sauver les apparences. Sans entrer dans des confidences réciproques qui répugnent à l'amour-propre, les personnes animées d'antipathies communes se devinent d'autant plus facilement, qu'avec tout l'esprit et l'adresse imaginables, il est impossible de dissimuler parfaitement les passions répulsives. Les dames dont il s'agit se comprirent et s'associèrent ainsi. Toutes deux intelligentes et douées de ce tact particulier qui ne s'acquiert que dans la vie du grand monde, elles trouvèrent dans Hume l'homme qui convenait à leurs vues. D'un côté, l'envie qui, sans doute, perçait déjà à travers le flegme factice de l'Ecossais ; quelques traits de fausseté et de méchanceté surpris, soit dans sa conversation, soit dans ses procédés ; son matérialisme brutal, le crédit dont il jouissait dans son pays comme écrivain et même comme personnage politique, et surtout ses liaisons avec la plupart des ennemis de Rousseau ; de l'autre, les convictions religieuses du philosophe genevois, ses inclinations douces, solitaires ; sa pauvreté, son indépendance, sa franchise, sa susceptibilité, sa maladresse, et peut-être bien aussi la note de l'*Emile* sur les Anglais ; tels furent probablement les indices qui déterminèrent le choix de ces dames. On s'occupa de lier les deux philosophes. A l'époque du décret, Mme de Boufflers avait déjà conseillé à Rousseau de se retirer en Angleterre sous les auspices de Hume ; elle ne cessa, par la suite, de réitérer ses instances. Mme de Verdelin ne fut pas moins pressante. Elle fit un voyage en Suisse dans le but de vaincre les répugnances de Rousseau pour le séjour de l'Angleterre, et nous avons vu sa présence à Motiers coïncider avec les avanies de la populace. Hume, de son côté, fit une première démarche en février 1763 ; et au moment où Rousseau, persistant dans ses répugnances, se disposait à partir pour Berlin, il redoubla d'efforts et l'emporta. L'exilé, plein de confiance et d'espoir, s'abandonna à lui, et tout arriva comme on l'avait désiré.

On doit commencer à comprendre maintenant l'accueil empressé de Strasbourg ; et celui de Paris, encore plus flatteur, surtout si l'on veut bien admettre la probabilité toujours plus évidente du concours secret de M. de Choiseul. On remarquera aussi que, dans une de ses lettres à Mme de Boufflers, Hume la prie d'instruire de sa rupture avec Rousseau le prince de Conti, amant de cette dame, et dont j'ai déjà cité quelques traits suspects. Cette particularité paraîtra peut-être moins indifférente par la suite.

La publication de l'apologie de Hume ne provoqua, de la part de Rousseau, aucune réponse publique. Ses lettres particulières sur ce sujet ne contiennent que de courtes observations, toutes provoquées par les questions que lui adressaient ses correspondants. J'ai déjà fait remarquer tout ce qu'il y a de dignité et de noble abnégation dans ce silence, et j'ajoute que de toutes les preuves morales qui parlent en faveur de Rousseau, celle-là est, sans contredit, la plus puissante. Peut-être aussi comptait-il trop sur la justice de sa cause. Malgré les gaucheries de Hume, qui avaient tant alarmé Mme de Boufflers, malgré la grossièreté de la plupart de ses impostures, le public, déjà trompé depuis longtemps, et incapable d'ailleurs d'une discussion sérieuse, devait se déclarer pour lui. Rousseau lui-même l'avait prévu lorsqu'il écrivait à ce fourbe (10 juillet 1766) : « Le public est toujours pour les services rendus, parce que cha« cun est bien aise d'inviter à lui en rendre, en montrant qu'il sait « les sentir. » Pour prouver à quel point ce jugement se trouva juste, je vais citer quelques traits d'une chronique du temps. Voici ce que disaient, sur l'affaire d'Angleterre, les Mémoires de Bachaumont : « 8 *juillet* 1766. On doit se rappeler que *Jean-Jacques*

« *Rousseau* est passé en Angleterre sous les auspices de M. Hume.
« On avait d'abord imaginé que l'arrivée de *l'ex-citoyen de Genève*
« à Londres y ferait sensation. Tout le monde a été trompé ; Rous-
« seau s'est retiré à la campagne où il mène une vie fort ignorée.
« Mais ce à quoi on ne s'attendait pas, c'est à la lettre qui vient
« d'être écrite par Hume, à son *ami* le baron d'Holbach. Il n'entre
« dans aucun détail sur ses griefs au sujet *du prétendu philosophe*
« *genevois*, mais il marque que c'est *un serpent qu'il a porté dans*
« *son sein, un monstre* indigne de l'estime des honnêtes gens. » Je
passe sur *Jean-Jacques Rousseau* et *Monsieur Hume ;* encore faut-il
rendre justice au journaliste ; il eût pu dire *Jean-Jacques* tout court,
à l'exemple du vertueux Ecossais et de ses respectables amis; mais
ces coups de pied d'âne sont maintenant sans conséquence. Ce qui
importe, c'est la date du 8 juillet 1766 que porte la note ci-dessus.
La lettre de rupture de Rousseau est du 23 juin même année; je
suppose qu'elle ne dut parvenir à Hume que vers le 25, puisque sa
réponse est du 26 (¹). Maintenant, la lettre de Hume à d'Holbach
ne put être écrite avant cette date, et être reçue par le baron qu'à
la fin de juin ; de plus, il fallut bien huit jours pour qu'elle fût connue du journaliste. J'infère de ce calcul que Hume écrivit à d'Holbach immédiatement après avoir reçu la lettre de rupture. Or, dans
sa réponse à cette lettre (²), on le voit demander instamment des
explications et vouloir à tout prix que Rousseau lui nomme son accusateur. Musset-Pathay, toujours dupe des apparences, dit qu'il
y demande à se justifier *avec une remarquable énergie* (*Hist.*, t. 1ᵉʳ,
pag. 128). Je dis plus, moi, il s'y justifie d'une manière si décente,
si naturelle, que des yeux plus fins que ceux de Musset-Pathay
pourraient s'y tromper. Je le crois bien, c'est que c'était la pièce
destinée à leurrer le public. Cependant cet homme si *modéré*, qui
proteste si fort de son innocence et qui paraît attendre avec tant de
confiance les explications de son adversaire, n'attend point ces explications. Le jour même, ou à peu près, il écrit à son ami d'Holbach, ennemi cruel de Rousseau, et cela sur le ton brutal dont parlent Mᵐᵉ Suard (voyez pag. 189) et le rédacteur des *Mémoires*. En
même temps, il a soin d'accompagner sa réponse à Rousseau d'une
lettre à M. Davenport, dans laquelle il traite le premier *d'homme*
féroce et de monstre d'ingratitude (voir la lettre du 10 juillet).

(¹) Wooton est à cinquante lieues de Londres.
(²) Cette réponse est du 26 juin 1766 (voir *Exposé succinct*, p.

Cette explosion violente, *avant toute explication,* est une des preuves morales qui pèsent le plus fortement sur le faux protecteur de Rousseau. Ivre du succès de sa trame, il ne peut maîtriser ni sa joie cruelle, ni l'expression d'une haine si longtemps dissimulée. Mme de Boufflers, plus fine et plus calme que lui, avait bien raison de prendre tant à cœur cette grave imprudence.

« 14 juillet. Les détails qu'on a reçus jusqu'à présent sur les
« plaintes de Hume contre Rousseau ne sont pas assez clairs pour
« qu'on puisse en inférer l'opinion que ses antagonistes veulent
« faire prendre sur son compte, et l'on doit suspendre son jugement
« sur cet homme singulier. » Puis honteux, on le croirait du moins, de cette sage réflexion, le rédacteur ajoute : « Cependant on *ré-*
« *veille* une anecdote sur le compte de Rousseau, qui rendrait tout
« croyable de sa part. On prétend qu'il a été autrefois *colporteur de*
« *dentelles* en Flandres, et qu'une dame Boivin, fameuse marchande
« en ce genre, fut chargée, il y a longtemps, d'une lettre de change
« et d'une contrainte par corps contre lui. *Il avait enlevé la mar-*
« *chandise et l'argent.* Rousseau *demeurait alors rue de Grenelle-*
« *Saint-Honoré.* C'était dans le temps du succès de son premier dis-
« cours. Mme Boivin ayant appris sa célébrité et sa pauvreté, ne
« voulut pas le poursuivre, et envoya ses pouvoirs à ses correspon-
« dants » (*Mémoires cités*).

Ici, Rousseau est accusé d'un vol qui, à cette époque, conduisait à la potence ! Et il y a des gens qui se moquent de lui quand ils lisent, dans ses derniers écrits, ce qu'il dit des *escroqueries* qu'on lui imputait. D'où pouvait venir celle que rapporte le journaliste ? C'est ce que je vais tâcher de découvrir. Rousseau habitait rue de Grenelle-Saint-Honoré, en 1750 ; il n'avait alors pour amis intimes *que Grimm et Diderot.* Eux seuls pouvaient, seize ans après, se rappeler cette humble adresse ; ils étaient donc les inventeurs probables de cette odieuse fable ; et quel moment les misérables choisissaient pour la publier !

« 25 juillet. Si on en croit les nouvelles de Londres, les torts du
« célèbre Genevois sont relatifs à la nature de son caractère dont *l'a-*
« *mour-propre et l'orgueil font la base.* » Il n'est pas difficile de reconnaître ici la formule consacrée par *les anciens amis du célèbre Genevois;* on devra en conclure, je pense, que ces généreux amis avaient assez bien travaillé en son absence.

« M. Hume, qui l'a conduit en Angleterre, lui avait obtenu une
« pension qui assurait son existence. M. Hume prétend n'avoir sol-

« licité cette grâce que de l'aveu de M. Rousseau qui, *loin d'en conve-*
« *nir*, s'est répandu en invectives sur ce qu'on cherchait à le désho-
« norer en lui prêtant une avidité qu'il n'avait pas ; qu'il n'avait
« besoin des bienfaits de personne ; qu'il ne prétendait pas qu'on
« mendiât sous son nom des grâces qu'il dédaignait. M. Hume,
« justement piqué, a rendu publiques des lettres qui démontrent la
« fausseté de Rousseau ; *ce cynique personnage* lui témoignant sa
« reconnaissance des soins qu'il se donnait pour lui obtenir une
« pension. Voilà le fond de la querelle *assez bien éclairci* par les
« lettres venues de Londres » (*Mémoires cités*):

Ces lettres ne peuvent être que celles de Hume à ses amis de Paris. Quant à Rousseau, ses lettres à Hume ne contiennent absolument rien sur la pension ; seulement, dans celle du 22 mars 1766, il lui témoigne sa reconnaissance *des soins qu'il a pris en sa faveur*. Du reste, on ne trouve dans sa correspondance aucune trace des propos arrogants que lui prête le journaliste, ni du prétendu mensonge au sujet de la pension. Ces accusations ne peuvent donc être attribuées qu'à Hume, qui préludait ainsi à sa menteuse apologie.

« 16 octobre 1766. On vient enfin de publier l'exposé de la que-
« relle entre Hume et Rousseau ; *cette brochure ne laisse aucun doute*
« *sur le fond de la guerre*. Il paraît que la première cause est la lettre
« du roi de Prusse à Rousseau, avouée par Walpole, *imprimée dans*
« *tous les journaux, et surtout dans les papiers anglais*. » Pourquoi, *surtout dans les papiers anglais ?* Si Hume fut étranger à la publication de cette lettre à Londres, comment s'y trouvait-elle plus répandue qu'à Paris ? La chose est facile à expliquer maintenant ; c'est que l'effet du libelle devait *surtout* avoir lieu en Angleterre ; c'est qu'il fallait que Rousseau ne pût ignorer son existence, et même qu'il fût convaincu que sa publication était l'ouvrage de Hume.

« M. Rousseau, d'un caractère inquiet et peu commun par sa bi-
« zarrerie (style *Holbachien*), a cru M. Hume auteur de la plaisan-
« terie, et dès lors l'a regardé comme un traître. » L'étourderie du journaliste saute aux yeux : s'il eût daigné lire la lettre du 10 juillet, il eût vu que Rousseau accusait Hume d'avoir publié la lettre en Angleterre, et non de l'avoir composée. Mais quelle exactitude pouvait-on attendre de ces méprisables collecteurs de niaiseries et d'ordures, qui, encore, osaient traiter Rousseau de *cynique personnage ?*

« Il (Rousseau) lui a écrit dans cette idée avec toute la chaleur
« qu'on connaît au Démosthène moderne. Vainement M. Hume lui
« a opposé le *sang-froid* que donne la défense d'une bonne cause,

« et a cherché à le ramener par la douceur et les bons procédés. »
Quelle douceur, quel sang-froid dans ce propos à d'Holbach : Mon
cher baron, *Rousseau est un scélérat !* Le journaliste oublie qu'il
vient de le citer.

« M. Rousseau n'y a répondu que par une lettre encore plus ou-
« trageante. Il a forcé le caractère de M. Hume ; celui-ci s'est cru
« obligé de rendre publique l'injustice, pour ne rien dire de plus,
« de cet auteur. »

« 23 octobre 1766. L'*Exposé succinct* de M. Hume n'a pas eu le
« suffrage général. On reproche à M. Hume de n'avoir pas con-
« servé *le noble dédain* qu'il avait montré jusqu'alors. »

Etait-ce en écrivant *prématurément* que Rousseau était un *serpent et un monstre ?*

« On y lit des reproches sur des objets de reconnaissance qu'il eût
« été plus honnête de taire. M. d'Alembert se justifie d'avoir coo-
« péré à la lettre du roi de Prusse. »

Il ne s'en justifie pas, il le nie, et se fait croire sur parole. « Il
« s'explique avec tout le flegme du vrai philosophe. » Pourtant
ce vrai philosophe mentait impudemment en avançant qu'il n'avait
aucune haine contre Rousseau, lui éditeur caché de l'*Exposé succinct*,
et plus tard auteur de l'Éloge de Milord Maréchal. « La lettre de
« M. Walpole est ce qu'il y a de plus remarquable par la *fierté*, et
« *peut-être* (ce peut-être est admirable) par l'insolence avec laquelle
« il traite Rousseau. » Il y a, dans l'alinéa que je viens de citer, une
lueur d'équité relativement à l'*Exposé succinct* ; mais il est facile de
voir, par le reste, que les fourbes n'avaient pas à s'en inquiéter
beaucoup. Du reste, ce n'est pas ici un ennemi proprement dit, un
détracteur acharné qui parle ; c'est un organe du public parisien, de
ce *servum pecus*, si spirituel et si bête, capable de tout nier et de
tout croire, tantôt exaltant sans mesure, tantôt écrasant sans pitié, selon le bon plaisir des saltimbanques qui le méprisent et qui
le mènent. C'était ce qu'on appelait alors, et ce qu'on appelle encore aujourd'hui *l'opinion*.

Grimm et Voltaire se signalèrent dans cette circonstance par la
plus révoltante animosité. Le premier entremêla de ses lourds sarcasmes une longue traînée d'invectives et de calomnies, que le lecteur, s'il en est curieux, trouvera dans le cinquième volume de sa
Correspondance. Pour moi, je suis las de souiller mon papier de la
bave de ce reptile. De peur que la matière ne lui manquât, Grimm
eut soin de citer toutes les lettres outrageantes de Voltaire sur le

même sujet. Jamais le *grand homme* ne se montra plus brutal et plus vil. Je suis forcé, bien à regret, d'en rapporter quelques passages qui importent à mon sujet.

« 2 novembre 1766. Il n'y avait que deux hommes, dit Vol-
« taire, qui pussent avoir fait la *Lettre au docteur Pansophe* : l'abbé
« Coyer et Bordes, *qui étaient tous deux en Angleterre. Bordes nie*
« *faiblement et avec un air d'embarras.* Coyer nie fortement et avec
« l'air de la sincérité. »

Cependant le même Voltaire écrivait, le 20 novembre 1766, au comte d'Argental, *que la lettre était certainement de l'abbé Coyer.* Ce dernier désavoua énergiquement le libelle dans une lettre du 2 janvier 1767, adressée au libraire Guy, et insérée dans le septième volume de l'édition dite de Neufchâtel, 1768 (pag. 439). Voltaire reconnut son erreur dans une lettre à Marmontel (20 décembre 1766), et déclara que le *Docteur Pansophe* était de Bordes, académicien de Lyon, qui, dit-il, *s'était déjà moqué plus d'une fois du charlatan de Genève.* Rousseau dit dans ses *Confessions* (liv. VIII), que ce Bordes, avec lequel il avait été lié autrefois, « saisit le temps de ses malheurs
« pour composer contre lui d'affreux libelles, et qu'il fit un voyage
« à Londres exprès pour lui nuire. » Cette assertion, classée, bien entendu, parmi les visions, est pleinement confirmée par Voltaire. Du reste, ce dernier, tout en désavouant le *Docteur Pansophe*, écrivait, le 21 novembre 1766, à Mme du Deffand : « *Je me ferais honneur*
« *de cette lettre, si elle était de moi. Il y a des choses charmantes*
« *et de la meilleure plaisanterie.* » En outre, il écrivit à Hume (24 octobre 1766), au sujet de sa querelle, une longue lettre pleine des plus basses invectives contre Rousseau. Elle fut commentée par un anonyme avec un fiel qui surpassait encore celui du poëte. Voici ce qu'en disait Voltaire (2 novembre 1766): « Pour celui qui a fait les
« notes de cette lettre, *c'est un ami intime du docteur Tronchin.* Le libelle dont il est question ici est indiqué dans la Notice biblio-
« graphique de M. Barbier ([1]), avec l'initiale L... Voltaire, dit ce
« savant, aurait-il voulu parler de M. Lullin de Châteauvieux,
« membre du conseil de Genève? » Il n'importe guère; mais on remarquera ce titre d'*ami intime de Tronchin*, attribué par Voltaire au pamphlétaire anonyme. Grimm, partisan des apparences décentes et des voies obliques, désapprouva ces brutalités qui rendaient Rousseau intéressant, et compromettaient le succès de *l'œuvre*

([1]) Voyez *Annales Encyclopédiques*, juillet 1818.

dont il était le *fondateur*. « Ces notes, dit-il, forment un dégoûtant
« libelle où l'on reproche à *M. Rousseau* (il est poli cette fois, le
« cas l'exige) de vilaines choses qui, *vraies ou fausses* (ici le fourbe
« fait ses réserves), ne doivent jamais souiller la plume d'un honnête
« homme. L'auteur des notes se fait le défenseur de MM. Tronchin
« et Helvétius, et de beaucoup d'autres *honnêtes gens* qui ne l'en
« avaient pas chargé (*Corresp.*, t. V, pag. 436). On voit que de la
part de ces messieurs, ce n'était ici qu'une affaire de *propreté*.

Plusieurs autres libelles furent publiés à Londres pendant le séjour de Rousseau en Angleterre. « Il paraît, disait Fréron, que les
« Anglais ont déclaré la guerre à Jean-Jacques Rousseau, qui leur
« a fait l'honneur de se retirer chez eux » (*Année littéraire*, t. II,
page 187). Il cite ensuite : 1° la *Lettre d'un Anglais*, persiflage cruel
où l'on raille Rousseau de sa sensibilité au sujet de la lettre du roi
de Prusse ; 2° la *Lettre d'un quaker* sur le même sujet, encore plus
brutale. En voici un trait qui fera juger du reste : « Avoue, disait
« le quaker à Rousseau, que ce qui te pique le plus dans la lettre
« du roi de Prusse, c'est que ton caractère y est trop bien marqué. »
3° *Fragment d'un ancien manuscrit grec*. C'est une plate et haineuse satire, que Fréron a eu le courage de reproduire en entier. Je
soupçonne Bordes d'être l'auteur de ces deux dernières pièces. Fréron rapporte une circonstance curieuse au sujet du *Devin du Village*.
« Cet opéra, dit-il, fut traduit en anglais et représenté à Londres
« avec un succès partagé. La pièce est soutenue par le *parti anglais*
« contre le parti *écossais* qui a entrepris de la faire tomber, et qui a
« *interrompu les premières représentations par un bruit affreux* »
(*Année litt.*, t. VIII, pag. 315).

Toujours dans le même temps, Voltaire publia trois lettres que
Rousseau avait écrites au ministre des affaires étrangères, lorsqu'il
était secrétaire de M. de Montaigu, ambassadeur de France à Venise. Dans une de ces lettres se trouve le passage suivant : « Je
« comptais que la chose se passerait avec l'honnêteté accoutumée
« entre un *maître* qui a de la dignité et un *domestique honorable*. »
Enchanté de cette trouvaille, Voltaire, dans sa honteuse lettre du 24
octobre 1766, à David Hume, commenta le passage que je viens de
citer d'une manière tout à fait digne de lui. Déjà en 1765, et je ne
sais sur quelles indications verbales fournies sans doute par les *amis*
de Rousseau, il avait répandu qu'il avait été *laquais* de M. de Montaigu. Rousseau, qui l'apprit, répliqua par un démenti énergique
adressé à Voltaire lui-même (31 mai 1765). Dans une réponse à

M. de Chauvel, qui lui avait transmis les nouveaux propos du poëte sur ce sujet, Rousseau explique ce mot de *domestique* qui, en effet, peut induire en erreur. « Il est vrai, dit-il, que j'ai été domestique
« de M. de Montaigu, et que j'ai mangé son pain, comme ses gentils-
« hommes étaient ses domestiques et mangeaient son pain, avec cette
« différence, que j'avais partout le pas sur ses gentilshommes, que
« j'allais au sénat, que j'assistais aux conférences, que j'allais en
« visite chez les ambassadeurs et ministres étrangers, ce qu'assuré-
« ment les gentilshommes de l'ambassadeur n'eussent osé faire. Mais
« bien qu'eux et moi fussions ses domestiques (c'est-à-dire que nous
« fussions de sa maison), il ne s'ensuit pas que nous fussions ses
« valets. » Le reste de la lettre est décisif; il est clair qu'un valet ignominieusement chassé par un ambassadeur n'eût pas été, le lendemain, admis à dîner chez le consul Le Blond, avec une partie de la légation française, et qu'il n'eût pas eu pour amis, M. de Jonville, ambassadeur à Gênes, le chevalier de Carrion, secrétaire de l'ambassade d'Espagne, et don Ignacio de Altuna (Voyez *Confessions*, liv. VII). Outre cette lettre à M. de Chauvel, d'autres documents prouvent la vérité des assertions de Rousseau. Ce sont: 1° sa lettre du 23 novembre 1743, à Mme de Montaigu, femme de l'ambassadeur; il mande à cette dame qu'il est *intimement lié* avec le secrétaire de l'ambassadeur d'Espagne, et *qu'il se compte encore plus par le zèle que par le rang, à la tête de sa maison de Venise;* 2° sa lettre à M. Dupont, secrétaire de M. de Jonville, ambassadeur de France à Gênes. Il le traite de *confrère*, et dans une instruction qu'il lui donne sur les conférences avec le sénat de Venise, il lui dit: « Je me souviens qu'étant *un jour allé au sénat*, je fus obligé de
« prendre sur moi de marquer l'heure au conférent »; 3° sa lettre à M. de Conzié, comte des Charmettes (21 septembre 1743), qui est d'un ami et non d'un laquais; 4° sa lettre du 8 août 1744, à M. du Theil, premier commis des affaires étrangères, où il est dit *qu'il est entré au service de M. de Montaigu, en qualité de secrétaire,* passage que Voltaire s'est bien gardé de citer (Voyez sur le même sujet les *OEuvres inédites de Rousseau*, publiées par Musset-Pathay, t. Ier, p. 380). Le libelliste anonyme, auteur des notes de la *Lettre de Voltaire à Rousseau*, prétend que les trois lettres de ce dernier à M. du Theil ont été trouvées *par hasard* chez les héritiers du premier commis des affaires étrangères; c'est un mensonge contre lequel M. du Theil fils a réclamé, par une lettre du 20 décembre 1766, adressée à Fréron (*Année littéraire*, t. VIII, p. 212), et par

une lettre à Rousseau (26 décembre 1766), dans laquelle il affirme n'avoir jamais eu connaissance des lettres de son père citées par l'anonyme (édition de Neufchâtel, t. VII; p. 457). Il est probable que des fureteurs malveillants avaient exhumé ces lettres des cartons du ministère ; mais ce qu'il y a de singulier, c'est que Voltaire en reçut communication par l'ambassadeur de France à Genève; puisqu'il les renvoya à son secrétaire avec la lettre suivante (6 novembre 1766): « J'ai l'honneur de vous renvoyer les lettres origi-
« nales du *très-original* Jean-Jacques. *Ne pensez-vous pas qu'il*
« *serait convenable que je demandasse à M. de Choiseul la permis-*
« *sion de faire imprimer ces lettres, et de mettre au bas : par ordre*
« *exprès du ministère de France ?* Ne serait-ce pas, en effet, un
« opprobre pour ce ministère, qu'un homme tel que Rousseau eût
« été secrétaire d'ambassade ? Les aventures de D'Eon, de Vergy, de
« Jean-Jacques sont si déshonorantes, qu'il ne faut pas ajouter à ces
« indignités le ridicule d'avoir eu un Rousseau pour secrétaire, nommé
« par le roi.... *J'écris à M. le duc de Choiseul ;* il n'est pas juste qu'*un*
« *Jean-Jacques* passe pour avoir été une espèce de ministre de France,
« après avoir dit dans son *Contrat social :* Ceux qui parviennent
« dans les monarchies ne sont que de petits fripons, de petits
« brouillons, etc. » Voltaire cite ici le passage du *Contrat social,* relatif aux hommes d'Etat du système monarchique, et il va sans dire qu'il ne l'oublia pas dans sa lettre à M. de Choiseul. Il termine ainsi : « Je ne sais si M. l'ambassadeur pourrait en dire un mot
« dans sa lettre au ministre. » Je passe sur la bassesse de cette démarche ; mais après ce que j'ai dit, chapitre IV, de l'influence des agents français en Suisse, n'est-il pas curieux de voir l'ambassadeur de Genève possesseur des lettres de Rousseau, et les faisant passer à Voltaire ? Ne l'est-il pas bien plus encore que Voltaire, armé de ce fatal passage du *Contrat social,* sollicite de M. de Choiseul l'autorisation de publier ces lettres *par ordre exprès du ministère de France ?* Cela ne prouve-t-il pas que le poëte connaissait déjà l'effet du passage en question, et qu'il savait qu'en le remettant sous les yeux du premier ministre et de ses agents, il obtiendrait plus facilement la vile faveur qu'il leur demandait ? Puisque j'en suis revenu à M. de Choiseul, voici un trait relatif à l'affaire de Hume, qui met ce personnage un peu plus à découvert. « Fréron, dit Musset-
« Pathay, critiqua dans ses feuilles la lettre que Walpole avait
« écrite à Hume (c'est celle où il affirme que Hume n'avait pas eu
« connaissance de sa satire pendant son séjour à Paris). Mme du

« Deffand prétend que *cette critique mit le duc de Choiseul dans une*
« *belle colère* (*Lettres à Walpole*, t. Ier, p. 113). Ainsi, Rousseau
« avait contre lui dans cette affaire, Voltaire, d'Alembert, d'Holbach,
« Helvétius, Suard, Marmontel *et le duc de Choiseul, tous étran-*
« *gers à la querelle*. On exigea même une *réparation* de Fréron »
(*Hist.*, t. Ier, p. 298). Une réparation pour avoir signalé un mensonge (Voy. p. 204) ! Et Musset-Pathay, dans un autre endroit de son ouvrage, doute que M. de Choiseul fût l'ennemi secret de Rousseau (Art. *Choiseul, Hist.*, t. I, p. 38). Je demande si quelque autre que lui en France, à moins que ce ne fût le roi, eût pu forcer un journaliste à faire cette démarche humiliante et absurde tout ensemble ?

Cependant, au milieu de ce déchaînement universel, quelques voix généreuses se firent entendre. A Londres, *un seul Anglais* prit la défense du pauvre étranger. On trouve une partie de son écrit dans le vol. VIII de l'*Année littéraire*, page 315. L'auteur fait l'éloge du caractère de Rousseau, il témoigne de la compassion pour ses malheurs, mais il le blâme d'avoir accusé Hume de perfidie. Ce fut tout ce que Rousseau obtint du bon sens et de l'équité de la nation anglaise. Fréron, qui ne le ménageait que par antipathie contre les philosophes, est de l'avis de l'Anglais, et, pour compenser un peu cette indulgence systématique, il y joint un petit bout de déclamation contre *l'orgueil et la misanthropie du citoyen de Genève.*

Un anonyme publia, à Paris, des remarques sur l'*Exposé succinct*, assez bienveillantes pour Rousseau ; mais, comme le fit plus tard Musset-Pathay, il l'accusa d'avoir cru *trop légèrement* à la trahison, et ne raisonna pas mieux que lui sur ce point. L'apologie publiée par Mme de La Tour-Franqueville, plus logique, plus véhémente que l'écrit précédent, et remplie de faits importants, a deux grands défauts qu'on retrouve dans tout ce que cette dame a publié en faveur de Rousseau : la prolixité et la prétention. Grimm s'en moque amèrement dans sa correspondance.

Une troisième brochure a pour titre : *Observations sur l'Exposé succinct*. On la trouve, ainsi que les deux écrits dont je viens de parler, dans le vol. XXVIII de l'édition de Genève. C'est celle où l'on a le mieux saisi la question, mais elle laisse encore beaucoup à désirer. Rousseau, dans sa lettre à Guy (7 février 1767), se plaint avec raison de n'avoir pas été consulté par les auteurs de ces diverses apologies. C'est à propos de celle dont il est question ici, que Rousseau écrivait à M. Dutens (5 février 1767) : Je désire sincèrement « qu'on laisse hurler tout ce troupeau de loups enragés, sans leur

« répondre. Tout cela ne fait qu'entretenir les souvenirs du public,
« et mon repos dépend désormais d'en être entièrement oublié. »

Je ferai remarquer que, dans aucun de ces écrits, il n'est fait mention de la complicité de Hume dans la lettre du roi de Prusse, ou au moins de la plaisanterie qu'il avait faite à la table de lord Osory. Ce fait était donc absolument ignoré des véritables amis de Rousseau ; ceux de Hume lui avaient fidèlement gardé le secret. Mais comment Mme de Boufflers, non moins discrète qu'eux, fut-elle mise dans la confidence, elle qui se disait amie de Rousseau ? La réponse vient d'elle-même, *c'est qu'elle n'était pas son amie*.

Un autre écrit intitulé : *Plaidoyer pour et contre*, etc. (édit. de Genève, t. XXVIII), est cité par Musset-Pathay, comme *favorable à Rousseau*. Il fallait donc qu'il ne l'eût pas lu. C'est une lourde et prétentieuse diatribe, où, à côté de quelques éloges équivoques, on trouve des traits d'animosité qui les rendent dérisoires. Hume, à la vérité, y est assez maltraité ; on y attaque même sa véracité d'historien ; mais le critique repousse *avec horreur*, toute idée de trahison ; il traite Rousseau *de fou, d'orgueilleux, de rustre, d'homme insociable* ; et, chose curieuse, de *petit esprit*. Il l'accuse de *s'être lapidé lui-même* ; c'est ce que répandaient partout Hume, Grimm, Voltaire et leurs associés. Il prétend que Mlle Levasseur, détestée dans le pays et désirant en sortir, cassa elle-même la vitre qui, selon Rousseau, fut brisée par le caillou dont il faillit être atteint. Il traite cette femme avec un mépris haineux, qui fait supposer des griefs personnels. Il fait un éloge pompeux de d'Alembert, de Tronchin, de Montmollin, des gouvernements de Genève et de Berne ; il prétend que l'on eut raison de chasser Rousseau de l'île de Saint-Pierre, parce qu'on craignait *sa plume*. Enfin, il conclut, *par grâce spéciale*, que la raison de Rousseau est dérangée ; quant à Hume, il n'a à ses yeux d'autre tort que *de n'avoir pas repoussé avec assez de dignité les odieuses imputations, les injures atroces d'un extravagant*. Et voilà ce que Musset-Pathay appelle un écrit favorable. Cette distraction ne m'étonne plus ; mais ce que j'ai peine à concevoir, c'est que du Peyrou ait pu souffrir qu'une pièce aussi venimeuse figurât dans son édition des œuvres de Rousseau. Je rechercherai ailleurs l'auteur probable de ce véritable libelle.

M. de Magellan, membre de la Société royale de Londres, et *collègue de Hume* qui était aussi de cette Société, a inséré le morceau suivant dans des notes intéressantes sur la mort de Rousseau : « J'avais
« vu à Londres, dit-il, l'effet des cabales des ennemis de M. Rousseau.

« *Sous l'apparence de se rendre ses bienfaiteurs*, ils ne manquèrent
« pas d'exciter sa délicatesse de sentiments, afin de le faire passer
« pour un fou, un misanthrope, et même pour un ingrat, épithète la
« plus injurieuse dont on puisse flétrir une âme honnête. Ce fut en
« maniant adroitement cette mécanique obscure et méchante, qu'ils
« l'obligèrent enfin de quitter l'asile qu'il avait trouvé au sein d'une
« nation qu'on appelle *philosophique*, mais dont il serait ridicule de
« croire que tous les individus sont philosophes. J'avoue franche-
« ment que je fus alors vivement touché de ces procédés indignes ;
« car tout honnête homme malheureux a droit à ma compassion ;
« et, quelle que soit sa fortune, quelle que soit sa situation à l'égard
« du public, à qui on en impose presque toujours, et qui ne juge
« que d'après les opinions qu'on a le talent de lui suggérer, je ne
« saurais m'empêcher de partager l'amertume de son cœur » (*Addition à la relation du docteur Le Bègue de Presle*, par Magellan, Londres et Paris, 1778, pag. 26). Il n'est pas difficile de reconnaître ici Hume et ses complices. Cependant ce trait, plein de sincérité et de sensibilité, fait naître de pénibles réflexions. Ce que Magellan avait vu à Londres, bien d'autres, sans doute, l'avaient vu comme lui ; et personne n'osa accuser le fourbe impudent qui, fort de son crédit à la cour et des préventions du public, ne prenait pas la peine de cacher ses intrigues ! Personne n'osa éclairer, ni même consoler en secret sa victime ! Ce ne fut qu'après la mort de Hume (1776), et même après celle de Rousseau, que Magellan publia ses révélations, si on peut donner ce nom aux réticences timides qu'on vient de lire. Que de lumières cet honnête homme, *collègue de Hume*, témoin oculaire de ses *cabales*, eût pu jeter sur la destinée du pauvre étranger qu'il estimait et qu'il plaignait ! C'est ainsi que la faiblesse des bons vient si souvent en aide à la méchanceté. Cependant le témoignage de Magellan, tout incomplet qu'il est, n'en est pas moins une confirmati n précieuse, de tout ce qui a été démontré relativement au rôle perfide de Hume.

A l'appui des assertions de Magellan, je citerai l'anecdote suivante racontée par Mme de La Tour, dans une réplique à d'Alembert au sujet de l'éloge de Milord Maréchal. « Un homme de beaucoup de
« mérite, dit cette dame, actuellement attaché à M. le chevalier de
« Luxembourg, fut à Spa au moment où la querelle de Hume et de
« Rousseau y faisait la plus grande sensation. Cet homme qui, sans
« vouloir prendre parti, était pourtant bien aise de savoir à quoi s'en
« tenir, accosta deux Anglais qu'il trouva dans un lieu public ; et

« après s'être assuré qu'ils résidaient à Londres, il leur demanda ce
« qu'ils pensaient de Hume et de Jean-Jacques Rousseau. L'un des
« deux Anglais ôta sa pipe de sa bouche et répondit gravement :
« *Hume est un.... et Jean-Jacques un honnête homme.* La délicatesse
« française ne permet pas de rapporter l'énergique épithète que
« l'Anglais se permit d'employer. L'autre Anglais confirma froide-
« ment, par un signe de tête, la réponse de celui qui avait parlé, et
« qui, malgré l'humeur silencieuse qu'ils annonçaient tous deux,
« reprit la parole pour dire que *Hume était un homme sans mœurs,*
« *sans probité, sans principes, et de qui les talents ne pouvaient ra-*
« *cheter les vices.* Je ne sais, monsieur, qui étaient ces Anglais ; le
« Français qui les interrogeait ne le savait pas davantage. Si vous
« voulez supposer qu'ils étaient de bas aloi, il en faudra conclure que
« la mauvaise renommée de M. Hume avait percé dans tous les
« états. Voyez si cette conclusion vous accommode » (Edit.-de Ge-
« nève, t. XXX, pag. 240).

Hume n'était pas même estimé de ceux qui prenaient son parti contre Rousseau. Voici ce qu'écrivait Mme du Deffand à Walpole, au sujet de l'*Exposé succinct* : « Je fais partir ce soir cette lettre
« avec l'histoire de *M. Hume et de Jean-Jacques.* Les éditeurs pas-
« sent pour être d'Holbach et M. Suard ; *mais tout le monde y re-*
« *connaît M. d'Alembert.* Pour Mme de Luxembourg, *elle ne doute*
« *pas que la préface ne soit de M. Hume.* Cela serait bien ridicule
« de se louer soi-même de cette force. Ce qui n'est pas douteux, c'est
« qu'il a fourni des faits, et qu'elle lui a été communiquée. Tous ces
« gens-là sont *bien modestes et bien philosophes* » (*Lettres de Mme du*
Deffand à Horace Walpole, t. Ier, p. 87). Je laisse de côté l'opi-
nion de la vieille marquise ; celle de Mme de Luxembourg a plus de valeur. Cette dame pouvait se tromper sur le fait, mais il fallait qu'elle eût conçu une bien mauvaise opinion de Hume, pour le croire capable d'avoir composé lui-même la préface si exorbitam-
ment louangeuse de l'*Exposé succinct.*

Walpole lui-même, qui, par haine contre Rousseau, s'était abaissé jusqu'à mentir publiquement pour couvrir la perfidie de Hume (Voyez p. 204), Walpole méprisait à la fois l'historien et l'homme. Voici ce qu'il écrivait de *l'historien* : « Le goût des Français est on ne
« peut pas plus mauvais. Croiriez-vous que Hume est un de leurs
« auteurs favoris ? Son histoire si *falsifiée* en maints endroits, si
« *partiale* en d'autres, si incohérente dans ses parties, passe à Paris
« pour un modèle » (*Lettres de Walpole à George Montagu*, 1818,

p. 353). Voici maintenant ce qu'il pensait de l'*homme :* « Les jé-
« suites, les méthodistes, les philosophes, les politiques, Rousseau
« l'hypocrite, Voltaire le railleur, les encyclopédistes, les *Hume*, les
« Frédéric, tous ne sont, à mes yeux, que des *imposteurs ;* l'espèce
« en varie, voilà tout. Ils n'ont pour but que la renommée ou l'in-
« térêt » (Mêmes lettres, p. 360) [1].

Cependant, ce Walpole si arrogant, si brutalement misanthrope, parut se repentir de sa cruauté contre un homme dont il n'avait jamais reçu la moindre injure, et qu'il ne haïssait, d'après son propre aveu, que sur ce motif puéril, le mépris de Rousseau pour les préjugés de naissance. Mme du Deffand, dans une lettre du 19 janvier 1767, après lui avoir reproché qu'il *n'observait que pour se moquer,* qu'il *n'aimait rien au monde,* ajoutait : « Jean-Jacques est « un grand fou ; *il vous donne quelques remords,* je le comprends ; « on *doit éviter de faire le malheur de personne.* » Ce trait fait honneur à Mme du Deffand. Cette fois, son cœur l'emporta sur son humeur intraitable, sur ses invincibles préjugés. On ne lui trouve pas souvent de semblables retours. Quant à Walpole, ce remords confié à son amie prouve plus de moralité et de franchise qu'il n'en avait mis dans sa conduite envers Rousseau, mais il ne lui inspira pas l'idée généreuse d'avouer publiquement ses torts, et de démasquer le fourbe dont il avait servi la haine, tout en le méprisant.

Enfin, il n'est pas jusqu'à l'auteur du libelle intitulé *Plaidoyer pour et contre* (Voyez p. 245), qui ne fournisse son tribut d'opprobre au sujet de ce Hume, dont il prend hautement le parti. « Si M. Hume, « dit-il, se croyait infaillible, je le prierais de se souvenir que feu « M. le général Barrington fut obligé, en 1762, d'envoyer à M. Smo-
« let, autre historien non moins estimé que lui, une relation *au-*
« *thentique* de la conquête de la Guadelope, afin de détromper le
« public et l'instruire d'une vérité importante, qui ne l'était pas
« moins pour la *réputation* du général anglais que pour les inté-
« rêts particuliers des insulaires qui venaient d'être soumis... Une
« telle conduite dénote un homme bien plus *avide de gain que de*
« *réputation,* etc. » (Edit. de Genève, t. XXX, p. 365). Ainsi, dans un but d'intérêt pécuniaire, Hume avait introduit, dans sa relation de la prise de la Guadeloupe, des circonstances imaginaires qui attaquaient l'honneur d'un général, et compromettaient les intérêts de la colonie conquise. Après cela, n'est-il pas bizarre que le même

---

[1] Et quel était le but de Walpole ?

homme qu'on accuse *de mensonge, de calomnie et d'avidité*, se trouve être, dans le même écrit, et lorsqu'il s'agit de Rousseau, *un sage plein de sincérité, un ami loyal, un généreux bienfaiteur !*

J'ai différé jusqu'ici de parler du portrait de Rousseau, peint à Londres, par Ramsay, *aux frais du protecteur.* En voici l'historique tracé par Rousseau lui-même : « David Hume, dit-il, désirait ce portrait
« aussi ardemment qu'un amant désire celui de sa maîtresse. A force
« d'importunités, il arrache le consentement de Jean-Jacques. On
« lui fait mettre un bonnet bien noir, un vêtement bien brun, on le
« place dans un lieu bien sombre, et là, pour le peindre assis, on le
« *fait tenir debout*, courbé, appuyé d'une de ses mains sur une table
« bien basse, dans une attitude où les muscles fortement tendus
« altèrent les traits de son visage.... Pendant le séjour de Jean-
« Jacques en Angleterre, ce portrait y a été gravé, publié, vendu
« partout, *sans qu'il lui ait été possible de voir cette gravure.* »

Cette assertion de Rousseau mérite d'autant plus d'attention, que Hume en écrivant, le 16 mai 1766, à Mme de Boufflers, lui envoyait par M. Ainslie, un de ses amis, *six exemplaires* du portrait de Ramsay [1]. Comment, si pressé de répandre ce portrait en France, oublia-t-il d'en adresser au moins un exemplaire à Rousseau ?

« Il revient en France, il apprend que son portrait d'Angleterre
« y est annoncé, célébré comme un chef-d'œuvre de peinture, de
« gravure, et surtout de ressemblance ; il parvient enfin, *non sans*
« *peine*, à le voir ; il frémit et dit ce qu'il en pense. Tout le monde
« se moque de lui. Tout le détail qu'il fait paraît la chose la plus
« naturelle ; loin d'y rien voir qui puisse faire suspecter la droiture
« du bon David, on n'y aperçoit que les soins de l'amitié la plus
« tendre dans ceux qu'il a pris à donner à son ami la figure d'un
« Cyclope affreux » (*Second dialogue*).

Dans une lettre à Moultou, qui, soit dit en passant, trouvait ce portrait ressemblant, Rousseau disait : « J'ai appris qu'on lui donne
« pour pendant un portrait de Hume, qui a réellement la figure
« d'un Cyclope, et à qui on donne *un air charmant.* Les gravures
« faites sur le portrait de La Tour, ajoute-t-il, me font plus jeune, à
« la vérité, mais beaucoup plus ressemblant. »

Pour juger de la justesse de ces détails, il faut avoir vu le portrait anglais. Il existe au cabinet des estampes de la Bibliothèque nationale, à Paris. Afin qu'on ne le confonde pas avec des copies françaises, vraiment hideuses, que contient le même portefeuille, voici les

---

[1] *Private Corresp.*, p. 168, et Musset-Pathay, *Hist.*, t. I, p. 125.

détails qui le font reconnaître. Il est coté n° 1, et porte le nom de J.-J. Rousseau, avec l'épigraphe : *Vitam impendere vero*. Au bas et à gauche, on lit : *David Martin sculpsit, London,* 1766 ; à droite : *From an original picture by Ramsay, in the possession of David Hume, esquire. Price,* 5 *shillings.* La gravure en est fort belle. Il y en a un autre, gravé à Londres la même année, et beaucoup moins soigné. Le même portefeuille contient les portraits gravés d'après celui de La Tour, par Littret, 1763. En les comparant au portrait anglais, on pourra apprécier la réalité des plaintes de Rousseau. Musset-Pathay avoue que ce portrait *n'est nullement agréable.* Son besoin habituel d'atténuation ne lui a pas permis d'être plus sévère. Je possède une très-belle copie du portrait de Ramsay, gravé par Hopwood, pour l'édition de Furne. Je l'ai montrée à beaucoup de personnes ; toutes, sans exception, ont été frappées de l'air faux et farouche qu'exprime la physionomie de Rousseau. Au reste, comme il s'agit ici d'une chose de sentiment, je n'insiste pas ; chacun jugera d'après ses impressions. On trouve dans les *Dialogues* une réflexion qu'il importe de citer. L'interlocuteur de Rousseau lui objecte, à propos de ce portrait, que tous les jours on défigure les hommes célèbres, sans que cela tire à conséquence. « J'en conviens, répond « Rousseau, mais ces copies défigurées sont l'ouvrage de mauvais « ouvriers, et non les productions d'artistes distingués, ni les fruits « du zèle et de l'amitié. On ne les prône pas dans toute l'Europe ; « on ne les annonce pas dans les papiers publics; on ne les étale « pas dans les appartements, ornées de cadres et de glaces. On les « laisse pourrir sur les quais, dans les cabarets et les boutiques de « barbiers ». (*Second dialogue*).

Après sa rupture avec Hume, Rousseau eut le chagrin de voir Milord Maréchal se refroidir pour lui, au point de cesser absolument de lui écrire : « Je ne sais, écrivait-il à du Peyrou, ce « qu'ont pu manœuvrer auprès de lui le *bon* David et le fils du jon- « gleur qui est à Berlin, mais Milord Maréchal ne m'écrit plus, et « m'a même annoncé qu'il cesserait de m'écrire, sans m'en dire « aucune autre raison, sinon qu'il était vieux, qu'il écrivait avec « peine, et qu'il avait cessé d'écrire à ses parents. Jugez si mon « cœur est dupe de pareils prétextes » (14 février 1767). Cette espèce de rupture causa à Rousseau un *profond chagrin* (Voir dans la *Correspondance* les lettres suivantes à Milord Maréchal : 7 septembre, 27 septembre, 11 décembre 1766, 8 février 1767, et surtout celle du 19 mars, même année).

Il ne me reste plus qu'à rechercher les motifs qui déterminèrent Rousseau à quitter brusquement l'Angleterre. Musset-Pathay, toujours aussi irréfléchi que tranchant, attribue cette résolution aux *tracasseries* de Mlle.Levasseur. Je vais démontrer sans peine que cette opinion n'a pas le moindre fondement.

Après sa rupture avec Hume, Rousseau s'efforça d'oublier ses chagrins, et se livra avec ardeur à l'étude de la botanique et à la composition de ses *Mémoires*. Toutes les lettres qu'il écrivit alors à ses amis sont autant de preuves de la sérénité de son âme ; et l'on peut juger par le ton de la première partie de ses *Confessions*, écrite tout entière à Wooton, que le souvenir de ses malheurs ne le préoccupait guère. Dans le courant de mars 1767, le roi d'Angleterre lui accorda spontanément, du moins en apparence, une pension de 2,000 francs. Rousseau l'accepta avec reconnaissance, et sa lettre à M. de Conway, du 26 mars 1767, prouve assez qu'il ne mettait pas d'ostentation à refuser les pensions des princes, comme Hume le dit perfidement dans son Mémoire.

Fatigué de luttes pénibles et de déplacements continuels, touché de la grâce inattendue qu'il venait de recevoir du roi, Rousseau ne songeait pas à quitter l'Angleterre. On voit seulement par sa lettre à M. Dutens (27 mars 1767) qu'il avait le projet de se rapprocher de Londres : « Mais, dit Musset-Pathay, il traînait après « soi la plus cruelle ennemie de son repos : c'était Thérèse Levas- « seur. » Il prétend que cette femme, ennuyée du séjour de Wooton, brouilla son maître avec les domestiques de M. Davenport ; et à l'appui de son assertion, il cite la lettre de Rousseau à son hôte (30 avril 1767). Or, cette lettre prouve précisément le contraire. Avant de le démontrer, il est nécessaire de parler d'une lettre précédente de Rousseau à M. Davenport (22 décembre 1766) ; il s'y plaint de n'avoir pu obtenir, *malgré ses sollicitations et ses prières, un seul mot d'explication de lui, sur les choses qu'il lui importe le plus de savoir*. Le voyant prêt à partir pour Londres, sans lui accorder, *malgré ses promesses*, aucun des éclaircissements qu'il lui avait demandés, il le prie de lui déclarer *sur quel pied il est dans sa maison, et s'il y est de trop ou non*. Il ajoute qu'il est à la merci de ses gens, et l'engage à prendre des arrangements qui rendent son séjour à Wooton *moins onéreux pour l'un et pour l'autre*. « Les honnêtes gens, dit-il en terminant, gagnent toujours à « s'expliquer entre eux ; vous seriez moins trompé et je serais « mieux traité. *Vous avez trop d'esprit pour ne pas voir qu'il y*

« *a des gens à qui mon séjour dans votre maison déplait beaucoup, et*
« *qui feront tout pour me le rendre désagréable.* »

Il paraît que M. Davenport, malgré ces instances pressantes, persista à éluder les explications, car le 30 avril 1767, Rousseau lui écrivit ce qui suit : « Un maître de maison, monsieur, est obligé « de savoir ce qui se passe dans la sienne, surtout à l'égard des « étrangers qu'il y reçoit. Si vous ignorez ce qui se passe dans la « vôtre, à mon égard, depuis Noël, vous avez tort ; si vous le savez « et que vous le souffriez, vous avez plus grand tort. Mais le tort « le moins excusable est d'avoir oublié votre promesse, et d'être « allé tranquillement vous établir à Davenport, *sans vous embar-* « *rasser si l'homme qui vous attendait ici sur votre parole*, y était à « son aise ou non. En voilà plus qu'il n'en faut pour me faire pren- « dre mon parti ; demain je quitte votre maison... Adieu, monsieur ; « je regretterai souvent la demeure que je quitte, mais je regrette- « rai bien davantage d'avoir eu un hôte si aimable et *de n'en avoir* « *pu faire mon ami.* » Je cherche en vain dans ces deux lettres ce qui a pu autoriser l'affirmation de Musset-Pathay. On voit bien qu'il y eut des difficultés avec les domestiques de M. Davenport, mais où est la preuve que Mlle Levasseur en fut la cause ? Dans une lettre à M. Dutens (26 mars 1767), Rousseau disait : « J'aimerais « mieux me mettre à la merci de tous les diables de l'enfer qu'à « celle des domestiques anglais. » Ceux qui connaissent les mœurs du pays doivent sentir combien cette aversion était fondée, surtout de la part d'un étranger simple et sans fortune. On a vu dans la première lettre de Rousseau à M. Davenport, qu'il lui demandait instamment des explications *sur les choses qu'il lui importait le plus de savoir ;* et il résulte de la seconde, que M. Davenport, au lieu de lui donner ces explications, *après les avoir promises,* alla tranquillement s'installer dans une de ses résidences. Comment ne pas voir dans cette désobligeance réfléchie, un congé très-durement exprimé ? Musset-Pathay lui-même n'a pu s'empêcher de convenir des torts de M. Davenport. En terminant sa dernière lettre, Rousseau dit qu'*il regrettera de n'avoir pu faire son ami d'un hôte aussi aimable.* Quel rapport ce trait peut-il avoir avec de simples tracasseries de domestiques ? D'ailleurs, s'il ne s'agissait dans tout cela que de Mlle Levasseur, et que Rousseau en fût l'esclave, comme le prétend Musset-Pathay, comment se fait-il qu'il ne dise pas un mot de cette femme dans l'énumération de ses griefs ? Voici maintenant ce que je suppose à mon tour. Dans sa lettre du 10 juillet à

Hume, Rousseau lui reproche de *chercher à détacher de lui M. Davenport.* « Déjà, dit-il, M. Hume, en écrivant à cet honnête homme, « me traite d'homme féroce, de monstre d'ingratitude. » On doit se rappeler aussi que Hume adressa à M. Davenport sa réponse à la lettre de rupture que Rousseau lui avait écrite (Voir *Exposé succinct*, p. 46).

Pourquoi cette voie indirecte dans une affaire qui n'était encore connue que de lui et de Rousseau ? Hume avait donc essayé d'agir sur l'esprit de M. Davenport, et les procédés de celui-ci, si clairement énoncés dans les lettres de Rousseau ci-dessus citées, peuvent faire croire au succès des manœuvres de l'Ecossais. Alors on concevrait pourquoi Rousseau demandait si instamment des explications *sur les choses qu'il lui importait le plus de savoir*. Evidemment ces expressions ne peuvent s'appliquer aux misérables motifs imaginés par Musset-Pathay. Rousseau voulait savoir *s'il était de trop ou non* à Wooton, c'est-à-dire s'il était chez un ami ou chez un ennemi. Enfin, maintenant que le caractère et les actes de Hume sont suffisamment dévoilés, on peut supposer qu'il intrigua sourdement auprès des gens de M. Davenport pour rendre le séjour de Wooton insupportable à sa victime, et l'obliger d'en sortir ; manœuvre qui se renouvela plus tard au château de Trye. Cette supposition est on ne peut plus probable, tandis que celle de Musset-Pathay est absolument gratuite, et, qui pis est, elle ne fait que reproduire celle que Hume énonça dans une lettre dont je vais bientôt parler. Il me semble que Musset-Pathay eût dû, moins que personne, s'appuyer d'une semblable autorité.

Quant au départ précipité de Rousseau pour la France, Musset-Pathay convient qu'il eut des causes plus sérieuses *que les commérages de Thérèse, mais qu'on les ignore.* Cela prouve qu'il ne s'est pas donné la peine de les rechercher. Le 2 avril 1767, Rousseau écrivait à du Peyrou, qu'une de ses lettres était tombée entre les mains de Hume, par les soins de son cousin Rousseau, qui habitait Londres, et qui était devenu, dit-il, *l'âme damnée du bon David.* Je ne cite ce fait que pour montrer que Hume n'avait pas renoncé à son système de fraude et d'espionnage, et j'arrive au point essentiel. Rousseau avait composé à Wooton la première partie de ses Mémoires, sur des documents que du Peyrou lui avait fait passer, probablement par Mlle Levasseur qui n'avait rejoint son maître qu'en février 1766 (Voyez la lettre à du Peyrou, du 1er janvier 1766). Il voulait sauver tout cela, ses Mémoires surtout, des mains de Hume,

« car, disait-il à du Peyrou (2 avril 1767), on les guette au passage,
« et l'on espère bien qu'ils n'échapperont pas. » Du Peyrou, entre
les mains duquel Rousseau voulait déposer son écrit, chargea un
de ses amis, M. de Cerjeat, qui habitait Londres, de l'envoyer chercher à Wooton, et de le lui transmettre. Dans la lettre de Rousseau
à du Peyrou (4 avril 1767), qui n'est que le duplicata légèrement
modifié de la précédente, on trouve des détails plus explicites. Son
inquiétude, au sujet de ses Mémoires, y est encore plus vivement
exprimée. « Le désir de s'en emparer à ma mort, et peut-être même
« de mon vivant, est, dit-il, une des principales raisons pourquoi je
« suis si soigneusement surveillé. Tant que je suis ici, il est en sû-
« reté dans ma chambre ; je suis presque assuré qu'il lui arrivera
« malheur en route.... J'ai travaillé un peu à ma besogne (les Con-
« fessions), au milieu du tumulte et des orages ; c'est mon travail,
« ce sont mes matériaux pour la suite qui me tiennent en souci. Je
« souffre à penser qu'il faudra que tout cela périsse. Mais si je ne
« suis secouru (par l'ami de du Peyrou), je n'ai qu'un parti à pren-
« dre quand je me sentirai pressé, soit par la mort, soit par le dan-
« ger, c'est de brûler le tout, plutôt que de le laisser tomber entre
« les mains de mes ennemis... etc. » Dans la lettre du 2 avril, il dit
aussi : « Je tiens cette lettre et le chiffre tout prêts ; mais viendra-t-on
« les chercher (Il attendait l'exprès de M. de Cerjeat) ? viendra-t-on
« me chercher moi-même ? O destinée, ô mon ami, priez pour moi,
« il me semble que je n'ai pas mérité les malheurs qui m'accablent ! »
Ainsi, la certitude que ses lettres étaient ouvertes par Hume, la
crainte de voir ses Mémoires volés au passage et détruits par lui ;
telles sont les causes qui expliquent le trouble extrême qui règne
dans ces deux lettres. A part l'excès que Rousseau n'évitait
guère, et que sa triste position excuse assez, il est sûr que ses
craintes n'étaient pas dénuées de fondement. On se rappelle l'inquiétude que Hume manifestait souvent dans ses lettres à ses complices, sur les Mémoires de Rousseau, et sur *la belle figure qu'il y
ferait* (Voyez pag. 192). Le fourbe était-il incapable de guetter ces
Mémoires, et de les saisir au passage, si leur auteur eût eu l'imprudence de les confier à la poste, ou à des messagers suspects ? Il n'est
plus possible maintenant de ne voir qu'une chimère dans cette supposition. Le trait : *viendra-t-on me chercher moi-même*, s'explique
en admettant que Rousseau attendait M. de Cerjeat qui devait l'aider à sortir de l'Angleterre. Cette idée est confirmée par le passage
suivant de la lettre du 2 avril : « Mon cher hôte, je suis de tous cô-

tés sous le piége ; il est impossible que je m'en tire *si votre ami ne*
« *m'en tire pas ;* mais j'espère qu'il le fera ; il n'y a certainement
« que lui qui le puisse. Il semble que la Providence l'ait envoyé
« dans mon voisinage pour cette bonne œuvre. Il s'agit *premiè*
« *rement* de sauver mes papiers, etc. » Cette expression, *premiè*
rement, indique un double objet dans la mission de M. de Cerjeat ;
Rousseau en indique un clairement, c'est la préservation de ses
papiers ; l'autre, qu'il n'énonce pas, ne peut être que son départ,
puisqu'à la fin de sa lettre il dit : « Je donnerais la moitié de ma
« vie pour être en terre ferme. » La *Correspondance* ne fournit plus
de détails sur cet incident ; mais il est probable que Rousseau put
remettre ses Mémoires à M. de Cerjeat. Je suppose que celui-ci
réussit en même temps à calmer l'agitation du pauvre solitaire, car
il existe de lui des lettres écrites dans le courant d'avril 1767, et qui
prouvent que la sérénité avait succédé à ses vives inquiétudes. Le
30 avril, il écrivait à M. Davenport pour le prévenir qu'il quittait
sa maison. J'ai dit pourquoi. Ainsi, les motifs qui portèrent Rousseau à quitter l'Angleterre furent, d'une part, la certitude d'être
toujours sous la main de Hume et de ses affidés : c'est le principal ;
de l'autre, les procédés équivoques de M. Davenport : c'est le motif
occasionnel. Le premier ne repose que sur des conjectures très-
vraisemblables ; j'ai démontré la réalité du second. Je ne conçois
pas que Musset-Pathay n'ait rien vu de tout cela.

Quelque temps avant son départ, Rousseau avait conçu quelques
inquiétudes sur sa sûreté personnelle. Le 8 avril 1767, il écrivait à
M. de Mirabeau : « Pour éclaircir un problème singulier qui m'oc
« cupe dans ce pays de liberté, je vais tenter, bien à contre-cœur,
« un voyage de Londres. Si, *contre mon attente*, je l'exécute sans
« obstacle et sans accident, je vous écrirai de là plus au long. » Il
est clair qu'il craignait d'être arrêté en chemin. On verra qu'à Trye
et à Grenoble il eut la même idée, que je ne balance pas à regarder
comme une erreur, excusable, il est vrai, après tant de traverses.
J'ai cité cette particularité, parce qu'elle me sera utile dans l'examen que je ferai plus tard d'une question importante, celle du début de la maladie mentale de Rousseau. Je ne pense pas, du reste,
que ce voyage de Londres ait eu lieu.

Je ne dois pas oublier non plus de relever le trait suivant de la
lettre de Rousseau à du Peyrou (4 avril 1767) : « Je vous ai donné
« avis de la pension ; je vois d'ici toutes les fausses idées que vous
« avez de ma situation. Si vous saviez comment, par qui, et pour-

« quoi cette pension m'est venue, vous m'en féliciteriez moins.
« Peut-être un jour me demanderez-vous pourquoi je ne l'ai pas re-
« fusée. »

Il est difficile de croire que cette pension eût été accordée sans que Hume s'en fût mêlé. Après ce qui s'était passé, on conviendra que cette faveur spontanée, en apparence, était une exception très-rare aux usages des cours. Faute de données certaines, c'est tout ce qu'on peut dire à cet égard.

Rousseau dut quitter Wooton le 1er mai 1767 (Voir sa lettre du 30 avril). Depuis cette date jusqu'à celle de son arrivée à Calais (22 mai 1767), il y a un laps de temps sur lequel on n'a pas de renseignements authentiques; car on ne peut regarder comme tels ceux que contient une lettre de Hume, écrite à un de ses amis de Paris, trois semaines après le départ de Rousseau. Voici cette lettre sans date, telle qu'on la trouve dans l'édition de Belin (Notice du t. VII, pag. 10) : « Je ne sais si vous avez entendu parler des derniers évé-
« nements arrivés à ce *pauvre malheureux* Rousseau, qui est de-
« venu tout à fait extravagant, et qui mérite la plus grande com-
« passion. Il y a environ trois semaines qu'il partit, *sans en donner*
« *le moindre avis*, de chez M. Davenport, n'emmenant avec lui que
« sa gouvernante, laissant la plus grande partie de ses effets et en-
« viron trente guinées d'argent. On trouva aussi une lettre sur sa
« table, *pleine de reproches contre son hôte*, auquel il imputait d'avoir
« été complice de mon projet pour le déshonorer. Il prit le che-
« min de Londres. M. Davenport me pria de le faire chercher, et
« de découvrir comment on pourrait lui renvoyer son bagage et
« son argent. On fut quinze jours sans en entendre parler, jusqu'à
« ce qu'enfin le chancelier reçut de lui la lettre la plus extravagante,
« datée de Spalding, dans le comté de Lincoln. Il dit à ce magistrat
« qu'il est en route pour Douvres, dans le dessein de quitter le
« royaume (observez que Spalding s'éloigne tout à fait du chemin),
« mais qu'il n'ose sortir de sa maison, dans la crainte de ses enne-
« mis. Il conjure le chancelier de lui donner un guide autorisé pour
« le conduire. Quelques jours après, j'appris de M. Davenport qu'il
« avait reçu une nouvelle lettre de Rousseau, datée de Spalding,
« dans laquelle il lui témoigne le plus vif repentir. Il parle de sa
« malheureuse position, et annonce le dessein de retourner à Woo-
« ton. *J'espérai* qu'il avait recouvré ses sens; point du tout. Au bout
« de quelques heures, le général Conway reçut de lui une lettre
« datée de Douvres, distant de 200 milles de Spalding. Il n'avait

« mis que deux jours à faire cette longue route. Il n'y a rien de
« plus fou que cette lettre. Il suppose qu'il est prisonnier d'Etat,
« et cela par mes suggestions. Il le conjure de lui permettre de
« quitter le royaume. Il lui représente le danger qu'il court d'être
« assassiné ; et en même temps il *avoue* avoir été déshonoré en An-
« gleterre pendant sa vie ; il prédit que sa mémoire sera justifiée
« après sa mort. Il dit qu'il a composé un volume de mémoires,
« principalement relatifs aux traitements qu'il a éprouvés en An-
« gleterre, et à l'état de captivité dans lequel il a été détenu. Si le
« général lui permet de partir, il lui fera remettre ce volume qui
« est déposé en mains sûres, et jamais il ne paraîtra rien de lui
« contre la nation et ses ministres. Il ajoute, comme si un rayon de
« raison avait pénétré dans son âme, qu'il renonce au projet d'écrire
« sa vie et ses mémoires, et qu'il ne lui échappera aucune plainte
« sur ses malheurs ; qu'il ne parlera de M. Hume qu'avec hon-
« neur, et que lorsqu'il sera pressé de s'expliquer sur quelques plain-
« tes indiscrètes échappées au fort de ses peines, il les rejettera sur
« ce malheureux penchant à la défiance, ouvrage de ses malheurs,
« et qui maintenant y met le comble. Je vous informe de ces détails
« afin que vous voyiez que ce pauvre homme *est absolument fou*, et
« que, par conséquent, il ne peut être poursuivi par les lois, ni
« l'objet d'une peine civile. Il a certainement passé à Calais, et se
« trouvant dans le ressort du Parlement de Paris, il sera probable-
« ment arrêté, et peut-être traité sans aucun égard à sa malheureuse
« position. Quand j'étais à Paris, j'ai vu contre lui des traits d'ani-
« mosité peu commune de la part des membres de ce corps. Je
« crains que sa présence ne les ranime. Il me paraît donc intéres-
« sant que quelques personnes de poids et de mérite sachent de la
« première main le véritable état des choses, afin que les ennemis
« de ce malheureux homme n'appesantissent pas sur lui des peines
« trop fortes. J'ai parlé à M. de Guerchy, ambassadeur de France,
« afin qu'il en parle sous ce point de vue à la cour. Il faut que vous
« instruisiez M. de Malesherbes. M. de Trudaine joindra aussi ses
« bons offices, et je ne doute pas que, par vos bons efforts réunis,
« vous ne lui procuriez une entière sûreté. S'il pouvait être établi
« dans une retraite tranquille, il a de quoi subvenir à tous ses be-
« soins. Il a, *si je ne me trompe, cent louis de rente par lui-même*.
« Le roi d'Angleterre lui en a accordé autant. On pourrait trouver
« en France quelque personne qui, *par égard pour son génie*, le
« traiterait avec amitié *et l'empêcherait de faire du mal à lui et aux*

« *autres*. Il serait à propos que sa gouvernante entrât dans le pro-
« jet. Je sais cependant que M. Davenport n'a pas une idée bien
« avantageuse de son caractère *et de sa conduite*, lorsqu'ils vivaient
« chez lui ; mais Rousseau est accoutumé à cette femme ; elle sait
« mieux que qui que ce soit entrer dans ses humeurs. On soupçonne
« qu'elle a entretenu toutes ses chimères, afin de le chasser d'un
« pays où, n'ayant personne avec qui parler, elle s'ennuyait à la
« mort. »

Ce qui frappe, au premier abord, dans cette lettre, c'est que Hume, comme je l'ai déjà dit au sujet de Grimm, ne cessait d'avoir l'œil ouvert sur l'objet de sa haine, et que ses moindres démarches lui étaient connues. Sachant que Rousseau était arrivé en France, il se hâta d'annoncer au public de Paris le retour de l'infortuné, en jetant sur les détails de sa fuite tout le ridicule et toute l'ignominie possible.

Dans toutes les querelles, entourées comme celle-ci d'équivoque et d'incertitude, il y a un moyen infaillible de découvrir la vérité. On peut affirmer que le coupable est celui qui, après la rupture, continue à s'occuper de son adversaire et à lui nuire.

Hume débute par un mensonge. La lettre de Rousseau trouvée sur sa table ne peut être que celle qu'il écrivit à M. Davenport, le 30 avril 1767, veille de son départ. Elle contient des reproches justes et modérés, mêlés de regrets affectueux, et non l'accusation de coopérer avec Hume à son déshonneur (Voyez pag. 252). Supposons que cette lettre ne fût pas celle que j'indique ; si Rousseau eût rompu de cette manière avec M. Davenport, celui-ci, peu de temps après, ne lui eût pas écrit des lettres *très-honnêtes et très-empressées* pour le rappeler chez lui (Voir la lettre de Rousseau à M. de Mirabeau, 28 janvier 1768). Rousseau n'eût pas écrit à Moultou (5 novembre 1768) que son projet était de retourner à Wooton, *où, depuis son départ, le propriétaire, disait-il, l'avait souvent rappelé par force cajoleries.* « *Je viens*, ajoutait-il, *de lui écrire en consé-*
« *quence* de cette résolution. » Le 28 novembre 1768, il écrivait aussi à M. Laliaud : « M. Davenport m'a fait une réponse très-engageante et très-honnête. » Rousseau ne reprochait à son hôte que des procédés désobligeants, et tout au plus suspects ; s'il eût vu en lui un complice de Hume, il n'eût pas conçu l'idée de retourner se mettre à sa merci. Hume a donc encore menti indignement ; et cela étant, il est plus que probable que *la lettre de repentir* à M. Davenport est aussi un mensonge. La supplique au chan-

celier peut être réelle ; quant à celle de M. de Conway, elle ne l'est
que trop. Hume triomphe lâchement de cet acte de faiblesse inconcevable, et se hâte d'en conclure que Rousseau *est absolument fou.*
Non content de ce cri de victoire, il trouve encore le moyen d'altérer le contenu de la lettre ; et l'on ne peut supposer qu'il eût été mal
instruit ; le général la lui avait certainement communiquée, puisqu'on en trouve des phrases textuelles dans la lettre que je viens de
citer. Hume fait dire à Rousseau qu'il *avoue avoir été déshonoré en
Angleterre.* Cette expression, *il avoue,* fait supposer que Rousseau
reconnaissait avoir mérité ce déshonneur, tandis qu'il dit énergiquement le contraire. Hume avance que Rousseau se croyait *prisonnier d'Etat* ; et, loin de là, celui-ci déclare au général que les
outrages qu'il a reçus, et la *captivité* dans laquelle il a vécu, *sont
l'ouvrage des premiers auteurs de ses disgrâces ;* et il n'attribue à
cet homme d'Etat que des illusions d'amitié qui le faisaient concourir, à son insu, aux manœuvres de ses ennemis. L'expression de
captivité paraîtra exagérée ; je consens à la juger ainsi ; cependant
qu'on se figure ce que devait être la position d'un étranger, presque
sans relations au dehors, affligé, pusillanime, ignorant la langue du
pays, et par conséquent livré en toutes choses à l'entourage suspect
de Wooton ; qu'on se rappelle surtout l'inspection que Hume exerçait en secret sur sa correspondance, circonstance parfaitement
prouvée par la lettre dans laquelle ce fourbe déclare à Mme de Boufflers que Rousseau ne pouvait être instruit de sa *plaisanterie,
parce qu'il ne recevait aucune lettre par la poste* (Voyez pag. 189).
N'était-ce pas avouer que les personnes intermédiaires qui recevaient ces lettres pour les transmettre à Rousseau ([1]), les lui com-
muniquaient préalablement ? S'il en eût été autrement, comment
aurait-il pu affirmer que Rousseau n'avait pas été *instruit ?* Ce rôle
odieux est si frappant, que Musset-Pathay, en rapportant le passage ci-dessus de la lettre de Hume, n'a pu s'empêcher de dire :
« Comment David était-il si bien au fait de la correspondance de
« Rousseau ? » Il n'ose pas aller plus loin, selon sa prudente habitude ; mais l'aveu, de sa part, est complet ; il croyait que Hume
violait la correspondance de Rousseau. Il n'est pas besoin, je pense,
de faire sentir l'avantage que cette inquisition secrète donnait à un
fourbe tout-puissant, et le parti qu'il dut en tirer pour l'accomplis-
sement de ses projets. Il est même probable que quelque manœuvre

---

([1]) Rousseau, dans sa lettre du 2 avril 1767 à du Peyrou, désigne deux de ces
correspondants infidèles : M. Colombier et son *cousin* Rousseau.

audacieuse tentée par lui, lors de l'envoi des Mémoires à du Peyrou par M. de Cerjeat, fut la véritable cause qui bouleversa l'imagination du pauvre Rousseau. Le passage suivant de sa lettre à M. Conway semble le prouver. « C'est trop souffrir, monsieur, et toute « *interdiction de correspondance* m'annonce assez que sitôt que l'ar- « gent qui me reste sera dépensé, il ne me reste plus qu'à mourir. » Il y a là encore une exagération. Rousseau, consentant à accepter la pension du roi, ne pouvait craindre l'indigence ; la perspective *d'un sort sinistre en cas d'embarquement* (¹) n'était pas plus fondée ; mais le fait positif, la cause évidente de ce délire affligeant, c'était *l'interdiction de la correspondance*. Hume, furieux de n'avoir pu saisir ces Mémoires redoutés dont il ne peut s'abstenir de parler dans sa lettre, avait-il intercepté entièrement la correspondance de Rousseau ? Il est encore plus impossible de le nier que de l'affirmer.

Par cette expression : *les premiers auteurs de mes disgrâces*, Rousseau désigne ses anciens *amis*, tous liés avec Hume, et qu'on a vus favoriser plus ou moins ouvertement ses plans de diffamation.

Mais c'est surtout en citant la promesse de Rousseau qui le regarde personnellement, que Hume ne peut dissimuler sa joie. En proclamant ce cri de détresse, il semble dire au public : Vous le voyez, le misérable s'accuse lui-même ! Qu'on ne s'y trompe pas pourtant : Rousseau, sous l'empire de la frayeur et probablement aussi d'une perturbation passagère de son intelligence, put faire des aveux démentis par sa conscience, et encore plus par les faits ; il put s'imposer des engagements indignes de lui ; mais loin de disculper Hume, il l'accuse plus que jamais, lorsqu'il dit : « J'ai été « traité dans mon honneur aussi cruellement qu'il est possible de « l'être. Ma diffamation est telle en Angleterre, que rien ne l'y peut « relever de mon vivant. » Il ajoute que sa mémoire sera réhabilitée après sa mort par *la seule force de la vérité*. Ce n'est donc pas ici un coupable qui avoue ses torts, ni un insensé qui reconnaît son erreur : c'est une âme faible, éperdue, que l'infortune a terrassée ; c'est un innocent soumis à la torture et qui demande grâce à tout prix.

Hume achève de profiter de sa victoire, en se donnant des airs de clémence et de sollicitude ; il fait semblant de craindre pour la

---

(¹) Voyez la lettre à M. de Conway.

sûreté de Rousseau en France, il lui cherche des protecteurs! Mais en jouant cette farce odieuse il se trahit par un dernier mensonge; il avance que Rousseau a *par lui-même cent louis de rente*, qui, réunis à une pension royale de pareille somme, composaient un revenu de 4,800 francs : à cette époque c'était plus que de l'aisance. Dans ses *Dialogues,* Rousseau avoue 1,100 fr. de revenu viager, et il ajoute : « Si quelqu'un me connaît d'autres ressources,
« de quelque espèce que ce puisse être, *je dis qu'il ment et je me*
« *montre*. Si quelqu'un dit en avoir à moi, qu'il m'en donne le
« quart, et je lui fais quittance du tout. » Au reste, le calcul est facile à faire ; les sommes que Rousseau recueillit de ses ouvrages sont toutes connues ; en y joignant la pension viagère de 600 fr. que lui fit Milord Maréchal ; en déduisant, par approximation, les frais de déplacement, de voyages lointains, pris, en partie, sur le capital, on arrive, à peu de chose près, au chiffre énoncé dans les *Dialogues*. Hume mentait donc encore. Les éditeurs auxquels j'emprunte sa lettre en paraissent convaincus. S'ils ont pu croire qu'il en imposait au public sur ce point, comment ont-ils garanti si facilement sa véracité sur le reste? Ces inconséquences ne sont malheureusement que trop fréquentes parmi les inexorables juges de Rousseau. Mais quel était le but du mensonge de Hume? Le voici : Rousseau se disait pauvre et l'était réellement. Hume, dans son *Exposé succinct*, avait déjà prétendu que *cette affectation de pauvreté était une charlatanerie;* en réitérant cette calomnie dans sa lettre, il semblait dire au public : Ne vous apitoyez pas trop, ce méchant fou contrefait le Diogène, mais il n'en a que le cynisme, il est *riche* sous ses haillons. En effet, le public resta si bien persuadé que Rousseau jouait l'indigence, que ce préjugé est une des choses dont celui-ci se plaint le plus amèrement dans ses *Dialogues*.

Enfin, remarquez que Hume ne peut s'abstenir de frapper une dernière fois l'infortuné qu'il tient sous ses pieds, et dont il fait semblant de plaindre le sort : « On l'empêchera, dit-il, de faire
« du mal à lui *et aux autres*. »

Le dernier trait de sa lettre, relatif à Thérèse, a été répété presque textuellement par Musset-Pathay (*Hist.*, t. Ier, p. 157). J'ai démontré que cette femme ne pouvait être la cause du départ de Rousseau. La haine que Hume lui témoigne en mainte occasion (Voyez p. 170, et Musset-Pathay, *Hist.*, t. Ier, p. 114) est un trait commun à tous les ennemis de Rousseau. J'en dirai ailleurs la raison.

Corancez, journaliste plus que médiocre, et qui n'est guère connu que par une Notice hostile sur J.-J. Rousseau, a publié sur son séjour à Douvres des détails que, sur des indices frappants, j'ai jugés mensongers ; j'en reparlerai plus tard. J'ajourne également l'examen de la question de *folie*, qui, sur la seule lettre de Rousseau à M. de Conway, a été décidée affirmativement par tous les critiques.

On a annoncé tout récemment, dans les journaux, une *Vie de Hume*, publiée à Édimbourg, et qui, suivant ses auteurs, justifierait complétement le fourbe habile dont je viens de dépeindre l'affreux caractère. J'ignore ce que cet ouvrage peut contenir, mais mon raisonnement est bien simple ; je dis : Si les apologistes de Hume ont cité fidèlement tous les documents du recueil intitulé *Private Correspondence*, qui figurent dans l'ouvrage de Musset-Pathay et dans le mien, il faut qu'ils n'en aient pas compris la signification, ou que, à l'exemple de leur compatriote, ils aient compté d'avance sur la distraction et les préjugés du public ; s'ils les ont omis à dessein, ils sont jugés par cela seul ; si, au contraire, cette omission ne vient que de ce qu'ils en ignoraient l'existence, on peut affirmer d'avance qu'ils n'ont rien prouvé [1].

CHAPITRE VI.

Du séjour de Rousseau en France, depuis son départ d'Angleterre jusqu'à son retour à Paris.

De mai 1767 à juin 1770.

Rousseau, en quittant l'Angleterre, n'avait pas l'intention de se fixer en France. Désespérant d'y trouver le repos, il s'était décidé à se réfugier à Venise (Voir sa lettre à M. de Mirabeau, 22 mai 1767). Le lendemain de son arrivée à Calais, il se rendit à Amiens, pour gagner, de là, le midi de la France, et passer en Italie. Le 5 juin 1767, il écrivait à du Peyrou qu'il avait quitté Amiens, pour se dérober aux *honneurs publics* qu'on voulait lui rendre ; une autre lettre (même jour), datée de Fleury-sous-Chaumont près Gisors, et adressée à M. de Mirabeau, annonce qu'il avait accepté un

[1] Hume a publié des *Mémoires*, dans lesquels il ne dit pas un mot de son affaire avec Rousseau. Faut-il attribuer ce singulier silence à un remords secret, ou à une affectation de stoïcisme ?

asile dans cette terre, en attendant une occasion favorable pour exécuter son projet, et des renseignements dont il avait besoin pour ses arrangements pécuniaires. Il n'y resta guère. M. de Mirabeau ne l'y avait attiré que pour essayer de l'enrôler dans la secte des économistes; Rousseau se refusa constamment à ses vues, et persista à quitter la France (Voir ses lettres à M. de Mirabeau des 9 et 19 juin 1767). Il paraît que ce projet ne fut point approuvé du prince de Conti, qui, dès cet instant, se fit, comme on le verra par la suite, l'arbitre absolu de la destinée de Rousseau. Les détails manquent absolument sur ce qui se passa à ce sujet. Musset-Pathay suppose à tort que ce fut par l'entremise de M. de Mirabeau que Rousseau se retira au château de Trye. Il a été induit en erreur par la lettre du 8 avril 1767, dans laquelle il est question d'un asile au château de *Brie*, terre de M. de Mirabeau. Dans les éditions récentes, on a cru faire une correction en mettant *Trye* au lieu de *Brie*, mais celle de du Peyrou, connue sous le nom d'édition de Genève, et qui a été imprimée sur les lettres autographes, porte *Brie*. Il est d'ailleurs facile de se convaincre, en lisant la lettre dont je parle, que le *seigneur de cette terre qui a fait à Rousseau des avances d'amitié au plus fort de ses misères*, ne peut être que M. de Mirabeau.

Le 21 juin 1767, Rousseau se trouvait installé au château de Trye, par les soins de Coindet, son compatriote, une de ses anciennes connaissances, et grand ami de Mme de Verdelin. Cet incident n'est pas sans importance; on verra par la suite que les procédés de Coindet expliquent assez clairement ses liaisons avec cette dame, et le rôle, en apparence officieux, qu'il joua dans cette circonstance. Rousseau s'en défiait si peu alors, qu'il recommanda à du Peyrou de lui adresser ses lettres (à du Peyrou, 21 juin 1767).

Rousseau ne fut pas longtemps tranquille à Trye. Les gens de la maison, et l'intendant du prince, lui firent endurer des traitements tels, qu'il fut obligé de quitter cet asile. Musset-Pathay met tout cela sur le compte de Thérèse Levasseur. Cette fois encore il ne fait qu'affirmer, et, de plus, il se met, sans scrupule, en opposition avec le témoignage de Rousseau. Malgré la rareté et le vague des données qui existent sur ce sujet, il ne me sera pas difficile de démontrer l'étourderie et la fausseté de ses jugements.

Le 12 août 1767, Rousseau écrivait à M. de Mirabeau : « Vous « voulez que je vous rende compte de la manière dont je suis ici; « non, mon respectable ami; je ne déchirerai pas votre noble cœur

« par un semblable récit. Les traitements que j'éprouve en ce pays,
« de la part de tous les habitants, *sans exception et dès l'instant*
« *de mon arrivée*, sont trop contraires à l'esprit de la nation et aux
« intentions du grand prince qui m'a donné cet *hospice*, pour que
« je puisse les imputer à autre chose qu'à un esprit de vertige, dont
« je ne veux pas même rechercher la cause. Puissent-ils rester igno-
« rés de toute la terre, et puissé-je les regarder moi-même comme
« non avenus ! » Comment Musset-Pathay, qui a si souvent rendu
hommage à la véracité de Rousseau, n'a-t-il pas vu que celui-ci
parle, dans ce trait, de faits positifs et tellement outrageants qu'il
n'a pas le courage d'en faire le détail? Il est évidemment impossible
que Thérèse fût la cause d'une animadversion si subite et si générale. S'il n'eût été question que des querelles d'une femme insociable avec des domestiques arrogants, Rousseau eût-il employé des
expressions si douloureuses? Eût-il écrit à Mme de Luxembourg,
le 16 août 1767, c'est-à-dire quatre jours après la lettre précédente,
pour prier cette dame d'obtenir du prince de Conti la permission de
quitter le château, et pour lui demander *un asile, où il eût quelque
sûreté d'être laissé en paix?*

Il paraît que M. de Mirabeau soupçonna la véritable cause de ces
nouvelles menées, car Rousseau lui écrivait, le 22 août 1767 : « Je
« crains bien que vous n'ayez deviné trop juste sur la source de ce
« qui se passe ici, *et dont vous ne sauriez même avoir l'idée.* » La lettre
de M. de Mirabeau n'étant pas connue, il est malheureusement impossible de savoir sur quoi portaient ses conjectures. Mais ce personnage, instruit probablement de bien des choses, dut voir dans
les manœuvres de Trye les traces d'une influence bien autrement
sérieuse que celle à laquelle Musset-Pathay s'est arrêté de sa propre autorité.

Rousseau écrivait à d'Ivernois, le 24 août 1767 : « Je n'ai reçu
« que depuis peu de jours votre lettre du 20 mai adressée à Woo-
« ton. Elle était dans le plus triste état du monde, *à demi brûlée*, et
« *paraissant avoir été ouverte plusieurs fois.* Les pièces qu'elle con-
« tenait ont augmenté la curiosité. » Le 8 septembre suivant il mandait à du Peyrou : « Votre lettre du 3 a été décachetée ; que cela
« vous serve de règle, etc. » Ces faits, qui ne peuvent être révoqués
en doute, sans attaquer la véracité de Rousseau, tant de fois constatée, prouvent que l'espionnage de Suisse et d'Angleterre, dont
j'ai démontré la réalité, le poursuivait dans son nouvelle asile.
Rousseau, dans cette même lettre, explique à son ami les raisons

secrètes qui le font surveiller de si près ; mais ce qu'il dit est loin d'être toujours intelligible. Il assure qu'on le suppose occupé de la composition et de la publication de ses *Mémoires*, et que Coindet, qui l'épie, croit que ses études de botanique lui servent à masquer ce travail. Il parle d'une dame de V..., à laquelle Coindet a présenté du Peyrou, et dont ledit Coindet était l'*âme damnée*. C'est évidemment Mme de Verdelin. « Elle m'a trompé six ans, dit-il, il
« y en a deux qu'elle ne me trompe plus (depuis son voyage de
« Motiers, en 1765), et j'avais tout à fait rompu avec elle (depuis
« sa lettre au sujet de l'affaire de Hume). M. le prince de Conti,
« qui ne sait rien de tout cela, et poussé par quelqu'un (Mme de
« Boufflers), qui, pour mieux cacher son jeu, montre avoir avec elle
« (Mme de Verdelin) peu de liaisons, m'a remis entre ses mains,
« comme en celles d'une amie. Elle fait usage de ce moyen pour
« m'achever. » Je ne fais qu'éclaircir ce passage, sans garantir la réalité des allégations qu'il contient. Toutefois, on ne se pressera pas de les traiter de chimères, si on se rappelle les procédés de ces deux dames avant et après l'affaire de Hume. Ce qu'il y a de certain, c'est que Thérèse n'est encore pour rien dans tout cela. Le trait qui suit est beaucoup plus clair. « Je crois, dit Rousseau, tou-
« jours dans la même lettre, que M. le prince de Conti et Mme de
« Luxembourg (¹), me voyant menacé de bien des dangers (il parle
« des conséquences du décret), ont voulu sincèrement m'en mettre
« à couvert, en s'assurant de moi, à la vérité, par des entours qui
« n'ont pas paru suffisants aux deux dames (MM^{mes} de Verdelin et
« de Boufflers) pour rassurer leur ami (David Hume). On a donc
« suscité contre moi *toute la maison du prince : les prêtres, les pay-*
« *sans, tout le pays.* On n'a pas douté, connaissant la fierté de mon
« caractère, que je ne me dérobasse à l'opprobre avec indignation et
« promptitude. C'est ce que j'ai cent fois voulu faire, et que j'aurais
« fait à la fin, si ma pauvre sœur (Thérèse), la raison et une re-
« chute dans ma maladie n'étaient venues à mon secours. Mme de
« V... (Verdelin), *qui ne m'a vu venir qu'à regret* (à Trye), *n'a pu*
« *déguiser assez, ni Coindet non plus, leur extrême désir de me voir*
« *sortir du château.* Cet empressement, si peu naturel à des amis
« dans ma position, m'a rendu prudent et sage. Ma sœur, le seul

---

(¹) Il est singulier que, malgré les circonstances du décret, Rousseau, tant accusé de défiance, regarde encore Mme de Luxembourg comme bienveillante.

« véritable ami qu'avec vous j'aie dans le monde (1), et qu'*à cause*
« *de cela mes ennemis* ont en haine, me disait sans cesse, quoi-
« qu'elle portât la plus grande part et la plus sensible des outrages :
« *Attendez, souffrez, prenez patience*, le prince ne vous abandon-
« nera pas. Voulez-vous donner à vos ennemis l'avantage qu'ils
« demandent, de crier que vous ne pouvez durer nulle part ? — Les
« sages discours de cette pauvre fille étaient renforcés par la
« raison ; où aller ? où me réfugier ? etc. » Plus loin, il suppose
que « le projet de ses ennemis est de l'attirer à Paris pour le livrer
« au Parlement, et il déclare qu'on ne le fera sortir de Trye que
« *par la force ouverte*, etc. »

Je laisse de côté toute interprétation pour ne m'occuper que des
faits. Je demande comment Thérèse, quelque méchante qu'on
veuille la supposer, eût pu soulever contre elle toute la maison du
prince, les paysans et surtout les *prêtres ?* Puis, lequel des deux
faut-il croire, de Musset-Pathay qui, cinquante-quatre ans après
les faits, affirme qu'ils sont imaginaires, et rejette tout sur Thérèse,
ou de Rousseau, témoin oculaire de ces faits, et qui justifie si
complétement sa compagne, en citant ses propres expressions ?

La lettre de Rousseau, du 12 septembre 1767, à Mme de Mesmes,
et celle du 27 à du Peyrou, dénotent, dans ce qui se passait à Trye,
des causes bien autrement sérieuses que l'*humeur difficile* de
Mlle Levasseur. Musset-Pathay ne les a pas lues ou n'a pas voulu en
tenir compte. Ainsi, Rousseau dit à du Peyrou, qui devait venir le
voir à Trye : « Je vous préviens qu'il me serait impossible de vous
« tenir aux légumes, attendu qu'il y a ici un grand potager d'où je
« ne saurais avoir un poil d'herbe, *parce que Son Altesse a ordonné*
« *à son jardinier de me fournir de tout*. Voilà, mon ami, comment
« les princes si puissans, si redoutés où ils ne sont pas, sont craints
« et obéis dans leur maison. »

9 octobre 1767, au même : « Le patron de la case (le prince) est
« venu ici mardi, seul, et n'a pas chassé ; de sorte que j'ai profité de
« tous les moments que ce grand prince, ou pour mieux dire, ce
« digne homme a passés ici ; il me les a donnés tous.... Cher hôte,
« venez, *nous aurons des légumes, non pas de son jardin, car il n'en*
« *est pas le maître;* mais un bonhomme qu'on trompait s'est détaché

---

(1) Ici Musset a mis en note : « *Et qui sans doute cause tous ses maux.* » Il n'a
pas vu que cette observation est un démenti formel à tout ce que Rousseau
vient d'affirmer sur Thérèse. D'après lui, Rousseau mentait donc en rapportant
les paroles de sa compagne !

« de la ligue; et je compte m'arranger avec lui pour mes fournitu-
« res, *que je n'ai pu faire, jusqu'ici, ni en payant ni sans payer.*
« Mardi, soupant avec Son Altesse, *je mangeai du fruit pour la*
« *seule fois depuis deux mois.* Je le lui dis tout bonnement; le lende-
« main, il m'envoya le bassin qu'on lui avait servi la veille, et qui
« me fit grand plaisir ; car il faut vous dire que je suis environné
« de jardins et d'arbres, comme Tantale au milieu des eaux. Mon
« état à tous égards ne peut se représenter; mais venez, il chan-
« gera, du moins, tandis que vous serez avec moi. »

Je ferai remarquer en passant avec quelle sensibilité Rousseau
parle ici du prince de Conti, et l'entière confiance qu'il avait en lui.
Quant aux faits que je viens de citer, et dont Musset-Pathay n'a
rien dit, il me semble encore assez difficile de les mettre à la charge
de Mlle Levasseur.

Du Peyrou vint à Tryë quelque temps après. Il eût pu donner de
précieux renseignements sur la position de Rousseau. Mais, comme
on le verra plus tard, il traitait, en général, assez légèrement les
plaintes de son ami, et d'ailleurs, étant tombé malade à Trye, il est
probable qu'il ne put en vérifier l'exactitude. On doit aussi supposer que sa présence suspendit momentanément les vexations ; ce fut
même pour les fourbes qui les dirigeaient en secret, une excellente
occasion de confirmer l'opinion déjà accréditée dans le public, surtout depuis l'affaire de Hume, que Rousseau voyait partout des
traîtres et des persécuteurs. Du Peyrou s'y laissa prendre. Après
son départ, les avanies recommencèrent. Rousseau lui écrivait, le
10 février 1768 : « M... (Manoury, officier du prince), plus noir de
« cœur que de barbe, abusant de l'éloignement et des *distractions*
« *de son maître, ne cesse de me tourmenter et veut absolument m'ex-*
« *pulser d'ici,* etc. » Ce trait prouve que les mauvais procédés
s'adressaient autant à Rousseau qu'à sa compagne. Plus haut, il
disait d'elle, *qu'elle portait la plus grande et la plus sensible part
des outrages;* l'autre part était donc pour lui.

A du Peyrou, 3 mars 1768 : « Vos conseils sont plus aisés à
« donner qu'à suivre. Les herborisations et les promenades seraient,
« en effet, de douces diversions à mes ennuis, si elles m'étaient lais-
« sées ; mais les gens qui disposent de moi n'ont garde de me lais-
« ser cette ressource. Le projet dont MM. Manoury et Deschamps
« sont les exécuteurs, demande qu'il ne m'en reste aucune. Comme
« on m'attend au passage, on n'épargne rien pour me chasser d'ici.
« Un des meilleurs moyens qu'on emploie pour cela est de lâcher

« sur moi la populace des villages voisins. On n'ose plus mettre
« personne au cachot et dire *que c'est moi qui le veux ainsi*(¹); mais
« on a fermé, barré, barricadé le château de tous les côtés. Il n'y a
« plus ni passage, ni communication par les cours, ni par la terrasse,
« et quoique cette clôture me soit très-incommode à moi-même, on
« a soin de répandre, par les gardes et autres émissaires, que c'est le
« monsieur du château qui veut cela pour faire pièce aux paysans.
« J'ai senti l'effet de ce bruit dans deux sorties que j'ai faites, et cela
« ne m'excitera pas à les multiplier ; j'ai prié le fermier de me faire
« faire une clef de son jardin qui est assez grand, et ma résolution est
« de borner mes promenades à ce jardin et au jardin du prince.
« Voilà comment, au cœur de la France, les mains étrangères s'ap-
« pesantissent encore sur moi. A l'égard du prince, on l'empêche
« de rien savoir de ce qui se passe. »

Qu'il y ait erreur ou exagération dans quelques-uns de ces détails, c'est ce que personne ne peut décider. Mais croire que tout y est imaginaire, je répète que c'est accuser Rousseau de mensonge ; car enfin, il y articule des faits au sujet desquels l'illusion n'était pas possible. Ces bruits répandus par les gardes, au sujet des entraves mises à la circulation, l'accueil hostile des paysans, ne pouvaient être des visions ; comment croire surtout que Rousseau, passionné pour la promenade et n'ayant plus d'autre distraction au monde, se fût condamné à ne pas sortir du château, s'il n'eût recueilli dans ses excursions des preuves certaines de l'aversion des paysans ? Comment expliquer cette aversion avec Thérèse pour toute raison ?

Rousseau croyait que toutes ces indignités avaient pour but de l'expulser du château et de le livrer au Parlement. Si l'on se rappelle ce que Hume lui-même disait de l'animosité de ce corps contre l'auteur d'*Emile* (Voir chap. v, p. 257), on ne trouvera pas cette crainte si déraisonnable. Je crois néanmoins qu'il se trompait. La volonté puissante qui disposait de lui se serait bien gardée de lui susciter une persécution publique et glorieuse. L'accabler d'outrages déguisés, le réduire à errer de gîte en gîte, achever de le désespérer et de ruiner sa réputation, telle était la tactique, à la fois vile et cruelle, qu'elle avait imaginée. Rousseau attribue à Hume et à ses complices de France les manœuvres de Trye ; il est plus que vraisemblable qu'ils s'y associaient ; mais l'impulsion venait de bien plus haut, j'achèverai bientôt de le prouver.

(¹) Rousseau s'en était sans doute plaint au prince.

Je vais continuer de rassembler tous les renseignements que contient la correspondance de Rousseau sur son séjour à Trye.

A M. Laliaud, 5 octobre 1768. « Il n'y a pas d'extrémité que je « n'endure plutôt que de retourner à Trye, et vous ne me propo- « seriez pas ce retour, *si vous saviez ce qu'on m'y a fait souffrir, et* « *entre les mains de quelles gens j'étais tombé : je frémis seulement à* « *y songer.* N'en reparlons jamais, je vous prie. »

23 octobre 1768, au même. « Après avoir tâché de me dissuader « d'entrer à Trye, et de me persuader d'en sortir, trouvant ma vo- « lonté inébranlable, *ils* ont fini par m'en chasser de vive force par « les mains du sacripant que le maître avait chargé de me protéger, « mais qui se sentait trop bien protégé ici; même par d'autres (que « son maître), pour avoir peur de désobéir. » Par *ils*, Rousseau désigne ici Mme de Verdelin et Coindet (Voyez la lettre à du Peyrou, 8 septembre 1767, page 264). Cette opposition de leur part, immédiatement suivie d'avanies intolérables, mérite attention. Objecter à tout propos les *ombrages et les visions*, épargne de la peine au critique, j'en conviens, mais un argument commode est-il toujours un bon argument ?

A Moultou, 5 novembre 1768. « Si j'en avais été le maître, si le « prince lui-même eût été le maître chez lui, je ne serais jamais « sorti de Trye, dont il n'avait rien épargné pour me rendre le sé- « jour agréable. Jamais prince n'en a tant fait pour aucun particu- « lier qu'il en a daigné faire pour moi. — Je le mets ici à ma place, « disait-il à son officier, je veux qu'il ait la même autorité que « moi, et je n'entends pas qu'on lui offre rien, parce que je le fais « maître de tout. — Il a même daigné me venir voir plusieurs fois, « souper avec moi en tête-à-tête, me dire, en présence de toute sa « suite, qu'il venait exprès pour cela, et, ce qui m'a plus touché que « tout le reste, s'abstenir de chasser, de peur que le motif de son « voyage ne fût équivoque. Eh bien! cher Moultou, malgré ses « soins, ses ordres les plus absolus, malgré le désir, la passion, « j'ose le dire, qu'il avait de me rendre heureux dans la retraite « qu'il m'avait donnée, on est parvenu à m'en chasser *par des* « *moyens tels que l'horrible récit n'en sortira jamais de ma bouche* « *ni de ma plume. Son Altesse a tout su, et n'a pu désapprouver ma* « *retraite.* »

Concevrait-on les expressions d'horreur de ces lettres, s'il n'eût été question que de désagréments dus à l'insociabilité de Thérèse? Concevrait-on que le prince eût pu endurer la confidence de ces misérables sujets, et qu'il eût *approuvé* que Rousseau renonçât à son hospitalité pour si peu de chose? Mussel-Pathay, dédaignant tous ces détails, a tranché, sans hésiter, une question dont la difficulté eût pu induire en erreur des témoins oculaires. Thérèse, dont il a fait, comme on le verra ailleurs, une espèce de bouc d'expiation, lui paraît expliquer parfaitement, non-seulement les faits de Trye, mais presque toute la destinée de Rousseau. C'est une des erreurs les plus inexplicables de cet écrivain sincère, mais opiniâtre et systématique.

Rousseau, qui exprime si vivement sa reconnaissance au sujet des bontés du prince de Conti, soupçonna plus tard qu'il n'avait pas agi franchement dans l'affaire de Trye (Voir sa lettre à M. D. L. M., 23 novembre 1770). J'examinerai bientôt si sa défiance était fondée.

Pendant son séjour à Trye, Rousseau, vaincu par sa longue infortune, effrayé de son avenir, essaya de fléchir ceux qu'il regardait comme les auteurs cachés des indignes traitements qu'il essuyait à Trye. « Poussé à bout, dit-il, je pris le parti de m'adresser à « Mme de Luxembourg (16 août 1767). Cette dame, pour toute as- « sistance, me fit faire, *de bouche, une réponse assez sèche, très-peu* « *consolante, et qui ne répondait guère aux bontés dont le prince* « *paraissait m'accabler* » (lettre à M. D. L. M., 23 février 1770). Ce procédé suspect n'empêcha pas Rousseau de persévérer dans sa confiance. Le souvenir de ses gaucheries, *et trop d'indices secrets*, ne lui permettaient pas de douter de la haine de Mme de Luxembourg. « Mais, dit-il, je ne pouvais me persuader qu'une femme « de ce rang, qui m'avait si bien connu, qui m'avait témoigné tant « de bienveillance ; la veuve d'un seigneur qui m'honorait d'une « amitié particulière, pût jamais se résoudre à me haïr assez cruel- « lement pour travailler à ma perte » (même lettre). Il ne pénétra enfin les véritables dispositions de cette dame que quand elle eut cessé absolument de lui écrire ; encore ne put-il s'arrêter à l'idée qu'elle était devenue son ennemie déclarée. Cependant, il dut conclure de sa réponse relative aux affaires de Trye, qu'il n'avait plus à attendre d'elle ni bienveillance ni protection. Rebuté de ce côté, il s'adressa à Mme de Boufflers. On a vu, page 265, qu'il la soupçonnait fortement de faire cause commune avec ses ennemis. Si on en juge par les rapports de cette dame avec Hume, on devra convenir qu'il ne se trompait guère. Voici ce qu'il lui écrivait le 25 février 1768 : « Je vieillis dans les ennuis, mon âme est affaiblie, mais mon « cœur est toujours le même ; il n'est pas étonnant qu'il me ramène

« à vos pieds, madame ; vous n'êtes pas exempte de torts envers
« moi : je sens vivement les miens, mais tant de maux soufferts
« n'ont-ils rien expié ? Je ne sais pas revenir à demi ; vous me con-
« naissez assez pour en être assurée. Ne dois-je donc plus rien es-
« pérer de vous ? Ah ! rentrez en vous-même, et consultez *votre âme*
« *noble*. Voyez qui vous sacrifiez, et à qui (on croirait qu'il a lu la
« grande lettre à Hume, voyez chap. V, p. 215) ! Je vous demande
« une heure entre le ciel et vous pour cette comparaison. Souvenez-
« vous du temps où vous avez tout fait pour moi ; combien vos
« soins bienfaisants seront honorés un jour ! Pourquoi détruire
« ainsi votre propre ouvrage ? Pensez que, dans l'ordre naturel,
« vous devez beaucoup me survivre, et qu'enfin la vérité repren-
« dra ses droits. Les hommes fins et accrédités peuvent tout pen-
« dant leur vie ; ils fascinent aisément les yeux de la multitude,
« toujours admiratrice de la prospérité ; mais leur crédit ne leur
« survit pas, et sa chute met à découvert leurs intrigues. Ils peuvent
« produire une erreur publique, mais ils ne la peuvent éterniser,
« et j'ose prédire que vous verrez tôt ou tard ma mémoire en hon-
« neur. Faudra-t-il alors que mon souvenir vous trouble ? Faudra-
« t-il que vous disiez en vous-même ?—j'ai vu sans pitié traîner dans
« la poussière un homme digne d'estime, dont les sentiments avaient
« bien mérité de moi ?—Non, madame, jamais la générosité que je
« vous connais ne vous permettra d'avoir un pareil reproche à vous
« faire. Pour l'amour de vous, tirez-moi de l'abîme d'iniquité où je
« suis plongé, faites-moi finir mes jours en paix. *Cela dépend de vous,*
« *et fera la gloire et la douceur des vôtres.* Les motifs que je vous
« présente sont ceux que je crois faits pour vous émouvoir ; de
« toutes les réparations que je pouvais vous faire, voilà, madame,
« celle qui m'a paru la plus digne de vous et de moi. »

Quelque temps après (27 mars 1768), Rousseau écrivit à M. de
Choiseul une longue lettre, dans laquelle, après avoir protesté
contre les applications perfides qu'on avait faites du passage de son
Contrat social sur les ministres des monarchies, il lui demandait
pour toute grâce *de le laisser jouir du repos et de la liberté qu'il*
n'avait pas mérité de perdre, et dont il n'abuserait jamais. Quoique
plus calme et plus digne de lui que la lettre à M. de Conway, cette
supplique serre le cœur ; elle prouve le trouble excessif que la continuité des épreuves avait jeté dans cette âme douce et faible. Elle
commence par cette phrase : « Vous daignez m'écouter ; de quel
« poids je me sens soulagé ! *Si vous eussiez voulu me voir*, il me

« semble que je n'aurais eu besoin de vous rien dire, et qu'à l'in-
« stant vous auriez lu dans mon cœur. » Ce trait semble indiquer
une démarche antérieure de Rousseau auprès du ministre pour en
obtenir une audience qui avait été refusée. Rousseau n'ayant été
condamné que sur une question religieuse, on concevrait ce refus
si M. de Choiseul eût été dévot, ou qu'il eût joué l'orthodoxie ; mais
loin de là, il était philosophe déclaré, il avait chassé les jésuites ; il
correspondait avec Voltaire, qu'il appelait *sa chère marmotte* ; il
recevait la plupart des encyclopédistes ; quant à ses mœurs, il suffit de dire qu'elles ont été *chantées* par le *respectable* abbé de Lat-
taignant. Pourquoi donc cette rigueur extrême contre le pauvre
philosophe déiste, et même presque chrétien, précisément lorsque
l'athée Helvétius, forcé de se dérober aux rigueurs du Parlement,
venait de parcourir l'Europe en triomphe, et suivi des regrets de
toute la France matérialiste ? Pourquoi refuser une audience à un
homme que l'on n'avait frappé, disent les critiques, que par raison
d'Etat, et qui ne demandait que d'être oublié dans une espèce de
prison ? car le château de Trye n'était que cela, au fond. N'est-ce
pas une preuve évidente que le ministre avait des injures personnelles à venger ; qu'il repoussait l'objet de son animosité particulière, et non le penseur imprudent que le Parlement avait décrété ?
D'après cela, il est facile d'imaginer combien la démarche de Rousseau dut encore l'offenser. Que le trait du *Contrat social* fût un
éloge, je n'en doute pas ; mais du moment que celui auquel il s'a-
dressait ne s'en était pas jugé digne, il était devenu un outrage sanglant. Justifier ce trait, c'était rappeler témérairement au ministre
cet arrêt secret de sa conscience.

D'un autre côté, M. de Choiseul ayant toujours dissimulé soigneusement son influence sur la destinée malheureuse de Rousseau,
il était encore plus dangereux de l'aller ainsi surprendre derrière la
la toile, et de lui dire : « Je sais tout le mal que vous m'avez fait, je
« prévois celui que vous allez me faire encore ; je suis innocent de
« l'offense que vous m'attribuez, ayez compassion de moi ! » Toutefois, M. de Choiseul répondit à la supplique de Rousseau ; sa lettre
n'a pas été publiée. Elle dut être honnête, mais vague. Avouer l'injure c'eût été avouer la persécution. Absorbé par le sentiment de ses
misères, Rousseau ne vit pas qu'il aggravait sa position aux dépens
de sa dignité. Ces réflexions sont en partie applicables à sa lettre
à Mme de Boufflers. Cette dame lui répondit ; mais avec le poids qui
devait opprimer sa conscience, que pouvait-elle dire qui ne fût faux

et froid? Elle se jeta, sans doute, dans les lieux communs de déclamation qui lui étaient familiers, et persista à garder le secret de son indigne ami. Sa lettre n'a pas été publiée non plus. Voici la réponse de Rousseau : « Votre lettre me touche, madame, parce que « *je crois* y reconnaître le langage du cœur, ce langage qui, de votre « part, m'eût rendu le plus heureux des hommes et à bien peu de « frais; mais, *n'espérant plus rien et ne sachant plus même que dési-* « *rer, je ne vous importunerai plus de mes plaintes. Si* mon sort, « quel qu'il soit, vous en arrachait quelqu'une, je m'en croirais « moins malheureux. » Il y a certainement plus que du doute dans ces tristes expressions. La grande dame avait probablement laissé entrevoir sous ses phrases qu'elle avait pris son parti; Rousseau prit aussi le sien. « Je ne vous importunerai plus de mes plaintes », dit-il, et en effet cette lettre fut la dernière. Musset-Pathay commet encore ici une bévue assez lourde. Dans une note qu'il a ajoutée à la lettre de Mme de Boufflers, il dit : « La liaison entre cette dame « et le prince de Conti, qui avait placé Rousseau à Trye, devait faire « supposer à celui-ci *qu'elle était toujours la même envers lui*. Peut- « être se reprochait-il son silence » (*Hist.*, t. II, pag. 527). D'abord, il est évident, par les seules expressions des deux lettres de Rousseau, qu'il ne croyait pas que Mme de Boufflers *fût toujours la même pour lui*, et l'on a vu dans la lettre du 8 septembre 1767 à du Peyrou, qu'il la désigne clairement, ainsi que Mme de Verdelin, comme *amie* et complice de Hume. Quant à la liaison de cette dame avec le prince de Conti, elle fut précisément pour Rousseau l'indice le plus certain de sa malveillance. « N'est-ce pas, dit-il, en parlant du trait de « la *Julie*, sur les maîtresses des princes, la première origine de la « haine *couverte, mais implacable*, d'une autre dame qui était dans « le même cas (que Mme de Pompadour), sans que j'en susse rien, ni « même que je la connusse quand j'écrivis ce passage? » Comment Musset-Pathay a-t-il pu se méprendre sur la valeur de cette déclaration qui concerne évidemment Mme de Boufflers? Quant aux torts avoués par Rousseau, c'est la tragédie critiquée, c'est l'amour sagement réprimé (voyez *Confessions*, liv. X). Musset-Pathay n'a pas voulu les admettre. Il connaissait donc bien peu le monde, et surtout les femmes.

Décidé à sortir du château de Trye, Rousseau écrivit la lettre suivante au prince de Conti : « Monseigneur, ceux qui composent « votre maison, *je n'excepte personne*, sont peu faits pour me con- « naître; soit qu'ils me prennent pour un espion, soit qu'ils me

« croient honnête homme, *tous* doivent également craindre mes
« regards. Aussi n'ont-ils rien épargné, et ils n'épargneront rien,
« chacun par les manœuvres qui leur conviennent, *pour me rendre
« méprisable et haïssable à tous les yeux*, et pour me forcer à sortir
« de votre château. Monseigneur, en cela, je dois et je veux leur
« complaire. Les grâces dont m'a comblé votre altesse sérénissime
« suffisent pour me consoler de tous les malheurs qui m'attendent
« en sortant de cet asile, où la gloire et l'*opprobre* ont partagé mon
« séjour. Ma vie et mon cœur sont à vous, mais mon honneur est à
« moi. Permettez que j'obéisse à sa voix et que je sorte dès demain
« de chez vous. J'ose dire que vous le devez; ne laissez pas un co-
« quin de mon espèce parmi ces honnêtes gens. »

Cette lettre fut, sans doute, écrite à la suite de quelque outrage intolérable. Je répète que des tracasseries de femme ne peuvent expliquer une résolution si subite et si énergiquement exprimée. Rousseau avait trop besoin de repos, il était trop préoccupé de sa position à l'égard du Parlement, pour renoncer à l'asile agréable et sûr que lui offrait un homme puissant, à la bienveillance duquel il croyait encore, et cela, à propos du misérable motif improvisé par Musset-Pathay, sans ombre de vraisemblance.

Après avoir quitté Trye, Rousseau se rendit à Lyon. Il y était le 20 juin 1768 (voir la lettre à du Peyrou, qui porte cette date). Mlle Levasseur était restée à Trye; il lui écrivit de Grenoble pour la prévenir qu'il allait partir pour Chambéry, « muni, disait-il, de
« bons passe-ports et de la protection des puissances, mais non pas
« du sauf-conduit des philosophes. » On voit par le reste de cette lettre qu'il croyait qu'on l'*attendait à la frontière* pour l'arrêter s'il tentait de la passer. « Depuis mon départ de Trye, ajoutait-il, j'ai
« des preuves, de jour en jour, que l'œil de la malveillance ne me
« quitte pas... Mon principal objet est bien, dans ce petit voyage,
« d'aller sur la tombe de cette tendre mère que vous avez connue,
« pleurer le malheur que j'ai eu de lui survivre; mais il y entre
« aussi, je l'avoue, le désir de donner si beau jeu à mes enne-
« mis qu'ils jouent enfin de leur reste... Si toutefois mon attente et
« mes conjectures me trompent et que je revienne comme je suis
« allé, etc. » Musset-Pathay, malgré ces détails, dit qu'on ne connaît pas le but de ce voyage; il y est pourtant exprimé assez clairement. Rousseau s'en exagérait probablement le danger; mais qu'on se mette un instant à sa place, qu'on se rappelle tout ce qui s'était passé depuis le décret, et l'on ne trouvera pas que cette manière de

sonder le singulier problème de sa destinée fût si extravagante. D'ailleurs, l'incident du galérien Thevenin, dont je vais parler tout à l'heure, prouve assez que *cet œil de la malveillance toujours ouvert sur lui* n'était pas non plus une chimère.

Rousseau se trouvait le 16 août 1768 à Bourgoin, petite ville du Dauphiné, à quinze lieues de Grenoble. Voici le seul renseignement que contienne, à ce sujet, sa *Correspondance*. A du Peyrou, 9 septembre 1768. « Après diverses courses qui ont achevé de me con-
« vaincre qu'on était bien déterminé à ne me laisser nulle part la
« tranquillité que j'étais venu chercher dans ces provinces, j'ai pris
« le parti, rendu de fatigue, et voyant la saison s'avancer, de m'ar-
« rêter dans cette petite ville. »

Dans une lettre écrite de Bourgoin à M. de Tonnerre, gouverneur du Dauphiné (16 août 1768), Rousseau s'exprime ainsi : « De toutes
« les habitations qu'on m'a fait voir, la maison de M. Faure, qui a
« l'honneur d'être connu de vous, m'a paru celle où l'on m'aurait
« voulu par préférence, et c'est aussi de toutes les retraites, *pour me*
« *servir d'un mot doux*, celle où j'aurais préféré vivre. » Ce trait prouve que Rousseau ne se croyait pas libre. Cela paraîtra encore insensé, je n'en doute pas. Cependant n'est-il pas bizarre que le gouverneur d'une grande province se trouvât chargé de choisir l'habitation d'un pauvre écrivain fugitif? On va voir, d'ailleurs, M. de Tonnerre et l'intendant de la province jouer un rôle bien plus extraordinaire.

« *A peine étais-je installé à Bourgoin*, écrivait Rousseau à du
« Peyrou (9 septembre 1768), qu'on s'est empressé de m'y harceler
« avec la petite histoire que vous allez lire. » Puis il lui expose la réclamation du galérien Thevenin. Les détails de cet épisode dégoûtant, trop longs pour être rapportés ici, sont parfaitement exposés dans la *Correspondance* de Rousseau. J'engage donc le lecteur à recourir aux lettres des 1er, 6, 9, 13, 18, 20 et 21 septembre 1768. La requête de ce Thevenin, qui prétendait avoir prêté neuf francs à Rousseau pendant qu'il était à Motiers, fut transmise à celui-ci par un avocat de Grenoble, nommé Bovier, qui, s'étant mis au nombre de ses *admirateurs*, lui écrivait précédemment : « Je vous ai vu, j'ai
« été émerveillé de trouver une âme aussi belle que la vôtre, jointe à
« un génie aussi sublime. » En citant à M. de Tonnerre ce compliment dérisoire (18 septembre 1768), Rousseau ajoutait : « Voilà
« cette *belle âme* transformée un peu légèrement en celle d'un vil
« emprunteur, et d'un plus vil banqueroutier ; il faut que les belles

« âmes soient bien communes à Grenoble, car on ne les y met pas
« à haut prix. »

Le 1er septembre 1768, Rousseau écrivait au même pour le remercier de la peine qu'il avait prise d'interroger Thevenin, et s'étonnait que le gouverneur eût pu croire *que cet homme était de bonne foi*, ce qui, en effet, était au moins singulier.

6 septembre, au même. Il lui déclare que si sa confrontation avec Thevenin est utile, il est prêt à partir ; mais il ajoute que ce voyage est une affaire concertée entre les auteurs de l'imposture, et il témoigne sa surprise de voir le gouverneur *le désirer*. « Cependant, « dit-il, je pars demain pour me rendre à vos ordres ; jeudi j'aurai « l'honneur de me rendre à votre audience, et j'espère qu'il vous « plaira d'y mander ledit Thevenin. » Malgré ces arrangements, *M. de Tonnerre ne se trouva pas à Grenoble* lorsque Rousseau y vint ; l'entrevue avec Thevenin eut lieu en présence de ce même Bovier qui s'était chargé de sa réclamation. On pourrait expliquer l'absence du gouverneur par les devoirs de sa place, si d'autres circonstances ne la rendaient plus que suspecte. A la suite de la lettre du 18 septembre 1768, dans laquelle Rousseau lui rend compte de l'entrevue avec Thevenin, et prouve sans réplique l'imposture de ce misérable, on trouve la note suivante : « Cette lettre *est restée sans ré-« ponse*, de même qu'une autre écrite encore à M. de Tonnerre, en « lui en envoyant une dans laquelle M. Roguin me donnait des in- « formations sur Thevenin, *et qui ne m'a pas été renvoyée*. Depuis lors, « je n'ai reçu ni de M. de Tonnerre, ni d'aucune âme vivante, aucun « avis de ce qui s'est passé à Grenoble au sujet de cette affaire, ni « de ce qu'est devenu Thevenin. »

La lettre dont parle ici Rousseau est celle du 20 septembre 1768. Elle contenait un avis communiqué par M. Roguin, le doyen de ses amis, et duquel il résultait que Thevenin avait été condamné à Paris à trois ans de galères et au carcan, *comme imposteur et calomniateur infâme*, portait l'arrêt. M. de Tonnerre ne répondit pas à cette lettre, et *la garda;* procédé inexcusable et on ne peut plus suspect. Mais le reste de sa conduite l'est bien davantage encore. Rousseau écrivait, le 5 octobre 1768, à M. Laliaud : « L'imposture de ce co- « quin de Thevenin est maintenant dans un degré d'évidence au- « quel M. de Tonnerre lui-même ne peut se refuser. Savez-vous « quelle justice il propose de me rendre, après m'avoir promis sa « protection pour tirer cette affaire au clair ? C'est d'imposer silence

« à cet homme ; et moi, toute la peine que j'ai prise était dans
« l'espoir qu'il le forcerait à parler. »

30 octobre 1768, à du Peyrou. « Après les preuves péremptoires
« que j'ai données à M. de Tonnerre, de la fourberie de cet impos-
« teur, il en a bien fallu convenir à la fin. Il m'a offert de le punir
« par quelques jours de prison, comme si le but de mes soins était
« le châtiment de ce misérable ; vous pensez bien que je n'ai pas
« accepté. L'imposteur étant convaincu, *rien n'était plus facile que
« de le faire parler* et de remonter peut-être à la source de ce com-
« plot ténébreux dont je suis victime depuis tant d'années. Je me le
« tiens pour dit ; et, prenant enfin mon parti sur les manœuvres des
« hommes, je les laisserai tramer leurs iniquités, certain que, quoi
« qu'ils puissent faire, le temps et la vérité seront plus forts qu'eux. »

Rousseau envoya plus tard à M. de Tonnerre l'arrêt de condamnation de Thevenin, avec prière de n'en pas faire usage contre ce
misérable. *Recommandation très-superflue*, écrivait-il à du Peyrou
(21 novembre 1768). En effet, le galérien Thevenin obtint l'impunité ;
et l'on voudrait que tout cela fût naturel !

Voici sur cette honteuse affaire un renseignement fourni par du
Peyrou et qui ne manque pas d'intérêt. Un de ses amis lui écrivit
ce qui suit en 1762 : « J'étais un jour aux Tuileries ; apercevant
« quelques-uns de nos lettrés, et sachant l'endroit où ils tenaient or-
« dinairement leurs assises, j'allai les devancer. La lettre de M. Rous-
« seau à l'archevêque de Paris paraissait depuis peu. Ce fut sur cet
« ouvrage que roula la conversation. On en parla diversement. La
« critique fut plutôt injuste que sévère. *On attaqua l'auteur ; on ne
« fut ni modéré ni même honnête.* M. Duclos en parla seul comme
« un admirateur de M. Rousseau, pénétré de ses malheurs et pa-
« raissant les partager. Il me parut déplacé dans ce cercle. M. de
« Sainte-Foix parla *en inquisiteur*. Un abbé dont je ne me rappelle
« pas le nom (c'était probablement l'abbé Galiani) brilla beaucoup.
« M. D*** (d'Alembert) était vis-à-vis de lui et souriait de temps en
« temps à l'abbé, en forme d'approbation. Je ne tardai pas d'enten-
« dre une voix de fausset qui disait : Ce pauvre Rousseau veut à tout
« prix occuper le public de lui. Que dites-vous de ses allées et ve-
« nues ? *C'est un voyageur perpétuel* ([1]). *Il est bien singulier que ce
« maraud de Thevenin ait eu la même idée* et que M. Rousseau l'ait
« fait naître, lui qui, depuis son retour de Venise jusqu'à son départ

---

(1) Thevenin soutenait qu'en 1758 Rousseau, après lui avoir emprunté 9 fr.,
lui avait donné une lettre de recommandation, signée le *Voyageur perpétuel.*

« pour la Suisse, n'avait fait qu'un seul voyage en dix-huit ans » (Musset-Pathay, *Hist.*, t. Ier, pag. 168). Cette anecdote ne jette qu'une très-faible lumière sur le point de départ de l'intrigue ; mais outre qu'elle confirme tout ce que Rousseau a dit de la haine que les gens de lettres lui avaient vouée, elle prouve combien il eût été facile à un observateur prudent et bienveillant de prendre sur le fait quelques fourbes subalternes, puis d'arriver, par trait de temps, jusqu'aux directeurs du système. Personne ne s'est soucié de cette tâche généreuse.

Le 23 novembre 1770, Rousseau écrivait à M. D. L. M. : « L'a« venture de Thevenin, que j'attribuais aux intrigues des Anglais
« (Hume) et des gens de lettres, m'apprit que ces intrigues venaient
« de plus près et *de plus haut*. J'avais cru ce Thevenin aposté seu«-lement par Bovier, j'appris par hasard que Bovier n'agissait dans
« cette affaire *que par les ordres de M. l'intendant*, ce qui ne me
« donna pas peu à penser. » Il ajoute qu'un peu après l'affaire Thevenin, ce Bovier lui écrivait de Grenoble *des lettres inquiétantes au sujet de sa sûreté*. Enfin, il insiste de nouveau sur ce fait très-singulier : « M. de Tonnerre, dit-il, après m'avoir promis haute« ment toute sa protection pour approfondir cette affaire, me pressa
« de la suivre et me proposa le voyage de Grenoble, pour m'abou« cher avec Thevenin. La proposition me parut bizarre, après les
« preuves péremptoires que j'avais données. J'y consentis néan« moins. Quand j'eus fait ce voyage et que, malgré mon ineptie,
« l'imposture fut parvenue au plus haut degré d'évidence, M. de
« Tonnerre, oubliant l'assurance qu'il m'avait donnée, m'offrit de
« punir ce malheureux par quelques jours de prison, *ajoutant qu'il
« ne pouvait rien de plus*. Je n'acceptai point cette offre, et *l'affaire
« en demeura là*. »

Comment se refuser à voir encore dans ces bizarres circonstances *la main du décret*, c'est-à-dire celle de M. de Choiseul ? Quel autre que lui eût pu forcer deux fonctionnaires éminents à figurer dans une ignoble intrigue, et à s'avilir en favorisant les calomnies d'un forçat ? Nous verrons bientôt M. de Choiseul paraître à découvert dans une autre affaire, moins repoussante, il est vrai, mais encore bien indigne de sa haute position.

Musset-Pathay dit tranquillement de l'affaire Thevenin : « Elle
« donna beaucoup d'inquiétude à Rousseau, qui eût dû la mépriser »
(*Hist.*, t. II, pag. 318). Voilà qui est bientôt décidé ; il oublie que le but de Rousseau était bien moins de confondre l'imposteur que de

remonter jusqu'à ceux qui l'avaient mis en scène ; ce qui change tout à fait la question. Il est sûr qu'il dépendait de M. de Tonnerre de faire parler ce misérable. Pourquoi ne le fit-il pas ? Pourquoi surtout déclara-t-il *qu'il ne pouvait rien de plus* que de le condamner à quelques jours de prison ? Musset-Pathay avoue lui-même que *cette intrigue pouvait faire naître bien des conjectures ;* en ce cas, pourquoi blâme-t-il Rousseau de l'avoir prise au sérieux ? Dans un autre endroit de son ouvrage, il prétend que l'on voulait le forcer à reprendre son vrai nom. C'est une explication puérile, car dans ses lettres à M. de Tonnerre, Rousseau se nommait ouvertement, et personne d'ailleurs n'ignorait qui il était. Si M. de Choiseul eût voulu le livrer au Parlement, j'ai déjà dit que son faux nom ne l'en eût pas empêché. C'était d'ailleurs un singulier *incognito* que celui d'un proscrit qui correspondait avec le premier ministre et qui en recevait des passe-ports (voir la lettre à M. Laliaud (2 novembre 1768). Rousseau croit qu'on voulait voir comment il soutiendrait la confrontation avec un fourbe, et spéculer sur son trouble pour ourdir de nouvelles impostures. Je pense, moi, qu'il s'agissait tout simplement de le harceler, comme on avait fait jusque-là, et de le forcer encore à déguerpir, en laissant de lui une idée peu favorable. Je me fonde sur le résultat même de l'intrigue. « Enfin, dit « Rousseau, dans une note de sa lettre à M. de Saint-Germain « (26 février 1770), tant ont opéré les gens qui disposent de moi, « qu'il est clair comme le jour, à Grenoble et *ailleurs* (à Paris), « que le galérien Thevenin m'a prêté neuf francs aux Verrières, « tandis que j'étais à Montmorency, etc. » *Calomniez, il en restera toujours quelque chose !*

Rousseau raconte dans ses *Rêveries* que, se promenant avec l'avocat Bovier sur les bords de l'Isère, il eut la fantaisie de manger les baies d'un arbrisseau (l'Hippophaë rhamnoïdes), qui y croît en abondance. Un ami de l'avocat survint, et prévint Rousseau que ce fruit était un poison.—Pourquoi donc ne m'avertissiez-vous pas ? dit Rousseau à Bovier.— Ah ! monsieur, répondit-il d'un ton respectueux, *je n'osais pas prendre cette liberté.* « Je me mis à rire de « cette humilité dauphinoise, ajoute Rousseau, et je discontinuai ma « petite collation. »

M. Servan, avocat général au Parlement de Grenoble, d'abord lié avec Rousseau, puis devenu son ennemi, fit, suivant l'expression originale de Musset-Pathay, un véritable réquisitoire contre cette anecdote. On trouve ce morceau d'éloquence dans une criti-

que haineuse des *Confessions*, dont ce magistrat est l'auteur (¹). Il y représente le galérien Thevenin comme un homme *simple et de bonne foi, innocent et timide*, qui avait bien réellement prêté neuf francs à *quelqu'un du nom de Rousseau;* il assure, d'après *un anonyme très-respectable*, que la lapidation de Motiers n'était qu'une comédie ; que les pierres trouvées dans la chambre de Rousseau étaient plus grosses qu'il ne fallait pour traverser les carreaux de vitres de cette chambre; enfin, il rend un compte très-faux et très-perfide de la querelle de Rousseau avec Hume. Evidemment l'avocat général avait pris rang parmi les détracteurs les moins scrupuleux de la mémoire du pauvre philosophe. Son apologie de l'avocat Bovier est d'une virulence presque grotesque : comme elle ne contient que des déclamations et pas un raisonnement, je n'en citerai que la fin. « Je répète, *sans aucune exagération*, dit le fougueux
« magistrat, que je regarde ces quatre lignes comme une accusation
« d'assassinat intentée sous l'air d'une plaisanterie. J'avoue qu'en
« lisant pour la première fois cette cruelle page de ses écrits, quand
« je vis une accusation si odieuse s'exhaler, pour ainsi dire, comme
« une odeur infecte de son tombeau, je me dis *en tremblant :* et moi
« aussi j'ai approché un tel homme ! »

Avant de répondre à l'avocat général, je vais citer l'opinion de Musset-Pathay. Il fait remarquer avec raison l'extrême emportement de M. Servan, *qui se croit de sang froid;* puis il rappelle que dans l'affaire de Thevenin, Bovier, malgré sa grande admiration pour Rousseau, se chargea de la réclamation du galérien avec empressement et sollicitude, *qu'il la dénatura et l'aggrava même*, comme on peut s'en convaincre dans la lettre de Rousseau à M. de Tonnerre (8 septembre 1768). Il eût pu ajouter que Bovier était l'agent secret de l'intendant de la province ; mais cette circonstance ne lui a pas paru digne d'être notée. Tout ce que Musset-Pathay vient d'énumérer à la charge de Bovier ne l'empêche pas de conclure que cet homme n'était qu'un *maladroit*, que sa réponse était une affaire de *distraction*, ou *un effet de son excessive admiration*. « Bo-
« vier, dit-il, *était en extase devant Rousseau*, la *timidité* l'empêcha
« de parler. Peut-être aussi crut-il que Rousseau savait que ce fruit
« n'était pas un poison » (*Œuvres inédites*, t. Ier, pag. 437). Du reste, il accorde à M. Servan que Bovier était le plus honnête homme du monde. Il ne me sera pas difficile de prouver que l'*hor-*

(¹) Réflexions sur les *Confessions* de Rousseau. Lausanne, 1783, in-12.

reur de l'avocat général n'est qu'une figure de rhétorique, et que les explications de Musset-Pathay ne soutiennent pas l'examen.

Lorsque les *Rêveries* parurent, Bovier fit rédiger par un médecin de Grenoble, nommé Villar, un mémoire justificatif, dans lequel l'apologiste commence par prouver longuement que le fruit de l'*Hippophaë* n'est pas un poison, ce qui est vrai. Puis il tire cette curieuse conclusion : « On ne peut faire un crime à un homme de « lettres (Bovier) de ce qu'il n'a pas averti un botaniste de ne pas « manger de ce fruit défendu, attendu que ce serait supposer trop « peu d'expérience au botaniste qui, dans le cas même le plus dan- « gereux, est fait pour servir de mentor et non pour en exiger (de « l'expérience) de la part d'un homme qui n'a pas étudié les plan- « tes » (édit. de Genève, t. XXX, p. 451).

Avant tout, remarquons que la question n'est pas de savoir si le fruit de l'hippophaë est ou non vénéneux, *mais si Bovier a cru qu'il l'était*. Or, l'excuse même présentée par le médecin, toute plate qu'elle est, prouve que Bovier avait cette conviction, puisqu'elle tend à persuader que s'il se dispensa d'avertir Rousseau, c'est qu'il pensait qu'un botaniste devait savoir à quoi s'en tenir sur les propriétés des fruits de l'arbuste, généralement regardés comme vénéneux dans le pays. Sa réponse à Rousseau le prouve également. Il lui dit : *Je n'osais prendre cette liberté*, c'est-à-dire, je n'osais vous prévenir du danger que vous couriez ; *il croyait donc à ce danger*. Le médecin Villar prétend *qu'on n'est pas obligé d'avertir un botaniste, même dans les cas les plus dangereux;* cependant si ce botaniste mangeait par mégarde un fruit vénéneux, faudrait-il le laisser faire ? L'ami qui survint n'eut pas les scrupules du *timide* Bovier; l'*admiration* ne l'empêcha pas de s'écrier : Quoi ! vous mangez de ce fruit ? Ignorez-vous qu'il empoisonne ? Rousseau demanda à Bovier pourquoi il ne l'avait pas averti ; c'était le cas de répondre comme le médecin Villar : Monsieur, vous êtes botaniste, je n'ai pas d'observation à vous faire, un savant n'a pas d'avis à recevoir d'un ignorant comme moi ; ce qui équivalait à dire : Je savais que vous alliez vous empoisonner avec connaissance de cause, je ne m'y suis pas opposé. Tout au plus pourrait-on supposer que Bovier, voyant Rousseau manger de ce fruit, en conclut que ses propriétés vénéneuses n'étaient qu'un préjugé ; encore serait-il singulier qu'il eût réprimé un premier mouvement, bien naturel en pareil cas, et qu'il n'eût fait aucune question pour s'assurer si Rousseau ne commettait pas une méprise. Mais évidemment il ne s'abusait pas sur les conséquences

de l'action dont il était témoin, puisqu'il se borna à répondre : « *Je n'osais pas prendre cette liberté.* » Sotte et sournoise excuse que le médecin Villar n'a fait que paraphraser. Musset-Pathay a la bonté de l'expliquer par la *timidité*, par l'*admiration* poussée jusqu'à l'*extase ;* il oublie que l'instant d'avant il venait de nous montrer ce *timide admirateur* osant présenter à l'objet de son culte l'insultante requête de Thevenin, poussant l'*effronterie* jusqu'à servir d'interprète à ce galérien, dans l'entrevue qu'il eut avec Rousseau chez M. de Tonnerre, jusqu'à changer l'état de la question au préjudice de cet homme, devant lequel l'*extase* lui fermait la bouche, lorsqu'il le voyait s'empoisonner ! On ne conçoit pas qu'un homme grave ait pu tomber dans de telles absurdités. Musset-Pathay achève de combler la mesure de l'inconséquence par le trait suivant : « Rous-
« seau dut être excédé des *soins*, des politesses et de l'admiration
« qu'on lui prodiguait ; et quand il vit ensuite le plus passionné de
« ses admirateurs se faire bénévolement l'avocat de Thevenin, *il*
« *dut douter* de la sincérité de ses protestations. Du reste, je répète
« que Bovier prodigua *les soins les plus délicats* à Rousseau pen-
« dant son séjour à Grenoble ; M. Servan raconte que Rousseau *fut*
« *on ne peut mieux traité dans cette ville.* » Musset-Pathay aurait bien dû dire ce qu'il entendait *par les soins délicats* d'un homme qu'il reconnaissait coupable d'une action basse et hostile, et au sujet duquel il disait que Rousseau devait *douter de sa sincérité*. Comment se fait-il aussi qu'il ait cité avec tant de confiance le témoignage de M. Servan, sur la probité de Bovier et sur les bons traitements que Rousseau reçut à Grenoble, lui qui, dans le même article, relève si énergiquement l'animosité et la mauvaise foi de ce magistrat (voyez *Œuvres inédites*, t. I*er*, p. 432) ?

Conclusion. — Bovier croyait aux propriétés vénéneuses du fruit de l'hippophaë ; son silence, avant l'arrivée de son ami qui avertit Rousseau, ne peut s'expliquer par la *timidité*, encore moins par l'*admiration ;* sa réponse était absurde et dérisoire ; le mémoire du médecin Villar est accusateur au lieu d'être justificatif. Enfin, tous les anathèmes de M. Servan contre Rousseau, tous ses éloges de l'avocat Bovier, étourdiment répétés par Musset-Pathay, n'empêchent pas que le soupçon très-grave exprimé dans le récit des *Rêveries* ne fût parfaitement fondé. Je reparlerai ailleurs de l'avocat général Servan.

Musset-Pathay cite, à propos de Bovier, une particularité assez singulière. « M. de Champollion, dit-il, m'écrit que la ville de Ge-

« nève fit présent à Bovier d'un buste de Voltaire, *en reconnais-* « *sance de sa conduite envers Rousseau*. Ce buste a été acheté à la «.vente du mobilier de Bovier, par M. de Champollion » (*OEuvres inédites*, t. Ier, pag. 442). On vient de voir quelle fut cette *conduite* de l'avocat Bovier. M. de Champollion était-il bien sûr que ce cadeau ne fût pas un acte d'hostilité des Genevois contre Rousseau, au lieu d'en être un de sympathie? Rousseau n'avait pas tant d'amis à Genève, et ceux qu'il y possédait encore n'auraient certainement pas récompensé un dévouement réel par l'effigie d'un des plus lâches persécuteurs de leur concitoyen. La nature du cadeau dévoile l'intention des donataires. Musset-Pathay s'y est encore trompé.

Pendant le cours de ces honteuses menées, Rousseau épousa Mlle Le Vasseur. Musset-Pathay dit, d'après d'Escherny, que ce mariage se borna à une simple déclaration devant témoins. Il oubliait ou il ignorait qu'à cette époque un protestant ne pouvait pas se marier autrement, à moins de se soumettre à la loi inique qui lui prescrivait de se présenter devant l'Église catholique, démarche qui équivalait à une abjuration. S'il tenait absolument à la cérémonie religieuse, il lui fallait recourir en secret au ministère d'un pasteur, ou faire bénir son mariage aux assemblées du désert, au risque d'être sabré par la maréchaussée ou d'être envoyé aux galères. Telle était encore, en 1768, l'état de la législation relativement aux protestants. L'engagement de Rousseau eut lieu en présence de deux hommes bienveillants et considérés. Sa position de proscrit, qu'il ne devait pas aggraver volontairement, l'injustice des lois, ne lui permirent pas de mieux faire.

L'affaire de Thevenin avait dégoûté Rousseau du Dauphiné, il chercha une autre retraite, et s'adressa, dans ce but, à un M. Laliaud, de Nîmes, avec lequel il était en relations depuis son séjour en Suisse. Il eut d'abord l'idée de passer en Orient, puis aux îles Baléares; mais il reconnut bientôt que ces deux projets étaient impraticables. Laliaud lui proposa les Cévennes; mais cette résidence n'obtint pas l'agrément du prince de Conti. On ignore les raisons de son refus. Rousseau lui-même ne s'en souciait pas beaucoup. Depuis l'affaire de Grenoble, *il craignait de se confiner dans un désert* (lettre à Laliaud, 23 octobre 1768). Il avait demandé à M. de Choiseul un passe-port pour sortir de France. Le ministre le lui avait envoyé, *avec une réponse sèche, ambiguë et même choquante*, dit Rousseau; cette réponse n'a pas été publiée. Dans sa lettre à Laliaud, du 2 novembre 1768, Rousseau parle d'un autre passe-port qu'il avait laissé *écouler.* C'était celui qu'il avait obtenu lors de son voyage à Chambéry. Ces passe-ports accordés si facilement semblent, au premier abord, annoncer une certaine insouciance de la part de M. de Choiseul, et contredire les intentions malveillantes que Rousseau lui attribuait; mais en y réfléchissant un peu, on sentira que le ministre ne pouvait les refuser sans se trahir. Reste à savoir si la même influence qui n'avait cessé de poursuivre Rousseau, en Suisse, en Angleterre et en France, l'eût oublié partout ailleurs. J'en doute beaucoup.

Rousseau eut un instant l'intention de retourner à Wooton, malgré l'horreur que lui inspiraient les souvenirs de ce pays. Il écrivit à l'ambassadeur d'Angleterre pour le prévenir de sa résolution, et n'en reçut pas de réponse ; puis ayant appris que Walpole était son secrétaire d'ambassade, il s'expliqua très-bien ce silence et renonça à son projet (¹) (Lettre à Laliaud, 28 novembre 1768). Son ami Moultou lui proposa l'asile du château de Lavagnac, près de Pézénas; mais il se trouva que le même Moultou avait envoyé des extraits de la réponse que Rousseau lui avait faite, à un certain Q....t, attaché à la maison du prince de Conti et qui, dit Rousseau, *l'avait fait chasser du château de Trye, malgré son maître* (voir sa lettre à Moultou, 12 décembre 1768). Par suite de l'aversion qu'il éprouvait à s'occuper des causes de ses malheurs, Rousseau a négligé bien malheureusement un grand nombre d'explications importantes. La conduite de ce Q....t eût été essentielle à connaître. Rousseau se contente de dire à Moultou : « A quelle destinée dois-je m'attendre
« si je vais me livrer à des gens sur qui Q....t a de l'influence ?... Si
« le prince approuve que j'aille à Lavagnac, je suis déterminé à m'y
« rendre, quoique assurément le destin qu'on m'y prépare ne puisse
« être pire que celui auquel je m'attends. Mais que j'écrive à M. Q...t,
« moi! Non, mon ami ; le riche Dauphinois et *le célèbre Genevois* ne
« sont pas faits pour s'écrire et ne s'écriront jamais, je vous en ré-
« ponds... Je vous avoue que l'idée d'être (à Lavagnac) au pouvoir
« du sieur Q....t *me fait frémir.* Ce qu'il y a de bizarre est *que je ne*

(¹) Voltaire écrivait à d'Alembert, le 18 janvier 1768 : « Jean-Jacques veut
« retourner en Angleterre; c'est le *bon* M. Hume qui me l'écrit. Il me mande
« *que le pauvre fou travaille actuellement à ses* Mémoires, *dont le premier volume*
« *a été fait en Angleterre.* » Comment Hume eût-il su cette dernière circonstance, s'il n'eût pas violé la correspondance de Rousseau ? On a beaucoup ri des *espions* dont ce dernier se crut entouré à Monquin ; qu'on me dise donc comment Hume put savoir qu'il composait *actuellement* ses *Mémoires*, ce qui était vrai : qu'on me dise aussi quel nom méritaient ceux par qui Hume avait été si bien instruit?

« *connais pas du tout cet homme, que je n'ai jamais eu nulle affaire* « *avec lui, nulle sorte de liaison;* que je ne l'ai même jamais vu, que « je sache. Il me hait comme tous mes autres ennemis, sans avoir à « se plaindre de moi en aucune sorte, et uniquement parce qu'ils « ont tous des cœurs faits pour goûter un plaisir sensible à haïr et à « tourmenter les infortunés. Au reste, vous vous doutez bien qu'un « courtisan aussi délié que Q....t se garde bien d'avouer sa haine. Il « suit encore en cela les mêmes errements des autres; et, pour mieux « servir sa haine, il a grand soin de la cacher. » L'intervention de ce Q....t dans l'arrangement de Lavagnac est au moins singulière; on en peut dire à peu près autant du procédé de Moultou. Je citerai plus tard, de ce dernier, des traits bien plus suspects. Au reste, ce que dit Rousseau de Q....t est une nouvelle preuve que les faits de Trye ne peuvent être attribués à Mlle Levasseur. On ne se querelle pas avec des gens *qu'on ne connaît pas et qu'on n'a jamais vus.*

Le 30 décembre 1768, Rousseau écrivit à Moultou que l'eau de Bourgoin et l'air marécageux de cette ville ayant altéré sa santé, il s'était logé à Monquin, habitation isolée, située à une demi-lieue de la ville. Il n'avait pas renoncé à Lavagnac, car il dit dans cette lettre : « Je resterai ici en attendant que je sache s'il m'est permis « d'aller vous joindre. » Il veut parler de l'autorisation du prince. Moultou, depuis quelque temps, habitait les environs de Pézénas.

Il paraît que depuis l'affaire de Thevenin, les menées secrètes n'avaient pas cessé. Voici ce que dit Rousseau de ce qui se passait à Bourgoin au moment où il se disposait à passer en Angleterre, c'està-dire en novembre 1768 : « J'écrivis, dit-il, à l'ambassadeur, j'écri« vis à M. Davenport; tandis que j'attendais leurs réponses, j'a« perçus autour de moi une agitation si marquée, j'entendis rebattre « à mes oreilles des propos si mystérieux; *Bovier m'écrivait de* « *Grenoble des lettres si inquiétantes,* qu'il fut clair qu'on cherchait « à m'alarmer et à me troubler tout à fait... Précisément dans le « même temps on arrêta, dit-on, sur la frontière du Dauphiné un « homme qu'on disait complice d'un attentat exécrable (celui de « Damiens). On m'assura que cet homme passait par Bourgoin. La « rumeur fut grande, les propos mystérieux allèrent leur train avec « l'affectation la plus marquée. Enfin, quand on aurait formé le « projet de me rendre tout à fait frénétique, on n'aurait pas pu « mieux s'y prendre; et si la plus noire fureur ne s'empara pas « alors de mon âme, c'est que les mouvements de cette espèce ne « sont pas dans sa nature » (Lettre à M. D. L. M., 23 février 1770). Je suis loin d'admettre le rapprochement chimérique que Rousseau fait, dans cette lettre, entre l'incident de l'arrestation d'un complice de Damiens et la lacune qu'il trouva dans ses papiers et qui se rapportait précisément au temps où le crime avait été commis. Je me serais même arrêté à l'idée que Rousseau a pu interpréter faussement les circonstances dont il fait l'énumération, sans *ces lettres inquiétantes de Bovier*, qui prouvent qu'en effet on voulait agir sur son imagination déjà si frappée. Revenu de sa première émotion, Rousseau a très-justement apprécié ces indignes manœuvres dans une note qui est jointe à sa lettre. « Comme on n'a plus entendu parler, que je « sache, de ce prétendu prisonnier, je ne doute pas, dit-il, que tout « cela ne fût qu'un jeu barbare et digne de mes persécuteurs. »

Le dérangement de santé dont j'ai parlé plus haut fit croire à Rousseau qu'il approchait de sa fin. Il s'exprime, à cet égard, dans ses lettres à du Peyrou et à Moultou, avec un calme remarquable (18 janvier et 14 février 1769). Le 31 mai, même année, il écrivit au prince de Conti une lettre dont je vais citer quelques passages : « Puisque votre altesse, dit-il, *n'approuve pas que je dispose de moi* « *sans ses ordres*, et puisque je ne veux en rien lui déplaire, il faut « qu'elle daigne endurer les importunités que ma situation rend in- « dispensables. Je ne puis rester volontairement ici, *ni choisir* « *mon habitation dans le lieu qu'il lui a plu de me désigner ; mes* « *raisons ne peuvent s'écrire.* » Il lui demande une audience, « ayant, dit-il, à porter à ses pieds des éclaircissements qui ne doivent être connus que de *lui seul*. En cas de refus, il prie le prince de permettre qu'il choisisse lui-même dans le royaume le lieu de son habitation, *sans être obligé d'indiquer ce lieu à l'avance*. « Si, ajoute- « t-il, nul de ces partis n'obtient l'agrément de votre altesse, je lui « demande un passe-port pour sortir du royaume... Enfin, monsei- « gneur, si vous n'approuvez aucune de ces propositions, ou que « vous ne m'honoriez d'aucune réponse, je prends le Ciel à témoin « de mon profond respect pour vos ordres et de l'ardent désir que « j'ai de mériter toujours vos bontés ; mais comme rien ne peut me « dispenser de ce que je me dois à moi-même, dans l'extrémité où « je suis, je disposerai de moi comme mon cœur me l'inspirera. »

On voit par cette lettre que la protection du prince de Conti ne laissait pas d'être assez absolue ; on ignore en quoi consistaient les *éclaircissements* dont parle Rousseau, et quelle nouvelle résidence le prince voulait lui assigner. L'audience fut accordée à ce qu'il paraît. Rousseau se rendit à Nevers, où son protecteur se trouvait

alors. Il écrivit de cette ville à du Peyrou (21 juillet 1769), mais sans lui rien dire des motifs de son voyage, ni des résultats de l'entrevue. Il est probable qu'il n'en fut pas satisfait, car, dès ce moment, il n'est plus question du prince dans sa *Correspondance;* et dès lors aussi, il commença à douter de la sincérité de ses intentions. Cependant il ne quitta pas encore sa résidence de Monquin, où il resta en tout un peu plus d'un an. Il en sortit en mai 1770. Musset-Pathay veut encore que Thérèse fût cause des insultes qu'il essuya dans cette maison; mais il a soin de se réfuter lui-même en citant la lettre suivante, écrite de Lyon, par Rousseau à M. de Saint-Germain, le 3 juin 1770 : « Je prends la liberté, monsieur, de
« vous adresser une lettre et un curieux mémoire que m'a envoyé,
« par la poste, le granger (métayer) de Monquin, par lequel il pré-
« tend que je suis parti sans lui payer les dernières fournitures que
« sa femme m'a faites en denrées. Comme je ne me sens pas le bras
« assez bon pour le payer avec la monnaie qu'il mérite, je veux au
« moins que vous connaissiez la manière dont on a dressé cet homme
« par rapport à moi, et, pour cet effet, j'ai joint à ce mémoire une
« feuille contenant des observations sur chaque article, par lesquel-
« les vous pourrez juger de sa bonne foi, et de ceux qui le mettent
« en œuvre. *Je comprends qu'on a voulu renouveler la scène de The-*
« *venin,* mais il n'est plus temps ; j'ai pris mon parti sur tout. »

Voici la réponse de M. de Saint-Germain : « Sur ce que vous
« m'avez fait l'honneur de me mander, monsieur, j'ai pris le parti
« d'aller chez les maîtres de ce granger, manifester sa mauvaise foi.
« Après lui avoir fait lecture, et à sa femme, de leur lettre et du mé-
« moire qu'ils vous ont envoyé, je les ai interrogés sur chaque
« article; et surtout, votre réponse à leur mémoire les a confondus,
« au point de confesser leur friponnerie, *et qu'ils ont été comblés eux*
« *et leurs enfants de vos bienfaits...* L'homme a reproché à sa femme
« de l'avoir engagé à cette mauvaise action; la femme, pour
« s'excuser, a répondu : *Ce M. Rousseau était si bon, si géné-*
« *reux,* que j'ai cru qu'il enverrait sans examen le montant du
« mémoire. L'un et l'autre, après cet aveu, ont été chassés. Heu-
« reusement, ajoute Musset-Pathay, que Rousseau avait affaire à un
« militaire plein d'honneur, qui déconcerta les fripons. Supposons
« le granger mis en action par ceux qui *suscitèrent* Thevenin, et
« nous verrons une nouvelle intrigue ; Rousseau, accusé de ne pas
« payer ses dettes ; le plus exact des hommes à remplir ses engage-
« ments, métamorphosé en vil escroc » (*Hist.*, t. Ier, pag. 175). Tout

ceci est fort juste, sans doute ; mais alors Rousseau pouvait donc avoir des différends avec les domestiques d'une maison, sans que Mlle Le Vasseur en fût la cause nécessaire ; si Thevenin avait été *suscité*, l'avocat Bovier, *porte-voix* de ce fourbe et presque son protecteur, n'était donc pas l'*homme simple, le timide admirateur* que Musset-Pathay a dépeint sur la foi de l'avocat général Servan (voir pag. 280). S'il s'agissait encore cette fois de faire passer Rousseau pour un *vil escroc*, il eut donc raison de prendre au sérieux l'intrigue de Grenoble, et de croire que sa diffamation était résolue ; toutes choses précédemment mises en doute, ou résolues à contresens par Musset-Pathay.

M. de Saint-Germain était un militaire retiré, très-pieux et très-charitable ; il habitait Bourgoin. Rousseau, malgré la différence de principes, conçut beaucoup d'estime pour lui, lui fit, de son propre mouvement, d'importantes confidences, et demeura en correspondance avec lui presque jusqu'à sa mort.

On ne sait rien de bien positif sur le séjour de Rousseau à Monquin. Voici la lettre énergique qu'il adressait, vers la fin d'avril, à M. de Cézarges, propriétaire de cette maison : « Je vous avoue,
« monsieur, que vous connaissant pour un gentilhomme plein d'hon-
« neur et de probité, je n'apprends pas sans surprise la tranquillité
« avec laquelle vous avez souffert, en mon absence, les outrages
« atroces que ma femme a reçus du bandit en cotillon auquel Mme de
« Cézarges a jugé à propos de nous livrer, *après nous avoir ôté les*
« *gens qu'elle nous avait tant vantés elle-même, et avec qui nous vi-*
« *vions en paix*. Je sais qu'on vous taxe d'avoir peu d'autorité dans
« votre maison, et que le *capitaine Vertier* vous a subjugué comme
« les autres. Mais je ne vous aurais pas cru assez dénué de crédit
« chez vous, au point de n'y pouvoir procurer la sûreté aux hôtes que
« vous y avez placés vous-même. Puisqu'en cela je me suis trompé,
« puisque vous ne pouvez vous délivrer des susdits bandits en co-
« tillon, et puisque Mme de Cézarges elle-même ne voit d'autre re-
« mède aux mauvais traitements de ses gens *que d'en être désolée ;*
« ne trouvez pas mauvais, jusqu'à ce que je puisse trouver une autre
« demeure, que, réduit à moi seul pour toute ressource, je tâche de
« me faire la justice que je ne puis obtenir, en pourvoyant de mon
« mieux *à ma propre défense et à celle de ma femme.* »

Il fallait que les outrages eussent été poussés bien loin, pour que le pacifique Rousseau le prît sur ce ton. Voici ce que dit M. de Saint-Germain à propos de cette Vertier, dans une note qui a été trouvée dans ses papiers. « Une femme de chambre, prétendant à « l'esprit, fatiguait M. Rousseau de ses visites continuelles. Furieuse « de ce qu'il l'avait chassée de chez lui, elle dit qu'il avait voulu la « violer, *et le bruit s'en répandit partout* » (Musset-Pathay, *Œuvres inédites* de Rousseau, t. 1er, pag. 494). M. de Saint-Germain ignorait certainement une partie des faits dont il est question dans la lettre de Rousseau. Celui-ci y parle d'*outrages atroces* endurés par Mlle Levasseur et même par lui, puisqu'il annonce la résolution de pourvoir *à sa propre défense*. D'ailleurs, l'expression de *bandit en cotillon* prouve que la *virago* s'était permis des voies de fait ; et cela est d'autant plus facile à croire, que Rousseau, alors âgé de près de soixante ans, chétif, valétudinaire, ne devait pas lui imposer beaucoup. Quant à l'accusation de viol, dont Rousseau s'est plaint dans ses *Dialogues* et dans sa lettre à M. de Saint-Germain (26 février 1770), elle est pleinement confirmée par ce dernier. Sans ce témoignage respectable, on n'eût pas manqué de la traiter de vision. C'est même ce qu'avait d'abord fait Musset-Pathay (*Hist.*, t. II, art. *Vertier*). On remarquera que Mme de Cézarges avait remplacé des domestiques avec lesquels Rousseau et sa femme *vivaient en paix*, par *des bandits en cotillon*. Mlle Levasseur pouvait donc *vivre en paix* avec quelqu'un, quoi qu'en dise Musset-Pathay. Pourquoi ce changement de domestiques paisibles ? Pourquoi cette réponse dédaigneuse de Mme de Cézarges ? L'intrigue de Thevenin, la friponnerie des grangers donnent une certaine importance à ces questions. Il est très vraisemblable qu'on cherchait à chasser Rousseau de son nouvel asile. Il est vrai que les grangers furent renvoyés ; mais ils avaient avoué leur méfait, on n'osa sans doute leur accorder l'impunité devant un témoin aussi imposant que l'honnête Saint-Germain.

Excédé de l'acharnement implacable qui le poursuivait de retraite en retraite, Rousseau prit le parti de retourner à Paris. Depuis quelque temps il avait repris sans inconvénient son vrai nom. Il quitta Monquin au mois de mai 1770. Après un séjour d'environ un mois à Lyon, il arriva à Paris vers la fin de juin. On trouve les détails de son voyage dans une lettre du 4 juillet 1770, qu'il adressa à M. de la Tourette, savant distingué de Lyon. Pendant son séjour dans cette dernière ville, Rousseau ayant appris qu'on faisait une souscription pour élever une statue à Voltaire, écrivit à M. de la Tourette pour se faire inscrire sur la liste des souscripteurs. Sa lettre ayant été insérée dans un journal, Voltaire, piqué de cette noble vengeance, manda ce qui suit à M. de la Tourette : « J'ai peur que

« les gens de lettres de Paris ne veuillent pas admettre d'*étranger*;
« c'est une galanterie toute française: Ceux qui l'ont imaginée sont
« tous artistes ou amateurs: *M. le duc de Choiseul est à la tête et
« trouverait peut-être mauvais que l'article de la Gazette fût vrai.* »
Musset-Pathay n'ose se décider sur ce trait, il se contente de dire :
« L'ombrageux Rousseau *aurait* donc eu sujet de compter le duc
« de Choiseul parmi ses ennemis. » Comme si le doute était possible! J'ajoute à cette précieuse révélation une particularité que j'ai
ajournée à dessein. « J'avais en Savoie, dit Rousseau, un témoin de
« ma jeunesse, un ami que j'estimais et sur lequel je comptais. Je
« vais le voir (lors de son voyage à Chambéry); je vois qu'il me
« trompe *et je le trouve en correspondance avec M. de Choiseul* »
(Lettre à M. de Saint-Germain, 26 février 1770) (¹). En réunissant
ces traits à tout ce que j'ai dit précédemment de M. de Choiseul,
et à ce que presque toutes ses biographies nous apprennent de son
caractère et de ses mœurs; il n'est plus possible d'admettre ces
solutions si superficielles, si tranchantes, au moyen desquelles tous
les critiques ont expliqué la singulière destinée de Rousseau. Abusés
par des apparences très-ingénieusement combinées, ils n'ont pu
croire à une haine si haut placée ; ils n'ont vu qu'un fou orgueilleux
dans le pauvre philosophe qui prétendait avoir pour ennemi le
chef réel de la monarchie française ; et cependant, grâce à une
étourderie de Voltaire, un rayon de cette redoutable vérité qui,
tôt ou tard, démasque les fourbes, est venu tomber sur la face de ce
favori de la fortune, de ce monarque de fait, qui s'abaissa jusqu'à
persécuter dans l'ombre un malheureux, coupable de l'avoir estimé ;
et c'est un autre fourbe, son ami et son complice, que la Providence
voulut choisir pour être l'instrument de cet acte de justice! Rousseau a donc eu raison de dire : « J'ai un défenseur dont les opéra« tions sont lentes, mais sûres; je m'y confie (Lettre à Guy, 2 août
1766) (²).

(¹) Cette citation prouve que Rousseau, malgré ses craintes, avait fait ce
voyage sans obstacle et sans mésaventure. Cela se conçoit parfaitement. M. de
Choiseul était trop fin pour le faire arrêter. Loin de là, il lui avait envoyé deux
fois des passe-ports pour l'étranger. Ici encore Rousseau ne voyait pas qu'attenter à sa liberté eût été le rendre intéressant, et donner de la vraisemblance
à ses plaintes, tandis qu'il ne s'agissait que de le rendre misérable et vil ; en
ayant l'air de ne pas songer à lui. Il le comprit plus tard.

(²) On fera bien de lire le jugement de Duclos sur M. de Choiseul, tome III
de ses *Œuvres*, page 391, et la plate apologie des turpitudes de ce ministre, insérée dans l'article *Choiseul* de la *Biographie universelle*.

A l'inimitié presque royale de M. de Choiseul, je crains d'être forcé d'ajouter celle, encore plus extraordinaire, du prince de Conti. Son rang éminent, son rôle de protecteur, ont encore ébloui les critiques ; Musset-Pathay, surtout, s'incline devant l'altesse sérénissime, et ne suppose pas seulement que sa bienveillance puisse être mise en question. Mais, outre que les princes ne sont pas plus exempts que les autres hommes de petites passions, il n'y a pas de prestige qui tienne contre les faits. Le prince de Conti était, comme on sait, l'amant de Mme de Boufflers, dont les sentiments à l'égard de Rousseau ne sont plus douteux maintenant ; on conviendra qu'il fallait que cette dame eût une certaine influence sur ce haut personnage pour lui faire oublier sa dignité, au point de passer lui-même chez un banquier, dans le but de s'informer des ressources pécuniaires de Rousseau (voyez chap. v, pag. 218). On a vu que dans l'affaire du décret il garda le silence sur les mystères de l'impression d'*Emile*, sur les dangers que courait son auteur, et que ce fut lui qui détermina sa fuite, par la lettre alarmante qu'il écrivit à Mme de Boufflers (voir chap. iii, pag. 100). Comment ce prince, si ferme, si frondeur même, n'imagina-t-il pas de faire alors ce qu'il fit cinq ans plus tard ? Pourquoi, si les rigueurs du Parlement n'étaient réellement qu'une mesure politique, ne conseilla-t-il pas à Rousseau de changer de nom et de se réfugier à Trye ? Objectera-t-on que M. de Choiseul aurait pu s'y opposer ? Soit ; mais pourquoi ne pas faire au moins cet essai, sauf à céder, en cas de nécessité absolue ? Mais c'est encore là une pitoyable raison. Rousseau, chassé de Suisse, veut gagner Berlin : on voit qu'il va échapper à l'intrigue, on l'attend à Strasbourg, *on l'y laisse séjourner près d'un mois;* ce même homme qui n'aurait pu vivre, sous un nom supposé, au château de Trye, est traité avec une distinction ridicule, et sous son vrai nom, par le gouverneur d'une grande province de France ; il revient à Paris, il y est logé chez le prince de Conti, il y a une espèce de cour ; la musique du prince *joue des fanfares à son lever* (premier dialogue, pag. 40) ! Le Parlement qui sait tout cela ne proteste même pas. Il est vrai que M. de Choiseul donna l'ordre du départ ; Rousseau était assez bafoué, on avait hâte de le remettre entre les mains de celui qui s'était chargé de le déshonorer. Quant au prince [X], il endura patiemment l'injonction insolente du premier ministre. Rousseau, diffamé, revient d'Angleterre ; sa position juridique est toujours la même : cependant, sans avoir changé de nom, il se rend impunément de Calais à Amiens, où on veut lui envoyer *le vin d'honneur* (premier dialogue)! D'Amiens, il vient jusqu'à Saint-Denis, *à une lieue de Paris*, s'y repose *quelques jours*, puis est reçu à Fleury par M. de Mirabeau, qui le garde assez longtemps; le tout sans que personne eût l'air de le savoir. Enfin s'ouvre pour lui cet asile de Trye, cet unique refuge du proscrit contre les fureurs du Parlement, *qui ne dit mot*. Alors seulement on s'avise de le faire changer de nom. Les vexations surviennent, Rousseau se plaint à son protecteur, qui arrive, *prodigue les égards*, et s'en va sans remédier à rien. Rousseau se dérobe aux outrages. Le prince, *qui sait tout, ne peut le désapprouver* (voir pag. 269), mais il le laisse partir. Ce rude guerrier, dans les veines duquel coule du sang royal, est impuissant contre quelques valets pervers qui bravent ses ordres! Ils chassent impunément de chez lui l'homme *qu'il avait mis à sa place!* Mais le Parlement va, sans doute, fondre sur sa proie? Non. Rousseau traverse la France, s'arrête à Lyon chez des amis, demande un passe-port pour Chambéry et l'obtient; il va en Savoie, revient en France, parcourt quelques provinces pour trouver un asile et s'arrête enfin à Bourgoin, sans que personne ait paru s'apercevoir de son existence. Ce ne sont ni les huissiers, ni la maréchaussée qui l'attendent au passage, ce sont les fourbes; c'est l'intrigue de Grenoble, c'est l'*admirateur* Bovier, ce sont les avanies de Monquin. Cependant, la *protection* du prince semble le suivre au milieu de ces vicissitudes, Rousseau *ne peut choisir lui-même le lieu de sa résidence, il ne peut quitter le pays sans ordre et sans faire connaître à l'avance le lieu qu'il veut habiter!* Je m'attends qu'on va m'objecter le décret: motif puéril, véritable épouvantail; car Rousseau, renonçant enfin à ce singulier patronage, reprit hardiment son nom et vint à Paris se mettre à la merci du Parlement, *qui le laissa tranquille*. Voilà les faits, chacun jugera. On demandera peut-être quelles offenses personnelles purent susciter cette haine *auguste*. A cela je réponds que la plus grande partie des haines dont Rousseau fut l'objet, n'avaient pas pour cause des offenses personnelles. Elles étaient *instinctives*, c'est-à-dire qu'elles résultaient d'une opposition très-marquée d'idées et de sentiments, et très-souvent de la seule position des individus; le pouvoir ou la grandeur, par exemple. Adepte déclaré du parti philosophique, le prince put donc haïr Rousseau à la manière des Grimm, des Hume, des Walpole, des Galiani et de tant d'autres *athées-absolutistes* de l'époque. Mais, indépendamment de cela, il existait des offenses personnelles. Passons, j'y consens, sur le gibier refusé et même sur le trait de l'*Emile* contre les cruautés du comte de Charolais, oncle du prince ; mais croit-on que l'amant de Mme de Boufflers ait pu pardonner le trait de la *Julie* sur les maîtresses des princes? Croit-on qu'une femme ulcérée ait négligé d'associer à sa vengeance l'homme puissant qu'elle subjuguait, et dont, sans doute, elle pénétra les dispositions secrètes? Si l'on pèse toutes ces raisons et si on les rapproche des faits, peut-être trouvera-t-on que j'ai été bien réservé dans mes jugements sur l'éminent protecteur de Rousseau. Maintenant on peut se faire une idée de ce que fut réellement la destinée du prétendu visionnaire, sous l'influence de ces volontés redoutables. Les maîtres des peuples, les idoles de l'opinion, associés à une coterie d'histrions jaloux, de prostituées vindicatives, pour torturer et vouer à l'ignominie un pauvre rêveur qui les avait tous aimés ! Quel trait à ajouter à l'histoire déjà si abjecte du siècle passé !

CHAPITRE VII.

Du séjour de Rousseau à Paris et de son état moral à cette époque.
1770-1778.

Rousseau a exposé lui-même les motifs qui le décidèrent à revenir à Paris, malgré les dangers auxquels il s'exposait. Il avait d'abord songé à se retirer à Chambéry (voir sa lettre à Moultou, 28 mars 1770). Mais, peu après, il écrivait à ce dernier : « Ne parlons plus « de Chambéry ; ce n'est pas là que je suis appelé. L'honneur et le « devoir crient, je n'entends plus que leur voix » (6 avril 1770). Il s'explique plus clairement dans ses *Dialogues* : « Ayant vu, dit-il, « toute la génération présente concourir à l'œuvre de ténèbres dont « il était l'objet, il avait cherché quelqu'un qui ne partageât pas « l'iniquité publique ; après de vaines recherches dans les provinces, « *il était venu les continuer à Paris,* etc. » Ce passage, si clair, n'a pas empêché Musset-Pathay de dire *qu'on ne connaît pas au juste les motifs qu'il avait de préférer Paris à tout autre séjour* (*Hist.,* t. Ier, pag. 173). J'insiste sur ce point, parce que le retour de Rousseau à Paris a été généralement attribué au besoin d'attirer sur lui l'attention publique. Il y fut reçu avec un empressement qui ressemble beaucoup à celui qu'on lui témoigna en 1765, lorsqu'il se rendit en Angleterre (voir sa lettre à M. de la Tourette, 4 juillet 1770). Musset-Pathay regarde cet accueil comme une preuve de bienveillance, et paraît persuadé que, dès ce moment, Rousseau fut oublié de ses ennemis. Un examen plus attentif lui eût épargné cette nouvelle erreur. On verra bientôt que rien ne changea dans le système suivi à son égard, et que si sa liberté ne fut pas menacée, c'est que ce moyen brutal eût été plus que jamais maladroit. A l'époque où Rousseau revint à Paris, l'arrêt du Parlement était réellement *prescrit* aux yeux de l'opinion. Faire revivre cette affaire eût paru ridicule et cruel tout à la fois. On abandonna l'infortuné aux dédains de la foule, à quelques fourbes impitoyables dont je vais bientôt arracher les masques, et qui se chargèrent de désoler le reste de sa vie.

« Il se logea, dit Musset-Pathay, rue Plâtrière, dans la maison
« d'un épicier nommé Venant, dont la femme lui plut par son bon
« sens et sa franchise. Il voyait souvent cette famille, qui possédait
« une maison à Belleville, où il loua une chambre pour se reposer
« dans ses promenades. Dans une lettre datée de Naples (30 décem-
« bre 1770), et adressée à l'abbé Raynal (¹), Galiani lui conseille
« d'aller voir la jolie mercière qui tient lieu de tout à Rousseau sur
« la terre, *n'en déplaise à sa gouvernante*. C'est de l'épicière qu'il
« parle. *Elle n'était ni jeune ni jolie.* Pour que Galiani sût à Naples
« ces particularités, il fallait qu'on eût pris soin de l'en instruire »
(*Hist.*, t. Iᵉʳ, pag. 180). Ainsi, voilà dès le début un espionnage et un propos calomnieux qui auraient dû convaincre Musset-Pathay que Rousseau n'était pas *oublié*. Grimm prétend qu'il soupait chez l'actrice Sophie Arnould *avec l'élite des petits-maîtres*, et Musset-Pathay répète ce propos, sur la seule autorité du *baron*. Rousseau dit, dans son premier dialogue, qu'il commença « par fréquenter ses
« anciennes connaissances, qu'il en forma même de nouvelles, mais
« que las de *caresses fardées, d'admiration mêlée de mépris*, il étei-
« gnit sa lanterne et se retira au dedans de lui. » On jugera bientôt si cette résolution était fondée ou non. Dans sa lettre à M. de la Tourette (4 juillet 1770), il dit « que les dîners en ville ruinent sa
« santé, absorbent tout son temps, et qu'il se décide à y renoncer. »
Dans celles du 26 décembre 1770, du 1ᵉʳ janvier 1772 et du 7 janvier 1773, il mande au même, qu'il suivait les herborisations de M. de Jussieu aux environs de Paris et notamment à Montmorency. Rousseau dit y avoir été dans l'unique but de récolter le *plantago uniflora*,

---

(¹) J'ai parlé ailleurs de Galiani. Voir chap. II, pag. 21. Quant à l'abbé Raynal, Rousseau le crut malveillant, et cette opinion paraît confirmée par le seul fait de son intimité avec Galiani, dont la haine est évidente. De plus, Raynal était un des collaborateurs du recueil de Grimm.

plante très-rare aux environs de Paris. Je crois, moi, qu'il y fut attiré par le souvenir de ses solitudes, et surtout par celui de Mᵐᵉ d'Houdetot et du bon maréchal de Luxembourg. Je suis même bien sûr qu'il fit plus d'une fois ce pèlerinage.

Musset-Pathay dit qu'il allait quelquefois jouer aux échecs, au café qui porte aujourd'hui son nom et à celui de la Régence. « Mais, « dit-il, des jeunes gens étant venus lui réciter dérisoirement des « passages de l'*Emile*, il cessa d'y aller » (*Hist.*, t. 1ᵉʳ, pag. 182). Ces moqueries qui, sans doute, durent être fréquentes, annoncent que la *bienveillance* dont parle Musset-Pathay était au moins modérée.

Après ces menus détails, Musset-Pathay passe aux relations qui eurent lieu entre Rousseau et quelques écrivains de l'époque. Il donne des extraits du récit de chacun de ces personnages, et il y joint des observations dont la plupart m'ont paru tellement timorées, souvent même, si fausses, que, malgré la longueur du travail, je ne puis éviter de reproduire ces extraits accompagnés de mes propres réflexions.

Je commencerai par la notice de Dussaulx (¹), littérateur plus que médiocre, auteur de la *Passion du jeu*, production à peu près ignorée aujourd'hui, et d'une traduction emphatique de Juvénal qui, cependant, a été réimprimée en 1830. Il fut un des membres modérés de la Convention nationale et fit partie du Conseil des anciens; il mourut en 1799. Il m'a été impossible de me procurer sa notice à la Bibliothèque nationale. A-t-elle été égarée, ou bien est-ce de la part des employés affaire d'incurie, c'est ce que je ne déciderai pas. Ne l'ayant pas eue sous les yeux, je suis forcé de m'en tenir à ce que Musset-Pathay a jugé à propos d'en citer. Dussaulx raconte les détails d'un dîner qu'il donna à Rousseau. Je passe sur les éloges qu'il lui prodigue comme écrivain (ce n'est jamais cela qui manque), et sur les conversations très-probablement fictives qu'il lui attribue sur divers sujets littéraires. « Quand, dit-il, *Jean-Jacques* en fut à « Voltaire, qui l'avait si indignement outragé, il se plut à rendre « justice entière à sa fécondité inépuisable, à la diversité de ses ta-« lents. Quant à son caractère, il n'en dit que ces mots remarquables : « Je ne sache pas d'homme sur la terre dont les premiers mouve-« ments aient été plus beaux que les siens. » Cela ressemble à un éloge ; mais patience. Dussaulx, un peu après, prétend que Rous-

---

(¹) *De mes rapports avec Rousseau*, par Dussaulx. Paris, 1798, in-8°.

seau, voyant ses livres sur un rayon de sa bibliothèque, *s'émut à cet aspect*. Puis il lui fait jouer une comédie ridicule : « Il les frappe, « dit-il, et les caresse tour à tour ; son *Émile* fut le plus maltraité, « en père néanmoins. Que de veilles, que de tourments il m'a coûtés, « et pourquoi ? pour m'exposer aux fureurs de l'envie !..... Pen- « dant ce long dîner, qui me parut si court, nous crûmes entendre « tantôt Platon, tantôt Lucrèce. (Lucrèce ! quel rapport y a-t-il entre « ce philosophe-là et Rousseau ?) *Il ne lui fallait que des admira-* « *teurs et point de rivaux.* D'ailleurs, lorsqu'il s'agissait de préfé- « rences et de distinctions, il était si *susceptible* que, quelqu'un par- « lant de Rousseau le poëte et ayant dit : *le grand Rousseau, nous le* « *vîmes changer de visage*, comme si on ne lui eût assigné par là que « *le second rang.* Ce qu'il y a de plus singulier, *c'est qu'il fit bon* « *visage à tout le monde.* »

Voilà le correctif de l'*éloge* de ci-dessus. Évidemment, celui qui pâlissait en entendant dire : *le grand Rousseau*, ne pouvait admirer sincèrement *le grand Voltaire ;* d'après Dussaulx, c'était un fourbe qui faisait de la générosité.

Dussaulx, à ce qu'il dit, mena Rousseau chez Piron. « Peut-être, « dit-il, le philosophe *se flattait-il d'y découvrir quelques traces de* « *la conspiration dont il cherchait le fil.* » Je n'ai pas besoin de faire sentir l'*obligeance* de ce trait. Puis, il arrange une scène originale. Piron, transporté, entonne, d'une voix de Stentor, le *Nunc dimittis ;* il embrasse Rousseau et *l'étreint de toutes ses forces.* « Je regardais « Rousseau, dit perfidement le narrateur. Quel contraste ! *Il calcu-* « *lait de sang froid ces douces étreintes et paraissait n'y rien com-* « *prendre !* » Ici le bon Musset-Pathay sort de son apathie, et s'écrie avec indignation : « Dans le fait, il n'y entendait rien celui qui a « dit : Mon Dieu ! qu'une main serrée, qu'un regard animé, qu'une « étreinte contre la poitrine, que le soupir qui la suit, disent de « choses, et que le premier mot qu'on prononce est froid après « cela » (*Hist.*, t. Ier, pag. 187). Il est inutile de dire que cette prétendue visite n'est qu'une fable, destinée à servir d'*excipient* au trait virulent des *étreintes*.

Dussaulx trouve le moyen de ridiculiser Rousseau, lors même qu'il paraît l'honorer. Il dit que s'il eût vécu sous le régime de la Terreur, *il eût provoqué ses bourreaux ses œuvres à la main, pour en obtenir la palme du martyre, qu'il avait si longtemps désirée.* Ainsi, Rousseau eût été histrion jusqu'à l'échafaud inclusivement ! « Qu'espérer, dit-il ensuite, d'un homme qui en est venu au point,

« la chose est certaine, de se défier de son chien, parce que ses ca-
« resses étaient trop fréquentes, et qu'il y avait là-dessous *quelque
« mystère caché ?* » Il prétend que Rousseau disait d'une troupe de
moineaux qu'il avait nourris longtemps sur sa fenêtre : « Je les
« croyais mes amis, mais ils ne valent pas mieux que les hommes.
« Un jour, je veux les caresser, et voilà qu'ils s'envolent comme
« si j'eusse été un oiseau de proie. Ils n'auront pas été à deux pas
« de la maison, *qu'ils auront dit pis que pendre de moi* » (Musset-
Pathay, *Hist.*, t. Ier, pag. 189). Dussaulx dit tenir ces deux anecdotes de Rulhières, *son ami*. Nous verrons bientôt que l'autorité de
ce Rulhières n'est pas plus respectable que la sienne. Il fallait qu'ils
méprisassent bien le public pour oser risquer de semblables contes.

« Jean-Jacques, continue Dussaulx, *recevait de toutes mains*. Se-
« condés par sa femme, ses *amis* profitaient de sa *simplicité* pour
« subvenir à ses besoins. Chacun avait son département, l'un les
« vivres, l'autre l'habillement ; ainsi du reste. *Voilà comment notre
« philosophe, trompé du matin au soir, s'est tiré d'affaire sans dé-
« roger à sa pauvreté systématique.* »

« Notez, dit Musset-Pathay, que Dussaulx avait envoyé à Rous-
« seau douze bouteilles de vin qui lui avaient donné beaucoup
« d'humeur, et faillirent amener une rupture » (*Hist.*, t. Ier, pag. 190).
J'ajoute que dans sa lettre du 16 février 1771, à Dussaulx, Rousseau
lui reproche *l'affectation des ses cadeaux*. Arrangez tout cela. J'ai
jugé ailleurs cette vile bienfaisance ; quant à la complicité de Thérèse, j'en reparlerai plus tard. On remarquera que Dussaulx commence par dire que Rousseau était *trompé*, qu'on *profitait de sa
simplicité* ; puis, de peur qu'on ne le croie, il se hâte d'ajouter, *qu'il
se tirait ainsi d'affaire, sans déroger à sa pauvreté systématique* ;
c'est insinuer qu'il voyait tout, et faisait semblant de ne rien voir ;
qu'il jouissait bassement des aumônes que recevait sa femme, sans
renoncer à son rôle de Diogène. Cette calomnie n'est pas neuve.
Grimm et Diderot, qui l'avaient inventée, étaient parvenus à la
rendre presque populaire. Rousseau, dans ses *Dialogues*, se plaint
amèrement de cette assistance perfide : « On s'informe, dit-il, des
« lieux où il se pourvoit des denrées nécessaires à sa subsistance,
« et l'on a soin, qu'au même prix, on les lui fournisse de meilleure
« qualité..... On parvient, de cette manière, à le rendre méprisable,
« en paraissant ne songer qu'à le rendre plus heureux. » Avant de
connaître le libelle de Dussaulx, je prenais cette idée pour une chimère. Grâce à ce fourbe, la voilà devenue une réalité. Musset-Pa-

thay a négligé ce rapprochement qui, cependant, est d'une grande importance. Que de traits analogues, rejetés comme outrés ou imaginaires, se trouveraient confirmés si tous les calomniateurs avaient été aussi impudents que Dussaulx ! Comment croire maintenant que Rousseau, à la mort de Louis XV, ait pu dire *qu'il allait hériter de toute la haine qu'on portait à ce monarque ?* Dussaulx lui prête ce propos extravagant, avec beaucoup d'autres qui ne le sont pas moins. Rousseau l'avait admis à une des lectures publiques qu'il fit de ses *Confessions ;* voici ce que dit Dussaulx des recherches tentées par Mme de Luxembourg à l'hospice des Enfants-Trouvés :
« Jean-Jacques avoue, dans ses *Confessions,* qu'il ne mangea pas,
« qu'il ne dormit plus, jusqu'au moment où il apprit que la recher-
« che avait été vaine. Ce n'est qu'alors qu'il reprit son train de vie
« accoutumé. L'insensé craignait que si l'on parvenait à retrouver
« cet enfant, ses ennemis n'en fissent un nouveau séide. *Nous fré-*
« *mîmes tous.* » Voici le passage des *Confessions* dont parle Dussaulx : « Mme de Luxembourg employa pour cette recherche Laroche,
« son valet de chambre, qui fit de vaines perquisitions. Je fus *moins*
« *fâché* de ce mauvais succès que je ne l'aurais été si j'avais suivi
« des yeux cet enfant dès sa naissance. Si l'on m'eût présenté quel-
« que enfant pour le mien, le doute si ce l'était bien en effet, m'eût
« resserré le cœur, et je n'aurais pas goûté dans tout son charme
« le vrai sentiment de la nature; il a besoin, pour se soutenir, d'être
« appuyé sur l'habitude, au moins durant l'enfance. Le long éloi-
« gnement d'un enfant qu'on ne connaît pas, affaiblit, anéantit enfin
« les sentiments paternel et maternel, et jamais on n'aimera celui
« qu'on a mis en nourrice comme celui qu'on a nourri sous ses
« yeux. *La réflexion que je fais ici peut atténuer mes torts dans*
« *leurs effets, mais c'est en les aggravant dans leur source* » (liv. X).

Il n'y a pas un mot, dans ce passage, des allégations avancées par Dussaulx. Non-seulement il fait dire à Rousseau ce qu'il n'a pas dit, mais il tait l'aveu sincère qu'il joint à son récit. Voici un autre passage des *Rêveries,* qui paraît avoir servi de texte à sa déclamation. « Je comprends que le reproche d'avoir mis mes enfants aux
« Enfants-Trouvés, a facilement dégénéré en celui d'être un père
« dénaturé et de haïr les enfants; cependant, il est sûr que c'est la
« crainte d'une destinée pour eux mille fois pire, et presque inévi-
« table par toute autre voie, qui m'a le plus déterminé dans cette
« démarche. Plus indifférent sur ce qu'ils deviendraient et hors
« d'état de les élever moi-même, il eût fallu, dans ma situation, les

« laisser élever par leur mère qui les eût gâtés, et par sa famille qui « en aurait fait des monstres. Je frémis encore d'y penser. Ce que « Mahomet fit de Séide n'est rien auprès de ce qu'on aurait fait « d'eux à mon égard. » Ce trait regarde évidemment la famille de Thérèse et sa mère surtout, femme méchante et vile, toute-puissante sur l'esprit plus que borné de sa fille, livrée à Grimm et à ses collègues, et qui très-certainement eût influé d'une manière funeste sur l'éducation des enfants de Rousseau. Le trait suivant se rapporte à d'autres personnes : « Les piéges qu'on m'a tendus là-dessus « dans la suite me confirment assez que le projet en avait été « formé. A la vérité j'étais bien éloigné de prévoir alors ces trames « atroces ; mais je savais que l'éducation la moins périlleuse pour « eux était celle des Enfants-Trouvés, et je les y mis. Je le ferais « encore, avec bien moins de doute aussi, si la chose était à faire ; « et je sais bien que nul père n'est plus tendre que je l'aurais été « pour eux, pour peu que l'habitude eût aidé la nature » (9ᵐᵉ *Promenade*).

Je ne m'occupe pas ici de discuter les raisons de Rousseau ; je me borne à faire remarquer que lorsqu'il mit ses enfants aux Enfants-Trouvés, il ne pouvait avoir en vue *ses ennemis*, comme le dit Dussaulx, puisqu'alors il n'avait pas encore d'ennemis. Quant au second trait, il ne se trouve pas énoncé dans les *Confessions*, du moins dans les termes rapportés par Dussaulx ; celui-ci ne put donc l'entendre lire dans la séance dont il rend compte ; de plus, en admettant que ce trait exprime une idée fausse, on n'y voit rien qui puisse motiver le *vertueux* frémissement de Dussaulx. Enfin, ni dans l'un, ni dans l'autre, Rousseau ne dit qu'il perdit l'appétit et le sommeil jusqu'au moment où il apprit le résultat négatif des recherches. Il y a donc dans cette assertion de Dussaulx mensonge calculé ; un défaut de mémoire ne peut expliquer des suppositions si fausses et si malveillantes. Il dit encore, qu'à la lecture de l'article des enfants, Rousseau s'arrêta et qu'un morne silence semblait lui dire : O ciel ! s'il eût été le père de dix, il en aurait sacrifié dix, *et nous ne prîmes pas la fuite !* Non, le *digne* Dussaulx ne prit pas la fuite. On va voir que l'*horreur* dont sa belle âme était transportée ne l'empêcha pas de retourner chez cet homme sans entrailles, de le cajoler, de l'outrager à mots couverts, et de le pousser enfin à une rupture. Singulier *monstre* que celui qui est obsédé par les *honnêtes gens*, et qui est obligé de les mettre à porte ! Citons encore ce trait de la notice de Dussaulx, empreint d'une sorte de rage,

« Rousseau ne se faisait appeler Jean-Jacques que parce qu'il ne pouvait pas s'intituler *monseigneur !* » Et celui-ci, commun à tous les détracteurs de Rousseau : « On oubliera l'*homme* pour ne se souvenir que de ses ouvrages. »

Musset-Pathay a relevé assez chaudement toutes ces indignités (*Hist.*, t. Ier, pag. 183) ; il a même prononcé timidement, mais clairement, que leur auteur était un homme haineux et de mauvaise foi. Malheureusement sa sévérité ne se soutient pas. Non-seulement il s'est très-peu occupé de l'incident qui détermina Rousseau à rompre avec ce fourbe, mais ce qu'il en dit est d'une légèreté surprenante. Voici le fait. Dussaulx, dans un trait qu'il imagina de lire à Rousseau, disait, en parlant d'un fourbe dont il prétendait avoir été victime : « Il me tenait sur la vertu des discours non « moins séduisants que ceux qu'on admire dans les écrits de l'il-« lustre J.-J. Rousseau. » Rousseau, justement choqué, se récria ; les explications verbales de Dussaulx ne l'ayant pas satisfait, il lui écrivit ce qui suit (9 février 1771) : « Je suis toujours frappé de « l'idée que vous avez eue de me mettre, dans le livre que vous faites, « en pendant avec un scélérat abominable qui fait du masque de la « vertu l'instrument du crime et qui, selon vous, la rend aussi « touchante dans ses discours qu'elle l'est dans mes écrits..... Vous « me dites pour excuse que vous portiez ce jugement à l'âge de « dix-sept ans ; mais, monsieur, vous n'aviez pas lu mes écrits, et « c'est à l'âge où vous êtes, c'est au moment que vous écrivez, que « vous identifiez l'impression que vous fait leur lecture avec celle « des discours du fourbe dont il s'agit. Si c'est là la seule, ou la plus « honorable mention que vous faites, dans votre ouvrage, d'un « homme à qui vous marquez entre vous et lui tant d'estime et « d'empressement, le tour, si c'est un éloge, est neuf et bizarre ; si « c'est un art pour appuyer l'imposture, il est *infernal*. Vous pa-« raissez disposé à changer dans ce passage ce qui peut m'y dé-« plaire : je vous l'ai déjà dit, s'il a pu vous plaire un moment, il « ne me déplaira jamais. Je suis bien aise que tout le monde sache « quelle place vous donnez dans vos écrits à un homme que vous « recherchez avec tant de zèle, et à qui vous paraissez, du moins « en parlant à lui, en donner une si belle dans votre estime. » Il est nécessaire de lire tout le reste de cette lettre. Rousseau termine en sommant Dussaulx de lui faire connaître sans détour ce qu'il pense de lui. Dussaulx fit une réponse qui doit être dans sa Notice, aujourd'hui introuvable, et que, par conséquent, je ne puis ni citer ni

apprécier. Après l'avoir reçue, Rousseau lui demanda *le temps d'y réfléchir.* « Un homme comme vous, lui écrivait-il, mérite bien « qu'on délibère avant de se détacher de lui. » Je prie le lecteur de noter ce scrupule du *défiant* Rousseau. Six jours après, Dussaulx reçut la réponse suivante : « J'ai voulu, monsieur, mettre un inter-
« valle entre votre dernière lettre et celle-ci, *pour calmer mes pre-*
« *miers mouvements et laisser agir ma raison seule.* Votre lettre est
« bien plus employée à me dire ce que je dois penser de vous, que
« ce que vous pensez de moi, quoique je vous eusse prévenu que
« de ce dernier jugement dépendait l'autre... J'ai vu dans votre
« conduite avec moi les honnêtetés les plus marquées, les attentions
« les plus obligeantes, et des fins secrètes à tout cela. J'y ai même
« démêlé des signes de peu d'estime, en bien des points ; et surtout
« dans les fréquents petits cadeaux auxquels vous m'avez cru très-
« sensible, au lieu qu'ils me sont indifférents ou suspects. »

Ici, il n'y a pas moyen de crier à l'exagération. On a vu Dussaulx constater le fait de bienfaisance secrète ; il connaissait cette manœuvre perfide, il la vante dans sa Notice comme un acte estimable, peut-être même s'y associait-il, à en juger par ses *fréquents cadeaux*. Il trompait donc Rousseau, au moins en lui cachant la vile munificence dont il était l'objet. Quant au *mépris*, ce qu'il dit de la *pauvreté systématique* de Rousseau, ce qu'il tend à insinuer sur sa connivence avec Thérèse, toute sa Notice enfin, si insultante, si cruelle, en sont autant de preuves irrécusables. Dussaulx méprisait Rousseau et le flattait ! Personne, je pense, n'hésitera à reconnaître là les allures d'un fourbe. « Je cherchais un logement, continue Rous-
« seau, vous avez voulu m'avoir pour voisin et presque pour hôte.
« Cela était bon et amical ; mais j'ai vu que vous le vouliez trop, et
« que vous cherchiez à m'attirer ; vous avez fait tout le contraire.
« Vous avez cru que j'aimais les louanges ; tout, à travers la pompe
« de vos paroles, m'a prouvé que j'étais mal connu de vous. Les *je*
« *ne sais quoi,* trop longs à dire, mais frappants à remarquer, m'ont
« averti qu'il y avait quelque mystère caché sous vos caresses, et
« tout a confirmé mes premières observations. »

Ne semble-t-il pas que Rousseau ait prophétisé la Notice ?

« L'article que vous m'avez lu a achevé de m'éclairer. Plus j'y ai
« réfléchi, moins je l'ai trouvé naturel dans ma situation présente de
« la part d'un homme bienveillant. Vous me faites trop valoir le soin
« que vous avez pris de me lire cet article ; vous avez prévu que je le
« verrais un jour, et vous sentiez ce que j'en aurais pu penser et

« dire, si vous me l'eussiez tu jusqu'à la publication. Vous avez cru
« me leurrer par ce mot d'*illustre*. Ah! vous êtes trop loin de savoir
« combien la réputation d'homme bon et juste, que je gardai qua-
« rante ans et que je ne méritai jamais de perdre, m'est plus chère
« que toutes vos glorioles littéraires dont j'ai si bien senti le néant.
« Ne changeons pas l'état de la question. Il ne s'agit pas de savoir
« comment vous vous y êtes pris pour faire passer un article aussi
« captieux, mais comment il vous est venu dans l'esprit de l'écrire,
« de me mettre gracieusement en parallèle avec un exécrable scé-
« lérat, et cela justement au moment où l'imposture n'épargne au-
« cune ruse pour me noircir. Mes écrits respirent l'amour de la
« vertu, dont le cœur de l'auteur était embrasé. Quoi que mes en-
« nemis puissent faire, cela se sent et les désole. *Dites-moi si, pour*
« *énerver ce sentiment honorable, aucun d'eux s'y prit plus adroite-*
« *ment que vous?* Et maintenant, au lieu de me dire nettement ce
« que vous pensez de mes sentiments, de mes mœurs, de mon ca-
« ractère, comme vous le deviez, comme je vous en avais conjuré,
« vous me parlez de *larmes d'attendrissement* et *d'un intérêt de*
« *commisération*, comme si c'était assez pour moi d'exciter votre
« pitié, sans prétendre à des sentiments plus honorables. *Je vous*
« *estime encore, mais je vous plains.* Moi, je vous réponds : Qui-
« conque ne m'estimera que par grâce, trouvera difficilement en moi
« la même générosité..... Vous auriez, dites-vous, donné un bras
« pour m'en sauver un. C'est beaucoup, c'est même trop. Je n'aurais
« pas donné mon bras pour sauver le vôtre ; mais je l'aurais donné,
« je le jure, pour la défense de votre honneur..... Le *généreux, le*
« *vertueux Jean-Jacques Rousseau*, dites-vous encore, *inquiet et*
« *méfiant comme un lâche criminel!* Monsieur, si, vous sentant poi-
« gnarder par derrière par des assassins masqués, vous poussiez,
« en vous retournant, des cris de douleur et d'indignation, que
« diriez-vous de celui qui, pour cela, vous reprocherait froidement
« d'être inquiet et méfiant comme un lâche criminel? » Rousseau
conclut ainsi : « Vous me trompez, j'ignore à quelle fin ; mais vous
« me trompez..... Encore une fois, j'ignore vos motifs, mais je sais
« qu'on ne trompe personne pour son bien. Je n'attaque, à tout
« autre égard, ni votre droiture, ni vos vertus ; je n'explique point
« cette inconséquence ; je ne sais qu'une seule chose, mais je la sais
« très-bien, c'est que vous me trompez..... Je vous laisse le maître
« de me voir ou de ne pas me voir, comme il vous conviendra, etc. »
Cette lettre remarquable devra être lue en entier. Sur ce que je viens

d'en citer, je ne pense pas qu'on puisse douter des intentions malveillantes de Dussaulx. Cependant Musset-Pathay, malgré son indignation, a prétendu qu'*il serait absurde* de lui en attribuer de telles, et a mis la susceptibilité de Rousseau sur le compte de sa maladie! (*Hist.*, t. I*er*, pag. 517). Il oublie que l'instant d'avant, il vient de démontrer que Dussaulx avait fait bien pis. Il dit de sa Notice : « La « lecture de cet article est fatigante, parce qu'on passe de l'*admira-* « *tion à la pitié*; à laquelle succéderait même le *mépris*; si l'on « adoptait sans réflexion les interprétations de l'auteur; qui explique « toujours à sa manière un mouvement ou une action bizarre de « Rousseau, *c'est-à-dire en supposant une intention mauvaise sans* « *en donner aucune espèce de preuve*. On voit que Dussaulx était « profondément blessé » (*Hist.*, t. I*er*, pag. 183). Musset ne se doute pas que, sous ces formes adoucies, il trace le portrait d'un fourbe et d'un calomniateur, et, malgré cela, il croit Dussaulx incapable de l'insulte couverte dont se plaint Rousseau, et qui saute aux yeux! Dussaulx était profondément blessé, dit-il! *Blessé*, de quoi? de l'outrage qu'il venait de faire à un malheureux dont il n'avait pas à se plaindre et qu'il avait recherché! Mais ce n'est pas tout, Dussaulx redevient, aux yeux de Musset-Pathay, un homme *estimable;* on ne se douterait pas à quelle occasion. Après avoir cité les réflexions amères, la fausse indignation et le mensonge de cet homme au sujet des *Enfants-Trouvés*, Musset-Pathay, saisi tout à coup d'un de ces scrupules qui lui sont familiers, s'exprime ainsi: « D'après l'*estime que nous faisons du caractère* et des ouvrages de « Dussaulx, nous avons cru devoir nous livrer à de nouvelles re- « cherches sur le passage dont il s'agit » (c'est celui des *Confessions*, où il est question des démarches de M*me* de Luxembourg pour retrouver les enfants). Musset-Pathay prouve sans peine, comme je l'ai fait pag. 299, que Dussaulx *n'a pas été sincère*, qu'*il a mis dans les Confessions ce qui n'y est pas*, qu'il n'a pu commettre une erreur.
« En effet, dit-il, le détail des circonstances dans lesquelles il entre « et qui ne se trouve nulle part, la perte du sommeil, de l'appé- « tit, etc., ce *frémissement* qui n'est plus motivé, ne permettent pas « cette supposition, et font voir la *mauvaise intention qu'on a mise* « *à dénaturer les faits et les époques*. Quand on accuse, il faut être « d'une scrupuleuse exactitude. L'auteur a compté sur la légèreté du « lecteur, sur la paresse qui l'empêche de faire des recherches, et sur « la facilité avec laquelle, recevant des préventions, il croit plutôt le « mal que le bien. Des calculs de cette espèce ont toujours un succès

« assuré » (*Hist.*, t. Ier, pag. 208). Musset-Pathay n'a oublié qu'une chose dans ces judicieuses conclusions, c'est de nous dire s'il persistait à *faire estime* du caractère de Dussaulx. Cela eût été d'autant plus nécessaire, qu'immédiatement après il cite le passage suivant de sa Notice : « Cette lecture des *Confessions* fit beaucoup de bruit, « *pas autant que Jean-Jacques aurait voulu* : aussi fut-elle suivie « de plusieurs autres dont l'effet alla toujours en diminuant. » Musset-Pathay s'est contenté de souligner le trait : *pas autant que Jean-Jaques aurait voulu.* C'était pourtant le cas de se décider ; mais il est bien rare que cet excellent homme ose appeler les choses par leur nom.

Je croyais que Musset-Pathay avait cité tout ce que la Notice de Dussaulx contient de plus injurieux, j'ai été détrompé tout récemment par la lecture d'un article du *Moniteur* (10 messidor an VI). En voici des fragments qui donneront une idée des réticences que la manie de l'atténuation lui a suggérées : « L'Europe, qui depuis trente « ans s'était fait une douce habitude d'admirer les ouvrages de J.-J. « Rousseau, d'estimer sa personne, de plaindre ses malheurs, ne « s'attendait pas que, vingt ans après sa mort, on le lui présenterait « comme le *plus artificieux, le plus vil, le plus haineux, le plus* « *orgueilleux des hommes......* Lisez l'écrit du citoyen Dussaulx, « prenant Rousseau dès sa jeunesse et le conduisant près de sa mort, « en lui trouvant toujours des vices odieux. Il y est représenté comme « un *charlatan d'esprit et de sentiment, d'une méchanceté pré-* « *voyante et calculée, se servant des malheurs où il se plongeait vo-* « *lontairement comme d'un nouveau moyen de gloire.* On va jusqu'à « *insulter à sa maladie mentale*, en disant qu'*il contrefit le fou* « *pour avoir la liberté d'être plus méchant.* Les fautes de sa jeu- « nesse, répréhensibles, sans doute, mais dont aucune ne partit « d'une âme basse, sont nommées des *turpitudes.* Ses talents ne sont « pas mieux traités. On suppose *qu'à l'exemple des écrivains qui,* « *dans notre révolution, mesuraient la grandeur et la rondeur de* « *leurs périodes sur le degré de réputation qu'ils désiraient obtenir* « *pour arriver aux places, J.-J. Rousseau écrivit pour avoir de* « *l'argent.* On va jusqu'à dire qu'*il écrivit contre sa pensée.....* On « répète ce mot d'abord prêté à Diderot, puis à d'Holbach et au- « jourd'hui à Francueil : *Soutenez la proposition contraire, et vous* « *verrez un beau carillon!* On ajoute que Rousseau convint avec « *Francueil qu'il ne croyait pas un mot de la doctrine qu'il défen-* « *dait.....* Plus loin le citoyen Dussaulx prétend que *Rousseau ne*

« *persista dans ses principes que parce qu'ils lui valurent de l'ar-*
« *gent;* puis, descendant à des détails plus bas, car on a voulu l'at-
« teindre dans toute son existence, il affirme que Rousseau était un
« *gourmand avide, un homme sans délicatesse,* qui, comme les *pa-*
« *rasites, payait en belles paroles les dîners qu'il prenait et les au-*
« *mônes qu'on lui faisait.* Il composait, dit-on encore, des brochures,
« des chansons, en échange des vivres, de l'habillement que lui four-
« nissaient d'Holbach ainsi qu'une ligue d'*amis et d'amies qui,*
« *sachant leur J.-J. Rousseau par cœur,* s'entendaient avec sa femme
« pour pourvoir à ses besoins sans qu'il s'en doutât. Non content
« d'avoir humilié sa personne, on semble vouloir aussi ravaler ses
« ouvrages. » Ici l'auteur de l'article se livre à une longue et ardente
justification des principes de Rousseau vilipendés par son ennemi,
et il termine par cette phrase de la lettre de Rousseau à Dussaulx :
« Mes écrits respirent l'amour de la vertu dont le cœur de l'auteur
« était embrasé; cela se sent et les désole...... On nous dit que Rous-
« seau était *méchant.* Il était méchant cet homme qui, de l'aveu
« même du citoyen Dussaulx, dont il croyait avoir à se plaindre,
« *fut près d'aller se jeter dans ses bras,* lorsqu'ils se rencontrèrent
« aux travaux de l'Étoile des Champs-Élysées, longtemps après leur
« rupture!..... Il était méchant cet homme qui aimait à être seul!
« le méchant peut-il rechercher la solitude qui le met sans cesse en
« présence de lui-même? Il était méchant et avare cet homme de
« qui M. de Saint-Germain, qu'on ne soupçonnera pas d'indulgence,
« disait qu'il l'avait vu se priver du nécessaire pour soulager les
« malheureux !.... » Après avoir cité avec indignation le trait de Dussaulx relatif aux enfants, l'auteur ajoute : « Pourquoi cette excla-
« mation forcée ? (Voy. pag. 299). Si le citoyen Dussaulx a jugé alors
« Rousseau comme il feint de le juger aujourd'hui, *pourquoi n'a-t-il*
« *pas cessé de le rechercher?* Pourquoi fréquenter celui qu'on re-
« garde comme un monstre? Ce qu'il faut remarquer, c'est que
« Dussaulx prononce cette exclamation après avoir dit que les
« larmes inondèrent les yeux du pauvre Rousseau et que ses audi-
« teurs baissèrent les yeux au moment où, par un regard interro-
« gateur, il semblait leur demander quelle opinion ils avaient de
« lui; que bientôt ils partagèrent sa douleur et craignirent de l'avoir
« affligé. Un méchant a-t-il encore un cœur susceptible d'éprouver
« de semblables peines?

« En outre, continue M. Jourdan, l'ouvrage de Dussaulx est jugé
« par le reproche suivant qu'il dit avoir adressé à Rousseau, au sujet

« des *Confessions :* Certains mémoires ne sont le plus souvent que
« des *libelles posthumes, que de lâches vengeances.* On n'a jamais vu
« un honnête homme laisser subsister après lui, contre ceux qu'il a
« fréquentés, ce qu'il n'a pas eu le courage de publier pendant sa
« vie. Comment le citoyen Dussaulx, après avoir écrit cela, a-t-il eu
« le *courage* de faire paraître sa notice ? »

Dussaulx fit admettre son libelle dans les archives du Conseil des
Anciens. M. Jourdan, indigné de cette profanation, dit « qu'il est
« de la dignité du Conseil des *sages* de ne point admettre officielle-
« ment dans les dépôts publics un ouvrage *que les ennemis mêmes*
« *de Rousseau regardaient comme diffamatoire.* » Il termine en
reprochant à Dussaulx de *navrer les jeunes âmes qui, dans ces
malheureux temps,* aiment à puiser des consolations dans les écrits
de Rousseau. « Enfin, dit-il, comment le citoyen Dussaulx n'a-t-il
« pas senti qu'il était dérisoire de dire aux mânes d'un homme
« dont on dit avoir été l'ami : *Sit tibi terra levis,* quand on abreuve
« de tous les genres d'ignominie la terre qui les couvre (¹) ? »

Ce morceau assez mal écrit, mais plein de cette énergie de sentiment que j'aurais désiré trouver dans tous les apologistes de Rousseau, prouve que Musset-Pathay a supprimé dans son analyse précisément les imputations les plus révoltantes de Dussaulx ; ce n'est
donc pas sans raison que, dans l'intérêt de la vérité, je blâme si
souvent son inexplicable indulgence et ses distractions.

Malgré les préventions générales, la notice de Dussaulx n'eut
pas autant de succès qu'il l'avait espéré. Quelques hommes de cœur
protestèrent avec une sévérité qui déconcerta l'audace du pamphlétaire. J'ai cité la réfutation de M. Jourdan ; M. Barbier, dans sa
notice bibliographique, en mentionne une autre de M. Granier,
jurisconsulte (Paris, 1798), aujourd'hui introuvable. Il est vraisem-

---

(¹) Dussaulx offrit lui-même au Conseil des Anciens son pamphlet sur Rousseau (voyez le *Moniteur* du 25 floréal an VIII). Il prononça, à ce sujet, une allocution dans le style de sa notice ; elle se termine par le trait suivant : « Que
« la gloire, ô *Jean-Jacques,* qui fut sans relâche *l'âme de ton âme,* te console
« enfin des malheurs de ta vie ! Que tes mânes, après tant de tribulations, re-
« posent en paix *loin des passions humaines* (quel vœu pour un calomniateur !),
« et *qu'un printemps éternel couronne de fleurs renaissantes l'urne qui contient les
« cendres révérées !* Grand homme ! *Sit tibi terra levis !* » Misérable rhéteur !
Le Conseil ordonna l'impression du discours et le dépôt de l'ouvrage à la bibliothèque. Je me suis assuré qu'il n'y existe plus, et qu'il n'est pas même porté
sur le catalogue. Faut-il croire que quelque honnête homme aura fait justice
de cette perfide diatribe ?

blable que l'improbation publique ne se borna pas là, car Dussaulx crut devoir excuser ou plutôt rétracter ses calomnies. Voici la méprisable palinodie qu'il adressait, le 4 thermidor an VI, à M. Thiébault de Berneaux, qui, sans doute, avait sévèrement jugé sa Notice. « Digne et cher concitoyen, puisque vous avez lu mon ouvrage, « vous pouvez vous rappeler que je me suis proposé d'*expliquer* « Rousseau et non de l'*inculper*. D'ailleurs, n'ai-je pas solennelle- « ment déclaré que je lui devais une partie et la plus belle de mon « existence morale? Vous jugez bien, après cela, que je serai tou- « jours prêt à ouvrir mon cœur et mes bras à quiconque, comme « vous, chérit la mémoire de ce grand homme. Venez donc chez « moi le plus tôt que vous pourrez, je vous attends avec impatience. « Soyez bien sûr que vous ne verrez dans ma maison *que des marques* « *de respect pour l'image de Jean-Jacques*, et que vous n'y entendrez « rien qui tende à diminuer la juste vénération que vous lui avez « vouée de si bonne foi » (*OEuvres inédites* de Rousseau, t. Ier, pag. 378). Ainsi Dussaulx osait dire qu'il ne voulait pas *inculper* Rousseau, mais l'*expliquer*; qu'il *lui devait la plus belle partie de son existence morale*; qu'il *vénérait son image!* Est-il possible de s'avilir davantage? Je termine l'examen de la notice de ce fourbe, en citant un trait de son ami Rulhières, qu'il y a inséré avec une complaisance tout à fait digne du reste. « Tour à tour profond et frivole, dit-il, « Rulhières ne s'était *maintenu* chez Rousseau que par les *ressources* « et la *souplesse* de son esprit. D'ailleurs, nulle conformité de goûts « et de caractères. Les *amis* de Jean-Jacques le plaignaient de ce « qu'il avait eu à souffrir des méchants (le sensible Dussaulx était « du nombre de ces *amis*, bien entendu). Est-ce que vous croyez aux « méchants? dit Rulhières; *en vérité, c'est avoir peur de son ombre!* « Frappé de ce mot virulent, Rousseau *renifla*, c'était son tic, mais « cela n'alla pas plus loin. Jamais, disait Rulhières, je n'ai fait pleu- « rer Jean-Jacques, je l'ai toujours fait rire, quelque peu d'envie « qu'il en eût; mais je touche à la fin de mon crédit. L'aventure est « singulière. J'allai dernièrement chez lui (en 1771), sur les onze « heures du matin. Je sonne, il ouvre. — Que venez-vous faire ici? « si c'est pour dîner, il est trop tôt; si c'est pour me voir, il est trop « tard. Puis se ravisant: Entrez; je n'ai rien de caché, je sais ce que « vous cherchez. Cela me promettait une bonne scène. J'entre, la « marmite était au feu. Ma chère amie, dit Jean-Jacques, as-tu « salé le pot? y as-tu mis des carottes? et autres questions de la même « importance. Vous voilà, dit-il, suffisamment instruit des secrets de

« ma maison ; je vous défie d'y rien voir qui puisse servir à la comé-
« die que vous faites. — Il ne se doutait pas qu'il venait de m'en
« fournir le meilleur trait. *Calme et serein*, je restais toujours là.
« J'attendais son dernier mot. — Bonsoir, monsieur, allez finir votre
« comédie du *Méfiant*. — Je vais vous obéir ; mais pardon, *mon cher*
« *Jean-Jacques* (¹), est-ce défiant ou méfiant qu'il faut dire ? car un
« habile grammairien, M. Domergue, me rend perplexe à cet égard.
« — Comme il vous plaira, monsieur, bonsoir. — Qu'aurait fait,
« qu'aurait dit l'éloquent Dussaulx ? Les exclamations, les protesta-
« tions, les mouvements oratoires, le grand pathétique, eussent été
« employés. Rien de tel. Je laissai dire *Jean-Jacques*, l'applaudissant
« du geste et de la voix. Quand il eut fini, je l'embrassai malgré lui
« et *par méprise il me serra la main*, de sorte que je ne me tiens
« pas encore pour battu. » Ici Dussaulx veut se donner l'air de
blâmer cette cruelle arlequinade : « A travers ce persiflage, dit-il
« doucereusement, et cet enjouement frelaté, le *vrai perçait*. » Oui,
le vrai y perce, c'est-à-dire la haine de son ami et la sienne. Voilà
à quels hommes Rousseau avait encore affaire ! Bernardin de Saint-
Pierre, qui le recherclia par amour pour lui et pour la vérité, disait
de lui : « Il était méfiant, *mais il n'avait que trop sujet de l'être*. J'ai
« connu un homme qui se disait son ami et qui s'amusait à faire
« sur lui une comédie du *Méfiant*. L'auteur de cette trahison me la
« confia lui-même ; je l'arrêtai en lui disant : Si vous faites paraître
« votre pièce, je me charge d'en faire la préface : cet homme, c'était
« Rulhières ! » Musset-Pathay dit qu'en fréquentant Rousseau,
Rulhières avait pour but d'obtenir la communication du manuscrit
des *Confessions* pour le fils du roi de Suède, qui vint à Paris, en
1770, sous le nom de comte de Wasa (*Hist.*, t. Ier, pag. 215). Cette
communication eut lieu. Le *Méfiant* Rousseau confia ce dépôt au
fourbe qui le bravait jusque dans sa chambre et qui composait un
libelle contre lui ! [XI].

Je ne dis rien d'une notice de Mme de Genlis sur Rousseau,
insérée dans ses *Souvenirs de Félicie* (t. Ier, pag. 290). Musset-
Pathay y a signalé une basse malveillance et plusieurs mensonges assez maladroits. Rousseau y est dépeint d'abord comme
un *bon homme*, en apparence du moins. Ce bon homme se change
bientôt en histrion qui, possédé d'un grand désir d'occuper l'atten-

---

(¹) Pour bien comprendre l'insolence de cette apostrophe et de toute la
scène, il faut se rappeler que Rousseau avait alors soixante et un ans et
Rulhières trente-cinq !

tion publique, affecte la passion de l'incognito, et devient tellement offensant qu'il faut rompre avec lui. Il est bon de savoir que dans son roman d'*Alphonsine*, Mme de Genlis, à propos de la *morale sensitive*, ouvrage que Rousseau avait ébauché, le traite d'*épicurien et d'athée*. Le caractère de cette dame écrivain est aujourd'hui trop connu pour que son témoignage mérite une réfutation sérieuse. Musset-Pathay a été d'un avis contraire; je renvoie le lecteur à ce qu'il en a dit (*Hist.*, t. Ier, pag. 192, et *Œuvres inédites* de Rousseau, t. Ier, pag. 480).

J'arrive à une autre notice dont l'auteur est Olivier de Corancez, homme de lettres, un des fondateurs du *Journal de Paris*. « Il con-« nut Rousseau, dit Musset-Pathay, par l'intermédiaire de M. Ro-« milly, savant horloger de Genève et beau-père de Corancez, qui « vécut intimement avec Rousseau. Il a publié sur Jean-Jacques « une notice *pleine d'intérêt*, qu'il ne fit tirer qu'à cinquante exem-« plaires, parce qu'il ne la destinait qu'à ses amis » (*Hist.*, t. Ier, pag. 238).

Corancez débute par prévenir le lecteur qu'il ne veut ni louer ni justifier Rousseau, mais le montrer tel qu'il le vit pendant douze ans. Cette déclaration préliminaire ressemble déjà quelque peu à celle de Dussaulx, qui ne voulait pas *inculper*, mais *expliquer*. « On « verra, dit-il, que lorsqu'il était lui, il était d'une simplicité qui « tenait du caractère de l'enfance; il en avait l'ingénuité, la gaieté, « la bonté et surtout la timidité. Lorsqu'il était en proie aux agita-« tions d'une certaine qualité d'humeurs qui circulaient avec son « sang, il était alors si différent de lui-même qu'il inspirait non pas « la colère, non pas la haine, mais la pitié. »

Ce préambule peut faire illusion; j'engage le lecteur à ne pas s'y laisser prendre. Ici, comme dans la notice de Dussaulx, il s'agit d'un sacrifice où l'on couronne la victime avant de l'immoler. Il y a dans le récit de Corancez plus de fleurs, plus d'encens et plus de cérémonies : voilà toute la différence.

« Dès le commencement, continue Corancez, je me ressentis des « effets de son caractère ombrageux : c'était un tribut qu'il fallait « payer. Il était alors *dans la nécessité* de copier de la musique à « tant la page. Il trouvait dans le produit de ce travail *de quoi four-« nir amplement à ses besoins*. Un de mes amis ayant été nommé « secrétaire d'ambassade, vint me voir avant son départ. Je lui ob-« servai que Rousseau ne touchait pas sa pension du roi d'Angle-« terre; qu'il me paraissait en avoir besoin; que je craignais que

« des gens malintentionnés n'eussent fait naître quelque obstacle
« dont son caractère fier et ombrageux dédaignait de connaître la
« source ; que je le priais de prendre à cet égard les informations
« que sa place le mettait à portée de prendre, de travailler à les
« vaincre et de m'en donner avis. Trois mois après, je reçus de cet
« ami une lettre de change, payable au porteur, de la somme de
« 6,336 livres, montant des arrérages de la pension. » Corancez
ajoute qu'il se fit autoriser par la trésorerie anglaise à ne pas exiger
de quittance de Rousseau, de peur que cela ne fît obstacle à l'acceptation.

— « Ivre d'un succès si complet, dit-il, j'arrive chez Rousseau, *je*
« *balbutie, ennemis, pension du roi d'Angleterre ;* enfin, je parle de
« la lettre de change et du montant de la somme. Rousseau m'é-
« coute avec inquiétude et me demande qui m'a chargé de cette
« commission ; je lui réponds : mon zèle, la circonstance d'un ami
« qui partait m'en a donné l'idée. — Je suis majeur, me répondit-il,
« et puis gouverner moi-même mes affaires. Je ne sais par quelle
« fatalité les étrangers veulent mieux faire que moi. Je sais bien que
« j'ai une pension, j'en ai touché les premières années avec recon-
« naissance, et si je ne la touche plus, c'est que je le veux ainsi. Il
« faut, sans doute, que je vous expose mes motifs ; c'est du moins
« ce que semble exiger le rôle que vous jouez dans cette affaire.
« J'ignore quelles sont, à cet égard, vos pensées ; mais ce que je
« sais, c'est que je suis libre ; que si je ne reçois plus ma pension,
« c'est par des motifs qui n'auraient peut-être pas votre appro-
« bation, mais qui, ayant la mienne, suffisent à ma détermination. »

On vient de voir Corancez affirmer que Rousseau trouvait dans sa copie *de quoi fournir amplement à ses besoins.* Voici ce que Rousseau dit à cet égard dans ses *Dialogues.* « Il m'est de toute impossi-
« bilité de vivre commodément dans mon petit ménage avec 1,100 fr.
« de rentes... Moi qui trouve une jouissance très-douce dans le
« passage alternatif du travail à la récréation par une occupation
« de mon goût ; j'ajoute ce qui manque à ma petite fortune, pour
« me procurer une subsistance aisée. » La copie n'était donc pour Rousseau que le complément indispensable de son revenu fixe, et ne pouvait *suffire seule à ses besoins,* comme le dit Corancez. J'insiste sur ce point, parce qu'on était généralement persuadé que Rousseau jouait la pauvreté, et que l'opinion émise par Corancez tendait à renforcer ce préjugé. De plus, on remarquera que l'instant d'après il dit qu'il fit observer à son ami *que Rousseau pouvait*

avoir besoin de sa pension ; la contradiction est manifeste. Admettons qu'il ait cru que l'âge de Rousseau lui rendait pénible l'assujettissement du travail ; pourquoi, sachant qu'il était *fier et ombrageux*, qu'il repoussait les services, surtout ceux qu'on voulait lui rendre malgré lui, fit-il des démarches au sujet de la pension, sans s'assurer d'avance de son consentement? Comment put-il débuter auprès d'un homme de ce caractère par un procédé réellement choquant, malgré ses apparences de zèle ? La réponse de Rousseau, que je crois fidèle, est celle que tout homme délicat eût faite en pareille circonstance. Si Corancez l'a citée, ne serait-ce pas à cause d'un certain ton d'âpreté qui fait valoir l'*ingénuité* et le *dévouement de l'ami?* Le trait qui suit semble le prouver. « Il ne tenait qu'à
« moi, dit Corancez, de crier à l'ingratitude ; j'aurais trouvé un
« grand nombre de bouches prêtes à chanter mes louanges et mon
« humanité, et à se récrier sur le mauvais cœur de Rousseau, sur
« son orgueil. J'aurais eu aussi l'honneur de figurer parmi les vic-
« times de cet odieux caractère. » J'ignore si Corancez se tut alors, mais ici il parle, et très-clairement. Il ne crie pas *à l'ingratitude, à l'orgueil,* c'est vrai, mais il s'arrange de manière à ce que le public lui épargne cette peine. « Je tenais, dit-il, à ma liaison encore bien
« nouvelle. N'osant retourner chez Rousseau, je lui envoyai mon
« beau-père. Rousseau lui dit d'abord que je m'entendais comme
« les autres avec ses ennemis ; puis à la fin, il convint qu'il était
« possible que je ne fusse pas directement son ennemi, mais que
« ses ennemis très-ardents avaient abusé de ma bonne foi, et que
« j'avais été, sans le vouloir, leur agent. »

Comme on ne peut encore rien dire de bien concluant de ce premier trait, je me contente de faire remarquer la manière affectée, faussement candide du récit de Corancez, et surtout de ces mots qu'il prétend avoir *balbutiés* en abordant Rousseau : *ennemis, pension du roi d'Angleterre.* Il y a là-dedans un air de comédie qui frappe tout d'abord, mais bien moins qu'après l'entière lecture de la Notice. C'est le reste qui en éclaire le commencement.

Corancez continue à *expliquer* Rousseau. On se rappellera que c'était aussi le but de l'*honnête* Dussaulx. Corancez parle d'un arrangement conclu entre lui et Rousseau. Celui-ci devait lui communiquer *sur-le-champ* les soupçons qui pourraient fermenter dans son esprit ; de son côté, Corancez s'engageait à lui donner *sur-le-champ* une réponse claire et précise. « Qui l'aurait cru ? dit-il ; ce
« Rousseau si peu liant, suivant le dire général, prit avec moi cet

« engagement. En lui tendant la main, je pris le mien avec beau-
« coup de solennité. » On va voir à quoi aboutit cette *imposante* simagrée.

« Depuis notre convention, ajoute Corancez, Rousseau me pro-
« posa un jour de lire la correspondance qui avait tout terminé
« entre lui et Dussaulx. C'est cette même correspondance que Dus-
« saulx vient de publier. Je l'acceptai. Parvenu à la dernière lettre
« de Dussaulx, je lui demandai *s'il n'y avait pas une lettre intermé-*
« *diaire entre cette dernière de Dussaulx et la dernière de lui, Jean-*
« *Jacques.* — Pourquoi cela? me dit-il. — *C'est, lui répondis-je, que*
« *cette dernière ne me paraît pas répondre catégoriquement à la vôtre,*
« *et...* Il n'y en a point, me dit-il avec chaleur, et *vous avez jugé*. Il
« emporta ses lettres et je sortis. Un ou deux jours après j'entre chez
« lui : il fronce le sourcil, me regarde à peine et continue de copier
« sa musique. Je dis des choses insignifiantes, et ma visite fut courte.
« Je vis bien qu'il boudait et qu'il avait quelque chose sur le cœur ;
« mais me rappelant notre convention, je trouvai qu'il y manquait,
« et que c'était à lui de me parler et non à moi de l'interroger. J'y
« retourne une seconde fois ; même bouderie de sa part, même con-
« duite de la mienne. Voulant faire cesser un état de choses aussi
« embarrassant pour moi que pour lui-même, j'entre pour la troi-
« sième fois ; je ne dis mot, je m'assieds. Les mains lui tremblaient.
« Enfin n'y pouvant plus tenir : Monsieur de Corancez, me dit-il !... —
« Je vous demande pardon, lui dis-je en l'interrompant ; vous me bou-
« dez depuis longtemps ; ce que vous avez eu sur le cœur a eu le
« temps de fermenter : rappelez-vous notre convention ; vous avez
« manqué à votre parole, je vous tiendrai la mienne. Je vous ai
« promis une solution claire et précise, parlez, je suis prêt à vous
« répondre. — Je ne puis peindre l'état dans lequel le mit ce préam-
« bule. Naturellement timide, et s'entendant reprocher son manque
« de parole, il était dans un état vraiment pénible à voir. Dans ce
« moment même, en mesurant l'homme devant qui j'étais, j'avais
« honte du ton de supériorité que ma position *me forçait* de pren-
« dre et de l'embarras où je l'avais jeté, en le forçant de s'expliquer.
« — Vous m'avez accusé, me dit-il, de vous avoir caché des lettres de
« ma correspondance avec Dussaulx, et sans doute que vous suppo-
« sez que ce sont celles qui sont contre moi. — Parlez-vous, répondis-
« je, d'après ce qui a été dit entre nous, ou vous a-t-on rapporté
« que je vous en avais accusé devant d'autres personnes ? Je ne vous
« ai pas dit à vous : vous avez d'autres lettres, je vous ai demandé

« si vous aviez d'autres lettres, et vous avez pris ma demande dans
« son vrai sens, puisque vous m'avez répondu : Non, il n'y en a
« point, et vous avez jugé. Il faut que, depuis, quelque bon ami de
« vous ou de moi m'ait accusé de l'avoir dit : or, il me semble que
« vous pouviez aussi bien m'en croire, qu'écouter les propos qui
« vous sont venus par des étrangers. Il faut que vous conveniez d'une
« chose : si j'ai tenu ce propos, j'ai menti, car vous savez bien que
« ne connaissant la correspondance que par vous, ce propos serait
« de ma part, non pas une indiscrétion, mais un mensonge. Or, pour
« faire un mensonge, il faut un but; celui-là serait contre vous en
« faveur de Dussaulx : observez que je ne connais pas Dussaulx, que
« je ne l'ai vu qu'une fois au Tuileries, et que c'est vous qui me l'a-
« vez montré. Il faut donc que vous supposiez que j'invente un fait
« en faveur d'un homme que j'estime, à la vérité, sur sa réputation
« et que je ne connais pas, contre vous que *j'aime* et que *je respecte*
« et qui me recevez avec bonté. Vous voyez bien que cette supposi-
« tion est impossible. Si vous m'interrogez sur le fond de votre
« querelle avec Dussaulx, je vous dirai *franchement qu'il n'est pas*
« *plus coupable que moi des vues que vous lui prêtez; tout y répugne.*
« —Rousseau ne répliqua pas. Je partis, sans que depuis j'aie eu lieu
« de m'apercevoir qu'il conservât sur mon compte aucun ressenti-
« ment. Mes lecteurs peuvent commenter eux-mêmes ces deux faits,
« ils en tireront de grandes lumières sur le véritable caractère de Rous-
« seau et sur la facilité qu'il laissait quelquefois dans son commerce. »

Cette harangue entortillée et passablement arrogante rappelle assez celle de Diderot au sujet de la lettre à Saint-Lambert (voir chap. II, pag. 45). Corancez fait d'abord semblant de ne pas avoir compris la portée de sa question; il dit avec un air d'ingénuité : Je vis qu'il me boudait et qu'il avait quelque chose sur le cœur. Puis il fait le généreux, il *gémit* de la position pénible de Rousseau et de l'embarras dans lequel il est *forcé* de le jeter. Cependant, on voit de reste à sa manière de se draper, au soin qu'il prend d'arrondir ses périodes, que ce rôle, *supérieur* selon lui, ne lui déplaît pas tant. Mais venons au fait. Il résulte clairement du récit de Corancez, que Rousseau voulant prendre ses avantages et nuire à Dussaulx dans l'esprit de celui qu'il avait pris pour arbitre, supprima à dessein une des lettres de sa correspondance. La question de Corancez, son observation sur le défaut de rapport entre la lettre et la réponse; ce qu'il dit du trouble extrême de Rousseau, de sa colère, de son silence après l'explication, cette thèse gourmée, cette dialectique surabondante, ces airs de pédant qui gronde un écolier, tout en lui trahit le désir de faire passer cette conviction dans l'esprit du lecteur. La distinction amphigourique qu'il fait au sujet de sa question est dérisoire; comme si celle qu'il avoue : *Y a-t-il une autre lettre?* n'était pas seule un outrage; j'en appelle là-dessus aux hommes les plus débonnaires. Sa supposition d'un malveillant qui aurait dénaturé cette question, n'est pas plus sérieuse; c'était bien assez de son sens réel. D'ailleurs, ces mots qu'il y ajouta : « C'est que cette dernière lettre ne me paraît pas répondre catégo- « riquement à la vôtre », ne sont-ils pas assez significatifs? L'affront est couvert, je le veux bien ; en est-il moins cruel? En pareille circonstance, trouvez-moi un homme d'honneur qui s'y trompe. Corancez, pour colorer sa malveillance, objecte sa convention vraie ou fausse avec Rousseau, et il ne voit pas que cette convention est contre lui. C'était lui qui soupçonnait ou plutôt qui accusait. Rousseau lui avait répondu d'une manière *claire et précise* en lui disant: Vous avez jugé, c'est-à-dire, vous avez prononcé que je suis le fourbe et Dussaulx l'honnête homme. Corancez feint encore de n'avoir pas compris le sens de ces paroles, c'est une tartuferie de plus; il ne pouvait s'y méprendre, et pourtant, au lieu de répondre à cette déclaration si positive, il s'en alla. C'était confirmer l'interprétation que Rousseau avait donnée à sa question, et dès lors tout éclaircissement ultérieur devenait inutile. Corancez ne devait pas revenir, car il est défendu de revoir celui qu'on méprise. Ce qui étonne, c'est que Rousseau ait eu la faiblesse de ne pas chasser de chez lui un homme plus jeune que lui de moitié, et qui osait ajouter à une insulte grave l'humiliation de la scène dont on vient de lire le récit.

Il n'y a pas de masque si bien attaché qui ne tombe par la faute de celui qui le porte. Corancez affirmait qu'il ne connaissait pas Dussaulx; j'en doute fort, et je vais dire tout à l'heure pourquoi. Il prétendait aussi que cet homme n'avait rien à se reprocher envers Rousseau. Or, il écrivait ce jugement en 1798, la Notice de Dussaulx avait paru, puisqu'il en parle dans la sienne. En sa qualité de journaliste, il n'avait pu ignorer que la réprobation des honnêtes gens avait flétri le diffamateur. Tout cela ne l'empêche pas de dire résolument : *Dussaulx n'est pas plus coupable que moi, tout y répugne!* Cependant, comme les outrages de la Notice étaient par trop révoltants, Corancez comprit que pour ne pas déroger à ses semblants de respect pour la mémoire de Rousseau, il fallait faire quelques concessions à la conscience publique. Voici donc l'article captieux qu'il inséra dans le *Journal de Paris*, numéro du 11 prairial an VI. « Dussaulx, dit-il, à travers l'espèce de *culte* qu'il rend à « Rousseau, laisse percer une amertume dont lui donnent l'exemple « tous ceux qui ont éprouvé les effets de son caractère ombrageux. « Tous, *sans exception*, après avoir été *ses amis les plus tendres*, « finissent par l'insulter. » Il demande ensuite, avec un ton de sévérité affectée, pourquoi Dussaulx a attendu vingt ans pour publier sa correspondance. « Ce ne peut être, dit-il, la crainte que les soup- « çons *injurieux* que Rousseau lui adresse puissent planer sur sa tête, « soit dans l'esprit de ses contemporains, soit chez la postérité. Ses « contemporains savent apprécier les accusations qui sont si souvent « sorties de la plume de Rousseau, *et Dussaulx a l'avantage de* « *jouir d'une réputation qui le met à l'abri de toute crainte*. Il ne « reste donc que la postérité. Or, la postérité ne s'arrêtera que sur « l'éloquence et les talents de Rousseau, et s'occupera très-peu *du* « *degré de ses torts* avec les personnes qui ont eu avec lui des rela- « tions. Dussaulx pouvait donc, sans crainte d'être compromis, ne « pas s'exposer aux regards des *malintentionnés*, mais plutôt cou- « vrir *de son manteau* celui devant lequel il s'obstine à brûler *son* « *encens* » (quel encens, grand Dieu !).

La première chose à remarquer dans cette apologie réelle de Dussaulx, c'est que Corancez ne lui pardonne pas d'avoir étalé sa haine si brutalement et si gauchement ; exactement comme Mme de Boufflers tançait D. Hume à propos de ses fureurs maladroites (voyez chap. v, pag. 225). Sur cela seul, j'oserais presque affirmer que Corancez et Dussaulx étaient liés du vivant même de Rousseau ; on ne s'intéresse pas ainsi à ceux qu'on ne connaît pas. En second lieu, Corancez absout de nouveau Dussaulx de toute intention malveillante au sujet du portrait du fourbe (voyez pag. 300). Admettons que Rousseau se soit trompé sur ce point, bien que le contraire soit évident. Ce léger tort de la part d'un infortuné, dont on savait que la raison était altérée, peut-il justifier les outrages dont il est accablé dans la Notice de Dussaulx ? Non-seulement Corancez ne relève aucune de ces lâches atteintes, mais, sans s'arrêter aux protestations publiques dont elles avaient été l'objet, il déclare que les soupçons *injurieux* de Rousseau ne peuvent nuire au calomniateur qui attendit vingt ans avant de jeter son masque. Selon lui, *la réputation de Dussaulx est au-dessus de toute atteinte parmi ses contemporains*, à moins que ce ne soient des *malintentionnés*. Par ce mot, il entend sans doute désigner les honnêtes gens, tels que MM. Jourdan, Granier et autres, qui exprimèrent publiquement leur indignation contre le libelle de Dussaulx. Cette odieuse production ne change rien aux sentiments d'estime qu'il a voués à son auteur ; elle ne lui arrache pas un mot d'apologie en faveur de l'homme dont il dit *aimer et respecter la mémoire :* au contraire, c'est lui qu'il blâme. « La postérité, « dit-il, ne s'occupera que des talents de Rousseau, et très-peu de « ses *torts* envers ceux qui furent en relations avec lui », et Dussaulx est du nombre, bien entendu. Ainsi la postérité ne verra dans Rousseau, vilipendé, calomnié par Dussaulx, que son *caractère ombrageux, ses travers ridicules et ses torts* envers *ses plus tendres amis;* elle ne s'occupera que de ses talents et de son éloquence, attendu que le reste, c'est-à-dire son caractère, sa vie morale, ne valent pas la peine d'être étudiés! Elle saura même, grâce à l'*impartial* Corancez, que Rousseau fut fortement soupçonné par lui d'avoir voulu nuire à l'*honnête* Dussaulx, en supprimant une lettre de sa correspondance! Et voilà l'homme en qui Musset-Pathay a voulu voir un *ami* de Rousseau ! Il ne s'est permis qu'une seule et bien timide observation sur la Notice de Corancez. A l'endroit où celui-ci disculpe Dussaulx, il met en note : « Dus-« saulx était au moins coupable d'*inexactitude*. » Excellent homme! Il oubliait tout ce qu'il venait de dire, sur *la mauvaise foi et la malveillance de ce misérable !*

L'article que je viens de citer est bien certainement de Corancez : en voici la preuve. Après avoir parlé des *tendres amis* de Rousseau qui, *tous sans exception, finirent par l'insulter,* l'auteur ajoute : « L'amour-propre et le désir de dominer les a tous conduits chez « Rousseau (alors comment pouvaient-ils être *ses tendres amis?*); « moi, je vais faire connaître cet homme qui a dit : Je ne suis fait « comme aucun de ceux que je connais, etc. » Par là, il annonçait évidemment sa propre notice et les extraits qu'il en inséra dans le *Journal de Paris,* n°s 251, 252, 253, 259, 260 et 261 de l'an VI (1798).

Voilà donc ce que Corancez appelle un *trait de facilité dans le caractère et le commerce de Rousseau.* Cette prétendue facilité consista, comme on vient de le voir, à endurer un outrage suivi d'une allocution insolente, à laquelle *il ne répondit rien,* parce que sans doute il se sentait coupable!

L'assentiment sournois, mais très-sensible pourtant, que Corancez accorde aux calomnies de Dussaulx est un indice certain d'hostilité. Cela étant, l'accusation d'infidélité qu'il intente à Rousseau, au sujet des lettres de ce fourbe, ne peut être considérée que comme une imposture digne de ses plus violents persécuteurs. Je penche même à croire que toute sa scène d'explication est imaginaire. Le journaliste, non content d'avoir calomnié Rousseau, aura trouvé piquant de mettre un génie sous ses pieds. Rousseau, qui avait rompu avec Dussaulx pour une allusion équivoque, n'eût certainement enduré ni la question insultante de Corancez, ni sa séance pédagogique, ni son apologie du fourbe Dussaulx. Il eût rompu avec lui sans retour. Dans tous les cas, on peut répéter, au sujet de Corancez, la question que M. Jourdan adressait à Dussaulx : Pourquoi persistiez-vous à fréquenter un homme que vous ne pouviez estimer ?

Passons à d'autres échantillons de caractère, aussi judicieux et aussi bienveillants que celui qu'on vient de lire. « J'ai dit qu'il était
« simple, continue Corancez, et qu'il tenait du caractère de l'en-
« fance. » Puis il raconte « qu'entrant un jour chez Rousseau, il le
« trouva *hilarieux*, se promenant à grands pas dans sa chambre, et
« regardant *fièrement* son chétif mobilier. Tout ceci est à moi, me
« dit-il. Il venait d'achever de payer son tapissier. Une autre fois,
« je lui vois encore le visage riant et *une certaine fierté que je ne
« lui connaissais pas.* Il se lève, se promène, et, frappant avec sa
« main droite sur son gousset, il en fit sonner les écus. J'ai, dit-il,
« *une hernie crurale* dont je ne cherche pas à me débarrasser. Il
« avait reçu vingt écus pour une copie de musique. »

Le premier trait est plus niais que simple. *Ce regard fier* sur un *chétif mobilier* est peu vraisemblable. Le trait de l'argent est presque ignoble ; la *certaine fierté* de Rousseau à propos de vingt écus s'explique encore moins que le *regard fier* de ci-dessus. En outre, il y a dans l'une et l'autre anecdote quelque chose qui tient de l'extravagance. Il est bon qu'on sache que Corancez a soutenu que Rousseau était *fou de naissance ;* cela explique les deux scènes ridicules dont il prétend avoir été témoin. Il y avait dans la manière d'être habituelle de Rousseau des traits bien autrement dignes que ceux-là d'être cités comme types de simplicité. Bernardin de Saint-Pierre en a raconté de charmants ; j'engage le lecteur à les rapprocher de ceux qu'a choisis Corancez ; ce sera un excellent moyen d'apprécier la différence des intentions. Continuons. «*J'ai dit qu'il
« était bon.* Une amie de ma femme, jeune Anglaise *fort jolie*, avait
« désiré voir Rousseau. Comme je m'étais fait une loi de ne lui
« présenter personne, cette envie ne pouvait se satisfaire. Un jour

« que je devais mener chez lui un de mes enfants, la jeune Anglaise
« était chez moi. Je lui propose de prendre le costume de la bonne
« et de se charger de l'enfant. Elle accepte. *J'ai dit que cette bonne
« était jolie* (Corancez a peur que le lecteur ne l'oublie, et pour
« cause). Son extérieur annonçait peu de force. Je lui commandais
« de tenir l'enfant de telle et telle manière, de marcher, de s'as-
« seoir, bien assuré de son obéissance. Rousseau causa avec elle,
« la plaignit de faire un état dont les fatigues paraissaient surpasser
« ses forces. Il engagea Mme Rousseau à la faire goûter. Elle fut
« très-bien régalée. Mme Rousseau me dit le lendemain qu'il avait
« remarqué que je ne ménageais pas assez la délicatesse de cette
« bonne, et que je lui parlais avec trop de dureté. *Je vois plusieurs
« de mes lecteurs sourire à ce trait de bonté et me faire remarquer
« que la bonne était jolie.* Cette circonstance, pour un homme de
« l'âge de Rousseau, ne me paraît devoir rien changer au motif de
« sa sensibilité. » *J'ai dit qu'il était bon!* Voyons; il s'agit sans
doute de quelque trait de bienfaisance comme ceux qu'a fait connaître M. de Saint-Germain, et dont je parlerai ailleurs ; ou bien
de ces mouvements de sensibilité dont Bernardin de Saint-Pierre
nous a conservé le souvenir? Non : il s'agit de l'intérêt purement
sensuel que tout homme, *sans être bon*, peut prendre à une jolie
femme. Corancez, qui pressent le jugement du lecteur, et qui, en
cas de distraction de sa part, veut le provoquer, a soin de faire remarquer *trois fois* que la bonne était jolie, ajoutant avec une bénignité hypocrite qu'il ne faut pas sourire ni penser à mal, attendu
que Rousseau *était âgé;* comme si les vieillards cyniques étaient si
rares, surtout de son temps! Rousseau n'avait que trois ans de
moins lorsqu'une virago l'accusa d'avoir voulu la violer, et le bruit,
dit M. de Saint-Germain, *en avait été répandu partout*. Indépendamment de cela, n'avait-il pas été représenté depuis longtemps
comme un homme de mauvaises mœurs ([1])? Le choix de cet échantillon de bonté serait donc on ne peut plus maladroit de la part
d'un ami, et Corancez avait de l'esprit ; de la part d'un malveillant,
il va parfaitement au but, il provoque le ridicule et le mépris.
Concluez.

Encore un trait de bonté. Corancez raconte qu'un jour Rousseau
lui dit : « Je ne vous invite plus à dîner, ma fortune ne me le per-
« met plus. Souriant ensuite : J'aime à boire à mes repas une cer-

---

([1]) Voir *Sentiments des citoyens, la Guerre de Genève*, etc.

« taine dose de vin pur. J'avais d'abord imaginé de partager éga-
« lement la quantité que je puis me permettre de boire entre mon
« dîner et mon souper, mais il en résultait que, se trouvant trop
« modique, aucun de mes repas ne m'offrait ce qui me convient.
« J'ai pris mon parti : je bois de l'eau à l'un des deux, et je réserve
« la totalité de mon vin. Combien de choses découvriront dans ce
« dernier trait mes lecteurs attentifs! s'écrie burlesquement Coran-
« cez; *quelle bonté!* quelle candeur! quelle *supériorité* sur les autres
« hommes, soit pour prendre son parti sur les événements, soit
« pour les apprécier en n'y voyant rien qui doive être caché! » Puis
vient une petite digression assez louche sur le désintéressement de
Rousseau, qui buvait de l'eau à l'un de ses repas pour n'avoir pas
à subir les bienfaits d'autrui, et qui disait fièrement : Je suis pauvre, mais je n'ai pas le cou pelé. Éloge au moins très-suspect; car
Corancez n'ignorait pas que, depuis longtemps, on avait persuadé
au public que cette répugnance pour les bienfaits était de l'ingratitude, et cette noble fierté de l'ostentation. J'ai toujours cru que,
dans ce récit, Corancez avait voulu rire aux dépens des *lecteurs
attentifs.* Cette emphase ridicule, ce galimatias philosophique à
propos de vin ne peuvent être que du persiflage. On ne voit pas
où sont, dans tout cela, la *candeur*, la *supériorité*, la *bonté* surtout.
N'est-il pas singulier que tous les exemples choisis par Corancez
pour établir l'excellence du caractère de Rousseau, soient ou équivoques ou ridicules? Je le demande au premier venu; s'il avait à
prouver la *facilité*, la *simplicité*, la *bonté* de quelqu'un, mettrait-il
en avant des traits tels que ceux que je viens de citer? Notez enfin
que c'est après avoir avancé que la copie suffisait *amplement* aux
besoins de Rousseau, qu'il le dit forcé de s'imposer cette dure
privation.

Voici maintenant un trait de gaieté. Corancez raconte sommairement l'accident que Rousseau éprouva à Ménilmontant, et dont le
détail se trouve dans les *Rêveries*, 2ᵐᵉ promenade. Un chien qui
courait devant une voiture le renversa sur le pavé. Corancez qualifie ce fait d'*aventure abominable.* Je soupçonne, d'après le ton de
son récit et la nature de ses remarques, qu'il y a encore quelque
ironie sous cette expression exagérée. Il va voir Rousseau, le trouve
couché, et se fait raconter les détails de son accident. « Je vis,
« dit-il, *avec grand plaisir qu'il excusait le chien, ce qu'il n'eût
« pas fait sans doute, s'il eût été question d'un homme. Il aurait
« vu infailliblement dans cet homme un ennemi qui, depuis long-*

« *temps, méditait ce mauvais coup.* » Après cette *bienveillante* réflexion, Corancez dit que Rousseau se mit à causer et à rire de tout son cœur. Dans cette anecdote, ce n'est pas le rire de Rousseau qui frappe, c'est l'article du chien, *soigneusement* interprété par le biographe; de sorte que le lecteur, au lieu d'un trait de gaieté, a réellement sous les yeux un trait d'extravagance et de misanthropie; et voilà avec quelle sincérité Corancez persiste *à expliquer* l'homme dont il avait été l'ami !

Enfin arrivent les louanges. « La timidité de Rousseau était ex-
« cessive, dit Corancez, *il était scrupuleux dans ses engagements.* »
Oui, mais cet homme scrupuleux dans ses engagements, il le soupçonna d'avoir supprimé une lettre de Dussaulx, tout exprès pour le dénigrer. Quand on a préalablement insinué une indignité de cette force, on ne risque rien à dire d'un homme qu'il est *scrupuleux;* on sait bien que personne n'en croira rien. Remarquez, de plus, que ce trait perfide est habilement placé au début de la Notice. Ce coup une fois porté, les éloges ne tirent plus à conséquence. Je ne fais donc aucun cas du trait qui suit : « Pendant le cours de
« douze années que j'ai vécu avec Rousseau, je ne l'ai entendu dire
« du mal de qui que ce soit. » Je ne suis pas plus touché de ce que dit Corancez de l'impartialité de Rousseau à l'égard de Diderot et de Voltaire, de son indulgence pour tous les écrivains, de sa modestie sur ses propres ouvrages, vertus d'apparat, derrière lesquelles tout le monde sait que les auteurs abritent leur énorme vanité. Musset-Pathay a souligné tous ces faux éloges; cela n'a rien d'étonnant, puisqu'il n'a rien vu que d'amical dans tout ce qu'il a transcrit de la relation de Corancez. A l'époque où ce dernier la publiait, l'opinion publique était fixée sur le compte de Rousseau. Après l'avoir complètement déshonoré pendant sa vie, les calomniateurs s'étaient acharnés sur sa cendre. Les *Notes sur Sénèque,* l'*Éloge de Milord Maréchal,* une foule de libelles et d'articles de journaux, dont plusieurs existent encore, sont des monuments irrécusables de cette rage de diffamation. Dussaulx venait de publier sa Notice, qui avait dû séduire bien des lecteurs superficiels, et dont Corancez lui-même avait fait l'éloge en paraissant la blâmer. Il est donc clair que ce Corancez pouvait louer Rousseau sans inconvénient; il savait parfaitement qu'en lui prêtant des mérites équivoques, il s'honorait lui-même sans honorer l'objet de sa fausse estime; que le public, imbu depuis longtemps de préventions défavorables, ne manquerait pas de dire de lui, comme au-

trefois de Hume : Le digne homme, il a cru voir tout cela dans ce méprisable Rousseau ; il a voulu peindre un honnête homme, et c'est un fourbe qu'il a démasqué sans le savoir. Pardonnons-lui cette noble erreur! Dussaulx a suivi exactement la même tactique ; il a terminé ainsi sa virulente Notice : « Je ne sache pas que depuis « notre éternelle séparation, il soit sorti de la bouche de Jean-« Jacques un seul mot capable de m'offenser ; au contraire, j'ai ap-« pris *avec reconnaissance* qu'il s'était expliqué sur mon compte « d'une manière trop honorable pour le répéter. » C'est ainsi que Grimm, dont la haine affreuse n'a plus besoin d'être prouvée, avouait n'avoir personnellement aucun reproche à faire à l'homme qu'il déchira pendant près de trente ans. Qu'on ne soit donc pas dupe de ces hypocrites concessions, uniquement destinées à faire valoir la *sincérité* des calomniateurs. N'a-t-on pas vu ce que la reconnaissance a inspiré au *sensible et véridique* Dussaulx ? Autre trait du même genre. Corancez veut bien convenir que Rousseau *avait beaucoup* d'ennemis. C'est quelque chose ; mais nier tout à fait eût été maladroit. Corancez tenait à son rôle d'*ami impartial*.

Le reste de la Notice contient quelques détails frivoles, mais dans lesquels Rousseau joue toujours un rôle bizarre. Puis Corancez arrive à la question de son état mental. Il le déclare absolument fou et veut que sa folie ait été une maladie de naissance : il prétend même que plusieurs personnes de sa famille en furent atteintes. Cette opinion sera examinée ailleurs.

J'ai dit qu'il était très-probable que Corancez et Dussaulx se connaissaient ([1]). J'ajoute qu'ils étaient l'un et l'autre liés avec ses ennemis déclarés. Dussaulx, dans sa Notice, fait l'éloge de Diderot et de d'Holbach, qu'il représente comme *le plus doux, le meilleur des hommes, plein de complaisance pour Rousseau* (Musset-Pathay, *Hist.*, t. Ier, pag. 189). Nous savons ce qu'il faut penser de cet éloge. De son côté, Diderot, dans ses *Notes sur Sénèque*, met Dussaulx au nombre des *victimes de la méchanceté de Rousseau*, et il dit tenir de lui *qu'il avait été épargné dans les Confessions* (voir chap. II, pag. 57). Tout cela fait nécessairement supposer des rapports personnels. Quant à Corancez, voici un trait de sa Notice qui se rapporte à d'Alembert, et qui prouve sans réplique ses liaisons avec cet homme, et la réalité de ses dispositions malveillantes à l'égard de Rousseau. « C'est ici, dit-il, le lieu *de rendre justice* à la

---

([1]) Corancez et Dussaulx étaient tous deux de Chartres, autre indice bon à noter.

« mémoire d'un homme dont les ouvrages feront toujours honneur
« à la France, à d'Alembert. Je le voyais souvent en maison tierce,
« mais j'évitais soigneusement de lui parler de Rousseau, *parce que*
« *je le savais son ennemi déclaré*. Après la mort de ce dernier,
« nous en parlâmes souvent. Sans lui adresser aucun reproche di-
« rect, je le mis dans le cas de se juger lui-même. Il se reprocha
« *franchement et amèrement* les tracasseries qu'il lui avait suscitées,
« quoique s'excusant sur son erreur. *Il vint un jour jusqu'à en*
« *répandre des larmes*. Je ne puis dissimuler qu'elles me firent
« plaisir. Elles honoraient à mes yeux l'homme de mérite qui les
« versait et celui qui en était l'objet. » Indigné de cette comédie
de d'Alembert, l'honnête Musset-Pathay s'écrie : « Comment croire
« à ces larmes, quand on voit celui qui les répand outrager Rous-
« seau en pleine Académie, à l'époque même où il tenait ce lan-
« gage? » J'ajoute, moi : Comment croire à la sincérité de Corancez,
témoin de cet acte de duplicité révoltante, et qui feint de n'en pas
comprendre la bassesse? Comment croire qu'il ait pu ne voir que
des *tracasseries* dans les lâches calomnies de l'*Éloge de Milord Maréchal?* Notez que ce même homme *qui prétend avoir mis d'Alembert dans le cas de se juger*, et qui, au moment où l'académicien
outrageait la mémoire de Rousseau, était rédacteur d'un des premiers journaux de France, *ne fit paraître aucune protestation en
faveur de son ami*. Je m'en suis assuré en parcourant, un à un, tous
les numéros du *Journal de Paris*, depuis 1778 jusqu'en 1800. Corancez ne rompt le silence qu'en 1798, et c'est pour atténuer, contre
toute évidence, l'odieuse conduite de d'Alembert, c'est pour honorer
son faux repentir!

Voici comment il termine les extraits de sa Notice insérés dans le
Journal de Paris : « Dussaulx, dit-il, a mis à la fin de son ouvrage
« une apostrophe à l'ombre de Rousseau » (c'est le trait ridicule que
j'ai cité page 306). « Mes lecteurs me pardonneront-ils de placer
« ici celle que j'ai faite pendant la marche de la cérémonie de la
« translation du corps au Panthéon... Je désire terminer ce récit
« par l'expression de ma *reconnaissance* envers lui : »

> Déjà vers les bosquets de l'heureux Élysée
>   J'ai guidé tes mânes errants;
> Je te vois aujourd'hui, du haut de l'empirée,
>   Avec les Dieux partager *notre encens*.
> Pour la dernière fois, *ombre toujours trop chère*,
>   Reçois mes vœux reconnaissants;

Par tes leçons mes enfants ont un père,
Et moi, père, j'ai des enfants.

Corancez a eu raison de mettre cette *sensiblerie* mythologique à côté de l'exclamation de Dussaulx. C'est la même *reconnaissance pour l'ombre toujours trop chère* qui les inspira toutes les deux. Je n'ai pas tout dit sur Corancez, j'y reviendrai ailleurs.

Le prince de Ligne, guerrier littérateur, se trouvant à Paris en 1770, eut la fantaisie d'aller voir Rousseau. On trouve le récit de cette entrevue dans le tome X de ses interminables *OEuvres* (il n'y en a pas moins de trente et un volumes). Musset-Pathay a eu la bonté de citer une grande partie de cette prétentieuse et équivoque relation (*Hist.*, t. 1er, pag. 219 et suivantes). Je ne lui ferai pas le même honneur et me contenterai d'en relever quelques traits où percent l'ironie et la malveillance.

Introduit chez Rousseau, le prince de Ligne entama la conversation sur des sujets littéraires. « Rousseau entra, dit-il, dans des
« détails supérieurs peut-être à tout ce qu'il avait écrit. Ensuite il
« s'écria plusieurs fois : Les hommes! les hommes! Je lui répon-
« dis : Ceux qui s'en plaignent sont des hommes aussi et peuvent
« se tromper sur le compte des autres hommes. Cela lui fit faire un
« moment de réflexion. Je lui dis que j'étais de son avis sur la ma-
« nière de recevoir et d'accorder les bienfaits, et sur le poids de la
« reconnaissance, quand on a pour bienfaiteurs des gens qu'on ne
« peut ni aimer ni estimer. Cela parut lui faire plaisir. Je me ra-
« battis ensuite sur l'autre extrémité à craindre, l'ingratitude. *Il
« partit comme un trait*, me fit les plus beaux manifestes du monde,
« qu'il entremêla de *quelques petites maximes sophistiques* que je
« m'étais attirées en lui disant : *Si cependant M. Hume a été de
« bonne foi!* Il me demanda si je le connaissais ; je lui dis que j'a-
« vais eu une conversation très-vive à son sujet, et que la crainte
« d'être injuste m'arrêtait toujours dans mes jugements. » Dans un autre endroit, le prince parle de sa *vénération* pour Rousseau ; on conviendra que cette phrase : *Si M. Hume a été de bonne foi!* n'en annonce guère. Au fond, quel rôle joue Rousseau dans ce dialogue? Celui d'un homme attaqué par son côté faible, repoussant le simple soupçon d'ingratitude avec une vivacité maladroite, indice certain de l'application secrète qu'il s'en fait. Les *petites maximes sophistiques* qu'il débita, suivant le prince, après le trait relatif à Hume, achèvent de trahir les reproches d'une conscience coupable. Tout l'esprit, toute l'admiration dont le prince emmielle ce petit tableau,

n'empêchent pas que la malignité n'en soit sensible. Il y avait même de sa part une sorte de brutalité à débuter ainsi auprès d'un homme qu'il voyait pour la première fois, et dont, à défaut d'estime, il eût dû respecter le talent et les malheurs. « Sa vilaine « femme ou servante, ajoute-t-il, nous interrompait quelquefois « par des propos saugrenus qu'elle faisait sur son linge, sur sa « soupe, etc. » Cette tirade est non-seulement insolente, elle est mesquine. Est-ce qu'un prince, conversant avec un des premiers génies du siècle, eût dû s'apercevoir de la présence de sa *vilaine femme ou servante?*

Quelque temps après cette visite, le prince écrivit à Rousseau pour lui offrir un asile dans sa principauté. « J'appris, dit-il, que « les prélats et les parlementaires, ces deux classes de gens cor- « rompus, voulaient inquiéter *Jean-Jacques.* Je lui écrivis la lettre « qu'il donna à lire ou à copier assez mal à propos, et qui se trouva « enfin, je ne sais comment, imprimée dans toutes les gazettes. » Cette lettre existe dans l'édition de Neufchâtel, tom. V, pag. 355. Elle est tellement leste et prétentieuse, que Grimm lui-même trouva « *qu'elle manquait de naturel, ce qui l'avait empêchée de réussir dans « le public* »(*Corresp.*, juillet 1770). Je n'en cite que les deux traits suivants, qui sont loin d'être bienveillants : « On ne sait pas lire dans mon « pays, *vous n'y serez ni admiré ni persécuté, vous ne régnerez sur « personne, et personne ne régnera sur vous.* Il eut *la bonté* de croire, « à sa façon ordinaire, continue le prince dans sa relation, que les « offres d'asile que je lui faisais étaient un piège que ses ennemis « m'avaient engagé à lui tendre. » Rousseau ne crut pas cela précisément ; il fut frappé, et devait l'être, de l'ironie désobligeante qui régnait dans la lettre du prince, et ne regarda pas ses offres comme sérieuses. Il dit, dans son premier dialogue, que le prince de Ligne lui proposa un asile dans ses terres par une *belle lettre qu'on eut même le soin de faire courir dans Paris.* Ces expressions annoncent que l'indiscrétion ne venait pas de Rousseau, comme le dit le prince, écrivailleur très-vaniteux, et par conséquent très-capable d'avoir répandu lui-même sa sémillante épître. Rousseau, reconnaissant des offres de ce nouveau protecteur, lui fit une visite. Là-dessus, nouvelles digressions à cet effet. Le prince lui ayant demandé pourquoi, aimant si fort la campagne, il était allé se loger au milieu de Paris, « il me *fit*, dit-il, *ses charmants paradoxes* sur « *l'avantage d'écrire en faveur de la liberté lorsqu'on est enfermé,* « *et de peindre le printemps quand il neige.* » Je doute fort que

M. le prince dise ici la vérité ; les motifs qui avaient ramené Rousseau à Paris étaient sérieux, il ne les cachait point ; et quand il n'eût pas cru devoir s'expliquer, il ne se fût pas jeté dans ces antithèses ridicules. Mais M. le prince tenait à faire de l'esprit, et ce qui le prouve, c'est qu'il parle sans façon de celui qu'il déploya dans cette conversation. « Je n'ai jamais eu tant d'esprit », dit-il, ajoutant avec une humilité grotesque : « Ce fut, je crois, la première et la « dernière fois de ma vie! »

Rousseau lui déclara qu'il était résolu à braver les décrets dont le Parlement et le clergé le menaçaient. « Je me permis alors, dit « le prince, quelques vérités *un peu sévères* sur sa manière d'en- « tendre la célébrité. Plus vous vous cachez, lui dis-je, plus vous « êtes en évidence ; plus vous êtes sauvage, plus vous devenez « homme public. » C'est-à-dire : vous affectez d'aimer la solitude et de fuir les hommes, je vous avertis que c'est un petit calcul de vanité qui ne trompe personne.

M. le prince, en quittant Rousseau, lui dit *avec larmes* (Dussaulx *pleurait* et d'Alembert aussi) : « Soyez heureux, monsieur, soyez « heureux *malgré vous.* » C'est-à-dire : vos malheurs sont des chi- mères, ou bien, ils sont votre ouvrage ; soyez heureux, il ne tient qu'à vous! Le prince oublie qu'il a avoué que Rousseau courait des dangers à Paris, et que c'était même pour cela qu'il lui avait offert un asile. Tout n'était donc pas imaginaire dans ces malheurs qu'il traitait si légèrement. « Si vous ne voulez pas habiter, ajoute-t-il, *le* « *temple* que je vous ferai bâtir dans ma souveraineté, où je n'ai ni « parlement ni clergé, mais les meilleurs moutons du monde, restez « en France ; si, comme je l'espère, on vous y laisse en repos, ven- « dez vos ouvrages, achetez une jolie petite maison de campagne, « entr'ouvrez la porte à quelques-uns de vos *admirateurs, et bientôt* « *on ne parlera plus de vous.* » C'est-à-dire : quittez Paris, où vous n'êtes venu que pour *faire parler de vous,* et rentrez, si vous pouvez, dans l'obscurité que vous ne pouvez souffrir ! « *Ce n'était* « *pas son compte,* ajoute le prince, car il ne serait pas resté à Er- « menonville si la mort ne l'y avait pas surpris. » Charitable ré- flexion qui fait ressortir la manie ambulante du grand homme et sa rage de célébrité mal dissimulée par l'amour affecté de la so- litude.

Le prince termine par ce trait *modeste :* « Enfin, touché de *l'effet* « qu'il produisit sur moi, et convaincu de mon *enthousiasme* pour « lui, il me témoigna plus de reconnaissance et d'intérêt qu'il n'a-

« vait coutume d'en montrer à qui que ce fût, etc. » C'est-à-dire : le vaniteux Rousseau proportionnait l'accueil qu'il faisait aux visiteurs à l'effet qu'il produisait sur eux, et à l'enthousiasme dont ils étaient transportés. Du reste, il est permis de ne pas croire à cette préférence dont M. le prince prétend avoir été l'objet ; car, outre que sa relation, supposé qu'elle soit exacte, n'annonce rien de si bienveillant, Rousseau, comme chacun sait, n'aimait guère *l'admiration, l'enthousiasme et surtout les temples.* En somme, il est probable que *l'Altesse* n'apporta chez lui que de la curiosité, sa fatuité bien connue, et, selon toute apparence, quelque chose de moins innocent qu'elle n'avoue pas, mais qui ne se sent que trop. En terminant, il est bon de dire que le prince de Ligne était en correspondance avec Grimm qui, à force d'intrigues, était devenu à cette époque une espèce de personnage politique. Voici la lettre beaucoup trop obséquieuse qu'il lui écrivait (Moscou, 3 juillet 1787) : « On vous aime beaucoup, *monsieur le baron*, on parle beau-
« coup de vous à la cour, mais vous écrit-on ? Catherine *le Grand*,
« car elle fera faire une faute de français à la postérité, n'en a peut-
« être pas le temps, etc. » ; et le reste sur le même ton. Voici la formule finale : « Recevez, *monsieur le baron*, l'assurance de la con-
« sidération distinguée que je partage pour vous avec tous ceux
« qui vous connaissent ou ont entendu parler de vous ; de même
« que je partage avec *vos amis le tendre attachement que vous ins-*
« *pirez si vite* » (*Correspondance de Grimm*, t. XV, p. 343). Celui qui caresse ainsi le fourbe insolent dont il ne pouvait ignorer les dispositions à l'égard de Rousseau ; *l'ami* de Grimm et *des amis* de Grimm, trahit lui-même le secret de ses visites ; il est digne de figurer à côté de Dussaulx et de Corancez.

Il est inutile de dire que Musset-Pathay est enchanté du prince de Ligne. Pour donner une idée du quiétisme de ce digne homme, je vais citer ce qu'il dit à la suite des Notices dont je viens de faire l'examen : « Nous avons fait connaître, *sans les atténuer*, les repro-
« *ches faits à Jean-Jacques*, nous contentant de les accompagner de
« quelques observations » (*Hist.*, t. Ier, pag. 220). Ainsi les calomnies de Dussaulx, les mensonges de Mme de Genlis, les insolences de Rulhières, les gentillesses hostiles du prince de Ligne, ne sont pour Musset-Pathay que des critiques, méritées sans doute, puisque sa conscience ne lui a pas permis de les *atténuer !* Cela passe toute idée. Quant à la Notice de Corancez, qu'il a citée presque en entier, il n'en a même pas soupçonné l'artificieuse malveillance ; Corancez est

pour lui un vrai et fidèle ami de Rousseau, et plus tard on le verra prendre chaudement sa défense, dans un cas qui eût dû lui dessiller les yeux, s'il eût été moins opiniâtre dans ses premiers jugements.

Je viens de faire voir avec quelle lâche persévérance on abusait de la faiblesse du pauvre Rousseau pour achever de ridiculiser sa personne et de noircir son caractère. Après ce fatras hypocrite et prétentieux, il est doux de pouvoir soulager son cœur avec le simple et touchant récit de Bernardin de Saint-Pierre (¹). Je regrette que son extrême longueur ne me permette pas de l'insérer ici. Je recommande aussi la courte mention que Grétry fait de ses rapports avec Rousseau dans le deuxième volume de ses *Essais* sur la musique. Et qu'on ne croie pas que dans ces deux morceaux tout soit éloge. Le blâme s'y rencontre souvent, mais presque toujours juste et tempéré par une généreuse compassion, facile à distinguer du patelinage venimeux des satires précédentes. Grétry s'est bien quelque peu trompé dans ses jugements sur le caractère de Rousseau, mais son erreur est sincère et sans aucun mélange de fiel. Cela l'honore d'autant plus qu'il était lié avec Marmontel et autres personnages dont la haine ardente, mais couverte, pouvait facilement séduire un jeune homme qui ne connaissait Rousseau que d'après ses ouvrages.

Les renseignements plus ou moins véridiques qu'on possède sur l'existence de Rousseau à Paris, jusqu'à sa retraite à Ermenonville, se réduisent aux notices dont il a été question précédemment. Avant de passer à l'examen de son état moral à cette époque de sa vie, je ne puis me dispenser de réfuter deux accusations graves imaginées par ses ennemis, presqu'au début de ses malheurs, dans le double but de déshonorer son caractère et de prouver l'altération originelle de son intelligence. Il s'agit 1° de sa prétendue défiance envers ses meilleurs amis et de sa facilité à rompre avec eux ; 2° de son aveugle soumission aux ordres de sa gouvernante et de l'influence perverse qu'on attribue à cette femme sur ses dispositions intérieures et sur les actes de sa vie. Si je parviens à démontrer que ces deux imputations sont fausses, il est évident que la question de l'état moral de Rousseau en sera considérablement simplifiée, et qu'en outre, ces nouvelles calomnies tourneront encore une fois à la honte de ceux qui les ont imaginées. La première de ces accu-

---

(¹) Voyez *Œuvres complètes*, t. XII, pag. 41, et Musset-Pathay, *Hist.*, t. Ier, pag. 221.

sations est devenue en quelque sorte populaire ; c'est la formule obligée de toutes les biographies. Je ne parlerai pas ici des anciens amis de Rousseau; je les crois jugés. Je n'ai à examiner que les relations plus ou moins intimes qu'il conserva, ou qu'il forma après sa rupture avec ces fourbes, et dont plusieurs durèrent jusqu'à la fin de sa vie. Je commencerai par du Peyrou. Rousseau, dans le XII° liv. des *Confessions*, a fait de lui un portrait assez peu flatteur, mais qu'on va voir être juste sous beaucoup de rapports ; quant au jugement final, je dirai dans un instant ce que j'en pense. Laissons donc l'opinion de Rousseau sur du Peyrou, et venons aux faits.

Leur intimité commença en 1764, pendant le séjour que Rousseau fit à Motiers-Travers. Elle fut telle, que du Peyrou reçut de son ami le dépôt de ses papiers les plus importants, ceux qui devaient servir à la composition de ses Mémoires. Il se montra digne de ce choix, offrit un asile à Rousseau dans sa propre maison, tenta l'entreprise d'une édition générale de ses écrits dans le seul but d'assurer son avenir ; et nous avons vu que lors des persécutions de Motiers, il publia en sa faveur des mémoires mal écrits, mais pleins de zèle et de logique. Quelques nuages s'élevèrent entre les deux amis pendant le séjour de Rousseau en Angleterre. Du Peyrou étant presque le seul ami qui lui fût resté, il correspondait activement avec lui du fond de sa solitude. Le trajet était long ; les lettres étaient retardées, égarées ou interceptées ; Rousseau, alors aux prises avec un dangereux fourbe, était chagrin et irritable. Du Peyrou, tout en affectant la froide raison et le stoïcisme, était distrait, étourdi, inconséquent, tranchant et crédule. De plus, riche, sensuel, exempt de soucis, il faisait souvent bon marché des peines de son ami. Hume, qui n'oubliait rien, correspondait avec lui. Cela est prouvé par le trait suivant d'une lettre de Rousseau (31 mai 1766): « Autre « grief. M. Hume *vous apprend, dites-vous,* que la province de Derby « m'a nommé un des commissaires des barrières, etc. » Je dirai en passant que cet avis de Hume était un mensonge (voir le reste de la lettre). Il n'est pas absolument impossible que ces rapports avec Hume aient inspiré à du Peyrou quelques préventions. Il est également certain qu'il voyait Voltaire. Rousseau, qui le savait, lui en témoigna une fois son inquiétude (27 janvier 1766). Après la rupture de Rousseau avec Hume, du Peyrou parut croire qu'il avait des torts, et lui écrivit dans ce sens. Rousseau lui répondit avec chaleur (4 oct. 1766). Il faut lire toute cette lettre pour comprendre jusqu'où pouvait aller la légèreté de du Peyrou. Sa fin est surtout

remarquable. A propos de l'exclamation de Hume : *Je tiens Jean-Jacques Rousseau*, M. de Luze, qui avait accompagné ce dernier à Londres, prétendit que Hume n'avait jamais couché dans la même chambre que lui ; d'où il résultait clairement que Rousseau était un menteur ou un visionnaire. Du Peyrou, persuadé de la réalité de cette assertion de M. de Luze, la transmet à Rousseau comme certaine (voir la lettre de Rousseau du 8 janvier 1767). Des explications sont échangées, et M. de Luze convient qu'il a manqué de mémoire. Rousseau se plaint, du Peyrou se fâche, crie plus fort que lui, et Rousseau fait amende honorable ! (Voyez sa lettre du 15 nov. 1766). Du Peyrou trouvait de la *méchanceté* dans la lettre de Rousseau à Hume (10 juillet 1766). Rousseau réfute parfaitement ce reproche plus que dur, et il ajoute : « Si vous blâmez cette lettre, j'en suis d'au-
« tant plus fâché que je veux qu'on juge par elle de l'âme qui l'a
« dictée. Cette sévérité de jugement, qui va jusqu'à l'injustice, est
« aussi loin de votre cœur que de votre raison, et ne vient que de votre
« défaut de mémoire... Vous voyez que ma rupture avec Hume est
« publique, et vous oubliez que je n'ai aucune part à cette publicité ;
« vous voyez que je lui dis des choses dures, qui sont imprimées, et
« vous oubliez que c'est lui qui m'a forcé de les lui dire, et que c'est
« lui qui les a fait imprimer, etc. » Cette lettre, d'une douceur si touchante et d'une logique si serrée, commence par ce trait charmant :
« Que Dieu comble de ses bénédictions mon cher hôte qui, par
« une réconciliation parfaite, accorde à mon cœur la paix dont il
« avait besoin ! » Et du Peyrou avait tort !

Dès que Rousseau fut installé à Trye, il s'empressa d'en avertir son ami. Celui-ci lui avait fait espérer une visite à Wooton ; des accès de goutte le retinrent chez lui. Vers la fin de juillet 1767, appelé en Hollande par ses affaires, il promit qu'à son retour il passerait par Trye. Rousseau lui en témoigne son ravissement dans ses lettres des 1ᵉʳ août et 8 septembre 1767. On jugera de ses perplexités et de son impatience par l'extrait suivant de sa lettre du 27 septembre même année : « Vous pouvez, mon cher hôte, ima-
« giner le plaisir que m'a fait votre dernière lettre par l'inquiétude
« que vous avez trouvée dans ma précédente et que vous blâmez
« avec raison....; mais considérez qu'après de si longues agitations,
« *si propres à troubler* ma tête, au lieu du repos dont j'avais besoin
« pour la raffermir, je me trouve ici (à Trye) submergé dans une
« mer d'iniquités, au moment où tout paraissait concourir à rendre
« ma retraite honorable et paisible..... Venez donc ; *je n'ai que vous*

« *seul, vous le savez, c'est assez.* Je ne regrette qu'un ami (Milord
« Maréchal); *vous serez désormais le genre humain pour moi.* Venez
« verser sur mes blessures enflammées le baume de l'amitié et de
« la raison, etc. » Du Peyrou était libertin, Rousseau le lui reproche
souvent (voy. en particulier sa lettre du 19 juillet 1767). Au lieu de
se rendre directement à Trye, en venant de Hollande, comme il l'avait promis, il alla à Paris où il eut un accès de goutte. On voit par
la lettre, moitié affectueuse, moitié sévère, que Rousseau lui écrivit
pendant sa convalescence (15 octobre 1767), que ses plaisirs l'occupaient bien plus que le désir de revoir son ami malheureux. « Faites
« en sorte, lui dit celui-ci, que je vous pardonne les *huit jours* dont
« vous avez eu le front de me parler. » Du Peyrou, à ce qu'il paraît,
ne comptait pas rester davantage à Trye. Il y vint enfin et y tomba
malade ; Rousseau lui prodigua ses soins et parvint à rappeler aux
extrémités la goutte qui s'était jetée sur les organes intérieurs. Du
Peyrou, rétabli, retourna à Paris et y resta assez longtemps, car
Rousseau lui écrivait le 6 janvier 1768 : « Je vous avoue que votre
« *long* séjour à Paris m'inquiéterait, si vous n'aviez avec vous un
« bon surveillant qui ne s'embarrassera pas plus que moi de vous
« déplaire *pour vous conserver.* » Ce surveillant était un ami qu'il
ne nomme pas. On voit que du Peyrou était incorrigible sur l'article de la sensualité. Son séjour à Trye avait duré près de deux
mois et demi. Entouré de soins affectueux, seul avec le plus franc
et le plus expansif des hommes, il eût pu facilement s'éclairer sur
une foule de points que la correspondance ne résout jamais bien.
C'était le cas de réparer quelques torts superficiels déjà effacés du
souvenir de son malheureux ami ; il fallait, comme celui-ci l'y invitait, verser sur ses blessures le *baume de l'amitié et de la raison.* Du
Peyrou ne fit rien de tout cela. Distrait par ses préoccupations épicuriennes, prévenu peut-être contre Rousseau par les hommes qu'il
avait fréquentés à Paris, il ne comprit pas la portée du devoir qu'il
avait à remplir. Sa légèreté, son entêtement, son stoïcisme postiche
l'emportèrent sur la bonté de son cœur. Sans sa maladie, il n'eût
passé que *huit jours* chez son ami affligé et avide de sa présence !
Rousseau ne s'est pas expliqué sur les circonstances de ce séjour
de du Peyrou à Trye. Ses lettres des 6 janvier et 10 février 1768
sont encore pleines de la plus tendre sollicitude. Du Peyrou, mal rétabli de sa goutte, ne faisait que d'arriver à Neufchâtel. Le 24 mars
suivant, Rousseau, en réponse à une de ses lettres, lui parle de la
rupture des arrangements qu'il avait faits avec lui au sujet du pia-

cement des 6,000 francs de Milord Maréchal. Ses explications à cet égard sont très-peu claires, et ce n'est pas cela qui importe. Il s'agit de rechercher d'où pouvait venir cette résolution subite. On remarquera déjà que, dans la lettre du 24 mars 1768, Rousseau reproche à du Peyrou de lui avoir proposé Coindet pour un envoi de livres. Après les explications qui devaient avoir eu lieu à Trye, du Peyrou, sachant combien cet homme était suspect à son ami, manqua absolument de tact et de déférence en offrant son entremise. Dans une autre lettre du 29 avril 1768, on trouve le trait suivant : « Depuis « ce qui s'est passé ici (à Trye), durant votre maladie et durant votre « convalescence; depuis la singulière façon dont je vous ai vu traiter, « *en toute chose,* celui qui n'avait d'ami que vous sur la terre, qui « n'avait de confiance qu'en vous seul, qui n'aimait encore la vie « que pour la passer avec vous ; avec celui dont vous étiez la seule « et dernière espérance ; je vous avoue que je me trouve forcé de « conclure de deux choses l'une, où que, dans tous les temps, j'ai « mal connu votre cœur, ou qu'il s'est fait de terribles changements « dans votre tête. Comme la dernière opinion est la plus honnête « et la plus vraisemblable, je m'y tiens. » On ne peut établir que des conjectures sur ce passage ; il est probable qu'au lieu de chercher à calmer et à consoler son ami, du Peyrou, selon son habitude, n'opposa à ses plaintes que de l'incrédulité, des discussions offensantes et des phrases stoïques. Il fallait bien que les choses se fussent passées ainsi, pour que Rousseau mît dans ses reproches une sensibilité si vive. Quant à la rupture de l'accord, il est évident par les termes de la lettre qu'elle n'eut pas d'autre motif que les procédés de du Peyrou pendant son séjour à Trye. Du reste, que cette résolution de Rousseau fût raisonnable ou non, du Peyrou, dans la discussion qui s'ensuivit, se montra aigre et absolu (voir la lettre du 29 avril 1768), tandis qu'il ne s'agissait, pour ramener son ami, que de passer condamnation sur ses raisons bonnes ou mauvaises et de lui parler affectueusement. Néanmoins, il ne fut plus question entre eux de cette affaire, et leurs rapports subséquents, quoique moins suivis et moins affectueux, annoncent toujours de l'amitié.

Lors de l'affaire Thevenin, du Peyrou, toujours sceptique et présomptueux, manda à Rousseau *que ses ennemis avaient trop d'esprit* pour ourdir une calomnie si absurde. Il paraît que là-dessus il ne manqua pas d'étaler sa ridicule philosophie, car Rousseau lui dit dans sa réponse : « **Vos maximes stoïques, mon cher hôte,** sont

« très-belles, comme celles de tous les gens qui philosophent tran-
« quillement dans leur cabinet sur les malheurs dont ils ne souf-
« frent pas et sur l'opinion publique qui les honore. »

Du Peyrou était *seul* dépositaire des papiers de Rousseau. Un écrit qui faisait partie de ce dépôt fut imprimé furtivement à Lausanne en 1769, et à Paris, par les soins de Fréron. D'après les lettres de Rousseau à du Peyrou (18 janvier 1769), et à Laliaud (4 février 1769), on doit admettre que quelque intrigant s'empara du manuscrit; mais je dois signaler un tort grave que se donna du Peyrou dans cette affaire. Rousseau écrivait ce qui suit à M. de Saint-Germain (juin 1770) : « J'ai eu la curiosité de lire un bar-
« bouillage(¹) dont M. Fréron a été le premier éditeur, et qui a été
« volé dans mes papiers, je ne sais comment et par qui. Sur cette
« édition furtive, Rey a jugé à propos d'augmenter la sienne. Le
« dépositaire de mes papiers (du Peyrou), *qui ne m'avait rien dit*
« *de ce larcin, voyant que j'en étais instruit,* m'apprit que ce dis-
« cours avait été mutilé à l'impression, et qu'on en avait retranché
« un article entier, supposant que c'était une omission d'inadver-
« tance, par la hâte que le voleur avait mise à transcrire le dis-
« cours; *mais il ne voulut pas me dire quel était l'article oublié ou*
« *retranché.* J'ai donc vérifié la chose dans l'édition de Rey, et j'ai
« trouvé que cet article était *un très-bel éloge du peuple corse,* et un
« éloge encore plus beau des troupes françaises et de leur général.
« Il ne m'en a pas fallu davantage pour comprendre le reste. » Du Peyrou avait donc tu le vol de l'écrit et le retranchement de l'éditeur. Comment accorder ces deux réticences avec la délicatesse et l'amitié? Quant à la suppression de l'éloge des Corses, c'est encore un bout d'oreille de M. de Choiseul. Prévenu de l'impression, le ministre y mit sans doute cette condition mesquine. Le retranchement de l'éloge des troupes françaises et de leur général a quelque chose de plus misérable encore. M. de Choiseul craignait que Rousseau ne se fît des amis quelque part. L'explication que du Peyrou donne de ces deux circonstances est dérisoire; toute sa conduite indique qu'il avait sur cette affaire des lumières dont il ne voulait pas faire part à son ami; et certainement tout cela ne peut pas s'appeler absolument de la bonne foi.

On peut voir, dans la lettre de Rousseau du 31 mars 1769, que le stoïcisme de du Peyrou n'était pas d'une nature bien robuste.

(¹) C'est l'écrit intitulé : *Quelle est la première vertu du héros?*

Rousseau le lui fait sentir avec une ironie fine, mêlée de beaucoup de sensibilité.

Bon et dévoué malgré ses travers, du Peyrou proposa à Rousseau de venir demeurer chez lui. Son offre ne fut pas acceptée (voir la lettre du 7 janvier 1770). « J'ai vu le temps, lui dit Rous« seau, où cette idée eût fait le bonheur de ma vie, et si ce temps « n'est plus, ce n'est assurément pas ma faute... Vous m'exhortez à « vous traiter en ami ou en étranger ; l'alternative me paraît dure, « car votre exemple ne m'a pas laissé le choix, et *votre cachet m'a-* « *vertit que nos deux âmes ne sauraient jamais se monter au même* « *ton.* » On va voir tout à l'heure ce qu'exprimait ce cachet. Du Peyrou mit de l'aigreur dans sa réponse. Voici un trait de celle de Rousseau, que je regrette de ne pouvoir citer en entier : « Dans « votre précédente lettre, vous m'exhortiez à vous traiter en ami « ou en étranger ; votre devise sur le cachet de cette lettre m'aver« tissait *que vous vous faisiez gloire de n'avoir vous-même aucun de* « *ces épanchements de cœur auxquels vous m'invitiez.* Or, il me pa« raissait injuste d'exiger dans l'amitié des conditions qu'on n'y « veut pas mettre soi-même, et me dire que c'est traiter un homme « en étranger que de ne pas s'épancher avec lui, c'est, d'après « votre devise, me dire clairement en quel rang j'étais auprès de « vous. Si vous êtes le battu dans cette affaire, convenez que je n'ai « fait que vous rendre les coups que vous m'avez portés le pre« mier. » Comment du Peyrou ne pressentait-il pas l'effet de cette sotte devise sur un homme dont il connaissait l'extrême franchise ? Comment put-il espérer de conserver sa confiance, en se faisant gloire de n'accorder la sienne à personne ? Ne pourrait-on pas demander encore si deux hommes qui avaient choisi des devises si opposées étaient réellement faits pour se convenir, et si, comme le dit Rousseau, *leurs âmes pouvaient jamais se monter au même ton ?*

Lorsque Rousseau séjourna à Lyon avant de se rendre à Paris, du Peyrou vint le voir ; il y avait certainement de l'amitié dans cette démarche. Cependant, on voit par les lettres de Rousseau des 5 novembre 1770 et 25 mars 1771, que son ami ne se corrigeait pas de ses habitudes d'inconséquence et de présomption. La dernière lettre de Rousseau à du Peyrou est du 2 juillet 1771 ; elle est calme et amicale. Ici finit leur correspondance ; du moins du Peyrou n'a-t-il rien publié de plus dans l'édition de Genève, qui est due à ses soins. Résumons. Du Peyrou, bon et honnête, mais riche, voluptueux, concentré, irritable, léger jusqu'à l'étourderie, affectait, malgré tout cela, la gravité et le stoïcisme. On a vu que, jugeant avec une superbe impassibilité les malheurs de son ami, il se montrait, dans les siens, très-accessible aux coups du sort. A en juger par le peu d'écrits qu'il a laissés, son esprit était au moins médiocre et se ressentait du mauvais goût du pays qu'il habitait. Distrait, oublieux, entêté, contradicteur, il tranchait de loin les questions avec une fatuité imperturbable ; ses conclusions, toujours fausses, étaient souvent offensantes. La logique simple, affectueuse, mais inexorable de son ami, ne le corrigeait pas ; il répondait à des réfutations lucides par des fâcheries et des personnalités, et à la première occasion, les remontrances et les non-sens recommençaient. Rousseau désirait ardemment le voir. Riche et désœuvré, il eût pu venir tout exprès ; son amitié ne lui inspira pas ce léger sacrifice. Des affaires l'appellent en Hollande ; il promet une visite au retour. Rousseau lui avait indiqué une voie directe, il ne la suit pas ; il va à Paris, y détruit sa santé, et lorsqu'il est remis, il parle d'aller passer *huit jours* chez l'homme qui lui écrivait : « Je n'ai « plus que vous sur la terre ! » Il vient enfin, et à la suite de cette entrevue tant désirée, le cœur de Rousseau, trompé dans son attente, se ferme pour toujours. Du Peyrou, qui n'avait pas senti le prix d'une telle amitié, n'en comprit pas mieux la perte. Il se montra jusqu'à la fin tel qu'il avait toujours été. Toutefois, s'il ne réalisa pas les espérances de son ami, il est juste de dire qu'il lui fut toujours fidèle. Voltaire, qu'il voyait, Hume qui lui écrivait, les intrigants suisses et genevois, les philosophes de Paris, purent lui inspirer quelques préventions, mais ils le trouvèrent inébranlable dans la voie de l'honneur. Après la mort de Rousseau, il réfuta, de concert avec Mme de la Tour-Franqueville, les calomnies de d'Alembert et de quelques autres fourbes. Dans la préface de son édition de Genève, il rendit à Rousseau un hommage sincère, quoiqu'un peu emphatique, et ce qu'il y a de plus méritoire encore, c'est que, malgré le jugement qui le concerne dans les *Confessions*, il s'abstint de toute apologie personnelle, persuadé que la raison de son ami, altérée par l'adversité, avait pu seule dicter ce trait injuste. Cette conduite de du Peyrou, parfaitement noble et généreuse, rachète suffisamment de simples torts que, sans doute, il se reprochait secrètement. Quant à Rousseau, s'il mit en question l'amitié de du Peyrou, il ne le crut jamais capable de le trahir. Afin de dissiper toute incertitude à cet égard, je vais citer le trait le plus dur du jugement qu'il porta de lui. « J'ai appris, dit-il, à

« douter qu'un homme, quel qu'il puisse être, jouissant d'une
« grande fortune, puisse aimer sincèrement mes principes et leur
« auteur » (*Confess.*, liv. XII). Voici maintenant un jugement de
du Peyrou sur Rousseau, que je veux mettre en parallèle avec le
précédent. Il écrivait ce qui suit à son ami d'Escherny, au sujet de
la lettre à M. de Beaumont, archevêque de Paris : « J'ai lu la lettre
« de Rousseau, avec plaisir et chagrin tout à la fois... J'ai été fâché
« de voir notre ami se laisser aller aux mouvements de *sa bile* et
« *devenir méchant*, au risque de s'attirer de nouvelles affaires. Aussi,
« j'ai chargé Pury, qui va au Val-de-Travers, de lui dire que, de-
« puis cette lettre, il m'avait confirmé dans ce qu'il me disait l'été
« passé, que le métier d'auteur *était incompatible avec la bonho-*
« *mie*, etc. » (*Mélanges de littérature et d'histoire* de d'Escherny,
t. III, pag. 116).

Proscrit, anathématisé de tous côtés, Rousseau, dans sa lettre à
M. de Beaumont, pulvérise les lieux communs du prélat, repousse
avec chaleur ses imputations flétrissantes ; mais il ne sort pas des
bornes de la décence et rend même hommage aux vertus de son
adversaire. J'y cherche en vain l'endroit où du Peyrou a voulu voir
de la *méchanceté*. Comptons maintenant. Rousseau douta de l'amitié de du Peyrou, parce qu'il était riche : en cela il a signalé un effet
général et malheureusement trop réel de l'opulence, qui est d'inspirer de l'éloignement pour une certaine sévérité de principes, et
pour ceux qui la professent. Il ne jugea que la position de du
Peyrou, et même d'une manière dubitative ; l'événement prouva
qu'il s'était trompé, en partie du moins ; voilà son tort. Du Peyrou
trouva Rousseau *méchant*, parce qu'il était auteur ; il répéta cette
imputation au sujet de sa querelle avec Hume ; ce ne fut aussi de
sa part qu'une erreur de jugement, et cependant, je le demande,
lequel des deux a été le plus offensant et le plus injuste ?

Je passe à Moultou. Pour tout ce qui concerne le début de ses
relations avec Rousseau, je renvoie aux *Confessions* et à la *Corres-*
pondance. On y trouvera déjà, de la part de Rousseau, tous les indices d'une confiance sans bornes et d'une vive amitié.

Après le décret, Moultou, qui alors habitait Genève, prit hautement la défense de Rousseau. Il avait même formé le projet de publier un mémoire apologétique en sa faveur ; mais, par des motifs
que je n'ai pu saisir, cette démarche n'eut pas lieu. La bonne intelligence n'exista pas toujours entre les deux amis (voir les *Lettres de*
Rousseau des 17 et 26 fév. 1763). Il est difficile d'apprécier les mo-

tifs de ces contestations passagères. Moultou, ainsi que du Peyrou, fréquentait Voltaire. Rousseau, qui en était instruit, lui écrivait : « Voltaire vous a paru m'aimer, parce qu'il sait que vous m'aimez ; « soyez persuadé qu'avec les gens de son parti il tient un tout autre « langage » (21 mars 1763). Moultou était fin et pénétrant, il est difficile de croire qu'il ait pu s'y tromper.

2 avril 1763. Rousseau exhorte Moultou à quitter le ministère. 7 juillet 1763. Il lui reproche d'avoir dit de lui qu'il avait tronqué la copie d'une lettre de M. Marc Chappuis, de Genève. J'ignore de quoi il s'agissait dans cette lettre. Rousseau se contente de dire à Moultou : « Vous m'assurez à la vérité que cette copie n'est « pas tronquée, mais M. Chappuis le croit, et il part de là pour me « croire et me dire un homme capable de falsification ; il ne me paraît « pas avoir si grand tort, quoiqu'il se trompe. Vous avez dit cela à « bonne intention, mais il ne faut pas déshonorer ses amis pour les « servir.» (A M. Chappuis, 27 juin 1763.) Ici, Moultou a mis en note : « Il ne m'avait pas compris, et vit bien que je savais aussi bien que « lui cette maxime.» Cette remarque est sèche et n'explique rien ; Rousseau énonce un fait certain, et ce fait justifie ses reproches. De plus, Moultou semble insinuer qu'il reconnut plus tard son erreur : en parcourant avec soin les lettres subséquentes de Rousseau, je n'ai rien trouvé qui eût rapport à cet incident ; la note de Moultou est donc aussi équivoque que son procédé.

A partir du 1er août 1763, la correspondance entre Rousseau et Moultou offre une lacune qui ne cesse que le 15 octobre 1764. On voit dans la lettre de Rousseau qui porte cette date, des traces d'une contestation antérieure. On sait qu'après la mort de Rousseau, Moultou fut chargé de la publication de sa correspondance. Musset-Pathay affirme qu'il ne fit paraître qu'une partie des lettres dont il était dépositaire(¹). D'après cela, il est probable qu'il supprima celles qui se rapportaient à l'intervalle dont je viens de parler. Pourquoi ? C'est ce que je ne saurais dire. Peut-être s'agissait-il de la renonciation de Moultou au ministère évangélique, car il en est question dans cette lettre du 15 octobre 1764, et même d'une manière assez dure. Il en résulta probablement une nouvelle mésintelligence, qui suspendit la correspondance jusqu'au 7 janvier 1765. A cette date Rousseau écrivait à Moultou : « Il était bien cruel, *monsieur*, que, chacun de nous dé- « sirant si fort conserver l'amitié de l'autre, crût également l'avoir

---

(¹) *Histoire*, tom. II, pag. 175.

« perdue. Je me souviens très-bien, moi qui suis si peu exact à
« écrire, *de vous avoir écrit le dernier. Votre silence obstiné* me na-
« vra l'âme, et me fit croire que ceux qui voulaient vous détacher
« de moi avaient réussi... Votre retraite m'a déchiré : si vous reve-
« nez sincèrement, votre retour me rendra la vie. Malheureusement,
« je trouve dans votre lettre plus d'éloges que de sentiment. Je n'ai
« que faire de vos louanges, et je donnerais mon sang pour votre
« amitié. » Moultou avait vu de *l'animosité* dans les lettres de la
Montagne. Rousseau répond que, loin d'y avoir mis de l'animosité,
il ne les avait écrites *qu'avec la plus grande répugnance et vivement sollicité*. Il le somme encore une fois de renoncer à Genève et
au ministère. « Dans l'état où sont les mœurs, les goûts et les esprits
« à Genève, lui dit-il, vous n'êtes pas fait pour l'habiter. Si cette
« déclaration *vous fâche encore*, ne nous raccommodons pas, car je
« ne cesserai de vous la faire. » On voit que cette exigence, toute
singulière qu'elle était, annonçait une bien grande estime. Je prouverai tout à l'heure que Rousseau faisait trop d'honneur à Moultou.

9 mars 1765. « Je sens le prix de ce que vous avez fait pour moi,
« pendant que nous ne nous écrivions plus. Je me plaignais de vous,
« et vous vous occupiez de ma défense. On ne remercie pas de ces
« choses-là, on les sent ; on ne fait pas d'excuses, *on se corrige.*» Cependant, depuis cette lettre, les relations de Rousseau et de Moultou devinrent rares, et cessèrent enfin tout à fait. Moultou renoua
la correspondance en 1768, à propos des affaires de Genève. Rousseau lui répondit froidement (7 mars 1768) et en l'appelant *monsieur*. Ce ton persiste dans les lettres suivantes.

5 novembre 1768. Moultou venait de perdre son père. Cette circonstance toucha Rousseau ; il reprit la formule : *cher Moultou*, etc.
21 novembre 1768. Cette lettre est pleine d'affection, Rousseau avait
tout oublié.

12 décembre 1768. Moultou avait envoyé des extraits de lettres
de Rousseau à un certain Q...t, auteur caché des avanies de Trye,
(voyez chap. VI). Rousseau se fâche d'abord, puis il dit : « N'en
« parlons plus : ce n'est pas votre faute, mais vous ne deviez pas,
« ce me semble, être si facile à donner des extraits des lettres de
« votre ami. » On a vu précédemment que Moultou commettait assez
volontiers ces sortes d'indiscrétions. Ses relations avec Rousseau
se prolongent jusqu'au 6 avril 1770. Dans la lettre qui porte cette
date, on remarque le trait suivant : « Ne croyez pas que j'ignore
« vos liaisons ; ma confiance n'est pas celle d'un sot, c'est celle de

« quelqu'un qui se connaît en hommes ; qui n'attend rien des C...
« (Coindet), et qui attend tout des Moultou. Je ne puis douter qu'on
« n'ait voulu vous séduire ; je suis persuadé qu'on n'a fait tout au
« plus que vous tromper ; mais, avec votre pénétration, vous avez
« vu trop de choses, et vous en verrez trop encore pour pouvoir
« être trompé longtemps. Quand vous verrez la vérité, il ne sera
« peut-être pas temps de la dire ; il faut attendre les révolutions (¹)
« qui lui seront favorables et qui viendront tôt ou tard. C'est alors
« que le nom de mon ami, dont il faut maintenant se cacher, ho-
« norera ceux qui l'ont porté et qui rempliront les devoirs qu'il leur
« impose. *Voilà ta tâche, ô Moultou !* elle est grande, elle est belle,
« et depuis bien des années, mon cœur t'a choisi pour la remplir. »
A cet acte de noble confiance, Rousseau joignit le dépôt des *Dialogues*, d'un manuscrit des *Confessions*, et d'un recueil de lettres
importantes. Moultou n'accepta pas la mission que lui imposait
son ami ; pas un mot de justification ou même d'explication ne
sortit de sa plume. Cependant, après une si longue intimité, que de
choses il eût pu sauver de l'oubli, lui, témoin oculaire de tout ce
qui s'était passé à Genève, et lié non-seulement avec les amis de
Rousseau, mais avec la plupart de ses plus mortels ennemis ! Attendait-il les révolutions dont il est parlé dans la lettre ci-dessus citée ?
Cela n'est pas probable, car on n'a pas trouvé dans ses papiers la
moindre trace de travail qui eût rapport à son ami. On verra d'ailleurs, quand je traiterai des causes de la mort de Rousseau, qu'il
se conduisit d'une manière bien peu digne de l'affection dont celui-
ci l'avait honoré. En attendant ces détails, je vais citer de lui un
trait qui rendra déjà sa droiture plus que suspecte. « On a pré-
« tendu, dit Musset-Pathay, que Rousseau était méfiant avec ses
« amis, et l'on n'en a donné aucune preuve. Mais n'aurait-il pas
« eu raison de l'être s'il avait su que, parmi ces amis, il y en avait
« qui, doutant de sa bonne foi, et croyant qu'il n'était pas sincère
« dans ses opinions religieuses, lui tendaient des piéges » (*OEuvres
inédites*; t. 1ᵉʳ, page 449). Cet ami, ce fut Moultou. Rousseau ayant
remarqué dans plusieurs de ses lettres des traces de scepticisme
religieux et même de matérialisme, lui écrivit une des plus admi-
rables lettres qui soient sorties de sa plume (14 février 1769).
« Eh bien, dit Musset-Pathay, l'expression de ces doutes était feinte ;

(¹) On a cru que Rousseau pressentait ici la Révolution française ; c'est une erreur. Il n'a voulu parler que des vicissitudes morales qui, tôt ou tard, modifient l'opinion et rectifient ses jugements [XII].

« on voulait mettre Rousseau à l'épreuve, et savoir s'il était de
« bonne foi » (Ouvrage cité, page 449). Moultou était mort depuis
deux ou trois ans, lorsque la lettre de Rousseau fut publiée par
du Peyrou. Son fils adressa aux éditeurs la réclamation suivante :
« En parcourant, messieurs, la dernière livraison des *Œuvres de
« Rousseau*, j'ai vu avec chagrin que l'on y avait inséré une lettre
« qui, tout en faisant honneur aux principes religieux de ce grand
« homme, doit donner une idée très-fausse de ceux de M. Moul-
« tou. Je dois à la mémoire de mon père, je dois à la pureté de ses
« principes connus de tous ses amis, d'expliquer l'occasion de cette
« lettre. Mon père, étant à Montpellier, rencontrait souvent M. Ve-
« nel, professeur de l'Université, homme de beaucoup d'esprit et
« chimiste distingué. Rousseau était quelquefois le sujet de leurs
« conversations. M. Venel doutait fortement que Rousseau fût per-
« suadé des vérités de la religion, et, mon père cherchant à l'en con-
« vaincre, ils imaginèrent de concert qu'une lettre où mon père
« laisserait percer quelques doutes, lui attirerait de la part de
« Rousseau une réponse dans laquelle il développerait ses principes.
« Cette première lettre resta sans réponse, et une seconde, où les
« doutes furent plus clairement exprimés, fut suivie de cette lettre
« vraiment sublime qui semble inculper mon père. Si la surprise
« que manifeste Rousseau à l'apparence d'un changement de prin-
« cipes chez son ami n'était pas un sûr garant de la vérité de ce
« que j'avance, j'ajouterais qu'il est bien des gens à qui mon père
« lui-même a communiqué cette lettre, et qui pourraient attester la
« fidélité de cette anecdote. » La lettre de M. Moultou fils a été remise
à Musset-Pathay par M. Mouchon, ministre protestant, ami et
parent de Rousseau. (Voyez *Œuvres inédites*, t. Ier, p. 451.)

La première question qui se présente, c'est celle de savoir si
effectivement M. Moultou père possédait cette pureté de principes
religieux que son fils lui attribue. Voici comment Voltaire parlait
de lui. 12 janvier 1765, à M. d'Argental : « Mes divins anges, j'ai
« oublié, dans ma requête à M. le duc de Praslin, de spécifier que
« le vieux Moultou (c'était le père du ministre), qui vient promener
« sa vieille vessie à Montpellier, a un fils qu'on appelle *prêtre*, mi-
« nistre du saint Évangile, *et qui n'est rien de tout cela ; c'est un
« philosophe des plus décidés et des plus aimables*, etc. » 30 janvier
1765, au même : « Le fils Moultou *a le malheur* d'être ministre du
« saint Évangile dans le tripot de Genève, c'est son seul défaut.
« Mme la duchesse d'Enville doit certifier que mon petit Moultou,

« est *très-philosophe, très-aimable et point du tout prêtre*, etc. »

10 février, au même : « Vous m'avez fait espérer que mon petit
« *prêtre apostat*, Moultou, serait nommé dans le passe-port ; j'attends
« cette petite faveur avec douleur, car je serai très-fâché qu'il nous
« quitte. *Il aime la comédie avec fureur*, etc. »

23 avril 1773, à Mme Necker : « Je ne vois plus personne, je ferme
« surtout ma porte à tout étranger ; mais je compte que *M. Moultou*
« *viendra ce soir dans mon ermitage*, et que nous nous consolc-
« rons l'un l'autre en parlant longtemps de vous. »

Dans ses écrits Voltaire ressemble assez à un déiste ; dans ses
lettres, c'est tout autre chose ; il y est d'un matérialisme quelquefois cynique. J'engage ceux qui en douteraient à lire seulement sa
correspondance avec Mme du Deffand. Pour mériter de Voltaire le
titre de *philosophe décidé*, il fallait donc que Moultou lui eût fait
un terrible holocauste de dogmes religieux ; et qui peut savoir où
s'arrêta le *petit prêtre apostat*, devant le pontife de l'incrédulité ? Je
ferai remarquer en passant que le ministre Vernes, grand admirateur des athées Helvétius et Lamettrie, et ennemi déclaré de Rousseau, obtint aussi de Voltaire le titre de *philosophe*, pour avoir
abjuré devant lui, ainsi que Moultou, son caractère de prêtre chrétien. (Voir la Correspondance de Voltaire). Ce rapprochement n'est
pas sans importance. On a vu plus haut que Rousseau exhortait
Moultou à quitter le ministère et Genève, persuadé que l'état des
mœurs de sa patrie ne permettait plus à un homme droit et sérieux
d'y remplir des fonctions si respectables, ni même de l'habiter ; et
voilà que Voltaire nous apprend que *l'austère* Moultou était un
philosophe des plus aimables, et qu'il aimait la comédie avec fureur !
Pauvre Rousseau !! Ce n'est pas tout. En 1773, Moultou était
tellement lié avec Voltaire, que celui-ci, qui fermait sa porte *à tout
étranger*, faisait exception *pour lui seul*, et qu'il se *consolait* avec
lui en parlant de Mme Necker, cette même *adorable* femme chez
laquelle, suivant *son amie*, Mme Suard, on avait *passé une soirée entière à citer des preuves sans nombre de l'ingratitude de Rousseau*
(voyez chapitre v, page 189). Comment Moultou était-il devenu le
confident et le *consolateur* de Voltaire ? Je l'ignore, mais sans doute
que ce n'était ni en glorifiant Dieu, ni en plaidant la cause de celui
qui, plein de confiance en son dévouement, lui avait légué le soin
de venger sa mémoire.

Revenons au fait. D'après les détails que je viens de donner, on
peut déjà mettre en doute l'amitié de Moultou pour Rousseau et la

solidité de ses principes religieux. Maintenant, il me paraît très-vraisemblable que le *philosophe* Moultou partagea les doutes du *philosophe* (¹) Venel, sur la sincérité de Rousseau en matière de croyances, et que sa lettre ne fut qu'un piége au lieu d'être un moyen de justification. Voici sur quoi je me fonde. Moultou, en 1768, avait proposé à Rousseau de venir habiter le château de Lavagnac près Pézénas; en même temps, il lui avait parlé de M. Venel, et ce devait être d'une manière bien favorable, à en juger par ce qu'en dit Rousseau dans ses lettres des 10 octobre, 5 et 21 novembre et 12 décembre 1768. Il y parle *du bon, de l'aimable M. Venel; il dit qu'il a le cœur plein de lui, et qu'il lui écrirait si sa santé le lui permettait.* Cependant, il se trouve d'abord que M. Venel était ami de l'intendant du château de Lavagnac ; que cet intendant était lié lui-même avec celui du château de Trye, dont Rousseau se plaignait tant ; et, chose remarquable, ce fut à ce dernier que Moultou envoya des extraits des lettres de Rousseau (voir les lettres ci-dessus citées, entre autres celle du 21 novembre 1768). Mais ce qu'il y a de plus frappant, c'est que *ce bon et aimable* M. Venel, qui paraissait s'intéresser si vivement aux malheurs de Rousseau, le soupçonnait secrètement de n'être qu'un charlatan et un tartufe. Voilà l'homme que Moultou osait vanter à son ami, *et avec lequel il voulait le lier* (²)! Ce trait de mauvaise foi que M. Moultou fils est venu révéler lui-même, joint à la nature très-suspecte des croyances religieuses de son père, donne beaucoup de poids à ce que j'ai dit de la complicité probable de ce dernier avec M. Venel. Il y avait donc à la fois une grande pénétration et une bien noble erreur dans le trait suivant des *Confessions*, relatif à Moultou : « Jeune homme
« de la plus grande espérance *par ses talents*, par son esprit plein de
« feu, *que j'ai toujours aimé*, quoique sa conduite à mon égard ait
« été souvent *équivoque et qu'il ait des liaisons avec mes plus cruels
« ennemis ;* mais qu'avec tout cela je ne puis m'empêcher de re-
« garder encore comme appelé à être un jour le défenseur de ma

---

(¹) Les matérialistes ne se contentent pas de nier Dieu, ils n'admettent pas qu'on puisse y croire sérieusement. C'est sur ce trait caractéristique de la secte que j'ai appliqué la dénomination de *philosophe* à M. Venel, *professeur de l'Université et chimiste.*

(²) Voltaire écrivait le 20 octobre 1770 à d'Alembert, qui était alors à Montpellier : « Bien des respects et des regrets à M. Venel et à quiconque pense. » Ce M. Venel qui *pensait* ne peut être que le *professeur de Montpellier*. L'ami de Moultou était donc aussi celui de *Voltaire et de d'Alembert*. Et Rousseau s'attendrissait sur ce nouveau protecteur!

« mémoire et le vengeur de son ami. » Ceci fut écrit en 1768, précisément à l'époque où Moultou, se prêtant aux vues insidieuses de M. Venel, cherchait à surprendre Rousseau en flagrant délit d'hypocrisie. Il est donc évident que ce Rousseau, tant accusé de défiance, poussait au contraire l'estime et l'abandon jusqu'à l'excès; en effet, il n'est pas plus resté de traces des *talents* de Moultou que de son amitié. Dans le chapitre suivant, je prouverai que cette conclusion n'est pas encore assez sévère.

De toutes les personnes qui eurent avec Rousseau des relations d'amitié, Mme de La Tour-Franqueville est peut-être la seule qui fût fondée à lui reprocher des préventions et même de l'injustice. En 1761, lors de la publication de la *Julie*, cette dame, de concert avec une de ses amies, écrivit à Rousseau des lettres anonymes au sujet de cet ouvrage. Rousseau parut d'abord charmé de cet incident romanesque; puis, craignant d'être persiflé, il finit par déclarer aux *inséparables, hommes ou femmes*, qu'il voulait savoir à qui il avait affaire. Mme de La Tour se nomma; son amie, jeune folle assez impertinente, ennuyée des brusqueries de Rousseau, abandonna la partie. Une correspondance s'engagea bientôt entre Rousseau et Mme de La Tour. Le solitaire, qui n'aimait pas à se gêner, y passe alternativement du ton galant au ton bourru. Quant à Mme de La Tour, elle se passionna réellement. Rousseau avait une maladie de vessie; son amie lui conseilla de voir les médecins, et sa sollicitude à cet égard descendait quelquefois à des détails un peu délicats pour une jeune femme (voir la lettre de Rousseau, du 19 octobre 1761). Elle était fort exigeante en fait d'exactitude; elle attendait de l'assiduité, de la sujétion même de la part d'un homme indépendant jusqu'à la manie, souffrant de corps et d'esprit, écrasé de correspondances, la plupart irritantes ou ennuyeuses. Rousseau avait beau raisonner et se fâcher, elle ne se corrigeait pas. Elle le menaça même d'une visite. Rousseau la conjura d'avoir pitié de sa *barbe grise*. Il craignait le retour du fatal épisode de l'Ermitage. Après le décret, Mme de La Tour continua d'écrire et d'exiger. Elle envoya son portrait à Rousseau, qui lui écrivit, à cette occasion, trois lettres de compliments assez niais. Il n'entendit jamais rien à ces menus détails de galanterie. Mme de La Tour vit Rousseau en 1765, lors de son passage à Paris; cette entrevue lui fut favorable. En la quittant, son ami lui adressa un billet affectueux où l'on remarque ce trait qui prouve que Mme de La Tour ne se lassait pas de le harceler : « Je désire extrêmement que vous m'aimiez *et que vous*

« *ne me fassiez plus de reproches.* » Après l'affaire de Hume, elle publia en faveur de Rousseau un écrit apologétique dont j'ai déjà parlé (voyez chap. v, pag. 244). Ce morceau est verbeux et ne va pas toujours au but, mais il est plein de chaleur et de dévouement. Rousseau devina le nom de son aimable défenseur ; il chargea le libraire Guy *de se mettre à genoux pour lui devant sa chère Marianne*, qui méritait cet hommage et qui le mérita encore plus par la suite. A son retour en France, Rousseau lui écrivit en ces termes : « Chère Marianne, mon cœur vous est attaché par les liens les « plus doux et les plus solides ; la trempe de ceux qui m'attachent à « M. du Peyrou n'est pas moins forte. De quel prix puis-je payer « les nobles et généreux sentiments de la seule amie et du seul ami « dont l'affection pour moi soit à l'épreuve de mes malheurs, si ce « n'est en les présentant l'un à l'autre ? » Le 3 janvier 1769, il lui écrivait encore plus affectueusement. A cette époque, un dérangement extraordinaire de santé lui fit croire à sa fin prochaine. « Qu'il « me reste, lui disait-il, peu ou beaucoup de temps à vivre, vous me « serez respectable et chère jusqu'à mon dernier soupir... Si je suc- « combe, Marianne, honorez la mémoire de votre ami et soyez sûre « qu'il a vécu et qu'il mourra digne des sentiments que vous lui avez « témoignés. » Marianne fit plus, elle défendit courageusement cette mémoire, et l'on verra, par les détails qui vont suivre, tout ce qu'il y eut de méritoire dans cette conduite. On trouve encore dans la *Correspondance* de Rousseau trois lettres très-affectueuses adressées à Mme de La Tour. La dernière est du 4 juillet 1769 ; le 9 du même mois, elle eut le malheur d'écrire à Rousseau ce qui suit : « *J'ai votre* « *portrait gravé à Londres*, d'après l'original de Ramsay. Je l'ai « placé au-dessus de la table qui me sert de secrétaire, précisément « comme une dévote place au-dessus de son oratoire l'image du « saint auquel elle a le plus de dévotion. Hélas! je n'en reçois pas « plus d'influence qu'elle : je reste toujours bien loin de ce que *j'ad-* « *mire* ; mais j'ai le bonheur de penser qu'il n'est pas nécessaire de « ressembler à l'objet de sa vénération pour lui plaire. » Rousseau, aigri par la continuité de l'infortune, et entouré alors de fourbes complimenteurs, crut voir de l'affectation dans cette idolâtrie, un peu ridicule, il faut l'avouer. Mais *le portrait de Ramsay* dut surtout l'irriter. Ce portrait est repoussant, et Musset-Pathay lui-même convient, avec son euphémisme habituel, qu'il n'est *nullement agréable*. Comment Mme de La Tour, qui avait vu Rousseau, put-elle s'y tromper? Plusieurs lettres d'elle, remplies de passion et d'éloges véritablement fanatiques, restèrent sans réponse. Lorsque Rousseau revint à Paris, en 1770, Mme de La Tour lui écrivit plusieurs fois pour le supplier de lui accorder une entrevue. Après *la septième lettre*, Rousseau lui répondit par un refus assez sec (4 septembre 1770). Mme de La Tour, dans sa réponse, montra quelque dépit, et cela se conçoit; mais elle commit une imprudence encore plus grave que les précédentes, en demandant à Rousseau la permission de *faire imprimer leur correspondance*. Rousseau s'effaroucha beaucoup de cette proposition qui, en effet, était bien indiscrète, et déclara à Mme de La Tour qu'il était décidé à rompre avec elle. Il lui reprocha surtout ce trait ridicule employé par elle, dans une lettre précédente : « *Vous avez enfoncé d'une main sûre un fer empoisonné* « *dans le sein de l'amitié* », et ajouta qu'il était bien résolu à n'avoir de ses jours aucune liaison avec quiconque pouvait s'exprimer de cette manière (14 avril 1771). Cependant le 7 juillet 1771, cédant à son ancien penchant, il lui écrit qu'il ne reçoit pas *son adieu pour jamais*, et que ses relations avec elle ne sont interrompues que jusqu'à *de plus grandes lumières*. Autre imprudence. Mme de La Tour sachant combien Rousseau était tourmenté des mauvaises éditions qu'on faisait de ses écrits, lui proposa de revoir elle-même celle qu'imprimait alors un certain Simon, dont les infidélités forcèrent Rousseau d'écrire à M. de Sartine. « Je vous enverrai le résultat, « lui dit-elle ; si vous ne voulez pas le voir, vous me le renverrez ; « une dureté de plus ou de moins ne vous rendra ni moins estima- « ble, ni moins cher au cœur de votre amie. » Ce nom de *Simon* excita la défiance de Rousseau. Cependant, il consentit à voir Mme de La Tour, et à la suite de cette entrevue, il lui écrivit « qu'il était « sensible à l'offre qu'elle lui faisait de comparer les bonnes éditions « de ses écrits à celles qu'on publiait alors, mais que pour lui éviter « de la dépense et des soins, il ne croyait pas devoir y consentir. » Il termine en lui déclarant « que les réflexions qu'il a faites sur sa « visite le confirment dans ses résolutions précédentes. » Mais voici quelque chose de plus fatal encore. « Plus de vingt ans après la « naissance du dernier enfant de Rousseau, dit Musset-Pathay, ses « ennemis disaient qu'il continuait à faire des enfants et à les mettre « à l'hospice. » Mme de La Tour eut la malheureuse idée de l'en instruire. Voici ce qu'elle lui écrivit (décembre 1773) : « Extrait « d'une lettre que je reçus, il y a quelque temps, d'une femme de « qualité qui demeure en province : « On m'a dit une conduite « odieuse de notre ami Jean-Jacques. Si elle est vraie, vous cesse-

« rez sûrement comme moi de l'estimer. On assure qu'il fait mettre
« tous ses enfants aux Enfants-Trouvés. Comme l'écriture de cette
« femme n'est pas bien formée, et que je ne pouvais pas me persua-
« der que ce conte vous regardât, je l'ai priée de m'écrire en toutes
« lettres le nom de celui de nos amis à qui je devais retirer mon
« estime, parce qu'en pareil cas, les méprises me paraissent dan-
« gereuses. Voici mot pour mot ce qu'elle me mande dans sa ré-
« ponse du 27 novembre 1773 : — C'est ce Jean-Jacques Rousseau, de
« Genève, qu'on assure qui a l'infamie de mettre ses enfants aux
« Enfants-Trouvés. Sa femme, pénétrée de douleur, a fait tout ce
« qu'elle a pu pour s'y opposer. Dans son désespoir, elle s'est con-
« fiée, dans sa dernière grossesse, à une femme de qualité qui avait
« des bontés pour son mari. Malgré toutes leurs précautions, il a
« encore trouvé le moyen de soustraire ce dernier enfant pour le
« mettre avec les autres. — Eh bien ! mon cher Jean-Jacques, ajou-
« tait Mme de La Tour, affectez-vous donc encore des propos du
« public ! » (Musset-Pathay, *Œuvres inédites*, t. Ier, pag. 247.)

Mme de La Tour demeurait à Paris ; elle était assez répandue dans
le monde. Si l'histoire des enfants de Rousseau, ébruitée depuis
longtemps à Paris, était connue en province, il était assez singulier
qu'une Parisienne l'ignorât. Cependant, on doit croire qu'il en était
ainsi ; mais qu'on juge de l'effet de cette communication sur l'imagination de Rousseau. Il était fermement convaincu que Mme de La
Tour manquait de franchise envers lui. « De toutes mes correspon-
« dantes, lui écrivait-il (14 juillet 1771), vous étiez en même temps
« la plus exigeante, et celle qui m'éclairait le moins sur les choses
« qu'il m'importait de savoir, et *que vous n'ignoriez pas* [1]. » Musset-
Pathay, je ne sais pourquoi, a supprimé, dans sa citation, cette dernière phrase qui est pourtant très-importante. Ici Rousseau affirmait que Mme de La Tour était *instruite* de ces choses ; il pouvait
se tromper, mais encore faudrait-il savoir ses raisons. Cette conviction qui, maintenant, ne peut plus être discutée, était évidemment
la cause de son opiniâtre éloignement pour cette dame. Il est sûr que
sans sa noble conduite après la mort de Rousseau, on serait tenté
de regarder l'avis sur les enfants comme une de ces vengeances raf-
finées que l'amour-propre offensé inspire si souvent aux femmes.
Mme de La Tour aimait véritablement Rousseau, mais elle n'entendait rien à son caractère. Un peu d'adresse de sa part eût prévenu

[1] Cette phrase est soulignée dans la lettre originale de Rousseau, contenue
dans le manuscrit déposé à la bibliothèque de l'Assemblée nationale.

les boutades de son excellent, mais très-bizarre ami. Au lieu de le harceler, il fallait l'attendre. Si elle lui eût dit : « Je sais que vous « êtes malheureux et que vous m'aimez, je n'exige de vous que ce « que votre cœur vous inspirera pour moi » ; le sauvage était à ses pieds. « Depuis que vous avez changé de ton, lui écrivait-il (23 mai « 1762), votre douceur me gagne, et je m'affectionne de plus en plus « à tout ce qui me vient de vous. » Une autre fois, inquiet de son silence, il lui écrivit un billet presque passionné (7 avril 1763). Plus tard, aveuglée par son enthousiasme et par son exigence naturelle, Mme de La Tour ne vit pas ce qui n'était que trop évident, que la tête de son ami n'avait pu résister aux atteintes de l'adversité. Elle lutta jusqu'à la fin avec le pauvre monomane ; elle excita ses soupçons par des imprudences qui eussent offensé une intelligence saine. Désespérée de sa disgrâce, elle ne soupçonna même pas, malgré tout son esprit, que ce dont elle se plaignait si amèrement était son propre ouvrage. Rien ne put l'éclairer, et l'on est confondu de la voir affirmer, dans une lettre publique, qu'elle n'avait trouvé *aucune trace de dérangement d'esprit* dans les *Dialogues* de Rousseau (édit. de Genève, t. XXX, pag. 348). Assurément le fanatisme ne saurait aller plus loin. Si ce sont là des torts, ils furent bien expiés par le chagrin d'avoir perdu un tel ami, par l'ardeur que *Marianne* mit à défendre sa mémoire contre une ligue de fourbes habiles et puissants, et par sa triste fin. Musset-Pathay rapporte, d'après M. Michaud, éditeur de la *Correspondance* de Mme de La Tour, que cette intéressante femme, après avoir perdu toute sa fortune, mourut en 1789 à l'hôpital de Saint-Mandé, laissant une fille dans la dernière misère. Ces renseignements affligeants sont heureusement adoucis par la note suivante, communiquée plus tard à Musset-Pathay par une petite-nièce de Mme de La Tour : « Lorsque j'étais jeune fille, « dit cette dame, j'allais en visite chez Mme de La Tour-Franqueville. « Il était aisé de voir qu'elle avait beaucoup d'esprit et d'instruction. « Sa physionomie et son regard s'animaient facilement ; ses impres« sions étaient très-vives, elle s'énonçait avec facilité et élégance. « On pourrait dire que son enthousiasme ressemblait à celui de « Mme de Staël. Il était prompt et excessif ; on lui plaisait ou on lui « déplaisait. Elle est morte avant la Révolution. Elle eût été séduite, « je crois, par les idées libérales, bien qu'elle fît cas de la naissance. « Elle avait été forcée de se séparer de son mari que je n'ai jamais « connu, mais que je savais être un très-pauvre sujet. Elle était veuve « depuis longtemps et passait sa vie dans la solitude avec une amie,

« Mme Duvernois, religieuse relevée de ses vœux et qui se trouvait
« sans fortune. Ma tante y suppléait avec noblesse et générosité. Elle
« possédait ces deux qualités, on peut dire, à l'extrême, et son ju-
« gement, souvent égaré par l'excessive bonté de son cœur, la rendait
« fréquemment dupe de gens qui ne méritaient pas ses bienfaits. Sa
« compassion pour les animaux égalait celle qu'elle ressentait pour
« les malheureux. Entendre fouetter un cheval la désespérait; aussi
« ne pouvait-elle se décider à quitter son appartement » (Musset-
Pathäy; *OEuvres inédites*, t. Ier, pag. 250). Ces détails sont précieux
en ce qu'ils prouvent la grande conformité d'organisation qui existait entre Mme de La Tour et l'homme qu'elle aima si excessivement.
Si à tant d'aimables qualités elle eût joint plus de tact et de modération, qui sait si l'influence de cette excellente femme n'eût pas prévenu ou du moins tempéré les tristes effets de l'infortune sur la raison de son ami!

J'ai peu de chose à dire de D'Ivernois et de Laliaud, qui ne peuvent être regardés comme des amis. Le premier était un des membres
les plus ardents de l'opposition démocratique à Genève, et ses rapports avec Rousseau avaient un but exclusivement politique. Le
jugement dédaigneux des *Confessions* sur cet homme se trouve justifié par le trait suivant d'une lettre de Rousseau à Moultou (10 octobre 1768) : « Je trouve dans votre lettre la clef de bien des mystères
« auxquels depuis longtemps je ne comprenais rien. Cela m'a fait
« rompre, un peu imprudemment, avec des *ingrats* (les opposants
« genevois), dont j'ai plus à craindre qu'à espérer, *après m'être
« perdu pour leur service.* » Il disait encore, dans celle du 8 septembre 1769, au même : « Je ne suis pas surpris de ce que vous me
« marquez des dispositions des gens qui vous entourent ; il y a long-
« temps qu'ils ont changé le patriotisme en égoïsme ; l'amour pré-
« tendu du bien public n'est plus dans leurs cœurs que de la haine
« de parti. » Lorsque Rousseau s'exprimait ainsi, il avait cessé depuis longtemps toute relation avec D'Ivernois, et tout fait croire que
ce trait le concerne implicitement. Quant à Laliaud, les *Confessions*
et la *Correspondance* le dépeignent comme *très-empressé*, ce qui, à
l'égard de Rousseau, n'était pas toujours un indice de bienveillance.
A son passage à Paris, en 1765, Rousseau le trouva *très-lié* avec un
aventurier hongrois, dont il est question dans le XIIe livre des
Confessions, et que D'Ivernois prétendait être un espion du ministère français, ce qui n'est certainement pas invraisemblable. « Je
« n'ai jamais pu savoir, dit Rousseau, d'où lui venait cette connais-

« sance, et si elle était ancienne ou nouvelle. » Ce que j'ai prouvé précédemment au sujet de l'influence française sur la destinée de Rousseau, donne quelque valeur à cette circonstance.

J'arrive maintenant à la question, futile en apparence, et réellement très-importante de la prétendue omnipotence de Thérèse sur l'esprit et la conduite de Rousseau. « Il est, dit Musset-Pathay, des « concessions qu'on est obligé de faire. Je n'en demande qu'une : « c'est de convenir du véritable état des choses, et cet état de choses « se compose du caractère de Rousseau et de l'empire qu'exerça sur « lui Thérèse » (*Hist.*, préface, pag. 8).

Je réponds qu'il n'y a de concessions *obligées* que celles qu'on fait à l'évidence. Celle que demande d'emblée Musset-Pathay, ayant besoin, comme toute autre, d'être appuyée sur des faits, est donc arbitraire. La discussion, dans ce cas, était même d'autant plus nécessaire, que Musset-Pathay a prétendu expliquer une grande partie de la destinée de Rousseau par l'influence malfaisante de sa compagne. Je vais essayer de remplir la tâche qu'il a cru pouvoir dédaigner, et démontrer qu'indépendamment de ce vice primitif de raisonnement, il est tombé, à l'égard de Thérèse, dans un grand nombre d'erreurs matérielles qu'il eût évitées, s'il se fût abandonné moins complaisamment à son idée fixe. J'en ai déjà relevé quelques-unes précédemment ; celles que je vais réfuter ont encore plus d'importance. Je commence par la plus absurde de toutes. « Mme d'Hou-« detot, dit Musset-Pathay, prétendait *que, quoi que Jean-Jacques* « *en eût dit*, ce fut Thérèse qui voulut abandonner ses enfants ; « *qu'elle en avait la certitude*. Nous tenons ce trait de Mme d'Allard, « qui a vécu, pendant treize ans, dans l'intimité avec Mme d'Houde-« tot. Il est *difficile* de concilier cette opinion avec la répugnance « que Jean-Jacques suppose dans Thérèse ; cependant, on ne peut « douter que Mme d'Houdetot n'ait eu toute sa confiance, et Rousseau « parle d'une cause du parti qu'il prit à l'égard de ses enfants et « qu'il ne veut pas dire » (*Hist.*, t. Ier, pag. 211).

Je ferai remarquer tout de suite que ce n'est pas Mme d'Houdetot qui parle ici, mais son amie Mme d'Allard. Il n'est pas seulement venu à l'idée de Musset-Pathay de supposer que cette dame ait pu mentir. Il est bon de savoir qu'elle était liée avec Saurin, que Rousseau dit avoir été *son ennemi très-ardent* (*Confess.*, liv. VIII) ; qu'elle avait eu des relations avec Mmes d'Épinay et de Verdelin, et avec toutes les personnes de leur société (Voir l'article *d'Houdetot*, dans le premier volume de l'*Histoire* de Rousseau, par Musset-Pathay, pag. 140).

Toutes ces particularités sont importantes. Au reste, je ne crois pas absolument impossible que Mme d'Houdetot ait tenu le propos dont il s'agit, et j'en dirai plus tard les raisons; mais il me paraît tout à fait inexplicable que Musset-Pathay l'ait adopté comme authentique. Comment n'a-t-il pas senti que, par cela seul, il rétractait tout ce qu'il a écrit sur la constante véracité de Rousseau? Il est clair que, si Mme d'Houdetot a dit la vérité, l'épigraphe des *Confessions: Intus et in cute*, la fière devise : *Vitam impendere vero*, sont deux actes d'hypocrisie; Rousseau se jouait de Dieu et des hommes, lorsqu'après avoir lu publiquement ses *Confessions*, il ajoutait : « *J'ai « dit la vérité :* si quelqu'un sait des choses contraires à ce que je « viens d'exposer, fussent-elles mille fois prouvées, il sait des men- « songes et des impostures, et, s'il refuse de les approfondir et de « les éclaircir avec moi, il n'aime ni la justice, ni la vérité. » Cependant, suivant Musset-Pathay, l'homme qui défiait ainsi le public savait, au fond de son cœur, qu'il avait menti sur le compte de sa compagne; il savait que Mme d'Houdetot connaissait la vérité par ses propres aveux, et qu'elle pouvait le confondre! Voilà quelle terrible injure Musset-Pathay fait à l'homme dont il a honoré le caractère! « Rousseau, dit-il encore, pour épargner sa compagne, « a jeté un voile sur son indigne conduite. » Je réponds que cette apparente générosité, si elle était réelle, serait non-seulement un acte de fausseté, mais qu'elle révélerait une partialité bien inexplicable. Rousseau n'a pas épargné Mme de Warens, sa bienfaitrice; il s'est exposé à passer pour un ingrat en disant toute la vérité sur le compte d'une femme qu'il aimait tendrement, et Musset-Pathay voudrait qu'il eût ménagé Thérèse, dont, à en juger par le propos de Mme d'Houdetot, l'infamie secrète lui était démontrée! Il mentait donc encore impudemment lorsqu'il disait : « Je n'ai dissimulé ni « les vices de ma pauvre maman, ni les miens; je ne dois pas faire « plus de grâce à Thérèse, etc. » Les *Confessions* de Rousseau, sa *Correspondance*, sont remplies des éloges de cette femme; non-seulement il y tait le mal qui existe d'après Musset-Pathay, il y dit le bien qui n'existe pas; non content d'épargner cette malheureuse, il cherche à lui concilier une estime dont il la sait indigne. Ici ce n'est pas une réticence, c'est une imposture réfléchie, c'est un véritable parjure, après l'étalage qu'il fait de sincérité. En outre, cet homme, qui a si souvent répété, et si solennellement, qu'il ne pouvait y avoir de transaction entre lui et les méchants, n'en a pas moins passé trente-quatre ans de sa vie avec une infâme; ce fier ennemi de toute iniquité a fait à cette vile créature le sacrifice de son repos et de ses principes, en subissant son joug, en l'honorant aux dépens de la vérité! Comment Musset-Pathay n'a-t-il pas vu que l'ignominie qu'il verse sur Thérèse rejaillit sur Rousseau, et qu'il n'est pas possible d'admettre une association si prolongée, une indulgence si coupable, sans faire soupçonner des convenances secrètes qui les expliquent?

Cette première contradiction, déjà si énorme, en amène d'autres dont Musset-Pathay ne paraît pas plus embarrassé. Ainsi, d'une part, pour expliquer l'humeur ombrageuse de Rousseau et ses préventions, il le dépeint comme esclave de sa compagne, s'en rapportant aveuglément à ses avis; rompant avec ses amis à son instigation et presque sur *son ordre*, ce qui fait supposer de la confiance et même de l'estime. D'un autre côté, importuné du bien que Rousseau dit si souvent de cette femme et d'un ton si sincère, il suppose, de sa propre autorité, qu'il chercha à dérober au public la connaissance de ses turpitudes: qu'il explique donc alors comment elle put exercer un ascendant si extraordinaire sur un homme qui la méprisait intérieurement. Encore si l'amour pouvait motiver cette inconcevable faiblesse: mais Rousseau déclare formellement dans ses *Confessions* qu'il n'avait pas plus désiré de la posséder que Mme de Warens (liv. IX). Il ne reste donc plus, en fait de suppositions, que *la crainte;* et celle-là ne serait guère plus honorable que l'autre, sans être moins gratuite. Pour comble d'inconséquence, Musset-Pathay, oubliant tout ce qu'il avait dit sur la coupable dissimulation de Rousseau, s'exprime ainsi dans un autre endroit: « Mais il traînait après soi la plus « cruelle ennemie de son repos, c'était Thérèse Levasseur. *La con-* « *fiance qu'il avait en elle était sans bornes, il la crut incapable de le* « *tromper et se trompa lui-même* » (*Hist.*, t. Ier, pag. 157). Si Rousseau eut dans Thérèse une confiance sans bornes, s'il la crut *incapable de le tromper*, et si dans ce jugement favorable, *il se trompa lui-même*, le mépris secret que Musset-Pathay lui prête n'existait pas, et par conséquent il ne chercha pas à abuser le public sur le compte de sa compagne, puisqu'il était lui-même dans l'illusion à son égard. Musset-Pathay n'a pas vu que dans ce trait irréfléchi, il se réfutait lui-même et qu'il démentait l'assertion de Mme d'Houdetot; car cette confiance, cette illusion de Rousseau, ne peuvent se concilier avec l'aveu qu'elle prétendait avoir reçu de lui sur l'article de ses enfants. Quant aux *raisons particulières* que Rousseau ne voulut pas dire dans ses *Confessions, de peur de séduire les jeunes imaginations*, ce sont incontestablement celles que contient sa lettre à Mme de Francueil (20 avril 1751), et Thérèse n'y est pour rien. Il y en a une autre énoncée dans le passage suivant des *Confessions* : « Je frémis de les livrer (ses enfants) à cette famille mal élevée pour « en être élevés plus mal encore. Les risques de l'éducation des en- « fants trouvés leur étaient cent fois moins funestes. Cette raison « du parti que je pris, *plus forte* que toutes celles que j'énonçai dans « ma lettre à Mme de Francueil, fut pourtant la seule que je n'osai lui « dire. J'aimai mieux ne pas me disculper autant d'un blâme aussi « grave, et ménager la famille d'une personne que j'aimais... » (*Confessions*, liv. IX.) Voilà donc les raisons *secrètes* trouvées, et l'étourderie de Musset-Pathay démontrée autant que possible. Si l'on s'obstinait à vouloir que Rousseau eût encore d'autres raisons, je demanderais ce qu'il pouvait y avoir *de dangereux pour les jeunes gens* à apprendre que Mlle Levasseur était une mère dénaturée ?

Aveuglé par la partialité, Musset-Pathay rappelle que Barruel Bauvert, dans une Histoire de Jean-Jacques Rousseau, pleine de fables ridicules et justement oubliée maintenant, prétendait que les enfants n'étaient pas de lui ; il ajoute que la chose est possible, Rousseau ayant déclaré qu'il avait eu un prédécesseur. Il oublie que ce fut Thérèse qui lui fit spontanément cet aveu, dans un moment où très-peu de femmes, à coup sûr, sont capables de cette sincérité naïve. On a vu, à l'article de Mme de La Tour, qu'il circulait dans le monde, au sujet de cette femme, une version tout opposée à celle de Mme d'Houdetot, puisqu'on l'y présentait comme une victime forcée de se soumettre aux ordres d'un père qui sacrifiait froidement ses enfants. On conviendra que ces contradictions doivent inspirer au moins de la défiance pour les imputations dont la compagne de Rousseau a été accablée.

Il s'en faut que j'aie énuméré toutes les bévues de Musset-Pathay sur ce sujet. Il dit, en parlant du désintéressement de Rousseau et de son indépendance : « *Thérèse* et sa famille, à qui de pareilles « idées paraissaient fort étranges, le contrariaient et lui donnaient de « l'humeur » (*Hist.*, t. Ier, pag. 51). Voici le texte des *Confessions* : On « se doutera bien que le parti que j'avais pris n'était pas du goût « de Mme Levasseur. *Tout le désintéressement de la fille ne l'empê-* « *chait pas de suivre les directions de sa mère*, et les *gouverneuses* « *n'étaient pas toujours aussi fermes que moi dans leurs refus* » (liv. VII). Je n'ai pas besoin de faire sentir combien Musset-Pathay aggrave injustement le rôle de Thérèse(¹). Dans un autre endroit, Rousseau dit que celle-ci, par *l'ordre de sa mère*, lui avait caché les générosités de Mme Dupin ; il est encore plus explicite dans le passage suivant : « Quoique Thérèse *fût d'un désintéressement qui « a peu d'exemples*, sa mère n'était pas comme elle » (liv. VII). Enfin, dans une lettre du 12 juin 1761, à Mme de Luxembourg, il lui recommande sa compagne, dans le cas où il viendrait à mourir. Il la prie de ne pas souffrir qu'elle vive avec sa famille. « Si jamais, lui dit-il, « elle vit à Paris, elle est perdue ; car, leur fût-elle cachée, comme « elle est d'un bon naturel, elle ne pourra jamais s'abstenir de les « voir, et ils lui suceront le sang jusqu'à la dernière goutte, puis ils « la feront mourir de mauvais traitements. »

Musset-Pathay avance aussi que « les ennemis de Rousseau par-« vinrent à gagner Thérèse ; qu'il s'en aperçut, et que cette cruelle « découverte lui fit conclure, non sans quelque apparence de raison, « qu'il ne pouvait plus se fier à personne » (*Hist.*, t. Ier, pag. 295). Musset-Pathay oublie qu'un peu avant il venait de dire que Rousseau avait en Thérèse *une confiance sans bornes*. Citons encore les *Confessions* : « Mais une chose qui me surprit davantage, ce fut d'ap-« prendre (de Thérèse) qu'outre les entretiens particuliers que Dide-« rot et Grimm avaient eus avec elle et sa mère pour les détacher de « moi, *et qui n'avaient pas réussi par la résistance de Thérèse*, tous « deux avaient eu de fréquents colloques *avec sa mère, sans qu'elle « eût pu savoir ce qui se traitait entre eux...* De quelque façon que « s'y prît la vieille, *elle ne put jamais faire rentrer Thérèse dans « ses vues, et l'engager à se liguer contre moi* » (liv. IX). A la vérité,

(¹) En avril 1776, Rousseau confia un manuscrit des *Dialogues* à un Anglais nommé M. Brooke Boothby, qui le fit imprimer à Londres en 1780, et l'inséra ensuite dans les tomes XXI et XXII de l'édition de Genève de 1782. A la page 133 du tome XXI se trouve la note suivante de l'éditeur anglais : « L'augmenta-« tion du prix des denrées et les signes de caducité qui paraissaient en M. Rous-« seau sur la fin de ses jours faisaient craindre à sa femme qu'il ne succombât « faute de nourriture saine. Elle se décida alors, avec l'aveu d'une personne en « qui elle avait de la confiance (Corancez peut-être), de tromper pieusement « son mari sur le prix qu'on lui faisait payer sa petite provision. C'est ainsi que « cet infortuné voyait partout la confirmation de ses malheurs. » Il reste à savoir si M. Brooke Boothby parle ici de Thérèse d'après ce qu'il a vu ou d'après ouï-dire. Du reste, il n'est pas impossible qu'on ait abusé de la crédulité de cette femme et de la nécessité pénible où elle se trouvait ainsi que son mari, pour la déterminer à se prêter aux vues des faux bienfaiteurs, que M. Brooke Boothby n'a pas pénétrées, et qui sont si clairement dévoilées dans la Notice de Dussaulx et dans les *Mémoires de Mme d'Épinay*.

Rousseau convient que, subjuguée par l'ascendant de sa mère, Thérèse lui cacha bien des choses. « Deux femmes, dit-il, qui ont des
« secrets, aiment à en babiller ensemble. Cela les rapprochait, et
« Thérèse, en se partageant, me laissait quelquefois sentir que j'é-
« tais seul. » Il ajoute que ce penchant de sa compagne pour sa
mère lui fit regretter de n'avoir pas cultivé son intelligence; le défaut d'instruction était donc la véritable cause qui faisait que Thérèse préférait la société de sa mère à celle de Rousseau, et non la bassesse et la perfidie, comme le veut Musset-Pathay, contre le témoignage même de Rousseau. Enfin, il dit encore que quand celui-ci sut *que la mère Levasseur gardait les cadeaux qu'on lui adressait, il la renvoya dans les vingt-quatre heures.* C'est une erreur grossière. La cause du renvoi de cette femme était bien plus grave : elle avait donné un démenti à Rousseau devant Diderot, sur un fait important (voir chap. II, page 18). Voilà comment Musset-Pathay étudiait les questions qu'il tranchait avec tant d'aisance!

On a vu dans les *Confessions*, livre IX, que Mme d'Épinay avait tenté de se procurer les lettres de Mme d'Houdetot, et que Thérèse, qui savait où elles étaient, affirma que Rousseau n'en avait conservé aucune. Musset-Pathay ne peut s'empêcher de convenir avec Rousseau que « le mensonge était *plein de fidélité*, d'*honnêteté*, de
« *générosité; tandis que la vérité n'eût été qu'une perfidie.* » Mais, embarrassé de cet aveu forcé, il y joint avec un aplomb comique cet ingénieux rapprochement : « Si Jean-Jacques n'a pas dit la vé-
« rité sur *la Levasseur*, c'est qu'il a cru que ce serait une perfidie,
« et que le mensonge, dans cette hypothèse, n'était que de la gé-
« nérosité » (*Hist.*, t. II, pag. 199). J'ai suffisamment répondu à ce sophisme. On remarquera l'expression insultante : *la Levasseur*, empruntée aux plus furieux ennemis de Rousseau. Il semble que Musset-Pathay veuille se venger de n'avoir pas eu le sens commun en parlant de cette malheureuse fille.

Après le départ de Rousseau pour la Suisse, une marchande de volailles de Montmorency lui écrit pour réclamer le prix de quelques fournitures. Rousseau répond et démontre qu'il ne doit rien. En outre, il objecte à la réclamante que, Mlle Levasseur étant restée longtemps à Montmorency avant de le rejoindre à Motiers, il était surprenant qu'elle ne se fût pas adressée à elle, et il ajoute que sa confiance dans la probité de sa gouvernante lui permet de croire qu'elle a fidèlement acquitté tous ses mémoires. Là-dessus, Musset-Pathay prend fait et cause pour la marchande de volailles : « Si Thé-

« rèse ne manquait pas de probité, dit-il, elle manquait d'ordre et
« de mémoire » (*Hist.*, tom. II, pag. 507). De sorte que voilà un
grave écrivain qui ne dédaigne pas de relancer cette pauvre créature
jusque dans sa cuisine, et qui, décidant, à soixante ans d'intervalle,
une question du ménage de Rousseau, rejette son témoignage pour
y substituer une affirmation hostile contre sa gouvernante. J'ai cité
ce trait uniquement pour donner une idée des préventions de cet
homme, si exact et si bienveillant sur tant d'autres points.

On se rappelle que le prince de Ligne disait, en parlant de Thérèse : *Sa vilaine femme ou servante.* Musset-Pathay, *flatté* de cette
grossièreté, a mis en note : « Il y a dans tous ceux qui ont connu
« Thérèse un concert d'expressions de mépris bien remarquable »
(*Hist.*, tom. Ier, pag. 218). Il se trompe : ce *concert* n'existe que
parmi ceux qui haïssaient son mari. Rousseau s'exprime ainsi dans
ses *Confessions :* « Devant les dames du plus haut rang, devant les
« grands et les princes, ses sentiments, son bon sens, ses réponses
« et sa conduite lui ont attiré *l'estime universelle*, et à moi, sur *son
« mérite, des compliments dont je sentais la sincérité* » (livre VII).
Il écrivait cela en 1768, après vingt-cinq ans d'intimité et, par conséquent, revenu de toute espèce d'illusion, si jamais il en eut à cet
égard. Il dit aussi de Mme de Luxembourg : « Ce qui m'émut sur-
« tout vivement, fut de voir les bontés qu'elle prodiguait à Thé-
« rèse ; lui faisant de petits cadeaux, *la recevant avec cent caresses,
« et l'embrassant très-souvent devant tout le monde.* » Mais laissons
ces témoignages et tant d'autres du même genre, si nombreux dans
les *Confessions*. Je consens aussi à négliger les mentions fréquentes
et flatteuses que les correspondants de Rousseau faisaient de Mlle Levasseur ; quoique parmi eux il se trouve encore des grands, et
entre autres des *lords anglais*. La politesse, j'en conviens, pouvait
leur inspirer ces formules. Voici des témoignages que certainement
Musset-Pathay n'eût pu récuser. M. Eymar, de Marseille, dont
l'impartialité et la bienveillance ne sont pas douteuses ([1]), disait de
Thérèse, à la suite d'une visite qu'il avait faite à Rousseau en 1774 :
« Mme Rousseau, quand je la vis, était bien loin de ressembler au
« portrait hideux qu'un poëte célèbre a fait d'elle dans une de ses
« satires (Voltaire, dans la *Guerre de Genève*). Je ne la trouvai ni
« belle ni jeune, mais je la trouvai *honnête, polie,* vêtue très-pro-

---

([1]) Voyez la notice intitulée : *Mes visites à Rousseau,* dans le tome II des
OEuvres inédites de Rousseau publiées par Musset-Pathay, pag. 1 et suiv.

« prement dans sa simplicité, et ayant toute l'allure d'une bonne
« ménagère. Elle travaillait près d'une fenêtre *et prenait rarement*
« *la parole* » (*OEuvres inédites*, tom. II, pag. 15). Il est singulier que
devant un étranger aussi peu imposant que M. Eymar, alors très-
jeune, et qui ne venait en apparence que pour faire copier de la
musique, Mme Rousseau s'abstînt de ces *propos saugrenus* qu'elle
osait se permettre devant une *Altesse*. Voir la relation du prince
de Ligne, pag. 324.

Dans un libelle intitulé : *Notes sur la lettre de M. de Voltaire à
M. Hume* (voyez chap. v, pag. 240), on lit le trait suivant, relatif
à la lapidation de Motiers : « Aucune pierre n'atteignit *le sieur*
« *Jean-Jacques ni la Levasseur*. Il est naturel que l'extrême laideur
« de cette *créature*, et la figure grotesque de Jean-Jacques *déguisé*
« *en Arménien*, aient induit les petits garçons et les petites filles à
« faire des huées et à jeter quelques cailloux. » Mme de La Tour,
dans une réponse énergique à ce dégoûtant écrit, s'exprime ainsi :
« Vous ne connaissez pas Mlle Levasseur, monsieur, ou vous
« ne vous connaissez pas en extrême laideur. Mlle Levasseur
« n'est pas jolie, mais elle a la physionomie honnête, le maintien
« décent, et n'est pas du tout faite pour exciter les huées » (édition
de Genève, tom. XXX, pag. 74). On voit, par ces citations, que *le
concert de mépris* supposé par Musset-Pathay souffrait quelques
exceptions. Cet écrivain n'a pas vu, ou n'a pas voulu voir, que tout
ce qui a été débité d'outrageant sur le compte de Thérèse est constamment venu des ennemis les plus acharnés de Rousseau ; on ne
lui pardonnait pas sa fidélité, et l'on craignait sa clairvoyance. On
sait comment elle a été traitée dans le libelle attribué par Rousseau
à Vernes. Quel qu'en fût l'auteur, les détails n'avaient pu être
fournis que par Grimm, Diderot et Mme d'Épinay, tous trois dépositaires du secret des enfants. On sait aussi sous quels traits Thérèse
figure dans la dégoûtante parodie de Voltaire intitulée *la Guerre
de Genève*, dans la *Correspondance de Grimm* et dans les *Mémoires
de Mme d'Épinay*, dont cet intrigant est le principal auteur. Ses
autres accusateurs sont Hume, d'Escherny et Coindet. Le premier,
dans une lettre à Mme de Boufflers, prétend tenir de M. de Luze
(celui qui accompagna Rousseau à Londres) « que cette femme
« passait pour méchante, querelleuse, bavarde ; qu'elle était la
« cause principale du parti que Rousseau avait pris de quitter la
« Suisse ; qu'elle avait sur lui l'empire d'une nourrice sur son en-
« fant » (Musset-Pathay, *Hist.*, tom. Ier, pag. 113). Il dit aussi, dans

une lettre à Mme de Barbantane (16 février 1766), « que Rousseau, « ayant consulté Thérèse sur son projet de se rendre en Corse, la « répugnance de cette femme l'y fit renoncer. » Les motifs qui forcèrent Rousseau à quitter la Suisse sont parfaitement connus, Thérèse n'y est pour rien. Si M. de Luze a réellement fourni ces détails, il a menti; car, habitant Neufchâtel, et étant lié avec du Peyrou, il ne pouvait ignorer ce qui s'était passé à Motiers, et ce qu'avait écrit son ami en faveur de Rousseau. Dans cette supposition, son rôle, amical en apparence, serait celui d'un fourbe; mais il est vraisemblable que Hume, auquel le mensonge coûtait si peu, fabriqua lui-même ce prétendu renseignement. Quant au projet de retraite en Corse, Rousseau explique très au long, dans ses *Confessions* (livre XII), pourquoi il crut devoir y renoncer. Si les raisons qu'il donne sont réellement de Thérèse, ce qu'il est impossible de supposer sérieusement, elles font honneur à sa sagacité. Musset-Pathay, quoique convaincu de la fourberie de Hume, l'a cru sur parole dès qu'il a été question de Thérèse. Il a préféré appuyer un mensonge de ce misérable, et faire jouer à Rousseau le rôle d'un imbécile, que de manquer une occasion d'accabler sa compagne. Il va jusqu'à lui reprocher d'*être restée ignorante à l'école de Rousseau*. Thérèse, j'en conviens, n'entendait ni l'*Émile*, ni le *Contrat social;* mais elle s'attendrissait à la lecture de la *Julie*. Cette sensibilité valait bien l'instruction douteuse qu'elle eût pu acquérir auprès de Rousseau, si elle eût été moins bornée.

Le comte d'Escherny était un Neufchâtelois, qui résidait alternativement en Suisse et à Paris. Il y fréquentait assidûment les coryphées de la secte philosophique, Diderot surtout, et se donnait des airs d'encyclopédiste. Suffisant, prétentieux, sottement paradoxal, il voulait à toute force se faire un nom dans la littérature. Trois lourds volumes de *Mélanges* furent le fruit de cette manie de célébrité. On a aussi de lui des lettres sur les événements de 1789, tout aussi ignorées que ses *Mélanges*. Il joignit, comme Grimm, l'ambition à l'écrivaillerie, se rendit près de Frédéric avec une lettre de recommandation de *d'Alembert*, et fut nommé conseiller d'État; il alla ensuite à Saint-Pétersbourg, où, grâce à son ami *Diderot*, il fut reçu par l'impératrice avec une certaine distinction. Sans la révolution, il eût été ambassadeur de Prusse à Paris. Il vécut jusqu'en 1814.

Quand Rousseau arriva à Motiers, d'Escherny l'habitait. Dans la notice que ce dernier a publiée sur ses relations avec lui, il prétend qu'enseveli dans sa solitude, il ne songeait nullement à le rechercher, et qu'un jour, ayant été rencontré par Mlle Levasseur, celle-ci lui fit des reproches sur ce qu'il ne s'était pas encore présenté chez Rousseau. « Je sais, mademoiselle, répondit d'Escherny *avec dignité*, « que M. Rousseau n'aime pas les importuns, je ne veux pas en « augmenter le nombre. — Vous n'avez rien à redouter de ce côté-« là, répondit Mlle Levasseur d'*un ton très-doux*; M. Rousseau vous « verra avec le plus grand plaisir..... Deux jours après je me rendis « à cette *invitation*. » Voici ce qu'écrivait Rousseau à d'Escherny, le 2 février 1764 : « Je ne suis pas si pressé, monsieur, de juger, « surtout en mal, les personnes que je ne connais pas, et j'aurais « tort plus que tout homme au monde de donner un si grand poids « aux imputations du tiers et du quart. L'estime des gens de mérite « est toujours honorable, et, comme on vous a peint à moi comme « tel, je ne puis que m'applaudir de la vôtre. Au reste, si notre « goût commun pour la retraite ne nous rapproche pas l'un de « l'autre, ayez-y peu de regret ; j'y perds plus que vous peut-être. « On dit votre commerce fort agréable, et moi je suis un pauvre ma-« lade fort ennuyeux. *Ainsi, pour l'amour de vous, restons comme* « *nous sommes*, et soyez persuadé que je n'ai pas le moindre soup-« çon que vous pensiez du mal de moi, ni, par conséquent, que vous « en vouliez dire. »

Ceci est évidemment une réponse à une lettre ou à un message de d'Escherny, dont celui-ci a bien soin de ne rien dire. Les prétendus griefs dont Rousseau se défend étaient, sans doute, un prétexte que le prétendu *solitaire* employait pour entamer la connaissance, et le ton légèrement ironique de Rousseau fait penser qu'il s'était aperçu de la ruse. Ce qu'il y a de sûr, c'est que les avances de d'Escherny *ne furent pas acceptées*. Sa notice débute donc par un mensonge; Musset-Pathay l'avoue en termes ménagés, mais positifs. Ce mensonge est grave, en ce qu'il tend à faire croire que Rousseau, ne voulant pas rechercher les gens directement, leur envoyait tout doucement Mlle Levasseur. Comment se fit ensuite la connaissance? c'est ce que j'ignore. D'Escherny fit probablement comme tant d'autres; après avoir été éconduit si poliment, mais si clairement, il se présenta lui-même, et Rousseau se résigna. Je passe sur quelques détails de la *Notice* guindée de d'Escherny, où il fait jouer à Rousseau un rôle ridicule, tandis que le sien est, comme de raison, grave et judicieux ; je me contente de faire remarquer qu'un premier mensonge, bien constaté, rend tout ce récit extrêmement suspect

(voir Musset-Pathay, *Hist.*, t. Ier, pag. 83). Voici maintenant un second trait de mauvaise foi de d'Escherny, au sujet de Mlle Levasseur. Il dit qu'il s'apercevait depuis quelque temps que Rousseau avait cessé de se plaire à Motiers, et il ajoute : « Les rapports vrais
« ou controuvés de Mlle Levasseur de tous les propos tenus sur
« son compte et sur celui de son maître par les commères du vil-
« lage, les plaintes de *quelques avanies* auxquelles elle donnait
« lieu par son extrême intempérance de langue, entraient dans ce
« dégoût. » Notez que d'Escherny, qui vivait à Motiers, et qui, par conséquent, était témoin oculaire des scènes odieuses qui s'y passaient, n'en dit pas un seul mot ; il ne cite qu'un fait frivole, qui pouvait même n'être qu'une calomnie, à en juger par l'hostilité générale des gens du pays, et surtout par ses causes, aujourd'hui bien connues. De sorte qu'un lecteur un peu distrait pourrait croire que les persécutions de Motiers n'étaient que des chimères, et que les bavardages de Mlle Levasseur avaient seuls occasionné les *avanies* de la populace. On verra d'ailleurs que, dans un autre endroit de son ouvrage, d'Escherny fait entendre que Rousseau *se lapida lui-même*. Il prétend *modestement*, dans sa relation, que Rousseau *eut le désir de lui confier des papiers importants*. Or, un peu avant, il venait de dire qu'il s'était vanté devant lui d'*avoir passé tout récemment dix-huit mois dans la société de Diderot, Helvétius et Marmontel*. C'étaient là de singuliers titres à sa confiance ! On trouve encore à la fin de sa relation ce trait suspect. Pour donner une idée de la timidité de Rousseau et de *son humeur facile*, il raconte, qu'ayant été relevé deux ou trois fois avec dureté sur une question d'histoire par un certain colonel Pury, il baissa la tête et ne dit rien. « On peut juger
« par là, dit-il, *combien il était bon convive*. Cela rappelle les échan-
« tillons de Corancez » (voy. pag. 317). D'Escherny termine ainsi :
« Il s'est plu souvent dans ses lettres, et *je crois même dans ses Rê-*
« *veries*, à rappeler nos intéressantes courses, et surtout notre séjour
« à Brot ; il n'en parlait qu'avec regret et attendrissement. » Si *M. le comte d'Escherny, conseiller d'État de Sa Majesté le roi de Prusse*, avait daigné vérifier par lui-même, il se serait assuré que, dans ses *Rêveries*, *le vulgaire* Rousseau ne dit pas un mot de son importante personne, ni de la promenade de Brot ; qu'il ne parle de lui qu'une fois dans ses *Confessions*, et pour se plaindre d'un mot insultant qu'il s'était permis au sujet des *Lettres de la Montagne* (liv. XII); que sa *Correspondance* ne contient qu'une seule lettre datée de Brot, et adressée à du Peyrou (15 juillet 1765). « Je pars, lui disait-il, le

« cœur plein de vous »; mais pas la plus légère mention de M. le comte d'Escherny et de *ses intéressantes courses*. En revanche, il est quelquefois question de lui dans les lettres de Rousseau à du Peyrou, mais c'est d'une manière qui eût dû modérer un peu la fatuité de ses digressions. Il avait je ne sais quelle affaire à Berlin, qui lui tenait fort au cœur; je crois que déjà il visait au Conseil d'État. Il tourmentait sans cesse Rousseau pour obtenir la recommandation de Milord Maréchal, qui était alors auprès du roi. Les lettres de Rousseau à du Peyrou (15 octobre 1765, 10 mai, 19 juillet et 4 octobre 1766) prouvent que d'Escherny était pressant, pour ne rien dire de plus, et ce même homme, parvenu au but de ses intrigues, ne savait plus au juste dans quel endroit de ses ouvrages Rousseau *s'attendrissait* sur son souvenir !

D'Escherny, dans ses *Mélanges*, a lancé contre Thérèse une dernière accusation, et c'est la plus grave de toutes. Avant de l'exposer, il est nécessaire qu'on sache à quoi s'en tenir sur son *amitié* pour Rousseau, admise sans difficulté par Musset-Pathay. On se rappelle qu'en 1765 il essaya de réconcilier Rousseau avec Diderot. J'ai dit, ailleurs, ce que je pensais de cette démarche équivoque (voyez chap. ii, pag. 42). L'extrait qui suit donnera une idée des véritables sentiments du *conciliateur*. « J'ai retrouvé, dit d'Escherny, « en feuilletant de vieux papiers de ce temps-là, la copie d'une « lettre que j'écrivais à M. du Peyrou, le 18 juillet 1779 (sur les No- « tes de la *Vie de Sénèque*). Diderot, disais-je, en exhalant sa rage « sur le cadavre d'un homme qui avait été son ami et qui avait, à « la vérité, repoussé ses avances et refusé de le redevenir, a commis « *une faute* (l'expression est douce) d'autant plus impardonnable, « qu'il s'est fait le plus grand tort à lui-même. Il y a plus, son pro- « cédé n'est pas d'un homme adroit; il est d'un homme à qui la « passion a fait perdre l'esprit. Je crois bien connaître Diderot; je « l'ai vu hors du tréteau, dans la familiarité de la vie privée. Si je ne « le jugeais que par sa Note sur Sénèque, je dirais comme vous, « c'est un monstre (du Peyrou appelait les choses par leur nom) ; « mais je le connais; je vois que cette note est l'effet *d'une haine* « *franche et ouverte*, et que cet effet est lourd et gauche. Il ne sait « pas préparer ses poisons, il n'est pas artificieux comme bien d'au- « tres; il est impétueux, brusque, *bon homme*; il hait comme il aime, « *sans art*. Diderot a d'excellentes qualités, mais c'est *une tête, une* « *tête !* »... « Plusieurs années après, j'ai parcouru de nouveau cette « *vie de Sénèque*, et j'ai remarqué deux traits qui m'avaient échappé

« dans la lettre ci-dessus, et qui me prouvent que je l'avais bien
« jugé lorsque j'ai dit qu'il était gauche, maladroit; j'aurais pu
« ajouter qu'il était *naïf* dans sa méchanceté.

« Qu'y a-t-il, en effet, de plus gauche et de plus naïf en même
« temps, que d'écrire une pareille note, et, dans le même livre, de
« dire, quelques pages plus loin, que l'injure qu'on fait aux morts
« est plus lâche que celle qu'on fait aux vivants? N'est-ce pas pro-
« noncer sa propre condamnation? Dans un autre endroit je lis : Il
« est lâche de calomnier ceux qui ne sont plus et qui ne peuvent se
« défendre... C'est la seconde sentence qu'il prononce contre lui-
« même » (*Mélanges de d'Escherny*, t. III, pag. 114). Chacun a pu
juger, par l'analyse que j'ai faite des rapports de Diderot avec Rousseau et par celle des Notes sur Sénèque, si sa haine fut *franche et
naïve*. Notez que quand d'Escherny écrivait ces remarques, il connaissait les *Confessions* et la *Correspondance* de Rousseau avec Diderot, puisque ses *Mélanges* n'ont paru qu'en 1811, et de son vivant.
Il connaissait même le pamphlet de Diderot contenu dans les *Mémoires de Marmontel* (voir chap. II, pag. 44), car il fait l'éloge de
leur auteur, tout en convenant qu'il a beaucoup *maltraité* Rousseau
(*Mélanges*, t. III, pag. 50). De plus, en sa qualité d'ami particulier
de Diderot, il avait dû surprendre une foule de traits haineux dans
cet homme qu'il dit si facile à observer. C'est malgré tant de témoignages accusateurs qu'il prétend que Diderot fut *franc, naïf* et *bon
homme!* Veut-on que ce soit de l'aveuglement? Soit. Comment se
fait-il que d'Escherny, qui a médité si attentivement, à ce qu'il dit,
les Notes sur Sénèque, et qui y a découvert tant de choses atténuan-
tes, ait laissé passer tous les mensonges que j'y ai relevés et dont il
était juge aussi bien que moi, puisque toutes les pièces du procès
étaient entre ses mains; et surtout, comment lui, chargé autrefois par
Diderot de le réconcilier avec Rousseau, n'a-t-il pas remarqué et
signalé le plus vil, le plus effronté de tous ces mensonges : « *Tous
« mes torts consistent à avoir repoussé ses avances* »? Il est vrai qu'au
commencement de sa digression, d'Escherny déclare que Rousseau
avait repoussé les avances de Diderot et refusé de redevenir son ami;
mais cette idée même est présentée sous forme de blâme, puisque
avant il avait dit : « La démarche de Diderot lui fait honneur; le re-
« fus de Rousseau *n'est pas le plus beau trait de sa vie* » (*Mélanges*,
t. III, pag. 138). C'était le cas de parler du mensonge de Diderot.
D'Escherny n'a pas l'air d'en être instruit, et se contente d'ajouter
cette phrase presque apologétique : « Mais la vengeance qu'en tira

« Diderot dans ses Notes *sanglantes* est inexcusable pour tout homme
« qui ne l'a pas connu. » Or, d'Escherny avait connu Diderot, donc
sa vengeance est excusable à ses yeux. Ainsi, au résumé, Rousseau,
convaincu par l'expérience du passé qu'il ne peut plus se fier à Diderot, se refuse à des avances suspectes ; il se tait pendant sa vie sur
le compte de son ancien ami ; en énumérant ses torts dans les *Confessions*, il le dépeint comme naturellement bon, mais faible et entraîné par des influences étrangères ; Diderot lui-même, dans ses
Notes, convient *qu'il a été épargné*. D'Escherny, qui n'ignore rien de
tout cela, n'hésite pas à blâmer la réserve de Rousseau, si pleinement
justifiée par les outrages que Diderot eut la lâcheté de verser sur sa
tombe ; *ce n'est pas*, dit-il de son refus, *le plus beau trait de sa vie !*
Toute son indulgence est pour Diderot, dont il dissimule à dessein
les odieux mensonges ; *Diderot hait comme il aime, sans art ; Diderot a d'excellentes qualités, mais c'est une tête, une tête !* Sa *naïveté*,
selon lui, consiste à s'être accusé deux fois lui-même ; c'est-à-dire
qu'il prend une distraction pour un acte de sincérité. Ignorait-il ce
dicton ? *Tout vice est tissu d'ânerie.* Cette *naïveté*-là, tous les calomniateurs, grâce à Dieu, l'ont sans s'en douter, j'en ai donné assez
de preuves. « Le procédé de Diderot, dit encore d'Escherny, n'est
« pas d'un homme adroit, il est d'un homme à qui la passion a fait
« perdre l'esprit. » Eh bien ! cela prouve seulement qu'il y a des
fourbes *adroits* et des fourbes qui ne le sont pas, des fourbes qui
perdent l'esprit, et des fourbes qui se possèdent ; les uns sont plus
dangereux que les autres, voilà tout.

Je viens de citer, de d'Escherny, un trait de partialité évidente et
une réticence bien coupable. Veut-on des preuves de malveillance
directe ? ses *Mélanges* ne m'en fourniront que trop. Voici le début
de son *Eloge* de Rousseau : « Humilié par des sots, trompé par ses
« amis, dirigé pendant près de quarante ans par une femme du peu-
« ple ; vivant, *en apparence*, du travail de ses mains ; sans cesse pro-
« tégé, méconnu, avili ; marquant tous les pas de sa carrière par des
« erreurs, des fautes ou des faiblesses ; crédule, défiant, jouet du
« sort ; livré toute sa vie au doute, à l'inquiétude et au soupçon ;
« fuyant les hommes, se tenant à l'écart ; pressé, enfin, de sortir de
« la vie par le désordre de sa tête, l'indigence et le chagrin ; réduit
« dans sa vieillesse à se donner la mort ; *c'est J.-J. Roussau* » (*Mélanges*, t. III, pag. 1). Tel est le triste résumé des études de d'Escherny sur le caractère et les écrits de l'homme dont il a prétendu
faire l'*éloge*. Je n'en relèverai que ce seul trait : *Vivant en apparence*

du travail de ses mains; c'est-à-dire, se faisant pauvre et ne l'étant pas, affectant l'indépendance au moyen d'une occupation fictive; véritable rôle d'histrion. Tout le jugement de d'Escherny est là, le reste n'est que de la rhétorique ressassée.

« Oui, dit-il encore, si *j'admire* Rousseau, s'il est pour moi le plus
« *précieux* des philosophes ; si aucun plus que lui ne fait bouillonner
« ma tête et mes idées, c'est par ses paradoxes et ses contradictions »
(t. III, pag. 99). Sot et faux enthousiasme, au moyen duquel d'Escherny espérait se donner un air d'originalité piquante, tout en rabaissant l'objet de sa prétendue admiration.

« Rousseau disait *toujours : Il n'y a rien de beau que ce qui n'est*
« *pas* »; en d'autres termes, Rousseau se glorifiait de n'être qu'un sophiste. Ceci est non-seulement une insulte, c'est un mensonge. Supposons que Rousseau ne fût qu'un fourbe; sa devise seule : *Vitam impendere vero*, réfute le propos de d'Escherny. Un fourbe qui porte un tel masque ne le quitte pas.

D'Escherny s'égaye sur la *fuite de Motiers*, qu'il compare à celle de Mahomet. « Cet événement, dit-il, s'est réduit à une vitre cassée
« pendant la nuit. Le jour suivant on sonne le tocsin; on a voulu,
« disait-on, assassiner Jean-Jacques Rousseau, le lapider ; sa cham-
« bre était remplie de pierres ; c'est le ministre fanatique de Motiers
« qui a ameuté ses paroissiens; le philosophe, heureusement, est
« parvenu à s'échapper. C'est ainsi qu'un *petit trou*, fait à un car-
« reau de vitre par une pierre lancée à dessein *ou sans dessein*, est
« aussitôt converti en véritable lapidation. L'histoire est remplie
« de grands événements qui, si on pouvait remonter à la source et
« les vérifier, se réduiraient au petit trou fait à un carreau de vitre...
« *Ceci n'est pas une satire : je parle de l'hégyre de Jean-Jacques,*
« car je vous jure que si j'étais grand homme, j'en ferais tout
« autant. *Chaque état a son charlatanisme*, et l'état de grand
« homme n'affranchit pas de cette obligation » (pag. 155). Cette plate ironie est assez claire. D'Escherny, *qui vivait sur les lieux*, donne ici un démenti outrageant, d'abord à Rousseau, puis à du Peyrou, dont il se disait l'ami et qui a constaté publiquement la réalité des faits. D'Escherny était un digne adepte de Diderot et consorts.

J'ai parlé, chap. v, pag. 245, d'un écrit intitulé : *Plaidoyer pour et contre, à l'occasion de la querelle survenue entre M. Rousseau et M. Hume.* J'en ai démontré l'hostilité manifeste et pourtant méconnue par Musset-Pathay. L'*agréable* badinage de D'Escherny sur

l'*hégyre de Jean-Jacques* me fournit une occasion d'y revenir. On trouve dans ce pamphlet une particularité, mensongère probablement, de la vie intérieure de Rousseau à Motiers, et au sujet de laquelle l'anonyme traite Mlle Levasseur avec une telle rage, qu'on croirait qu'il a à venger une injure personnelle. Il prête à Rousseau ce propos absurde : « Quand Mlle Levasseur me dirait qu'il fait jour à mi-
« nuit, je la croirais » ; puis il lui lance cette insultante apostrophe :
« Convenez, *monsieur le grand homme*, que celui qui écrit aussi bien
« que vous le faites dans quelques-uns de vos ouvrages et qui, en
« même temps, parle si mal dans *son domestique*, est un protée tout
« à fait dangereux à la société » (édition de Genève, t. XXVIII, pag. 315). Il reproche à Rousseau d'avoir dit *que les femmes n'avaient pas d'âme;* propos ridicule répandu à dessein parmi la populace, et qui pensa attirer à Rousseau *le sort d'Orphée*. Il prétend que Rousseau n'essuya aucun traitement barbare à Motiers.
« On vous y laissait vivre à votre aise, lui dit-il, on vous y accueil-
« lait amicalement; vous y étiez traité avec tous les égards qui
« pouvaient chatouiller l'amour-propre d'un *philosophe orgueilleux*.
« Vos rêveries vous conduisaient jusqu'au plus haut de *nos monta-*
« *gnes*, et dans des bois où les charbonniers étaient surpris de vous
« rencontrer. *Je leur ai demandé* ce que vous y faisiez : Je crois,
« répondit l'un, qu'il y cueillait des fraises ; mais je sais que vous ne
« faisiez ce trajet que pour herboriser » (pag. 310). Enfin, l'auteur du *Plaidoyer* se montre si bien instruit des moindres particularités de la vie de Rousseau à Motiers, que je n'hésite pas à en conclure qu'il habitait ce village, ou au moins Neufchâtel. M. Barbier, dans sa notice bibliographique des écrits publiés sur Rousseau, dit avoir vu un exemplaire du *Plaidoyer*, portant le nom de *Bergerat*, et imprimé à Londres et à Lyon, en 1768. *Lyon* étant très-voisin de la Suisse, forme un indice de plus. Je soupçonnais d'abord d'être l'auteur du libelle, M. de Luze, de Neufchâtel, qui accompagna Rousseau à Londres, et qui avait fourni à Hume, suivant ce dernier, des renseignements hostiles au sujet de Thérèse (voyez chap. v, pag. 181). J'avais pensé aussi au ministre Montmollin, mais les détails du *Plaidoyer* trahissent un écrivailleur de la secte philosophique; en outre, le style entortillé, prétentieux, déclamatoire de cet écrit m'a paru avoir un rapport frappant avec le galimatias en trois volumes dont se composent les œuvres du bel-esprit neufchâtelois d'Escherny. Il ne me paraît donc pas impossible que *Bergerat* ne fût qu'un nom de fantaisie, derrière lequel il

satisfît, sans se compromettre, l'animosité dont il n'a laissé voir qu'une partie dans ses *Mélanges.* Quand je me tromperais, d'Escherny n'en serait pas moins jugé par ce que j'ai cité de lui, et par ce que j'en vais citer encore.

« Rousseau, dit-il, quitta Motiers et se rendit à l'île Saint-Pierre. « Il n'y fut pas longtemps. » D'Escherny évite de dire qu'il en fut chassé brutalement et à l'entrée de l'hiver. « Son mauvais destin le « conduisit en Angleterre *sous les auspices d'un philosophe qu'il eut* « *le malheur de regarder comme son ennemi.* » C'est précisément ce que dit l'auteur du *Plaidoyer,* un peu moins poliment, il est vrai, en raison de l'anonyme. — « Il revint en France. Le prince de « Conti le reçut à Trye, et l'en rendit maître, ce qui n'empêcha pas « que des tracasseries, d'indignes procédés, *sur lesquels il ne s'est* « *jamais expliqué,* ne l'en fissent *déguerpir.* Le ton dubitatif de ce passage, et l'expression tant soit peu impertinente de *déguerpir,* prouvent que d'Escherny ne prenait pas au sérieux les causes qui avaient fait sortir Rousseau de l'asile de Trye. Ce n'était pour lui qu'une phase de l'*hégyre de Jean-Jacques.* Après avoir beaucoup erré (d'Escherny n'a garde de parler de l'intrigue de Thevenin), il revint à Paris, *parce qu'on finit toujours par là; parce que Paris tient lieu de tout* (pag. 156).

Il résulte de cette narration, que Rousseau a calomnié le *philosophe généreux* qui l'avait amené en Angleterre, et qu'il ne revint à Paris que parce qu'il ne pouvait plus se passer des regards du public! Diderot n'eût rien dit de plus. D'Escherny parle ensuite des visites qu'il fit à Rousseau en 1770, de l'état moral de ce dernier, et surtout *du complot,* qu'il traite avec un dédain insolent. Il raconte qu'ayant présenté à Rousseau un M. Osterwald, magistrat de Neufchâtel, qui voulait se charger d'une édition générale de ses écrits, il en fut très-mal reçu; que du Peyrou, à qui il en parla, lui fit observer que ce même Osterwald s'était opposé à l'édition générale que Rousseau avait voulu faire imprimer à Neufchâtel en 1763. « *Je* « *l'avais oublié,* dit d'Escherny ; c'est ce que je ne pus lui faire « comprendre. Dès ce moment, sa porte me fut fermée; sa femme « m'en donna pour raison mes liaisons à Paris avec ses ennemis. *Ce* « *fut là le manteau dont il couvrit son vrai motif, vraisembla-* « *ment pour ne pas paraître intéressé* » (pag. 158). C'est-à-dire que Rousseau fut à la fois injuste et faux. D'Escherny ne se défend pas des liaisons dont lui parla Mme Rousseau. Il a raison, car on pourrait le juger sur cela seul. On ne *peut servir deux maîtres,* dit l'É-

vangile, il faut opter, et je pense que le choix de d'Escherny n'est plus douteux maintenant.

Il prétend que Rousseau alla malgré lui à Ermenonville; que l'ayant rencontré aux Champs-Elysées, il sut de lui qu'il regrettait son imprudence, mais qu'il n'était plus temps de reculer (pag. 160). On verra plus tard Corancez affirmer aussi la même chose, ce qui, à coup sûr, ne prouve pas qu'elle soit vraie. D'Escherny se prononce pour le suicide, comme Corancez et tous les ennemis de Rousseau; autre conformité d'avis qui, loin d'établir le fait, le rend au contraire plus que suspect, comme je le prouverai bientôt. Dans le reste de l'ouvrage de d'Escherny, on trouve encore quelques sarcasmes assez fondés sur la confiance que Rousseau témoigna à Laliaud et à Saultersheim, et des invectives indécentes contre Milord Maréchal, qui y est traité *de petit esprit, d'homme bizarre et capricieux*, sans doute parce qu'ayant de l'aversion pour les intrigues, il refusa de servir celles de d'Escherny à la cour de Berlin (¹).

Maintenant, voici l'accusation finale intentée par d'Escherny à Mlle Levasseur. Il prétend d'abord que Rousseau n'avait pas épousé cette femme. J'ai réfuté cette assertion (voy. chap. VI, pag. 283). Il l'accuse ensuite de s'être amourachée d'un valet de chambre irlandais, nommé John. « C'est, dit-il, avec ce John qu'elle a mangé plus de *cent mille francs,* que M. du Peyrou lui a fait toucher du produit de la gravure de ses romances et de l'impression de ses ouvrages » (pag. 166). Enfin il assure l'avoir vue mendier à la porte de la Comédie-Française. J'examinerai plus tard ces diverses imputations. Pour le moment, je me borne à faire observer une dernière fois que les détails qui précèdent ne sont pas une bien forte garantie de leur réalité.

Il me reste à parler du Genevois Coindet, autre détracteur de Mlle Levasseur. Rousseau l'a traité avec assez de mépris dans ses *Confessions*, mais ce n'est pas d'après le portrait qu'il en fait que je veux le juger. Le docteur Coindet, de Genève, a fourni à Musset-Pathay une courte notice sur son oncle ; on la trouve dans le 2ᵉ volume de l'*Histoire* de Rousseau, pag. 522. Après avoir parlé des relations intimes qui existèrent entre lui et Rousseau, M. Coindet

---

(¹) J'ai oublié de dire que d'Escherny ne croyait pas aux infirmités de Rousseau; ce qui revenait à l'accuser de mensonge. Ainsi Rousseau, qui porta des sondes *pendant dix ans* et *qui en acheta pour cinquante louis* (voir *Conf.*, liv. VIII), s'imposa cette torture et cette dépense uniquement pour se rendre intéressant, comme disait D. Hume.

ajoute : «Tant de témoignages de confiance excitèrent la jalousie de
« Thérèse, qui usa de tout son ascendant pour détruire cette inti-
« mité. Elle inspira de la défiance, au point de causer une rupture.
« Rousseau voulut revenir, mais Thérèse l'éloigna toujours. On voit,
« par les lettres qu'il écrivit postérieurement à cette rupture, qu'il
« conservait toujours de l'amitié pour M. Coindet. L'espèce de con-
« tradiction qu'on trouve entre les sentiments exprimés dans ces
« lettres et un passage des *Confessions*, est expliquée par l'influence
« de Thérèse, sous les yeux de laquelle les *Confessions* étaient écrites.
« Ce qui prouve que Jean-Jacques avait conservé de l'amitié pour
« M. Coindet, ce sont ces lettres et le don qu'il lui fit d'un manuscrit
« de l'*Émile* et du portrait peint par la Tour. » Il est inutile d'ajouter que Musset-Pathay a adopté aveuglément ces renseignements
fournis, sans aucun doute, par Coindet lui-même, puisque son neveu,
n'étant pas contemporain de Rousseau, ne pouvait parler que d'a-
près son oncle. Il s'agit maintenant de rechercher : 1° si Rousseau
a eu autant d'amitié pour Coindet que l'affirme l'auteur de la *Notice*;
2° de déterminer au juste l'époque où il cessa d'avoir des relations
avec lui ; 3° de constater si, après cette rupture, qui, d'après les
termes de la *Notice*, ne fut qu'apparente, Rousseau continua de
correspondre amicalement avec Coindet.

La première lettre à lui adressée, qu'on trouve dans la *Correspondance* de Rousseau, est du 26 décembre 1757. Rousseau le gronde
assez rudement *de ce qu'il va lui ramassant des cortéges d'importuns
qui le désolent*. Il lui reproche de lui cacher ses affaires : « Cher
« Coindet, lui dit-il, *je cherche à vous aimer*, pour Dieu! ne gâtez
« pas cette fantaisie. » Dans la seconde (décembre 1761), il se plaint
de nouveau de ce qu'il lui amenait des étrangers : « Vous êtes tou-
« jours si peu difficile là-dessus, lui dit-il, qu'il faut bien que je le
« sois pour tous deux. » La troisième (27 avril 1765), est assez affectueuse. Elle contient des remerciements pour des envois de gravures.
Cependant Rousseau se fâche encore : « Vous prétendez, dit-il, que
« je ne vous dois qu'un écu pour le cadre de l'*Amitié*, c'est une
« moquerie, etc. » Coindet devait pourtant savoir que Rousseau
n'entendait pas raillerie sur ces générosités forcées. Pour fixer au
juste la valeur *amicale* de cette lettre, je vais citer un passage d'une
autre lettre écrite antérieurement par Rousseau au libraire Duchesne
(21 novembre 1761) : « Je ne vous empêche pas de dire vos affaires
« à qui bon vous semble, *mais je n'approuve pas que M. Coindet
« soit instruit des miennes* » (*OEuvres inédites* de Rousseau, t. Ier,

pag. 80). On m'accordera bien que ce n'est pas tout à fait là de l'amitié. La quatrième lettre est du 29 mars 1761. Elle a été communiquée à Musset-Pathay par le docteur Coindet. C'est une réponse à Coindet oncle, qui avait fait passer à Rousseau une lettre de Mme de Chenonceaux. On y trouve une certaine bienveillance ; cependant, le 6 août suivant, Rousseau priait Mme de Verdelin de ne remettre les lettres qu'elle lui adressait *ni à Coindet, ni à personne*. Ici finit la correspondance de Rousseau avec Coindet ; je ne crois pas que personne y voie les preuves d'une bien vive amitié. Recherchons maintenant l'époque de la rupture.

Lorsque Rousseau revint d'Angleterre en France, il se trouva que Coindet, grand ami de Mme de Verdelin, amie elle-même de David Hume, se chargea de l'installer au château de Trye. On n'a aucun autre détail sur cette circonstance que le passage suivant de la lettre du 21 juin 1767, à du Peyrou : « J'arrive heureusement à Trye, mon « cher hôte, *avec M. Coindet*, qui vous rendra compte de l'état des « choses... vous pouvez lui remettre vos lettres, » etc. Quelles étaient les dispositions véritables de Coindet, et le motif de son empressement ? C'est ce qu'il est impossible de pénétrer ; mais, le 8 septembre suivant, Rousseau écrivait à du Peyrou, qui s'arrangeait pour le venir voir : « Coindet fera tous ses efforts pour venir avec vous, « évitez ce cortège ; *après ce que je sais, il empoisonnerait mes plai-« sirs*. J'étais sûr que, puisque vous jugiez à propos de le consulter « sur votre route, il ferait en sorte de vous dégoûter de venir ici di-« rectement. Il vous aura embarrassé de fausses difficultés de maîtres « de poste. Gardez sa lettre, et montrez cet article à gens instruits, « vous verrez ce qu'ils vous diront. » D'après cela, Coindet cherchait à détourner du Peyrou de venir directement à Trye, sans doute dans l'espoir que celui-ci oublierait sa promesse, au milieu des plaisirs de Paris. Ce fut ce qui arriva, à peu de chose près. Quoi qu'il en soit, Mlle Levasseur n'est encore pour rien dans tout cela. Rousseau ajoute que Coindet ne croit pas que son goût pour la botanique soit sérieux. « Tous ses propos, toutes ses manœuvres, dit-il, m'ont ap-« pris ce qui se passait dans son âme, et ce Coindet, qui se croit si « fin, n'est qu'un fat ; *fiez-vous encore moins à lui qu'à la dame à* « *qui il vous a présenté* (Mme de Verdelin), et dont il est envers moi « *l'âme damnée*..... Pour moi, profitant enfin de vos avis, je feins « de ne rien voir ; en m'étouffant le cœur, je leur rends caresses pour « caresses. Ils dissimulent pour me perdre, je dissimule pour me « sauver ; mais, comme je n'y gagne rien, je sens que je ne saurais

« dissimuler encore longtemps..... Tout ceci vous surprend trop
« pour pouvoir le croire. Vous vous rappelez le voyage auprès de
« moi(¹), l'argent offert, le passe-port ; et, ne devinant pas à quoi
« tout cela était destiné, votre honnête cœur demeure incrédule.
« Soit : je ne demande pas à vous persuader quant à présent, mais
« je demande que vous suspendiez les actes de votre confiance
« en elle, pour ce qui me regarde, jusqu'à ce que vous sachiez si
« j'ai tort ou raison. » Il parle ensuite du désir manifesté par Coindet
et Mme de Verdelin, de le voir sortir de Trye. « Cet empressement,
« dit-il, *si peu naturel des amis* dans ma position, m'a fait ouvrir
« les yeux, et m'a rendu patient et sage. » Sans doute, il est très-
difficile de prononcer sur des faits si intimes et si vaguement exprimés ; mais ce qu'on peut affirmer, c'est que, dès cet instant, Coindet
avait perdu l'estime et l'amitié de Rousseau. Voilà donc déjà des
détails de la *Correspondance* intime de Rousseau qui, malgré l'assertion de M. le docteur Coindet, confirment et aggravent même ceux
des *Confessions* qui ont rapport à son oncle. Quant à Thérèse, il est
commode de jeter le tout sur son compte, mais où est la preuve ? Je
dirai même qu'elle m'en paraît d'autant plus innocente que, dans
la même lettre, Rousseau affirme que ce fut elle qui l'engagea à
prendre patience (Voir chap. VI, pag. 266).

Il n'y eut pourtant pas encore de rupture entre Rousseau et Coindet, puisque, le 12 septembre, le premier écrivait à du Peyrou qu'il
avait appris sa maladie *par deux lettres de Coindet*. Il dut répondre
à ces deux lettres ; mais on ne trouve rien à ce sujet dans sa *Correspondance*. Le 9 février 1768, il annonce à D'Ivernois l'envoi, par
Coindet, d'une lettre de lui sur les affaires de Genève. D'après ce
qui précède, cette continuité de rapports ne peut plus s'expliquer
par l'amitié, mais par la prudence. Rousseau, comme il le disait à
du Peyrou, *dissimulait probablement pour se sauver*. Dans la lettre
du 7 mars 1768 à Moultou, il parle encore de Coindet ; mais, cette
fois, il s'exprime plus clairement sur le rôle qu'il lui attribuait.
« Si vous connaissiez, dit-il, ma véritable situation, vous ne me
« croiriez pas si hors des mains de M. Hume, et *vous ne vous*
« *adresseriez pas à M. Coindet*, pour dire le mal que vous pouvez
« penser de cet homme-là. Ne soyez pas dupe de ceux qui font le
« plus de bruit de leur grande amitié pour moi. J'oubliais de vous

---

(¹) Mme de Verdelin était venue voir Rousseau à Motiers. Il paraît qu'elle
lui avait offert de l'argent. Quant au passe-port pour l'Angleterre, c'était elle
qui l'avait obtenu. Voir chap. V, pag. 166.

« dire que M. Coindet ne m'envoya que le 29, c'est-à-dire le len-
« demain du Conseil général, votre lettre du 10 février; que je ne
« la reçus que le 3 mars, et que, par conséquent, il n'était plus
« temps d'en faire usage. » Cette lettre de Moultou, dont il s'agit ici,
était relative aux affaires de Genève, et devait être adressée à Rousseau avant la tenue du Conseil général de cette république, afin qu'il
pût y répondre et donner son avis sur des matières qui devaient être
discutées dans l'assemblée. Il paraît que Coindet s'arrangea de manière à ce que la lettre n'arrivât qu'après la séance. Ici, il serait
difficile d'admettre l'influence de Mlle Levasseur.

24 mars 1768. Rousseau gronde du Peyrou, parce que celui-ci
voulait employer Coindet pour une commission relative à lui. « Vous
« devez savoir, lui dit-il, *que je n'aime pas que M. Coindet se mêle
« de mes affaires;* et, si j'en étais le maître, *il ne s'en mêlerait pas
« du tout.* » Il n'est plus question qu'une fois de Coindet dans la
Correspondance de Rousseau, et c'est d'une manière plus que dédaigneuse (Voy. la lettre à Moultou du 6 mai 1770, et dans laquelle
l'initiale C.... le désigne clairement). On peut donc fixer au mois de
mars 1768 l'époque d'une rupture, ou au moins d'une cessation de
rapports entre Rousseau et Coindet. Maintenant, si, malgré tout ce
que je viens d'exposer, on persiste à croire que cette rupture ne fut
que fictive, et que Rousseau continua à correspondre amicalement
avec Coindet, à l'insu de Thérèse, je demande où sont les lettres
qui prouvent cette correspondance, car, très-certainement, ce ne
sont pas les quatre dont j'ai donné plus haut les extraits, et *qui toutes
sont antérieures à l'époque de la rupture.* S'agit-il de lettres inédites?
cela n'est pas croyable. Coindet, qui a laissé publier les quatre qui
figurent dans la *Correspondance* de Rousseau, eût, à plus forte raison,
publié celles qui, pleines de témoignages d'amitié, selon son neveu,
devaient donner un démenti aux passages des *Confessions,* où il est
maltraité. C'eût été un moyen très-simple et très-légitime de se
disculper, et de prouver, en même temps, ce qui a grand besoin de
preuves, savoir que Rousseau *écrivait ses Confessions sous les yeux
de Thérèse,* et qu'il avait la méprisable faiblesse de dénigrer, uniquement pour servir la haine de cette femme, ceux qu'il aimait toujours
au fond du cœur. D'ailleurs, en supposant que Coindet eût négligé
de faire connaître ces lettres, ce qui n'est vraiment pas soutenable,
son neveu aurait dû s'empresser de rendre cet hommage à sa mémoire, d'autant que, dans sa *Notice,* il dit qu'il est dépositaire des
lettres en question et des objets que Rousseau avait donnés à son

oncle, comme gages de son amitié. Il n'en a produit qu'une, c'est celle du 29 mars 1768, antérieure à la rupture et par conséquent sans valeur, puisqu'il parle de lettres *postérieures à cette rupture*. Où sont les autres? je le demande encore une fois. Il est évident qu'elles n'existent pas, puisqu'elles n'ont pas été jointes à la *Notice*. On conçoit que M. le docteur Coindet, plein de confiance dans les assertions de son oncle, ne se soit pas donné la peine d'en constater la fausseté, par l'examen si simple que je viens de faire; mais que Musset-Pathay ait partagé sa méprise, cela ne peut s'expliquer que par ses puériles préventions contre la compagne de Rousseau. Il est donc évident que Coindet, offensé du jugement des *Confessions*, et sentant peut-être au fond de son cœur qu'il méritait pis, aura voulu se justifier au moyen de la prétendue influence de Thérèse; expédient familier à tous ceux qui haïssaient Rousseau, et qui, seul, suffit pour les faire reconnaître.

Quant au manuscrit de l'*Émile*, que Coindet affirmait avoir reçu de Rousseau, je sais qu'il existe entre les mains de son neveu. Mais je me permets une question: ce manuscrit a-t-il été remis à Coindet par Rousseau lui-même? Cela me paraît presque impossible. Il n'a jamais existé de manuscrit complet et parfaitement correct de l'*Émile* que celui que Rousseau remit à Mme de Luxembourg en 1761 pour servir à l'impression de son livre, et en voici la preuve. Lors de la suspension de cette impression, il écrivait à Moultou que, « dans son désespoir, il s'était décidé à se remettre sur son *brouillon*, « pour refaire un nouveau manuscrit » (12 décembre 1761). A cette date, il n'avait donc plus qu'un brouillon; or, un brouillon ne se donne pas (¹). Rousseau fut obligé de fuir peu de temps après, et il serait bien singulier qu'il se fût occupé, au milieu de ses tribulations, à copier un ouvrage imprimé et répandu dans toute l'Europe, tout exprès pour Coindet, qui ne lui inspirait alors qu'une amitié bien médiocre. De plus, il disait, dans une lettre du 14 mars 1770 à l'abbé M...: « *Depuis l'impression de l'Émile, je ne l'ai relu qu'une* « *fois, pour corriger un exemplaire.* » Après cela, le moyen de croire qu'il ait pu le copier? On se rappelle que Coindet fut présenté par Rousseau à la maréchale de Luxembourg et qu'il parvint à se maintenir chez elle *sur un certain pied* (*Confess.*, liv. X). Il est très-probable qu'après l'impression de l'*Émile*, le manuscrit fut rendu à la maréchale, et que Coindet trouva le moyen de se le faire donner, soit

---

(¹) Ce brouillon de l'*Émile* existe à la bibliothèque de l'Assemblée nationale.

du vivant de cette dame, soit après sa mort. Quant au portrait peint par La Tour, je ne doute pas qu'il ne provienne de la même source. Rousseau avait donné ce portrait à Mme de Luxembourg (voir *Confess.*, liv. X, et la lettre à M. La Tour, 14 octobre 1764). Cet artiste lui envoya à Motiers un second portrait, dont il est question dans la lettre que je viens d'indiquer. Rousseau y était représenté en costume arménien. Ce portrait a été lithographié en 1827 ; il porte l'indication suivante : *La Tour pinxit*. Au bas, on lit : *L'original appartient à M. le comte Louis de Girardin*. Ce n'est certainement pas ce portrait que Rousseau a pu donner à Coindet, car il écrivait à La Tour : « *Il ne me quittera pas*, monsieur, cet admirable « portrait ; il sera sous mes yeux chaque jour de ma vie, il parlera « sans cesse à mon cœur ; *il sera transmis après moi dans ma fa-« mille*, etc. » (lettre ci-dessus citée). Le nom du possesseur actuel prouve qu'en effet Rousseau garda ce portrait jusqu'à la fin de ses jours, et qu'après sa mort il devint la propriété de M. René de Girardin, son hôte, puis celle d'un de ses trois fils, le comte Louis de Girardin. Si Coindet fut réellement en possession d'un portrait de Rousseau peint par La Tour, ce ne peut être que de celui qui se trouvait chez Mme de Luxembourg, puisqu'il n'en existe que deux de cet artiste. Comment se l'était-il procuré, je l'ignore ; mais très-certainement Rousseau n'avait pu le lui donner. Coindet a donc menti pour ce portrait, comme pour le manuscrit d'*Émile*. [XIII.]

Grimm, dans sa *Correspondance*, a prétendu que Thérèse avait éloigné de Rousseau *ses meilleurs amis*. J'ai examiné suffisamment les procédés de ces *meilleurs amis*, ceux de Grimm surtout, et me crois dispensé de réfuter les accusations gratuites de ce misérable.

Après le décret, Rousseau, prévoyant le sort qui l'attendait, crut que Thérèse préférerait rester à Paris, plutôt que de le suivre. « Cependant, dit-il, elle avait marqué tant de douleur à notre sépa-« ration, elle avait exigé de moi des promesses si positives de nous « rejoindre, elle en exprimait si vivement le désir, depuis mon dé-« part, au prince de Conti et à Mme de Luxembourg, que loin d'a-« voir le courage de lui parler de séparation, j'eus à peine celui d'y « penser » (*Conf.*, liv. XII). Il fait ensuite le récit touchant de la scène du retour. Supposons Thérèse aussi abjecte qu'on l'a dépeinte, et voyons comment elle eût porté l'épreuve du décret. L'espoir d'une fortune fondée sur les succès littéraires de Rousseau, sur ses rapports avec les grands ; les bontés dont cette femme était parfois honorée chez Mme de Luxembourg, avaient pu la retenir jusqu'à ce moment. Le décret et ses conséquences probables dissipaient nécessairement ces rêves d'égoïsme, surtout après ces paroles que Rousseau, en partant, avait adressées à sa compagne : « Mon enfant, il « faut t'armer de courage ; tu as partagé la prospérité de mes beaux « jours, il te reste, *puisque tu le veux*, à partager mes misères. N'at- « tends plus qu'affronts et calamités à ma suite » (*Conf.*, liv. XII). C'était le cas, pour Thérèse, de le prendre au mot et de rompre des liens qui, désormais, n'étaient plus pour elle qu'une source de misère et d'humiliation. Elle fit précisément le contraire. Musset-Pathay ne dit rien, et pour cause, de cette estimable conduite ; les faits à charge sont les seuls dont il ait été frappé. « Enfin, s'écrie- « t-il d'un air de triomphe, nous avons sur le caractère de Thérèse « un monument incontestable, une lettre de Rousseau, qui ne laisse « aucun doute » (*Hist.*, t. Ier, pag. 501). Cette lettre est celle du 12 août 1769, adressée à sa femme. C'est, en effet, le seul document certain qui dépose contre elle ; mais on va voir qu'il n'a pas, à beaucoup près, l'importance que lui attribue Musset-Pathay. En lisant toute cette lettre avec un peu de soin, on ne tarde pas à reconnaître qu'il y est tout simplement question d'une *querelle de lit*, passablement ridicule même, vu l'âge des conjoints, et qu'il est impossible d'en rien conclure relativement au caractère de Thérèse. Ces petites misères de la vie conjugale sont connues de tout le monde ; et en pareil cas, ce sont toujours les femmes les plus chastes et les plus attachées qui se montrent les plus intraitables ; les autres ayant de bonnes raisons pour être tolérantes. Ceux qui auront besoin de plus d'éclaircissements les trouveront au commencement du livre XII des *Confessions*, dans le trait qui commence ainsi : *Il faut tout dire*, etc. Revenons à la lettre. Rousseau y avoue ses défauts de caractère avec une ingénuité que, cette fois, il est difficile de révoquer en doute. Thérèse devait en avoir beaucoup aussi ; et tant d'épreuves avaient nécessairement altéré l'humeur naturellement irritable de ces deux infortunés. Thérèse voulait partir sans dire où elle allait : menace de femme qui a rarement son exécution. Rousseau la laisse libre ; il lui promet d'avoir soin d'elle *plus que de lui-même*, et il ajoute : « Je ne veux qu'une séparation qui nous serve « de leçon *à tous deux*. Sitôt que nos cœurs nous feront mieux sen- « tir combien nous étions faits l'un pour l'autre, nous le ferons pour « vivre en paix et nous rendre heureux mutuellement jusqu'au « tombeau. » Il va sans dire que Musset-Pathay n'a pas rapporté ce passage. Si Thérèse eût été aussi méprisable qu'il le dit, cette lettre, vraiment angélique, au lieu de la faire rentrer en elle-même, comme cela arriva, eût produit l'effet opposé. Parvenue au dernier degré d'aversion pour Rousseau, excédée d'agitation et de vie errante, elle se fût empressée de profiter de la liberté qui lui était laissée. On remarquera que dans l'hypothèse de Musset-Pathay, il est impossible d'expliquer la singulière constance de cette femme à partager la destinée de Rousseau. Etait-ce pour l'épouser? Mais il a dit lui-même que quand il en fit sa femme, ce fut *sans attente, sans sollicitation de sa part* (*Conf.*, liv. IX). Supposons qu'il se soit trompé et que cette longue fidélité n'eût pour but que l'honneur de porter un nom célèbre : une fois ce but atteint, et il l'était à l'époque où la lettre fut écrite, Thérèse devait se hâter d'accepter l'offre d'une séparation. Rousseau, en se chargeant de subvenir à ses besoins, favorisait à souhait les vues égoïstes de cette femme, et surtout les goûts de libertinage qu'on lui attribua dix ans plus tard. Au lieu de cela, elle renonça à des résolutions prises dans un moment de colère, et il faut croire que depuis lors l'union des deux époux ne fut plus troublée, car dans une lettre du 3 février 1778, c'est-à-dire *cinq mois* seulement avant sa mort, Rousseau disait : « Il n'y a plus que ma femme et mon herbier, dans le monde, qui « puissent me rendre un peu d'activité. » [XIV.].

Je profite de la circonstance pour achever de démontrer la fausseté des assertions de Musset-Pathay au sujet des prétendues réticences de Rousseau (voir pag. 349). Dans la lettre dont il s'agit ici, il dit à sa femme : « Je sais que les sentiments de droiture et « d'honneur avec lesquels vous êtes née ne s'altéreront jamais en « vous... *Nous avons* des fautes à pleurer et à expier, mais grâce au « ciel, nous n'avons à nous reprocher ni noirceurs, ni crimes; n'ef- « façons pas par l'imprudence de nos derniers jours, la douceur et « la *pureté* de ceux que nous avons passés ensemble. » Ces fautes à pleurer et à expier sont certainement celles qui se rapportent aux enfants. C'était le cas ou jamais de reprocher à Thérèse les penchants dénaturés dont l'a accusée Mme d'Houdetot, à ce que dit Musset-Pathay. Ici, Rousseau ne s'adressait pas au public, mais à sa compagne; il devait donc la traiter sans ménagements, et il lui parle de ses *sentiments d'honneur et de la pureté de sa vie!* Dans une lettre à Moultou, du 14 février 1769, se croyant près de sa fin, il disait encore de sa femme : « Elle va rester bien à plaindre ; *c'est* « *bien malgré elle, c'est bien malgré nous*, qu'elle et moi n'avons pu « remplir de grands devoirs, mais elle en a rempli de bien respecta-

« bles. Que de choses qui devraient être sues vont être ensevelies
« avec moi, et combien mes cruels ennemis tireront avantage de l'im-
« possibilité où ils m'ont mis de parler ! » Ceci a rapport à ses *Confessions*, qu'il achevait alors. Expliquez tout cela avec l'assertion de
Mme d'Houdetot, admise par Musset-Pathay ! J'ajouterai une dernière
réflexion, c'est qu'il est très-surprenant qu'avec le caractère qu'on
lui a prêté, Thérèse ait laissé subsister, non-seulement les *Confessions*,
que Coindet dit avoir été écrites sous ses yeux, et où elle est parfois
assez sévèrement jugée ; mais cette lettre de Rousseau, à elle adressée,
et dans laquelle Musset-Pathay a prétendu voir un monument de
son odieux caractère. J'achèverai d'apprécier la conduite de cette
femme lorsque je discuterai les causes de la mort de Rousseau.

Je crois maintenant pouvoir aborder une des plus importantes
questions de mon sujet, celle de l'altération des facultés intellectuelles de Rousseau. Cette question ne pouvant être résolue que par
des faits, j'ai dû attendre, pour la discuter, que ces faits fussent
parfaitement constatés et définis. Avant d'entrer en matière, je vais
résumer rapidement les circonstances marquantes de la vie de
Rousseau, depuis ses débuts littéraires jusqu'à son retour à Paris,
et les principales conclusions auxquelles les discussions précédentes
m'ont permis d'arriver jusqu'ici. Ce regard en arrière m'a paru nécessaire pour aider la mémoire du lecteur, fatiguée d'une longue
suite d'argumentations et de détails rebutants.

Les premiers succès de Rousseau excitèrent la jalousie de ses amis ;
à son témoignage sur ce point, se joint celui du fils de Mme d'Epinay,
que j'ai cité chap. II, pag. 36, et qui est d'un grand poids. Les
traits virulents fournis par Diderot pour le *Discours sur l'inégalité*,
ses vives instances, ses reproches au sujet du refus de la pension,
après la représentation du *Devin du village* ; ses tracasseries sur la
solitude, sur la mère Levasseur, la pension faite par lui et par
Grimm à cette méprisable femme, les lâches et insolents procédés
de ce dernier, la violation du secret des enfants, les accusations répandues dans le public sur la passion de Rousseau pour Mme d'Houdetot, sur sa sortie de l'Ermitage, sont autant de circonstances qui
révèlent déjà un plan d'obsession et de diffamation dont l'idée première doit être attribuée à Grimm. Ainsi avant le décret, Rousseau,
grâce à ses *amis*, était déjà pour le public un père dénaturé ; un *méchant* que la misanthrophie et la vanité avaient conduit dans la solitude ; un fourbe capable de séduire la maîtresse de son ami ; un lâche laissant à d'autres le soin d'arracher à la misère la mère de sa

compagne, qu'il avait chassée de chez lui; un ingrat abandonnant sa bienfaitrice (Mme d'Epinay), au moment où elle avait besoin de son dévouement ; quittant ses amis sans raison après avoir reçu leurs services, les accusant publiquement de trahison (Diderot), et couvrant toutes ces infamies du masque de la sensibilité et de la vertu. En supposant même qu'après sa rupture avec ses faux amis Rousseau eût échappé aux épreuves qui l'attendaient encore, ces imputations, répandues avec art et persévérance dans un public facile à tromper, eussent suffi pour ruiner entièrement sa réputation.

On a dû être frappé des bizarres circonstances du décret ; mais là, ce ne sont plus des écrivains haineux ou des femmes ordinaires qui sont en scène ; c'est une puissance mystérieuse qui force l'observateur à remonter jusqu'à ceux qui tiennent les rênes de l'Etat. Musset-Pathay blâme Rousseau d'avoir dit (Lettre à M. D. L. M. 1770), que « l'époque du décret fut celle d'une sourde trame contre sa ré-« putation » ; et il se fonde sur ce que le décret ne pouvait qu'augmenter cette réputation (*Hist.*, t. Ier, p. 515). D'abord il confond ici la célébrité littéraire avec l'honneur moral ; or, c'est de ce dernier que Rousseau a parlé. En outre, il oublie tout ce qu'il a dit lui-même de la réalité de la diffamation, en bien des endroits de son ouvrage ; mais, de sa part, ces distractions ne doivent plus surprendre. Rousseau lui-même en commet une dans le trait que je viens de citer. Il a prouvé dans ses *Confessions*, et je crois avoir prouvé aussi, qu'avant le décret sa diffamation était presque irrévocablement consommée.

J'ai dit ailleurs (chap. III, p. 118) comment l'éloignement de Rousseau servait les vues des calomniateurs. Les faits ont, je pense, démontré la justesse de mes explications, qu'au premier abord, on a pu trouver hasardées. J'ai montré Voltaire, Tronchin, Grimm, Mme d'Epinay semant les calomnies dans Genève. Un odieux libelle (*Sentiments des citoyens*) répandu dans toute la Suisse ajouta le mépris au fanatisme que les ministres et les dévots avaient excité parmi les populations. Rousseau passait donc dans sa patrie et dans le pays où il avait trouvé un asile, pour un débauché, un impie, un factieux. On exaspéra jusqu'aux femmes, en l'accusant d'avoir écrit *qu'elles n'avaient point d'âmes*. Quand la Suisse entière fut fermée au plus paisible des hommes, un faux ami l'entraîna en Angleterre, d'où il revint bientôt transformé en *scélérat*. Toute la société parisienne accueillit avec empressement ce nouvel anathème ; les gens de lettres surtout le répétèrent ; « *leur ménage même s'en mêlait* », dit Musset-Pathay en parlant du récit de Mme Suard (V. chap. v, p. 189). Toute la France, toute l'Europe furent instruites *en un instant* des prétendues noirceurs de Rousseau, Hume l'avoue lui-même (V. chap. v, pag. 191). A Trye, les intrigues se renouvelèrent. On l'en chassa à force d'outrages, et le public ne vit plus dans cette circonstance qu'une nouvelle preuve d'insociabilité. A Grenoble, paraissent Bovier et le galérien Thévenin, favorisés par les deux premiers fonctionnaires de la province. Les calomnies d'un malfaiteur demeurent impunies, et Rousseau, aux yeux de la multitude, passe pour un escroc. Une infusion de plante inerte administrée à un malade le fait accuser d'empoisonnement, j'en donnerai plus loin la preuve ; une servante effrontée flétrit ses mœurs ; ces absurdités trouvent des niais pour les croire et des fourbes pour les accréditer. Il revient à Paris ; on a vu quels furent les hommes qui le recherchèrent, et comment ils l'ont peint. Si tout cela n'est pas encore de la diffamation préméditée, systématique, qu'on dise donc ce que c'est. J'ai parlé de ce qu'on sait, mais que n'ignore-t-on pas! Que ne devaient pas débiter, dans les sociétés dont ils étaient les oracles, Grimm, Diderot, d'Holbach, d'Alembert, Marmontel, Helvétius et les femmes qui s'étaient associées à leurs haines ! Comment douter de l'accord de tant d'intelligences malfaisantes si malheureusement attesté par les indestructibles préjugés qu'il a fondés parmi nous ? N'entendons-nous pas de nos jours répéter servilement toutes les calomnies inventées contre Rousseau dans le siècle dernier ? Ne voyons-nous pas bafouer ses apologistes avec une amertume que le cours du temps n'a point adoucie ? Notre littérature actuelle n'émet-elle pas, trop souvent encore, des diatribes qui semblent être sorties de la plume de Grimm ou de Diderot ? Comment douter que la diffamation de Rousseau ait existé, puisqu'elle dure encore[1] ?

Après huit années de persécutions tantôt sourdes, tantôt ouvertes et toujours renaissantes, chassé de tous les asiles, ridiculisé, diffamé, Rousseau déjà vieux, fatigué d'agitation et de luttes, analyse tristement sa destinée, et croit trouver dans l'ensemble de tant de misères l'indice d'un *complot* dont il décrit l'origine et la marche

---

[1] Après la mort de Rousseau, Grimm disait en parlant de lui : « Cette âme « naturellement défiante fut victime d'une persécution, *peu cruelle* à la vérité, « mais du moins *fort étrange.* » Musset-Pathay veut bien prendre pour un trait d'impartialité ce propos hypocrite. Qui pouvait mieux savoir que Grimm les causes réelles de cette persécution qu'il fait semblant de trouver *étrange?*

dans un écrit apologétique. L'idée, j'en conviens, était étrange, elle choquait toute vraisemblance ; mais encore fallait-il l'examiner. Au lieu de cela, sur le seul mot de *complot*, on crie à l'orgueil, à la misanthropie, à l'extravagance ; et comme les arrêts rendus contre les malheureux sont toujours sans appel, il demeura plus démontré que jamais que Rousseau n'avait jamais été, comme disait Voltaire, qu'un *méchant fou*. Cette légèreté est dans les habitudes du public, et ne surprend pas, mais les observateurs sérieux auraient dû résister à l'entraînement général ; ils ont été dupes comme les autres. Cependant, quand il s'agit de prononcer sur une question aussi grave, que de scrupules devraient arrêter un critique honnête, que d'études attentives devraient précéder ses décisions ! Rien n'est plus difficile à apprécier que les détails de la vie privée et les rapports d'individu à individu. On ne s'en aperçoit que trop à l'extrême longueur de mes discussions et à la minutie des détails dont elles sont surchargées. Parmi tant d'inexorables juges de Rousseau, il en est bien peu qui connaissent parfaitement sa vie privée. Quelle présomption pourtant dans leurs arrêts ! Quelle unanimité, quelle monotonie dans ces accusations continuelles d'orgueil, de misanthropie, d'ingratitude, de défiance, qui sortent de leurs plumes ! C'est surtout lorsqu'on résout des questions de caractère qu'il importe *d'être l'homme d'un seul livre;* mais qui peut se résoudre à s'enfermer ainsi dans un problème individuel ? Il est bien plus commode de trancher, ou de répéter ce qu'on entend dire.

Cette revue commémorative terminée, il s'agit de définir la nature et les causes de la maladie mentale de Rousseau ; de fixer, s'il est possible, l'époque de son apparition ; d'en suivre les progrès jusqu'à son terme, et, enfin de distinguer, dans les jugements que Rousseau a portés de sa destinée, ce qui appartient à sa maladie de ce qui est réel ou vraisemblable. Pour ne pas laisser le lecteur dans une incertitude qui pourrait nuire à sa conviction, je commence par déclarer que je crois à l'aliénation mentale de Rousseau, dans les dernières années de sa vie, mais avec des restrictions que je ferai connaître quand il en sera temps.

Presque tous ceux qui ont jugé Rousseau ont dit qu'il était devenu *fou*. C'est une expression exagérée qu'il importe de réduire à sa valeur réelle. Pour les personnes étrangères à la médecine, le mot de *folie* renferme l'idée d'une perversion totale de l'intelligence. Je crois donc essentiel d'avertir que l'aliénation mentale peut n'être que partielle ; dans ce cas, elle prend le nom de *monomanie*. Relativement à leur intensité et à leur objet toujours *unique*, les monomanies présentent une foule de degrés et de nuances qui les rendent souvent difficiles à saisir. Il est même des médecins qui, embarrassés de poser la limite qui sépare des monomanies, la maladie réputée nerveuse et connue sous le nom d'*hypocondrie*, en ont fait le premier degré des affections mentales. Je suis assez disposé à adopter cette opinion, pourvu qu'on n'en abuse pas pour attirer de force, dans le domaine de la pathologie cérébrale, toutes les singularités de caractère, tous les penchants exceptionnels qui s'observent parmi les hommes. Les médecins ne sont que trop enclins à cette manie de généralisation ; et cela se conçoit, la plupart d'entre eux ne voyant dans l'intelligence qu'une faculté *organique*, c'est-à-dire matérielle. Je ne pousserai pas plus loin cette digression scientifique ; ce que je viens de dire suffit amplement aux besoins de la discussion.

Corancez, dans la *Notice* que j'ai précédemment réfutée, prétend que Rousseau était fou de naissance, et que cette maladie existait dans sa famille. Il cite même un de ses proches parents qui, selon lui, en fut atteint et mourut aliéné. On est maintenant à même d'apprécier la valeur du témoignage de Corancez. Je dirai plus tard dans quel but il a mis en avant cette opinion et l'anecdote du parent. Ce qui est certain, c'est que, dès sa première jeunesse, Rousseau présenta des signes manifestes d'hypocondrie(¹). Sa maladie des Charmettes, son excessive dévotion, l'épreuve ridicule au moyen de laquelle il voulut un jour s'assurer du salut de son âme, sa guérison subite opérée comme chacun sait, sont autant de traits caractéristiques de l'affection cérébrale connue sous cette dénomination. L'aventure chez la Vénitienne Zulietta (*Confess.*, liv. VII) a été présentée comme un trait de folie, principalement par l'atrabilaire La Harpe ; ce n'est qu'un acte de bizarrerie niaise, mêlé d'une généreuse compassion pour un objet à la fois charmant et abject. Mais c'est surtout le goût décidé de Rousseau pour la solitude, qui a paru au plus grand nombre de ses juges un indice certain du désordre primitif de son intelligence. Non-seulement il m'est impossible d'y voir un symptôme de folie, mais je ne le regarde même pas comme un symptôme d'hypocondrie. Je n'ai pas connu un seul hypocondriaque qui pût supporter la solitude. Loin de là, il faut à ces malades, généralement égoïstes et pusillanimes, un entourage assidu qui les aide à discourir sur leur état, et qui soit prêt à leur prodiguer les secours dont ils

---

(¹) Cette maladie, dont on trouve tant d'exemples dans le monde, ne me paraît pas avoir besoin d'être définie.

croient toujours avoir besoin. Mais il y a des fous tristes, des *lypémanes* (Esquirol), qui recherchent la solitude, c'est vrai : s'ensuit-il que tous les solitaires soient fous? Cette opinion, assez généralement adoptée maintenant, sur l'autorité de certains philosophes et médecins renommés, n'en est pas moins fausse. Je reparlerai du goût de la solitude, considéré comme penchant moral, en traitant du caractère de Rousseau.

Les différends qui eurent lieu entre lui et ses faux amis ont été amplement discutés et jugés ailleurs. Il fut trop bon, trop confiant, trop facile; mais qu'on me cite un seul fait de ce temps-là qui puisse faire soupçonner seulement la folie? Je pourrais objecter les chefs-d'œuvre d'intelligence et de sentiment qui sortirent de cette solitude tant blâmée; mais je n'y gagnerais rien, attendu qu'il ne manque pas de censeurs qui traitent Rousseau de fou, précisément à cause de son génie. J'ai parlé chap. III, pag. 90, du triste état où il se trouva à l'occasion des retards de l'impression de l'*Émile*. On n'a pas manqué d'y voir encore un trait de folie. J'ai démontré que tout s'explique par l'ardeur de son caractère, par son isolement, par sa mauvaise santé qui l'empêchait de sortir de sa retraite et de faire des démarches par lui-même ; enfin, par les mystères singuliers dont on entoura cette affaire, et qui étaient capables de bouleverser une tête plus forte que la sienne. Il est très-essentiel d'ajouter que, dans le fond, il ne se trompait pas de beaucoup. Il y avait fraude et manœuvre secrète, je l'ai prouvé. L'erreur de Rousseau ne consistait donc que dans une fausse interprétation d'un fait réel. Il n'était pas, comme il le croyait, la victime des jésuites, il l'était de gens bien plus redoutables, qui se cachaient alors et qu'on connaît aujourd'hui à très-peu près. Il est donc encore impossible de faire servir cet incident à établir la folie. On a cru la voir dans le costume arménien, parce que l'on ignore ou qu'on oublie que ce costume n'était pas une affaire de fantaisie, mais de nécessité. Forcé de porter continuellement des *bougies*, à cause de son infirmité, constatée par Morand, Malouin, et le frère Côme, Rousseau ne pouvait s'accommoder de la petite culotte étriquée, qui était de mode alors; il lui fallait l'habit long, fermé par devant, pour sauver la vue indécente du remède et rendre sa présence dans l'urètre moins douloureuse. Qu'était-ce, en somme, que ce cafetan? une robe de chambre; or, se promener, faire des visites en robe de chambre, n'était guère moins grotesque que d'aller vêtu entièrement à l'orientale. Peut-être, dans sa position, Rousseau eût-il bien fait d'éviter cette singularité qui lui a valu tant de cruels sarcasmes ; mais, si une singularité était un acte de folie, que d'hommes célèbres il faudrait déclarer fous ! Étudiez seulement la vie de lord Byron, vous y trouverez, en fait de bizarrerie, bien autre chose que le cafetan de Rousseau !

Je ne pense pas que les partisans de la folie *originelle* puissent tirer un grand parti des incidents du séjour de Rousseau en Suisse. Ce n'est qu'une suite de traitements qui la préparaient sans doute, mais qui ne la révèlent pas. L'intrigue de Hume a été jugée. Là, les réalités se présentent en foule ; difficiles à apprécier à l'époque où elles se passaient, elles furent pourtant devinées par Rousseau avec une inconcevable sagacité. Du sein de sa profonde solitude, il prononça que Hume était un fourbe, et, quarante ans, après la Providence tirait de l'oubli une lettre de Hume dans laquelle il avouait lui-même *qu'il n'était qu'un fourbe!* Est-ce encore là un trait de folie ? J'ai prouvé (chap. v, p. 258) que la plupart des détails donnés par Hume sur la fuite de Rousseau de Wooton en France, sont mensongers. Corancez, dans sa *Notice*, prétend tenir de *Rousseau lui-même*, qu'arrivé à Douvres, il monta sur une borne et harangua en *français* la populace dont il était entouré ; que les vents étant contraires, *il ne vit dans cet incident qu'un complot et des ordres supérieurs pour retarder son départ.* (Musset-Pathay, *Hist.*, t. Ier, p. 264). L'hostilité bien prouvée maintenant de Corancez, et que j'aurai occasion de confirmer plus tard, ne permet pas d'ajouter la moindre confiance à son récit.

La lettre écrite par Rousseau au général Conway avant de passer en France révèle un trouble extrême, une sorte de panique ; elle est douloureuse à l'excès et manque de dignité. On s'étonne de le voir s'humilier à ce point, lui dont la fierté ne s'était pas démentie dans des épreuves plus dures. Pourtant j'engage les *heureux,* toujours si sévères, à tâcher de s'identifier un instant avec celui qui écrivit cette triste lettre. Qu'ils se représentent un homme faible, impatient, sensible jusqu'à l'exaltation, abreuvé d'amertume depuis près de dix ans, proscrit, persécuté, confiné dans une province reculée d'un pays dont il ignorait la langue ; diffamé par un fourbe qui avait pour lui l'opinion à Paris et à Londres ; qu'ils se rappellent les difficultés de sa correspondance avec son seul ami du Peyrou ; la violation fréquente du secret de ses lettres, la curiosité inquiète de Hume au sujet de ses *Mémoires ;* qu'ils ajoutent à tout cela beaucoup d'autres choses ignorées, mais que font nécessairement supposer toutes celles dont l'existence est certaine ; enfin, qu'ils tien-

nent compte de l'influence bien connue du sombre climat de l'Angleterre, et peut-être comprendront-ils comment Rousseau put fléchir sous le poids d'une longue infortune et s'humilier un instant devant le misérable qui achevait de l'écraser. C'est sans doute le souvenir de cet acte de faiblesse qui lui inspira le trait suivant de son second Dialogue : « Il a pu quelques instants, dit-il, se laisser dé-
« grader jusqu'à la bassesse, jusqu'à la lâcheté, jamais jusqu'à l'in-
« justice, jusqu'à la fausseté, jusqu'à la trahison. Revenu de cette
« première surprise, il s'est relevé et, vraisemblablement, il ne se
« laissera plus abattre, etc. » Un mouvement bien naturel d'équité et de compassion ne me fait pas oublier les sévères devoirs de la critique. J'avoue donc sans détour la pénible vérité qui se manifeste dans la lettre de Rousseau à M. de Conway. Je crois que, dès ce moment, l'affection hypocondriaque qui faisait en quelque sorte partie de sa constitution, s'aggrava et changea de caractère. La transition de la maladie nerveuse, ou, si l'on veut, du léger trouble intellectuel qui constitue l'hypocondrie, à la maladie cérébrale grave, *à la monomanie*, commença à s'effectuer. Les tribulations nouvelles qui assaillirent Rousseau à son retour en France ne favorisèrent que trop cette tendance fatale. On voit, par divers traits de sa *Correspondance*, qu'il eut quelquefois la conscience de son état. J'en ai cité un de sa lettre à du Peyrou (27 septembre 1767) (voyez pag. 329); en voici un autre d'une lettre à d'Ivernois : « Je ne me
« pardonnerais pas de vous laisser l'inquiétude qu'a pu vous donner
« ma précédente lettre sur les idées dont j'étais frappé en l'écrivant.
« Je fis ma promenade agréablement, je revins heureusement ; et
« voyant que rien de tout ce que j'avais imaginé n'était arrivé, je
« commence à craindre, après tant de malheurs, *d'en voir quel-*
« *quefois d'imaginaires qui peuvent agir sur mon cerveau.* » Il avait été invité à dîner à Gisors, et soupçonnait que cette invitation était un piége pour l'attirer hors du château, et le faire arrêter. Cette idée n'était pourtant pas si déraisonnable. Sur un caprice de M. de Choiseul, alors tout-puissant, Rousseau pouvait être saisi et livré au Parlement ; car rien ne lui garantissait que la tolérance dont on avait usé jusque-là envers lui dût être indéfinie. J'ajoute que cette altération commençante n'était pas telle qu'on puisse en inférer que Rousseau a été dans l'erreur sur les procédés outrageants qu'il eut à endurer à Trye, et dont j'ai prouvé ailleurs la vraisemblance.

Il écrivait à du Peyrou, le 20 juin 1768 : « Le désir de faire di-
« version à tant d'attristants souvenirs qui, à force d'affecter mon

« cœur, *altéraient ma tête*, m'a fait prendre le parti de chercher,
« dans un peu de voyages et d'herborisations, les distractions dont
« j'avais besoin. » Ce trait prouve encore mieux que les précédents
que Rousseau assistait pour ainsi dire au progrès de son mal.

Après l'intrigue de Thévenin, le trouble intellectuel se prononça
davantage, et l'idée de *complot* apparut pour la première fois dans la
Correspondance de Rousseau sous ses formes exagérées. Il écrivait
à Laliaud (5 octobre 1768), qu'il voyait bien *qu'on ne le voulait nulle
part, et qu'on cherchait à lui rendre la vie intolérable;* ce qui n'était
pas si éloigné de la vérité qu'on pourrait le croire, puisqu'il écrivait cela à la suite de la vile affaire de Thévenin. On est même surpris du calme qui règne dans les réflexions que fait Rousseau sur sa
destinée et dans les projets de retraite à l'étranger dont il entretient
son correspondant. « Je ne me trouvai jamais, lui dit-il, dans des
« embarras pareils, et *jamais je ne me sentis plus tranquille*. Je ne
« vois d'aucun côté nul espoir de repos, et loin de me désespérer,
« mon cœur me dit que mes maux touchent à leur fin » (A Laliaud,
5 novembre 1768). Dans une autre lettre, du 12 août 1769, qu'il
écrivait à sa femme, avant de partir pour une herborisation au mont
Pilat, on le voit encore préoccupé de sa sûreté, comme à Trye. « Si
« quelque accident, dit-il, doit terminer ma carrière, soyez sûre,
« *quoi qu'on puisse dire, que ma volonté n'y aura pas eu la moindre
« part.* » Ce trait annonce encore beaucoup de calme et prouve qu'à
cette époque, du moins, il ne songeait pas à s'ôter la vie. Les conseils
qu'il donne à sa femme dans cette lettre sont aussi touchants que
sages. Il lui recommande de *ne compter sur aucun ami, mais de
compter sur les honnêtes gens*, de donner sa confiance au *seul* homme
de lettres qu'il estime. Au portrait qu'il en fait, j'ai cru reconnaître
Duclos. « Laissez, ajoute-t-il, exécuter les *complots* faits contre vo-
« tre mari; ne vous tourmentez pas à justifier sa mémoire outragée;
« contentez-vous de rendre honneur à la vérité, et laissez la Provi-
« dence et le temps faire leur œuvre : cette œuvre se fera tôt ou
« tard. » Il ne veut pas que Thérèse approche les grands : « J'exclus,
« dit-il, toutes les femmes qui se sont dites mes amies. J'excepte
« Mmes Dupin et de Chenonceaux, *l'une et l'autre sont sûres à mon
« égard* et incapables de trahison. » Tous les autres détails de la lettre
sont pleins de calme et de raison. L'exception faite par Rousseau en
faveur de ses deux plus anciennes amies prouve qu'il ne sacrifiait pas
si légèrement qu'on l'a dit ses affections à son idée fixe. L'exclusion
prononcée pour les autres est absolue, mais juste; il est difficile d'en

douter maintenant. Il est à regretter que du Peyrou ne figure pas parmi les personnes exceptées ; j'en ai dit ailleurs les raisons. Cette lettre est précieuse, en ce qu'elle donne la mesure exacte de l'état moral de Rousseau à l'époque où elle fut écrite. La monomanie était alors imminente, on en aperçoit les éléments principaux ; mais la raison luttait encore et ne devait succomber qu'un peu plus tard.

Pendant le séjour de Rousseau à Monquin, un inconnu lui écrivit pour lui faire part de ses doutes religieux. A en juger par le trait de Moultou (V. pag. 338), on peut supposer qu'il s'agissait encore d'une épreuve perfide. Ceux qui voudront constater par eux-mêmes l'étonnante énergie d'intelligence et de sentiment que conservait encore Rousseau après tant d'épreuves, devront lire sa réponse (15 janvier 1769 à M. M...). Ils remarqueront que, rédigée dans un moment de souffrance physique et morale, elle ne contient aucune plainte, aucune trace d'aigreur. Toute l'importance que Rousseau attachait habituellement à ses malheurs semble avoir disparu devant les sublimes vérités dont son âme était alors occupée. L'infortune, en altérant son jugement sur un seul point, avait respecté les rares facultés du penseur et de l'homme de bien.

Avant de partir pour Paris, il se trouva, on ne sait comment, en correspondance avec une jeune dame, désignée par l'initiale B... Dans cette correspondance sérieuse et souvent même remplie de détails très-délicats, Rousseau retrouve toute sa chaleur de cœur et tout son talent. Rien de profond et de charmant comme sa lettre du 17 janvier 1770 à cette dame. C'est là que, sans autre impulsion que celle de sa conscience, il lui fait l'aveu de sa faute à l'égard de ses enfants. En terminant, il la prévient que toutes ses lettres sont ouvertes. Il s'agit là d'une circonstance matérielle facile à constater, et au sujet de laquelle on ne peut admettre l'illusion. On doit en conclure que Rousseau n'exagérait pas tant lorsqu'il se disait surveillé de près. La lettre du 2 février 1770, à Mme B..., est sur un autre ton. Il fallait qu'elle eût hasardé des traits offensants ou au moins équivoques, puisque Rousseau lui dit : « *Dans le jugement* « *que vous portez de moi*, pourquoi me rechercher ? pourquoi m'é- « crire ? Recherche-t-on quelqu'un qu'on n'estime pas ? » Le *post- scriptum* de cette lettre est remarquable. Rousseau trouve ses reproches *durs et même injustes ;* il dit à Mme B... « qu'elle a mêlé « une involontaire sincérité à la dissimulation qu'elle voulait avoir ; « *qu'elle ne le trompe pas, mais qu'on l'a trompée*, etc. » Il termine en la conjurant de lui dire ce qu'elle pense de lui. Ce retour sur une première détermination, cette indulgence sont certainement très-extraordinaires dans un homme dont l'esprit est malade, et qui raisonne précisément sur l'objet de sa monomanie. Dans la lettre suivante (10 mars 1770), Rousseau reprend le ton amical ; il y parle avec exaltation de sa destinée et de son prochain départ pour Paris où il vit Mme B... (Lettres des 7 et 13 juillet 1770). On ignore ce qu'était cette dame, et quelles intentions l'avaient portée à se mettre en relations avec Rousseau. Celui-ci, dans sa lettre du 7 juillet 1770, lui écrivait : « Je suis bien déterminé à ne point voir quiconque a des « rapports avec Mme de ***. » Il désignait probablement une de ses anciennes *protectrices*. Cette liaison de Mme B... pourrait inspirer quelques doutes sur la droiture de ses intentions.

Du Belloy, auteur dramatique, envoya à Rousseau sa tragédie de *Bayard*. On y lit les deux vers suivants :

> Que de vertu brillait dans son faux repentir !
> Peut-on si bien la peindre et ne pas la sentir !

Rousseau craignit que le second vers ne fût un trait indirect dirigé contre lui. Il pria du Belloy de lui répondre à ce sujet *oui ou non*, et qu'il le croirait sur parole (19 février 1770). Du Belloy protesta de ses bonnes intentions. Rousseau, dans sa réponse (12 mars 1770), s'excusa avec une franchise touchante. Il convint qu'après avoir été pendant quarante ans le plus confiant des hommes, *il en était venu à une défiance d'autant plus déplorable qu'elle était sans bornes*, et le pria de lui pardonner à *cause de la commisération due à son état*. Sa lettre finit par ce trait résigné : « Mes malheurs m'ont pris au dé-
« pourvu, parce qu'il en est auxquels il n'est pas permis à un hon-
« nête homme d'être préparé ; j'en ai été, cependant, plus abattu
« qu'irrité ; maintenant me voilà prêt : j'espère me laisser un peu
« moins accabler ; à mon âge et dans mon état, ce n'est plus la
« peine de tant se tourmenter, etc. » Dans la précédente lettre, je remarque le passage suivant : « Ce que vous m'avez dit *des imputa-*
« *tions dont vous m'avez entendu charger*, et du peu d'effet qu'elles
« ont fait sur vous, ne m'étonne que par l'imbécillité de ceux qui
« pensaient vous surprendre ainsi. » Ces *imputations* n'étaient donc pas des chimères, comme on ne cesse de le répéter. J'avoue que le trait de Dussaulx (voy. pag. 300) m'avait d'abord rendu suspect celui de du Belloy ; mais ce dernier a été tellement vilipendé par Grimm (*Corresp.*, mars 1770) que, sur cela seul, je n'hésite pas à croire qu'il put être de bonne foi.

Le quatrain que, depuis 1770, Rousseau mettait en tête de ses lettres me paraît être un des indices les plus certains de l'extension que prenait son idée fixe. J'en dis autant de sa bizarre manière de dater, dont il est impossible d'assigner le motif.

La longue lettre de Rousseau à M. de Saint-Germain (26 février 1770) contient beaucoup de faits et de conséquences justes, mêlés d'exaltation douloureuse et d'idées déraisonnables. Dussaulx, qui l'a citée dans sa *Notice*, l'a nommée : *La Passion de J.-J. Rousseau*. Ce rapprochement est digne du génie impie et cruel de la secte philosophique. Ce que Rousseau y dit de ses *faux amis* et de l'ensemble de sa destinée est d'une vérité dont, maintenant, chacun est en état de juger ; il n'y a d'erreurs que dans quelques points de détail. Mais ce qu'il y a de bien singulier et de bien honorable en même temps, c'est que ni ses raisonnements, ni ses plaintes n'ont rien d'amer ; jamais homme, peut-être, ne parla avec plus de modération et de dignité de ses infortunes réelles et de leurs auteurs. Toutefois, c'est dans cette lettre que l'idée de *complot* offre enfin la forme réellement *maladive* que l'on retrouve plus prononcée encore dans les *Dialogues* et les *Rêveries*. A ce moment, la transition graduelle de l'hypocondrie à la monomanie était arrivée à son terme. Un voile partiel couvrait une des plus nobles intelligences qui aient jamais brillé parmi les hommes ! Ce fut dans ce triste état que Rousseau arriva à Paris ; j'ai dit ailleurs dans quel but il y était revenu (voy. pag. 293). J'ai ajouté que si on l'y laissa tranquille, en apparence du moins, c'est que la persécution ouverte lui eût attiré la commisération publique et eût déshonoré ses ennemis. Désormais le mépris et la dérision suffisaient au succès complet du système d'iniquité dont j'ai déjà fourni tant de preuves, et l'on a vu dans le cours du présent chapitre avec quel art et quelle persévérance cette lâche tactique fut mise à exécution. Rousseau, trompé dans son attente, et désespérant de sa réhabilitation parmi ses contemporains, résolut d'en appeler aux générations futures et composa ses *Dialogues*. Mes lecteurs, si j'en ai, m'ont déjà donné une preuve extraordinaire de constance en me suivant jusqu'ici ; je désire que leur courage ne défaille pas dans le dernier effort que je leur demande. Je leur déclare donc que, pour satisfaire à toute l'étendue de mes devoirs de critique, je me crois obligé d'analyser en partie les *Dialogues* de Rousseau, qui passent généralement pour n'être qu'un long délire, quoique si peu de personnes aient eu le courage de s'en assurer par elles-mêmes. Je l'ai eu, moi, et même plusieurs fois. J'y ai suivi la vérité à travers les divagations, les exagérations et les songes, car il s'y trouve malheureusement de tout cela, et j'ose prédire à ceux qui voudront faire comme moi, ou qui, du moins, consentiront à prendre connaissance de mes recherches, qu'ils ne trouveront pas que la tâche soit si ardue et si stérile.

L'idée de *complot*, cette pierre d'achoppement de tous les critiques, n'a jamais été suffisamment étudiée par aucun d'eux. Je conviens du ridicule qu'il y a à supposer qu'un particulier soit devenu l'objet d'une conspiration générale, dont tout individu qui l'approche est nécessairement complice et agent. Mais il s'en faut bien que Rousseau ait poussé l'extravagance jusque-là. Je vais le prouver par une suite de citations empruntées à l'écrit même où l'on prétend que cette chimère est reproduite à chaque instant. « *Le Français :* Vous
« justifiez un seul homme dont la condamnation vous afflige, aux
« dépens de toute une nation ; que dis-je ? de toute une génération
« dont vous faites une génération de fourbes..... Il faudrait donc
« conclure de vos raisonnements qu'il ne se trouve pas, dans toute
« cette génération, un seul honnête homme, un seul ami de la vé-
« rité ? Admettez-vous cette conséquence ? *Rousseau :* A Dieu ne
« plaise ! Si j'étais tenté de l'admettre, ce ne serait pas auprès de
« vous, dont je connais la droiture invariable et la sincère équité.
« Mais je connais aussi ce que peuvent, sur les meilleurs cœurs, les
« préjugés et les passions, et combien leurs illusions sont quelque-
« fois inévitables. Votre objection est forte ; elle s'est présentée à
« moi longtemps avant que vous me la fissiez ; elle doit vous em-
« barrasser autant que moi ; car enfin, si le public n'est pas tout com-
« posé de méchants et de fourbes, tous d'accord pour trahir un seul
« homme, il est encore moins composé, sans exception, d'hommes
« bienfaisants, généreux, exempts de haine et de malignité..... Jean-
« Jacques a, dans *tous les états*, un grand nombre d'ennemis très-
« ardents, qui ne cherchent pas assurément à lui rendre la vie
« agréable et douce : concevez-vous qu'il ne s'en trouve pas un seul
« qui, pour jouir au moins de sa confusion, ne soit tenté de lui dire
« ce qu'on sait de lui ? La solution de ces difficultés doit se chercher,
« selon moi, dans quelque cause intermédiaire, qui ne suppose, dans
« toute une génération, ni des vertus angéliques, ni la noirceur des
« démons, mais quelque disposition naturelle au cœur humain qui
« produit un effet uniforme par des moyens adroitement disposés
« à cette fin..... Il est des épidémies d'esprit qui gagnent les hommes
« de proche en proche, comme une espèce de contagion, parce que

« l'esprit humain, naturellement paresseux, aime à s'épargner de
« la peine, en pensant d'après les autres, surtout en ce qui flatte ses
« propres penchants. Cette pente à se laisser entraîner s'étend aussi
« aux inclinations, aux passions des hommes; l'*engouement*, général,
« maladie si commune dans votre nation, n'a pas d'autre source. »
Parlant ensuite de ses faux amis, Rousseau ajoute : « La route
« que Jean-Jacques avait prise était trop contraire à la leur, pour
« qu'ils lui pardonnassent de donner un exemple qu'ils ne voulaient
« pas suivre, et d'occasionner des comparaisons qu'ils ne voulaient
« pas souffrir. Outre ces causes générales, cette haine primitive et
« radicale de vos dames et de vos messieurs en a d'autres particu-
« lières et relatives à chaque individu, qui ne sont ni convenables
« à dire, ni faciles à croire, mais que la force de leurs effets rend
« trop sensibles pour qu'on puisse douter de leur réalité; et l'on peut
« juger de la violence de cette haine par l'art qu'on met à la cacher
« en l'assouvissant. »
Rousseau explique ensuite comment ses ennemis particuliers s'y
prirent pour communiquer au public la haine que sa conduite et
ses écrits avaient fait naître dans leurs cœurs. « Ils commencèrent,
« dit-il, par travestir un républicain sévère en brouillon séditieux,
« son amour pour la liberté légale en une licence effrénée, et son
« respect pour les lois en aversion pour les princes([1]). Ils l'accu-
« sèrent de vouloir renverser tout l'ordre social, parce qu'il s'indi-
« gnait, qu'osant consacrer sous ce nom les plus funestes désordres,
« on insultât aux misères du genre humain, en donnant les plus cri-
« minels abus pour les lois dont ils sont la ruine. Sa colère contre les
« brigandages publics, sa haine contre les puissants fripons qui les
« soutiennent, son intrépide audace à dire des vérités dures à tous les
« états, furent autant de moyens employés à les irriter tous. Pour le
« rendre odieux à ceux qui les remplissent, on l'accusa de les mé-
« priser personnellement. Les reproches durs, mais généraux, qu'il
« faisait à tous, furent tournés en autant de satires particulières dont
« on fit avec art les plus malignes interprétations..... La chose qui
« se pardonne le moins est un mépris mérité. Celui de Jean-Jacques
« pour tout cet ordre social prétendu, qui couvre en effet les plus
« cruels désordres, tombait bien plus sur la constitution des États
« que sur les sujets qui y remplissent des fonctions et qui, par cette
« constitution même, sont nécessités à être ce qu'ils sont. Il avait

---

([1]) Voyez, à cet égard, la *Correspondance* de Voltaire et celle de Grimm.

« toujours fait une distinction très-judicieuse entre les personnes
« et les conditions, estimant souvent les premières, quoique livrées
« à l'esprit de leur état, lorsque le naturel reprenait, de temps à
« autre, quelque ascendant sur leur intérêt, comme il arrive fré-
« quemment à ceux qui sont bien nés. L'art de vos messieurs fut de
« montrer en lui, comme haine des hommes, celle que, pour l'amour
« d'eux, il porte aux maux qu'ils se font.....
 « C'est ainsi que s'expliquent les différents degrés de la haine qu'on
« porte à Jean-Jacques, à proportion que ceux qui s'y livrent sont
« plus dans le cas de s'appliquer les reproches qu'il fait à son siècle.
« Les fripons publics, les intrigants, les ambitieux dont il dévoile
« les manœuvres ; les passionnés destructeurs de toute religion, de
« toute conscience, de toute liberté, de toute morale doivent le haïr et
« le haïssent en effet bien plus que ne font les honnêtes gens trom-
« pés..... Cette aversion, une fois inspirée, s'étend, se communique
« de proche en proche dans les familles, dans les sociétés, et devient
« en quelque sorte un sentiment inné qui s'affermit dans les enfants
« par l'éducation, et dans les jeunes gens par l'opinion. » Il ne faut
pas oublier que tous les ennemis primitifs de Rousseau, Grimm,
Diderot, d'Holbach, d'Alembert, Hume et même Voltaire, étaient
athées décidés. Ce qu'il dit de la propagation, dans la société, des
haines dont il fut l'objet, est parfaitement juste ; c'est ainsi qu'elles
s'entretiennent encore de nos jours et qu'elles se perpétueront in-
définiment, en dépit de l'évidence même.

Rousseau représente ensuite les apôtres de la philosophie matérialiste comme les successeurs des Jésuites, « *gouvernant les esprits*
« *comme ceux-ci les consciences*, faisant circuler dans la société leur
« animosité avec leur doctrine... Tout cela, dit-il, eût été moins
« facile à faire dans tout autre siècle ; mais celui-ci est particulière-
« ment un siècle haineux et malveillant. Cet esprit cruel et méchant
« se fait sentir dans toutes les sociétés, *dans toutes les affaires pu-*
« *bliques*... L'orgueilleux despotisme de la philosophie moderne a
« porté l'égoïsme jusqu'à son dernier terme. Le goût qu'a pris toute
« la jeunesse pour une doctrine si commode, la lui a fait adopter
« avec fureur et prêcher avec la plus vive intolérance. Ils se sont
« accoutumés (les jeunes gens) à porter dans la société ce même
« ton de maître sur lequel ils prononcent les oracles de leur secte...
« Ce goût de domination n'a pu manquer d'exalter toutes les pas-
« sions irascibles qui tiennent à l'amour-propre... Une génération
« de despotes ne peut être ni fort douce, ni fort paisible, et une doc-

« trine si hautaine, qui n'admet ni vice ni vertu dans le cœur hu-
« main, n'est pas propre à contenir, par une morale indulgente
« pour les autres et sévère pour soi, l'orgueil de ses sectateurs. De
« là les inclinations haineuses qui distinguent cette génération. »
Ceux qui seraient tentés de trouver tout cela exagéré devront se
souvenir que c'est cette même génération de jeunes gens dont il est
question dans ce trait, qui a fait la Révolution française et qui lui a imprimé son caractère d'abjection et de férocité. Je n'ignore pas que
la Terreur a fait du déisme, et que beaucoup de penseurs s'y sont
laissé prendre. Je ne leur objecterai que ce passage de l'Evangile :
« Gardez-vous des faux prophètes qui viennent à vous revêtus de
peaux d'agneaux, et qui, au dedans, ne sont que des loups rapaces.
Vous les connaîtrez à leurs œuvres. » On remarquera que le jugement de Rousseau sur son époque convient encore plus à la nôtre,
où la secte matérialiste, devenue demi-barbare sous la longue influence de ses doctrines et des orages politiques, menace maintenant
l'état social d'une ruine complète. N'est-il pas surprenant que le
regard du *monomane* ait pénétré si loin dans l'avenir ?

« Au reste, continue Rousseau, ce concours unanime de tout le
« monde à l'exécution d'un complot abominable a *peut-être* (¹) plus
« d'apparence que de réalité. L'art des moteurs de toute la trame
« a été de ne la pas dévoiler également à tous les yeux. Ils en ont
« gardé le secret principal entre un petit nombre de conjurés ; ils
« n'ont laissé voir au reste des hommes que ce qu'il fallait pour les
« y faire concourir. Chacun n'a vu l'objet que par le côté qui pou-
« vait l'émouvoir. *Il n'y a peut-être pas dix personnes qui sachent à
« quoi tient le fond de la trame ; et de ces dix, il n'y en a peut-être
« pas trois qui connaissent assez leur victime pour être sûrs qu'ils
« noircissent un innocent.* Le secret du premier complot est concen-
« tré *entre deux hommes* qui n'iront pas le révéler. » Ces deux
hommes sont Diderot et Grimm.

« Il a dû s'attendre aux cruelles vengeances de tous ceux qu'of-
« fense la vérité, et il s'y est attendu. Il savait que les grands, les
« vizirs, les robins, les financiers, les médecins, les prêtres, les phi-
« losophes et tous les gens de parti qui font de la société un vrai
« brigandage, ne lui pardonneraient jamais de les avoir vus et
« montrés tels qu'ils sont. Il a dû s'attendre à la haine, à la persé-
« cution ; non au déshonneur, à l'opprobre, à la diffamation... Ne

(¹) Il faut pardonner ce *peut-être* émané de l'idée fixe, et suffisamment rectifié par les propositions qui suivent.

« croyez pas que sa destinée soit le fruit naturel de son zèle à dire
« tout ce qu'il crut être vrai et utile ; elle a d'autres causes plus
« secrètes, plus fortuites, plus ridicules, qui ne tiennent pas à ses
« écrits. C'est un plan médité de longue main, *même avant sa célé-*
« *brité* (1). C'est l'œuvre d'un génie infernal (Grimm), à l'école du-
« quel le persécuteur de Job aurait pu apprendre beaucoup dans
« l'art de rendre un mortel malheureux. Non, jamais un projet aussi
« exécrable n'eût été inventé par ceux mêmes qui se sont livrés
« avec le plus d'ardeur à son exécution. C'est une justice que Jean-
« Jacques aime à rendre à la nation qui le couvre d'opprobre. Le
« complot s'est formé dans le sein de cette nation, mais il n'est pas
« venu d'elle. Les Français en sont les exécuteurs, c'est trop sans
« doute, mais ils n'en sont pas les auteurs. Il a fallu, pour l'être, une
« noirceur méditée dont ils ne sont pas capables ; au lieu qu'il ne
« faut, pour en être les ministres, qu'une animosité, effet fortuit de
« certaines circonstances et de leur penchant à s'engouer tant en
« bien qu'en mal.

« *Tout le monde, quoi que vous en puissiez dire, n'est pas entré*
« *dans le complot.* Je connais d'honnêtes gens qui ne haïssent pas
« Jean-Jacques ; ils estiment ses talents, sans aimer ni haïr sa per-
« sonne, et n'ont pas une grande confiance en cette générosité
« bruyante qu'on admire dans nos messieurs. Cependant, sur bien
« des points, ces personnes équitables s'accordent à penser comme
« le public à son égard... Jean-Jacques sait bien distinguer d'avec
« la canaille à laquelle il a été livré à Motiers, à Trye, à Monquin,
« des personnes d'un vrai mérite, qui, plutôt trompées que séduites,
« et sans être exemptes de blâme, et à plaindre dans leur erreur,
« n'ont pas laissé, malgré l'opinion qu'elles avaient de lui, de le
« rechercher avec le même empressement que les autres, quoique
« dans des intentions moins cruelles. Il y a même plus de bas-
« sesse que de malice dans les indignités dont le grand nombre l'ac-
« cable, et l'on voit qu'ils l'ont bien moins en horreur comme objet
« de haine, qu'en dérision comme un infortuné.

« Il en est encore, et peut-être plus qu'on ne pense, qui font au-
« jourd'hui par faiblesse et par imitation ce qu'ils voient faire à tout
« le monde, mais qui, rendus à eux-mêmes, agiraient tout diffé-

---

(1) Un seul trait le prouve : en racontant l'anecdote du curé de Montchauvet, Grimm disait : *Le seul citoyen de Genève, avec sa probité à toute épreuve, était résolu de faire le rôle d'honnête homme.* (*Correspondance*, août 1755). On remarquera cette date.

« remment. *Jean-Jacques lui-même pense plus favorablement que
« vous de plusieurs de ceux qui l'approchent.* Il les voit, trompés
« par leurs patrons, suivre les impressions de la haine en croyant
« suivre celles de la pitié... La conscience, éteinte dans les pre-
« miers, ne laisse plus de prise au repentir ; mais l'égarement des
« autres est l'effet d'un prestige qui peut s'évanouir, et leur con-
« science peut enfin leur faire sentir cette vérité si simple, que la
« méchanceté qu'on emploie à diffamer un homme prouve que ce
« n'est pas pour sa méchanceté qu'il est diffamé. »

Voilà comment Rousseau a réellement compris l'idée de complot. En supposant même qu'on n'admette pas ses interprétations, au moins sera-t-on forcé d'avouer qu'elles diffèrent beaucoup des absurdités qu'on lui attribue généralement, et qu'elles s'accordent singulièrement avec les faits tels que je les ai présentés et analysés dans le cours de mon écrit.

Les propositions que je viens de citer ont été dégagées de quelques détails outrés qui les accompagnent. Je dois avertir pourtant qu'il ne faut pas regarder toutes les exagérations des *Dialogues* comme exprimant les convictions de l'auteur. Rousseau, dans la préface de son écrit, dit que, faute de pouvoir expliquer entièrement la conduite du public à son égard, il s'est vu forcé d'engager son interlocuteur dans des raisonnements absurdes, et *qu'il a souvent rougi du langage qu'il lui a prêté malgré lui*. Mais il s'est encore fait illusion sur cette nécessité ; en effet, je viens de citer des passages de son écrit où il émet, sur les dispositions du public, des idées d'une modération et d'une justesse remarquables, et qui rendent plus que superflues les divagations ridicules auxquelles il se livre ailleurs sur le même sujet. Il est juste aussi de tenir compte de la manière dont il écrivit ses *Dialogues*. « Ne pouvant souffrir,
« dit-il, la continuité d'une opération si douloureuse, je ne m'y suis
« livré que durant des moments très-courts, écrivant chaque idée
« quand elle me venait et m'en tenant là ; écrivant dix fois la même
« quand elle m'est venue dix fois, sans me rappeler ce que j'avais
« précédemment écrit, et ne m'en apercevant qu'à la lecture du
« tout, et trop tard pour m'en corriger, etc. » D'après cela, il n'est pas surprenant que cet écrit présente tant de confusion, de redites, et même de contradictions.

Rousseau était convaincu que ses ennemis n'avaient pu égarer l'opinion que par un système très-ingénieux de preuves matérielles ; c'est une erreur à laquelle il revient à chaque instant dans les *Dia-

logues, sans s'apercevoir qu'il l'a réfutée lui-même dans le même écrit. Il y prouve avec beaucoup de lucidité et de raison que, du côté du public, l'insouciance, la légèreté, la passion particulière ; du côté des calomniateurs, l'audace, l'adresse, la persévérance suffisaient pour tout expliquer. Il parle avec une exaltation douloureuse de l'horreur qu'il inspirait, de la tactique cruelle de ses ennemis qui, selon lui, le faisaient circonvenir non-seulement par des fripons, mais par d'honnêtes gens, dans le but, disait-il, de recueillir quelque nouveau trait pour son histoire. Tout cela était exagéré sans doute, mais non pas imaginaire ; je l'ai prouvé par l'examen des *Notices* de Dussaulx, Corancez et autres malveillants.

« Ce n'est pas tant à la multitude de *ses crimes*, dit-il encore,
« qu'on a fait attention, qu'à son affreux caractère découvert enfin,
« quoique trop tard, et maintenant généralement reconnu. Tous
« ceux qui l'ont suivi et examiné avec le plus de soin s'accordent
« sur cet article et le reconnaissent pour être, comme le disait très-
« bien son vertueux patron, M. Hume, la honte de l'espèce hu-
« maine et un monstre de méchanceté. » Ce sont bien là, en effet, les expressions dont Hume se servit en écrivant à d'Holbach, et que Voltaire reproduisit textuellement dans sa lettre à Damilaville. (14 juillet 1766).

C'est ainsi que Grimm, Diderot, Marmontel, Servan et autres l'ont peint dans leurs diatribes ; c'est ce que pensait de lui le public instruit à leur école. Il n'y a donc là rien que de trop réel. Quant aux *crimes*, sans en admettre *la multitude*, je dois rappeler que les accusations d'escroquerie, d'empoisonnement et de viol avaient été mises en avant (voyez chap. VII, pag. 398). Peu de personnes, sans doute, y avaient ajouté foi ; mais dans le système des diffamateurs, il importait d'agir sur tous les esprits. Les gens grossiers sont peu frappés des accusations qui portent sur le caractère et qui demandent, pour être appréciées, du tact et de l'esprit d'observation. Ils le sont bien plus des actions criminelles d'une espèce vulgaire, comme celles dont il s'agit ici. Ces invraisemblances avaient été imaginées tout exprès pour eux, et je prouverai tout à l'heure qu'elles avaient été prises au sérieux.

En somme, l'erreur qui domine dans les *Dialogues* consiste dans l'exagération d'une proposition principale et rigoureusement vraie, savoir : la diffamation d'un honnête homme opérée lentement et dans l'ombre par un très-petit nombre de fourbes habiles. Rousseau amplifie cet objet réel, il l'affuble de détails chimériques, sans qu'il cesse pour cela d'être reconnaissable ; et j'ai fait voir qu'après s'être livré à des digressions dont le délire étonne et afflige, le pauvre visionnaire se réfute lui-même en d'autres endroits avec une sagesse qu'on n'eût jamais attendue d'un homme dominé par des illusions si déplorables.

Indépendamment des raisonnements, il y a dans les *Dialogues* des faits positifs ; il est bon d'en faire connaître quelques-uns. La plupart de ces faits ne sont qu'indiqués sommairement, et souvent d'une manière peu intelligible. Les noms propres, quand il s'agit des personnes qui y figurent, manquent presque toujours, ou sont remplacés par des initiales, quelquefois même par des points. Il est évident que ces faits-là ne sont pas susceptibles de discussion ; mais il en est d'autres qui, heureusement, sont confirmés par des témoignages contemporains dignes de confiance, et qui, par cela seul, garantissent la vraisemblance des autres ; je vais les passer en revue dans l'ordre où on les trouve dans les *Dialogues*.

D'Alembert y est accusé d'avoir mis à contribution le *Dictionnaire de musique* pour la rédaction de ses ouvrages sur cette science. On trouve la même assertion dans une note du XIIe livre des *Confessions*. D'Alembert réclama dans le *Mercure* du 14 octobre 1780. Mme de La Tour qui luttait alors, ainsi que du Peyrou, contre les détracteurs de la mémoire de Rousseau, objecta d'abord à d'Alembert une lettre du libraire Guy, du 24 octobre 1764, dont du Peyrou était dépositaire, qu'il s'engageait à communiquer à *quiconque le désirerait*, et dans laquelle ce libraire offrait à Rousseau de charger d'Alembert de la correction des épreuves du *Dictionnaire de musique*. La lettre dont il s'agit doit exister encore dans le recueil déposé par du Peyrou à la bibliothèque de Neufchâtel, et, de plus, son authenticité est prouvée par la note suivante des *Dialogues* : « M. d'Alembert avait des bontés si tendres pour mon *Dictionnaire* « *de musique*, qu'il offrit obligeamment au sieur Guy d'en revoir « les épreuves ; faveur que, sur *l'avis que m'en donna celui-ci*, je le « priai de ne pas accepter. » Mme de La Tour suppose avec raison que Guy, dont j'ai exposé ailleurs la conduite suspecte (voir chap. V, pag. 195), ne faisait cette proposition qu'à l'instigation de l'académicien ; il est donc probable qu'elle cachait quelque projet de plagiat. Mme de La Tour rappelle à d'Alembert que, dans sa réclamation, il n'avait pas nié cette offre faite à Guy, et qu'il s'était contenté de dire qu'*il ne se la rappelait pas*, ce qui, pour d'Alembert, équivalait à un aveu. Puis, son inexorable adversaire lui prouve, par des rapprochements de dates et par des citations de ses ouvrages sur la musique, qu'il a menti en avançant que ses *Eléments avaient paru en* 1762, *six ans avant la publication du Dictionnaire ;* qu'il y eut effectivement une première édition des *Eléments* qui porte cette date, et qui précéda le *Dictionnaire de musique ;* que ce n'est pas celle-là qui contient les plagiats dont s'est plaint Rousseau, mais celle de 1772, *dont d'Alembert a eu bien soin de ne pas parler.* J'ajoute à ces arguments de Mme de La Tour la note suivante du XIIe livre des *Confessions,* écrite en 1769, et relative à d'Alembert : « J'avais trouvé dans ses *Eléments de musique* beaucoup de choses « tirées de ce que j'avais écrit sur cet art pour l'*Encyclopédie,* et qui « lui fut remis plusieurs années avant la publication de ses *Elé-* « *ments.* » Ce trait prouverait que les plagiats existaient aussi dans les éditions antérieures à celle de 1772. Enfin, la lettre de Rousseau à M. D. L. M. (23 nov. 1770), contient cette autre note encore plus significative : « Sans parler de ses *Eléments de musique,* je ve- « nais de parcourir un Dictionnaire des beaux-arts, portant le nom « d'un M. Lacombe, dans lequel je trouvai *beaucoup d'articles tout* « *entiers* de ceux que j'avais faits, en 1749, pour l'*Encyclopédie,* et « qui, depuis nombre d'années, étaient dans les mains de M. d'A- « lembert. » Mme de La Tour soupçonne avec raison que ce Lacombe n'était qu'un prête-nom, et que d'Alembert était le véritable auteur de l'ouvrage. Il n'y a guère que des musiciens qui puissent résoudre cette question de plagiat ; ce qu'il y a de démontré ici, ce sont les deux mensonges de d'Alembert. Or, quand on n'est pas coupable, on n'a jamais besoin de mentir. La réplique de Mme de La Tour à d'Alembert se trouve dans l'édition de Rousseau, dite *de Genève,* t. XXX, p. 349.

Rousseau se plaint dans ses *Dialogues* d'être accusé d'avoir volé la musique du *Devin du village.* Il raconte dans ses *Confessions,* livre VIII, que d'Holbach, à force d'obsessions, lui fit insérer dans le divertissement de cet opéra des morceaux qui faisaient partie d'un recueil de pièces de clavecin ; il ajoute qu'entrant un jour chez Grimm, où il y avait du monde, il le trouva au clavecin, *d'où il se leva brusquement en l'apercevant.* « En regardant machinalement « sur son pupitre, dit Rousseau, j'y vis ce même recueil du baron « d'Holbach, *ouvert précisément à cette même pièce,* qu'il m'avait « pressé de prendre, *en m'assurant qu'il ne sortirait jamais de ses* « *mains.* Quelque temps après, je vis encore ce même recueil, *ou-* « *vert au même endroit,* un jour qu'il y avait musique chez lui.

« Grimm, ni personne, ne m'a jamais parlé de cet air, et je n'en « parlerais pas moi-même, si quelque temps après il ne s'é-« tait répandu dans Paris un bruit, qui vraisemblablement ne « dura pas, que je n'étais pas l'auteur du *Devin du village.* » Ce bruit dura si bien que Grétry, dans ses *Essais sur la musique*, dit qu'à l'époque où il arriva à Paris (1767), on paraissait généralement y croire que Rousseau avait volé le *Devin du village* à un musicien de Lyon nommé Granet, qui alors existait encore, puisque Grétry dit de lui : « J'ai fréquenté exprès l'homme de Lyon que des litté-« rateurs envieux de Rousseau disaient être le principal auteur du « *Devin du village*. Je n'ai rien trouvé dans cet homme qui annon-« çât qu'il pût faire une note de chant » (*Essais*, t. Ier, p. 276). *Après la mort de Rousseau*, et cette circonstance est importante à remarquer, un M. Pierre Rousseau, rédacteur du *Journal encyclopédique*, inséra dans le numéro de cette feuille du 15 novembre 1780, un article dans lequel il prétendait qu'en 1750 il reçut, par erreur, une lettre adressée à J.-J. Rousseau par un musicien de Lyon, nommé *Granier* ou *Granet,* qui lui mandait : « Je vous ai envoyé la musique « du *Devin du village* dont vous ne m'avez pas accusé réception. Vous « m'avez promis d'autres paroles ; je voudrais bien les avoir, parce « que je vais passer quelque temps à la campagne où je travaillerai, « *quoique ma santé soit bien chancelante* ». M. Pierre Rousseau ajoute que J.-J. Rousseau n'étant pas encore célèbre, il ne put lui faire passer cette lettre, faute de savoir son adresse, et *qu'il négligea de la garder;* mais que lorsqu'on représenta l'opéra en 1753, il fit part de l'anecdote à Duclos, qui en demanda la preuve. M. Pierre Rousseau chercha *cette lettre intéressante* (c'est son expression) ; elle ne se retrouva pas, comme on peut bien le croire ; ce qui n'empêcha pas M. Pierre Rousseau de la transcrire textuellement en 1780, c'est-à-dire *trente ans après !* On écrivit à Lyon, et il se trouva que le musicien Granier *était mort;* cela devait être, puisqu'on avait eu soin de lui faire dire dans sa lettre que *sa santé était bien chancelante*. M. Pierre Rousseau prétend avoir écrit plusieurs fois à J.-J. Rousseau pour lui déclarer qu'il ne croyait pas que le *Devin du village* fût de lui, et n'en avoir reçu aucune réponse. Cependant, voilà que le musicien Granier, mort en 1753, se trouve vivant, d'après Grétry, en 1772 ! Cela se conçoit ; c'est qu'il avait bien fallu que M. Pierre Rousseau le fît mourir en 1753, pour expliquer comment les prétendues démarches de Duclos avaient été inutiles. Maintenant, pourquoi ce Granier, qui très-certainement vivait encore en 1772, puisque l'honnête Grétry dit l'avoir *fréquenté*, pourquoi, dis-je, ce Granier, qui ne pouvait ignorer le succès de l'opéra dont on dit qu'il était l'auteur, ne fit-il, pendant *plus de vingt ans*, aucune démarche pour réclamer ses droits et confondre le plagiaire ? La raison en est encore très-simple, c'est qu'une réclamation eût infailliblement tourné à sa honte et à celle des fourbes dont il eût été l'instrument. On attendit prudemment la mort de Rousseau ; celle de Duclos avait eu lieu en 1772 ; quant à Granier, il est probable qu'il était mort aussi lorsque M. Pierre Rousseau publia son article, de sorte que le conte reposait en entier *sur trois morts*, expédient familier aux détracteurs de Rousseau. Restait Grétry ; mais comme il n'avait pas encore publié ses *Essais*, dont la première édition ne parut qu'en 1789, M. Pierre Rousseau ne pouvait savoir qu'il s'était trouvé en relations avec Granier ; sans cela, il n'eût peut-être pas hasardé sa calomnie. De son côté, Grétry, qui aimait Rousseau, n'eut probablement pas connaissance de l'article du *Journal encyclopédique*, car infailliblement il n'eût pas laissé passer cette mort, arrivée en 1753, d'un homme à qui il avait parlé en 1772. Les inventeurs de cette fable avaient évidemment profité de l'identité des noms de *Pierre Rousseau* et de *J.-J. Rousseau* pour lui donner un air de vraisemblance. Ce trait précieux prouve la diffamation systématique, si énergiquement soutenue par l'infortuné Rousseau et si opiniâtrement ridiculisée par ses juges. Bien mieux, le trait du recueil *d'airs de clavecin* établirait clairement, comme l'a dit Rousseau dans un des passages de ses *Dialogues* que j'ai cités précédemment (voir pag. 390), que cette diffamation fut antérieure à sa célébrité, qui ne date réellement que de la publication de l'*Emile*. [XV.]

Rousseau parle de prétendus désespérés qui le consultaient pour savoir s'ils devaient se tuer ; et de lettres captieuses, où on l'engageait, sous un faux air de candeur, dans des discussions compromettantes. La lettre du 24 novembre 1770 est une réponse ironique à un de ces *suicides*. Celle du 9 février 1770 à l'abbé M... contient les explications que ce dernier lui avait demandées au sujet d'une note de l'*Emile* sur le duel. Comme l'abbé, dont la correspondance avec Rousseau durait déjà depuis quelque temps, s'était montré aigre et même malveillant, je suppose que sa prétendue consultation n'était qu'un piège. N'a-t-on pas vu Moultou s'abaisser jusqu'à sonder la bonne foi de son ami, en lui proposant des doutes sur les vérités religieuses ?

Rousseau dit, dans une note des *Dialogues*, que le Genevois Lenieps, son ami, fut mis à la Bastille pour avoir excité ses compatriotes contre leurs magistrats, et qu'on publia avoir trouvé dans ses papiers la preuve qu'il lui avait suggéré cette conduite. Il avait déjà dit la même chose dans sa lettre à M. de Saint-Germain. Voici ce qu'écrivait Voltaire à ce sujet (8 octobre 1766) : « Vous savez sans « doute que Rousseau avait fait un projet de sédition dans Genève « qu'on a trouvé dans les papiers du nommé Lenieps, qui a été ar- « rêté et mis à la Bastille. Rousseau devait venir se cacher dans le « territoire, auprès du lac, dans un endroit nommé le Pâquis. Son « dessein apparemment était d'être pendu. C'est un homme qui « cherche *toute sorte d'élévation.* » Grimm ne manqua pas d'insérer cette lettre dans sa *Correspondance*, avec beaucoup d'autres de Voltaire, encore plus brutales. Voilà, je pense, le fait avancé par Rousseau suffisamment attesté.

Il se plaint des *assauts* soutenus par sa femme contre les visiteurs arrogants. « Une fois établi dans son repaire, dit-il, on s'y maintient « bon gré, mal gré. » J'ai cité les insolences de Rulhières, la ténacité décente en apparence, mais plus basse encore de Dussaulx et de Corancez, qui s'obstinaient à fréquenter l'homme que, tous les deux, ils ont insulté de son vivant et dénigré après sa mort. M. Eymar, de Marseille, qui rechercha Rousseau dans des vues bien différentes, confirme ses plaintes sur l'audace des visiteurs. « Il y avait, dit-il, « ce jour-là, chez Rousseau, une espèce de gascon nommé Andriou, « qui s'y était établi, je ne sais comment, et qui me parut, tant avec « le mari qu'avec la femme, sur le pied de la plus intime familiarité. « Cet Andriou était le plus ennuyeux et le plus sot bavard qu'on pût « entendre. Rousseau parla avec éloge de l'*Iphigénie* de Gluck. « Andriou s'avisa de la critiquer. Je ne sais si l'impertinence de la « censure n'était pas plus étonnante encore que l'angélique patience « du grand maître qui l'écoutait » (*Mes visites à Rousseau*). Musset-Pathay (*Œuvres inédites*, t. II, pag. 24).

J'ai possédé et perdu un portrait de Rousseau par Fiquet, qui, dans les *Dialogues*, est dit *grimacier et bas*. Il avait, en effet, ces deux caractères au point que je ne pouvais le voir sans dégoût. La gravure en était très-belle, ce qui prouve que l'expression de la tête ne peut être attribuée à un défaut de talent.

Dans le second *Dialogue*, le Français s'écrie : « Ah! des petites « boîtes remplies de graines! Eh bien! monsieur, à quoi servent- « elles?—Belle demande! répond Rousseau, à empoisonner les gens « à qui il fait avaler ces graines, etc. » Il est inutile de dire que tout cela a été trouvé souverainement fou ; et pourtant voici ce qu'écri-

vait le bon et sincère Saint-Germain, dans une note où il rapportait divers traits de bienfaisance de Rousseau pendant son séjour en Dauphiné. « Pourrait-on croire, dit-il, que M. Rousseau, avec
« des sentiments pareils, soutenus par une pratique habituelle, ait
« pu être un *fripon, un empoisonneur!* Il est cependant très-vrai
« qu'au sujet de son goût pour l'étude des plantes, *il a été taxé d'y*
« *chercher des poisons*, et qu'on a cité un homme sur lequel *on pré-*
« *tendait qu'il en avait fait l'essai*, parce qu'il mourut dans les
« douleurs d'une néphrétique, malgré tous les secours que lui pro-
« digua M. Rousseau. » Il est question, dans les *Dialogues*, de *crimes sur lesquels la justice eût pu informer*, et il n'est pas un seul lecteur à qui cette idée n'ait fait compassion. Supposez que dans le siècle où Calas, Sirven et Labarre furent condamnés sur de simples soupçons, un magistrat fanatique et cruel, comme il y en avait tant en France, se fût mis en tête de poursuivre l'affaire ; qui sait si l'auteur de l'*Emile* n'eût pas obtenu la palme du martyre ? Mais la haine de M. de Choiseul sauva Rousseau des fureurs de l'orthodoxie ; on préféra les persécutions sourdes, incessantes, et l'ignominie, au bûcher des dévots, qui du moins, eût honoré la victime. La philosophie athée se chargea du supplice ; Rousseau ne fut pas brûlé, il fut étouffé dans la fange !

« Obligé, continue M. de Saint-Germain, de subir une confron-
« tation avec un ouvrier, il confondit cet imposteur, qui disait lui
« avoir prêté neuf francs que M. Rousseau n'avait jamais voulu lui
« rendre. Une femme de chambre, prétendant à l'esprit, fatiguait
« M. Rousseau de ses visites continuelles. Furieuse de ce qu'il l'avait
« chassée de chez lui, elle dit qu'il avait voulu la violer, et le *bruit s'en*
« *répandit partout*. Tous ces événements, quoique fâcheux, n'au-
« raient pas dû affecter M. Rousseau au point où il l'était, encore
« moins lui persuader que ces calomnies grossières étaient l'ouvrage
« de ses ennemis. Autant à plaindre qu'à *blâmer*, il était, par sa
« sensibilité et sa méfiance, son plus cruel ennemi à lui-même »
(*OEuvres inédites* de Rousseau, t. Ier, pag. 494).

Musset-Pathay, choqué avec raison de cette bizarre conclusion, a mis en note : « Elles ne pouvaient pourtant pas être, ces calomnies,
« l'ouvrage de ses amis. » Et il ajoute : « Le tort de Rousseau fut
« d'y faire attention. » Voilà qui est facile à dire. J'aurais voulu voir si le stoïcisme de ces messieurs se fût soutenu dans une position semblable. Ils ont oublié, tous les deux, que ces calomnies frappaient sur un malheureux éprouvé par huit années consécutives de per-

sécution et de diffamation, et qu'elles partaient de la même source que tous les outrages dont il avait été précédemment accablé. Qu'on juge, par l'erreur de ces deux hommes droits et sensés, de ce que durent être les préventions du public contemporain et de la profonde habileté des calomniateurs !

Il faut ajouter aux accusations précédentes celle d'incendie. En 1768, la salle de spectacle de Genève fut brûlée. D'Ivernois écrivit à Rousseau que Voltaire l'accusait d'y avoir fait mettre le feu (voir la réponse de Rousseau, 26 avril 1768). Quelque absurde que fût cette imputation, il ne dut pas manquer de gens qui la prirent au sérieux, puisque celles de viol, d'escroquerie et d'empoisonnement avaient pu faire des dupes.

Le plan de bienfaisance secrète dont il est question dans les *Dialogues* eût été rangé parmi les chimères, si le fourbe Dussaulx n'avait eu la maladresse de le révéler (voy. pag. 297). Rousseau dit qu'*il est livré à la dérision publique, flagorné, persiflé*, etc. Il pouvait se faire bien des illusions à cet égard ; cependant les sarcasmes de Rulhières, les moqueries de quelques jeunes gens qui le poursuivaient jusque dans les lieux publics (voir pag. 295), sont des réalités, et ces réalités en font supposer une foule d'autres. En voici une très-remarquable que Grimm, dominé par sa basse jalousie, n'a pas eu la force de taire. « Le retour de cet homme singulier, dit-il, « dans une ville *qui seule lui convient dans l'univers*, a fourni, *pen-« dant quelques jours,* un sujet de conversation à Paris. » Remarquons tout d'abord que Grimm ne peut parler de Rousseau sans lui lancer quelque injure. S'il revient à Paris, *c'est que Paris seul lui convient*, c'est que son orgueil l'y ramène, et il se hâte d'ajouter que l'on a parlé de lui *pendant quelques jours*. L'envieux a peur qu'un peu de gloire ne vienne consoler l'objet de sa haine ! « Il s'est *mon-« tré,* continue-t-il, plusieurs fois au café de la Régence, sur la « place du Palais-Royal. Sa présence y a attiré une foule *prodigieuse,* « et la populace s'est même attroupée sur la place pour le voir pas-« ser. On demandait à la moitié de cette populace ce qu'elle faisait « là, elle répondait que c'était pour voir *Jean-Jacques*. On lui de-« mandait ce que c'était que Jean-Jacques, elle répondait qu'elle « n'en savait rien, mais qu'il allait passer » (*Corresp.*, juillet 1770).

« Que pouvait penser Rousseau, dit Musset-Pathay, en voyant « cette foule sur son passage ? Qui l'avait rassemblée et dans quelle « intention ? On est forcé de convenir qu'il y a eu un concours de « circonstances qui justifient l'expression de Grimm, quand il re-

« connaît une persécution *fort étrange*, et doivent faire *pardonner*
« à celui qui en fut l'objet d'y avoir cru » (*Hist.*, t. Ier, pag. 300).

Ainsi, Musset-Pathay veut bien *pardonner* à Rousseau d'avoir
cru, ce dont lui, historien, s'avoue *forcé de convenir !* Quelle puissante logique ! De plus, il lui faut l'autorité de Grimm pour admettre
la réalité de la persécution ; celle des faits, qu'il a tant de fois reconnue, ne lui suffit plus. Quant au *baron de Grimm*, personne ne
pouvait mieux que lui répondre aux questions de Musset-Pathay ;
il savait bien *ce que faisait la populace* et qui l'avait envoyée sur le
passage de Rousseau. Qu'on ne soit pas dupe de la fausse sincérité du
fourbe. S'il a l'air de dévoiler une démonstration malveillante, c'est
qu'il a peur que cet empressement populaire ne soit regardé comme
un acte d'enthousiasme ou de sympathie pour l'illustre écrivain. Il aime
mieux trahir à moitié les auteurs de l'*ovation* que de laisser le public
s'abuser sur son but dérisoire. Je profite de l'occasion pour rappeler que
Rousseau regardait comme des moqueries cruelles les honneurs qu'on
lui rendit en 1765, lorsqu'il logea au Temple, et en 1767, à Amiens.
L'anecdote, certifiée par Grimm, ne justifie que trop cette opinion.

La confiance qu'on doit avoir maintenant dans la véracité de
Rousseau, que pas un seul *fait avéré* n'a encore démentie, me décide à ranger parmi les réalités toutes les assertions des *Dialogues*
qu'on ne pourrait rejeter sans le taxer d'imposture. En voici quelques-unes choisies parmi les plus positives, et les plus importantes :
« Entre tous les exemples qu'il m'a donnés de l'intention de ceux
« qui l'approchent, dit Rousseau à son interlocuteur, je ne vous en
« citerai qu'un. L'un d'eux s'était tellement distingué des autres par
« de plus affectueuses démonstrations, par un attendrissement poussé
« jusqu'aux larmes, qu'il crut pouvoir s'ouvrir à lui sans réserve, et
« lui lire ses *Confessions*. Il lui permit même de l'arrêter dans sa
« lecture pour prendre des notes de tout ce qu'il voudrait retenir
« par préférence. Il remarqua, durant cette longue lecture, que
« n'écrivant presque jamais dans les endroits honorables, il ne
« manqua pas d'écrire avec soin dans tous ceux où la vérité le for-
« çait de se charger lui-même. Voilà comment se font les remarques
« de ces messieurs ! »

Rousseau dit encore, dans la notice qui fait suite à ses *Dialogues :*
« Frappé de l'insigne duplicité de *** que j'avais estimé au point de
« lui confier mes *Confessions*, et qui du plus sacré dépôt de l'amitié
« n'avait fait qu'un instrument *d'imposture et de trahison*, etc. »
Rousseau ne s'explique pas sur cette circonstance, mais les expres-

sions *d'imposture, de trahison* sont trop fortes pour qu'on puisse croire à un simple soupçon. Le nom supprimé soigneusement par les premiers éditeurs des *Dialogues* est celui de *Duclos*. Rousseau a dit de lui dans ses *Confessions* : « C'est le seul ami vrai que j'aie eu parmi « les gens de lettres. » Plus tard il mit en note : « Je l'ai cru si long-« temps et si parfaitement, que c'est à lui que, depuis mon retour « à Paris, *je confiai le manuscrit de mes Confessions*. Le défiant Jean-« Jacques n'a jamais pu croire à la perfidie et à la fausseté qu'après « en avoir été la victime. »

On a vu (chap. v, pag. 183) que Hume accusait Rousseau de se faire plus pauvre qu'il n'était ; il est souvent question de cette calomnie dans les *Dialogues*. Voici quelques traits d'une lettre que Rousseau écrivait à ce sujet, le 15 janvier 1772, c'est-à-dire dans le temps même où il rédigeait ses *Dialogues*. Elle est adressée à M. de Sartine. « Tranquille, dit Rousseau, sur tout ce qu'on me ca-« che avec tant de soin, et même sur ce qui me parvient par hasard, « j'ai laissé débiter, parmi cent autres bruits non moins ineptes, que « j'avais cessé de voir Mme de Luxembourg *après lui avoir emporté* « *trois cents louis ;* que je ne copiais de la musique que par grimace ; « que j'avais six bonnes mille livres de rentes ; que la veuve Du-« chesne faisait une pension de six cents livres à ma femme ; qu'elle « m'en faisait une à moi de mille écus pour une édition nouvelle de « mes écrits que j'avais dirigée. J'ai laissé débiter ces mensonges, « je n'ai fait qu'en rire quand ils me sont parvenus ; je n'ai pas « même été tenté de vous importuner de mes plaintes, quoique je « sentisse parfaitement le coup que cette opinion de mon opulence « devait porter aux ressources que mon travail me procure pour « suppléer à l'insuffisance de mon revenu..... Mais voici une cir-« constance qui, je l'avoue, m'a affecté. J'avais prié un de ceux qui « m'ont averti des bruits dont je viens de parler, de tâcher de savoir « si Mme Duchesne et le sieur Guy, son associé, y avaient quelque « part. De chez eux, où il n'a trouvé que des garçons, il est allé chez « l'imprimeur Simon qu'on lui disait avoir imprimé la nouvelle édi-« tion qui m'avait été si bien payée. Simon lui a dit qu'en effet il « venait d'imprimer quelques-uns de mes écrits *sous mes yeux, que* « *j'en avais revu les épreuves, et que j'étais même allé chez lui, il n'y* « *a pas bien longtemps.* » Rousseau termine en priant le magistrat de vouloir bien éclaircir cette affaire. Le trait relatif à Mme de Luxembourg confirme l'accusation générale *d'escroquerie*, déjà bien constatée. Quant aux propos mensongers de l'imprimeur Simon, ils sont énoncés très-positivement dans la lettre de Rousseau, et d'ailleurs on a vu (pag. 344) que Mme de La Tour lui offrit de comparer l'édition furtive de cet imprimeur avec les bonnes éditions. La fraude est donc démontrée, du moins quant à ce dernier point.

Ceci m'amène à parler de ces éditions frauduleuses dont Rousseau se plaint tant dans ses *Dialogues*. Il fallait bien qu'il en existât, puisqu'il protesta à ce sujet par une note du 23 janvier 1774, retrouvée dans les papiers du comte Duprat et qui figure dans toutes les éditions complètes de ses œuvres. Il dit dans cette pièce qu'il s'est assuré *par ses yeux* de l'existence de ces éditions, *des falsifications et des suppressions* qui s'y trouvaient ; il déclare que tous les écrits nouveaux qu'on imprimera désormais sous son nom sont ou faux, ou mutilés et altérés *avec la plus cruelle malignité*. Il cite en particulier les réimpressions du libraire Rey comme les plus infidèles. M. Eymar, dans une critique sévère des jugements de M. Servan sur Rousseau, repousse toutes ces plaintes comme chimériques. Il raconte dans sa notice que, se trouvant un jour chez Rousseau, celui-ci dit qu'on lui prêtait à dessein les contre-sens les plus grossiers ; que dans un passage où on parlait des hommes, on avait mis *saint* à la place de *sain* ; ailleurs, au lieu de : « *Vos élèves savent les* « *cartes de géographie et le mien les fait* »; on avait imprimé : « *et le mien les faits.* » M. Eymar dit qu'il fut frappé de l'extrême et presque ridicule importance que ce grand homme attachait à si peu de chose et qu'il n'osa faire aucune observation. M. Eymar était un juge véridique et bienveillant, et j'accorde sans peine que la susceptibilité de Rousseau, dans le cas dont il parle, était ridicule ; cependant, je ferai observer qu'il ne s'agit, dans le trait qu'il a cité, que de fautes d'impression, et que Rousseau se plaignait de *falsifications* et de *suppressions*. Ces expressions ne peuvent s'appliquer aux légers contre-sens qui viennent d'être rapportés. Il est fâcheux que M. Eymar n'ait pas osé questionner Rousseau sur le fait vraiment important, celui de *suppression*, et que sur ses renseignements il n'ait pas vérifié, dans les éditions réputées frauduleuses, si effectivement elles contenaient les mutilations et autres altérations graves que Rousseau dans sa note assure y avoir *vues de ses yeux*. Faute d'avoir fait cette recherche, il a, bien involontairement sans doute, mais bien réellement donné une espèce de démenti à l'homme dont la sincérité n'était pas douteuse pour lui. Dans le livre IIe des *Confessions*, on lit la note suivante relative au libraire Rey : « Quand j'écrivais ceci, «j'étais bien loin d'imaginer les *fraudes* que j'ai découvertes ensuite

« dans les impressions de mes écrits et *dont il a été forcé de convenir* ». Le mot de *fraude* ne peut s'appliquer à des incorrections comme celles qu'a signalées M. Eymar, et l'aveu de Rey indique nécessairement quelque chose de coupable. Il est avéré qu'à cette époque, et même précédemment, il y eut un très-grand nombre d'éditions faites à l'insu de Rousseau. Pour prononcer absolument sur la valeur de ses plaintes, il faudrait avoir sous les yeux toutes ces éditions, qui, aujourd'hui, sont à peu près introuvables. Cela n'empêche pas que mes observations ne soient justes, et qu'à défaut de preuves directes, je n'aie pour moi les probabilités. D'autres éditions du temps, encore existantes, mais qui ne tarderont pas à disparaître aussi, reproduisent fidèlement le texte de Rousseau. Seulement, les éditeurs, dans un but tout mercantile, y avaient entassé une foule d'écrits, la plupart très-hostiles, sous prétexte qu'ils avaient rapport à ceux de Rousseau, ou aux événements de sa vie. J'en possède une imprimée à Neufchâtel en 1764, et qui peut être regardée comme un type en ce genre. Cependant cette sotte compilation avait paru sous les yeux de du Peyrou qui n'en comprit pas l'indécence, puisqu'il la reproduisit presque en entier dans son édition de 1780, dite *de Genève*. A l'appui de tout ce que je viens de dire, je citerai le passage des *Dialogues*, dans lequel Rousseau dit que, dans des écrits publiés sous son nom, ou insérés dans les siens, *on lui fait insulter brutalement tous les états*. Il cite des passages de lettres *anonymes et autres, où on lui rappelle des choses comme étant de ses écrits et qu'il n'a jamais songé à y mettre*, et il ajoute que « *tous les* « *jours il reçoit ainsi des citations de passages qu'on lui attribue* « *faussement et qui sont toujours outrageants pour quelqu'un.* » Ce sont encore là des faits réels, et certainement très-dignes d'attention. Les traits dont il s'agit étaient imprimés, puisqu'on les citait textuellement ; il fallait donc, ou qu'on les eût intercalés dans des éditions frauduleuses des écrits de Rousseau, ou qu'on les eût publiés dans des ouvrages qui portaient son nom. On demandera peut-être où sont ces écrits pseudonymes : je l'ignore ; mais qu'importe, si leur existence est démontrée par le raisonnement? Est-il surprenant qu'après un laps de temps si considérable, et tant de vicissitudes sociales, cette écume de la littérature du siècle passé se soit évanouie, quand une foule de productions intéressantes ont subi le même sort? [XVI.]

Rousseau a avancé, dans ses *Dialogues*, qu'on avait intrigué dans les lieux où il avait vécu pour détacher de lui ses anciennes connaissances ; il parle de faveurs accordées à ceux qui, ayant eu autrefois des rapports intimes avec lui, avaient consenti à participer à sa diffamation. Il ne faut pas songer aujourd'hui à jeter la moindre lumière sur cette question ; je me borne donc à rappeler ici ce que j'ai dit dans le chapitre précédent de M. de Conzié, le plus ancien ami de Rousseau. « Je vais le voir, dit celui-ci, *je vois qu'il me « trompe, et je le trouve en correspondance avec M. de Choiseul.* » Ce fait, à coup sûr, ne prouve pas les précédents, mais il les rend beaucoup moins incroyables qu'ils ne le paraissent au premier abord.

L'analyse que j'ai faite, au commencement de ce chapitre, des *Notices* publiées par quelques-uns de ceux qui recherchèrent Rousseau depuis son retour à Paris, révèle assez les détestables intentions dont ils étaient animés. Voici quelques traits échappés de la plume haineuse mais prudente de Grimm, et qui achèveront de prouver que la défiance de Rousseau à l'égard de ces amis masqués n'était que trop fondée. « Le bruit s'est répandu, dit Grimm, que « les *Confessions* de Rousseau allaient paraître, que l'ouvrage était « imprimé en Hollande, qu'il en existait deux exemplaires à Paris... « Tous ces bruits ne se sont pas confirmés. Ce que nous savons « *de bonne part, ce que Rousseau lui-même a dit, il y a quelque temps* « *à des personnes de notre connaissance,* c'est qu'il en avait égaré le « manuscrit ; ce que nous savons plus sûrement encore, c'est qu'il « a dit depuis *à un de nos amis communs,* que l'ouvrage n'était pas « perdu, soit qu'il en eût retrouvé la copie, soit qu'il en eût deux, « et qu'il l'avait déposé entre les mains d'un académicien dont la « probité ne peut laisser aucun doute. On nous a assuré, depuis, « que cet académicien était M. de Malesherbes » (*Correspondance,* juin, 1778).

Ainsi, Grimm avait des amis qui étaient en même temps les *amis* de Rousseau, et qui rapportaient au *baron* tout ce qu'ils pouvaient tirer de leurs conversations avec l'homme qu'ils accablaient sans doute des témoignages de leur fausse bienveillance [1]. Heureusement que c'est Grimm qui révèle cet espionnage, car si le pauvre Rousseau l'eût seulement soupçonné, on l'eût bafoué comme sur le reste. On remarquera, je pense, combien Grimm est préoccupé des *Confessions.* Hume, dans ses *Lettres* et son *Exposé succinct;* Diderot, dans ses *Notes sur Sénèque,* laissent percer la même anxiété secrète.

---

[1] Dussaulx était un de ces *amis.* Ce fut de lui que Diderot apprit qu'il avait été ménagé dans les *Confessions.* Voir les *Notes sur la vie de Sénèque,* chap. II, pag. 57.

Essayons de découvrir quels pouvaient être ces *amis* qui se partageaient si *noblement* entre *M. le baron de Grimm* et Rousseau.

En juillet 1778, Grimm s'empressa de publier dans son *Recueil*, une diatribe cruelle contre son ancien ami qui venait d'expirer. Il y énumère avec un plaisir satanique toutes les visions qui obsédaient l'imagination de l'infortuné dans les dernières années de sa vie. « Tous ces traits, dit-il, nous ont été rapportés par un homme *ten-« drement attaché à Rousseau* et pénétré de son triste état. » Il termine par des détails très-circonstanciés sur les occupations du défunt, et qui, certainement, ne pouvaient lui être venus que de la même source. Puis, il revient encore aux *Confessions*, entraîné par une sorte de terreur intime qui lui disait que ce livre contenait son arrêt. Imagine-t-on ce que pouvait être un homme qui se disait *tendrement attaché* à Rousseau, et qui choisissait Grimm pour lui faire la confidence de ses ridicules?

En juillet 1780, Grimm analysa les *Dialogues*, qui venaient de paraître. Son article, écrit sur le même ton que les autres, contenait le passage suivant : « Il paraît que le malheureux Rousseau se « défiait plus que personne des fougues de son imagination. Le « besoin de l'éteindre semblait l'occuper uniquement dans les der-« niers temps de sa vie. On a su *par un de ses amis*, que c'est dans « cette vue qu'il s'attacha si fort à l'étude de la botanique, et qu'il « s'imposa, comme une œuvre de *pénitence*, la tâche singulière de « copier de sa main toute l'*Histoire de France* de Mézeray (¹).

Encore *un ami* de Rousseau, en flagrant délit de délation auprès de M. de Grimm ou de ses amis. Cette copie de Mézeray est probablement un conte. Rousseau, qui a décrit si minutieusement ses occupations dans ses *Dialogues*, en eût parlé si elle eût été réelle. Dans le trait précédent, Grimm citait *un homme tendrement attaché à Rousseau*: je ne vois que Moultou et Corancez à qui, sur les apparences, cette expression puisse s'appliquer, car il est impossible de soupçonner l'honnête du Peyrou. Si cette application est juste, comme je le crois, quel abominable rôle ces deux hommes, le premier surtout, ont joué auprès de l'infortuné Rousseau ! Au reste, quels que fussent les misérables qui le trahissaient ainsi, qu'on n'oublie pas qu'ils se donnaient pour *ses tendres amis !* Ce n'est pas moi

---

(¹) M. Prevost, de Genève, prétend tenir ce fait de Rousseau lui-même (*Archives littéraires*, 1804, tom. II, pag. 202). Il est probable qu'il l'avait communiqué à Grimm. Or, M. Prevost était assez assidu chez Rousseau, et dans son article il en parle avec un fiel décent, mais très-marqué.

qui le dis, c'est Grimm ! Leçon pour ceux que ces mots de *complot*, de *traîtres*, d'*amis masqués*, font sourire de pitié, et qui ne veulent voir aucune réalité au milieu de tant de chimères !

Il me serait facile de multiplier les citations, mais je ne veux pas abuser de la patience des lecteurs que ces excursions pénibles n'auront pas rebutés. A plus forte raison passerai-je sous silence une foule de traits des *Dialogues*, dont la forme manifestement outrée, ou même déraisonnable, peut cacher encore une réalité. Rousseau a si souvent raison dans ses conjectures, qu'il faut savoir douter quand on n'a pas la preuve certaine de son erreur.

Les *Rêveries du promeneur solitaire* diffèrent beaucoup des *Dialogues*, quant au but qui les inspira et à l'esprit qui y règne ; mais comme Rousseau y revient assez souvent sur sa destinée, et qu'elles contiennent à cet égard un assez grand nombre de faits positifs, j'ai cru devoir les soumettre au même examen. Dans la deuxième *Promenade*, Rousseau raconte l'accident qui lui arriva à Ménilmontant. « En peu de temps, dit-il, cette histoire se répandit « dans Paris, mais changée et défigurée. Il s'y joignit tant de cir- « constances bizarres, tant de propos obscurs, on en parlait d'un air « si risiblement discret, que tous ces mystères m'inquiétèrent. » Tout cela peut être imaginaire, mais qu'on suppose seulement que Corancez eût conté le trait du chien (voyez pag. 319), et que ce trait fût parvenu jusqu'à *M. de Grimm* et ses amis, le reste cesse d'être si invraisemblable. On répandit que Rousseau était mort des suites de sa chute. « Le *Courrier d'Avignon*, dit-il, *à ce qu'on « eut soin de m'écrire, ne manqua pas d'anticiper sur le tribut d'ou- « trages et d'indignités qu'on prépare à ma mémoire.* » Ceci est un fait positif ; et quant au *tribut d'outrages*, on verra, dans le chapitre suivant, que la prévision de Rousseau ne fut que trop réalisée. La question sur les enfants, adressée brusquement à Rousseau par une jeune dame (quatrième *Promenade*), pouvait n'être pas préméditée ; mais ce trait : « elle sourit malignement en regardant la compagnie », est au moins suspect. Dire que Rousseau s'abusa sur ce sourire, c'est se substituer à lui, c'est opposer une négation au témoignage de ses sens. Il faudrait, en outre, savoir ce qu'étaient MM. B... et F..., qui l'avaient conduit *avec sa femme* (notez cette circonstance), dans la maison où cette indiscrète question lui fut adressée.

Le trait : *Vitam vero impendenti, Raynal* (quatrième *Promenade*), ne peut être bien apprécié, faute de détails ; mais on entrevoit assez qu'il cache, comme l'a dit Rousseau, *sous un air de louange*, une *cruelle contre-vérité*. D'ailleurs, il partait d'un homme qu'on sait avoir été intimement lié avec les chefs de la secte philosophique, dont il faisait partie lui-même. J'ai examiné (chap. VI, p. 279) le trait relatif à l'avocat Bovier, et j'ai prouvé qu'il était aussi grave qu'on a voulu le faire futile et outré. Celui sur l'*Eloge* de Mme Geoffrin, par d'Alembert (neuvième *Promenade*), est un acte de basse animosité, et Rousseau a eu raison de dire à ce sujet : « Je compris « aisément le motif de cette affectation vilaine, et quand M. P... « eut fini de lire, en relevant ce qui m'avait paru bien dans l'*Eloge*, « j'ajoutai que l'auteur avait dans le cœur moins d'amitié que de « haine. » (Voyez, comme confirmation, l'*Eloge* de Milord Maréchal, dont je parlerai en détail dans le chapitre suivant.) Du reste, j'avoue que dans ce dernier ouvrage de Rousseau les aberrations intellectuelles, quoique moins choquantes que dans les *Dialogues*, annoncent, par la sérénité même qui les tempère, que le désordre moral était consommé sans retour, et qu'il ne devait plus cesser qu'avec la vie terrestre.

Après une analyse si longue, si minutieuse et, j'ose le dire, si sincère, j'ai tout lieu de croire que l'idée de *complot*, telle que je l'ai définie, d'après l'ensemble des faits, et d'après l'opinion de Rousseau lui-même, a cessé d'être ce paradoxe extravagant qui a rebuté tous les critiques et faussé leurs jugements. Je ne pense pas non plus que les lecteurs qui auront eu la patience de me supporter jusqu'au bout, puissent douter maintenant de l'existence d'une vaste et ténébreuse intrigue, dirigée avec un art infini par des personnages, la plupart distingués et puissants, qui se laissent rarement prendre sur le fait, et qu'il a fallu poursuivre péniblement à l'aide d'une faible lumière, à travers le labyrinthe qui les recèle. Cependant, il me semble que cette tâche n'a pas toujours été infructueuse. L'étude rigoureuse des faits, quelques rapprochements heureux, l'induction, la vraisemblance, ont souvent suppléé, dans mon travail, au manque total ou à l'obscurité des données positives. On y a vu l'habileté des fourbes, mise en défaut, soit par leurs propres maladresses, soit par celles de leurs complices, soit enfin par quelques-unes de ces manifestations providentielles qui, tôt ou tard, font crouler les œuvres d'iniquité. On m'accordera bien aussi, je l'espère, que parmi les existences d'hommes, il en est peu sur lesquelles la méchanceté se soit exercée avec autant d'art, de persévérance et de bonheur que celle de Rousseau. On est confondu en voyant les philosophes matérialistes déployer dans cette conception malfaisante une habileté au moins égale à celle de leurs mortels ennemis, les Jésuites. Maintenant, il ne doit pas être difficile de concevoir comment la raison de Rousseau dut succomber dans une lutte, en apparence si ordinaire, et en réalité si terrible. Il est même surprenant qu'avec tant de sensibilité et de faiblesse, elle n'ait pas été anéantie dès l'instant où elle entrevit le genre de supplice auquel on l'avait condamnée. On a dû distinguer, dans l'analyse que j'ai faite de cette singulière destinée, deux ordres de faits, les uns rigoureusement démontrés, les autres spécieux ou imaginaires. Je ne doute pas qu'on n'ait été frappé de voir combien ces derniers sont peu nombreux, comparativement aux premiers. N'est-il pas très-singulier que dans la vie d'un homme regardé généralement comme fou, on trouve tant de choses certaines qui déposent en faveur de sa raison, et si peu qui dénotent l'altération de son intelligence ; que la part de la réalité y soit si considérable et celle de l'erreur si bornée ? C'est précisément cette contradiction apparente qui résout le problème de la destinée de Rousseau. Les critiques superficiels, et après eux le public, vont sans cesse répétant que Rousseau ne fut malheureux que parce qu'il était fou, tandis que la vérité est dans cette proposition inverse, dont tout mon écrit n'est qu'une longue démonstration : *Rousseau ne devint fou que parce qu'on le rendit très-malheureux.* Musset-Pathay, lui-même, malgré sa timidité et ses contradictions, est arrivé par l'impulsion de la conscience à la même conclusion que moi. Après avoir maintes fois déclamé assez étourdiment contre l'idée de *complot*, il a laissé enfin échapper cet aveu remarquable : « Quand, dit-il, il ne fut plus possible à l'envie « de nier le talent de Rousseau, elle n'eut rien de mieux à faire que « de le déclarer fou, en préparant tout pour qu'il le devînt » (*Hist.*, t. Ier, pag. 300). Et Musset-Pathay ne veut pas qu'on donne le nom de *complot* à cette infernale machination ! Du reste, tout se passa réellement comme il vient de le dire. L'imputation de folie, imaginée pour la première fois par Hume, n'était dans le principe qu'un mensonge adroit destiné à couvrir ses intrigues. Elle fut ensuite mise à profit par ses auxiliaires et successeurs, dans un but absolument semblable. Sain ou non d'esprit, Rousseau devait être déclaré fou ; cela entrait dans les moyens d'exécution du système, car il fallait à tout prix mettre les calomniateurs à couvert. Mais enfin, grâce à leur cruelle persévérance, de fictive qu'elle était d'abord, la folie devint réelle ; la haine obtint plus qu'elle n'avait espéré. Dès cet instant, les persécuteurs purent tout braver ; les plaintes, les raisonnements, l'évidence même ne les inquiétaient plus. Le malheureux, disaient-ils, est devenu *fou de rage* (¹), les vices de son cœur ont altéré sa raison ; laissez ce furieux injurier et calomnier les hommes qui eurent le malheur d'être ses amis et ses bienfaiteurs ! — Le public d'alors les crut sur parole, et celui d'aujourd'hui répète ce qu'avait dit le public d'autrefois !

Il ne me reste plus à traiter qu'une question, accessoire il est vrai, mais qui m'a paru mériter quelque intérêt. La monomanie de Rousseau était-elle susceptible de guérison, et quel était le remède à employer ? Les monomanies sont, en général, difficiles à guérir, surtout lorsqu'elles se sont établies graduellement et par la longue influence des peines morales. Le caractère de l'individu influe aussi beaucoup sur le degré de curabilité de la maladie ; ainsi, la sottise, l'ignorance, la pusillanimité, les préjugés d'éducation, de position, les vices de tout genre sont de grands obstacles au retour de la raison. Quelquefois aussi un haut degré d'intelligence, une sensibilité exaltée, un excès de bonté et de droiture en sont de plus grands encore. C'était le cas de Rousseau. Lorsqu'on a eu la patience de lire en entier ses *Dialogues*, on est frappé d'une idée qui y revient presque à chaque instant. Rousseau s'indigne que, parmi la foule de ceux qui l'approchaient, *pas un* n'eût voulu s'expliquer avec lui sur les causes de ses malheurs et sur sa diffamation. Je ne parle pas des malveillants ; la dissimulation faisait partie essentielle de leur rôle ; mais les honnêtes gens se taisaient aussi, et je dirai tout à l'heure pourquoi. Ce n'était certainement pas par ignorance. J'ai prouvé que la diffamation de Rousseau était aussi publique que possible. Grimm, Diderot, d'Holbach, Voltaire, Hume, d'Alembert et tant d'autres, tous très-répandus dans le monde, y avaient semé la calomnie à profusion, et avec d'autant plus de facilité que Rousseau, errant et presque séquestré, ignorait, la plupart du temps, l'existence de leurs manœuvres. Les papiers publics, français et étrangers, s'empressaient de répéter leurs accusations et les propageaient au loin. Hume dit lui-même que le bruit de sa querelle se répandit *en un instant dans toute la France*. Il fallait que cet accord malfaisant eût produit une notoriété bien universelle, puisque, suivant Mme de La Tour, on savait en province que Rousseau avait mis ses enfants *à l'hôpital*. Il est donc clair que ceux qui l'approchaient connaissaient au moins les détails vulgaires de la diffama-

---

(¹) Expression employée par Mme de Boufflers dans une de ses lettres à Hume (Voir chap. v, pag. 216).

tion, et pourtant *tous* gardaient le silence. Eymar lui-même, visiteur bienveillant, qui n'ignorait rien, s'abstint de toute explication. Voyez sa notice (*Œuvres inédites de Rousseau*, t. II, p. 1 et suivantes). Beaucoup d'honnêtes gens, sans doute, imitaient cette fâcheuse réserve, et, forcés de donner à leurs visites des motifs peu naturels, ou de recourir au prétexte banal de la copie, ils contribuaient avec les fourbes à nourrir la défiance de Rousseau. On le voit, dans ses *Dialogues*, traiter avec mépris ces survenants qui s'introduisaient chez lui, *armés d'un chiffon de musique*, et qui s'y cramponnaient sans qu'il pût pénétrer leur dessein. L'intention pouvait être bonne quelquefois ; les visites d'Eymar le prouvent ; mais il est sûr que ce *mutisme* général était bien fait pour effaroucher le pauvre malade. Cette réserve s'explique facilement chez ceux que l'estime et la sympathie attiraient chez lui. Ils y venaient prévenus d'avance de son triste état. Il leur était, sur toutes choses, recommandé de ne pas aborder le sujet scabreux des ennemis et des *malheurs*, sous peine d'endurer les divagations les plus insensées et d'être congédiés durement en cas d'incrédulité, ou même de simple discussion. C'était encore une tactique adroite des calomniateurs. Ils prévenaient ainsi tout éclaircissement, et enchaînaient jusqu'à la droiture et la compassion. On me demandera sans doute, et on en a le droit, comment je m'y serais pris pour aborder Rousseau, pour traiter impunément avec lui la délicate question du *complot*, et tenter la guérison de l'auteur des *Dialogues*. Précisément par le moyen qu'il a indiqué lui-même. Voici la lettre fictive qu'il se fait écrire par son interlocuteur : « J'ai besoin de vous voir et de vous con-
« naître ; ce besoin est fondé sur l'amour de la justice et de la vé-
« rité. On dit que vous rebutez les nouveaux visages ; je ne dirai
« pas si vous avez tort ou raison, mais si vous êtes l'homme de vos
« livres, ouvrez-moi votre porte avec confiance ; je vous en conjure,
« pour moi ; je vous le conseille pour vous. Si vous ne l'êtes pas,
« vous pouvez encore m'admettre sans crainte, je ne vous impor-
« tunerai pas longtemps » (2ᵉ *Dialogue*). J'aurais écrit quelque chose d'analogue, au style près. Une fois admis près de Rousseau, et je l'aurais été, j'en suis sûr, je lui aurais révélé sans réserve tout ce que j'aurais su des propos publics sur son compte, et des manœuvres malveillantes dont j'aurais pu être témoin. J'aurais cherché à en apprendre davantage ; j'aurais fait part à Rousseau de mes découvertes, sans autre précaution que d'exiger le secret, et quel homme le garda jamais plus religieusement que lui ! Pourquoi le

secret? C'est qu'à cette époque un rôle semblable avait ses dangers, et qu'une imprudence eût à la fois compromis ma sûreté et le succès de ma tentative. Je n'aurais rien tu, rien atténué ; puisque le mensonge et les ténèbres avaient causé tout le mal, la vérité et la lumière devaient le réparer. Cette conduite sincère m'eût infailliblement gagné la confiance du pauvre affligé ; alors j'aurais abordé la partie la plus difficile de ma tâche : la discussion des chimères. Rousseau m'eût sans doute lu ses *Dialogues*. Ecoutant toujours avec une attention respectueuse, et protestant de ma foi entière dans sa sincérité, je me serais bien gardé de rejeter brusquement les traits exagérés, ni même de laisser percer la surprise. J'aurais hasardé graduellement des objections, non sur le fond de la question, mais sur des choses de détail. Puis j'aurais insisté sur la nécessité d'une discussion rigoureuse pour établir un fait aussi exceptionnel que celui d'une trame dont toute une génération eût été complice. Alors, raisonnant à peu près comme je l'ai fait précédemment, mais avec bien plus d'avantage, puisque sur toutes les questions de fait j'aurais obtenu de Rousseau des renseignements certains et décisifs, qui manquent totalement aujourd'hui, j'aurais tâché de ramener insensiblement l'idée de *complot* à ses véritables proportions. Pour rendre mes arguments plus persuasifs, je n'aurais pas manqué de recourir à tout ce que les *Dialogues* contiennent de singulièrement judicieux sur ce sujet ; j'aurais appelé de Rousseau insensé à Rousseau raisonnable. Il eût fallu, pour arriver là, un temps considérable, des ménagements infinis, une patience sans bornes, et tout ce que l'estime, l'attachement, la commisération eussent inspiré à un cœur généreux. Point de phrases banales, pas d'admiration, pas d'assiduité trop marquée, pas de services, pas de subterfuges, même dans un but louable ; la plus rigoureuse vérité avec le plus vrai des hommes ! Si j'avais pu m'associer quelques honnêtes gens animés des mêmes intentions que moi ; si, surtout, une seule femme judicieuse et sensible eût consenti à coopérer à cette œuvre de salut, que de consolations inattendues seraient venues remplir le cœur du pauvre Rousseau, et préparer le retour de sa raison par celui des doux sentiments qu'il avait cessé d'attendre du commerce des hommes ! Mme de Staël, qui a souvent partagé les préjugés publics à son égard, a du moins rendu justice à son caractère ; elle semblait avoir pressenti la possibilité de relever cette pauvre âme, et je suis sûr qu'elle l'eût tenté, si Rousseau eût vécu à l'époque où, presque au sortir de l'enfance, elle écrivait sur

lui ce trait charmant : « Ah ! pourquoi n'a-t-il pas rencontré une
« âme tendre qui eût mis tous ses soins à le rassurer, à ranimer
« son courage abattu, qui l'eût aimé profondément ! Il eût fini par
« le croire. Ah ! Rousseau, qu'il eût été doux de le rattacher à la
« vie, d'accompagner les pas dans les promenades solitaires, de
« suivre les pensées, et de les ramener par degrés sur des espé-
« rances plus riantes ! Que rarement on sait consoler les malheu-
« reux ! » (*Lettres sur le caractère et les ouvrages de Rousseau*,
page 112.)

Et qu'on ne croie pas cette tâche plus difficile qu'elle ne l'était
réellement. Il ne s'agissait que d'oser, et personne n'a osé. De là,
cet opiniâtre préjugé de Rousseau sur les intentions *de tous ceux*
qui l'approchaient, et dont les honnêtes gens même subissaient l'influence. Voyez, dans les *Dialogues*, avec quelle facilité il se soumet
aux observations de son interlocuteur, comme il va au-devant de
ses doutes, comme il lui fait sans réserve l'exposé de ses sentiments,
de ses habitudes, de ses faiblesses. Je suis sûr qu'il eût enduré la
discussion, la contradiction, les vérités dures de la part d'un homme
en qui il eût reconnu des intentions droites et de l'affection. « Il
« m'est arrivé plusieurs fois, a dit de lui Bernardin de Saint-Pierre,
« de combattre quelques-unes de ses opinions : loin de le trouver
« mauvais, il convenait *avec plaisir* de son erreur lorsque je la lui
« faisais connaître. » Non, ce n'était pas un fou incurable celui qui,
dans ses *Dialogues*, parlait ainsi de lui-même : « Quelque conso-
« lation néanmoins est encore à sa portée... Il m'a dit cent fois qu'il
« se serait consolé de l'injustice publique, s'il eût trouvé un seul
« cœur d'homme qui s'ouvrît au sien, qui sentît ses peines et qui
« les plaignît. L'estime franche et entière d'un seul l'eût dédom-
« magé du mépris de tous les autres. Laissons au public l'erreur où
« il se complaît ; montrons à celui qui en est la victime que nous
« ne la partageons pas... Si vous venez à lui avec les sentiments
« qui lui sont dus, vous le trouverez prêt à vous les rendre...; si nous
« nous unissons pour former avec lui une société sincère, une fois
« sûr de notre droiture et d'être estimé de nous, il nous ouvrira
« son cœur, et recevant des nôtres les épanchements auxquels il est
« si naturellement disposé, nous pourrons en tirer de quoi former
« de *précieux mémoires*, dont les générations à venir sentiront la
« valeur, et qui les mettront à même de discuter contradictoirement
« des questions aujourd'hui décidées sur le simple rapport de ses
« ennemis. Le moment viendra, mon cœur me l'assure, où sa défense,

« aujourd'hui si périlleuse et si inutile, honorera ceux qui voudront
« s'en charger, et les couvrira, sans aucun risque, d'une gloire aussi
« belle, aussi pure que la vertu la puisse obtenir ici-bas. »

CHAPITRE VIII.

De la retraite de Rousseau à Ermenonville et des causes de sa mort.

1778.

Dans la *Notice* dont le chapitre précédent contient l'analyse partielle, Corancez dit qu'au commencement de 1778, la santé de Mme Rousseau étant gravement dérangée, et son mari désirant se retirer à la campagne, il leur offrit un petit appartement qu'il avait à Sceaux, près de Paris. Rousseau demanda du temps pour faire ses réflexions, et Corancez, étant revenu peu après pour savoir sa réponse, ne le trouva plus. Il était parti pour Ermenonville. La narration de Corancez laisse percer un certain dépit et donne même à entendre qu'il y eut captation de la part de M. de Girardin (voy. Musset-Pathay, *Hist.*, t. Ier, pag. 267). Avant de songer à Ermenonville, Rousseau avait eu d'autres projets de retraite. Il est question, dans ses lettres du 3 février et du 5 mai 1778, d'un asile offert par le comte Duprat, j'ignore en quel endroit. Cet arrangement n'eut pas lieu, et le 20 mai de la même année Rousseau et sa femme étaient installés au château d'Ermenonville.

M. de Girardin a décrit les circonstances du séjour de Rousseau dans cette résidence. Sa *Notice*, en forme de lettre, fut écrite après la mort de Rousseau (juillet 1778). On la trouve dans l'écrit publié par Musset-Pathay sur cet événement (brochure in-8°, *Dupont*, 1825). Voici comment M. de Girardin rend compte des faits : « Le
« mercredi 1er juillet 1778, dit-il, Rousseau se promena l'après-
« midi, comme de coutume, avec son petit *gouverneur* (c'était ainsi
« qu'il appelait le fils aîné de M. de Girardin). Il faisait très-chaud ;
« il s'arrêta plusieurs fois pour se reposer, ce qui ne lui était pas
« ordinaire. Il se plaignit, à ce que l'enfant nous dit, de quelques
« coliques, mais elles s'étaient dissipées quand il revint souper, et sa
« femme n'imagina pas même qu'il fût incommodé. Le lendemain
« matin, il se leva comme à l'ordinaire, alla se promener au soleil
« levant, et revint prendre son café au lait avec sa femme. Au mo-
« ment où celle-ci sortait pour les soins du ménage, il lui recom-

« manda de payer un serrurier qui venait de travailler pour lui, et
« de ne rien rabattre de son mémoire, parce que cet ouvrier parais-
« sait être un honnête homme. A peine sa femme avait-elle été
« dehors quelque temps, que, venant à rentrer, elle trouve son mari
« sur une grande chaise de paille, le coude appuyé sur une com-
« mode.—Qu'avez-vous, lui dit-elle, mon ami? — Je sens, répondit-
« il, de grandes anxiétés et des coliques. Alors sa femme, afin d'avoir
« du secours sans l'inquiéter, feignit de chercher quelque chose, et
« pria le concierge d'aller dire au château que son mari se trouvait
« mal. Ma femme, avertie la première, y courut aussitôt. » Ici M. de
Girardin dit que Rousseau, voulant ménager la sensibilité de Mme de
Girardin, la pria de se retirer et qu'elle le fit. « Dès qu'il fut seul
« avec sa femme, il lui dit de venir s'asseoir à côté de lui. — Vous
« êtes obéi, mon ami, lui dit-elle, me voilà. Comment vous trouvez-
« vous? — Mes douleurs de colique sont bien vives; ouvrez, je vous
« prie, les fenêtres, que je voie encore une fois la verdure. — Mon
« bon ami, pourquoi me dites-vous cela? — J'ai toujours demandé
« à Dieu de mourir sans maladie et sans médecin, et que vous puis-
« siez me fermer les yeux; mes vœux vont être exaucés. Puis, il de-
« manda pardon à sa femme des peines qu'il lui avait causées; il
« lui dit que ses amis lui ont promis de ne jamais disposer, sans
« qu'elle y consente, des papiers qu'il leur a remis. Enfin, il lui re-
« commande de faire ouvrir son corps après sa mort et d'en faire
« dresser procès-verbal..... Cependant les douleurs augmentaient.
« Il se plaignait de picotements aigus dans la poitrine et de vio-
« lentes secousses dans la tête. Sa malheureuse femme se désolait
« de plus en plus; il oublia ses propres souffrances pour la consoler.
« Eh quoi! lui dit-il, ma chère amie, vous ne m'aimez donc plus,
« puisque vous pleurez sur mon bonheur? Voyez comme le ciel est
« pur; ne voyez-vous pas que la porte m'en est ouverte, et que
« Dieu m'attend... A ces mots, il est tombé sur la tête, en entraînant
« sa femme. Elle veut le relever, elle le trouve sans parole et sans
« mouvement. Elle jette des cris, on accourt, on le relève, on le
« met sur son lit; je m'approche, je lui prends la main; je lui trouve
« un reste de chaleur, je crois sentir une espèce de mouvement. La
« rapidité de ce cruel événement, qui s'était passé en moins d'un
« quart d'heure, me laisse encore quelque espoir; j'envoie chez le
« chirurgien voisin, j'envoie à Paris, chez un médecin de ses amis,
« je lui fais respirer de l'alcali; soins superflus. Ce ne fut que le
« lendemain au soir que son corps, ainsi qu'il l'avait exigé, a été

« ouvert en présence de deux médecins et de trois chirurgiens, etc. »
Voici maintenant le récit de Corancez. Il prétend d'abord qu'il rencontra un soir à l'Opéra un jeune chevalier de Malte, nommé de Flamanville, qui arrivait à l'instant d'Ermenonville, et qui lui dit que Rousseau, plus agité que jamais, lui avait remis un papier écrit de sa main, pour le prier de lui trouver un asile dans un hôpital. Corancez ajoute que ce jeune homme proposa à Rousseau l'habitation d'une de ses terres située en Normandie, et qu'il espérait que son offre serait acceptée. La vérité de cette circonstance sera discutée ailleurs. Corancez apprit, bientôt après, la mort de Rousseau, et se rendit à Ermenonville avec son beau-père, pour assister à ses funérailles. Il dit qu'en arrivant à Louvres, dernière poste de Paris à Ermenonville, il apprit du maître de poste que Rousseau s'était tué d'un coup de pistolet. « Le cœur me saigna, dit-il, mais *je n'en fus*
« *pas étonné.* » Arrivés à Ermenonville, ces messieurs firent part à M. de Girardin du propos du maître de poste. M. de Girardin parut choqué et nia le fait avec beaucoup de chaleur. Il leur raconta les circonstances de la mort de Rousseau, *et offrit à Corancez de lui faire voir son corps.* « *Ne sachant pas,* dit celui-ci, *quelle serait ma*
« *réponse,* il me prévint qu'étant à la garde-robe, Rousseau s'était
« laissé tomber et qu'il s'était fait un trou au front. *Je refusai, et par*
« *égard pour ma sensibilité, et par l'inutilité de ce spectacle, quelque*
« *indice qu'il dût me présenter.....* Toujours accompagné par M. de
« Girardin, *que son urbanité empêchait de me quitter,* il me fut im-
« possible de causer, soit avec les gens de la maison, soit avec les
« habitants du lieu. Mon beau-père me rapporta avoir appris que
« le jour de sa mort, Rousseau ne fut pas au château le matin, comme
« à son ordinaire ; qu'il avait été herboriser, qu'il avait rapporté des
« plantes, qu'il les avait préparées et infusées dans la tasse de café
« qu'il avait prise. » Corancez ajoute « que Mme Rousseau lui raconta
« que son mari avait conservé sa tête jusqu'au dernier moment ;
« qu'il fit ouvrir les fenêtres et proféra des paroles qui prouvaient
« la situation de son âme calme et pure, se jetant avec confiance
« dans le sein de l'éternité. Il ajoute que ce moment a été gravé avec
« les paroles proférées par Rousseau. Il dit aussi tenir de Mme de
« Girardin que Rousseau l'avait priée de se retirer, quand elle vint
« pour le voir, et qu'à peine avait-elle mis le pied hors de la cham-
« bre, elle entendit fermer les verroux, ce qui l'empêcha de se re-
« présenter. » Corancez se livre ensuite à une assez longue discussion pour prouver que Rousseau s'est tué. Il dit que le maître de poste

n'avait aucun intérêt à imaginer le fait ; que les experts n'ont pas parlé du *trou au front* ([1]), annoncé de prime abord par M. de Girardin ; que si Rousseau a été frappé d'apoplexie, il n'a pu aller à la garde-robe ; qu'il n'avait pu pressentir sa fin prochaine ; que sa démarche auprès du chevalier de Malte annonçait l'ardent désir de sortir d'Ermenonville ; que toutes ces raisons, jointes aux *fantômes ennemis*, qui le tourmentaient jour et nuit, et à son indigence qui ne lui permettait pas de songer à un autre asile, le déterminèrent à se tuer ; qu'il est naturel que M. de Girardin ait nié le suicide, parce que son amour-propre l'exigeait. Il pose ensuite cette conclusion finale : « Actuellement, lecteurs, si vous me demandez, Rous-
« seau s'est-il défait volontairement, je vous répondrai *que je n'en
« sais rien*, mais *que je le crois*. Je vous ai donné tous les faits, je
« n'ai pas voulu aller au delà ; formez vous-mêmes votre opinion. »
Après ce trait parfaitement clair, malgré sa réserve apparente, Corancez, *voulant*, dit-il, *ne négliger aucun moyen de connaître la vérité*, cite la lettre suivante qui lui fut écrite, le 27 prairial an VI (1798), par la veuve de Rousseau, en réponse aux éclaircissements qu'il lui avait demandés : « Citoyen, je suis justement affligée des
« détails que vous donnez sur la mort de M. Rousseau, d'après des
« propos que vous dites avoir entendus dans une auberge. Cette
« mort est encore et sera présente à ma mémoire tant que je vivrai,
« et je puis encore en tracer tous les accidents ; mais, auparavant,
« recevez de la veuve de votre ami le double reproche d'avoir eu
« pour elle un oubli trop longtemps prolongé, et de ne l'avoir pas
« consultée avant d'écrire. Le 3 juillet 1778 et non le 2 juillet, mon
« mari se leva à son heure ordinaire ; *il ne sortit pas le matin;* il de-
« vait aller donner une première leçon de musique à Mlle de Girar-
« din l'aînée. Il fit apprêter par moi et la servante les choses néces-
« saires à sa toilette. Nous déjeunâmes ; *il ne déjeuna point :* il avait
« dîné la veille au château : soit qu'il eût trop mangé, il se sentait
« indisposé. Mon déjeuner fait, il me dit que le serrurier, qui avait
« fait notre emménagement, demandait son payement. J'allai lui
« porter son argent. A mon retour, il n'était pas dix heures, j'en-
« tendis en montant l'escalier les cris plaintifs de mon mari. J'entrai
« précipitamment, et je le vis couché sur le carreau. J'appelai du
« secours ; il me dit de me contenir, qu'il n'avait besoin de personne,
« puisque j'étais revenue ; il me dit encore de fermer la porte et

---

([1]) C'est une erreur ; voyez plus loin le procès-verbal d'autopsie.

« d'ouvrir les fenêtres ; ce que j'ai fait. Ensuite j'aidai mon mari de
« toutes mes forces à se mettre sur son lit ; je lui fis prendre des
« gouttes de l'eau des Carmes ; lui-même versa les gouttes. Je lui
« proposai un lavement, il le refusa ; j'insistai, il consentit à le
« prendre ; je le lui donnai le mieux que je pus ; mais, pour le ren-
« dre, il descendit lui-même, et sans mon aide, du lit, et alla se placer
« sur la garde-robe. J'allai à lui en lui tenant les mains ; il rendit le
« remède, et, au moment où je le croyais bien soulagé, il tomba
« le visage contre terre avec une telle force, qu'il me renversa. Je
« me relevai, je jetai des cris perçants. La porte était fermée ; M. de
« Girardin, qui avait une double clef de notre appartement, entra, et
« non Mme de Girardin. J'étais couverte du sang qui coulait du front
« de mon mari. Il est mort en me tenant les mains serrées dans les
« siennes et sans proférer une seule parole.

« Je vous atteste, j'atteste à mes concitoyens, j'atteste à la posté-
« rité que mon mari est mort dans mes bras de la manière que je
« viens de vous décrire. Il ne s'est point empoisonné dans une tasse
« de café, il ne s'est point brûlé la cervelle d'un coup de pistolet.

« Peu de temps après l'arrivée de mon mari à Ermenonville, ce
« séjour-là lui inspira des craintes ; il m'en fit part pour me con-
« vaincre de la nécessité de son retour à Paris. Toutes peu fondées
« qu'elles me parurent (je verse des larmes lorsque j'y pense), non,
« je ne me pardonnerai jamais de m'être opiniâtrée à rester à Erme-
« nonville, et les instances de M. de Girardin, qui s'est plusieurs fois
« agenouillé devant moi pour que je ne consentisse pas à revenir à
« Paris, ni la dépense énorme que nous avait coûté notre déplace-
« ment, n'ont été à mes yeux, depuis sa mort, que de faibles excuses.
« Mon mari mort, *oubliant tout ce qu'il m'avait dit,* je me suis
« jetée dans les bras de l'homme qui s'était prosterné devant moi.
« Je lui ai remis tout l'argent comptant qui était dans la maison ;
« je l'ai laissé s'emparer des manuscrits, de l'herbier, de la musi-
« que et de tous les objets qui composaient notre avoir.

« Aussi rapide dans sa course que l'aigle dans son vol, cet homme
« a été à Genève, et, sans me consulter, sans me donner le temps
« de me reconnaître, il a vendu tous mes effets, moyennant des
« lettres de change *qui n'ont pas été payées*, et sur lesquelles j'ai
« depuis transigé en acceptant une rente viagère. Je ne dois pas
« oublier de vous dire que tout l'argent que je lui avais donné pour
« avoir soin de moi pendant ma vie, *il me l'a remboursé en assi-*
« *gnats.* Il ne reste pour vivre à la veuve de votre ami, à la veuve

« de Jean-Jacques Rousseau, presque octogénaire, qu'une modique
« rente viagère sur des particuliers de Genève, *difficilement payée*,
« et une pension de 1,500 livres que la Nation lui a accordée, et
« dont l'an V est dû, et qui est assimilée aux rentes et pensions
« du grand-livre. Aussi habite-t-elle une chaumière où elle man-
« que presque de tout. Je finis en vous priant de me rappeler au
« souvenir de votre épouse.

« Marie-Thérèse Levasseur,
« veuve de J.-J. Rousseau. »

« Je me suis abstenu, dit Corancez, de *répondre publiquement à
« cette lettre, parce que je n'ai pas voulu compromettre la veuve de
« ce grand homme.* » Il ajoute : « Que cette même lettre, tout en le
« contredisant, confirme tout ce qu'il n'a donné que comme des
« probabilités » ; qu'elle établit que Rousseau était venu malgré lui
à Ermenonville, qu'il n'y était pas heureux, et que n'ayant pu en
sortir, il s'était donné la mort. Il fait remarquer que Mme Rousseau
est en contradiction sur plusieurs points avec M. de Girardin, qu'elle
ne parle pas des réflexions sublimes attribuées à Rousseau avant sa
mort ; qu'elle mentionne un trou au front occasionné par la chute.
« Ce trou était si profond, dit-il, que M. Houdon m'a dit, à moi, avoir
« été embarrassé pour en remplir les vides. » Il fait observer qu'une
chute de la hauteur d'un homme ne peut occasionner un trou aussi
profond ; que le suicide, sous l'ancien gouvernement, étant puni et
occasionnant le déshonneur, on pouvait et on devait même le nier ;
que lui, qui ne croit pas à ce déshonneur, se confirme dans l'opinion que Rousseau s'est donné la mort (Mussel-Pathay, *Hist.*,
t. Ier, pag. 269 et suivantes).

Avant d'examiner cette narration, j'ai à faire connaître d'autres
détails. Grimm, en annonçant la mort de Rousseau, s'empressa
d'affirmer qu'il s'était empoisonné, et que ses idées de suicide dataient de loin. Il accompagna cette notification d'une diatribe pleine
de la plus lâche méchanceté (voyez *Corresp.*, t. X, pag. 253). Il
est probable que Corancez, de son côté, contribua beaucoup à pro-
pager l'opinion du suicide, car elle ne tarda pas à être adoptée généralement. En 1789, Mme de Staël s'exprimait comme il suit dans
ses *Lettres*, sur le caractère de Rousseau : « L'indigne femme qui pas-
« sait sa vie avec lui avait assez appris à le connaître pour le rendre
« malheureux. Le récit qu'on m'a fait des ruses qu'elle employait
« pour accroître ses craintes, pour le rendre certain de ses doutes,

« est à peine croyable. Un Genevois, qui a vécu avec Rousseau,
« pendant les vingt dernières années de sa vie, dans la plus grande
« intimité, m'a souvent dépeint l'abominable caractère de sa
« femme, les sollicitations atroces que cette mère dénaturée lui fit
« pour mettre ses enfants à l'hôpital, ne cessant de lui répéter que
« tous ceux qu'il croyait ses amis s'efforceraient d'inspirer à ses
« enfants une haine mortelle contre lui ; tâchant enfin de le rem-
« plir, par ses calomnies, de douleur et de défiance » (pag. 92). A la
page 108, Mme de Staël ajoute : « On sera peut-être étonné que je
« regarde comme certain que Rousseau s'est donné la mort. Mais
« *le même Genevois* dont j'ai parlé reçut une lettre de lui quelque
« temps avant sa mort, qui semblait annoncer ce dessein. Depuis,
« *s'étant informé avec un soin extrême de ses derniers moments*, il a
« su que le matin du jour où Rousseau mourut, il se leva en par-
« faite santé, mais qu'il dit qu'il allait voir le soleil pour la dernière
« fois, et prit, *avant de sortir*, du café qu'il fit lui-même. Il rentra
« quelques heures après, et commençant alors à souffrir horrible-
« ment, il défendit constamment qu'on appelât du secours. Peu de
« jours avant, il s'était aperçu des viles inclinations de sa femme
« pour un homme de l'état le plus bas. Il parut accablé de cette
« découverte, et resta huit heures de suite sur le bord de l'eau, dans
« une méditation profonde. Il me semble que si on réunit ces dé-
« tails à sa tristesse habituelle, à l'accroissement de ses terreurs et
« de ses défiances, il n'est plus possible de douter que ce grand et
« malheureux homme n'ait terminé volontairement sa vie. »

Mme de Vassy, fille de M. René de Girardin, écrivit à Mme de Staël
pour protester contre ces assertions. Voici le trait le plus important
de sa lettre : « Non, madame, Rousseau n'a pas terminé volontairement
« sa vie ; le détail que vous rapportez des circonstances qui précé-
« dèrent ses derniers moments n'est pas exact. Rousseau ne pouvait
« être instruit de l'infidélité de sa femme, car *ce n'est que plus d'un*
« *an après* qu'elle a eu des torts assez graves pour ne pouvoir plus
« rester à Ermenonville. » La lettre de Mme de Vassy se trouve
dans la réplique de Musset-Pathay à M. de Girardin fils (pag. 21).
Mme de Staël persista dans sa conviction ; sa réponse est insérée
dans l'ouvrage que je viens de citer : elle n'est guère que la repro-
duction de ce qu'elle avait avancé dans son ouvrage sur Rousseau,
mais il s'y trouve un passage que j'ai cru devoir transcrire, parce
qu'il me fournira la solution d'une question déjà discutée dans le
chapitre précédent : « Un Genevois, *secrétaire de mon père*, dit

« Mme de Staël, et qui a passé une partie de sa vie avec Rousseau
« un autre, nommé Moultou, homme de beaucoup d'esprit, m'ont
« assuré ce que j'ai écrit, et des lettres que j'ai vues de lui, peu de
« temps avant sa mort, annonçaient le dessein de terminer sa vie. »

Musset-Pathay, entraîné par toutes ces autorités, a soutenu chaudement l'opinion du suicide ; réunissant les assertions de Corancez et de Mme de Staël, il a affirmé que Rousseau s'était d'abord empoisonné dans une tasse de café ; puis, qu'il avait terminé ses souffrances avec un coup de pistolet (*Hist.*, t. Ier, pag. 281). M. Stanislas de Girardin, fils de l'hôte de Rousseau, lui écrivit à ce sujet une longue lettre (8 juin 1824), dans laquelle il combattit cette conclusion. Dans le courant de 1825, Musset-Pathay publia cette lettre accompagnée de sa réponse. Je vais examiner successivement tous les documents qui viennent d'être cités au sujet de la mort de Rousseau, et tout en convenant, dès ce moment, qu'il est impossible de réfuter complétement l'opinion du suicide, j'espère prouver qu'elle ne repose que sur des assertions gratuites, suspectes même, tandis que celle de la mort naturelle réunit de très-fortes probabilités.

Dans sa relation, M. René de Girardin dit que Rousseau alla se promener au soleil levant, et qu'il revint prendre son café au lait avec sa femme. Suivant M. Romilly, beau-père de Corancez, qui prétendait tenir le fait des gens du château, Rousseau sortit aussi le matin, rapporta des plantes et les fit infuser dans son café. Mme de Staël, de son côté, dit que son Genevois, d'après des informations minutieuses prises par lui à Ermenonville, apprit que Rousseau, *avant de sortir*, prit du café qu'il avait préparé lui-même. Il est déjà singulier de rencontrer ces contradictions dans des récits puisés à la même source. Quant à Thérèse, elle avance, dans sa lettre à Corancez, que son mari ne sortit pas et qu'il *ne déjeuna pas*. Elle se trompe sur ce dernier point, car le procès-verbal des experts fait mention du café au lait trouvé dans l'estomac du défunt. Ici Musset-Pathay, que les contradictions précédentes n'avaient pas frappé, a prétendu que Thérèse niait la sortie et le déjeuner pour repousser le soupçon d'empoisonnement. Quand cela serait, cet empoisonnement n'en serait pas plus prouvé pour cela, car, dans tout ce qu'on en a dit, je ne vois que des affirmations, et qui même ne s'accordent pas entre elles. Maintenant, si Rousseau sortit le matin, s'il rapporta des plantes, je demande qui a pu savoir que ces plantes étaient vénéneuses ? Qui l'a vu les faire infuser dans son café? Car personne ne s'explique là-dessus. Est-ce la servante de Mme Rousseau? Si cela était, ceux qui ont soutenu l'empoisonnement n'auraient pas manqué de citer son témoignage ; et encore faudrait-il savoir quel degré de confiance on pourrait lui accorder. De quelles plantes Rousseau se serait-il servi? Cette question est importante. A Ermenonville, celles qu'un botaniste préférerait pour se donner le plus sûrement la mort, seraient la jusquiame noire, la belladone, le datura-stramonium, la grande ciguë (¹), les diverses espèces d'œnanthe, toutes assez faciles à trouver dans cette localité. L'effet de ces poisons est rapide, et se manifeste par des accidents cérébraux graves, par de la stupeur et de l'insensibilité. Rousseau n'aurait pu en prendre une dose, même assez faible, et s'aller promener *pendant quelques heures*, comme le prétend le Genevois cité par Mme de Staël. Ce Genevois a donc été mal informé, s'il n'a pas menti. Ainsi, de toutes manières, l'empoisonnement ne repose que sur des rapports contradictoires et sur des invraisemblances. Venons maintenant au coup de pistolet final. M. de Girardin fils objecte que Rousseau n'avait pas d'armes ; que s'il en eût acheté depuis son arrivée à Ermenonville, le fait n'eût pu rester secret ; il fait remarquer que Rousseau logeait au-dessus du concierge du château, que ses fenêtres donnaient sur une rue *très-fréquentée ;* que l'accident arriva à dix heures du matin, dans un moment où il passe beaucoup de monde ; qu'attirés par les cris de Thérèse, son père et ses domestiques accoururent sur-le-champ, et qu'en cas de suicide par un coup de pistolet, l'arme eût frappé tous les regards ; car on ne peut supposer que Thérèse eût eu assez de présence d'esprit pour la faire disparaître ; d'ailleurs, la fumée, l'odeur de la poudre, eussent rendu cette précaution inutile. Tout cela n'ébranle pas l'imperturbable Musset-Pathay. Il exhume un passage d'une lettre de Rousseau à Mme d'Épinay, lorsqu'il habitait l'Ermitage, et dans laquelle il lui demandait un fusil pour imposer à un mauvais sujet de jardinier que ses infidélités avaient fait renvoyer, et qui rôdait autour de la maison. Il oublie que cette arme avait dû être rendue à Mme d'Épinay par le dépositaire, et que d'ailleurs celui-ci l'avait confiée au nouveau jardinier, ce qui prouve que son intention n'était pas d'en faire usage lui-même (voir *Confessions*, livre IX). M. de Girardin objectait encore que personne dans Ermenonville n'avait entendu la détonation. Musset-Pathay répond que le con-

---

(¹) Je dois avertir le lecteur que je parle ici en qualité de docteur en médecine de la Faculté de Paris.

cierge pouvait être absent et la rue déserte. Suivant M. de Girardin, un coup de pistolet à bout portant fracasse le crâne, dilacère la peau, ce qui est généralement vrai ; un poison produit ordinairement la décomposition des traits, ce qui n'est pas moins certain, surtout si l'empoisonnement a eu lieu par les plantes ci-dessus indiquées. Musset-Pathay répond résolument que le coup de pistolet a pu partir à distance ; *que peut-être Thérèse détourna l'arme ;* qu'il y a des poisons qui ne décomposent pas les traits ! Il demande pourquoi, s'il n'y eut pas suicide, le bruit s'en répandit si promptement aux environs et à Paris ; c'est-à-dire que lui qui, dans sa réplique, professe un si grand mépris pour les procès-verbaux en tout genre, accorde une confiance aveugle à ce qu'on appelle vulgairement une *nouvelle.* D'ailleurs, pourrait-il affirmer que ce bruit ne vint pas de Paris à Ermenonville, au lieu de venir d'Ermenonville à Paris? Après ce que j'ai prouvé dans le chapitre précédent des véritables dispositions de Corancez, est-il absurde de soupçonner que son voyage à Ermenonville eut pour cause secrète le projet d'établir le suicide ? Qu'on ne se récrie pas trop avant d'avoir entendu ce qui me reste à dire là-dessus. On a vu que, dans sa relation, il prétend avoir appris du maître de poste de Louvres que Rousseau s'était tué d'un coup de pistolet : qui peut savoir si cet homme n'avait pas reçu d'avance le mot d'ordre ? Trouve-t-on la supposition exagérée? J'y renonce, et il n'importe guère, comme on va le voir. Corancez, en arrivant, communique la nouvelle à M. de Girardin, *qui paraît surpris et offensé,* et qui, d'emblée, *lui offre de voir le corps,* ajoutant, toutefois, que Rousseau, en tombant, *s'était fait un trou au front.* Corancez appuie avec affectation sur ce propos, qui, cependant, s'explique naturellement. M. de Girardin, voyant les doutes de Corancez sur le genre de mort de Rousseau, et croyant que sa proposition serait acceptée, devait le prévenir que la blessure qui allait frapper ses regards provenait d'une chute, et non d'une balle de pistolet. Cette seule déclaration de M. de Girardin suffirait pour résoudre la question. En effet, la différence était facile à faire, et M. de Girardin s'exposait évidemment, de la part d'un observateur un peu incrédule, à une exploration positive, qui, en cas de suicide, eût été singulièrement mortifiante. Il était encore plus imprudent de faire mouler en plâtre la tête de Rousseau par un sculpteur célèbre, de faire exposer publiquement son corps pendant plusieurs jours, de braver les regards curieux d'une multitude parmi laquelle circulaient déjà les rumeurs du suicide (voir la lettre de M. Stanislas de Girardin, pag. 7). Ce qui est encore plus décisif, c'est que Corancez *refusa de voir le corps*, en objectant sa *sensibilité*. Il prétend que l'*urbanité* de M. de Girardin l'empêcha de le quitter, et qu'il ne put parler aux personnes de la maison : ce propos sournois n'est pas difficile à interpréter. Mais son beau-père put se soustraire à l'*urbanité* de M. de Girardin, et prendre des informations dans le château et au dehors. Comment se fait-il qu'on ne lui parla que de l'empoisonnement, et nullement du coup de pistolet ? Puisque, selon lui, on révéla à son beau-père une des formes du suicide, il est bien singulier que les mêmes gens qui trahissaient le secret de M. de Girardin aient eu la discrétion de ne pas parler de l'autre forme, qui était bien plus frappante et plus décisive. Le refus de Corancez, si peu naturel et si misérablement motivé, jette Musset-Pathay dans un embarras risible ; faute de mieux, il prétend qu'il y eût eu de l'*impolitesse* à accepter l'offre de M. de Girardin ! Mais d'abord, ce n'est pas là la raison alléguée par Corancez, qui n'a mis en avant que sa *sensibilité*. De plus, Musset-Pathay n'a garde de relever la réflexion singulière qu'ajoute Corancez à cette tartuferie ridicule : « Ce spectacle, dit ce dernier, eût été inutile, *quelque in-* « *dice qu'il eût pu me présenter.* » Comment ? si, vérification faite, il se fût trouvé que *ce prétendu trou* à la tête n'était qu'une déchirure de la peau, comme l'ont constaté les experts dans leur procès-verbal d'autopsie, l'examen eût été *inutile*, et l'indice sans valeur ! Et c'est sur un pareil argument que Corancez s'est cru en droit d'affirmer le suicide de Rousseau ! Je dis *affirmer*, car personne, je le suppose, ne sera dupe des formes obliques de sa narration. « *Je* « *ne sais pas*, dit-il, avec une fausse simplicité ; si Rousseau s'est « tué, mais je le crois. » Il est clair maintenant que s'il *ne savait rien*, c'est qu'il n'avait rien voulu savoir, et que s'il refusa de voir le corps, c'était pour se réserver le droit de *douter* du suicide, ce qui, au fond, équivalait à en admettre la certitude. Veut-on absolument croire à sa *sensibilité* ? Dans ce cas, il devait se taire, et ne pas donner un démenti à celui qui lui avait offert de lui fournir la preuve matérielle de son erreur. Il a prétendu tenir du sculpteur Houdon, *que le trou était si profond qu'on avait été embarrassé pour en remplir les vides*. Au lieu de questionner le sculpteur Houdon, que n'acceptait-il l'offre de M. de Girardin ? Que ne surmontait-il sa *profonde sensibilité*, pour ne pas laisser peser sur la mémoire de celui dont il se disait l'ami, une imputation qu'il avoue lui-même être infamante aux yeux de l'opinion ? Pour moi, je m'inscris en faux contre le prétendu propos de Houdon, et j'en donne une raison *matérielle*. L'original du plâtre moulé sur la tête de Rousseau, par cet artiste, a été longtemps exposé à Paris, en 1827 et 1828, dans un musée particulier de pièces anatomiques, rue du Coq-Saint-Honoré, où j'ai pu l'examiner à mon aise [XVII]. J'ai observé deux blessures au front ; la plus grande, placée à deux centimètres environ au-dessus de l'extrémité interne de l'arcade sourcilière droite, était très-irrégulière, et pouvait avoir trois centimètres de hauteur sur deux de largeur. La seconde, située un peu à droite et en dessous de la précédente, était de forme semi-lunaire et d'une étendue d'un centimètre et demi environ. Elles présentaient toutes les deux l'aspect d'une forte contusion, avec déchirure de la peau, et laissaient apercevoir çà et là le crâne dénudé, *mais intact*. Je conçois que Houdon ait pu être embarrassé de quelques lambeaux de peau, mais rien dans l'empreinte n'indique qu'il ait eu des vides à remplir, et qu'il ait employé pour cela des corps étrangers, ce qui eût été inévitable en cas de perforation du crâne par une balle. On peut, du reste, vérifier l'exactitude de ces détails sur une très-belle lithographie, exécutée d'après le plâtre de Houdon, et qui est d'une fidélité parfaite. Elle se trouve au Cabinet des estampes de la Bibliothèque nationale, dans le portefeuille des portraits de Rousseau. Je crois donc qu'il est permis de douter, tout au moins, de l'authenticité du propos de Houdon.

Quant aux contradictions réelles qui existent entre le récit de M. de Girardin sur les circonstances de la mort de Rousseau et celui de Thérèse, elles cessent maintenant d'avoir l'importance que leur attribuent Corancez et Musset-Pathay. Ce dernier dit que Thérèse affirme que son mari mourut *sans proférer une parole*, tandis que M. de Girardin lui fait tenir des propos sublimes. Ici la contradiction n'est qu'apparente. Rousseau a pu parler avant de perdre connaissance, et mourir après sa chute sans proférer une parole. Pour l'*allocution sublime*, j'accorde, si l'on veut, que M. de Girardin aura cédé à la tentation d'enluminer son récit ; mais qui peut affirmer aussi qu'il n'y ait pas eu défaut de mémoire de la part de Mme Rousseau ? et cela est d'autant plus probable que Corancez lui-même dit, dans sa relation, qu'à Ermenonville, elle lui cita *les dernières paroles de son mari*. Dans tous les cas, ces variations ne font absolument rien à la question du suicide, et si on me le conteste, j'objecterai encore une fois que M. de Girardin *offrit de montrer le corps*. Je ne vois pas de raisonnement qui puisse tenir devant ce fait.

Il me reste à relever une circonstance de la relation de Corancez, qui ressemble assez à un mensonge. Il s'agit de la requête qui, selon lui, fut remise par Rousseau au chevalier de Flamanville lorsque celui-ci alla le voir à Ermenonville. On a trouvé en 1793, dans les papiers du comte Duprat, victime de la Terreur, une circulaire écrite de la main de Rousseau, et dans laquelle, après avoir fait un tableau pénible de sa situation et de celle de sa femme, il demandait un asile *dans un hôpital ou dans un désert.* On la trouve dans toutes les éditions de ses OEuvres. Elle est datée de février 1777 ; mais Musset-Pathay prétend *qu'elle peut avoir deux dates,* savoir celle de février 1777, et celle de juin 1778, et cela par l'unique raison que Corancez dit qu'elle fut remise à cette dernière époque au chevalier de Flamanville. Dans son aveugle confiance pour toutes les assertions de cet homme, il répète d'après lui cette absurdité évidente. Rousseau dit, il est vrai, avoir envoyé la circulaire dont il s'agit à diverses personnes ; il est probable que le comte Duprat en reçut une, et cela expliquerait comment il proposa à Rousseau un asile dans ses terres. Mais il est facile de démontrer que cette pièce ne peut pas être celle que Corancez dit avoir été écrite à Ermenonville et remise par Rousseau au chevalier de Flamanville. En effet, Rousseau y parle de la maladie de sa femme ; il en est aussi question dans sa lettre à M. Duprat (31 décembre 1777). Cette maladie était évidemment le motif qui lui avait arraché ce cri de détresse, et qui plus tard le détermina à accepter les offres de M. de Girardin. Ces détails, antérieurs à sa retraite, ne devaient donc pas figurer dans une note écrite à Ermenonville. De plus, Rousseau n'y parle guère que de sa position matérielle. « Réduits, dit-il, à
« vivre *absolument seuls*, et hors d'état, néanmoins, de nous passer
« du service d'autrui, il ne nous reste, dans les infirmités et *l'aban-*
« *don*, qu'un seul moyen de soutenir nos vieux jours, c'est de prier
« ceux qui disposent de nos destinées de vouloir bien disposer aussi
« de nos personnes, et nous ouvrir quelque asile où nous puissions
« subsister à nos frais, mais exempts *d'un travail qui désormais*
« *passe nos forces*, etc. » Il est évident que rien de tout cela ne peut s'appliquer au séjour de Rousseau à Ermenonville ; il n'y vivait pas absolument seul, il était entouré de soins affectueux, et avait une servante (voir la lettre de Mme Rousseau à Corancez). Si Rousseau remit effectivement une note à M. de Flamanville, au lieu des détails dont il vient d'être question, il y eût exprimé l'aversion que Corancez lui a attribuée pour le séjour d'Ermenonville et le désir

de se retirer ailleurs. M. de Girardin fils eut donc raison d'exiger de Musset-Pathay, qui s'était porté caution de Corancez, l'exhibition de cette note. « Elle existe », répond fièrement ce dernier, puis il cite étourdiment la circulaire de 1777, *écrite à Paris*, et qui, par conséquent, ne prouve rien ! (Réplique de Musset-Pathay à M. Stanislas de Girardin, pag. 84.)

Il y a mieux, je vais prouver, par le témoignage même de Corancez, que cette circulaire ne peut avoir qu'une seule date, celle de février 1777. Dans le *Journal de Paris* du 20 juillet 1778, Corancez, qui était le principal rédacteur de cette feuille, donne quelques détails sur les motifs de la retraite de Rousseau à Ermenonville et sur sa mort, sans toutefois parler du suicide ; puis il ajoute : « Nous avons « actuellement entre les mains un mémoire écrit en entier de sa « main et signé de lui, *daté du mois de février* 1777. » Il cite ensuite ce mémoire qui n'est autre chose que la circulaire dont il vient d'être question, et qui n'avait pu être écrite à Ermenonville, je viens de le prouver. L'article finit ainsi : « *Il paraît que Rousseau* « *avait enfin trouvé ce qui pouvait lui convenir*, quand la mort est « venue le frapper. » Du reste, pas un mot du chevalier de Flamanville, ni de sa visite à Ermenonville. Si cette circulaire lui avait été remise, c'était bien le cas de le dire, à ce qu'il me semble. Ce n'est que *vingt ans après* que Corancez s'avise de parler du chevalier, et de donner deux dates à la circulaire de 1777. Tout cela est déjà bien suspect ; voici qui l'est encore plus. Corancez, dans sa *Notice*, dit que le chevalier de Flamanville *mourut environ un an après Rousseau*. Cette circonstance, jointe à ce que je viens de dire, me fait croire que l'anecdote de la visite à Ermenonville et du papier remis n'est qu'une fable imaginée par Corancez pour accréditer le suicide, et cela sans aucun risque, puisque l'acteur qu'il mettait en scène était mort *depuis vingt ans*. Enfin, puisqu'en 1778 Corancez disait que Rousseau *avait enfin trouvé ce qui pouvait lui convenir*, il se contredisait grossièrement lorsqu'il affirmait, en 1798, que son aversion pour le séjour d'Ermenonville était la cause qui l'avait porté à se tuer. Ce qu'il y a de curieux, c'est que Musset-Pathay renvoie M. de Girardin à cet article du *Journal de Paris*, qui contient la preuve de la mauvaise foi de Corancez.

En voilà assez pour le moment sur Corancez ; passons à la version de Mme de Staël (voyez pag. 418). Le Genevois dont elle parle dans ses lettres, et qu'elle dit avoir vécu avec Rousseau pendant *les vingt dernières années de sa vie*, ne peut être Coindet, qui avait été constamment employé à Paris dans la maison de banque Thelusson et Necker. D'ailleurs Rousseau, pendant une bonne moitié de ces vingt dernières années de sa vie, avait été errant, et n'avait pu vivre intimement avec personne. Dans sa lettre à M*me* de Vassy, M*me* de Staël désigne clairement Coindet par cette expression : *un Genevois, secrétaire de mon père*, mais l'autre Genevois ne peut être que Moultou. Cependant elle se trompe encore en affirmant que ce dernier vécut avec Rousseau pendant les vingt dernières années de sa vie. Quoique Moultou fût intimement lié avec lui, il ne le vit que rarement, et pendant très-peu de temps chaque fois. Toutes leurs relations eurent lieu par correspondance. Au reste, cette distinction est peu importante, puisque M*me* de Staël dit à M*me* de Vassy *que les deux Genevois lui ont assuré ce qu'elle a écrit dans ses Lettres sur Rousseau*. D'après cette déclaration, il est évident que Moultou et Coindet s'accordèrent pour instruire M*me* de Staël des quatre circonstances suivantes énoncées dans ses *Lettres*, savoir : l'abominable caractère de Thérèse, son rôle de mère dénaturée, ses infâmes penchants, et le suicide de Rousseau qui en avait été la conséquence. Or, je dis que ni l'un ni l'autre ne pouvaient affirmer cela en connaissance de cause. Je répète qu'ils n'avaient pas assez vécu avec Rousseau pour juger le caractère de sa compagne ; et quant à ce qui regarde Coindet, son animosité contre cette femme avait des causes que j'ai expliquées ailleurs (voir chap. VII, pag. 365). Sur la question du suicide ils en étaient réduits aux renseignements recueillis par l'un d'eux à Ermenonville, suivant M*me* de Staël, et qui sont en contradiction avec ceux que se procura le beau-père de Corancez. Leur témoignage à cet égard est donc à peu près sans valeur. La prétendue infamie de Thérèse n'a pu être connue d'eux que par les bruits publics, puisque, de l'aveu même de M*me* de Vassy, elle ne fut découverte ou *inventée* que *plus d'un an* après la mort de Rousseau. Le propos sur les enfants n'est que la répétition de celui de M*me* d'Houdetot, dont j'ai démontré la fausseté (voir ch. VII, p. 348). On conçoit que Coindet ait pu accuser Thérèse d'avoir été une mère dénaturée ; mais Moultou, qui s'associa à cette calomnie, était bien plus coupable encore, car lorsqu'il fit ses confidences à M*me* de Staël, il était dépositaire du manuscrit des *Confessions* et savait, par conséquent, tout ce que Rousseau y disait des motifs de sa conduite à l'égard de ses enfants. En chargeant Thérèse des torts dont son mari s'accuse *seul*, il donnait d'avance un démenti cruel à l'homme qui l'avait chargé de défendre sa mémoire, et il le donnait sans en fournir aucune preuve. Mais ce n'est pas tout; Mme de Staël dit avoir vu des lettres de Rousseau, écrites peu de temps avant sa mort, et dans lesquelles il manifestait l'intention de se tuer. Ces lettres ne peuvent avoir été adressées à Coindet, puisque Rousseau avait cessé toute relation avec lui dès 1768, et que, d'ailleurs, j'ai prouvé qu'il ne faisait pas assez de cas de lui pour l'honorer de semblables confidences. Voici ce qu'il écrivait à Moultou, le 1er août 1763 : « En « proie à des douleurs sans relâche et sans ressource, je suis dans le « cas de l'exception faite par Milord Edouard en répondant à Saint-« Preux, si jamais homme y fut. » Il fait ici allusion à un trait de la *Julie* que je vais citer : « De violentes douleurs de corps, quand elles « sont incurables, peuvent autoriser un homme *à disposer de lui,* « car toutes ses facultés étant aliénées par la douleur, il n'a plus « l'usage de sa volonté ni de sa raison ; il cesse d'être homme avant « de mourir ; il ne fait, en s'ôtant la vie, qu'achever de quitter un « corps qui l'embarrasse et où son âme n'est déjà plus » (*Julie*, IIIe partie, lettre XXII) (¹).

Dans une lettre à Duclos, écrite le même jour, il exprime la même idée, et ce qu'il y a de plus étonnant, c'est qu'il y laisse échapper un doute sur la vie future. Je ne serai rien, dit-il, ou je serai bien. Le scepticisme de l'époque effleura un instant cette âme profondément religieuse. Il est donc incontestable que Rousseau eut des velléités de suicide, mais il faut remarquer qu'à l'époque dont il s'agit, il jouissait de l'intégrité de ses facultés intellectuelles ; et ce qu'il y a de bien singulier, c'est que, depuis, sa correspondance n'offre plus de traces de cette fantaisie assez fréquente chez les hypocondriaques, et qu'ils mettent bien rarement à exécution. Son courage se retrempa à mesure que les épreuves se multipliaient, et malgré les progrès toujours croissants de sa maladie mentale. Ses lettres, pendant cette période, expriment quelquefois le dégoût de la vie, mais non le désir de se tuer : « J'ai vécu, monsieur, écri-« vait-il à M. de Saint-Germain (26 février 1770), je ne vois plus « rien, même dans l'ordre des possibles, qui pût me donner en-« core sur la terre un moment de vrai plaisir. On m'offrirait ici-« bas le choix de ce que j'y veux être, que je répondrais, *mort.* « S'il me reste un intervalle encore jusqu'à ce moment si lent à ve-« nir, je le dois à l'honneur de ma mémoire. Je veux tâcher que la

---

(¹) On a vu plus haut Grimm affirmer que les idées de suicide de Rousseau *dataient de loin.* Ses lettres lui avaient donc été communiquées par Duclos ou par Moultou. Cela étant, le *défiant* Rousseau ne l'était pas encore assez.

« fin de ma vie honore son cours et y réponde. Jusqu'ici j'ai supporté le malheur ; il me reste à savoir supporter la captivité, la « douleur, la mort; ce n'est pas le plus difficile, mais la dérision, « le mépris, l'opprobre, apanage ordinaire de la vertu parmi les « méchants. J'espère qu'un jour on saura ce que je fus, par ce que « j'ai su souffrir. Tout ce que vous m'avez dit pour me détourner « n'a fait qu'enflammer mon courage... *Non, je ne trouve rien de si* « *grand, de si beau que de souffrir pour la vérité.* J'envie la gloire des « martyrs. Si je n'ai pas en tout la même foi qu'eux, j'ai la même « innocence et le même zèle, et mon cœur se sent digne du même « prix. » Ce n'est certainement pas là le langage d'un homme qui veut se soustraire aux peines de la vie. Les *Dialogues*, malgré l'exaltation dont ils sont remplis, ne contiennent rien qui démente ces dispositions. Mais c'est surtout par l'angélique résignation qui domine dans les *Rêveries*, qu'on peut juger de la sérénité des derniers jours de Rousseau. Enfin, voici ce qu'écrivait après sa mort M. Le Bègue de Presle, médecin qui avait eu des rapports avec lui à Paris, et qui l'avait décidé à se retirer à Ermenonville : « Soumis à la « Providence, convaincu de l'immortalité de l'âme, il était depuis « longtemps dans ses principes de ne rien faire pour avancer la fin « de ses jours, *quoique la vie lui fût à charge.* Mais accoutumé à « considérer ce moment comme le seul qui pût mettre fin à ses malheurs, et le débarrasser de la crainte qu'ils ne se renouvelassent, « *il ne cachait pas que sa fin lui paraissait désirable.* A ce motif se « joignaient d'autres raisons plus puissantes. Il appréhendait d'a- « voir une vieillesse douloureuse, et de voir sa femme infirme ; de « rester seul après l'avoir perdue. Ce n'était pas le mal physique « qu'il redoutait le plus, car personne d'aussi sensible ne souffrit « avec autant d'apparence d'apathie ; mais il craignait au delà de « toute expression d'être réduit à implorer et à recevoir des se- « cours » (*Relation des derniers jours de Rousseau*, pag. 15). Magellan, savant Portugais dont j'ai rapporté le précieux témoignage dans l'affaire de Hume (voyez chap. v, pag. 245), vint voir Rousseau à Ermenonville, en juin 1778, *un mois avant sa mort.* « Peu à peu, « dit-il, et comme sans dessein, j'entrai en conversation avec « M. Rousseau et je fus enchanté de le voir dans un état paisible, « et tout à fait à son aise. *La tranquillité de son âme, le contente-* « *ment de son cœur* se produisaient sur son visage et dans ses dis- « cours. Il entra sans difficulté dans les sujets les plus indifférents « de la conversation. Lorsqu'on s'adressait à lui, ou que son tour

« venait, c'était la simplicité même. Il s'exprimait avec une naïveté
« charmante, qui annonçait la candeur de son âme » (*Relation de
M. Le Bègue de Presle, avec des notes par Magellan*, pag. 31).

Ces citations prouvent que le dégoût de la vie existait depuis
longtemps chez Rousseau, et qu'il ne le cachait pas, mais il en résulte non moins clairement qu'il ne songeait pas à se donner la
mort. Le sentiment de ce qu'il devait à sa mémoire, et l'espoir d'un
terme prochain, l'avaient guéri de quelques tentations passagères
et peu sérieuses de destruction volontaire. Il put avoir à Ermenonville quelques inquiétudes mal fondées, mais elles n'étaient pas de
nature à le conduire au suicide. Revenons à Mme de Staël. Il est
extrêmement probable que la lettre qu'elle dit avoir été écrite par
Rousseau à Moultou, quelque temps avant sa mort, n'exprimait
que le désir d'une fin prochaine. Bien des malheureux manifestent
un vœu semblable et n'en attendent pas moins avec résignation
l'heure de la Providence. Mme de Staël dit que cette lettre de Rousseau *semblait annoncer le dessein de se tuer;* cette phrase dubitative
confirme ma conjecture. Il est vrai que cette dame affirme, toujours
d'après Moultou, que peu de jours avant sa mort Rousseau s'était
aperçu des viles inclinations de sa femme pour un palefrenier ;
qu'après cette découverte il était resté huit jours de suite sur le
bord de l'eau, dans une méditation profonde. Qui a pu savoir qu'il
avait fait cette découverte ? A qui en avait-il fait la confidence ? Ce
n'est pas à Moultou, qui ne prit des informations qu'après sa mort.
Ce renseignement ne pouvait donc lui venir que des gens de la
maison, et, certes, ce n'est pas à eux que Rousseau eût avoué cette
affreuse peine. Dira-t-on qu'ils s'étaient aperçus de l'intimité de
Thérèse avec le palefrenier ? Mais qui garantira la sincérité de ces
témoins ? Qui garantira même celle de Moultou ? Nous l'avons vu
accuser Thérèse d'avoir sacrifié ses enfants, malgré l'assertion contraire de Rousseau ; nous venons de le voir livrer deux lettres de son
ami tout exprès pour prouver qu'il s'était tué ; changer une simple
présomption publique en certitude, et perpétuer ainsi le déshonneur
que le préjugé attachait alors et qu'il attache encore au suicide [1].

---

[1] Musset-Pathay s'est mis en frais d'érudition, il a cité *Élien* et *Valère
Maxime* pour prouver que le suicide ne déshonorait pas. Il ne s'agit pas de l'opinion des anciens, mais de celle des modernes. En 1778, on traînait encore
les suicidés sur la claie. De nos jours on est moins absurde, mais on ne les
porte pas à l'église ; on les enterre dans un coin du cimetière, et, dans les
campagnes surtout, il reste une sorte de tache sur leurs familles.

Quelle confiance peut-on accorder à un homme coupable de ces deux indignités? Encore une réflexion. Pourquoi Moultou n'a-t-il pas publié la lettre qu'il dit avoir reçue de Rousseau avant sa mort? Ce n'est certainement pas pour ménager sa mémoire, puisqu'il communiqua cette lettre à Mme de Staël, et qu'il a publié celle du 1er août 1763, à lui adressée, et dans laquelle l'idée du suicide est manifeste. Il me semble qu'un véritable ami eût détruit ces deux lettres. Cependant l'une est conservée et publiée, tandis que l'autre est supprimée. Il faut tâcher d'expliquer cela. La conduite de Moultou prouve sans réplique qu'il voulut confirmer le public dans l'idée que Rousseau s'était tué. J'imagine que, dans ce but, il montra à Mlle Necker la lettre de 1763, qui contient l'idée du suicide, puis l'autre qui, comme je l'ai dit, pouvait n'exprimer que le simple dégoût de la vie. La jeune personne, jugeant de celle-ci par la précédente, aura cru pouvoir en conclure que Rousseau s'était tué. Après quoi Moultou aura détruit cette seconde lettre qui, examinée par des juges plus attentifs que sa jeune confidente, aurait pu fournir de solides objections contre le suicide, et il aura laissé subsister la lettre de 1763 qui le rend probable. Cette supposition est dure, j'en conviens, mais elle est justifiée par les indignes procédés de Moultou, dans le cas dont il s'agit ici, et par l'ensemble de sa conduite antérieure.

M. de Girardin fils paraît croire que Mme de Staël tenait de Corancez la version de l'empoisonnement par le café. Musset-Pathay répond que Corancez ne connaissait pas Mme de Staël. Qu'en savait-il? Accordons-le; qui répondra que les Genevois Coindet et Moultou ne connaissaient pas Corancez dont le beau-père était Genevois lui-même, et presque célèbre par ses talents dans l'horlogerie? Si ces relations existaient, comme cela est probable, elles feraient naître bien des réflexions.

Il me semble que jusqu'à présent le suicide de Rousseau n'est pas attesté par des autorités bien respectables (¹), ni appuyé d'arguments bien concluants. Il reste à examiner le fait principal sur lequel les partisans de cette opinion l'ont fondée, savoir les relations de Thérèse avec un valet de chambre de M. de Girardin. A propos du récit de Mme de Staël sur ce sujet, M. de Girardin fils répond ainsi à Musset-Pathay, qui n'avait pas manqué de le lui objecter : « Un roman tout entier dans une seule phrase a dû sourire à l'imagi-

---

(¹) Il est bien entendu que je ne parle pas ici de Mme de Staël.

« nation de Mme de Staël ; mais comme l'illusion qu'elle nourrissait
« avec complaisance se serait dissipée, si elle eût voulu commencer
« par s'avouer que Rousseau avait alors soixante-six ans, sa femme
« plus de soixante, et l'homme de *l'état le plus bas*, pour lequel on
« lui supposait de viles inclinations, cinquante et tant! Lorsqu'il
« faut placer l'amour et la jalousie dans un pareil cadre, l'on voit
« qu'il ne peut nullement leur convenir. Ces réflexions n'ont pas
« été faites par Mme de Staël ; elles eussent été plus que suffisantes
« pour lui faire sentir combien était *ridicule* le motif qu'elle s'effor-
« çait de donner à la mort de Rousseau » (*Lettre à Musset-Pathay*,
page 12).

Ces objections sont loin d'être justes. On voit tous les jours des
exemples de libertinage *caduc*, bien autrement étonnants. En
supposant les faits réels, Rousseau eût été navré de douleur en
découvrant l'infamie de sa femme, mais non pas transporté de
jalousie, et le premier sentiment suffisait pour motiver le suicide.
Mais ce qu'il y a de réellement important dans cette réplique de
M. de Girardin, c'est qu'après avoir trouvé si *ridicule* la supposition
de Mme de Staël et, par conséquent, nié la possibilité des *inclinations viles*, il ajoute : « Je dois dire maintenant ce qui est vrai, c'est
« que Rousseau n'a pu s'apercevoir, *peu de jours avant sa mort*, des
« viles inclinations de sa femme, puisque ces inclinations *n'existaient*
« *pas encore*, et que ce n'est que *plusieurs mois* après le décès de
« Rousseau qu'elle a fait connaissance avec cet homme qui, de
« palefrenier, était devenu valet-de chambre de mon père » (pag. 13).

On ne conçoit pas comment un fait qui paraissait *ridicule*, c'est-
à-dire impossible, du vivant de Rousseau, cesse de l'être depuis
sa mort. La contradiction est grossière, je l'expliquerai tout à l'heure.
Il y en a une autre moins choquante, mais remarquable aussi, entre le récit de M. de Girardin fils, qui dit que les relations coupables
n'eurent lieu que *quelques mois après la mort de Rousseau*, et celui
de Mme de Vassy qui, dans sa lettre à Mme de Staël, assure *que ce
ne fut que plus d'un an après*. Musset-Pathay demande à M. de Girardin s'il pourrait affirmer que la connaissance de Thérèse avec
le palefrenier n'ait pas eu lieu du vivant de Rousseau : je demande,
à mon tour, si Musset-Pathay eût pu prouver qu'elle avait existé.
Tout est donc jusque-là également incertain de part et d'autre.
Musset-Pathay objecte aussi, et avec raison, que M. de Girardin
fils et sa sœur étaient trop jeunes à l'époque où ces faits se passaient, pour pouvoir en rendre un compte exact. La différence des

dates fournies par l'un et par l'autre en est une preuve. D'où tenaient-ils donc ce qu'ils savaient ? Des gens de la maison ? C'est une autorité bien suspecte. Evidemment, c'était leur père qui les avait instruits de ces particularités. D'après leurs propres expressions, l'accusation contre Thérèse n'a été portée et n'est devenue publique qu'*un an*, ou au *moins plusieurs mois après* la mort de Rousseau, ce qui est un argument de plus et même très-probant contre le suicide. Maintenant, il se présente trois questions : 1° Les relations de Thérèse avec le palefrenier furent-elles la cause légitime, ou seulement le prétexte de l'expulsion de cette femme ? 2° Ces relations entre deux personnes d'un âge assez avancé étaient-elles coupables ? 3° Y eut-il mariage, comme on l'a affirmé, entre la veuve de J.-J. Rousseau et le palefrenier ?

J'ai cité, p. 416, la lettre que Thérèse écrivit, en 1798, à Corancez pour protester contre ses assertions au sujet du suicide. Cette lettre figure dans la relation de Corancez, et, en outre, dans le numéro du *Journal de Paris* du 2 messidor an VI, à la suite des articles extraits de cette relation. Corancez n'y a joint aucune observation, craignant, dit-il, de *compromettre la veuve de Rousseau;* motif que je ne puis comprendre. Cette lettre de Thérèse contient, à l'égard de M. de Girardin, les accusations les plus graves. Selon cette femme, il se serait emparé des manuscrits, de l'herbier, de l'argent comptant ; il aurait vendu tous les objets mobiliers à Genève, moyennant des lettres de change *non payées*, et lui aurait enfin remboursé en assignats l'argent qu'elle lui avait remis pour avoir soin d'elle pendant sa vie. Musset-Pathay ne daigne pas s'occuper de ces griefs de Thérèse. Il se tire d'affaire avec des invectives. Thérèse, selon lui, paya M. de Girardin *de la plus noire ingratititude :* qu'en sait-il ? Il dit que ses plaintes sur sa pauvreté n'avaient pour objet que de demander des secours, *d'après sa vieille habitude* (j'ai démontré ailleurs qu'elle n'avait pas cette habitude); qu'elle a mangé beaucoup d'argent (il ne parle que d'après l'autorité très-suspecte de d'Escherny, voir chap. VII, pag. 365) ; qu'il était facile de la voler ; qu'elle s'enivrait sur la fin de sa vie ; qu'elle recevait des aumônes au collège de Juilly, où elle était même employée *dans les cuisines!* Il ne manque à tout cela que des preuves ; mais à quoi bon ? Musset-Pathay opérait ici *in animâ vili!*

Je puis déjà donner un démenti à d'Escherny qui a prétendu que Thérèse mendiait à la porte du Théâtre-Français, *après avoir mangé avec le palefrenier plus de cent mille francs que du Peyrou* lui avait fait toucher du produit de l'impression des ouvrages de Rousseau. » [XVIII.] (*Œuvres de d'Escherny*, t. III, pag. 166.)

Du Peyrou dit que le produit ne s'éleva qu'à 24,000 francs (voir Musset-Pathay, *Hist.*, t. II, pag. 464). Et encore faudrait-il savoir si cette somme a été payée; Thérèse ayant affirmé dans sa lettre que les lettres de change souscrites par les acquéreurs des effets mobiliers ne l'avaient pas été.

Musset-Pathay a objecté à M. Stanislas de Girardin que son père n'avait pas répondu aux articles sur le suicide de Rousseau, insérés par Corancez dans le *Journal de Paris*, en 1798 ; mais il a oublié de lui demander, ce qui importait bien plus, pourquoi il n'avait pas protesté contre les accusations contenues dans la lettre de Thérèse! Supposons, par impossible, que M. de Girardin ait ignoré l'existence de cette lettre ; que personne n'ait eu l'idée de lui en donner connaissance : son fils a eu cette pièce sous les yeux, puisque Musset-Pathay la lui a citée tout entière dans sa réplique. Il n'en a pas plus parlé que son père ; il aurait dû, ce me semble, en dire au moins quelques mots de dénégation ou de mépris. Ce silence est plus que singulier. Ne pourrait-on pas demander, maintenant, si l'accusation intentée à Thérèse par M. René de Girardin, et son renvoi d'Ermenonville, n'auraient pas pour cause secrète une partie des griefs énumérés dans la lettre de cette femme ? Arguer de son infamie contre la réalité de ses assertions, comme l'a fait Musset-Pathay, est une pétition de principe ; logiquement, il faudrait prouver l'infamie par la fausseté des assertions. Or, c'est ce que personne n'a fait, pas même MM. René et Stanislas de Girardin, qui avaient pourtant un si grand intérêt à se justifier. Objecter que le mépris leur a suffi, c'est éviter une discussion au moyen d'une formule banale ; en outre, c'est oublier que la question est précisément de savoir si ce mépris est mérité. On a vu plus haut que M. de Girardin trouvait d'abord *ridicule* que Mme de Staël admît les *relations coupables*, et qu'ensuite il en est venu à les admettre lui-même. Cela s'explique très-bien maintenant ; c'est qu'il fallait nier les relations coupables pour réfuter le suicide, et les affirmer pour motiver l'expulsion de Thérèse. Il est surprenant qu'un homme aussi spirituel que M. Stanislas de Girardin n'ait pas senti combien cette contradiction était maladroite, et quelle vraisemblance elle donnait aux accusations de la veuve de Rousseau.

Je passe à la seconde question, celle du caractère coupable des relations de Thérèse avec le palefrenier. Il est évident qu'elle ne peut

être résolue directement, après tant d'années écoulées, et en l'absence de tout fait certain, de tout témoignage désintéressé. Il ne me reste donc ici que la ressource de l'induction. J'ai prouvé, dans le chapitre précédent, que tous ceux qui ont flétri le caractère de Thérèse Levasseur étaient en même temps ennemis déclarés ou secrets de Rousseau, et je crois avoir réfuté leurs accusations, autant que cela était possible. Je vais en citer une que j'ai ajournée jusqu'à ce moment et qui prouvera que, depuis longtemps, on avait songé à faire passer Thérèse pour une femme de mauvaise vie. Voici ce que Grimm écrivait en juillet 1778 : « J.-J. Rousseau est à Paris depuis un mois avec sa gou-
« vernante, dont il a enfin fait sa femme. Il a quitté la casaque d'Ar-
« ménien et a repris l'habit français. On a fait là-dessus un conte
« impertinent qui calomnie la vertu de *M*^me *Jean-Jacques*, et encore
« plus le goût de celui qui aurait péché avec elle. On prétend que
« son mari, l'ayant surprise *in flagranti*, avec un moine, quitta sur-
« le-champ l'habit arménien, disant que, jusqu'à présent, il ne se
« croyait pas un homme ordinaire, mais qu'il voyait bien qu'il s'était
« trompé et qu'*il était dans la classe commune.* »

C'était avec ces sales calomnies que *M. le baron de Grimm* égayait ses augustes correspondants d'Allemagne et de Russie. Je citerai tout à l'heure une accusation d'ivrognerie empruntée aux éditeurs de la *Correspondance* de ce même Grimm. Après tout ce qu'on sait maintenant de la rage de ce fourbe et de ses complices, on doit reconnaître qu'il entrait dans leur plan de diffamation de répandre aussi l'opprobre sur la tête de celle qui avait partagé la malheureuse destinée de Rousseau, et qui avait souvent pénétré leurs cruels desseins. Qui pourrait affirmer que l'accusation relative au palefrenier fût plus réelle que celle de l'anecdote de Grimm ? Ce que j'ai dit plus haut de M. de Girardin inspirera, je pense, quelques scrupules à ceux qui seraient tentés de porter à cet égard un jugement décisif.

Les *Mémoires secrets* de Bachaumont (27 novembre 1779) annoncent le mariage de Thérèse avec Nicolas Montretont, laquais de M. de Girardin. Le rédacteur a soin d'ajouter que ce fait confirme le suicide de Rousseau. Le même journal, du 17 décembre 1779, répète la nouvelle et annonce que M. de Girardin a chassé Thérèse de chez lui. D'après ces deux notes, on croirait que le mariage eût lieu. Cependant, en octobre 1780, Grimm écrivait ce qui suit : « La
« veuve de J.-J. Rousseau *se propose*, dit-on, malgré sa douleur et
« ses soixante ans, de convoler en secondes noces avec le jardinier

« de M. de Girardin. A la bonne heure. Il nous eût paru plus rai-
« sonnable que la veuve du philosophe, au lieu de songer à lui
« donner un successeur, eût consacré tout le bénéfice de la nouvelle
« édition des œuvres de son mari à faire une fondation pieuse dans
« la maison des Enfants-Trouvés, et réparer ainsi la faute cruelle qui
« a coûté tant de larmes et de remords à son malheureux époux. »
Ce trait, bassement cruel, prouve d'abord que la haine de Grimm
pour Rousseau s'étendait aussi à sa femme, et, de plus, il en résulte
clairement qu'à la date d'octobre 1780 le mariage n'existait pas. En
1790, Thérèse s'adressa à Mirabeau pour obtenir une pension de
l'État. Musset-Pathay a cité dans son ouvrage, t. Ier, pag. 284, la
réponse *respectueuse* de Mirabeau. L'adresse porte : *à Mme Rousseau,
veuve de Jean-Jacques, au Plessis-Belleville, par Dammartin.* Si
Thérèse eût été mariée au palefrenier, elle n'eût pas osé prendre le
titre de veuve de Rousseau, et, certainement, Mirabeau n'eût pas
daigné répondre à la femme de *Nicolas Montretont.* Musset-Pathay
fait un crime à Thérèse d'avoir sollicité cette pension ; il oublie les
plaintes de cette femme contre M. de Girardin : si elle a dit la vérité,
et personne n'a prouvé le contraire, il est sûr que, même à cette
époque, elle pouvait avoir besoin de la pension qu'elle sollicitait.
Enfin, Musset-Pathay lui-même, après avoir affirmé positivement
que le mariage avait eu lieu (*Hist.*, t. Ier, pag. 283), dit, à la pag. 198
du même volume : « Je ne pense pas que cette femme méprisable
« ait épousé le palefrenier, qui ne voulait que l'argent qu'elle pou-
« vait avoir, ou se procurer au moyen du nom qu'elle était indigne
« de porter. En quittant ce nom, elle n'avait plus de droits à la pi-
« tié. » Voilà donc la question du mariage résolue ; reste celle de
concubinage, qui est bien plus grave, quoique Musset-Pathay ne
s'en soit pas aperçu. En effet, si Thérèse, femme du palefrenier, cessait d'avoir des *droits à la pitié*, Thérèse, concubine, en avait bien
moins encore ; or, Musset-Pathay fait entendre exactement le contraire. Maintenant, je dis que Mirabeau et M. d'Eymar, qui solli-
citèrent la pension auprès de l'Assemblée nationale, et qui ne pouvaient
ignorer les rumeurs publiques, durent prendre des informations sur
le mariage et surtout sur le concubinage, qu'on eût facilement constaté s'il eût été réel. Croit-on que, dans ce dernier cas, la pension
eût été accordée, et que le nom d'une infâme eût souillé l'acte solennel par lequel l'Assemblée nationale voulut honorer les talents
et la mémoire d'un grand homme ?

Il fallait que tout ce qui se débitait dans le public sur la conduite de Thérèse fût bien hypothétique, et répandu par des individus bien hostiles à la mémoire de Rousseau, puisqu'un contemporain, le bon et sincère Ginguené, a dit de ces imputations : « Non, je ne puis « croire des bruits vagues et *incertains;* j'en croirais à peine des « preuves (¹). On a osé accuser cette femme d'avoir été la première « à engager Rousseau à mettre ses enfants aux Enfants-Trouvés, « tandis qu'il affirme lui-même, dans ses *Confessions,* que lorsqu'il « y mit les deux premiers, la répugnance de Thérèse fut extrême, et « qu'il eut mille peines à la vaincre. Pour les trois autres, il ne « parle ni de sa résistance, ni de son consentement. Comment peut-« on former ainsi, sans preuves, une accusation si grave? Je crois « inutile d'articuler les autres imputations (celles du mariage et du « concubinage), sans doute aussi calomnieuses, que, depuis la mort « de Rousseau, *ce qui reste de ses ennemis n'a cessé d'accumuler « contre sa veuve. Aucun témoignage direct, aucune pièce probante* « ne me force d'y croire, et j'ai le bonheur de n'être pas crédule au « mal » (Lettres sur les *Confessions,* pag. 137). Ginguené ajoute, en forme de post-scriptum : « Je laisse le texte et la note tels qu'il y a « six mois (ce qui précède fut écrit en 1790); je n'ai point à me « repentir de mon incrédulité. La veuve de Rousseau a été solen-« nellement *justifiée* et *vengée* de toutes ces calomnies dans l'Assem-« blée des représentants d'un grand peuple que son époux instruisit « aux mœurs et à la liberté. L'Assemblée nationale s'est honorée elle-« même en honorant la mémoire de celui qu'elle peut nommer le « premier et le plus éloquent de ses instituteurs, en lui décernant « une statue, en chargeant l'État de nourrir sa compagne qu'après « tant de travaux et de malheurs il laisse *pauvre comme lui,* mais « riche du spectacle de sa gloire et du souvenir de ses vertus. » D'après cela, il est certain qu'on avait constaté que Thérèse était innocente des infamies dont on l'avait accusée et qu'elle était *pauvre.* N'est-il pas singulier que M. René de Girardin ne se soit pas présenté alors pour éclairer les commissaires de l'Assemblée, et leur prouver que Thérèse était coupable et qu'elle avait mangé *plus de cent mille francs* avec son laquais, comme l'a avancé d'Escherny? Je remarque avec regret que Musset-Pathay, qui faisait cas de Ginguené (²) et

---

(¹) C'est trop dire. Moi, je croirais aux preuves, mais personne n'en a donné.

(²) Je profite de cette occasion pour citer de Ginguené un mot qui donnera une idée de son caractère. A la première Restauration, on le pressait d'écrire contre Napoléon : « *Je laisse ce soin,* dit-il, *à ceux qui l'ont loué.* »

qui l'a souvent cité, a passé sous silence son témoignage en faveur de Thérèse. [XIX.]

Comme je ne veux rien taire sur aucune chose, je me fais un devoir de citer une anecdote sur Thérèse, rapportée par Musset-Pathay (*Hist.*, t. II, pag. 199). Il dit qu'en 1799, un de ses amis, enthousiaste de Rousseau, eut la curiosité d'aller visiter sa veuve au Plessis-Belleville, et qu'il la trouva *ivre-morte*. Je ne mets pas en doute la sincérité de Musset-Pathay, mais qui garantira celle de son ami, ou, du moins, qui assurera qu'il ne s'en soit pas rapporté à ce qu'on avait pu lui dire sur les lieux, au lieu de vérifier par lui-même? Admettons le fait; Thérèse avait alors près de quatre-vingts ans; or, j'ai vu, et tout le monde a pu voir comme moi, même hors de la classe commune, des personnes, jusque-là sobres et régulières, contracter à un âge avancé le goût des liqueurs fortes. Rousseau ne nous dit-il pas que Mme de Warens, bonne et généreuse, finit par tomber dans l'avilissement? Il ne parle pas d'ivrognerie, j'en conviens, mais il dit : « Je la revis! dans quel état, bon Dieu! et que lui restait-« il de sa vertu première? Je ne vis plus pour elle d'autre ressource « *que de se dépayser* » (*Confess.*, liv. VIII). Cependant, quelle différence de position, d'intelligence et d'éducation entre elle et la veuve de Rousseau! Au reste, cette accusation d'ivrognerie m'est suspecte par cela seul qu'elle a été mise en avant par les éditeurs de la *Correspondance* de Grimm. Ils prétendent tenir de M. Le Bègue de Presle, que Rousseau allait lui-même à sa cave, et qu'interrogé là-dessus par ce médecin, il lui répondit : « Que voulez-vous, quand « ma femme y va, elle y reste » (*Corresp.*, juin 1778). Le rôle constamment bienveillant de M. Le Bègue de Presle, et la source impure d'où sort cette anecdote, me la font mettre sans crainte à côté de celle des *fredaines de Mme Jean-Jacques avec un moine*.

En résumant tout ce qui précède, on reconnaît qu'il n'existe, au sujet de l'infamie prétendue de Thérèse, qu'un seul témoignage digne d'attention, celui de M. René de Girardin, et que ce témoignage ne pourrait être admis que dans le cas où il serait avéré que Thérèse a calomnié l'hôte de son mari; or, non-seulement aucun fait n'est venu démentir ses assertions, mais l'absence totale de protestation, de la part de M. René de Girardin et de son fils, est une présomption très-forte en faveur de leur réalité. Maintenant, si Thérèse fut innocente, comme tout semble le prouver, l'argument principal du suicide s'évanouit. Il est essentiel de remarquer encore une fois que cette thèse n'a été soutenue, avec une certaine chaleur, que par des ennemis de Rousseau, bien connus, ou par des individus à dispositions équivoques. Musset-Pathay s'est si complètement aveuglé à cet égard, qu'il n'a pas hésité à citer, comme venant à l'appui du suicide, les témoignages de Corancez, Coindet, Moultou, *admirateurs*, dit-il, et *amis* de Rousseau. Cette admiration et cette amitié ont été appréciées à leur juste valeur. De tous ces témoignages, celui de Corancez est le plus spécieux, parce que des semblants d'affection et de sincérité en dissimulent habilement l'artifice. M. Stanislas de Girardin prétend que Corancez, qui avait offert un asile à Rousseau, ne pardonna pas à son père de l'avoir *entraîné* à Ermenonville. Musset-Pathay répond que *c'est une raison puérile*, comme si les luttes d'amour-propre n'en avaient pas quelquefois de bien moins sérieuses. Au reste, si M. de Girardin n'avait attiré Rousseau chez lui que par vanité, comme Musset-Pathay l'insinue, on concevrait encore mieux comment, après sa mort, il mit en avant le prétexte du palefrenier, pour se débarrasser de la veuve ; mais on ne peut rien dire de certain à cet égard. Quant au grand désir qu'avait Corancez de loger Rousseau chez lui, était-il réellement *si puéril?* Corancez, apologiste et ami de Dussaulx et de d'Alembert; Corancez, qui accusait Rousseau d'une lâche réticence au sujet de la *Correspondance de Dussaulx;* Corancez, qui, sous prétexte de l'*expliquer*, comme ce dernier, faisait de lui, dans sa *Notice*, un portrait plus qu'équivoque ; Corancez, enfin, ennemi masqué, tout le prouve, ne pouvait-il pas désirer de *tenir* aussi J.-J. Rousseau, comme autrefois David Hume ? S'il était démontré qu'il fût *cet ami tendre*, qui mettait Grimm au fait des habitudes et des conversations de Rousseau (voy. chap. VIII, p. 405), imagine-t-on les conséquences de cette hospitalité qui, dans tous les cas, ne pouvait être une chose de dévouement ?

On a dû remarquer que toute la *Notice* de Corancez trahit l'hostilité contre M. de Girardin et le besoin d'établir le suicide. Dès lors, on conçoit très-bien pourquoi la lettre de Thérèse y figure : c'est d'abord parce que cette femme s'y contredit sur les circonstances de la mort de Rousseau, et surtout parce que le rapport des experts la dément sur le fait du déjeuner, comme on va le voir bientôt ; tout cela était en faveur du suicide. Puis Thérèse accusait gravement M. de Girardin, elle déclarait que Rousseau *n'avait été qu'à regret à Ermenonville;* que, sur le désir qu'il manifesta d'en sortir, M. de Girardin s'*agenouilla* devant elle pour la supplier de s'y opposer. Que tous ces détails fussent vrais ou non, Corancez devait les publier, parce que l'opinion du suicide y gagnait encore quelque chose, et surtout parce que M. de Girardin y recevait un démenti, et qu'il y jouait un rôle à la fois ridicule et odieux. Il est remarquable qu'il ne dit absolument rien du palefrenier. Cela s'explique encore. Il devait se taire sur Thérèse innocente, car on ne voit pas pourquoi celui qui n'avait pas respecté l'honneur de Rousseau eût défendu celui de sa veuve. D'ailleurs, l'infamie de Thérèse appuyait la thèse du suicide, chaudement soutenue par Corancez; la réfuter, eût été affaiblir le préjugé public sur les causes de la mort de Rousseau. Il devait se taire également sur Thérèse coupable, parce que cette femme accusait M. de Girardin, et qu'en la chargeant, il eût détruit toute la valeur de ses griefs et justifié l'homme dont il avait à cœur de se venger. Entre ces deux nécessités, il n'y avait pour Corancez que le parti de la neutralité.

Musset-Pathay n'a rien soupçonné de tout cela. A propos de cette lettre de Thérèse, où le dégoût de Rousseau pour Ermenonville est exprimé, il dit assez lestement à M. de Girardin, que toute la lettre de son père, sur le séjour de Rousseau dans sa maison, n'est qu'une fiction. « Ces projets, ces longues soirées d'hiver, cet herbier, cette « Flore d'Ermenonville, tout cela, dit-il, est détruit par Thérèse. » C'est-à-dire que, pressé de donner un démenti à son adversaire, il lui oppose sans difficulté le témoignage de cette Thérèse, si méprisable selon lui, parce que ce témoignage favorise l'idée du suicide; tandis qu'ailleurs il ne veut pas l'admettre lorsqu'il s'agit de ses plaintes contre M. de Girardin, parce que lui, Musset-Pathay, tient à son histoire de palefrenier, et que si Thérèse avait dit vrai, cette histoire ne serait plus qu'une fable. Voilà à quel point un honnête homme, entraîné par une opinion arrêtée de prime abord, s'est vu forcé de violenter sa conscience!

Mais pourquoi cette unanimité de la part des ennemis de Rousseau pour faire admettre le suicide? C'est que le suicide confirmait la folie; qu'il en était la conséquence finale; et que la folie entrait, comme je l'ai déjà dit, dans le plan des diffamateurs comme un moyen infaillible d'égarer l'opinion sans retour et de s'assurer une immunité perpétuelle. Le trait du palefrenier n'était pour eux que la cause occasionnelle du suicide, et s'ils le répandirent si complaisamment, c'est qu'ils tenaient à avilir aussi la compagne de Rousseau, et que, de plus, ils savaient bien que son ignominie rejaillirait en partie sur l'homme qui, tout en se donnant des airs de droiture et d'austérité, n'en avait pas moins passé plus de la moitié de sa vie avec une infâme.

Qu'on ne croie pas, du reste, que la justification de cette femme soit pour moi une affaire de système ; j'admettrai, si l'on veut, que Thérèse faible, bornée, commune, bavarde, ait pu se lier avec le valet de chambre de M. de Girardin ; qu'elle se soit laissé tromper et voler par cet homme ; cela ne prouve pas nécessairement des rapports coupables. Je ferai même une concession bien plus grande ; je veux supposer, contre toute vraisemblance, que ces rapports eurent lieu : il n'en serait pas plus démontré pour cela que Rousseau les découvrit et qu'il se tua lui-même. De plus, tout ce que j'ai dit dans le chapitre précédent, pag. 348, de l'influence tyrannique que Musset-Pathay attribue à cette femme sur l'esprit de Rousseau, ne perdrait rien de sa force. Tout ce qu'on pourrait en conclure, c'est que Rousseau fut dupe, pendant plus de trente ans, de la créature la plus fausse et la plus vile. Outre que cette longue illusion est peu explicable, je crois qu'il résulte de tout ce que j'ai dit de cette femme, qu'elle ne mérite pas une telle flétrissure. Il y a, je le dis une dernière fois, dans les rapports de Thérèse avec M. René de Girardin, après la mort de Rousseau, un mystère qu'il est impossible d'éclaircir, et sur lequel repose toute la question. Du Peyrou, qui, à cette époque, se trouva à Genève avec M. de Girardin, pour régler les affaires de la veuve et présider à l'entreprise de l'édition générale, n'a donné, à cet égard, que des renseignements très-bornés, et qui n'ont aucun rapport aux procédés iniques dont Thérèse se plaignit plus tard. Son silence est peu regrettable. Aux yeux de cet homme droit, mais léger et tranchant, la veuve de Rousseau n'eût jamais eu raison contre un *homme de qualité*, remplissant le rôle séduisant d'ami et de bienfaiteur. En réalité, le témoignage de du Peyrou n'eût été que celui de M. René de Girardin.

Il me reste maintenant à examiner le suicide sous le rapport médico-légal. Musset-Pathay ayant fait intervenir la science pour infirmer le témoignage des experts qui ont dressé le procès-verbal d'autopsie du corps de Rousseau, je suis forcé, bien à regret, de discuter la valeur de la consultation de médecin qu'il a produite dans sa réplique à M. de Girardin.

Le premier procès-verbal dressé par deux chirurgiens, le lendemain de la mort de Rousseau et sur le réquisitoire du procureur fiscal d'Ermenonville, n'est, à proprement parler, qu'un acte de décès, puisqu'il n'y eut pas d'autopsie. Je conviens, avec Musset-

Pathay, que les deux chirurgiens eurent tort de décider, sur le récit qu'on leur fit des circonstances de la mort, qu'elle avait été occasionnée par une apoplexie séreuse. Mais Musset-Pathay donne à entendre que ce fut de leur part un acte de complaisance, et l'on sait que ces complaisances se payent. La supposition est plus que légère, et malheureusement Musset-Pathay y est un peu sujet.

Le second procès-verbal est celui de l'autopsie, qui fut faite le 3 juillet 1778, par M. Casterès, chirurgien à Senlis, aidé de ses confrères, MM. Chenu, chirurgien à Ermenonville; Bouvet, chirurgien à Montagny; et en présence de MM. Le Bègue de Presle, médecin et censeur royal, et Bruslé de Villeron, médecin à Senlis. Le procès-verbal énonce : « Que Rousseau était mort la veille, vers onze heures
« du matin, après environ une heure de douleurs de dos, de poi-
« trine et de tête; qu'il avait recommandé, tant dans cette attaque,
« que dans une précédente maladie, qu'on ouvrît son corps pour
« découvrir, s'il était possible, les causes de plusieurs incommodités
« auxquelles il avait été sujet en différents temps de sa vie, et dont
« on n'avait pu assigner alors le siège et la nature... ; qu'il existait
« au front *une légère déchirure*, occasionnée par la chute de Rousseau
« sur le carreau de sa chambre ; que les organes de la poitrine et
« de l'abdomen furent trouvés parfaitement sains ; que les voies
« urinaires et les organes génitaux, examinés avec le plus grand soin,
« ne présentèrent rien qui pût expliquer les douleurs de reins et les
« difficultés d'uriner dont Rousseau s'était plaint à diverses époques
« de sa vie (¹); que l'estomac ne *contenait que le café au lait que*
« *Rousseau avait pris suivant sa coutume, vers sept heures, avec sa*
« *femme;* que les coliques auxquelles il était sujet depuis l'âge de
« cinquante ans dépendaient, selon toute apparence, de deux her-
« nies inguinales dont il était atteint, etc. Enfin que l'ouverture de
« la tête et l'examen des parties contenues dans le crâne avaient fait
« voir une quantité très-considérable, *plus de huit onces de sérosité*
« épanchée entre la substance du cerveau et les membranes qui la
« recouvrent. Ne peut-on pas, disent en terminant les experts, attri-
« buer, avec beaucoup de vraisemblance, la mort de M. Rousseau à

(¹) L'hypertrophie de la prostate et les rétrécissements spasmodiques de l'urètre donnent lieu à des rétentions d'urine très-douloureuses et très-opiniâtres. Ces maladies peuvent disparaître par suite des progrès de l'âge, sans laisser aucune trace de leur existence. Il est probable que Rousseau eut une hypertrophie de la prostate : ce fut l'avis du frère Côme qui l'examina en 1761 (voir *Confess.,* liv. XI).

« la pression de cette sérosité, à son infiltration dans les enveloppes
« ou à la substance de tout le système nerveux ? Du moins il est cer-
« tain qu'on n'a pas trouvé d'autre cause apparente de mort dans le
« cadavre d'un grand nombre de sujets qui ont succombé aussi
« promptement » (lettre de M. de Girardin à Musset-Pathay, page 24
et suivantes).

Musset-Pathay a opposé à ce procès-verbal la consultation suivante du docteur Pétroz : « Un homme qui est frappé d'apoplexie
« ne tombe pas comme un corps d'un seule pièce ; ses forces l'aban-
« donnent, ses genoux fléchissent. Dans la supposition d'une chute
« violente, le front frappant sur le sol, il y a contusion, déchirure ;
« le sang coule mais ne jaillit pas : s'il s'en échappe, c'est pendant
« la vie ; après la mort, il n'y a pas de raison pour qu'il continue de
« couler. Ce qu'on appelle apoplexie séreuse n'est qu'un épanche-
« ment de sérosité dans les ventricules du cerveau, rarement à sa
« surface ; cet épanchement ne peut se faire brusquement ; il est le
« résultat d'une maladie antécédente, dont les symptômes doivent
« être dans tous les cas très-marqués. Souvent le passage de la vie à
« la mort laisse former dans les cavités du cerveau un épanchement
« peu abondant, qui n'est qu'un dernier effort d'exhalation. Un
« épanchement de huit onces de liquide dans le crâne est énorme,
« hors le cas d'hydrocéphale ([1]). Il est plus extraordinaire encore de
« supposer cette quantité entre la surface du cerveau et de ses mem-
« branes, surtout d'admettre que cette quantité de liquide s'est pro-
« duite spontanément et sans maladie antécédente, et de faire dépen-
« dre la mort de l'individu de la pression du liquide, l'individu ne
« s'étant plaint pendant la dernière heure de sa vie que de symp-
« tômes que la compression fortement exercée sur le cerveau an-
« nulerait s'ils existaient » (Musset-Pathay, *Réplique à M. de Girardin*, pag. 64).

Sur cette consultation, Musset-Pathay prononce que le procès-
verbal des experts est erroné et qu'il ne mérite aucune confiance. Je
vais essayer de démontrer les nombreuses erreurs qu'a commises
M. le docteur Pétroz.

Il est maintenant reconnu par le plus grand nombre des patholo-
gistes, que dans l'apoplexie séreuse proprement dite, le cerveau et

---

[1] Maladie dans laquelle, par suite de l'accroissement des os du crâne et de
leur écartement, la sérosité épanchée peut aller jusqu'à *vingt-huit livres*. Elle
n'a aucun rapport avec l'apoplexie séreuse dont il est exclusivement question
dans cet examen.

ses membranes n'offrent aucune altération appréciable. Tout consiste, en apparence du moins, dans l'épanchement de sérosité. M. Pétroz a confondu l'apoplexie séreuse avec l'hydrocéphale aiguë, qui, en effet, est presque toujours symptomatique d'une lésion du cerveau ou de ses membranes. Je dis *presque toujours*, car il existe quelques cas d'hydrocéphale aiguë, très-rares à la vérité, dans lesquels l'épanchement séreux n'a paru accompagné d'aucune altération de ce genre. Mais faut-il absolument rattacher l'épanchement séreux signalé dans le procès-verbal des experts à une maladie antécédente ? M. Pétroz a oublié que Rousseau était atteint d'aliénation mentale partielle, qu'il était *monomane ;* voilà la maladie antécédente. Or, tous les médecins savent que des épanchements considérables de sérosité dans la cavité de l'arachnoïde (¹) terminent quelquefois la vie des aliénés.

Je conviens avec M. Pétroz que la quantité de sérosité (8 onces) énoncée par les experts est très-considérable, mais il se trompe en affirmant que cette quantité ne peut exister dans le crâne que dans le cas d'hydrocéphale chronique, et en doutant qu'on puisse l'observer entre le cerveau et ses membranes. Voici une observation du docteur Martin Solon, rapportée par le professeur Andral, et qui réfute complètement les deux assertions de M. Pétroz : « A l'autop-
« sie, on trouva l'arachnoïde soulevée par un liquide séreux qui in-
« filtrait la pie-mère (²), et pouvait être évalué à *cinq ou six onces.*
« On trouva, en outre, les ventricules latéraux (³) *remplis* d'une sé-
« rosité de même nature » (Andral, *Clinique médicale*, t. V, p. 205). Ici il y avait de la sérosité épanchée dans la pie-mère, comme dans l'autopsie de Rousseau ; l'expression inexacte employée par les experts : « *entre la surface du cerveau et de ses membranes* », ne peut être interprétée que de cette manière. Cette sérosité s'élevait à *cinq ou six onces*, ce qui s'approche déjà de la quantité signalée par les experts, et rien n'empêche de croire qu'elle puisse aller, dans certains cas, jusqu'à huit onces. En outre, les ventricules latéraux étaient *remplis* de sérosité, dit Andral ; d'où l'on doit conclure que la quantité totale de l'épanchement devait surpasser de beaucoup celle

---

(¹) Membrane en forme de sac, sans ouverture, qui enveloppe en totalité le cerveau.

(²) Trame celluleuse à mailles larges, située au-dessous de l'arachnoïde.

(³) Ce sont deux cavités considérables disposées symétriquement, à droite et à gauche, dans l'épaisseur de la pulpe cérébrale. Elles sont tapissées par l'arachnoïde.

qui a été indiquée dans le procès-verbal d'autopsie de Rousseau. M. Pétroz dit qu'un épanchement *de huit onces de liquide dans le crâne* ne peut être observé que dans le cas d'hydrocéphale chronique ; or, dans l'observation d'Andral ci-dessus citée, il s'agit, non d'une hydrocéphale chronique, mais d'une apoplexie séreuse dont les symptômes ont du rapport avec ceux de la maladie qui termina la vie de Rousseau. Il y a donc encore erreur dans la prétendue rectification de M. Pétroz. Je reviendrai tout à l'heure sur l'observation ci-dessus citée.

Dans l'observation 21e de la *Clinique* d'Andral (tom. V, pag. 94), on lit ce qui suit : « Une quantité médiocre de sérosité limpide in« filtre la pie-mère de la convexité des hémisphères cérébraux. Les « deux ventricules latéraux sont confondus avec le troisième (¹) en « une seule et énorme cavité d'où s'écoulent *deux verres, au moins,* « *d'un sérosité limpide comme de l'eau de roche* » (le verre médicinal est de 4 onces). Andral ajoute : « Il n'existe dans l'encéphale « aucune autre lésion appréciable. Ce cas nous paraît fournir un « exemple de la maladie, peu commune, désignée sous le nom *d'apo-« plexie séreuse.* » Dans cette observation, en réunissant la sérosité de la pie-mère et les *huit onces, au moins,* contenues dans les ventricules latéraux, on a encore un total supérieur à celui qui est énoncé dans le procès-verbal des experts ; l'assertion de M. Pétroz sur la quantité de liquide que peut contenir le crâne, sans qu'il y ait hydrocéphale chronique, est donc de nouveau réfutée.

Pour ne pas trop *hérisser* ma thèse, je ne ferai qu'indiquer, à ceux qui voudraient approfondir la question, neuf observations de Dance, médecin de l'Hôtel-Dieu, et dans lesquelles la quantité de sérosité contenue dans les ventricules latéraux variait de *sept à huit onces* (voyez *Archives de Médecine*, décembre 1829, t. XXI, p. 508). J'ajoute que les annales de la science fournissent un très-grand nombre de faits aussi concluants.

M. Pétroz dit que l'épanchement cérébral ne peut se faire brusquement : je vais prouver le contraire. « Dans quelques cas de mé« ningite, dit le professeur Andral, où le tissu cellulaire sous-arach« noïdien (pie-mère) contenait une grande quantité de sérosité, nous « avons été frappés de l'espèce d'œdème (infiltration séreuse) dont la « substance cérébrale était elle-même le siége. En pressant entre

---

(¹) Outre les ventricules latéraux, il existe dans le cerveau d'autres cavités qui portent aussi le nom de *ventricules*, et qui peuvent, comme les premiers, se remplir de sérosité.

« les doigts cette substance coupée par tranches, on en exprimait
« en grande quantité un liquide séreux semblable à celui qui infil-
« trait la pie-mère. Cet œdème cérébral est la seule altération que
« nous ayons rencontrée chez un individu dont nous avons récem-
« ment ouvert le cadavre, et qui, cinq heures environ avant sa mort,
« *était tombé tout à coup privé de connaissance et de mouvement*. Il
« mourut avec tous les symptômes qui caractérisent une forte atta-
« que d'apoplexie. *Voilà un cas d'apoplexie séreuse* » (Andral, *Clinique*, t. V, pag. 154). « Un homme, dit le même professeur, entra
« à la Charité, en décembre 1821. *Tout à coup, sans cause connue,
« il perdit connaissance: La mort eut lieu dans la nuit*. L'autopsie
« révéla un épanchement de plus d'un verre dans les ventricules
« latéraux. *Les centres nerveux ne présentèrent aucune altération:*
« Ce cas est encore un exemple bien tranché d'apoplexie dite sé-
« reuse » (*Clinique*, t. V, p. 98).

Voici deux cas d'apoplexie séreuse où l'épanchement se fit brusquement, puisque la perte de connaissance et de mouvement fut
instantanée ; M. Pétroz s'est donc encore trompé sur ce point: Le
trait qui termine sa consultation m'a paru peu intelligible ; à tout
hasard, je dirai qu'on observe assez souvent des symptômes précurseurs dans les apoplexies sanguines ou séreuses. Rousseau a donc
pu en éprouver, il a même pu être frappé de l'idée que ces symptômes annonçaient sa mort prochaine. Cette espèce de pressenti-
ment n'est pas rare chez les malades. Musset-Pathay a donc eu tort
de dire : « Quand on est frappé d'apoplexie et qu'on meurt dans l'at-
« taque, on ne voit pas arriver sa dernière heure ». Cela n'est vrai que
des apoplexies sans symptômes précurseurs.

M. Pétroz n'admet pas que la mort puisse résulter de la pression
du liquide sur le cerveau. Je sais que cette opinion a été soutenue.
Il est certain qu'on a vu des épanchements médiocres de sérosité
produire instantanément la mort. Les observations 11e, 16e, 26e et
28e de Morgagni [1], toutes relatives à des apoplexies séreuses, accompagnées de mort subite, ne signalent que des épanchements de
ce genre, et rien dans l'état des autres organes qui puisse expliquer
la rapidité de la mort. Frappé de cette espèce de paradoxe physio-
logique, Morgagni ayant constaté la saveur fortement salée de la
sérosité, supposa qu'indépendamment de la compression, elle exerçait sur le cerveau une action délétère. Quoi qu'il en soit de cette

---

[1] *De sedibus et causis morborum*, t. Ier; liv: Ier; lettre 4e, édition de Chaussier et Adelon.

hypothèse; il demeure toujours certain que si, dans les cas d'apoplexie séreuse mentionnés par Morgagni, la mort a pu résulter d'épanchements peu considérables, à plus forte raison a-t-elle pu être occasionnée par celui qu'ont mentionné les experts qui ont ouvert le corps de Rousseau. Tout ce qu'on pourrait accorder à M. Pétroz, c'est qu'ils ont eu tort d'affirmer que la mort fut causée par la compression du liquide, et je viens de démontrer que cette erreur, si c'en est une, est absolument indifférente. J'ajoute, à tout ce que je viens de dire, que l'apoplexie séreuse, quoique démontrée par des observations d'une authenticité irrécusable, est une maladie assez rare, relativement aux autres affections cérébrales ; que sa nature et ses causes sont encore peu connues, et que, par conséquent, un praticien ne saurait être trop réservé quand il s'agit de prononcer sur son existence et sur ses symptômes. Cette réflexion achèvera de faire sentir tout ce qu'il y a de hasardé dans la consultation de M. Pétroz. Il me reste à examiner son objection sur la chute de Rousseau. Un homme qui perd tout à coup connaissance, et l'on a vu que cela peut avoir lieu dans l'apoplexie séreuse, ne s'affaisse pas sur lui-même, comme le prétend M. Pétroz, il tombe comme frappé par la foudre, à la manière des épileptiques. Rousseau a donc pu tomber ainsi. Thérèse n'a pas dit que le *sang jaillit*; elle a dit : *j'étais couverte du sang qui coulait du front de mon mari*, et cela s'explique par les efforts qu'elle fit pour le relever. Corancez, dans sa relation, a prétendu que les experts n'avaient pas parlé du trou à la tête, dont il est question dans la Lettre de M. de Girardin (voir pag. 416). C'est une erreur, et Musset-Pathay ne s'en est pas aperçu. Les experts ont mentionné *une légère déchirure au front, occasionnée par la chute sur le carreau de la chambre*. Musset-Pathay, d'après Corancez, a pris au sérieux ce mot de *trou*. Il ne devait pas ignorer pourtant que dans le langage vulgaire, toute plaie un peu profonde des téguments du crâne est un *trou*, et qu'il n'en faut pas conclure qu'il existe une perforation des os de cette partie. Les experts ont signalé ce qu'ils ont vu et ce qui est si évident dans le plâtre de Houdon, une légère déchirure de la peau du front. Musset-Pathay prétend qu'une déchirure ne peut fournir assez de sang pour couvrir les vêtements d'une personne ; c'est-à-dire qu'il prend aussi à la lettre l'hyperbole vulgaire employée par Thérèse : *j'étais couverte du sang de mon mari*. Il ignorait, d'ailleurs, que lorsqu'une blessure divise une veine considérable qui parcourt le front de haut en bas, ou même quelques-unes de ses ramifications, il y a beaucoup de sang répandu. C'est même ce qui fait qu'on pratique quelquefois sur cette veine l'opération de la saignée. Or, la déchirure qu'on observe sur le plâtre de Houdon est précisément placée, par sa partie interne, sur le trajet de ce vaisseau. Voilà donc le sang justifié. Enfin, Musset-Pathay a poussé l'opiniâtreté jusqu'à repousser le témoignage de Houdon, qui, dans une lettre du 8 mars 1819, adressée à M. Petitain, certifiait n'avoir observé qu'une déchirure au front et non un *trou*, et disait n'avoir pas tenu le propos que lui attribuait Corancez, attendu que, quand même le trou eût existé, un artiste ne pouvait éprouver d'embarras pour exécuter l'opération du modelage (¹). A tout cela, Musset-Pathay répond que Houdon *avait perdu la mémoire!* (*Hist.*, t. Ier, pag. 283). Si Houdon eût certifié le *trou*, Musset-Pathay eût-il récusé son témoignage?

J'ajoute à tout ce qui précède qu'il est très-difficile de concevoir comment *cinq médecins* purent mentir à leur conscience et certifier solennellement une fausseté, uniquement pour se prêter au désir assez futile de M. de Girardin, de dérober au public la connaissance du suicide. M. Le Bègue de Presle, dans sa *Relation* (pag. 17), dit que l'autopsie eut lieu en présence de *dix personnes!* Voilà bien du monde dans le secret. Supposez qu'un seul de ces témoins eût parlé, quelle honte pour M. de Girardin, et quelle grave responsabilité pour les gens de l'art, ses *compères!* Musset-Pathay, que rien n'embarrassait, parce que son amour-propre était en cause, dit que la révélation eut lieu. Qu'en savait-il? Est-ce parce que le bruit du suicide se répandit aux environs? Mais un bruit n'est-il pas souvent un mensonge ou une erreur? D'ailleurs ce bruit, je le répète, pouvait venir de Paris et non d'Ermenonville. Corancez, qui y vint avec son beau-père; qui, par ce dernier, fit parler les gens de la maison, dut apprendre ce bruit et savoir que le révélateur était un des témoins de l'autopsie. En ce cas, il y avait certitude; pourquoi donc n'a-t-il pas affirmé le suicide, au lieu de dire : *Je n'en sais rien, mais je le crois*. D'Escherny, qui croit aussi au suicide, dit, dans ses *Mélanges*, t. III, pag. 163, qu'il eut un long entretien avec le garde forestier qui embauma le corps de Rousseau. Il dut sans doute le questionner sur la blessure au front; pourquoi n'en dit-il absolument rien? Objectera-t-on que cet homme a pu nier le trou? soit : il fallait au moins citer cette négation. Les riens sont importants dans l'étude des caractères, en voici un qui achève de

---

(¹) Édition de *Rousseau* (Lefèvre), t. Ier, pag. 673. Appendice aux *Confessions*.

peindre celui de d'Escherny. Le garde forestier lui disait : « Ah ! si
« j'avais su quel homme était ce M. Rousseau, j'aurais fait ma for-
« tune. Je l'ai embaumé, j'ai touché son cœur, ses entrailles, j'ai
« coupé ses cheveux, *j'ai eu un doigt de lui* ([1]); j'ai remis le tout bien
« proprement dans le cercueil. Des gens m'ont offert *cent louis*,
« pour une touffe de cheveux ou pour des morceaux de ses vête-
« ments. » Là-dessus, d'Escherny lui ayant dit qu'il eût dû vendre
aux curieux les *premières guenilles venues*, le garde lui répondit
qu'il était *trop honnête homme pour tromper personne*. Telle était
la dure leçon que *M. le comte* d'Escherny se faisait donner par un
domestique, et qu'il ne rougissait pas d'avouer publiquement !

En réunissant cette discussion partielle à celle dans laquelle j'ai
examiné les autres circonstances de la mort de Rousseau, je crois
pouvoir conclure : 1° que le suicide ne repose sur aucun fait prouvé;
2° qu'il n'a été soutenu que par des hommes hostiles ou suspects ;
je fais exception pour l'honnête Musset-Pathay, chez qui cette opinion n'était qu'une affaire de système ; 3° que Corancez, dont la seule
autorité lui a paru décisive, est un de ces hommes hostiles ; *qu'il a
refusé de voir le corps de Rousseau*, et que, par cela seul, il a décelé
sa mauvaise foi et résolu la question ([2]) ; 4° que la version du suicide
fut imaginée d'avance et propagée dans un but diffamatoire, qui se
rattachait au système réalisé du vivant de Rousseau et continué après
sa mort, comme on va le voir dans le chapitre suivant.

([1]) Le garde mentait ou se trompait. L'autopsie de Rousseau ne peut expliquer cette mutilation. Musset-Pathay n'a pas songé à *ce doigt*. Il y eût vu sans
doute un effet de la rupture du canon du pistolet mal ou trop chargé.

([2]) Il serait facile de la décider tout à fait en faisant l'examen du corps de
Rousseau déposé dans les caveaux du Panthéon. Il est étonnant que, lors de la
translation, un de ses véritables amis, Ginguené, par exemple, qui avait alors
quelque influence, n'ait pas songé à provoquer cette enquête, si importante pour
sa mémoire. Cette vérification eût été encore plus facile en 1830, lorsqu'on retira le cercueil de la crypte murée où l'avait relégué le parti jésuitique sous
la Restauration. Ce cercueil était tellement délabré par l'humidité, qu'il fallut
le réparer. Personne ne songea alors à examiner l'état du crâne.

CHAPITRE IX.

Des calomnies intentées contre la mémoire de Rousseau depuis sa mort jusqu'à nos jours. — Réfutation de quelques jugements erronés.

A la fin de novembre 1778, Mme de La Tour-Franqueville écrivait ce qui suit à Fréron fils, qui avait succédé à son père dans la rédaction de l'*Année littéraire* (¹): « Je ne puis m'empêcher de dé-
« plorer la destinée d'un homme à qui ses talents et ses vertus de-
« vaient en procurer une si différente. Depuis que nous l'avons
« perdu, presque tous ceux qui ont parlé de lui ont plus ou moins
« ouvertement insulté à sa cendre. Il semble qu'on ait pris à tâche
« d'avilir la mémoire d'un homme dont la noble fierté osa lutter
« contre tous les genres d'infortunes » (édition de Genève, t. XXX,
pag. 14). Ailleurs, elle parle des manœuvres employées par les encyclopédistes pour empêcher la publication de ses apologies, et elle ajoute : « Si l'on n'attaquait que les écris de Rousseau, on
« pourrait se taire ; mais ce sont ses mœurs, ses intentions, ses
« principes qu'on calomnie avec une fureur sans frein et sans
« exemple » (pag. 16) [XX].

Un autre écrivain contemporain, dont j'ai déjà parlé, Eymar, de Marseille, s'exprime ainsi : « Je n'expliquerai pas comment il
« est arrivé qu'au sein d'une nation éclairée, des hommes, et sur-
« tout des gens de lettres, d'ailleurs si opposés entre eux d'opinions
« et de conduite, se soient trouvés réunis en un seul point, celui
« d'outrager une mémoire respectable, et de traîner dans la fange,
« avec un acharnement jusque-là sans exemple, un écrivain et des
« ouvrages que la génération précédente avait couverts d'éloges et
« d'admiration » (*Œuvres inédites de Rousseau*, publiées par Musset-Pathay, t. II, pag. 96). Eymar se trompe de beaucoup, quant aux *éloges* qui regardent la personne de l'écrivain ; il est clair qu'il était peu au fait des détails de la destinée de Rousseau. Toutefois, j'ai dû citer son témoignage, parce qu'il émane d'un homme qui ne se

---

(¹) Ce Fréron fils qui, dans la Révolution, joua un rôle si atroce, était alors, comme son père, un écrivain du parti antiphilosophique. Mme de La Tour parle de lui comme *d'un cœur droit et honnête*, parce que, pour faire pièce aux encyclopédistes, il avait consenti à insérer dans son journal ses apologies de Rousseau. Pauvre femme ! elle mourut à propos.

passionnait pas, et qui rapportait ce qu'il avait vu. Rechercher dans les écrits périodiques du temps les traces de ce débordement de haine; exhumer tous les pamphlets dans lesquels la mémoire de Rousseau était outragée, ce serait abuser de la patience du lecteur; et d'ailleurs, ces tristes productions ont en grande partie disparu aujourd'hui. Les deux citations qui précèdent suffiront pour donner une idée de ce qui dut être publié immédiatement après la mort de Rousseau. On l'a vu, dans ses *Rêveries* (deuxième *Promenade*), prédire ce déchaînement général ; ces traits de sagacité du pauvre monomane n'ont pas été remarqués. Mais si je dois laisser dans l'oubli où elles sont tombées les méprisables attaques des folliculaires du temps, il en est d'autres que je ne puis me dispenser de faire connaître. J'ai longuement parlé ailleurs des *Notes* de Diderot sur la *Vie de Sénèque*, et j'en ai démontré l'affreuse méchanceté. Elles parurent en 1779, *neuf ans* avant la publication de la seconde partie des *Confessions*. Cependant Diderot connaissait cette seconde partie, puisqu'il en a parlé avec une sorte de rage. Rousseau avait donc été dénoncé par ceux auxquels il avait confié ou lu ses *Confessions* ([1]); nouvelle preuve que ses accusations étaient très souvent fondées. Naigeon, disciple et éditeur de Diderot, ajouta à ses *Notes* sur la Vie de Sénèque, des commentaires tout à fait dignes de son maître. Mme de La Tour, dans une lettre à Fréron, du 15 mars 1779, flagella rudement Diderot et son éditeur (on trouve cette lettre dans le tome XXX de l'édition de Genève, pag. 141). Du Peyrou y joignit la note suivante, qui m'a paru mériter d'être citée : « Les liai-
« sons intimes dont parle Diderot ont existé en effet, mais elles se
« sont brusquement converties, d'une part en éloignement, dès que
« Rousseau eut appris à connaître ces prétendus amis ; d'autre part,
« en haine, *d'abord sourde, aujourd'hui très-déclarée*, dès que ces
« messieurs se sont vus pénétrés et en ont pressenti la conséquence »
(pag. 139). Ce témoignage de du Peyrou est d'autant plus précieux, qu'on a vu qu'il n'avait pas toujours été juste envers son ami.

Pendant que les journaux, les notes, les propos de société achevaient de ruiner sans risques et à coup sûr l'honneur de Rousseau, d'Alembert, un de ses plus dangereux ennemis, parce qu'il cachait sa haine, élaborait une diatribe calomnieuse qui devait mettre le sceau à cette noble entreprise ; c'était le prétendu *Éloge de Milord Maréchal*. Avant d'analyser cette pièce, aussi méprisable par le

---

([1]) Dussaulx était ce dénonciateur.

style que par l'intention, je prie le lecteur de recourir aux articles biographiques de Musset-Pathay sur d'Alembert et Georges Keith (*Hist.*, t. II). Ils y trouveront, relativement au caractère de l'académicien, des renseignements importants que beaucoup de biographes ont cru devoir taire ou atténuer, et, quant à ce qui concerne Georges Keith, la rectification de plusieurs erreurs graves commises par l'auteur de son article dans la *Biographie universelle*.

L'*Eloge de Milord Maréchal* parut au commencement de 1779. D'Alembert, après l'avoir lu à l'Académie, s'empressa de le faire imprimer. Voici le trait qui regarde Rousseau : « Une personne très-
« estimable, que Milord honorait de son amitié et de sa confiance,
« nous a écrit ces propres paroles : Milord m'avait donné sa corres-
« pondance avec Rousseau, en me recommandant de ne l'ouvrir
« qu'après sa mort. Je dois cette justice à sa mémoire, que, malgré
« les justes sujets de plaintes qu'il avait contre Rousseau, *jamais*
« *je ne lui ai entendu dire un mot qui fût à son désavantage*. Il me
« montra seulement la dernière lettre qu'il en reçut et me conta
« l'affaire de la pension (celle qu'il avait faite à Rousseau, en 1765).
« *Cette lettre était remplie d'injures*. Le philosophe genevois lui
« écrivit un jour qu'il était content de son sort, mais qu'il gémissait
« sur les malheurs dont sa femme était menacée, en cas qu'elle vînt
« à le perdre ; qu'il voulait absolument lui procurer par son travail
« six cents livres de rente. Milord Maréchal *se fit un plaisir de don-*
« *ner à cette lettre le sens que lui suggéraient l'élévation et la bonté de*
« *son âme.* Il assura au mari et à la femme la rente qui manquait
« à leur bonheur. La *vérité* nous oblige de dire, *et ce n'est pas sans*
« *un regret bien sincère*, que le bienfaiteur eut depuis fort à se
« plaindre de celui qu'il avait si noblement obligé. Mais la mort
« du *coupable*, et les justes raisons que nous avons eues de nous en
« plaindre nous-même, nous obligent *à tirer le rideau* sur ce détail
« affligeant, dont les preuves sont malheureusement consignées dans
« des lettres authentiques. Ces preuves n'ont été connues que depuis
« la mort de Milord Maréchal, *car il gardait toujours le silence sur*
« *les torts qu'on pouvait avoir avec lui*. Il est triste qu'après tant de
« marques d'estime et d'intérêt données à Rousseau, le bienfaisant,
« le paisible Milord, qui aurait pu s'attendre à l'amitié, n'ait pas
« même éprouvé la reconnaissance. Milord Maréchal avait pris
« beaucoup de part à la querelle trop affligeante et trop connue faite à
« M. Hume par Rousseau. Le *respect que nous devons à la vérité* nous
« oblige de dire que l'équitable Milord donnait à M. Rousseau le

« tort qu'il avait si évidemment aux yeux de ses partisans les plus
« zélés. Milord conserva soigneusement toute la correspondance qu'il
« avait eue avec ces deux illustres écrivains, et que peut-être il
« faudrait supprimer pour l'honneur du philosophe genevois, si celui
« du philosophe écossais n'y était intéressé. » Il est déjà clair que le
but de ce plat écrit n'était pas de faire l'éloge de Milord Maréchal, mais
d'injurier la mémoire de Rousseau. A peine eut-il paru que la fidèle
Marianne (Mme de La Tour) en entreprit la réfutation, sous ce titre
audacieux pour le temps : *Procès de l'esprit et du cœur de M. d'A-
lembert*. Cette pièce, quoique bien raisonnée et très-spirituelle, est
verbeuse, diffuse, et pleine d'une exaltation féminine qui fatigue
(voir édition de Genève, t. XXX, pag. 6). Je me borne à en citer
une réflexion frappante. D'Alembert fait dire à son estimable correspondant que Milord Maréchal, *malgré ses justes sujets de plainte*,
n'avait jamais dit contre Rousseau un mot qui fût à son désavantage : et cependant ce même Milord, si discret et si généreux, communiqua audit correspondant une prétendue lettre de Rousseau, à
lui adressée et *remplie d'injures*, tout en lui recommandant de *n'ouvrir sa correspondance qu'après sa mort!* On conviendra que c'était
une singulière manière d'épargner Rousseau, et que le bon Georges
Keith joue là, sous la plume de l'académicien, un assez triste rôle.
Le haineux panégyriste n'a pas vu qu'en calomniant Rousseau, il
avilissait aussi son noble bienfaiteur. « Infortuné Milord, s'écrie Mme de
« La Tour, il faudrait vous défendre contre celui qui s'est chargé de
« vous louer! » Ce sont là de ces heureuses bévues auxquelles les
fourbes sont assez sujets, Dieu merci, et qui simplifient beaucoup
la besogne du critique. Ce n'est pas la seule, comme on va le voir.
D'Alembert avait parlé d'une lettre d'injures adressée par Rousseau
à son bienfaiteur ; il avait donné à entendre que la pension de six
cents livres avait été mendiée ; il avait affirmé que les preuves de
l'ingratitude du protégé étaient consignées dans des *Lettres authentiques*. Il comptait que ces imputations seraient acceptées sur parole, que personne ne s'aviserait de demander à voir ces lettres si
effrontément annoncées, et qu'on n'aurait pas même la curiosité de
connaître le nom de l'*estimable correspondant*. Mme de La Tour se
douta que l'académicien mentait sur tous les points. Elle commença
par écrire à du Peyrou, pour lui demander tous les renseignements
qu'il pouvait avoir sur les rapports de Rousseau avec Milord Maréchal. Du Peyrou lui répondit par la lettre suivante que je cite
tout entière, à cause de son importance et parce qu'elle honore son

auteur : « Depuis vendredi matin, madame, moment dé la réception
« de votre lettre du 3 de ce mois, je n'ai cessé de m'occuper des
« éclaircissements que vous me demandez. Mon état de faiblesse, qui
« ne me permet pas encore de quitter le lit, n'a pu ralentir mon
« zèle. La nature des questions que vous m'adressez intéresse mon
« cœur autant que le vôtre. Je vois que vous êtes indignée, comme
« moi, de l'imputation calomnieuse contre Rousseau, dont M. d'A-
« lembert a osé profaner l'Éloge prétendu d'un homme digne, en
« effet, de tous les éloges, mais au-dessus de ceux que M. d'Alem-
« bert peut lui donner. J'ignore si, dans son *Eloge*, il a étayé son
« accusation de quelques témoignages plus probants que le sien, ou
« s'il s'est flatté que sa simple assertion aurait en Europe le même
« poids qu'elle peut avoir dans quelques cercles de Paris; je dirai
« seulement qu'avant de publier son *Eloge*, il avait cherché à ac-
« créditer son accusation contre Rousseau dans des conversations
« de société, en s'étayant d'un secrétaire de Milord Maréchal; or,
« ce secrétaire ne peut être que le sieur Junod, *mort depuis quelques*
« *années*. Sans doute que M. d'Alembert ne cite le témoignage d'un
« mort contre un mort; qu'appuyé de preuves par écrit. En atten-
« dant qu'il les produise, comme l'honneur le lui prescrit, si du
« moins il en a encore un germe, je vais, madame, mettre sous vos
« yeux les éclaircissements que vous me demandez. J'ai compulsé
« une centaine de lettres toutes originales écrites de la main de Mi-
« lord; les extraits de quelques-unes de ces lettres vous feront sûre-
« ment regretter, comme à moi, que des considérations de conve-
« nance ne permettent pas la publication entière d'une collection
« si honorable pour deux cœurs tels que ceux de Milord et de Jean-
« Jacques. Il n'y a pas une de ces lettres qui n'offre des traits de
« générosité, de délicatesse, de sensibilité, de raison, de vertu; pas
« une qui ne caractérise par les expressions et par les choses, cette
« tendre et paternelle expression de Lord Maréchal : *Mon fils*
« *chéri.....* Non, madame, Jean-Jacques n'a pu donner d'autres
« chagrins à Lord Maréchal que sa querelle avec Hume [1]; et si, à
« cette époque, l'affection du lord s'est ralentie, elle n'a jamais cessé
« totalement. Je sais, de Jean-Jacques lui-même, qu'il recevait quel-
« quefois des nouvelles de ce respectable ami; je sais, de Milord,
« qu'en ralentissant sa correspondance par des raisons fondées sur

---

[1] On voit que du Peyrou n'était pas revenu de ses préventions contre Rousseau au sujet de Hume. J'ai prouvé ailleurs (chap. v, pag. 328) à quel point il s'était montré léger et présomptueux dans ses jugements.

« son âge, il désirait et demandait des nouvelles de *son Jean-Jacques*.
« J'ai vu celui-ci à mon passage à Paris, en mai 1775, m'exprimer avec
« effusion ses sentiments de tendresse et de vénération pour l'homme
« qu'il aimait et respectait au-dessus de tous les autres hommes. Je
« l'ai vu s'attendrir au récit des preuves multipliées que j'avais eues,
« à Valence, en Espagne, du souvenir plein de tendresse et de res-
« pect qu'on y conservait pour ses vertus. Malheureusement, notre
« ami, avant sa retraite à Ermenonville, a brûlé la majeure partie
« des papiers qui lui restaient. Il n'a pas dépendu de lui que ce qui
« était entre mes mains n'ait subi le même sort, tant il attachait peu
« d'importance aux titres les plus précieux qu'il eût à opposer à
« la rage de ses calomniateurs. Ses écrits subsisteront, c'est son cœur
« qui les a dictés. La postérité le jugera d'après ces écrits, et ses
« lâches ennemis, qui s'acharnent sur son cadavre, seront trop heu-
« reux d'échapper par l'oubli à l'exécration. Je me suis peut-être
« trop abandonné aux mouvements de mon cœur ; je n'en désavoue
« pourtant aucun. Vous pouvez, madame, faire de cette lettre, et
« des morceaux qui l'accompagnent et qui la suivront, l'usage que
« vous jugerez à propos. Vous pouvez me nommer sans scrupule,
« vous pouvez même assurer que je suis prêt à communiquer, à qui
« le voudra, les pièces originales ou leurs copies authentiques, et
« défier les accusateurs de Rousseau d'en produire d'équivalentes. »

Voici les lettres que du Peyrou avait jointes à la sienne. Milord
Maréchal à Rousseau, 6 mars 1764 : « J'ai acheté pour trente mille
« guinées une de mes terres. J'ai eu le plaisir de voir le bon cœur de
« mes compatriotes. Personne ne s'est présenté à l'encan pour ache-
« ter, et la salle et la rue retentissaient de battements de mains, quand
« la terre me fut adjugée. Ceci cependant me jette dans des affaires
« que je n'entends pas et que je déteste. L'unique profit qui me
« revient est de pouvoir, par le revenu de mon achat, faire quelque
« bien à des gens que j'estime et que j'aime. *Mon bon et respectable*
« *ami*, vous pourriez me faire un grand plaisir en me permettant de
« donner, soit à présent, ou par testament, cent louis à Mlle Levas-
« seur. Cela lui ferait une petite rente viagère pour l'aider à vivre [1].

---

[1] N'est-il pas remarquable qu'un personnage comme Milord Maréchal ait songé à faire un cadeau de cent louis à cette Levasseur, si abjecte selon tant de gens? Ce n'était pas, comme on pourrait le croire, un moyen détourné d'engager Rousseau à accepter cette somme, car, à la fin de sa lettre, Milord lui fait des offres personnelles. L'offre précédente regardait donc réellement sa compagne. D'ailleurs, la réponse de Rousseau le prouve.

« Je n'ai pas de parents proches, personne plus de ma famille; je
« ne puis emporter mon argent dans l'autre monde. Mes enfants
« Émetuella, Ibrahim, Stépan, Motcho, sont déjà pourvus suffisam-
« ment; j'ai encore *un fils chéri*, c'est mon bon sauvage; s'il était
« un peu traitable, il rendrait un grand service à son ami et ser-
« viteur. »

Réponse de Rousseau, 31 mars 1764. « Sur l'acquisition que
« vous avez faite, et sur l'avis que vous m'en avez donné, Milord,
« la meilleure réponse que j'aie à vous faire est de vous transcrire
« ici ce que j'écris à la personne que je prie de donner cours à cette
« lettre (Mme de Boufflers). « Tous les plaisirs, madame, ont beau
« être pour les méchants, en voici un que je les défie de goûter.
« Milord n'a rien de plus pressé que de me donner avis du change-
« ment de sa fortune; vous devinez aisément pourquoi. Félicitez-
« moi de tous mes malheurs, madame, ils m'ont donné pour ami
« Milord Maréchal. » Sur vos offres qui regardent Mlle *Levasseur*
« *et moi*, je commencerai par vous dire que, loin de mettre de l'a-
« mour-propre à me refuser à vos dons, j'en mettrais un très-noble
« à les recevoir. Ainsi, là-dessus, point de dispute. Les preuves que
« vous vous intéressez à moi, de quelque nature qu'elles puissent
« être, sont plus propres à m'enorgueillir qu'à m'humilier, et je ne
« m'y refuserai jamais, soit dit une fois pour toutes. Mais j'ai du
« pain quant à présent, et, au moyen des arrangements que je mé-
« dite (son édition générale), j'en aurai pour le reste de mes jours;
« que me servirait le surplus? Rien ne me manque de ce que je
« désire et qu'on peut avoir avec de l'argent. Milord, il faut pré-
« férer ceux qui ont besoin à ceux qui n'ont pas besoin; je suis
« dans ce dernier cas. D'ailleurs je n'aime pas qu'on me parle de
« testament. Je ne voudrais pas être, moi le sachant, dans celui d'un
« indifférent, jugez si je voudrais me savoir sur le vôtre. Vous sa-
« vez, Milord, que Mlle Levasseur a une petite pension de mon
« libraire, avec laquelle elle peut vivre quand elle ne m'aura plus.
« Cependant j'avoue que le bien que vous voulez lui faire m'est plus
« précieux que s'il me regardait directement, et je suis extrême-
« ment touché de ce moyen trouvé par votre cœur de contenter la
« bienveillance dont vous m'honorez; mais s'il se pouvait que vous
« lui appliquassiez plutôt la rente de la somme que la somme même,
« cela m'éviterait l'embarras de la placer, sorte d'affaire où je n'en-
« tends rien. »

De Milord à Rousseau, 13 avril 1764 (écrite avant d'avoir reçu la

lettre précédente). « Je n'aurai que deux choses à regretter en
« Ecosse, le soleil de la Bendita Valencia, *et mon fils le Sauvage*.
« Dans ma dernière, je lui fais une proposition très-raisonnable;
« je ne sais ce qu'il me répondra. Rien qui vaille, j'ai peur. Bon-
« jour, je vous embrasse de la plus tendre amitié. »

Réponse de Milord à la lettre de Rousseau du 31 mars 1764.
« Je ne puis vous exprimer le plaisir que votre *indulgence* m'a
« donné, j'en sens vivement la valeur. Je n'ai que le temps de vous
« assurer combien je suis votre serviteur et fidèle ami. »

De Milord à Rousseau, Postdam, 8 février 1765. Après avoir objecté à Rousseau, qui songeait déjà à se réfugier en Angleterre, que
la vie y était d'une cherté excessive, Milord ajoutait : « Mon bon ami,
« si vous n'étiez pas plus sauvage que les sauvages du Canada, il y
« aurait remède. Parmi eux, si j'avais tué plus de gibier que je n'en
« pourrais manger, je dirais au premier venu : Tiens, voilà du gibier;
« il l'emporterait, mais Jean-Jacques le laisserait ; ainsi, j'ai raison
« de dire qu'il est trop sauvage. »

Du même au même, 22 mai 1765. « Ce qui me fâche, c'est la
« crainte que l'impression de vos ouvrages, à Neufchâtel, ne se
« faisant pas, il ne vous manque un secours nécessaire. Car *item*, il
« faut manger, et l'on ne vit pas de gland dans notre siècle de fer.
« Vous pourriez me rendre plus à l'aise que je ne le suis, et il me
« semble que vous le devriez. Vous m'appelez votre père, vous êtes
« homme vrai ; ne puis-je exiger, par l'autorité que ce titre me
« donne, que vous permettiez que je donne à mon fils cinquante
« livres sterling de rente viagère ? Emetuella est riche, Ibrahim a une
« petite rente assurée, Stepan de même, Motcho aussi. Si mon fils
« chéri avait quelque chose assurée pour la vie, je n'aurais plus
« rien à désirer dans ce monde, ni aucune inquiétude à le quitter.
« Seriez-vous à l'aise si vous étiez en doute que j'eusse du pain sur
« mes vieux jours ? Ne croyez-vous pas que la liaison d'amitié est
« plus forte que celle d'une parenté éloignée et souvent chiméri-
« que ? Moi, je la sens bien. Je n'ai plus personne de ma famille ;
« une terre que j'ai, de près de 30,000 livres de rentes, avec une
« bonne maison toute meublée, va à un parent fort éloigné, qui a
« déjà 40,000 livres de rentes. J'ai encore une petite terre à moi, et
« de l'argent comptant considérablement. Je voudrais, sur ma terre,
« vous assurer cinquante livres sterling. Rien n'est sûr que sur les
« terres. Soyez bon, indulgent, généreux, rendez votre ami heu-
« reux. »

Voilà comment Rousseau a mendié les secours de Milord Maréchal. Quel homme que ce Georges Keith, et quel malheur qu'un fourbe ait souillé de sa perfide rhétorique ce simple et noble caractère ([1])!

Voici maintenant ce qu'écrivait Milord Maréchal à du Peyrou, relativement à Hume. Juillet 1766. « Notre ami Jean-Jacques est
« résolu de se retirer encore plus du commerce des hommes. Il se
« plaint de David et David de lui. J'ai peur que l'un et l'autre n'ait
« quelque tort : David, d'avoir écouté avec trop de complaisance les
« ennemis de notre ami ; et lui peut-être a pris cette indolence de
« David à ne pas prendre assez vivement son parti comme une as-
« sociation contre lui avec ses ennemis. J'en suis affligé, car David
« est si *bon homme* et notre ami a tant d'ennemis, que bien des gens
« seront portés à lui donner tort. »

19 septembre 1766. Milord au même. « La malheureuse querelle
« de notre ami avec David Hume me donne tous les jours plus de
« peine. Tout le monde en parle. Je ne puis justifier son procédé ;
« tout ce que je puis faire, c'est de justifier son cœur et de le sépa-
« rer d'une erreur de son jugement qui a mal interprété les inten-
« tions de David. J'ai vu une lettre de d'Alembert là-dessus, qui
« se plaint aussi. Il dit qu'il avait parlé très-favorablement de
« M. Rousseau, ici à la table du roi ; ce qui est vrai ; *mais je n'as-*
« *surerais qu'il n'avait pas changé d'avis, même avant cette der-*
« *nière affaire,* etc. »

Il y a des remarques importantes à faire sur cette lettre. Le bon Milord ne peut se résoudre à condamner Rousseau, ni Hume. Si Mme de Boufflers, avec laquelle il correspondait, lui eût appris que ce Hume, si *bon homme*, avait fourni le trait le plus cruel de la lettre du roi de Prusse, il eût probablement modifié son jugement, un peu partial, car, sans s'en douter, il incline pour Hume. Quant à d'Alembert, il avait parlé favorablement de Rousseau à la table du roi de Prusse : je le crois bien, Milord Maréchal était à la cour de Berlin, peut-être même était-il présent ; l'*arlequin* jouait parfaitement son rôle. Cependant on voit par la fin de la lettre de Milord que celui-ci n'était pas tout à fait sa dupe.

28 novembre 1766. « J'ai une lettre de M. Rousseau. Des plaintes
« contre moi avec bien de la douceur d'avoir mal interprété son refus
« de la pension du roi. L'autre lettre (de Rousseau) est sur ce que je
« vous ai écrit ; comme je vous écris de mémoire, et que la mienne

---

([1]) D'Escherny le traite de *petit esprit* et de *maniaque*. Je l'aurais jugé, lui, rien que sur ce trait.

« me manque beaucoup, je ne sais pas du tout ce que je vous ai dit
« dans cette lettre dont il est question (dans la seconde lettre de
« Rousseau) (¹). Bien sais-je que je ne vous ai écrit que dans l'espé-
« rance que vous pourriez lui ôter ses soupçons contre Hume qui,
« je voyais, seraient trouvés injustes de tout le monde ; j'avais tâché
« de les lui ôter longtemps avant que la querelle éclatât, et vous pou-
« vez vous-même juger si ce que je disais était d'un ami ou d'un
« ennemi. *Je le regarde toujours comme un homme vertueux*, mais
« aigri par ses malheurs, emporté par sa passion et qui n'écoute pas
« assez ses amis. Je ne puis lui donner raison jusqu'à ce qu'il me
« paraisse l'avoir. Si dans la suite il me fait voir des preuves que
« Hume est un *noir scélérat* (le bon Milord oubliait que cette ex-
« pression était de Hume et non de Rousseau), certainement je ne
« lui donnerai pas raison, mais jusqu'à cette heure, je ne vois pas
« apparence de preuves solides. Il est bien affligeant pour moi qui
« aime la tranquillité d'être quasi forcé d'entrer dans une querelle
« entre deux amis *que j'estime*. Je crois que je prendrai le parti, né-
« cessaire à mon repos, de ne plus parler ni écouter rien sur cette
« malheureuse affaire. Adieu, je vous embrasse. *P. S.* Comme je
« ne me souviens pas de ce que je vous ai écrit, que je n'ai pas co-
« pie de mes lettres, examinez-les. M. Rousseau ne me dit ni vos
« paroles, ni celles de ma lettre à vous que, pour bien juger, je de-
« vrais savoir. » Voici comme il finit : « Si je n'ai pas eu le tort que
« vous m'imputez, souvenez-vous, de grâce, que le seul ami sur le-
« quel je compte, après vous (du Peyrou), me regarde, sur la foi de
« votre lettre, comme un extravagant tout au moins. » Je crois essentiel de rappeler que Milord ne jugeait l'affaire que d'après la lettre
de Rousseau à Hume (10 juillet 1766). J'ai fait voir, chap. v, combien il est facile de prendre le change sur la valeur réelle des arguments qu'elle contient ; il n'est donc pas étonnant que Milord n'y ait
pas trouvé de *preuves solides*. De plus, par la nature de son caractère et par ses longues sympathies pour D. Hume, il était réellement
prévenu en faveur de ce dernier. Pour s'en convaincre, on fera bien
de relire toutes les lettres que Rousseau lui adressa à ce sujet, et
surtout celle à du Peyrou, du 25 octobre 1766.

Il s'en faut certainement que tout soit clair dans la lettre de Milord Maréchal, ci-dessus citée ; mais ce qui y est évident, c'est que

---

(¹) C'est celle du 25 octobre 1766 à du Peyrou. « J'ai vu aussi, dit Rousseau,
« l'extrait de la lettre de Milord Maréchal où il dit que je blâme M. Hume
« d'avoir demandé et obtenu la pension sans mon aveu. »

Rousseau ne lui adressa, au sujet de Hume, que *des plaintes avec bien de la douceur*. Il va sans dire que, sur le défi de du Peyrou, d'Alembert ne produisit ni la prétendue *lettre d'injures*, ni les *lettres authentiques* qui prouvaient l'ingratitude de Rousseau. Confondu sur ce point, il essaya de se tirer d'affaire au moyen d'une autre fourberie. On a vu dans la lettre de du Peyrou qu'il avait déjà mis en avant un secrétaire de Milord Maréchal, mort depuis quelques années ; il imagina de publier en entier la prétendue lettre du correspondant *estimable*, M. Muzel-Stosch de Berlin : « *C'est avec regret,* « dit-il (toujours des regrets !), que je suis obligé de rendre publics « plusieurs traits de cette lettre que j'avais supprimés par *ménage-* « *ment* pour celui qui en est l'objet, *tant j'étais éloigné de vouloir* « *aggraver ses torts.* » L'inexorable Mme de La Tour eut l'heureuse idée de faire imprimer la lettre de M. Muzel-Stosch, en regard de l'extrait qu'en avait donné d'Alembert dans son *Eloge* ([1]). Il résulte de ce rapprochement que le seul passage de la lettre du correspondant qui ait été omis dans cet éloge est le suivant : « Milord Maré- « chal blâmait beaucoup Rousseau (au sujet de Hume), disant *qu'il* « *faisait des folies pour faire parler de lui.* » Voilà le trait que d'Alembert prétendait avoir tu pour *ménager* Rousseau, comme si ce qu'il en a dit n'était pas plus outrageant que ce passage supprimé. En outre, l'académicien, tout rusé qu'il était, n'a pas senti qu'il flétrissait le noble caractère de Milord Maréchal, en attribuant à cet homme sincère un propos méprisant qui démentait les témoignages de son estime pour Rousseau, contenus dans les lettres ci-dessus citées. C'est la seconde fois que le panégyriste outrage son héros pour nuire à l'objet de sa haine. Ce seul trait suffirait pour le démasquer. Il est bon de dire que la prétendue lettre de Muzel-Stosch est datée du 21 novembre 1778. N'est-il pas singulier que l'*estimable correspondant* ait choisi, pour rompre le silence, précisément l'époque du débordement d'outrages et de calomnies qui eut lieu après la mort de Rousseau ? Que ne parlait-il donc de son vivant ?

Après la réfutation de Mme de La Tour, d'Alembert ne se tint pas pour battu ; il inséra, dans le *Mercure* du 27 novembre 1779, une note dans laquelle il persistait à se retrancher derrière son prétendu Muzel-Stosch, *connu*, disait-il, *à Berlin pour un très-honnête homme*, mais ajoutant, prudemment, *qu'il avait passé la plus grande partie de sa vie hors de cette ville.* Mme de La Tour somma Muzel-Stosch

---

([1]) Édition de Genève, 1782, t. XXX, pag. 223.

de se montrer et de produire ses lettres. Muzel-Stosch ne parut pas, et ses lettres encore moins. Musset-Pathay affirme que les *recherches les plus soigneuses* n'ont pu faire découvrir à Berlin *l'estimable correspondant de l'honnête d'Alembert* (*Œuvres inédites de Rousseau*, t. II, pag. 465). La Harpe, dans sa réfutation de Ginguené, dit : « J'ignore pourquoi d'Alembert n'a pas nommé son *correspondant*, « mais je n'ai aucune raison pour ne pas dire que la lettre qu'il « cite est de M. Stosch, *très-connu à Berlin*, et que la preuve de ce « fait est dans plusieurs autres lettres de ce même M. Stosch, qui « sont entre les mains de M. de Condorcet, qui m'autorise à le dé- « clarer. » D'abord, d'Alembert a nommé son correspondant ; voilà déjà une erreur. De plus, ce correspondant, *très-connu à Berlin*, n'a pu y être découvert, ni en personne, ni par la notoriété publique ; autre erreur. Quant aux lettres inédites de Muzel-Stosch, si elles eussent été si probantes, d'Alembert ne les eût pas tenues secrètes, et son ami Condorcet ne se fût pas borné à la déclaration vague que rapporte La Harpe, *il les eût publiées*. D'ailleurs, qui prouvera que ces lettres, ainsi que celle que d'Alembert a mise au jour, ne sont pas de la fabrique de ce fourbe? La Harpe s'indigne contre cette supposition ; il objecte précisément ce qui est en question, la *probité* de l'académicien tant de fois démentie (*Supplément au Cours de littérature de La Harpe*, Barbier, 1823, pag. 221).

M. de la Borde, fermier général, publia, en 1778, un *Essai sur la musique moderne*, et trouva le moyen de faire de cet écrit un noir libelle contre la mémoire de Rousseau. Il fut un de ceux qui l'accusèrent d'avoir volé la musique du *Devin du village*. Mme de La Tour, toujours sur la brèche, réfuta durement le financier. M. de la Borde répliqua avec indécence et brutalité. Selon lui, Mme de La Tour, *ancienne maîtresse* de Rousseau, *était l'héroïne de son mauvais roman ;* c'était *une pauvre imbécile, une vieille sempiternelle*, etc. Il s'était vanté de posséder une *Vie de Rousseau*, écrite de sa main, il en avait même cité des traits. Du Peyrou, consulté par Mme de La Tour, répondit que cette prétendue *Vie* manuscrite n'était autre chose que la lettre de Rousseau à M. de la Martinière, lors de son aventure avec l'archimandrite grec (*Conf.*, liv. Ier). Musset-Pathay l'a transcrite dans le premier volume des *Œuvres inédites de Rousseau*, pag. 3 et suivantes. Toutefois, il prévient qu'il n'a pas vu l'autographe de cette lettre, mais seulement une copie qui lui a été communiquée par M. Dubois de Genève. Pour moi, je penche à croire que ce morceau n'est pas authentique, et je me fonde sur son style beaucoup trop correct pour avoir été l'ouvrage du jeune homme inculte auquel on l'attribue. Du Peyrou joignit aux renseignements qu'il adressa à Mme de La Tour un assez long commentaire sur le pamphlet du fermier général. Je n'y ai rien trouvé qui mérite d'être cité, si ce n'est le trait suivant qui prouve combien l'animosité contre Rousseau était grande parmi les littérateurs. « Lorsque parut « l'*Eloge de Milord Maréchal*, dit du Peyrou, tous les journaux « s'empressèrent de se faire les échos de toutes les indignités attri- « buées à Rousseau. La scène change. Il paraît une justification de « cet *infâme* Rousseau (celle de Mme de La Tour, qui contenait les « lettres de Milord), justification sans réplique, puisque c'est Milord « Maréchal lui-même qui donne à son panégyriste les démentis les « plus formels. La brochure est envoyée à *tous les journalistes* et « spécialement au rédacteur du *Journal encyclopédique. Tous ces « échos de diffamation, si ardents à la promulguer, deviennent muets « quand il faut rendre hommage à la vérité* » (édit. de Genève, t. XXX, pag. 386). En compulsant avec soin le *Journal de Paris*, année 1779, je me suis assuré que la justification de Rousseau n'y fut pas insérée, et qu'il n'y est même fait aucune mention de l'*Eloge de Milord Maréchal*. Corancez, qui était un des principaux rédacteurs de ce journal, et qui, de temps en temps, affectait d'y insérer quelques traits d'apologie en faveur de Rousseau, tous vagues et même assez louches (¹), laissa passer le libelle de d'Alembert, et plus tard il cita avec éloges *les larmes* de ce fourbe sur les *tracasseries* qu'il avait suscitées à Rousseau.

La première partie des *Confessions* parut en 1781. Du Peyrou, Moultou et M. de Girardin, furent les auteurs de cette publication, qui violait les dernières volontés de Rousseau. On sait qu'il avait recommandé d'attendre la fin du siècle. De la part de Moultou et de M. de Girardin, cette démarche ne surprend pas; mais je ne puis comprendre que du Peyrou s'y soit associé. Les six derniers livres, dont les sujets intéressaient trop de personnes encore existantes, ne devaient être imprimés qu'après le terme prescrit par l'auteur. Moultou étant venu à mourir, son fils fit paraître ces six derniers livres, sans égard pour les intentions de Rousseau, et sans même

---

(¹) Voir les n^os des 25 janvier, 2 février et 6 avril 1779, sur les *Notes de Sénèque*. Ces articles avaient été envoyés au journal par des écrivains étrangers à sa rédaction. Corancez a bien soin d'en avertir ses abonnés; quant à lui, il n'a rien à dire pour la défense de son *ami !*

en prévenir du Peyrou. Je reviendrai ailleurs sur ce sujet (¹). Il est facile d'imaginer le nouveau soulèvement que cette publication anticipée dut occasionner dans le monde littéraire. Grimm, qui depuis la mort de Rousseau n'avait cessé d'injurier sa mémoire, ne connut plus de frein. A ses analyses venimeuses, mais calmes en apparence, de la première partie des *Confessions*, succédèrent de véritables accès de rage (voyez les t. XII et XVI de sa *Correspondance*). Pour moi, je n'ai plus le courage d'en citer le moindre trait. Voici les singulières réflexions que fait Musset-Pathay sur les fureurs du baron : « De tous les personnages cités dans les *Confessions*, dit-il, trois « seulement dépassèrent le terme assigné par Rousseau : ce sont « Saint-Lambert, Grimm et Mme d'Houdetot. Si les deux premiers « n'avaient pas à se plaindre du langage que l'auteur tenait sur leur « compte, il n'en était pas de même du troisième qui, du reste, s'en « est bien vengé dans sa correspondance » (*Hist.*, t. II, p. 461). A entendre Musset-Pathay, on croirait qu'il ne s'agit ici que de ces guerres d'injures, si fréquentes parmi les auteurs. Il oubliait donc encore tout ce qu'il avait prouvé lui-même de l'infernale méchanceté de ce Grimm qui, vingt ans avant l'apparition des *Confessions*, n'avait cessé de calomnier lâchement Rousseau, absent et proscrit, et dont *il avouait n'avoir jamais eu à se plaindre !* Il dit aussi *qu'il a ri de bon cœur* des parodies de Grimm sur le début des *Confessions* (*Hist.*, t. Ier, pag. 447). J'en suis fâché pour lui. Les sarcasmes d'un fourbe, jetés sur la tombe de sa victime, ne devraient pas dérider le front d'un honnête homme.

Je passe sur une foule d'autres diatribes dont très-peu ont échappé à l'oubli ; quant aux journaux, ils firent leur métier ; c'est tout dire. Il fallait, du reste, que le déchaînement fût grand, puisqu'il inspira à du Peyrou le trait suivant : « Voir fouler aux pieds « les restes encore palpitants de l'homme vertueux qui nous fut « cher, qui nous aima ; entendre outrager sa mémoire, diffamer ses « mœurs, noircir son caractère, et garder un silence froid ou ti- « mide, ce serait s'avouer aussi vil que le lâche qui, guettant sur le « bord de la tombe l'homme qui fut autrefois son ami (Diderot) l'at- « tendit au cercueil pour assouvir sa rage en poignardant un cada- « vre : bassesse atroce qui, m'enflammant d'indignation, m'inspira « le projet et le plan de cette épître dédicatoire » (Introduction de l'édition de Genève, 1782).

(¹) Voir la note supplémentaire n° XXII.

A dater de cette époque, on ne voit plus figurer Mme de La Tour parmi les rares défenseurs de Rousseau. L'infortune, sans doute, commençait à s'appesantir sur cette femme intéressante, ou, ce qui est plus probable encore, les journalistes, qui avaient d'abord accueilli ses apologies exaltées et prolixes, finirent par les refuser. Mme de La Tour étant morte en 1788, il n'est pas sûr qu'elle ait eu connaissance de la seconde partie des *Confessions*. Si elle a pu la lire, quelle surprise pour cette pauvre femme si passionnée et si fidèle de ne pas même s'y voir nommée! Mais j'ai expliqué ailleurs les causes de sa disgrâce (voyez chap. VII, pag. 345).

Le plus sérieux et le plus haineux, peut-être, des libelles auxquels donna lieu l'apparition des *Confessions* est celui de l'avocat général Servan, qui a pour titre : *Réflexions sur les Confessions de Rousseau*, Lausanne, 1784. J'en ai déjà parlé, chap. VI, p. 279. A la suite d'une critique amère de l'ouvrage, M. Servan rend compte de l'origine de ses relations avec Rousseau. Il avoue qu'après avoir inutilement cherché à faire sa connaissance, il parvint à le voir pendant son séjour en Dauphiné [XXI]. Eymar paraît persuadé que sa haine violente contre Rousseau eut pour cause unique le trait des *Rêveries* sur l'avocat Bovier, dont il était l'ami. Je ne puis être de son avis. M. Servan, pour se faire admettre auprès de Rousseau, lui écrivit des lettres complimenteuses, à en juger par la réponse qui suit (14 novembre 1768) : « Je suis sensible, monsieur, « comme je dois, à toutes les choses flatteuses que vous avez la bonté « de m'écrire; mais quant à *messieurs mes admirateurs*, que vous « dites qui m'entourent et que j'admire beaucoup aussi, si ce grand « commerce d'admiration ne les touche pas plus que moi, ce n'est « pas la peine de se mettre tant en frais d'une part ni d'autre » (*OEuvres inéd. de Rousseau*, t. Ier, pag. 270). On notera que c'était immédiatement après l'affaire Thevenin que M. Servan parlait à Rousseau *des admirateurs qui l'entouraient*, et qu'il lui adressait *des choses flatteuses*. Il ne pouvait ignorer que Thevenin était un malfaiteur, condamné aux galères pour calomnies. Comment, lui, avocat général au parlement de Grenoble et *admirateur* de Rousseau, ne fit-il pas arrêter le calomniateur pour tâcher au moins de remonter jusqu'à ceux qui l'avaient mis en scène? Bien plus, comment put-il honorer un pareil misérable de son estime de magistrat et le faire figurer dans son livre comme un homme *innocent et timide, qui avait bien réellement prêté neuf francs à un nommé Rousseau?* Le trait des *Rêveries* ne saurait expliquer une haine aussi cruelle et aussi basse. L'amitié offensée peut inspirer des protestations énergiques, des vérités dures ; elle ne dicte ni mensonges, ni pamphlets. Il est bien plus probable que M. Servan ne pardonna pas à Rousseau le trait sur *messieurs ses admirateurs* dont, sans doute, il se fit l'application secrète.

Non content de flétrir le caractère de Rousseau, M. Servan écrivit des critiques virulentes de ses ouvrages. Elles furent publiées après sa mort dans le feuilleton de la *Gazette de France* du 8 mai 1812. Eymar en a donné une réfutation très-solide.

Après avoir blâmé M. Servan de ses *injustes préventions* (le mot est indulgent), il ajoute ce qui suit : « Son premier écrit n'ayant « trait qu'à la personne de Rousseau et aux *pernicieuses* consé- « quences des révélations qu'il s'est permises, je dois m'abstenir de « l'examiner, car, autant j'ai à cœur et je regarde comme im- « portant de défendre la doctrine et les principes de ce philosophe, « quand je les vois mis en danger par une plume habile, autant je « répugne à m'établir le vengeur de ses injures personnelles, sa- « chant combien ce serait en pure perte, et combien difficilement « je ferais entendre raison à ceux qui ne pardonnent pas à un grand « homme d'avoir éprouvé les faiblesses de l'humanité » (*Œuvres inédites de Rousseau*, t. II, p. 98). Je ne nie pas que la justification de Rousseau ne soit très-difficile ; à mes yeux, c'est cette difficulté même qui devrait exciter le zèle des amis de la vérité. Rousseau, je l'accorde, a eu de grandes faiblesses ; mais les expressions d'Eymar pourraient faire entendre que ses ennemis ne lui ont pas reproché autre chose, et que tout ce qu'ils ont dit de lui ne tire pas à conséquence. Il oublie que dans son écrit sur les *Confessions*, c'est le *mensonge* et *l'ingratitude* que lui reproche M. Servan, à l'exemple de tous les fourbes qui se sont ligués pour déshonorer son caractère. Il oublie aussi que les deux choses qu'il sépare sont inséparables, et qu'on défend mal les doctrines de Rousseau lorsqu'on laisse peser l'infamie sur sa mémoire. Cette erreur est surprenante dans un homme aussi judicieux qu'Eymar, et malheureusement beaucoup de partisans honnêtes de Rousseau l'ont partagée, parce que, persuadés avec le public qu'il s'était presque toujours fait illusion sur les causes de ses malheurs, ils ont cru inutile d'étudier sa vie privée. Eymar parle aussi des *révélations pernicieuses* des *Confessions*. Cette qualification est plus que sévère ; j'examinerai ailleurs si elle est juste. Voici ce qu'il dit des critiques de M. Servan : « J'ap- « porté à la lecture de son écrit toute l'attention possible ; je dirai

« plus, je l'ai commencée avec toutes les dispositions favorables que
« pouvait m'inspirer l'autorité du juge respectable dont j'allais en-
« tendre les oracles : mais combien mon attente a été déçue! Au
« lieu d'un jugement, c'est-à-dire d'un acte auquel est toujours
« attachée l'idée d'une parfaite impartialité, je n'ai vu *d'un bout à*
« *l'autre* qu'une censure. Tout, *sans exception*, est blâmé et taxé
« d'exagération, terme assez doux *en apparence*, mais sous lequel
« *la plus amère critique* est continuellement *déguisée ; pas un mot*
« *de justice et d'éloge*, si ce n'est *une seule fois*, au talent et à la dic-
« tion. Quoi! pas un mot d'éloge au bienfaiteur des pères, des
« épouses, des enfants et de l'humanité, à l'écrivain dont, avant
« 1784, M. Servan avait lu les ouvrages avec *transport*, dont il
« avait dit que les préceptes avaient mérité la sanction divine! Je
« l'avouerai, je n'ai pas reconnu M. Servan dans cette production
« de ses vieux jours... Encore s'il eût daigné *une seule fois* descendre
« à la preuve pour justifier sa sévérité! Si le moindre indice déce-
« lait une connaissance tant soit peu approfondie du sujet! Loin de
« là ; tout prouve, au contraire, qu'il a jugé sans examen ; que les
« pièces du procès lui ont été comme étrangères... Je ne dirai pas de
« M. Servan ce que je puis dire de tant d'autres, qu'il n'a pas lu
« les écrits de Rousseau ; il les a lus, puisque jadis ils avaient ex-
« cité ses transports([1]), mais il ne s'est plus souvenu de les avoir
« lus, et la fatale prévention qui a égaré son esprit l'a conduit au
« point de n'y plus voir ce qui s'y trouve, et d'y voir ce qui n'y est
« pas... Que d'ignorants et vils détracteurs déclament contre l'au-
« teur d'*Emile* et du *Contrat social*, qu'ils insultent à ses opinions
« et à sa mémoire ; on les laissera jouir en paix de leur triomphe;
« mais qu'un honnête homme, un sage, un philosophe, un *Servan*
« en un mot, s'abaisse jusqu'à descendre à leur rang, et à leur prê-
« ter son secours, voilà ce qui ne peut être toléré sans crime »
(*Œuvres inédites de Rousseau*, t. II, p. 100)..

Tout en rendant justice à la louable indignation d'Eymar, je me
serais permis de lui faire les questions suivantes : Est-il vrai que
M. Servan ait dit avant 1784, comme il l'affirme dans son libelle,
tant de belles choses sur Jean-Jacques Rousseau ? Est-il possible
d'expliquer uniquement par *l'injure* faite à Bovier, ce changement
subit et total, cette haine mal déguisée, cette mauvaise foi révol-

---

([1]) C'est M. Servan qui a parlé de ces *transports*. Eymar l'a cru un peu trop
facilement sur parole.

tante? Est-il bien sûr que l'homme qui ne rougit pas de se ranger parmi *les vils détracteurs des écrits et de la mémoire de Rousseau*, fût réellement *un honnête homme, un sage et un philosophe*? Le trait qui suit aidera peut-être à résoudre ces difficultés. Voici ce qu'écrivait Mme de Créqui à M. Servan, le 7 août 1783 : « J'ai acquis de-
« puis peu votre ouvrage sur Jean-Jacques que j'ai tant aimé, que
« j'ai tant connu, et dont j'avais tant rabattu les deux dernières an-
« nées de sa vie. Au bout de trente ans d'une amitié très-suivie, je
« lui écrivis un billet pour lui dire de ne pas venir de la semaine
« parce que j'avais des affaires, et que je serais désespérée de ne pas
« le recevoir, si ses pas le portaient dans mon quartier. Huit jours
« après, il m'écrivit la lettre dont je vous envoie copie, et qui assu-
« rément est un prodige d'extravagance, puisque c'était une poli-
« tesse excessive de ma part qui ne méritait pas une telle incartade.
« Depuis ce temps-là je ne l'ai pas vu, comme vous jugez bien. Ce
« n'est pas que je lui aie fait fermer ma porte, *et qu'il n'y ait passé*
« *très-souvent*, mais il n'a pas voulu entrer. Je crois que son mé-
« contentement a été un prétexte ; qu'il était honteux de m'avoir lu
« ses *Confessions*, et plus honteux encore de m'avoir vue verser des
« larmes à l'article du vol, des enfants mis à l'hôpital, et des hor-
« reurs débitées sur des femmes que je ne connais pas, mais qui sont
« sur le pied des autres, et dont il devait respecter les faiblesses.
« Voilà mon histoire avec l'homme *que vous avez si bien dépeint*. »
Cette lettre a été insérée dans une Notice sur M. Servan, qui se trouve en tête des œuvres de ce magistrat, et qui est de M. de Portetz, professeur adjoint à l'Ecole de droit de Paris, 1823-1825.

Voici maintenant la lettre *extravagante* de Rousseau : « Rousseau
« peut assurer madame de Créqui que tant qu'il croira trouver chez
« elle les sentiments qu'il y porte et dont le retour lui est dû, *loin*
« *de compter et regretter ses pas* pour avoir l'honneur de la voir, il
« se croira bien dédommagé de cent courses inutiles par le succès
« d'une seule ; mais, en tout autre cas, il déclare qu'il regarderait un
« seul pas comme perdu, et ses visites reçues comme une fraude et un
« vol, puisque l'estime est la condition sacrée et indispensable sans
« laquelle, hors la nécessité des affaires, il est bien déterminé à n'en
« jamais honorer volontairement ([1]) qui que ce soit. Je reçois chez
« moi, j'en conviens, des gens pour qui je n'ai nulle estime, mais je
« les reçois par force, je ne leur cache pas mon dédain, et comme

---

([1]) Il parle de ses visites.

« ils sont accommodants, ils le supportent pour aller à leurs fins.
« Pour moi, qui ne veux tromper ni trahir personne, quand je fais
« tant que d'aller chez quelqu'un, c'est pour l'honorer et en être
« honoré. Je lui témoigne mon estime en y allant; il me témoigne
« la sienne en me recevant. S'il a le malheur de me la refuser, et
« qu'il ait de la droiture, il sera bientôt désabusé, ou bientôt délivré
« de moi. Voilà mes sentiments ; s'ils s'accordent avec ceux de
« madame de Créqui, j'en serai comblé de joie ; s'ils en diffèrent,
« j'espère qu'elle voudra bien me dire en quoi. Si elle aime mieux
« ne me rien dire, ce sera parler très-clairement. Je la supplie
« d'agréer mes salutations et mon respect. » — *P. S.* « Ce billet fut
« écrit à la réception de celui que Mme de Créqui m'a fait écrire ;
« mais ne voulant pas le confier à la petite poste, j'ai attendu que je
« fusse en état de le porter moi-même. »

Je remarque d'abord que Mme de Créqui n'envoya pas à M. Servan une copie de son billet. Il est à croire que l'idée sommaire qu'elle lui en donne n'est pas exacte. Il fallait bien qu'il contînt quelque chose de choquant, ou au moins d'équivoque, pour que Rousseau parût si inquiet de ses sentiments à son égard. La manière dont cette dame parle à Servan des impressions qu'elle avait éprouvées à la lecture des *Confessions,* prouve assez que depuis longtemps elle avait cessé d'estimer Rousseau ; il est donc très-probable que son billet portait les traces de ce mépris intérieur. Dans tous les cas, Rousseau lui avait demandé une réponse précise; il voulait savoir absolument ce qu'elle pensait de lui; que ne lui répondait-elle : « Depuis que vous m'avez lu vos *Confessions,* je vous « méprise ; cessez de venir chez moi. » Encore aurait-on pu lui demander pourquoi elle avait attendu que Rousseau lui fît cette question, au lieu de lui déclarer immédiatement, après la lecture des *Confessions,* qu'elle avait cessé de l'estimer et qu'elle ne voulait plus de rapports avec lui. Est-il loyal de rechercher un homme sur lequel on s'exprime comme elle le fait dans sa lettre à M. Servan, et de garder le silence lorsqu'il vous somme de lui faire connaître l'opinion qu'on a de lui? Rousseau, ayant prévenu Mme de Créqui que ce silence *parlerait clairement,* dut nécessairement s'abstenir de la voir. Ce ne fut donc pas lui qui rompit, comme cette dame l'en accuse. Quant à ses *larmes* en entendant la lecture des *Confessions,* elles ne me paraissent guère plus naturelles que le *saint frémissement* de Dussaulx (voy. chap. VII, pag. 298). Rousseau, en s'accusant, savait bien qu'il serait sévèrement jugé;

mais il espérait, avec raison, qu'à moins de dispositions hostiles, ses auditeurs, touchés de sa confiance et du courage de ses aveux, éprouveraient au récit de ses fautes plus de pitié que d'indignation. C'est ce qui eut lieu chez la plupart d'entre eux. La haute dévotion de Mme de Créqui, loin de l'excuser, lui commandait, au contraire, une plus grande indulgence pour celui qu'elle nomme *un ami de trente ans. Tant d'affectation et de forfanterie*, comme dit Molière, font soupçonner d'autres motifs à la haine de Mme de Créqui. Je dis *haine*, car, par cette seule expression de sa lettre à M. Servan : *l'homme que vous avez si bien dépeint*, elle ratifie tout le contenu du libelle publié par le magistrat. Or, un billet comme celui de Rousseau n'explique pas plus ce jugement de Mme de Créqui que l'amitié pour Bovier n'explique les calomnies de M. Servan. Elle était liée depuis très-longtemps avec ce dernier, dont l'influence avait sans doute changé ses dispositions. Je ne dis rien de l'ouvrage intitulé : *Souvenirs de la marquise de Créqui*, dans lequel Rousseau est encore très-maltraité ; on s'accorde à regarder ce recueil comme apocryphe. On y a joint, il y a quelques années, à titre de supplément, plusieurs lettres, dont quelques-unes me paraissent supposées (¹). Celle qui est datée du 29 avril 1778 est une prétendue réponse de Mme de Créqui à la circulaire de Rousseau (février 1777. — Voyez chap. VIII, pag. 425). Elle commence ainsi : « Mon ami, pure agitation nerveuse, infirmité naturelle, et « peut-être artificielle. Votre femme n'est pas tellement malade « qu'elle ne puisse aller journellement *de l'Ermitage à Montmo-* « *rency* en se promenant, et quelquefois jusqu'à Sarcelles (²), afin « d'en gagner plus d'appétit. Que ne dira-t-on pas sur la puérilité « de votre circulaire, où l'on ne verra que de la *vanité dolente* « *avec une sorte de prétention cynique*, etc. » Ceux qui ont composé cette lettre ont eu la gaucherie d'y faire un anachronisme de *vingt-deux ans* seulement. En 1778, Rousseau n'habitait pas l'Ermitage ; il l'avait quitté, pour n'y plus rentrer, le 12 décembre 1757 ; il ne pouvait donc être question pour sa femme de promenades de Montmorency à Sarcelles. D'ailleurs, Mme de Créqui dit, dans sa lettre à M. Servan, qu'elle ne revit plus Rousseau après le billet ci-dessus cité, et qui est de 1776 suivant Musset-Pathay, et de 1771 suivant d'autres éditeurs. Cela étant, il est difficile de croire que

---

(¹) On trouve ces lettres dans le feuilleton de *la Presse* du 20 août 1841.

(²) Village situé à une lieue de Montmorency.

Rousseau lui ait envoyé sa circulaire. Dans tous les cas, la lettre dont je viens de donner un court extrait est pleine d'ironie et de malveillance ; si elle était authentique, ce qui me paraît presque impossible, elle ne serait qu'une preuve de plus de la haine de Mme de Créqui.

Sennebier, pasteur protestant de Genève, et auteur d'une *Histoire littéraire* de cette république, publiée en 1786, y a inséré des traits d'animosité, et même des calomnies contre Rousseau. Musset-Pathay les a relevés avec assez de négligence ; mais il a cité un fait assez curieux, relatif à l'auteur de cet ouvrage. « En 1800, dit-il, « j'allai voir M. Sennebier en me rendant en Italie. Je fus surpris « de son langage sur Rousseau, et du ton qu'il prit pour me dire « que *les Français l'aimaient bien plus que les Genevois*. Il y avait « dans ce ton quelque chose d'aigre, du persiflage, et *je ne sais* « *quoi* d'un homme piqué, qui me fit d'autant plus d'impression, « que M. Sennebier avait, ou du moins me parut avoir beaucoup « de *douceur* et *d'aménité* dans les manières » (art. *Sennebier, Hist.*, t. II, pag. 306). Il est singulier que Musset-Pathay, qui a si bien deviné le fiel que recouvrait l'*aménité* du pasteur Sennebier, ait fait si bon marché des jugements instinctifs de Rousseau au sujet de quelques fourbes, et des *je ne sais quoi* auxquels il attachait tant d'importance. Eymar a été plus sévère que Musset-Pathay à l'égard de Sennebier. Il a fait voir en lui l'homme d'église, forcé par état de garder sur les questions personnelles une certaine mesure, donnant un libre cours à sa haine dans l'examen des doctrines, et faisant de Rousseau un impie, un sophiste, un *ennemi de la propriété* (*OEuvres inédites*, t. II, pag. 185). Il va sans dire que le pasteur Sennebier fait grand cas de l'*athée* D. Hume, et qu'il déplore la noire ingratitude du *déiste* Rousseau.

Un autre pasteur de Genève, Trembley, naturaliste distingué, comme Sennebier, montra encore plus d'acharnement que lui. M. Prévost, également Genevois, publia beaucoup plus tard que les précédents une réfutation de l'opinion émise par Rousseau dans le *Contrat social*, sur les signes de la prospérité publique (*Bibliothèque britannique*, janvier 1806 ([1])). Eymar ayant réfuté M. Prévost, en même temps que Sennebier et Trembley, j'ai cru devoir en parler ici, malgré la différence des époques. « Celui de ces trois sa-

---

([1]) M. Prévost est aussi l'auteur d'un article sur Rousseau, assez hostile, inséré dans les *Archives littéraires*, 1804, t. II, p. 205. Voyez encore ma note supplémentaire, n° XXIV.

« vants, dit Eymar, qui a exhalé sa haine avec le plus de violence
« est, sans contredit, M. Trembley. On en peut voir un échantillon
« dans un ouvrage qui a pour titre : *Considérations sur l'état pré-
« sent du christianisme*, pages 43, 45, 142 et suivantes. Il est, je
« crois, sans exemple qu'un homme de génie ait été traité d'une
« manière si outrageante par un compatriote qu'il n'a pas person-
« nellement offensé. » Eymar ajoute que « la haine de ces trois
« Genevois vient de ce qu'ils étaient de familles *patriciennes* et du
« *parti négatif*. Ils ne pardonnaient pas à Rousseau ses *Lettres de
« la montagne*, écrites en faveur des représentants.

Mme d'Epinay mourut en novembre 1783. Grimm inséra à ce sujet, dans sa *Correspondance*, un article d'une sensibilité très-suspecte, car il est pour le moins autant question de Rousseau que de la *tendre amie du baron*, et dans des termes qui rappellent le trait des *Rêveries* sur l'éloge de Mme Geoffrin, par d'Alembert : « *L'auteur avait dans le cœur plus de haine que d'amitié.* » Grimm prétend que Rousseau fut *amoureux fou* de Mme d'Epinay, et il ajoute ce trait plein de vanité, de fiel et de mensonge : « Peu de
« temps après, se croyant en droit d'être jaloux de *son ami M. de
« Grimm*, il paya sa bienfaitrice de la plus noire ingratitude, et
« l'homme *qu'il se crut préféré* ne fut plus à ses yeux que le plus
« injuste et le plus perfide des hommes. » Il est inutile d'ajouter
que Grimm et ses dignes collaborateurs ne cessèrent jamais de semer
dans leur recueil l'outrage et la calomnie contre la mémoire de
Rousseau et contre ses défenseurs. Je ne daigne pas même indiquer
ces viles et monotones déclamations. C'est ainsi que s'achevait lentement et presque impunément l'œuvre de la diffamation posthume.

Il est juste de parler maintenant des écrits bienveillants. On en trouve l'énumération dans la Notice bibliographique de M. Barbier et dans l'article *Rousseau* de la *France littéraire*, par M. Quérard. Je n'ai pu m'en procurer que quelques-uns. Ces productions peu nombreuses et revêtues de noms obscurs n'ont guère d'autre mérite que celui de la bonne foi. On y retrouve d'ailleurs une partie des préjugés régnants, et dans presque tous des *regrets* sur *l'injure grave* que Rousseau fit à *l'illustre D. Hume*, en l'accusant d'être son ennemi. J'ai parlé de du Peyrou et de Mme de La Tour. Le premier se montra droit et fidèle ; la seconde ardente, intrépide ; malheureusement leur zèle ne résolut que des questions partielles, et céda enfin, soit à la difficulté de la lutte, soit à des obstacles particuliers aujourd'hui inappréciables.

Une des plus curieuses apologies de Rousseau est celle qui fut publiée, en 1787, par Barrère de Vieuzac, dont le nom rappelle un suppôt de la Terreur à la fois cruel et sans énergie, et qui n'était, à l'époque dont il s'agit, qu'un folliculaire académique. Son écrit contient du bel esprit, de la légèreté, l'éloge de Hume, et surtout de fortes traces de l'épidémie politico-philosophique qui précéda la terrible explosion de 1789. Cependant, ma surprise a été grande d'y voir le futur membre du Comité de salut public, le satellite de Robespierre, apprécier parfois avec une justesse remarquable, et même avec une sorte de sensibilité, le caractère et la destinée de Rousseau. On notera que lorsque Barrère écrivait cet éloge, le culte de l'auteur du *Contrat social* n'était pas encore devenu cette momerie hideuse introduite par Robespierre et ses complices dans la liturgie révolutionnaire. Faut-il croire que tout n'était pas mauvais originairement dans ce Barrère si justement exécré? Néron, à ses débuts, pleura en signant une sentence de mort : *Nemo repente turpissimus*. De nos jours encore, combien de naturels faibles et honnêtes se sont dépravés graduellement à la suite des apôtres de la démagogie, et sont devenus extravagants et cruels, précisément à cause de leurs instincts de vérité et de droiture !

J'ai oublié de parler de Roucher qui, dans son poëme *des Mois*, rendit hommage au caractère de Rousseau. Malheureusement il chanta aussi la gloire de Voltaire. Malgré cette contradiction, je dois citer un trait qui l'honore et qui donnera en même temps une idée du despotisme que les ennemis de Rousseau exerçaient sur l'opinion. « Roucher, dit Musset-Pathay, publia le premier les qua-
« tre lettres de Rousseau à M. de Malesherbes dans les notes du
« onzième chant du poëme *des Mois*, c'était en 1779. Les démarches
« que l'on fit pour l'empêcher d'imprimer *sont à peine croyables*,
« quoique certaines. On voulait établir *un système de diffamation*
« contre l'auteur d'*Emile*, et l'on sentait que ces lettres ne pouvaient
« produire que des impressions favorables pour celui qui les avait
« écrites. Roucher eut le courage de résister aux séductions, et de
« *braver les menaces* de ceux qui donnaient le ton, à cette époque,
« dans la république des lettres » (*Hist.*, t. II, pag. 250).

Il est étrange que cet aveu de Musset sur la réalité de la diffamation systématique ne lui ait pas épargné tant de négations sur celle du *complot*. Quelle différence y a-t-il entre ces deux idées? Aucune. Rousseau, je le répète, s'est trompé sur les détails, sur les proportions du complot, mais non sur son existence ; or, cette existence,

Musset-Pathay l'a traitée de vision, c'est en cela que consiste l'inconséquence.

En 1788, Mme de Staël publia ses *Lettres sur le caractère et les ouvrages de Rousseau*. Cette brochure, où son talent se révèle déjà, est pleine d'erreurs matérielles, de jugements faux et de digressions ambitieuses qu'expliquent assez l'extrême jeunesse de l'auteur, son exaltation naturelle, sa vanité et, surtout, les rapports fréquents qu'elle avait eus avec les détracteurs de Rousseau dans le sein même de sa famille. Il est bon de se rappeler que ce fut chez Mme Necker, sa mère, qu'eut lieu, en 1766, cette soirée *qui fut employée tout entière à citer d'innombrables preuves de l'ingratitude de Rousseau* (voyez, chap. v, pag. 189). Entourée de tant de causes d'erreur, Mme de Staël dut se tromper sur bien des choses; mais son âme intelligente et sensible reconnut instinctivement dans Rousseau l'écrivain sincère et l'honnête homme. On sourit, toutefois, en l'entendant mettre, indirectement mais clairement, les idées politiques de son père au-dessus de celles du *Contrat social*, et dire avec un aplomb comique que la *Profession de foi du vicaire savoyard* n'était que le *précurseur* de l'ouvrage de M. Necker sur les idées religieuses. Le marquis de Champcenetz, *partisan cynique* de Rousseau, c'est ainsi qu'il se définit lui-même, releva les erreurs et l'emphase des lettres de Mme de Staël dans une brochure imprimée à Genève en 1789. Il a presque toujours raison contre le jeune écrivain, mais sa logique impitoyable, ses sarcasmes indécents, ses personnalités presque brutales, gâtent absolument le mérite réel de sa critique. Grimm, qui voyait M. Necker et qui, tout athée qu'il était, fit semblant de louer son écrit sur les *Opinions religieuses* (¹), n'osa flétrir l'hommage que sa fille rendait au cœur de Rousseau. L'article dans lequel il en parle est vague et embarrassé; la méchanceté y cède à la bienséance (²). Peut-être même pardonna-t-il à Mme de Staël un peu d'enthousiasme pour l'objet de sa haine, en faveur des concessions nombreuses qu'elle avait faites à ses détracteurs; mais il se vengea sur Champcenetz, modérément toutefois, car il n'accablait guère que ceux dont il croyait n'avoir rien à craindre.

L'imminence des catastrophes qui allaient engloutir la monarchie française et frapper l'ordre social tout entier, imposa silence aux calomniateurs. La cendre de Rousseau fut épargnée pour quel-

---

(¹) Voyez *Correspondance*, t. XV, pag. 472.

(²) *Correspondance*, t. XVI, pag. 20.

que temps. Grâce à la fièvre de liberté qui s'empara subitement des esprits, il y eut même une sorte de réaction en faveur de l'auteur du *Contrat social*; son éloge fut mis au concours. On exalta le philosophe, l'écrivain politique ; on parla très-peu de l'homme. En 1791, Ginguené publia ses *Lettres sur les Confessions*, bien plus calmes et plus judicieuses que celles de M*me* de Staël. Il fut à peu près le seul qui comprit l'importance de la question personnelle, et qui la traita avec méthode et talent. Son ouvrage est un exemple, malheureusement bien rare, de la bonne foi et de la sympathie éclairée que les littérateurs pourraient apporter à l'étude du caractère et de la vie de Rousseau. Je ne dois pas oublier de dire que Mirabeau, homme fougueux et dissolu, mais dont l'âme naturellement généreuse et la haute intelligence étaient faites pour mépriser les idées vulgaires, paya à la mémoire de Rousseau un tribut de respect d'autant plus précieux que le mobile banal des idées politiques ne l'inspira pas, et que la seule force de la vérité sembla l'avoir arraché à ce génie à la fois si élevé et si abject.

Le 21 décembre 1790, *Barrère* et d'Eymar, député de Forcalquier, proposèrent à l'Assemblée nationale de rendre des honneurs publics à Rousseau, et d'accorder une pension à sa veuve. Dans la même séance, l'Assemblée décréta qu'une statue serait élevée à l'auteur d'*Émile* et du *Contrat social*, et que sa veuve jouirait d'une pension de 1,200 livres.

A ces hommages stériles succéda bientôt le plus cruel outrage que le nom de Rousseau pût recevoir de la main des hommes. Les héros de la terreur se dirent ses disciples ; Robespierre, surtout, affecta pour lui un enthousiasme mystique. On entendit en frémissant des paraphrases hypocrites de la *Profession de foi du vicaire savoyard* sortir de la bouche de ce monstre, en même temps que les formules d'extermination ; Marat, c'est tout dire, s'associa à cette effroyable jonglerie, et pour comble d'ignominie, Hébert, le rebut de cette tourbe d'assassins, osa poser une couronne sur le buste de l'homme qui avait dit que *toutes les libertés du monde ne valaient pas une goutte de sang innocent !*... En 1794, les restes de Rousseau, enlevés du tombeau pittoresque où ils reposaient, furent transférés triomphalement à ce qu'on appelait le *Temple des Grands Hommes. Ceux de Marat l'y suivirent quelques jours après !* Les mêmes saturnales eurent lieu à Genève. « Des honneurs décernés par des « mains impies, dit Eymar (de Marseille), ont tourné à la honte de « celui qui en était l'objet, et qui, s'il eût vécu, les eût repoussés

« avec horreur. On l'a confondu avec les scélérats qui lui dressaient
« des autels, qui sanctifiaient la maison où il est né, qui donnaient
« son nom à une place publique. Ce nom est devenu un opprobre,
« et il n'y a pas de Genevois, issu de famille patricienne, qui, au-
« jourd'hui, n'évite de le prononcer, ou ne le prononce qu'avec
« une sorte de frémissement » (*Œuvres inédites de Rousseau*, t. II,
pag. 222).

Délivrée de la terreur, la société meurtrie, épuisée, inquiète
sur l'avenir, resta longtemps dans une sorte de stupeur intellectuelle. Ce ne fut guère que vers 1796 que la littérature commença
à participer au mouvement réparateur qui s'opérait lentement dans
notre malheureuse patrie. La réaction royaliste, devenue presque
redoutable à cette époque, ramena avec elle les polémiques entre
l'obscurantisme et la philosophie moderne. Les champions du droit
divin et les successeurs des encyclopédistes reprirent l'œuvre haineuse, interrompue par la tempête révolutionnaire, et Rousseau
expia durement sa triste apothéose. Ce fut alors que parurent
les relations de Dussaulx et de Corancez, et les diatribes de La Harpe,
devenu croyant et royaliste après avoir été philosophe et démagogue.
En 1800, les *Mémoires de Marmontel* inaugurèrent en quelque
sorte l'entrée du système de diffamation dans le siècle qui s'ouvrait,
et l'accueil qu'ils reçurent prouva que vingt années de luttes et
d'épreuves n'avaient fait qu'affermir les préjugés publics à l'égard
de l'homme qui y est si cruellement et si gauchement calomnié. Il
est juste, toutefois, de rappeler les protestations auxquelles donna
lieu le libelle de Dussaulx, dont le but perfide était par trop sensible,
et qui échoua par l'excès même des artifices de son auteur. A peu
près à la même époque, le bon Delille parlait de Rousseau dans son
poëme de l'*Imagination*. Il le représentait ombrageux, injuste envers ses amis, et même orgueilleux, mais il n'en faisait ni un fourbe
ni un ingrat. C'était beaucoup pour un fervent royaliste.

L'époque impériale, absorbée en quelque sorte dans le génie de
son maître, oublia ou dédaigna la mince question de la destinée de
Rousseau. Des journalistes, des écrivains, la plupart ignorés aujourd'hui, laissèrent tomber de temps en temps quelques mots de
mépris sur ses écrits et sur sa mémoire. Ceux que le prestige des
idées françaises n'aveugle pas trop savent tout ce que ce mot de
régime impérial résume de machiavélisme, d'insensibilité, d'abjection matérialiste. Le dieu de cette triste époque, c'était l'empereur
Napoléon ; ses dogmes, c'étaient la force brutale, la servilité, la

gloire, la fortune! Dans un semblable système, que voulez-vous qu'on pense d'un J.-J. Rousseau! Napoléon, du haut de sa gloire, n'a pas dédaigné de lancer aussi son insulte sur la mémoire de l'humble philosophe. Il en a parlé rarement, mais toujours avec un mépris cruel. Le despote était conséquent. Le moyen de faire sympathiser des choses qui se repoussent, le vrai et le faux, le juste et l'injuste, l'oppression et la liberté ?

La discussion paraissait close pour jamais, lorsque vint la *Restauration*, c'est-à-dire le retour des principes et des hommes de l'ancien ordre de choses, par l'invasion étrangère. Le conflit acharné des presses ultra-royaliste et libérale ramena de nouveau sur la scène tous les penseurs du siècle précédent, auxquels les organes de l'absolutisme attribuaient la Révolution. Rousseau fut peut-être le plus maltraité de tous, précisément parce qu'il avait été le plus sincère et le plus modéré. Le clergé surtout l'accabla de ses anathèmes. Une partie de la génération actuelle ne peut avoir oublié la rage des journaux monarchiques et religieux, les inepties des mandements d'évêques, les homélies dignes de Torquemada, que fulminait alors contre la philosophie et le libéralisme l'abbé de Lamennais, aujourd'hui tribun du peuple et apôtre du socialisme. En 1818, un avocat osa dire en pleine audience que le jeune La Live d'Épinay, fils de Mme d'Épinay, avait tenté, à l'âge de quinze ans, d'empoisonner son père, et que ce crime était le fruit de l'éducation qu'il avait reçue de Rousseau. Or, il est bien constaté que le jeune d'Épinay eut pour précepteur un M. de Linant, qui figure sous ce titre dans les *Confessions*, livre IX (voir la réclamation de M. de La Live d'Épinay, dans le *Journal de Paris* du 10 février 1819). [XXII.]

Ce fut encore en 1818 que parurent les *Mémoires de Mme d'Epinay*. L'éditeur de ce méprisable roman dit, dans son introduction, que Grimm, depuis la mort de l'auteur, était dépositaire du manuscrit; qu'en quittant la France, il le laissa à M. Le Court de Villière, son secrétaire, et que les héritiers de ce dernier le lui remirent pour le livrer à la publicité.

Il ajoute : « Qu'à l'énergie et à la vivacité du style, on serait tenté « de reconnaître la plume mâle de Diderot, de Rousseau ou de « Saint-Lambert. » Il s'en faut que cet éloge soit mérité, mais j'accorde sans peine que Diderot et Saint-Lambert ont pu travailler aux *Mémoires de Mme d'Epinay*. Ce qui domine dans ce libelle, c'est incontestablement la plume médiocre et venimeuse de Grimm, et presque tous les critiques s'accordent maintenant à croire qu'il fut écrit sous ses yeux, peut-être même sous sa dictée.

Mon intention n'est certainement pas de remuer le fumier de calomnies et d'absurdités accumulé sur la mémoire de Rousseau pendant la Restauration. J'indique à ceux qui voudront se convaincre de la fureur qui animait alors les nobles champions du droit divin, la *Quotidienne*, la *Gazette de France*, l'*Etoile*, le *Drapeau blanc*, l'*Ami de la religion*, surtout de 1815 à 1824. Musset-Pathay a réfuté plusieurs libelles de cette époque, choisis parmi une foule d'autres tellement dégoûtants, que les nommer serait leur faire trop d'honneur. Je parlerai des premiers, par l'unique raison qu'ils sont tous l'ouvrage de *gens de qualité*, et qu'une sorte de décence s'y concilie avec le mensonge et avec la haine la plus stupide.

Dans un recueil intitulé : *Paris, Versailles et les Provinces* (¹), par M. Dugas de Bois-Saint-Just, ancien officier aux gardes françaises, il est dit que la conduite de Rousseau envers M. de Montaigu fut tantôt *bassement servile*, tantôt *impertinente*; que des informations *soigneuses* ont fait découvrir que Mme de Warens avait cinquante ans quand Rousseau la connut ; *qu'elle avait toujours mené une vie exemplaire* ; que pour reconnaître sa généreuse hospitalité, Rousseau *décampa en lui volant son herbier, son argent*, et que plus tard il la déshonora dans ses *Confessions !*

M. de Portetz, éditeur des *Œuvres de M. Servan*, dont j'ai déjà parlé précédemment, prétend que Rousseau paya par des insultes l'hospitalité qu'il avait reçue à Grenoble ; qu'il calomnia Bovier, *un de ses plus respectables habitants*, comme il avait calomnié Hume, Mme de Warens, *et presque tous ceux qui avaient eu la témérité de l'approcher*. Il prétend que l'auteur d'*Emile* n'a fait que *remanier* Montaigne, Bodin, Hobbes, Jurieu, etc.

« Pusillanime, dit-il, contre des dangers qu'il aurait dû mépriser,
« audacieux à la vue de ceux qu'il aurait dû craindre, Jean-Jacques
« appréhendait tout pour sa personne, rien pour sa réputation. Il
« recule devant des périls imaginaires, des embûches contre sa vie,
« qui n'existent que dans son esprit et dans ses *Confessions ;* par
« des allégations, peut-être aussi vaines que superflues, il donne
« sciemment contre un écueil où *son honneur devait échouer et se*

(¹) Les vrais royalistes n'admettaient pas l'expression *révolutionnaire* de *département*.

« *perdre.* » A ces plates invectives succède l'accusation obligée d'*ingratitude;* après quoi M. de Portetz continue ainsi : « Toujours « l'opinion a, par ses mépris, fait justice de la bassesse qui, ne cher- « chant à obtenir la confiance qu'afin de la trahir, vend pour de hon- « teux emplois, ou pour un peu d'or, les secrets d'un ami. » La seule chose qui soit claire dans cette grotesque période, c'est que son auteur est plein de haine, et qu'il n'a pas lu une seule ligne de la vie et des écrits de l'homme auquel il en fait l'application.

M. de Portetz cite gauchement des lettres de Voltaire à M. Servan, dans lesquelles Rousseau est traité de *polisson, de descendant du chien de Diogène*. Je savais déjà qu'en 1769, c'est-à-dire justement à l'époque où il recherchait Rousseau, M. Servan correspondait avec Voltaire. Mais comme il ne s'agissait entre eux que de Calas et de Sirven, je n'en pouvais rien inférer que de favorable à l'avocat général. Les citations de son zélé biographe changent tout à fait la question. En effet, M. Servan prétend que ce fut l'*injure* faite à son ami Bovier dans les *Rêveries*, qui l'éclaira enfin sur l'odieux caractère de Rousseau. Or, les *Rêveries* ne furent publiées que longtemps après la mort de Voltaire. Comment se fait-il que M. Servan, toujours *admirateur passionné* de Rousseau, puisqu'il ne connaissait pas encore les *Rêveries*, ait consenti à recevoir des lettres dans lesquelles *l'objet de son culte* était ainsi traité ? Voltaire connaissait son monde, il ne se fût pas *épanché* si brutalement avec un véritable ami de Rousseau, et tout indique que les lettres de M. Servan ne devaient pas être beaucoup moins hostiles que les siennes. Donc M. Servan était déjà un ennemi ; donc il a menti en attribuant au trait des *Rêveries* son prétendu changement de dispositions à l'égard de Rousseau.

Voici ce que dit Mussel-Pathay de la *Biographie universelle*, immense recueil dans lequel tant de médiocrités présomptueuses sont venues donner à Rousseau le coup de pied de l'âne : « Au grand « nombre d'articles dans lesquels Rousseau est attaqué, nous serions « tenté de croire qu'on a fait un appel, donné le mot d'ordre et si- « gnalé l'auteur d'*Emile* comme un brigand contre lequel il fallait, « pour le frapper, profiter de toutes les occasions et même en faire « naître. C'est surtout la Notice sur Rousseau, par M. de Sevelin- « ges, qui doit nous occuper » (*Œuvres inédites*, t. II, pag. 439).

Mussel-Pathay a longuement analysé cette Notice ; je renvoie le lecteur à son travail, dont je ne donnerai ici qu'un court extrait. Le *noble* biographe prétend qu'une enquête faite *depuis longtemps* (il ne dit pas par qui, bien entendu) a fait *présumer* que le vol de ruban, avoué par Rousseau, était *un vol d'argenterie.* Voilà certainement une enquête lumineuse. Le fait, dit Musset-Pathay, se passa en 1729, et M. de Sevelinges publie ses *présomptions* en 1825. Le biographe accuse Rousseau de s'être donné pour secrétaire de M. de Montaigu, tandis qu'il n'était que son domestique. Il cite à l'appui de cette imputation le *marquis de Fortia*, possesseur de l'original d'une lettre de Rousseau à M. de Montaigu, dans laquelle il se sert effectivement de l'expression de *domestique;* mais ces messieurs ont jugé à propos de supprimer l'adjectif *honorable* qui l'accompagne, et ils ont eu bien soin de ne pas citer la phrase suivante de cette même lettre dont j'ai déjà parlé (voyez chap. v, pag: 241) : « Il y a « quatorze mois que je suis entré au service de M. de Montaigu, en « qualité de *secrétaire.* » Un *noble* collègue de MM. de Sevelinges et de Fortia, le rédacteur du gothique journal l'*Oriflamme*, répéta leurs assertions sur la *domesticité* de Rousseau, et y joignit une anecdote qu'il attribuait au chevalier de Boufflers. Suivant le chevalier, Rousseau aurait avoué à Mme de Luxembourg le vol du couvert d'argent. Ici, c'est encore un mort qu'on fait parler, et quand le propos serait réel, le nom de celui qui le tint n'est pas fait pour inspirer beaucoup de confiance (voyez *Conf.*, liv. XI).

M. de Sevelinges raconte, à son tour, une anecdote *dont la connaissance*, dit-il, *lui était particulière;* formule usée qui ne trompe plus que les niais. Rousseau, dînant chez Mme d'Epinay, reçut un démenti d'un diplomate (qu'on ne nomme pas), et *multiplia, suivant son habitude, les attentions et les égards pour celui qui venait de l'humilier si cruellement.* Expliquez donc comment Grimm a pu oublier ce trait précieux dans ses *Mémoires de Mme d'Epinay?*

M. de Sevelinges fait de Thérèse une *servante d'auberge*. Rousseau, dans ses *Confessions*, dit qu'elle mangeait à table avec l'hôtesse et ses pensionnaires. Elle n'était donc pas servante. M. de Sevelinges répète les calomnies de Diderot et de Marmontel au sujet des rapports de Rousseau avec Saint-Lambert et Mme d'Houdetot, et il a grand soin de ne pas oublier *les coups de bâton* (voir chap. II, pag. 51). Il traite de comédie la lapidation de Motiers et cite une prétendue enquête à Motiers, dont j'ai fait justice ailleurs (chap. IV; pag. 154).

Enfin, après avoir mis en doute « si l'aversion de Rousseau pour « les bienfaits était sincère, si sa grande colère contre ceux qui « voulaient l'obliger n'était pas systématique plutôt que réelle »;

M. de Sevelinges, à l'exemple de tous les calomniateurs de Rousseau, termine sa diatribe par des éloges dérisoires : « Il avait, dit-il, « des qualités naturelles et *franches* qui honorent son caractère. Il « était d'un désintéressement *digne des temps antiques;* jamais il ne « laissa percer aucune jalousie contre ses rivaux, jamais il ne se « vengea d'aucun de ses ennemis, etc. » Le *Globe*, journal d'opposition, inséra dans un de ses numéros une réclamation énergique contre le libelle de M. de Sevelinges (voyez la collection de ce journal, t. Ier, pag. 335). Les rédacteurs y joignirent une note non moins dure, dont je ne citerai que le dernier trait : « Si M. de Se-« velinges est *ridicule* (l'expression pourrait être plus sévère), que « dire de M. Michaud qui, voulant élever un monument, prostitue « les pages de l'histoire à de telles déclamations et donne à une « œuvre savante le caractère d'un pamphlet de circonstance ? Il y a « à la *Biographie* des ciseaux de censeur pour retrancher l'éloge de « la vertu qui n'est plus à la mode, et des faiseurs de bas étage pour « la calomnier. » L'esprit de parti entrait bien pour quelque chose dans cette sortie ; mais comme les protestations en faveur de Rousseau sont aussi rares de nos jours que les invectives sont multipliées, j'ai cru faire acte de justice envers l'opinion en citant la vigoureuse censure qu'on vient de lire.

L'article *George Keith*, de la même Biographie, reproduit exactement toutes les calomnies de d'Alembert; il est encore d'un *gentilhomme*, M. Dezos de la Roquette; d'où l'on voit que si la philosophie savait manier la calomnie, le droit divin ne s'y entendait pas mal non plus. Toutes ces diatribes ont été publiées quarante ans, terme moyen, après la mort de Rousseau, et pourtant, à l'ardente animosité qui y règne, on croirait que leurs auteurs étaient ses contemporains, et qu'ils avaient, comme leurs devanciers, des injures personnelles à venger. Et l'on nous dit sans cesse que le temps amortit les passions, qu'il épure les jugements publics!

La cause de Rousseau trouva enfin un *seul* véritable défenseur; ce fut Musset-Pathay. On m'a vu, dans le cours de cet écrit, relever assez durement ses nombreuses inexactitudes et ses graves méprises. J'ai déjà parlé des raisons qui m'avaient rendu si sévère (voyez chap. Ier, pag. 2); il faut que j'achève de m'expliquer. Si Musset-Pathay eût été un homme de parti, un calomniateur, ou simplement un discoureur étourdi, je me serais contenté de le prendre en flagrant délit de mensonge ou d'absurdité, puis je l'aurais laissé là; mais Musset-Pathay était un honnête homme, un ami sincère de

Rousseau, un observateur le plus souvent judicieux. J'ai prouvé que ses erreurs portent toutes sur des questions essentielles ; qu'elles ont le grave inconvénient de passer à la faveur de la probité et du dévouement, et de former, par cela seul, un préjugé très-difficile à détruire. J'ai donc été forcé de les réfuter avec plus de rigueur que celles qui provenaient d'une source moins pure. Affranchi de cette tâche pénible, je me hâte de rendre à ce digne homme toute la justice qu'il mérite. Son penchant pour Rousseau provenait d'un sentiment instinctif de justice et de vérité. Ce penchant, bien différent de l'engouement passager qui saisit quelques têtes ardentes et cède bientôt aux préjugés dominants, persista et se perfectionna dans l'âge mûr, malgré les prédictions de quelques sages à qui il paraissait ridicule (voir l'introduction de l'*Histoire de Rousseau*). Le premier ouvrage de Musset-Pathay parut en 1821, au moment où les efforts de la faction ultra-royaliste préparaient déjà le coup d'Etat de 1830 et la chute d'un trône. Musset-Pathay, partisan modéré de l'opposition libérale, évita sagement d'attirer sur lui les colères des inquisiteurs de l'époque. Il en fut quitte pour une ample portion d'injures et de sarcasmes de la part des écrivains absolutistes. On le traita de *grand-prêtre de Rousseau*, de *garçon philosophe*, mais personne ne le réfuta. Quant à son travail, s'il laisse à désirer sous quelques rapports, il n'en a pas moins le rare et durable mérite d'être la première et la seule apologie complète de Rousseau, et d'avoir été publié dans un moment où il y avait réellement du courage à prendre sa défense. Je ne crains pas de répéter que sans les recherches laborieuses de Musset-Pathay, il m'eût été peut-être impossible de publier les miennes ; je devais à sa mémoire ce tribut de respect et de reconnaissance.

En 1825, Musset-Pathay fit paraître, sous le titre d'*Œuvres inédites de Rousseau*, un recueil en deux volumes, dont le premier contient un grand nombre de lettres et quelques pièces intéressantes. Le second se compose de plusieurs morceaux d'Eymar, et de discussions importantes ; mais l'auteur n'eût pas dû lui donner le même titre qu'au précédent, puisqu'il ne contient presque rien de Rousseau. Cet ouvrage m'a été également d'un grand secours.

Après les événements de 1830, il n'y eut plus de croisades contre le sens commun, ni contre la philosophie moderne, et l'on cessa de s'occuper de Rousseau. L'opinion paraît aujourd'hui rassasiée jusqu'au dégoût de cette question bientôt séculaire. Les moins dédaigneux des penseurs actuels déclarent nettement qu'il n'est plus possible de la raviver; que tout est vu, entendu, jugé; mais qu'on ne peut empêcher personne de rabâcher pour sa propre satisfaction, et à ses frais. Cependant Rousseau n'est pas encore tellement oublié, les rancunes de philosophe, de prêtre, d'homme politique, d'écrivailleur, de médecin, ne sont pas tellement éteintes que de temps en temps l'observateur n'en surprenne de remarquables échantillons. D'abord, les biographies de commande, éparses dans les journaux et surtout dans les nombreux ouvrages *par souscription* qui inondent ou plutôt qui infectent la librairie, sont toutes calquées à très-peu près sur l'article type de la *Biographie universelle*. On dira que ce sont des objets de commerce, payés à tant la ligne, et que dès lors ils ne tirent pas à conséquence. Il n'en est pas moins vrai que ces copies, quelque méprisables qu'elles soient, représentent exactement l'opinion publique; qu'elles tendent à la fausser de plus en plus et à éterniser ses erreurs. Indépendamment de ces petits pamphlets *industriels*, les productions les plus sérieuses de notre littérature ne sont pas devenues inaccessibles à certaines antipathies instinctives contre l'auteur d'*Emile*. L'injure, il est vrai, ne s'y rencontre pas, comme dans le siècle dernier, en masses compactes, ni sous forme de traités *ex professo :* c'est tout au plus si quelque brillant penseur lui consacre un article de journal ou la relègue dans les notes d'une préface; mais, quelque part qu'elle soit, on est sûr de la retrouver toujours la même, irréfléchie, passionnée, amère. Je n'ai pas recueilli tout ce que j'ai lu dans ce genre, et quand je l'eusse fait, je me garderais bien d'en encombrer une revue déjà si longue. Cependant, comme il faut absolument la compléter, je choisirai dans mes notes celles qui me paraîtront caractériser le mieux les dispositions actuelles de l'opinion.

Dans un rapport fait il y a quelques années à l'Académie sur les *Pensées de Pascal,* par M. Cousin, on lit ce qui suit : « En sor-
« tant des mains de Pascal, la prose française était assez forte pour
« résister au commerce des génies les plus différents et porter, tour
« à tour, sur le fondement inébranlable de la simplicité, de la clarté
« et d'une méthode sévère, la majesté et l'impétuosité de Bossuet,
« la grâce mystique de Fénelon et de Malebranche, la plaisanterie
« aristophanesque de Voltaire, la profondeur raffinée de Montes-
« quieu et *jusqu'à l'éloquence fardée de Rousseau,* avec laquelle
« finit l'époque classique et commence l'ère nouvelle et *douteuse* que
« nous parcourons. »

Je passe sur le dédain qu'exprime ici M. Cousin à l'égard de Rous-

seau penseur et écrivain, et qu'on retrouve souvent dans ses ouvrages ; ce n'est pas ce qu'il y a de pis dans sa tirade. Il s'y trouve un mot qui, à lui seul, vaut un volume. *Éloquence fardée* sous-entend le faux sous toutes les formes. L'homme qui parle de vérité avec une *éloquence fardée* ne saurait être sincère ; c'est un rhéteur, un faux prophète, un tartufe ; j'en appelle là-dessus au bon sens le plus vulgaire. Quant à cette ère nouvelle dont parle M. Cousin, je ne vois pas en quoi elle peut être *douteuse*. Il est difficile de n'y pas voir le début d'une décadence d'idées et de langage, et même de mœurs (¹). Prenons seulement pour exemple la période guindée dans laquelle M. Cousin vilipende le talent de Rousseau ; en conscience, est-ce là du style naturel, de l'éloquence exempte de fard ? Je n'ai garde, moi chétif, de nier le haut mérite de M. Cousin, je ne juge que les formes. N'est-ce pas lui qui a créé, presque à lui seul, cette espèce de langue hiératique ou, pour parler plus vulgairement, ce véritable *argot* qui enchevêtre aujourd'hui les vérités les plus élémentaires ? N'est-ce pas lui qui a introduit le *baroque* dans la philosophie, comme MM. Hugo et Lamartine l'ont introduit dans la poésie ? Enfin, n'est-ce pas grâce à lui, qu'en ouvrant les traités modernes de philosophie, et les siens surtout, on se sent pris de vertiges comme lorsqu'on regarde dans un abîme ? Veut-on encore des preuves *d'éloquence fardée*, tirées des écrits de M. Cousin ? je n'ai que l'embarras du choix : « La nature, dit-il, nous ap-
« paraîtra peut-être comme le point de départ de l'idéal et Dieu
« comme le point où il aboutit. Dieu et la nature seront, pour ainsi
« dire, les deux mondes entre lesquels l'idéal restera comme sus-
« pendu. Il ne sera peut-être qu'un rapport entre ces deux termes
« si éloignés, et *les deux pôles de l'art* seront Dieu et la nature »
(*Cours de philosophie de* 1818, pag. 194). « L'enfant aime l'objet
« extérieur, sans s'aimer lui-même ; c'est l'amour désintéressé ;
« mais ce n'est pas le dévouement, car on ne se dévoue pas quand
« on s'ignore... En passant de la spontanéité à la réflexion, l'amour

---

(¹) Il me tombe par hasard sous la main la tirade suivante : « Va donc, « marche, ô mon glorieux pays ; broie sous ton char nos frayeurs, nos vœux « de retour ; car tu n'emportes pas seulement des peuples, des corps, *du sang*, « de l'or, des voies confondues, mais aussi tout un cercle d'idées, des arts, des « cultes, *des dieux inconnus et des lambeaux éternels* qui s'attachent à tes pas, « comme le cercle des heures sur les pas du matin. » *Revue des Deux-Mondes*, t. IV, série I, pag. 474. Voilà dans quel incroyable baragouin l'illuminisme moderne célèbre la marche funèbre de notre *glorieux* pays. M. Cousin appelle cela du style *douteux* !

« cesse d'être *un* et, par conséquent, d'être pur ; le moi qui se né-
« gligeait lui-même dans la spontanéité, se prend dans la réflexion
« pour un des termes de son amour » (même ouvrage, pag. 76).
« L'absolu se légitime lui-même » (même ouvrage, pag. 320).
« Primitivement, le moi ne peut pas s'apercevoir lui-même, mais
« il se trouve sans se chercher » (même ouvrage, pag. 53). « Dans
« l'expansion, le moi s'ignore ; dans la concentration, le moi se con-
« naît et se cherche » (même ouvrage, pag. 69). « La philosophie
« ne peut pas s'abjurer elle-même » (même ouvrage, pag. 89).
« L'absolu plane sur l'humanité et sur la nature ; l'absolu est le fond
« sur lequel se dessinent tous les phénomènes de ce double tableau »
(même ouvrage, pag. 126). Les livres de M. Cousin et ceux de ses
nombreux disciples fourmillent de traits aussi *naturels* que ceux-là.
J'engage ceux qui pourraient croire que je tronque ces propositions, à les voir dans le livre même ; ils se convaincront, qu'isolées
ou rapprochées du texte, elles ne cessent pas d'être des modèles de
fatras prétentieux et de froid mysticisme. Maintenant, cherchez dans
Rousseau quelque chose d'aussi faux et d'aussi grotesque ! [XXIII.]

J'ai parlé ailleurs des jugements de M. Génin sur les rapports
de Rousseau avec Diderot et Saint-Lambert. Il me reste à relever
d'autres erreurs de cet écrivain. Il admet sans difficulté le prétendu
conseil donné par Diderot à Rousseau sur son premier ouvrage ;
son autorité, c'est Marmontel qui, dit-il, *n'était pas l'ennemi de
Jean-Jacques.* Cela prouve qu'il a lu bien superficiellement les *Mémoires* de l'académicien. Il cite aussi, comme garant du même fait,
l'abbé Morellet, ami de Marmontel, et il ne soupçonne même pas
que ce témoignage puisse être malveillant. C'est encore une distraction qu'il importe de relever. On sait que l'abbé Morellet fut mis à
la Bastille en 1760, pour avoir offensé la princesse de Robecque,
dans un pamphlet contre Palissot, et que Rousseau, sur les instances de d'Alembert, employa le crédit de Mme de Luxembourg pour
le faire rendre à la liberté. Dans ses *Mémoires* publiés en 1823,
l'abbé, après avoir dit, entre autres choses outrageantes, que Rousseau *était ingrat jusqu'à la haine envers ses bienfaiteurs*, prétend
que ce ne fut pas à lui qu'il dut sa liberté, mais à d'Alembert qui,
dit-il, allait voir *tous les matins* Mme de Luxembourg et lui *faisait ses facéties.* « On sait, dit Musset-Pathay, que le géomètre était
« très-bon mime, mais il est douteux qu'il ait exercé ce talent chez
« Mme de Luxembourg, et il est certain qu'il ne connut cette dame
« qu'à l'occasion de la sortie de l'abbé Morellet, quoi qu'en dise

« celui-ci. J'appuie mon opinion sur le témoignage de Voltaire qui,
« dans sa lettre à d'Alembert, du 24 juillet 1760, parle de l'entre-
« mise de Rousseau et offre d'intercéder lui-même. Pourquoi d'A-
« lembert aurait-il employé Rousseau s'il avait eu le droit d'aller
« *faire ses facéties* chez Mme de Luxembourg ? C'était bien le mo-
« ment, elle venait de perdre sa fille ! Quand cette dame eut obtenu
« la liberté de l'abbé, elle s'empressa de l'écrire à Rousseau. Sa
« lettre existe, ainsi que le billet de remerciement de d'Alembert »
(*Œuvres inédites*, t. Ier, pag. 489). « L'abbé, dit Rousseau, m'écrivit
« une lettre qui ne me parut pas respirer une certaine effusion de
« cœur, et dans laquelle il semblait atténuer le mérite du service
« que je lui avais rendu. *A quelque temps de là*, je trouvai que lui
« et d'Alembert m'avaient, je ne dirai pas supplanté, mais succédé
« auprès de Mme de Luxembourg, et que j'avais perdu auprès d'elle
« autant qu'ils avaient gagné. Cependant, ajoute le *défiant* Rous-
« seau, je suis bien loin de soupçonner l'abbé Morellet d'avoir
« contribué à ma disgrâce, je *l'estime trop pour cela* » (*Confess.*,
liv. X). Dans ce trait, l'origine des rapports de d'Alembert avec
Mme de Luxembourg est clairement indiquée ; l'abbé a donc menti
en les supposant antérieurs à sa sortie de la Bastille. Il dit dans ses
Mémoires qu'il alla remercier Mme de Luxembourg à Montmorency.
Musset-Pathay demande avec raison pourquoi, au lieu d'écrire sèchement à Rousseau qui demeurait alors à Mont-Louis, tout près
du château, il évita d'aller le voir. Je réponds que les *Mémoires*
de l'abbé expliquent très-bien sa conduite ; l'ami de d'Alembert ne
pouvait être que l'ennemi de Rousseau. Musset-Pathay a relevé encore d'autres mensonges de l'abbé Morellet ; comme ils n'ajoutent
rien à ce que je viens de dire, je n'en ferai pas mention. Je me
contenterai de rappeler que la haine de l'abbé Morellet, très-clairement exprimée dans ses *Mémoires*, s'était déjà montrée dans l'*Eloge
de Marmontel*, prononcé par lui à l'Institut, en 1805. Cet éloge a
été imprimé en tête des *Mémoires de Marmontel*.

Voici maintenant un extrait des *Jugements* de M. de Barante sur
Rousseau, contenus dans son ouvrage intitulé : *De la littérature
française au dix-huitième siècle. Caractère.* « Sans famille, sans
« amis, sans patrie, errant de pays en pays, opprimé partout, Rous-
« seau conçut une espèce de révolte, une fierté intérieure qui s'exal-
« lèrent jusqu'au délire. La vanité des autres auteurs était tout ex-
« térieure : la sienne qui, pendant longtemps, n'avait reçu aucune
« jouissance venant du dehors, s'était réfugiée au plus profond de

« son âme pour y troubler son bonheur, et ne lui donner jamais de
« relâche. Rien ne pouvait le satisfaire. Sans bienveillance pour
« les hommes, tout ce qui venait d'eux ne pouvait l'adoucir. Il était
« de ces esprits dont l'orgueil est tellement insatiable qu'au besoin
« ils s'indigneraient d'être hommes, s'imaginant que la nature leur
« doit plus qu'aux autres » (pag. 120).

Cependant M. de Barante veut bien accorder que Rousseau *ressentit l'enthousiasme de la justice et de la vertu;* mais il se dépêche d'ajouter : « Tout en voulant y exciter les autres, *il a ébranlé ce
« qui sert de base à la vertu et à la justice, le sentiment du devoir.*
« C'est là le vice de sa philosophie. Isolé dans le monde, il n'avait
« jamais senti le devoir que comme une chaîne ; il n'avait pu voir,
« malheureux qu'il était, que le devoir, loin d'être une barrière aux
« sentiments de l'homme, est au contraire leur application bien
« dirigée » (pag. 121).

M. de Barante a oublié de dire en quels endroits de ses écrits Rousseau a *ébranlé le sentiment du devoir.*

Sur l'Emile. « Il était tout simple que Rousseau voulût élever
« l'enfant non pas pour la société, mais contre la société. En effet,
« quand on a formé l'homme de manière à le constituer en hostilité
« avec ses semblables, et qu'ensuite on le place au milieu d'eux, il
« doit se révolter contre tout ce qui leur sert de règle. On lui a
« appris à ne suivre que celles qu'il s'est faites à lui-même, mais
« rien ne contribue à le maintenir dans ces règles imaginaires. Son
« intérêt, son orgueil, ses habitudes d'indépendance les lui feront
« transgresser, sans que l'exemple universel puisse l'y rappeler ;
« il sera *coupable et malheureux; il ne rencontrera ni pitié ni bien-*
« *veillance, et se trouvera conforme au philosophe qui lui a donné*
« *une telle éducation* » (pag. 126).

Plus loin, M. de Barante dit que Rousseau a mal observé l'enfance ; « mais, ajoute-t-il, *n'est-il pas juste qu'un père tel que Rous-*
« *seau méconnût l'enfance? Rousseau a fondé toute la morale sur*
« *l'intérêt personnel, d'une façon peut-être encore plus spéciale*
« *qu'Helvétius. On pouvait s'y attendre de la part d'un homme qui*
« *a toujours manqué de bienveillance envers ses semblables.* » Où M. de Barante a-t-il vu que Rousseau avait fondé la morale sur l'intérêt personnel ? Il a encore oublié de l'indiquer. Rousseau, défenseur ardent de la conscience contre la morale conventionnelle des matérialistes, accusé d'être plus matérialiste qu'eux ! On ne s'attendrait pas à trouver de ces bévues sous la plume d'un homme de talent,

« Rousseau, dit M. de Barante, s'élève par un essor sublime vers
« Dieu, et il part de là pour rejeter les religions positives et les cul-
« tes... En examinant Rousseau, on voit qu'il y a de l'analogie *entre*
« *une religion sans culte et une vertu sans pratique* » (pag. 128).
Rousseau a si peu rejeté les cultes, qu'à Motiers il sollicita et obtint
la faveur d'être admis à la communion. Quant *à sa vertu sans
pratique*, c'est une injure gratuite. Si quinze ans d'épreuves sup-
portées avec courage n'indiquent aucune vertu, c'est que de nos
jours, sans doute, le monde est plein d'hommes *vertueux*, et que
leur *vertu* s'exerce sur des sujets bien autrement sublimes. Quelle
admiration inspireraient à la postérité ces stoïques censeurs du
pauvre Rousseau, si notre histoire n'était pas à côté pour les démentir !

Sur les Confessions. « Rousseau nous fait partager chacune de
« ses pensées, et pour ainsi dire de ses actions. Nous tombons avec
« lui dans des erreurs irrésistibles ; nous prenons son fol orgueil,
« nous ne voyons qu'outrages et injustices ; nous devenons les
« ennemis de tous les hommes et nous le préférons à eux. » M. de
Barante est-il bien sûr d'avoir éprouvé tout cela à la lecture des
Confessions? « Mais, ajoute-t-il, en y réfléchissant mieux, nous aper-
« cevons que cet homme qui a su nous entraîner avec lui, a con-
« stamment mené une vie pleine d'égoïsme ; que les jouissances
« qu'il a recherchées ont toujours eu quelque chose de solitaire et
« de non partagé (¹), qu'il n'a jamais sacrifié son intérêt qu'à son
« orgueil ; qu'il a été envieux de tout ce qu'il n'a pas obtenu (En-
« vieux de quoi et de qui ?), quoiqu'il ait souvent renoncé à l'obte-
« nir ; que ses affections mêmes ont eu un caractère d'égoïsme ;
« qu'il a aimé pour sa propre satisfaction et non pour celle des au-
« tres (²). Enfin, on se repent de s'être ainsi calomnié en ne se
« croyant pas meilleur qu'un tel homme ; on conçoit bien toutes ses
« fautes, mais on ne les pardonne plus ; on ne confond plus des
« explications avec des excuses » (pag. 135).

Je recommande cette haineuse tirade à ceux qui croient que
Rousseau est oublié. Je me suis peu étendu sur les opinions de
M. de Barante, qui ne sont guère que des invectives et des lieux
communs ; il me suffit d'avoir constaté son animosité, colorée par

---

(¹) Voyez seulement comme ce *solitaire égoïste* eut la bêtise d'aimer ses faux
amis.

(²) Qui est-ce qui aime *pour la satisfaction des autres*, sublime censeur?

de la haute morale, par une indignation factice, et qui rivalise avec celle des plus ardents détracteurs de Rousseau.

Des hautes régions de la littérature, descendons maintenant à ses limites inférieures. Le feuilleton du *Siècle*, du 24 juillet 1847, contient le fait suivant : « Rousseau apporta parmi ses hôtes de Mont-« morency l'éclat de sa renommée et les lumières de son génie ; « mais aussi il y apporta le malaise et le trouble que répandent au-« tour d'eux les esprits inquiets, les caractères malfaits, les sombres « humoristes. Jean-Jacques était un grand homme insociable, un « glorieux mécontent, *un faux bon homme*, hérissé d'orgueil, avide « de l'attention publique et l'appelant par tous les moyens ; par la « bizarrerie du costume, par la hardiesse des opinions, par la bru-« tale franchise des discours. Mme d'Epinay fit arranger pour lui « le pavillon de l'Ermitage... Rousseau y trouva tout ce qui peut « embellir la retraite d'un sage ; il y eût été tranquille et heureux « si la paix et le bonheur eussent été possibles à cette nature in-« quiète et indisciplinée. Il fut ingrat envers M^mo d'Epinay qui lui « avait prodigué tous les soins d'une hospitalité généreuse et déli-« cate. Mme d'Houdetot avait écouté sans impatience et avec une « consolante bonté les égarements de la folle passion qu'elle lui « avait inspirée. De part et d'autre il n'avait trouvé qu'indulgence « pour ses faiblesses. Sa sauvagerie, son ingratitude ternirent un « instant la sérénité de deux cercles d'amis qui se réunissaient, l'un « à la Chevrette, chez Mme d'Epinay, et l'autre à Sannois, chez « Mme d'Houdetot, etc. »

C'est toujours, comme on voit, le thème monotone des *Mémoires de Grimm*, qui est reproduit dans ces petites diatribes, comme les vieux airs le sont sur les serinettes. Après cette sortie vient, comme de raison, l'éloge du *spirituel baron de Grimm*, celui de Saint-Lambert et de Mme d'Epinay ; on essaye de prendre un air *vertueux* pour rappeler qu'un peu avant la Révolution, *les Conversations d'Emilie* obtinrent le prix fondé par M. de Montyon. Un prix de vertu à la pudique Mme d'Epinay, des compliments à son estimable amant, et l'ignominie à l'*ingrat, au cynique Rousseau !* car il faut que la morale publique soit vengée, et elle l'est, Dieu merci, jusque dans ces cloaques littéraires qu'on nomme des *feuilletons !* heureuse époque !

Il ne me serait que trop facile de produire des échantillons plus hostiles encore que tous ceux qui précèdent, surtout dans la littérature qui tient à l'opinion ultra-catholique et légitimiste ; mais c'est bien assez de ce que j'ai cité. Je vais parler maintenant des juges demi-bienveillants, des quasi-apologistes, c'est-à-dire de cette classe peu nombreuse d'honnêtes gens qui ont prononcé sans avoir assez examiné, et qui peut-être ont reculé devant le despotisme de l'opinion, devant la crainte du ridicule.

M. Petitain, auteur des *Notes historiques* de l'édition de Rousseau publiée par M. Lefèvre en 1839, et d'un appendice aux *Confessions*, a quelquefois apprécié avec beaucoup de justesse le caractère de Rousseau et les faits de sa vie privée. Il a joint à ses jugements des éclaircissements précieux et des recherches bibliographiques d'un grand intérêt. Il n'a pas hésité à passer condamnation sur Grimm, Diderot, d'Holbach et d'Alembert, qu'il regarde comme des ennemis déclarés et gratuits de Rousseau ; mais il est persuadé que celui-ci, *atteint de spleen*, outragea son *généreux* ami D. Hume ; il dit que la lettre du roi de Prusse contenait des choses *dures mais méritées* ; il ridiculise l'idée de *complot* ; il admet sans difficulté la bienveillance de d'Escherny, de Servan, de Corancez ; il ne croit pas à l'animosité de M. de Choiseul. A l'exemple de Musset-Pathay, il accable d'ignominie Thérèse Levasseur, et lui attribue toutes les préventions de Rousseau, sans en donner plus de preuves que son devancier. Il affirme, d'après l'autorité plus que suspecte de Sennebier, que cette femme décachetait les lettres que recevait son mari (¹), pour lui faire croire que ses ennemis violaient sa correspondance. Sennebier n'a jamais eu de rapports d'aucune espèce avec Rousseau, il ne pouvait donc tenir ces détails que de ses détracteurs, c'est-à-dire de Vernes, Tronchin, et surtout de Coindet ; il l'avoue lui-même. « Elle repoussait, dit-il, tous ceux qui parvenaient à lui « plaire, et lorsque Rousseau ne les écartait pas, elle les empêchait « de revenir par des refus constants et invincibles. Plusieurs *amis* « de Rousseau ont eu, *à ce qu'ils m'ont dit*, la preuve de ce pro- « cédé, etc. » (*Histoire littéraire de Genève*, t. III, p. 270). Il est facile de reconnaître ici les suggestions de Coindet, que j'ai jugées ailleurs. Cependant M. Petitain se prononce contre le suicide. Il est étonnant que cette opinion ne l'ait pas conduit à pénétrer les véritables dispositions de Corancez, qu'on peut considérer comme l'inventeur de la fable de l'empoisonnement et du coup de pistolet.

M. Villemain, dans son *Tableau de la littérature française au*

(¹) Etait-ce elle qui avait ouvert celle *dont le cachet était en si mauvais état, dit Rousseau, que M. Davenport le fit remarquer au laquais de M. Hume?* Voir la lettre du 10 juillet 1766.

dix-huitième siècle, a consacré plusieurs leçons à l'étude du caractère de Rousseau et de ses ouvrages. Le sommaire de son jugement sur le caractère est que Rousseau n'était ni *un méchant,* ni *un ingrat,* ni *un fourbe ;* conclusion fort rare et fort honorable dont l'auteur a un peu diminué le mérite dans les traits que je vais citer.

Sur la profession de foi du vicaire savoyard. « On regrette que
« ce langage si abandonné, si touchant, qui semble le premier essai
« des *Confessions*, ne s'y rapporte pas exactement, et qu'il offre
« des circonstances éminemment fictives. Tant il était donné, ce
« semble, à Rousseau *d'être ému sans être véridique,* et tant son
« imagination était encore romanesque, lors même qu'elle semblait
« n'exprimer que ses souvenirs et ne montrer que son âme » (t. II,
pag. 299). Ainsi les émotions de Rousseau reposaient quelquefois sur des *mensonges,* et la *peinture de son âme* était souvent un *roman.* De là au charlatanisme il n'y a qu'un pas. Je conviens qu'il existe des circonstances supposées dans le récit de Rousseau, mais M. Villemain oublie que ce dernier les a signalées lui-même comme des choses indifférentes. « *En réunissant,* dit-il, *M. Gâtier avec*
« *M. Gaime,* je fis de ces deux dignes prêtres l'original du *vicaire*
« *savoyard.* » L'inexactitude réelle consiste dans le retour de Rousseau vers M. Gaime, dont il n'est rien dit dans les *Confessions ;* mais, en conscience, est-ce là une fiction si coupable? J'ajoute qu'elle contient deux aveux qui auraient dû désarmer le rigorisme de M. Villemain. Voici le premier : « A la première lueur de for-
« tune, ses maux et son protecteur furent oubliés » ; et voici le second qui est bien autrement terrible : « Un jour qu'on lui avait
« donné (au vicaire) quelque argent à distribuer aux pauvres, le
« jeune homme eut, à ce titre, *la lâcheté de lui en demander,* etc. »
Si ces deux circonstances sont imaginaires, on conviendra qu'il est étrange que Rousseau se soit traité si durement, dans le seul but de broder son épisode. Moi, je les crois réelles, et si Rousseau ne les a point insérées dans ses *Confessions,* c'est que sa mémoire ne les lui retraça pas dans le moment où il rédigeait cet écrit, ou que peut-être il ne se sentit pas la force de faire deux fois le même aveu. Qui est-ce qui sentirait celle de le faire une fois ?

Sur la retraite à l'Ermitage. « Dans cet asile, le *cœur tout rempli*
« *du monde qu'il reniait,* il sentit avec force la *haine* et l'amour ; il
« désavoua sans retour les philosophes et *il alla plus loin qu'eux.*
« Il vécut en amitié avec des gens de cour et des grands, et il porta,
« par ses théories, à l'ordre social du temps les coups les plus rudes

« qui en aient préparé la ruine » (pag. 265). Ce qui veut dire que la retraite de Rousseau à l'Ermitage fut une boutade orgueilleuse, et non le résultat de son goût pour la solitude ; que la *haine* était dans son cœur ; assertions parfaitement conformes à celles de ses faux amis ; que Rousseau *alla plus loin* que les philosophes d'Holbach, Helvétius, Diderot, Hume, Voltaire et autres destructeurs forcenés ; qu'il prépara la ruine de la monarchie, en flétrissant ses excès ! En vérité, on croirait lire une tirade du *Drapeau blanc !*

M. Villemain convient que les faux amis de Rousseau furent très-durs, *très-tracassiers envers lui, que leur espionnage tyrannique méritait sa défiance ; mais il doute qu'ils fussent jaloux de son génie.* Quand cette jalousie ne serait pas attestée par le fils de Mme d'Épinay, témoin oculaire des faits, il suffirait, pour s'en convaincre, de lire la *Correspondance* de Grimm, à laquelle Diderot coopérait, et les *Notes* de ce dernier sur la Vie de Sénèque.

M. Villemain dit ce qui suit de la morale de Rousseau : « Je sais
« bien que Rousseau, comme moraliste, n'est pas à l'abri du re-
« proche. De nos jours, on a dit que sa morale était un appel à la
« passion contre le devoir, ou plutôt qu'il avait voulu mener les
« devoirs comme les passions nous emportent, par élan, par instinct.
« Que cette objection s'adresse à la vie de Rousseau, qu'elle explique
« les chutes de cette vertu *dont il se vantait, et qu'il osait offrir aux*
« *regards de Dieu.* A la bonne heure, mais le reproche ne doit pas
« atteindre la morale de ses écrits, surtout quand on la compare à
« celle de son siècle. » M. Villemain n'a pas osé dire et *à celle du nôtre ;*
je supplée à sa timide indulgence. Voici maintenant ma réponse à
ce qui regarde Rousseau. Il ne *s'est point vanté de sa vertu ;* entre
une foule de traits de ses écrits qui le prouvent, je choisis le suivant
tiré de son second *Dialogue :* « La plus sublime des vertus, celle qui
« demande le plus de grandeur, de courage, de force d'âme, est le
« pardon des injures, l'amour de ses ennemis. Le *faible Jean-Jacques,*
« *qui n'atteint pas même aux vertus médiocres,* ira-t-il jusqu'à celle-là ?
« Je suis aussi loin de le croire que de l'affirmer. » Ce n'est donc pas
sa vertu que Rousseau *a osé offrir aux regards de Dieu,* c'est sa
bonté originelle, c'est l'innocence de sa vie ([1]), ce sont les malheurs
qui ont racheté ses fautes pour lesquelles on affecte une sévérité si
ridicule. Il ne se fit point, comme on le dit, de système sur la nature

---

([1]) C'est pour cela qu'il a dit, au début de ses *Confessions,* qu'au jour du jugement nul homme ne pourrait se dire *meilleur que lui.* Vérité maladroite, qu'il eût bien fait de taire, mais vérité ; quoiqu'on ait voulu y voir un *blasphème.*

du devoir et sur ses applications ; ses *chutes* vinrent de l'opposition qui existait entre son ardent amour du bien et la faiblesse de sa volonté. « S'il agit rarement comme il doit, dit-il de lui-même, plus
« rarement encore il agit comme il ne doit pas ; toutes ses fautes,
« même les plus graves, ne sont que des péchés d'omission : mais
« c'est par là précisément qu'il est le plus en scandale aux hommes,
« qui, ayant mis toute la morale en petites formules, comptent pour
« rien le mal dont on s'abstient et pour tout l'étiquette des petits
« procédés, et sont bien plus attentifs à remarquer les devoirs aux-
« quels on manque, qu'à tenir compte de ceux qu'on remplit »
(2ᵉ *Dialogue*).

M. Villemain avoue la complicité de Hume dans la rédaction de la lettre du roi de Prusse ; il dit « qu'il fut bien pressé de se plaindre
« aux ennemis de Rousseau, d'accuser publiquement de noirceur et
« de scélératesse l'homme illustre et malheureux qu'il avait pris
« sous sa garde. » Sur cela, on croirait que M. Villemain va conclure que Hume fut un ennemi, un traître ; que Rousseau fut complétement sa victime : point du tout. « Je croirai *volontiers*, dit-il, que
« Rousseau se fâcha trop vite ; qu'il était trop ombrageux, trop ir-
« ritable, *injuste même !* » Puis il termine ainsi : « Mais oublions cette
« malheureuse querelle ; ne citons même pas cette lettre de Hume à
« Walpole (il se trompe, elle est de Walpole à Hume), et qui *semble*
« accuser la bonne foi du philosophe écossais. Ne rappelons pas sa
« complaisance pour les coteries de Paris *ennemies de Rousseau*, et
« l'amertume de ses écrits contre un *ennemi* chagrin et malheureux,
« à qui la persécution et la *célébrité* avaient un peu tourné la tête »
(tom. II, pag. 411).

Dans la lettre dont il est question ici et que Hume eut l'impudence d'insérer dans son *Exposé succinct*, Walpole certifie que son ami n'eut pas connaissance de la lettre du roi de Prusse pendant son séjour à Paris, tandis qu'il est établi, par l'aveu même de Hume à Mᵐᵉ de Barbantane, qu'*il coopéra à sa rédaction*. Et c'est de cette lettre que M. Villemain dit qu'*elle semble* accuser la bonne foi de l'Écossais ! La connivence de Hume avec les ennemis de Rousseau ne lui paraît pas plus convaincante, et le pauvre solitaire, enfermé dans son asile de Wooton, demeure à ses yeux un *ennemi* chagrin, à qui la persécution et la *célébrité* (remarquez ce mot) avaient un peu tourné la tête !

La 26ᵉ leçon de M. Villemain finit par ce trait frappant : « Lors-
« que je parle de Rousseau, en mêlant à des critiques sincères l'ad-

« miration qu'il est impossible de lui refuser, on me reproche, dans
« des écrits publics, d'avoir fait l'apothéose de *ce vil, de cet infâme
« Rousseau;* et cependant, messieurs, vous savez avec quelle con-
« science j'ai dit le bien et le mal. J'ai longtemps appuyé sur les
« erreurs qui avaient souvent obscurci dans Rousseau l'éclat d'une
« imagination forte et d'une âme naturellement portée aux choses
« élevées ; vous savez comment j'ai même emprunté à l'histoire de
« son siècle tout ce qui pouvait *expliquer plutôt que justifier* les torts
« où fut entraîné son génie. Eh bien! tout cela ne suffit pas. Cepen-
« dant *ce n'est pas ma faute* si sa parole, puissante comme le glaive
« et le feu, agitait l'âme de ses contemporains. Je ne suis pas un
« homme de son siècle; je ne suis pas M. de Malesherbes, je n'ai
« pas, dans mon enthousiasme, corrigé secrètement les épreuves de
« l'*Emile;* je ne suis pas M. de Luxembourg ou le prince de Conti ;
« je n'ai pas, malgré les préjugés du rang et les scrupules de la
« croyance, accueilli dans mon château Rousseau *philosophe démo-
« crate* (¹) et libre penseur. Je n'ai pas consolé ses revers, idolâtré sa
« gloire *factieuse*, dit-on. C'est après soixante ans que, par *curiosité*,
« *par étude*, ouvrant un livre dont les pages sont encore animées
« d'une éloquence qui ne passera pas, je rends compte des impres-
« sions d'enthousiasme, d'étonnement, de doute, de blâme que ce
« livre fait naître en moi. Je vous les communique sans art, vous les
« jugerez vous-mêmes. Je ne veux ni vous imposer l'admiration, ni
« vous défendre la censure ; je vous ai dit seulement la vérité, et
« c'est la vérité qu'on accuse » (pag. 343).

Il existe donc encore des hommes qui insultent aux plus timides apologistes de *ce vil, de cet infâme Rousseau!* On remarquera que, troublé
de ces attaques furibondes, M. Villemain se disculpe presque d'avoir
osé penser quelque bien d'un tel monstre. « *J'ai expliqué*, dit-il,
« plutôt que *justifié* ses torts. » Triste et frappante confirmation de
tout ce que j'ai dit de la puissance des erreurs publiques sur les
esprits les plus distingués, sur les âmes les plus honnêtes, et de
l'énormité des obstacles qui s'opposent encore à la réhabilitation
complète de Rousseau !

(¹) Rousseau *philosophe démocrate!* Est-ce bien M. Villemain qui commet cette méprise?

CHAPITRE X.

Du caractère de Rousseau.

Des onze chapitres dont se compose cet écrit, neuf ont été consacrés à l'étude des faits. Il était difficile de faire une plus large part à la question historique. Je me hâte de rassurer ceux qui, sur l'énoncé du présent chapitre, s'attendraient à une de ces amplifications à effet, au moyen desquels les panégyristes s'imaginent clore leur sujet d'une manière pittoresque. Cette dernière discussion n'est que le complément nécessaire de l'analyse des faits ; c'est sa conclusion morale. Après avoir décrit la destinée de Rousseau, je définis son caractère, je juge son cœur.

Les charges qui subsistent encore dans toute leur rigueur primitive contre la mémoire de Rousseau peuvent être ainsi résumées : Abandon de ses enfants, ingratitude, misanthropie, orgueil, hypocrisie. Je vais les examiner successivement.

De tous les reproches qu'on a faits à Rousseau, le plus fondé, sans contredit, est celui qui a rapport à ses enfants. Je n'ai pas l'intention de le justifier d'une faute qu'il a lui-même si sévèrement jugée, mais je crois avoir le droit d'examiner si la malveillance n'a pas transformé en crime ce qui n'est qu'une erreur grave due au mauvais exemple et à la nécessité. Les passages dans lesquels Rousseau a parlé de ses enfants sont tellement épars dans ses écrits, qu'ils échappent souvent à l'attention, et que peu de lecteurs en saisissent bien l'ensemble. Pour obvier à cet inconvénient, j'ai pris le parti de les indiquer sommairement, en suivant autant que possible l'ordre des dates.

« Tandis que j'engraissais à Chenonceaux, etc. », lire jusqu'à :
« ses suites aussi cruelles qu'imprévues ne me forceront que trop d'y
« revenir » (*Conf.*, liv. VII).

« Tandis que je philosophais sur les devoirs de l'homme, etc. »,
lire jusqu'à : « ce ne sont pas là des fautes, ce sont des bassesses
« d'âme, des noirceurs » (liv. VIII).

« La manière dont j'avais disposé de mes enfants, etc. », lire jusqu'à : « je parierais que Duclos, à qui je n'ai pas dit mon secret,
« est le seul qui me l'ait gardé » (liv. IX).

« Sitôt que j'avais pu compter sur ce sentiment de sa part (il s'agit
« de Mme de Luxembourg), etc. », lire jusqu'à : « la réflexion que je
« fais ici, etc. » (liv. XI).

« Le parti que j'avais pris à l'égard de mes enfants, etc. », lire jusqu'à : « Après un tel passage, il est surprenant qu'on ait eu le « courage de me la reprocher » (liv. XII).

« Voilà comme dans un attachement sincère et réciproque, etc. », lire jusqu'à : « on peut juger par les mœurs de son malheureux « frère, etc. » (liv. IX).

« Quelque austère que fût ma réforme somptuaire, etc. », lire jusqu'à : « je l'exhortai plus que jamais à secouer un joug si dan-« gereux » (liv. IX).

Il faudra lire ensuite la lettre à Mme de Francueil (20 avril 1751); celles à Mme de Luxembourg au sujet des ses recherches aux Enfants-Trouvés (12 juin et 10 août 1761).

Je vais citer en entier le trait d'*Emile*, dans lequel Rousseau fait l'aveu public de sa faute. Lorsqu'il l'écrivit, il ignorait encore la trahison de ses faux amis, par conséquent rien ne l'obligeait de s'accuser, et s'il le fit, ce ne fut certainement que pour céder aux reproches de sa conscience, et expier autant que possible une erreur désormais irréparable. « Un père, dit-il, quand il engendre et nourrit « des enfants, ne fait en cela que le tiers de sa tâche. Il doit des « hommes à son espèce, il doit à la société des hommes sociables; « il doit des citoyens à l'Etat. Tout homme qui peut payer cette « triple dette et ne le fait pas, est coupable, et plus coupable, peut-« être, quand il la paye à demi. Celui qui ne peut remplir les devoirs « de père, n'a pas le droit de le devenir. Il n'y a ni pauvreté, ni « travaux, ni respect humain qui le dispensent de nourrir ses enfants, « et de les élever lui-même. Lecteurs, vous pouvez m'en croire ; je « prédis à quiconque a des entrailles et néglige de si saints devoirs, « qu'il versera longtemps sur sa faute des larmes amères, et n'en « sera jamais consolé » (*Emile*, liv. Ier). J'indique ensuite la lettre à Mme B... (17 janvier 1770). « Mais moi qui parle de famille, d'en-« fants ! etc. », lire jusqu'à : « le secret qu'il a versé dans son sein. »

La lettre à M. de Saint-Germain (26 février 1770). « Pour satis-« faire les besoins de mon cœur encore plus que ceux de mes « sens, etc. », jusqu'à : « le secret qu'il a versé dans son sein. »

Les *Rêveries*, 9e promenade. « Je comprends que le reproche « d'avoir mis mes enfants aux Enfants-Trouvés, etc. », jusqu'à : « pour peu que l'habitude eût aidé la nature. »

Ceux qui auront pris la peine de recourir aux traits que je viens d'indiquer sentiront, sur cette seule lecture, que la faute de Rousseau ne fut pas un résultat de caractère, mais d'influence et d'imitation. Ils se rappelleront qu'il était encore jeune, qu'il débutait dans le monde ; que ses principes n'étaient pas encore déterminés ; que ceux dont le triste exemple le séduisit étaient des hommes corrompus, mais distingués et aimables. « Je pris, dit-il, non leurs « mœurs, grâce à Dieu, mais leurs maximes. » Cet arrêt dans la voie du mal, de la part d'un homme si inexpérimenté et si faible, est un acte très-rare d'honnêteté instinctive dont il est juste de tenir compte.

Rousseau crut à tort, sans doute, mais sincèrement, que sa pauvreté le dispensait d'élever ses enfants. Il revint plus tard de cette erreur, on en a la preuve dans le passage de l'*Emile* cité plus haut. Sa lettre à M*me* de Francueil est écrite sur un ton redressé qui annonce des convictions très-arrêtées et même un peu d'amertume. Elle contient ces arguments tellement puissants, selon lui, qu'il n'a pas voulu les reproduire dans ses *Confessions*, de peur, disait-il, *d'entraîner l'imagination des jeunes gens*. Il y a certainement de la délicatesse dans cette réticence, surtout si l'on songe à l'importance que Rousseau attachait à sa justification, et à la gravité du reproche qui pesait sur lui. Une réserve non moins honorable lui fit taire, dans cette même lettre, les raisons relatives à la famille de sa compagne, et qui, comme il le dit, étaient *les plus déterminantes*. Naturellement faible, *sachant crier et non pas agir*, absorbé par ses travaux littéraires et par sa copie, Rousseau eût bien difficilement soustrait ses enfants aux influences dangereuses qui les attendaient dans la maison paternelle. Il est également très-important de noter qu'à l'époque où il écrivait à M*me* de Francueil, il se croyait attaqué d'une maladie mortelle. Cette persuasion explique la profonde sécurité de conscience qui règne dans sa lettre. L'idée de sa fin prochaine achevait de justifier à ses yeux le parti qu'il avait pris ; il se félicitait, en quelque sorte, d'avoir mis ses enfants en sûreté, de leur avoir procuré une éducation grossière, mais honnête, et il faut bien avouer que sa faute, tout impardonnable qu'elle est, les a peut-être sauvés d'un avenir d'infamie.

Ce qui prouve surtout combien Rousseau fut sincère à cet égard, c'est l'aveu qu'il fit spontanément de sa faute à tous ceux qu'il croyait être ses amis. On sait comment ils reconnurent cet acte de confiance. Sans eux, on eût ignoré qu'il avait abandonné ses enfants, jusqu'au moment où, cédant à ses regrets et mieux éclairé sur ses devoirs, il s'accusa publiquement au début de l'*Emile*. Il fallait que le besoin d'épanchement fût bien grand dans son cœur aimant et sincère, puisqu'il se hâta de confier à Mme de Luxembourg ses liaisons avec Thérèse, le sort de ses enfants *et toutes les fautes de sa vie*, ayant, dit-il, pour maxime inviolable avec ses amis de se montrer à leurs yeux tel qu'il était, ni meilleur, ni pire (*Conf.*, liv. VI). Croit-on que parmi ceux qui ont trahi son secret, beaucoup fussent capables d'un tel effort? Il ne s'agissait pas là d'un de ces écarts qu'on avoue assez volontiers, d'une séduction, par exemple. L'erreur de Rousseau ne lui permettait aucun retour secret d'amour-propre, et quelle que fût la corruption de son temps, il devait s'attendre à rencontrer encore bien des juges sévères. Ces réflexions si simples et si justes auraient dû, ce me semble, adoucir un peu le rigorisme de certains défenseurs *des droits de la nature outragée*. Si toutes les infamies secrètes du dix-huitième siècle, si celles du nôtre étaient tout d'un coup dévoilées; si nous savions seulement les noms et l'histoire de ceux qui ont peuplé l'hospice des Enfants-Trouvés depuis Rousseau jusqu'à nos jours, que de masques de moins! que d'inexorables moralistes convaincus d'avoir fait pis que lui, et réduits à se taire! Rousseau délaissa ses enfants, mais il n'abusa pas de l'innocence de leur mère, mais il ne l'arracha pas à sa famille désolée, il ne l'abandonna pas, il ne la fit pas périr dans la prostitution et la misère. Les habitués de *table d'hôte*, dont les *gracieuses* turpitudes faussèrent son jugement, se vantaient ouvertement d'avoir commis ces crimes véritables; l'indulgente opinion n'y voyait que des écarts, et Rousseau, lui-même, a eu la bonté de croire que de pareils misérables pouvaient être au fond de *fort honnêtes gens*. Pas un d'eux, très-certainement, n'essuya le quart des anathèmes qui l'ont accablé, lui, coupable seulement de les avoir imités dans le moins révoltant de leurs méfaits. Quoi qu'on en dise, je ne vois pas que notre siècle, avec ses prétentions à la haute moralité, soit beaucoup plus sévère pour les successeurs de ces infâmes; et cependant voyez avec quelle excessive rigueur la faute de Rousseau y est encore jugée!

Mais, dit-on, Rousseau qui professait une morale sévère, et qui écrivait sur l'éducation, était moins excusable que tout autre. Oui sans doute, et c'est précisément pour cela que, pouvant ensevelir ses torts dans l'oubli, il eut le courage de les confier à ses amis d'abord, puis de dire au public : Voilà ce que j'ai écrit, et pourtant voilà ce que j'ai fait; jugez du remords qui pèse sur mon cœur!

L'abbé de Saint-Pierre, qui passe avec raison pour être un des hommes les plus estimables du siècle dernier, ne se crut pas obligé, dit Rousseau, d'observer la continence que lui imposait son caractère de prêtre catholique (¹). Il ne se contenta pas, comme lui, d'une seule compagne, il en eut plusieurs qui lui donnèrent un assez grand nombre d'enfants. L'abbé, qui était à son aise, les envoyait secrètement en nourrice, et pourvoyait à leur subsistance. Puis quand ils étaient en âge d'apprendre un état, il en faisait des ouvriers. Comme la prudence exigeait que ces enfants ignorassent le secret de leur naissance, aucun lien immédiat ne devait exister entre eux et leur père; pas plus de vie de famille et par conséquent de véritable paternité que dans le cas de Rousseau. Seulement l'abbé, plus favorisé de la fortune, faisait à ses frais ce que Rousseau indigent laissait faire à l'Etat. Ses enfants furent artisans comme ceux de l'abbé et mieux élevés probablement. Ainsi, à part le sacrifice pécuniaire et le mot d'*Hospice* qui n'est au fond qu'un épouvantail, tout était à peu près égal de part et d'autre. Dira-t-on que le prêtre était forcé par état de couvrir ses faiblesses? Je l'accorde ; mais si on admet l'atténuation en faveur de l'abbé de Saint-Pierre qui était aussi, lui, un philosophe et un moraliste, pourquoi ne pas user envers Rousseau de la même indulgence ? Si l'abbé était prêtre, Rousseau était pauvre, et surtout il redoutait pour ses enfants le contact d'une famille ignoble et perverse. Ces raisons-là valent bien, à ce qu'il me semble, la décence obligée de l'ecclésiastique qui, ne l'oublions pas, était pourvu de bonnes rentes. Rousseau s'est trompé, cela est sûr ; mais il s'est trompé en homme qui méconnaît son devoir sans le mépriser. Il fut, si l'on veut, plus coupable que l'abbé de Saint-Pierre; et cependant les fautes de celui-ci ont été à peine remarquées ; elles ne l'ont pas empêché d'être constamment et parfaitement honoré ; tandis que celles de Rousseau ont retenti partout et l'ont voué à l'ignominie. Cette différence est facile à expliquer maintenant. C'est que l'abbé de Saint-Pierre, rabâcheur quelquefois imprudent, n'offensa pourtant ni philosophes, ni ministres d'Etat, ni maîtresses de princes, ni grandes dames, ni littérateurs ; c'est que ses médiocres talents n'excitèrent l'envie de personne. S'il eût eu la supériorité de Rousseau, s'il eût suivi son imprudente carrière, croyez qu'il eût expié aussi durement que lui ses nombreuses maîtresses et sa postérité clandestine.

Dans le courant de l'année 1761, Mᵐᵉ de Luxembourg fit faire à

(¹) Voyez *Émile*, liv. III. Rousseau tenait sans doute ces détails de Mᵐᵉ Dupin, dont l'abbé avait été, dit-il, *l'enfant gâté*. (*Confessions*, liv. IX). On peut donc les regarder comme authentiques.

l'hospice des Enfants-Trouvés des recherches qui furent infructueuses. Rousseau avoue que ce résultat ne lui causa que peu de chagrin. On n'a pas manqué de voir là une nouvelle preuve de son aversion naturelle pour la paternité. J'ai réfuté ailleurs l'interprétation perfide et les mensonges de Dussaulx à ce sujet (voy. ch. VII, pag. 298). J'ajouterai quelques observations. L'aîné des enfants de Rousseau était le seul qui pût être retrouvé, puisque son père avait eu la coupable négligence de ne pas mettre de chiffre dans les langes des autres. Si l'on songe à la mauvaise tenue des registres de l'hospice, attestée par l'inutilité des recherches, on concevra combien était fondé le doute Rousseau au sujet de l'enfant qu'on lui eût présenté. Le sien devait avoir treize ans à l'époque où l'on fit des démarches pour le retrouver. A cet âge, le caractère est déjà prononcé ; les résultats de l'éducation première sont déjà tels qu'une éducation subséquente ne les modifie que bien légèrement. Qui sait si, au sortir des grossières habitudes de l'hospice, cet enfant eût pu profiter des soins de son père et se rendre digne de porter un nom célèbre? Cette crainte, réunie à l'incertitude de son origine, était bien faite pour attiédir l'empressement de son père. Si l'enfant eût été retrouvé, Rousseau eût fait son devoir, mais son cœur n'eût pas été pleinement satisfait, et tout autre, en pareil cas, eût éprouvé la même perplexité secrète. Enfin, à cette époque, il se croyait encore mourant. Ses lettres des 12 et 14 juin à la Maréchale le prouvent. Il craignait que son enfant ne restât exposé, après lui, aux dangers qui, dans le principe, avaient surtout motivé sa détermination et qui avaient rapport à la famille de sa compagne. Il s'explique clairement sur ce point dans sa lettre du 10 août 1761 à Mme de Luxembourg. Ce qu'il dit de l'influence funeste qu'auraient pu exercer sur ses enfants ceux qui avaient offert de s'en charger est évidemment exagéré, moins pourtant qu'on ne le croit en général. Il est sûr que ces enfants, entourés de personnes hostiles à leurs parents, je l'ai démontré, auraient difficilement résisté à l'ascendant du rang, de la fortune et des bienfaits. On en eût fait des indifférents, sinon des ennemis. Après ce qu'on sait des faux bienfaiteurs de Rousseau et de leur ingénieuse haine, rien ne peut plus surprendre de leur part. Il eût été digne d'eux de frapper leur victime jusque dans ses affections paternelles, et les prétextes ne leur eussent pas manqué pour sauver l'odieux de ce parricide moral.

Examinons maintenant l'imputation d'ingratitude. Depuis *son invention* par Grimm, Diderot, Hume et consorts, elle a été ressassée

avec cette émulation *moutonnière* qui est un des traits de notre caractère national. Aujourd'hui, elle est arrivée à l'état de croyance vulgaire. Il n'est pas de si petit écrivailleur qui, en déclamant contre Rousseau, ne cite de lui ce célèbre propos : *Je me sens le cœur ingrat.* Pas un seul, peut-être, ne saurait dire dans quel endroit de ses écrits il se trouve. Dans sa première lettre à M. de Malhesherbes, Rousseau, après avoir parlé de son éloignement pour le commerce des hommes, en recherche la cause. « Elle n'est autre, dit-il, que cet
« indomptable esprit de liberté que rien n'a pu vaincre et devant
« lequel les honneurs, la fortune, la réputation même ne me sont
« rien... Voilà pourquoi, quoique le commerce ordinaire des
« hommes me soit odieux, l'intime amitié m'est si chère, parce
« qu'il n'y a plus de devoir pour elle. On suit son cœur et tout est
« dit. Voilà pourquoi j'ai toujours tant redouté les bienfaits ; car
« tout bienfait exige reconnaissance, *et je me sens le cœur ingrat, par*
« *cela seul que la reconnaissance est un devoir.* » Quoique Rousseau n'ait pas développé son idée, il est déjà clair qu'il n'a voulu parler ici que des faux bienfaits, sans quoi, l'*intime amitié* eût-elle été si chère à un homme qui ne se serait pas senti capable de reconnaissance? D'autres citations vont éclaircir tous les doutes. « Se tromper
« sur le sens de ce passage, dit Ginguené, c'est assurément le faire
« exprès; mais comme il n'y a rien de si juste que de demander à
« un auteur l'interprétation de son propre texte, Rousseau vous
« dira lui-même : « Je me souviens très-bien d'avoir dit une fois à
« quelqu'un que je me sentais le cœur ingrat, et que je n'aimais pas
« les bienfaits; mais ce n'était pas après les avoir reçus que je tenais
« ce discours, c'était au contraire pour m'en défendre, et cela est
« très-différent. Celui qui veut me servir à sa mode et non pas à la
« mienne, cherche l'ostentation du titre de bienfaiteur, et je vous
« avoue que rien au monde ne me touche moins que de pareils
« soins. Le seul vrai bien dont je jouis est la liberté. Quelqu'un s'ose-
« t-il vanter d'y avoir contribué? Vous seul, ô George Keith! pouvez
« le faire. J'ajoute à Milord Maréchal mon ami du Peyrou. Je n'en
« connais pas d'autres. Voulez-vous me lier par des bienfaits, qu'ils
« soient de mon choix et non du vôtre, et *soyez sûr que vous ne*
« *trouverez de la vie un cœur plus reconnaissant que le mien* » (Réponse aux questions de M. Chauvel, 5 janvier 1767).

« L'ingratitude, dit encore Rousseau, serait plus rare si les *bien-*
« *faits à usure* étaient moins communs. On aime ce qui nous fait du
« bien, c'est un sentiment si naturel. *L'ingratitude n'est pas dans le*

« *cœur de l'homme*, mais l'intérêt y est. *Il y a moins d'obligés ingrats*
« *que de bienfaiteurs intéressés.* Si vous me vendez vos dons, je mar-
« chanderai sur le prix ; mais si vous feignez de donner pour vendre
« ensuite, vous usez de fraude. C'est d'être gratuits qui rend ces
« dons inestimables. Le cœur ne reçoit de lois que de lui-même ;
« en voulant l'enchaîner on le dégage, on l'enchaîne en le laissant
« libre » (*Émile*, livre IV).

Rousseau écrivait à Grimm (19 octobre 1757) : « Quant aux bien-
« faits, premièrement, je ne les aime point, je n'en veux point,
« *et je ne sais aucun gré de ceux que je reçois par force.* J'ai articulé
« cela bien nettement à Mme d'Epinay avant d'en recevoir aucun.
« Ce n'est pas que je n'aime à me livrer comme un autre à ces doux
« liens quand l'amitié les forme, mais lorsqu'on veut trop tirer la
« chaîne, elle se rompt et je suis libre. »

Franchement, de qui exigerait-on de la reconnaissance pour des
aumônes comme celles qu'un Grimm et un Dussaulx ont osé révéler,
le premier, dans les Mémoires de sa maîtresse ; le second, dans sa
perfide Notice? J'en ai dit assez, je pense, pour expliquer ce trait
isolé à dessein : *Je me sens le cœur ingrat.* Rousseau détestait les
faux bienfaiteurs ; voyons s'il aima les véritables.

La première victime de sa prétendue ingratitude, suivant ses détracteurs, c'est Mme de Warens, dont on l'accuse d'avoir divulgué les
faiblesses sans aucune nécessité. Recherchons les motifs de cette indiscrétion et jusqu'à quel point elle peut être blâmée. Voici ce que
dit Rousseau à la fin du huitième livre des *Confessions*, à propos de
l'affaire Palissot : « Je sens bien que si jamais ces Mémoires par-
« viennent à voir le jour, je perpétue ici moi-même le souvenir
« d'un fait dont je voulais effacer la trace ; mais j'en transmets bien
« d'autres malgré moi. Le grand objet de mon entreprise, toujours
« présent à mes yeux (¹), *l'indispensable devoir* de la remplir dans
« toute son étendue, ne m'en laisseront pas détourner par de plus
« faibles considérations, qui m'écarteraient de mon but. Dans l'é-
« trange, dans l'unique situation où je me trouve, je me dois trop à
« la vérité pour devoir rien de plus à autrui. Mes *Confessions* sont
« nécessairement liées avec celles de beaucoup de gens ; je fais les
« unes et les autres avec la même franchise en tout ce qui se rap-
« porte à moi, ne croyant devoir à qui que ce soit plus de ménage-
« ments que je n'en ai pour moi-même, et voulant toutefois en avoir

---

(¹) Il veut parler de sa justification.

« beaucoup plus. Je veux être juste et toujours vrai ; dire d'autrui le
« bien, tant qu'il me sera possible, ne dire jamais que le mal qui me
« regarde et qu'autant que j'y suis forcé. Qui est-ce qui, dans la si-
« tuation où l'on m'a mis, a droit d'exiger de moi davantage ? Mes
« *Confessions* ne sont pas faites pour paraître de mon vivant, ni de
« celui des personnes intéressées. Si j'étais le maître de ma destinée
« et de celle de cet écrit, il ne verrait le jour que longtemps après
« ma mort et la leur. Mais les efforts que la terreur de la vérité fait
« faire à mes puissants oppresseurs, pour en effacer les traces, me
« forcent à faire pour les conserver tout ce que permettent le droit
« le plus exact et la plus sévère justice. Si ma mémoire devait s'é-
« teindre avec moi, plutôt que de compromettre personne, je souf-
« frirais un opprobre injuste et passager ; mais puisque enfin mon nom
« doit vivre et parvenir à la postérité, je me dois de transmettre avec
« lui le souvenir de l'homme infortuné qui le porta, tel qu'il fut
« réellement, et non tel que ses iniques ennemis travaillent sans
« relâche à le peindre. »

Rousseau, au livre VI, dit aussi à propos de Mme de Warens :
« Oh ! si les âmes dégagées de leurs terrestres entraves voient en-
« core, du sein de l'éternelle lumière, ce qui se passe chez les mor-
« tels, pardonnez, ombre chère et respectable, si je ne fais pas plus
« de grâce à vos fautes qu'aux miennes, si je dévoile également les
« unes et les autres aux yeux du lecteur. Je dois, je veux être vrai
« pour vous comme pour moi-même, vous y perdrez toujours beau-
« coup moins que moi. Eh ! combien votre aimable et doux carac-
« tère, votre inépuisable bonté de cœur, votre franchise et toutes vos
« vertus ne rachètent-elles pas de faiblesses ! Vous eûtes des erreurs
« et non pas des vices. Votre conduite fut répréhensible, mais votre
« cœur fut toujours pur. Qu'on mette le bien et le mal dans la ba-
« lance, et qu'on soit équitable ; quelle femme, si sa vie secrète était
« manifestée ainsi que la vôtre, s'oserait jamais comparer à vous ! »

On voit que c'est la même pensée qui a dicté ces deux traits. Que les raisons de Rousseau, sur cette nécessité absolue de tout dire, soient justes ou non, ce n'est pas ce que j'ai à examiner ici. Pour le moment, je me borne à conclure de ces citations, qu'il se croyait autorisé, par sa position particulière, à ne rien omettre de ce qu'il regardait comme essentiel à sa justification. Admettons qu'il se soit trompé complétement ; il y eut de sa part faux jugement, exagération, monomanie, si l'on veut, mais il n'y eut pas ingratitude, il n'y eut pas, comme on a osé le dire, intention réfléchie de déshonorer sa bienfaitrice. Il y a à cet égard une singulière contradiction dans les jugements publics. Ainsi, tandis que d'un côté on accuse Rousseau d'ingratitude envers Mme de Warens, de l'autre, on lui reproche d'avoir accumulé les sophismes pour justifier une femme méprisable. Comment n'a-t-on pas vu que ces deux imputations se détruisent mutuellement? Cependant, pour qu'on ne me soupçonne pas d'éluder la discussion, je vais les examiner l'une après l'autre.

On vient de voir que l'intention de Rousseau était que ses *Confessions* ne fussent publiées que longtemps après sa mort. Bien que sa volonté n'ait pas été respectée, on n'en doit pas moins tenir compte du scrupule honnête qui l'inspira. On objectera que Rousseau, pendant son séjour à Paris, fit plusieurs lectures de ses *Confessions*, et qu'il en confia même le manuscrit. C'est une contradiction, je l'avoue, mais elle s'explique. Rousseau était alors obsédé par des fourbes, sa monomanie était parvenue à son plus haut degré d'intensité. Inquiet sur le sort futur de son écrit, et voyant que tous ses efforts pour pénétrer le mystère de sa destinée étaient restés sans résultat, il aura cru pouvoir tenter sur l'opinion publique cette dernière et bien stérile épreuve. Il est probable que dans ces communications il ne révéla que les noms de ses ennemis déclarés, et certes, il en avait bien le droit. Quant à Mme de Warens, depuis 1765, elle n'existait plus. « Elle ne laissa, dit Guinguené, ni enfants, « ni héritiers de son nom, ni parents assez proches pour s'honorer « de ce qui l'honore, et pour rougir de ce qui la flétrit. N'ayant « jamais jeté de voile sur sa conduite, tout Annecy, tout Chambéry « en avaient connaissance. Si les *Confessions* avaient pénétré dans « ces deux villes, elles n'y auraient rien appris à personne; tandis « que dans le reste de l'Europe, le nom de Mme de Warens est « comme un nom de roman » (*Lettres sur les Confessions*, pag. 12).

Il est si vrai que la conduite de Mme de Warens était un fait notoire dans les lieux où elle avait vécu, que Rousseau disait d'elle: « Maman (¹) vieillissait et *s'avilissait* » (*Confessions*, liv. X). Il y a plus, ses révélations ne pouvaient même que diminuer les fâcheuses impressions qu'avaient dû y produire les écarts de sa bienfaitrice, puisque, en somme, la part du bien y surpasse de beaucoup celle du mal. Ces raisons n'ont pas paru suffisantes; on a soutenu que la notoriété de ces écarts n'autorisait pas Rousseau à les consigner

---

(¹) J'avoue que ce titre de *maman* offense la délicatesse; il est singulier que Rousseau ne l'ait pas senti.

dans un ouvrage auquel son nom réservait une immense publicité, et que la reconnaissance seule eût dû lui fermer à jamais la bouche. Je passerai condamnation, si l'on veut, sur le fait d'indiscrétion ; mais il fallait s'en tenir là. L'ingratitude, faut-il le répéter, suppose le dessein de nuire, et tout, dans les récits de Rousseau, annonce l'intention opposée. On peut dire que presque toute la première partie des *Confessions* n'est qu'un hymne passionné en l'honneur de Mme de Warens. L'illusion la plus sincère y règne d'un bout à l'autre ; *l'ingrat* aime cette femme jusqu'à l'absurdité, presque jusqu'au scandale ! Comment croire qu'il voulût déshonorer sa bienfaitrice, celui qui nous la peint si douce, si aimante, si compatissante, si sincère dans ses égarements mêmes, et qui s'abandonne si longuement au plaisir de décrire les bienheureuses années qu'il passa près d'elle ; celui qui nous force à absoudre, à aimer cette infortunée, expiant de simples erreurs de jugement par l'ignominie, par de longues misères ? Que de traits charmants repoussent cette stupide accusation ! Voyez Rousseau malade, se lever la nuit pour donner à son amie des conseils affectueux, s'asseoir sur son lit, pleurer avec elle pendant des heures entières, et ne la quitter qu'après lui avoir arraché des promesses bien superflues de prudence et d'économie ! Il avait alors pour confesseur un vieux jésuite dont la piété douce et éclairée modérait l'exagération et les terreurs de la sienne. Il fréquentait la maison des Pères à Chambéry, et surtout leur bibliothèque : « Le souvenir de cet heureux temps, dit-il, se lie avec
« celui des jésuites, au point de me faire aimer l'un par l'autre ; et
« quoique leur doctrine m'ait toujours paru dangereuse, je n'ai
« jamais pu trouver en moi le pouvoir de les haïr sincèrement »
(*Confessions*, liv. VI). Quel devait être le charme de cette existence, et celui de l'attachement qui la remplissait, pour qu'au bout de trente ans, et par le seul prestige des souvenirs, l'auteur d'*Emile* et du *Contrat social* ne pût *haïr sincèrement* les ennemis de toute lumière et de toute liberté !

A son retour de Montpellier, il trouve sa place prise. Un ingrat eût fait une scène brutale et s'en fût allé. Il reste, il refuse d'avilir son amie en partageant sa possession avec l'indigne sujet qui lui avait succédé. Générosité inutile ; sa bienfaitrice elle-même se détache de lui. Incapable de supporter plus longtemps cet abandon, il va à Grenoble. Au bout d'un an, la mélancolie s'empare de lui ; le souvenir de ses chères Charmettes lui donne *des serrements de cœur, des étouffements qui lui ôtaient le courage de rien faire :* il revient. *Au bout d'une demi-heure, il sent que son ancien bonheur est mort pour toujours.* « Me voilà, dit-il, bâtissant des châteaux en « Espagne pour tirer cette pauvre *maman* des extrémités cruelles « où je la voyais réduite. » Il invente un nouveau système de notation musicale ; puis, croyant sa fortune faite et *brûlant de la partager avec celle à qui il devait tout*, il part pour Paris. En 1745, il recueille la petite succession de son père et en envoie une partie à sa bienfaitrice. Il la revoit, en 1754, indigente et avilie. « Je lui « réitérai vivement et inutilement, dit-il, les instances que je lui « avais faites plusieurs fois dans mes lettres, de venir vivre paisible- « ment avec moi, qui voulais consacrer ma vie et celle de Thérèse (¹) « à rendre ses jours heureux. Attachée à sa pension, dont cependant « elle ne tirait rien depuis longtemps, elle ne m'écouta pas.... Ah ! « c'était alors le moment d'acquitter ma dette ; il fallait tout quitter « pour la suivre. Je n'en fis rien, etc. » Voyez avec quelle sévérité il juge ensuite ce qu'il appelle son ingratitude ! Il ne fut pas entièrement excusable, sans doute ; mais ce tort n'est-il pas bien atténué par l'avilissement de sa bienfaitrice, par l'impossibilité de l'arracher à ses habitudes, par l'indigence même de Rousseau, et surtout par ses offres généreuses qu'il ne put faire accepter ? Mme de Warens venait de mourir, un peu après le bon maréchal de Luxembourg. « Ma seconde perte, dit Rousseau, plus sensible encore et plus « irréparable, fut celle de la meilleure des femmes et des mères, « qui, déjà chargée d'ans et surchargée d'infirmités et de misères, « quitta cette vallée de larmes pour passer dans le séjour des bons, « où le souvenir du bien qu'on a fait ici-bas en fait l'éternelle ré- « compense. Allez, âme douce et bienfaisante, auprès des Fénelon, « des Bernex, des Catinat, et de ceux qui, dans un état plus humble, « ont ouvert comme eux leurs cœurs à la charité véritable. Allez « goûter le fruit de la vôtre, et préparer à votre élève la place qu'il « espère occuper un jour auprès de vous ; heureuse dans vos in- « fortunes, que le Ciel, en les terminant, vous ait épargné le cruel « spectacle des siennes ! » Il ajoute : « Bientôt, je cesserai de souf- « frir aussi ; mais si je croyais ne pas la revoir dans l'autre vie, ma « faible imagination se refuserait à l'idée du bonheur parfait que « je m'y promets » (*Confessions*, liv. XII).

(¹) Ceux qui ont accablé cette femme n'ont pas dit que lorsque Mme de Warens lui mit au doigt son dernier bijou, elle le lui rendit *en baisant cette noble main qu'elle arrosa de ses larmes.* Ils ont encore moins parlé du trait de Gauffecourt, qui rend l'épisode du *palefrenier* si peu vraisemblable (Voir *Confess.*, liv. VIII).

Au sortir de Trye, Rousseau se rendit à Grenoble. Je ne doute pas que le désir de revoir les Charmettes n'entrât pour beaucoup dans cette détermination. En effet, il écrivit de cette ville à Thérèse, pour l'informer qu'il allait partir pour Chambéry.

« Mon intention, lui dit-il, est d'aller sur la tombe de cette tendre « mère que vous avez connue, pleurer le malheur que j'ai eu de lui « survivre » (25 juillet 1768). Enfin, le dernier morceau qui sortit de la plume de Rousseau fut consacré à Mme de Warens et à la bienheureuse vie des Charmettes. « Ah! dit-il, si j'avais suffi à son cœur « comme elle suffisait au mien, quels paisibles et délicieux jours « nous eussions coulés ensemble ! Nous en avons passé de tels, mais « qu'ils ont été courts et rapides, et quel destin les a suivis ! *Il n'y a* « *pas de jours* que je ne me rappelle avec joie et attendrissement « cet unique temps de ma vie où je fus moi-même pleinement, sans « mélange, et où je puis dire véritablement avoir vécu, etc. » La dernière pensée de cette méditation, *écrite en avril* 1778, est encore un acte de reconnaissance. Rousseau y rappelle les motifs qui l'arrachèrent des Charmettes, et l'ardent désir qu'il éprouvait, en fuyant ce séjour chéri, d'employer ses talents à reconnaître les soins de sa bienfaitrice ; on peut donc dire que son dernier soupir fut pour elle. Voilà l'homme dont on a eu le courage de faire un ingrat !

J'arrive maintenant à ceux qui ont cru que Rousseau chercha à excuser dans Mme de Warens ce qu'il savait bien être inexcusable. Leur supposition, moins malveillante que celle d'ingratitude, est peut-être plus injuste, parce qu'elle tranche, de prime abord et sans preuves, une question de conscience. Le naturel, la profonde sensibilité qui caractérisent tout ce que Rousseau a écrit sur Mme de Warens, sont des garanties certaines de sa bonne foi ; l'art n'y perce nulle part. Il se fit illusion sur les erreurs de cette femme, presque aussi singulière que lui, et crut réellement que ses rares qualités suffisaient pour la justifier. J'ai relu plus de vingt fois le cinquième livre des *Confessions*, à l'âge où le prestige du talent ne pouvait plus me dérober la vérité, et je n'ai jamais pu voir dans le panégyriste de Mme de Warens, qu'un homme ardent et sensible qui, au sein des épreuves, s'abandonne sans mesure au charme de ses souvenirs, et dont le cœur fascine la raison.

Mais son erreur fut-elle aussi grande qu'on affecte de le croire, et ne serait-ce pas le cas de dire de la pauvre Warens, ce que Jésus disait de la femme adultère : « Que celui de vous qui est sans péché « lui jette la première pierre! » Ce qui choque le plus dans cette femme, c'est le froid calcul de son inconduite, c'est l'abandon de sa personne à ceux dont elle s'entourait, et qui avait pour unique but de se les attacher plus fortement par l'attrait de la sensualité. On excuserait davantage, il me semble, l'entraînement de la passion. « Ce partage, dit Rousseau avec autant de tristesse que de sincérité, « me faisait une cruelle peine, tant par une délicatesse bien naturelle, « que parce qu'en effet je le trouvais peu digne d'elle et de moi. » Il aurait pu être plus sévère, j'en conviens ; mais toujours est-il vrai qu'il n'a pas tout justifié, comme on le prétend. Quant au contraste de sensibilité morale et d'apathie sensuelle que Rousseau assure avoir existé chez Mme de Warens, il ne peut surprendre que ceux qui n'observent pas. On croit généralement, et bien à tort, qu'il y a un rapport nécessaire entre les penchants aimants et l'instinct essentiellement brutal qui produit le rapprochement des sexes. La philosophie matérialiste affecte de confondre ces deux facultés si différentes ; en cela elle est conséquente à sa manie systématique, qui est de dégrader autant que possible l'homme moral et de le rattacher de toutes manières à ce qu'elle nomme l'*échelle animale*, dont il a la prétention de s'isoler. Cependant il n'est pas plus rare de rencontrer des âmes très-tendres, sans désirs charnels bien prononcés, sans *tempérament*, comme on dit vulgairement, que d'insatiables libertins, incapables d'aimer, égoïstes, durs, souvent même féroces. Il fallait que la sensualité fût bien faible chez Mme de Warens, pour qu'au milieu de son désordre, elle pût vivre dans une si grande sécurité de conscience. « Elle ne concevait pas, dit Rousseau, qu'on « donnât tant d'importance à ce qui n'en avait pas pour elle. Elle « n'honora jamais du nom de vertu une abstinence qui lui coûtait « si peu(¹) » (*Conf.*, liv. V). Cependant Mme de Warens n'était point *esprit fort* (voyez liv. VI). Au reste, qu'elle fût *froide* ou non, son seul tort fut l'indifférence avec laquelle elle envisageait l'union des sexes sous le rapport moral, et il ne faut pas oublier que ce préjugé ne lui appartenait pas. D'indignes séducteurs le firent germer presque dès l'enfance dans son âme droite, mais naturellement sophistique. Elle y persista avec cette opiniâtreté, ce défaut de discernement qui, de déception en déception, la conduisirent à l'avilissement et à l'indigence. On peut donc admettre comme réel tout le bien

---

(¹) Les exemples d'inertie complète des organes sexuels, et même d'aversion pour l'acte vénérien, sont loin d'être rares chez les femmes. Consultez à ce sujet les articles sur l'*anaphrodisie* des Dictionnaires de médecine, et si vous voulez les causeries cyniques de Montaigne.

que Rousseau a dit de sa bienfaitrice et concilier ses vertus avec des écarts systématiques. Voici un trait qui achèvera de rassurer les consciences délicates ; il se rapporte à ce facétieux et crapuleux Venture dont Rousseau s'était engoué : « Cependant, dit-il, j'aurais
« voulu allier cet attachement à celui qui me dominait ; j'en parlais
« à maman avec transport ; elle consentit qu'on le lui amenât ; mais
« l'entrevue ne réussit pas du tout. Il la trouva précieuse, elle le
« trouva *libertin*, et s'alarmant pour moi d'une si mauvaise connais-
« sance, non-seulement elle me défendit de le lui ramener, mais
« elle me peignit si fortement les dangers que je courais avec ce
« jeune homme, que je devins plus circonspect à m'y livrer, etc. »
(Livre III). Ce vaurien, qui avait tant déplu à la trop facile Mme de Warens, réussit complétement à Annecy. « Je le retrouvai, dit Rousseau, brillant et fêté, *les dames se l'arrachaient* » (livre IV). Or, Annecy était une ville *dévote*, et la pauvre Warens n'y était pas épargnée. « Une autre chose digne de remarque, dit encore Rous-
« seau, est qu'après sa première faiblesse (pour M. de Tavel), elle
« n'a guère favorisé que des malheureux. Les gens brillants ont tous
« perdu leurs peines auprès d'elle ; mais il fallait qu'un homme
« qu'elle avait commencé par plaindre fût bien peu aimable, si elle
« ne finissait par l'aimer. Quand elle se fit des choix peu dignes
« d'elle, bien loin que ce fût par des inclinations basses qui n'ap-
« prochèrent jamais de son noble cœur, ce fut uniquement par son
« caractère trop généreux, trop humain, trop compatissant, qu'elle
« ne gouverna pas toujours avec assez de discernement. Elle abhor-
« rait la duplicité, le mensonge ; elle était juste, humaine, désin-
« téressée, fidèle à sa parole, à ses amis, à ses devoirs *qu'elle re-
« connaissait pour tels*, incapable de vengeance et de haine, et ne
« concevant pas même qu'il y eût quelque mérite à pardonner. Enfin,
« pour revenir à ce qu'elle avait de moins excusable, sans estimer
« ses faveurs ce qu'elles valaient, elle n'en fit jamais un vil com-
« merce. Elle les prodiguait, mais elle ne les vendait pas, *quoi-
« qu'elle fût toujours aux expédients pour vivre*, et j'ose dire que si
« Socrate put estimer Aspasie, il eût respecté Mme de Warens »
(livre V).

Ici Rousseau paraît être en contradiction avec ce qu'il a fulminé, dans son *Emile*, contre les femmes galantes ; mais il faut considérer qu'il regardait Mme de Warens comme une exception très-rare. L'excitant sensuel manquant presque entièrement chez elle, son désordre n'avait rien de commun avec celui des bacchantes du siècle dernier et du nôtre. Musset-Pathay a démontré, avec une chaleur digne de son âme honnête, que le dix-huitième siècle n'avait pas le droit d'être si sévère envers Mme de Warens. « Rappelons d'abord, « dit-il, qu'elle était libre, sans mari, sans enfants, sans famille, et « que ses faiblesses ne firent tort qu'à elle-même. En dirons-nous « autant de cette femme qui, son mari étant inscrit sur une liste « d'émigrés, obtient le divorce pour conserver son bien à ses enfants, « mange ce bien avec un amant, ne donne rien aux enfants ni au « mari, trouve un sot qui l'épouse et lui donne sa fortune, prend « soin d'un enfant adultérin qu'elle avait eu pendant son mariage, « et laisse de côté les enfants légitimes ? De celle qui, dans ses « Mémoires, nous fait l'aveu effronté de ses faiblesses, ou le récit de ses « conquêtes, nous présente son mari lui amenant un amant au milieu « de la nuit ? De cette femme de province dont le mari, riche finan- « cier, sachant qu'il n'était le père que de l'un de ses huit enfants, « dont chacun avait pour sobriquet le nom du régiment de son vrai « père, fit de vains efforts pour les écarter ? Voilà sept adultérins « partageant le patrimoine d'un enfant légitime ! Et cependant « il n'est personne qui n'aimât mieux compter dans sa famille « Mme T..., Mme D..., Mme L..., que Mme de Warens. Rousseau put « donc traiter de préjugé l'opinion qui condamnait cette dame, et « laissait impunies celles dont on vient de parler ; que dis-je, im- « punies ? honorées, reçues, fêtées, assises effrontément près des « mères de famille que la calomnie même était forcée de respecter » (*Hist.*, art. *Warens*, t. II).

Ces réflexions sont justes en partie ; mais pourquoi ces initiales timides ? Pourquoi taire le nom de ces infâmes ? Musset-Pathay se trompe en avançant que Rousseau *traita de préjugé* le blâme que mérite réellement la conduite de Mme de Warens. Ce mot de *préjugé* ne se trouve pas une seule fois dans l'apologie de sa bienfaitrice, *qu'il excuse, mais qu'il ne justifie pas*. Cette inadvertance de Musset-Pathay, qui attaque la moralité de Rousseau, est encore aggravée par le trait suivant : « Telles sont, dit-il, les observations que nous « a suggérées un sujet contre lequel a échoué toute l'éloquence de « Rousseau. » Cela semble insinuer que Rousseau abusa sciemment de son talent pour justifier à tout prix les faiblesses de Mme de Warens. Ce n'est de la part de Musset-Pathay qu'une distraction, je n'en doute pas ; mais que de lecteurs ont dû s'y tromper ! Enfin je remarque qu'il n'a pas osé étendre ses censures au siècle actuel, qui ne les mérite guère moins que l'autre. Est-ce qu'on ne voit plus parmi nous, comme autrefois, des milliers de turpitudes passer à la faveur du nom, de la position, de la fortune, tandis que de simples fautes y sont flétries avec une sévérité digne de l'âge d'or ? De qui se moque-t-on aujourd'hui, je ne dis pas en secret, mais publiquement, dans les salons, dans les romans, sur la scène, dans les feuilletons ? N'est-ce pas toujours des maris et de leurs éternelles infortunes ? Le théâtre était-il plus impur dans le siècle dernier qu'il ne l'est aujourd'hui ? La seule présence des femmes de tout âge dans cette école de désordre ne suffit-elle pas pour révéler toute la profondeur du mal qui nous ronge, et pour démentir ce progrès moral dont nous osons nous vanter ? Nos salons ne sont-ils pas toujours affligés de vieillards cyniques, de Messalines émérites qu'on trouve aimables et qu'on respecte, d'époux adultères qu'on recherche s'ils sont riches ou influents, de jeunes audacieux qu'on gâte ou qu'on tolère, de jeunes filles indécentes qu'on accable d'hommages, de fourbes ou d'imbéciles qui font l'apologie de nos tristes mœurs ? Le dix-huitième siècle, époque de despotisme, étalait effrontément ses vices, parce qu'alors les classes supérieures, foyer principal de la corruption, n'avaient presque rien à craindre ni des lois, ni de l'opinion. Le nôtre, ne pouvant l'imiter en cela, met en pratique le précepte des anciens épicuriens : *Cache ta vie*, et encore ne la cache-t-il guère. En somme, Mme de Warens, avec de la fortune et du crédit, eût joui de l'impunité et des honneurs assurés aux brillantes prostituées de son époque, cent fois plus coupables qu'elle : de notre temps, avec moins de franchise et de laisser-aller, et surtout avec un biographe plus discret que Rousseau, elle eût partagé l'estime publique avec une foule de femmes à principes et à sentiments, dont tout le mérite consiste à sauver habilement les apparences.

Je pourrais m'en tenir là sur l'ingratitude, mais il s'agit de la plus grave, de la plus tenace des calomnies qui aient terni la mémoire de Rousseau. Là où la haine et le mensonge surabondent, on ne doit pas craindre de prodiguer la réfutation ; je n'écris pas pour ceux que la vérité ennuie.

Le poëte Dorat, admis à une des lectures particulières des *Confessions*, écrivit le *soir même*, à une dame de ses amies, une lettre pleine d'enthousiasme, où l'on trouve ce trait : « On n'a pas fait le « moindre bien à l'auteur qui ne soit consacré dans son livre » (voyez édition de Genève, t. XXX, pag. 260). En effet, les *Confessions* sont remplies de traits d'affection et de gratitude ; personne n'y est oublié, depuis Milord Maréchal jusqu'au bon aubergiste Perrotet, jusqu'à ce *Bordes*, auteur anonyme du *Docteur Pansophe* et de plusieurs autres libelles odieux. Il y est dit de Mme d'Épinay : « Elle était aimable, avait de l'esprit, des talents ; « mais elle avait une amie nommée Mlle d'Ette, qui passait pour « méchante, et qui vivait avec le chevalier de Valory, qui ne passait « pas pour bon. Je crois que le commerce de ces deux personnes « fit tort à Mme d'Épinay, à qui la nature avait donné, avec un tem- « pérament très-exigeant, des *qualités excellentes* pour en racheter « les écarts » (livre VII). Ici Rousseau a la délicatesse de ne pas parler des liaisons de cette dame avec Grimm, véritable cause de l'altération de son caractère et de sa haine envers lui. Il respecte scrupuleusement ses confidences, et cite d'elle un procédé estimable au sujet de sa correspondance avec Francueil. Historien inexorable des injustices de ses ennemis, il raconte avec la même fidélité les traits qui peuvent les honorer. Le récit de son installation à l'Ermitage, le trait du jupon de Mme d'Épinay (livre IX), sont pleins de la plus exquise sensibilité ; et qu'on ne croie pas qu'ils sont là pour l'effet ; les lettres de Rousseau en contiennent une foule d'autres dont l'expression affectueuse va quelquefois jusqu'à la niaiserie. Ceux des *Confessions* sont plus réservés, et n'en ont que plus de valeur. Ils furent écrits de 1763 à 1768, dans un moment d'épreuve cruelle, et sous l'influence d'une maladie mentale qui empirait de jour en jour ; voyez pourtant comment *l'ingrat monomane* s'exprime sur la maîtresse de Grimm, sur la femme qui fut complice de ses calomnies, et qui, plus tard, composa sous sa dictée ces scandaleux Mémoires où elle achève d'accabler celui qui respecta ses secrets jusqu'à la fin ! Si l'éloge est sincère et sans mélange de fiel, le blâme est sévère, mais modéré. La scène où Mme d'Épinay veut persuader à Thérèse de lui livrer les lettres de Mme d'Houdetot, et cherche à exciter sa jalousie, est racontée avec un calme admirable. Elle finit par ce trait expressif, mais toujours décent : « Tels étaient « les conseils que mon amie donnait à ma compagne » (livre X). En parlant de sa sortie de l'Ermitage, il penche à croire que Mme d'Épinay se fût volontiers prêtée à un raccommodement, mais que Grimm l'en empêcha, rendant ainsi cette dernière justice à sa bienfaitrice, devenue son ennemie sous les auspices du lâche auquel elle s'était livrée.

Rousseau s'engoua de Grimm, on ne sait trop pourquoi, et il ne le savait peut-être pas lui-même. Le dénûment de cet homme, sa qualité d'étranger, parlèrent sans doute au cœur compatissant de

Rousseau, qui vit une certaine conformité entre cette position et la sienne. Il en fut de même de Diderot. Je me borne à rappeler la douleur de Rousseau en apprenant sa détention, la vivacité imprudente de ses apologies, ses courses quotidiennes à Vincennes, et le mot égoïste de Diderot : *vous voyez comme m'aiment mes amis*, son silence lors de la scène brutale de d'Holbach. Réunissez ces traits à tout ce que j'ai dit ailleurs, et voyez lequel de ces deux hommes mérite les noms de *méchant* et d'*ingrat !*

J'ai examiné et réfuté longuement, chap. II, p. 44, les calomnies que Marmontel, digne confident de Diderot, a insérées dans ses *Mémoires* sur les rapports de Rousseau avec Mme d'Houdetot et Saint-Lambert ; je vais achever d'anéantir cette lâche accusation. Arrivé à l'âge où l'amour ne peut plus être partagé, Rousseau voit *une fois* Mme d'Houdetot, et son cœur est subjugué. Les rêves érotiques qui lui avaient inspiré sa *Julie* n'y contribuèrent que trop ; au moins conviendra-t-on que c'est encore une preuve de la nature douce et tendre des sentiments qui remplissaient habituellement son âme. Un *ingrat* n'eût point écrit cette charmante fiction, et l'unique visite d'une femme médiocrement belle ne lui eût pas inspiré une passion si subite et si durable. Je ne la décrirai point, le récit des *Confessions* est supérieur à tout. L'âme de Rousseau, faible, exaltée, mais pleine de droiture et d'honneur, s'y révèle à chaque instant. Tout, dans ce mélancolique épisode, inspire à la fois l'estime et la compassion. Aimer si tard et si passionnément, se consumer auprès d'une femme qui éprouve pour un autre tous les transports qu'elle vous inspire ! imagine-t-on une situation plus bizarre et plus déplorable ? Pour comprendre ce que dut souffrir le malheureux Rousseau, il faut lire sa lettre (juin 1757) à Mme d'Houdetot et qui commence ainsi : « Viens, Sophie, que j'afflige ton cœur injuste et « que je sois à mon tour sans pitié comme toi, etc. » C'est une suite de convulsions qui serrent le cœur ; je n'ai jamais pu la lire qu'une fois.

Cette unique passion de Rousseau est, comme toute sa destinée, empreinte d'une fatalité vraiment exceptionnelle. Jamais, peut-être, un cœur d'homme ne fut atteint plus profondément, jamais des devoirs plus difficiles ne furent imposés à un malheureux, coupable seulement d'avoir aimé sans être aimé lui-même ; jamais on n'expia plus durement et plus noblement une faute qu'on peut dire légère jusqu'au ridicule ; jamais enfin un amant placé dans ces pénibles conditions, et plus tard, méconnu, délaissé, ne parla avec plus de générosité de l'objet de son amour et de son heureux rival. Et qu'on ne croie pas que je me livre ici au plaisir de déclamer ; je cite, à l'appui de cet éloge si partial en apparence, toutes les lettres de Rousseau à Mme d'Houdetot ; non pas celles où il délire, mais celles où, retrouvant enfin quelque raison, il lui tient un langage à la fois plein de douleur et de dignité. Je ne puis résister au désir d'en citer quelques traits.

8 novembre 1757. « Je viens de recevoir de Grimm une lettre qui
« m'a fait frémir (celle de rupture), et que je lui ai renvoyée à l'instant
« de peur de la lire une seconde fois. Madame, tous ceux que j'ai-
« mais me haïssent, et vous connaissez mon cœur, c'est vous en dire
« assez. Tout ce que j'avais appris de Mme d'Epinay n'est que trop
« vrai, et j'en sais davantage encore. Je ne trouve de toutes parts
« que sujets de désespoir. Il me reste une seule espérance : elle
« peut me consoler de tout, et me rendre le courage. Hâtez-vous
« de la confirmer ou de la détruire. Ai-je encore une amie et un
« ami ? Un mot, un seul mot, et je puis vivre, etc. »

Novembre 1757. « Voici la *quatrième lettre* que je vous écris sans
« réponse : ah ! si vous continuez de vous taire, je vous aurai trop
« entendue. Songez à l'état où je suis, et consultez votre bon cœur.
« Je puis supporter d'être abandonné de tout le monde, mais vous
« qui me connaissez si bien ! Grand Dieu ! suis-je un scélérat ? un
« scélérat, moi ! Je l'apprends bien tard. C'est M. Grimm, c'est
« mon ancien ami, *c'est celui qui me doit tous les amis qu'il m'ôte*,
« qui a fait cette belle découverte et qui la publie. Hélas ! il est
« l'honnête homme, et moi l'ingrat. Il jouit des honneurs de la
« vertu pour avoir perdu son ami, et moi je suis dans l'opprobre
« pour n'avoir pu flatter une femme perfide, ni m'asservir à celle
« que j'étais forcé de haïr (Mme d'Epinay). Ah ! si je suis un mé-
« chant, que toute la race humaine est vile ! Cruelle, fallait-il céder
« aux séductions de la fausseté, et faire mourir de douleur celui
« qui ne vivait que pour vous aimer ? Adieu, je ne vous parlerai
« plus de moi ; mais si je ne puis vous oublier, je vous défie d'ou-
« blier à votre tour ce cœur que vous méprisez, et d'en trouver
« jamais un semblable. »

Quatre mois après, Rousseau n'avait pas encore reçu de réponse, car en janvier 1758, il écrivait ce qui suit à Mme d'Houdetot : « Vo-
« tre barbarie est inconcevable ; elle n'est pas de vous. *Ce silence*
« *est un raffinement de cruauté qui n'a rien d'égal*. On vous dira
« l'état où je suis depuis huit jours. Et vous aussi, Sophie, vous me

« croyez un méchant. Ah Dieu ! si vous le croyez, à qui donc en
« appellerai-je ? Pourtant comment se fait-il que la vertu me soit
« si chère ?... que je sente en moi le cœur d'un homme de bien ?
« Non ; quand je tourne les yeux sur le passé et que je vois qua-
« rante ans d'honneur à côté d'une mauvaise lettre (¹), je ne puis
« désespérer de moi. »

Le reste de cette lettre, pleine d'une exaltation douloureuse qui attriste, est employé à fléchir Mme d'Houdetot, qui écrivit enfin le 24 mars 1758. Rousseau répondit le lendemain. Comme sa lettre est très-longue, et que chacun peut la lire dans sa *Correspondance*, je n'en vais citer que quelques passages. Mme d'Houdetot lui avait reproché d'*avoir été le plus grand obstacle aux progrès de son amitié*. Rousseau répond qu'il n'exigeait pas que son amitié fît des progrès, mais qu'elle ne diminuât pas ; que son refroidissement avait commencé après les adieux d'Eaubonne (fin d'octobre 1757).
« Je ne vous demande pas, lui dit-il, pourquoi votre amitié n'a
« point augmenté, mais pourquoi elle s'est éteinte. Ne m'alléguez
« pas ma rupture avec votre belle-sœur et son digne ami. Vous
« savez ce qui s'est passé, et de tout temps vous avez dû savoir
« qu'il ne saurait y avoir de paix entre J.-J. Rousseau et les mé-
« chants. *Vous me parlez de fautes, de faiblesses, d'un ton de re-*
« *proche*. Je suis faible, il est vrai ; ma vie est pleine de fautes, car
« je suis homme. Mais voici ce qui me distingue des hommes que je
« connais ; c'est qu'au milieu de mes fautes, je me les suis toujours
« reprochées ; c'est qu'elles ne m'ont jamais fait mépriser mon de-
« voir, ni fouler aux pieds la vertu ; c'est qu'enfin j'ai combattu et
« vaincu pour elle dans les moments où tous les autres l'oublient.
« Puissiez-vous ne jamais trouver que des hommes aussi criminels! »

Des fautes ! des faiblesses ! l'amante de Saint-Lambert était-elle donc si irréprochable ?

« Vous me dites que votre amitié, *telle qu'elle est*, subsistera tou-
« jours pour moi *tel que je sois*, excepté le crime et l'indignité dont
« vous ne me croirez jamais capable. A cela je vous réponds que
« j'ignore quel prix je dois donner à votre amitié telle qu'elle est ;
« que, quant à moi, je serai toujours ce que je suis depuis quarante
« ans ; qu'on ne commence pas si tard à changer, et que quant au

---

(¹) C'est celle qu'il écrivait à Grimm (17 octobre 1757), et dans laquelle il lui exposait les motifs qui s'opposaient à ce qu'il accompagnât Mme d'Epinay à Genève. Cette *mauvaise* lettre est pleine de raison et de sentiment.

« crime et à l'indignité dont vous ne me croirez jamais capable, je
« vous apprends que ce compliment est dur pour un honnête
« homme et insultant pour un ami. »

Encore une nouvelle preuve des mensonges de Diderot et de Grimm. Si Rousseau eût outragé Mme d'Houdetot, comme ils l'ont avancé, on conviendra que ce langage eût été d'une audace rare, et, qu'en pareil cas, aucune femme n'eût pu s'empêcher d'éclater.

« Je n'ai pas changé d'opinion sur votre bon cœur, *mais je vois*
« *que vous ne savez plus ni penser, ni parler, ni agir par vous-même...*
« Adieu : *je ne suis ni changeant, ni subjugué comme vous;* l'amitié
« que vous m'avez promise, je vous la garderai jusqu'au tombeau.
« Mais si vous continuez à m'écrire de ce ton injuste et soupçon-
« neux que vous affectez avec moi, trouvez bon que je cesse de vous
« répondre ; rien n'est moins regrettable qu'un commerce d'ou-
« trages; mon cœur et ma plume s'y refuseront toujours avec
« vous. » Rousseau s'apercevait que son amie se laissait conduire ; je dirai tout à l'heure par qui.

13 juillet 1758. « Je commence une correspondance qui n'a point
« d'exemple et ne sera guère imitée ; mais votre cœur n'ayant plus
« rien à dire au mien, j'aime mieux faire seul les frais d'un com-
« merce qui ne serait qu'onéreux pour vous, et où vous n'auriez à
« mettre que des paroles. » D'après ce préambule, il est clair que Mme d'Houdetot avait encore cessé de répondre. Voici la fin de cette charmante lettre. « Si jamais votre cœur affligé se sent be-
« soin de ressources qu'il ne trouvera pas en lui-même ; si peut-
« être un jour d'autres manières de penser vous dégoûtent de celles
« qui n'ont pu vous rendre heureuse, revenez à moi si je vis encore,
« *et vous saurez quel ami vous avez méprisé.* Si je ne vis plus, relisez
« mes lettres, peut-être le souvenir de mon attachement adouci-
« ra-t-il vos peines ; peut-être trouverez-vous dans mes maximes
« des consolations que vous n'imaginez pas aujourd'hui. »

Il paraît pourtant que Mme d'Houdetot se rendit à ces instances si touchantes, car on trouve encore dans la *Correspondance* une lettre de Rousseau à elle adressée (1760), et dans laquelle il lui dit :
« Je n'ai de consolation et de témoignage d'amitié que de vous
« seule, et c'est bien assez pour moi, etc. »

Rousseau ne revit plus Mme d'Houdetot qu'une seule fois, ce fut au dîner de M. d'Epinay. « Les copies de Mme d'Houdetot,
« qu'elle m'engagea à reprendre, dit-il, mes ouvrages que je con-

« tinuai de lui envoyer quand ils paraissaient, m'attirèrent encore
« de sa part, de temps à autre, quelques messages et billets indif-
« férents, mais obligeants. *Elle fit même plus, comme on verra dans*
« *la suite*; et la conduite réciproque de tous les trois, quand notre
« commerce eut cessé, peut servir d'exemple de la façon dont les
« honnêtes gens se séparent quand il ne leur convient plus de se
« voir » (liv. X).

Je n'ai trouvé ni dans les *Confessions*, ni dans la *Correspondance*,
aucune trace de la circonstance particulière dont il est question
dans ce passage. Il est probable que Rousseau aura oublié d'en
reparler, ou que, par sa date, elle devait entrer dans la troisième
partie de ses *Confessions*, qu'il n'a jamais écrite. Quel que puisse
être cet incident, il est sûr que depuis 1760, la *Correspondance*
n'offre plus de lettres de Mme d'Houdetot, et que les malheurs subséquents de Rousseau, le décret, l'exil, la persécution, ne purent
ranimer l'amitié de cette femme tant adorée. Quant à Rousseau,
dix ans après l'origine de ce funeste amour, il écrivait ses *Confessions*. On sait comment Mme d'Houdetot y est peinte, et l'on ne sent
« que trop en les lisant la vérité de cette image : « Le trait enfoncé
« dans mon cœur a été plutôt brisé qu'arraché. » Quelle passion,
en effet, que celle qui, aux approches de la caducité, au sein de l'infortune, pouvait dicter encore ces tristes et charmantes pages!

En 1820, j'ai passé un été à Montmorency chez un vieux peintre
en bâtiments qui tenait des appartements garnis. Il avait travaillé
dans sa jeunesse au château de Sannois, dernière résidence de
Mme d'Houdetot. Il me contait que cette dame causait volontiers
avec ses ouvriers. Il hasarda un jour quelques mots sur J.-J. Rousseau. Mme d'Houdetot parut blessée et l'interrompit avec humeur,
en lui disant : « *Ne me parlez pas de ce petit misérable!* » Une
circonstance de cette anecdote me fait croire à sa réalité. Rousseau
dit dans ses *Confessions* que Mme d'Houdetot avait la vue très-
basse. Lorsqu'elle tint le propos dont il s'agit elle était, suivant
le vieux peintre, occupée à examiner un parquet qu'on venait de
poser dans son salon, et pour cela, elle s'était mise à genoux, les
mains appuyées sur le parquet, que son front touchait presque :
attitude parfaitement expliquée par son extrême myopie. Je me suis
assuré que le vieux peintre, très-ignorant et très-sot du reste,
n'avait jamais lu une ligne des *Confessions*. Ce trait me frappa. Je
suis loin de le donner comme certain, mais on va voir, par ce qui
me reste à dire, qu'il n'est malheureusement que trop vraisemblable.

J'ai parlé, chap. II, pag. 80 de l'hostilité décente, mais démontrée de Saint-Lambert ; j'ai dit que lui et sa maîtresse avaient vécu quelques années après la publication des *Mémoires de Marmontel*, dans lesquels Rousseau est indignement calomnié à leur sujet ; que ni l'un ni l'autre n'avaient réclamé contre cette imposture. Une seule dénégation de leur part suffisait pour démasquer trois fourbes : Grimm, Diderot et Marmontel. Le souvenir de leur ancien ami, un sentiment bien naturel de compassion pour ses infortunes, l'excès de l'injustice universelle, la voix de l'honneur enfin, leur commandaient *à tous les deux* cet acte de rigoureuse probité. *Ils se sont tus*. Ce coupable silence n'étonne pas de la part de Saint-Lambert, amant jaloux, philosophe athée, littérateur médiocre et probablement envieux. Mais conçoit-on que Mme d'Houdetot ait pu sanctionner volontairement le déshonneur de l'homme auquel elle ne pouvait reprocher que de l'avoir trop aimée ! Objectera-t-on que la publicité des *Confessions* a pu la blesser ? Ce serait bien peu connaître le pouvoir de la vanité sur les femmes. Son intimité avec Saint-Lambert y est dévoilée, c'est vrai, mais qui donc l'ignorait avant ? Mme d'Houdetot avait trop d'esprit, elle était trop de son siècle pour s'offenser de si peu de chose ; son amour-propre ne pouvait qu'être extrêmement flatté d'une indiscrétion qui la peint sous des traits presque angéliques, et lui assure une immortalité que ses petits talents réunis à ceux de son amant ne lui eussent certainement pas obtenue. D'ailleurs cette indiscrétion, que certains détracteurs ont osé appeler de l'ingratitude, peut-elle légitimer une réticence qui favorisait de lâches calomnies et livrait un innocent à la réprobation de la postérité ? Musset-Pathay n'a rien vu de répréhensible dans ce silence de Saint-Lambert et de Mme d'Houdetot. Il le regarde comme *un acte de mépris* pour les calomniateurs ; c'est le comble de l'illusion indulgente. Rien ne saurait donc excuser Mme d'Houdetot. Cependant cette femme dont l'aimable caractère, bien plus que les charmes, allumèrent une si terrible passion dans le cœur de Rousseau, cette femme dont Grimm seul osa soupçonner la droiture (voyez chap. II, pag. 24), ne doit pas être traitée avec la même sévérité que les hommes dont elle fut entourée et qui parvinrent à tromper sa raison et son cœur. C'est surtout à Saint-Lambert qu'il faut attribuer ses torts. On sait à quel incroyable degré d'illusion et d'abnégation les femmes peuvent parvenir quand elles ont subi un joug d'homme. Mme d'Houdetot fut esclave de son amant au point de lui aliéner sa conviction et son devoir. Elle fut injuste et sans pitié envers Rousseau, parce que Saint-Lambert l'était, parce qu'il l'exigea peut-être. Si mon vieux peintre a dit vrai, et tout me le fait croire ; si le propos sur les enfants de Rousseau, rapporté par Mme d'Allard, vient réellement de Mme d'Houdetot, le mensonge, la haine même ont pu entrer dans cette âme naturellement douce et vraie, par la seule raison que ces vices infectaient celle de l'homme auquel elle appartenait. Dès lors les rôles sont bien changés ; l'ingratitude mise à la charge de Rousseau pèse maintenant sur Saint-Lambert et sur son amie. L'arrêt est dur, j'en conviens, il choque toutes les convictions ; j'attends qu'on me prouve qu'il est injuste.

Je ne dis rien ici du bon maréchal de Luxembourg, il en sera bientôt question. On connaît les motifs futiles de la haine de la maréchale et la cruelle vengeance qu'elle en tira. Cependant l'*ingrat* Rousseau, *qui n'ignorait rien*, préféra l'exil à l'indiscrétion qui l'eût sauvé s'il eût voulu nommer sa prétendue bienfaitrice. Il poussa la délicatesse jusqu'à taire ces deux ou trois anecdotes qui, selon lui, auraient tant ridiculisé ses persécuteurs, et dans lesquelles figuraient probablement la maréchale et Mme de Boufflers, autre *amie* dont il fut si longtemps la dupe. Voici ce qu'il disait de Mme de Luxembourg dans sa lettre à M. de Saint-Germain, écrite en 1770 : « Madame la maréchale me hait, *elle a raison*. J'ai commis envers « elle des balourdises bien innocentes assurément, mais que jamais « femme ne pardonna. Cependant *je ne puis la croire essentielle-* « *ment méchante*, ni perdre le souvenir des jours heureux que j'ai « passés près d'elle et de M. de Luxembourg. De tous mes ennemis « elle est la seule que je croie capable de retour, mais non pas de « mon vivant. Je désire ardemment qu'elle me survive, sûr d'être « regretté, peut-être pleuré d'elle à ma mort. » Mme de Luxembourg mourut en 1787. L'espoir de Rousseau fut-il réalisé ? Dieu seul le sait. Ce qu'il y a de sûr, c'est qu'elle resta impassible, extérieurement du moins, jusqu'à la mort de celui dont elle avait causé volontairement la perte. Je laisse à décider qui des deux fut ingrat.

L'accusation de d'Alembert, à propos de Milord Maréchal, a été jugée. A coup sûr, Georges Keith était digne des éloges de Rousseau et de sa tendre affection ; cependant je ne crains pas de dire que, dans cette amitié si vraie, si noble de part et d'autre, l'avantage fut encore en faveur de celui qu'on accusa d'ingratitude. « Milord Ma- « réchal, dit Rousseau, est un sage, mais c'est un homme. Avec « l'esprit le plus pénétrant, avec le tact le plus fin qu'il soit possible

« d'avoir, avec la plus profonde connaissance des hommes, il se
« laisse abuser quelquefois et n'en revient pas » (*Confes.*, liv. XII).
Ce jugement est pleinement confirmé par les préventions de ce digne
homme en faveur de Hume, qu'il ne put se résoudre à trouver coupable. Ce qu'il dit à Rousseau de son grand âge, de ses infirmités,
pour motiver la cessation absolue de sa correspondance, n'est qu'un
prétexte. Rousseau n'en fut pas dupe; il s'en plaignit avec une douleur qui émeut de pitié et qui n'arracha pas un mot à Georges
Keith. « Faites-moi écrire par votre laquais, si vous ne pouvez écrire
« vous-même », lui disait l'infortuné. Cette humble prière ne fut
pas exaucée : Hume l'avait emporté dans le cœur abusé de son noble
compatriote ! Peu après, Rousseau, délaissé de celui qui l'avait
appelé *son fils chéri*, acquittait, dans ses *Confessions,* la dette de
l'amitié et de la reconnaissance, en traçant de Georges Keith un portrait passionné, qui immortalisera son bienfaiteur plus sûrement
que l'histoire ne pourra le faire. « Que de larmes d'attendrissement,
« dit-il, j'ai souvent versées dans ma route (de Motiers à Colombier),
« en pensant aux bontés paternelles, aux vertus aimables, à la douce
« philosophie de ce respectable vieillard ! Je l'appelais mon père,
« il m'appelait son enfant. Ces doux noms rendent en partie l'idée
« de l'attachement qui nous unissait; ils ne rendent pas encore celle
« du besoin que nous avions l'un de l'autre et du désir de nous rap-
« procher..... *O bon Milord, ô mon digne père,* que mon cœur s'é-
« meut encore en pensant à vous ! Ah les barbares ! quel coup ils
« m'ont porté en vous détachant de moi ! Mais non, non, grand
« homme ; vous êtes et serez toujours le même pour moi qui le suis
« toujours. Ils vous ont trompé, ils ne vous ont pas changé » (liv. XII).
Cette vénération se soutint jusqu'à la fin. Rousseau dit dans ses
Dialogues : « Je verrais commettre un crime, s'il était possible, ou
« faire une action basse à Milord Maréchal, que je n'en croirais pas
« mes yeux. » Il dit aussi dans le même écrit : « Je sais que des foules
« d'hommes vertueux ont existé jadis sur la terre ; je sais que Fé-
« nelon, Catinat et d'autres moins connus ont honoré les siècles
« modernes ; et, parmi nous, j'ai vu Georges Keith suivre leurs su-
« blimes traces, etc. » Qu'on se rappelle le triste état de Rousseau
à l'époque où il rendit ce dernier hommage à son bienfaiteur, et
qu'on juge enfin de la perversité du fourbe qui l'accusa publiquement d'avoir été ingrat envers lui, de l'avoir *outragé !*

J'ai reconnu précédemment que Rousseau n'avait été juste ni envers
Mme de La Tour, ni envers du Peyrou. J'ai expliqué cette erreur

des derniers temps de sa vie. Censeurs, qui voyez là de l'ingratitude, vous oubliez que vous avez proclamé la *folie* de Rousseau : soyez donc conséquents ; est-ce qu'un fou peut être ingrat ?

Justifier du reproche de misanthropie et de défiance l'homme qui vient d'être absous de celui d'ingratitude, c'est presque se répéter. Essayons toujours ; opposons l'excès de la vérité à l'excès du mensonge.

Je doute qu'aucune autre existence que celle de Rousseau offre autant d'exemples d'attachements formés sans réflexion et sans prudence. Il a parfaitement senti lui-même le peu de sagesse de ses choix. « Lorsqu'il cherchait si passionnément, dit-il dans ses *Dia-*
« *logues*, des liaisons qui lui convinssent, il n'en forma réellement
« jamais d'autres que celles que le hasard lui présenta. L'indolence
« et le besoin d'aimer ont donné sur lui un ascendant aveugle à
« tout ce qui l'approchait. Une rencontre fortuite, l'occasion, le be-
« soin du moment, l'habitude trop rapidement prise, ont déterminé
« tous ses attachements et par eux toute sa destinée (¹). En vain son
« cœur lui demandait un choix ; son humeur trop facile ne lui en
« laissa pas faire. Il est peut-être le seul homme au monde des liai-
« sons duquel on ne peut rien conclure, parce que son propre goût
« n'en forma jamais aucune et qu'il se trouva toujours subjugué
« avant d'avoir eu le temps de choisir. »

De cette manière s'explique très-bien la vive amitié de Rousseau pour des hommes tels que Grimm, Diderot, Saint-Lambert et beaucoup d'autres qui s'en montrèrent si indignes. S'il eût été capable de la moindre réflexion, il n'eût pas tardé à reconnaître à quel point ces caractères étaient incompatibles avec le sien, et à comprendre les dangers d'une telle association. Au lieu de cela, *cet homme défiant, ce cœur sec*, se livre entièrement à eux ; il débute par leur dévoiler toute sa vie ; il va jusqu'à leur avouer le sort de ses enfants ;

(¹) Ici le lecteur ne manquera pas de songer à Thérèse. Je lui oppose la note du livre VII des *Confessions*, écrite en 1768. « Au reste, qu'on écarte ici
« toute application injurieuse à ma femme. Elle est, il est vrai, *plus bornée et*
« *plus facile à tromper que je n'avais cru* ; mais, pour son caractère pur, excellent,
« sans malice, il est digne de toute mon estime, et l'aura tant que je vivrai. »
Rousseau, qui décrivit si bien tous les défauts de sa compagne, et qui peut-être, au fond de son cœur, gémissait des graves inconvénients d'une union mal assortie ; Rousseau, qui n'épargna pas même les imperfections et les torts de Mme d'Houdetot, eût-il pu s'aveugler sur les *vices* d'une femme qui, depuis près de trente ans, vivait sous les regards pénétrants de celui qui a dit : *Il n'y a pas de paix entre J.-J. Rousseau et les méchants ?* C'est impossible.

généreuse confiance qu'ils ne tardent pas à trahir ! Mais, dira-t-on, pourquoi avec un besoin si aveugle, si impérieux d'aimer et d'être aimé, se retira-t-il dans une solitude ? Je réponds que tous les penseurs, doués d'une véritable sensibilité, recherchent la vie retirée ; elle est pour eux la source d'une foule d'émotions douces et sérieuses dont leurs âmes sont avides. Ils ne s'isolent pas, comme on le dit, par misanthropie, ou par calcul, mais parce que la diversité, la succession rapide des sensations dont ils sont assiégés dans le monde contrarie leurs dispositions au recueillement et à la méditation. Irritables en général, bizarres même, ils ne peuvent supporter la continuité des relations aussi facilement que les autres hommes ; des interruptions fréquentes leur sont indispensables ; mais cette concession une fois faite à leur délicate organisation, on remarque qu'ils sont bien plus réellement sociables et bien plus affectueux que ceux qui vivent habituellement dans le monde. Young et J.-J. Rousseau peuvent être regardés comme les types de ces solitaires. Je reparlerai ailleurs du goût de la retraite, de ses avantages et de ses inconvénients ; il me suffit, quant à présent, de cette protestation sommaire contre un préjugé presque universel. Maintenant, supposons-le fondé, et voyons si nous retrouverons dans la vie de Rousseau ces symptômes de misanthropie que les moralistes modernes croient être inséparables du penchant pour la vie solitaire.

Rousseau, une fois enseveli dans son Ermitage, va sans doute oublier ses amis, fermer sa porte aux visiteurs ; il va exhaler sa bile dans des écrits satiriques ; mais, comme on le suppose en même temps *fou d'orgueil* et charlatan, l'ennui le chassera bientôt de sa tanière ; il reviendra dans le monde *dont il avait le cœur plein*, comme dit M. Villemain, pour y jouer de nouveau l'austérité, l'indignation vertueuse et la sauvagerie. C'est tout le contraire qui arrive. Le misanthrope ne cesse pas d'être le plus confiant, le plus accessible, le plus faible des hommes. Il sent l'amertume de ses idées parisiennes s'adoucir devant le charme de la nature ; la virulence fait place à l'attendrissement. Pauvre, souffrant, sans autorité dans son intérieur, pillé par une vieille mégère et par son abjecte famille, il se laisse exhorter, tancer, tyranniser par ses prétendus amis. Des fourbes arrogants lui imposent des devoirs ridicules, s'efforcent d'alarmer sa conscience honnête, et intriguent en secret pour le réduire à un abandon absolu. Il n'ignore rien de tout cela, et cependant il souffre patiemment les sarcasmes, les absurdes remontrances, les insultes couvertes. En lisant ce qu'il écrit là-dessus à Mme d'Epinay, on est impatienté de ses lamentations sans fin, de ses accès de désespoir. Un brutal misanthrope, comme on dit qu'il l'était, eût souffleté l'insolent Grimm, rompu avec le faux moraliste Diderot et avec l'astucieuse d'Epinay ; il eût délogé de l'Ermitage dans les vingt-quatre heures. Cet être insociable ne fait rien de tout cela ; il continue à s'épuiser en doléances, en apologies ; il s'humilie devant le fourbe qui dirigeait dans l'ombre cette lâche et sotte persécution, et qui daigne lui *pardonner*, comme Tartufe pardonnait à Damis. Il reste à l'Ermitage, *puisque ses amis le veulent ;* et quand, enfin, la mesure des outrages et de la patience est comblée, il se retire sans éclat, sans invectives. Encore, voyez comme cet acte d'énergie tardive coûte à son cœur ! « Si l'on mourait de douleur, « écrit-il à Mme d'Epinay, en lui annonçant sa sortie de l'Ermitage, « je ne serais pas en vie. » *Mourir de douleur* pour un Diderot, pour un Grimm et sa digne maîtresse, voilà, il faut l'avouer, un curieux échantillon de misanthropie.

Mais à quoi cet ennemi du genre humain passait-il son temps? Je conviens qu'il esquivait les visites de tout son pouvoir ; mais, surpris, il s'exécutait de bonne grâce. Deleyre, messager des *amis* de Paris, vient le persifler chez lui ; il lui amène sa maîtresse, plus que légère ; cela ne lui vaut qu'une lettre de plaisanteries bientôt suivie d'excuses affectueuses. Maître de sa journée, il errait jusqu'au soir dans les bois, y composait le *sombre* roman de la *Julie*, amassait lentement les matériaux de son *immoral* traité d'éducation, le tout, pendant que le *sage* Diderot dînait en ville ou chez ses maîtresses, publiait ses *gracieux* pamphlets, ses *chastes* contes et ses *religieuses* argumentations. J'ai tracé ailleurs le parallèle complet, je n'y reviendrai pas ; je ne veux ici que faire ressortir une dernière fois, du côté du misanthrope campagnard, la facilité, la douceur d'âme, la régularité des mœurs, les convictions religieuses ; du côté des philosophes parisiens, l'hostilité, la duplicité, l'arrogance, le matérialisme et le désordre.

Les *sages* avaient prédit que Rousseau ne resterait pas trois mois à l'Ermitage, il y passe dix-huit mois, le quitte en gémissant, et va se réfugier dans une autre solitude. Là, sans doute, il va se venger de ses ennemis par quelque noire satire? Non, c'est la *Lettre sur les spectacles* qui sort de sa plume. Dans cette lettre se trouve une énorme gaucherie. Ennemi des faux semblants et des ruptures équivoques, il y annonce la sienne avec Diderot, dans une note où le public ne vit qu'un outrage gratuit et une calomnie. Le *brutal*, blâmé contre toute justice par Saint-Lambert, lui renvoie fièrement sa lettre sans daigner se justifier, et quelques jours après, il oublie tout, revoit chez M. D'Epinay cet ami suspect qui ne s'excuse pas, et qui, peut-être, fut complice du plus cruel persiflage (*Conf.*, liv. X).

Mais une nouvelle scène vient de s'ouvrir. L'*insociable* Rousseau, le *fier républicain*, ne peut tenir contre les caresses d'un maréchal de France. Il va loger dans son château ; il porte dans ce dangereux séjour ses bizarreries, son indépendance jalouse, sa franchise maladroite, ses distractions fatales. Il se met bêtement avec ses nobles hôtes sur un pied d'égalité et de familiarité. Le rôle de courtisan, si recherché des gens de lettres et qu'ils ont si tôt appris, est au-dessus de sa portée ; il ne sollicite ni places, ni pensions, ni faveurs d'aucune sorte ; lorsque son *plancher pourri* sera réparé, il retournera dans son galetas, heureux d'échapper à la magnificence et au tumulte d'une demeure presque royale. Ce qu'il demande, c'est de l'affection, il veut aimer et être aimé, lui, plébéien indigent, jadis vagabond, presque aventurier, et il y parvient. Le bon maréchal portait un cœur de bourgeois sous ses habits de cour ; il se laisse aller. La simplicité, la franchise, la cordialité du pauvre diable triomphent des habitudes du courtisan ; la maréchale elle-même, avec sa morgue princière, sa redoutable finesse, ses exigences, son passé licencieux, ne peut résister à cette nature d'homme si neuve pour elle. Rousseau devient malgré lui le favori d'une femme puissante, *plus crainte qu'aimée*, et l'ami sincère de son mari ! Il leur ouvre son cœur, car cet homme *farouche* commençait toujours par là : tous deux apprennent du *plus défiant* des hommes l'oubli de ses devoirs envers ses enfants et toutes les faiblesses de sa vie !... Mais l'imprudent ne tarde pas à sentir le poids de cette amitié fatale, et il se met à *gémir*, suivant sa spirituelle habitude. Ses lettres à la maréchale deviennent de lourdes jérémiades ; il ose ennuyer une femme de cour ! Que dis-je ? il ose la flagorner ! Et quelles flagorneries, grand Dieu ! Chacune d'elles est une offense innocente et pourtant terrible. C'est l'ours qui écrase une mouche avec un pavé sur le nez de son maître ! On le fait décréter pour sa peine. Vous croyez peut-être qu'il va jeter le masque ? Non ; la maréchale connaissait bien cet homme *intraitable* : elle le haïssait, elle le perdait, mais elle l'honorait au fond de son cœur. Elle le place entre l'exil et l'ingratitude ; il choisit l'exil, et en partant il embrasse en pleurant tout ce monde qui le sacrifie ! Voilà ce que fit Rousseau pendant sa courte prospérité ; voyons ce qu'eût fait l'être vicieux qu'on décrit sous son nom. Il eût rampé comme l'intrigant Grimm, comme l'arlequin d'Alembert, comme l'épicurien Marmontel; il eût exploité la bienveillance de ses illustres protecteurs : on l'eût vu successivement, censeur royal, académicien, secrétaire d'ambassade, baron, ambassadeur peut-être. Il eût fait le voyage de Russie pour recueillir *un regard de la Sémiramis* du Nord, comme le stoïque Diderot. Préférez-vous croire que son orgueil eût sacrifié ces chances brillantes pour le tonneau de Diogène? J'y consens. Dans ce cas, il eût affecté de dédaigner la fortune; mais au lieu de prétendre à l'affection, il eût cherché à dominer ses hôtes. Rousseau s'était fait l'avocat du pauvre; l'autre fût devenu le fléau de la maison et du pays. Rousseau s'attira la haine de la maréchale par des maladresses ; l'autre se fût rendu intolérable par l'arrogance, par la perfidie. Si vous voulez absolument qu'un pareil misérable fût capable d'écrire l'*Emile*, il n'eût pas eu la bêtise de se laisser prendre au piége comme Rousseau; il eût gardé le double de son traité avec son libraire ; il n'eût pas rendu les lettres de M. de Malesherbes. Traduit devant les tribunaux, il se fût tiré d'affaire en nommant le magistrat et la grande dame. On l'eût ensuite chassé comme un laquais pervers. Pour se défaire de Rousseau, il fallut une intrigue habile, terminée par une espèce de drame. Un respect involontaire força le premier ministre de la monarchie française et deux femmes puissantes à dissimuler leur haine contre un pauvre étranger qui n'avait pour lui que ses talents et sa droiture. Rousseau fut honoré jusqu'au dernier moment. Après avoir reçu les froides caresses de ces femmes qui le vouaient au malheur pour le reste de ses jours, il eut la gloire de voir le bon maréchal suivre instinctivement, et *tout seul*, son malheureux ami qu'il n'osait ni sauver ni même éclairer. « Il n'ouvrait pas la bouche, dit Rousseau, il était pâle comme « un mort. Il voulut absolument m'accompagner jusqu'à ma chaise « qui m'attendait à l'abreuvoir... Je n'ai eu guère dans ma vie d'in- « stant plus amer que celui de cette séparation. L'embrassement fut « long et muet; nous sentions l'un et l'autre que c'était un dernier « adieu! » (Livre XI). Est-ce ainsi, dites-moi, qu'on se débarrasse d'un *méchant fou?*

Rousseau s'éloigne, et gagne la Suisse. Chemin faisant, il compose le *Lévite d'Ephraïm. Le philanthrope* Diderot eût ébauché des pamphlets contre le Parlement, contre les jansénistes, contre tout le monde; il eût blasphémé contre la destinée, son Dieu unique ; il eût maudi la vie et l'espèce humaine.

Arrivé en Suisse, Rousseau est reçu par le doyen de ses amis, M. Roguin d'Yverdun. Un fourbe se cachait dans cette famille bienveillante, c'était le banneret Roguin (voir *Confessions*, livre XII). Le défiant Rousseau ne le découvre pas, et, quelques jours après, il est chassé des Etats de Berne par les soins de cet homme qui l'avait accablé de caresses. Il se réfugie à Motiers ; là, son début est un acte de vive sympathie. Il s'attache, à la première vue, au bon Georges Keith, et ce sentiment devait le suivre jusque dans la tombe. Puis il se hâte d'écrire affectueusement au maréchal de Luxembourg, son faible mais sincère ami ; à la maréchale vengée et désormais muette ; à Mme de Boufflers qui le querellait sur ses dévotions et lui réservait, *in petto*, l'Angleterre ; à Mme de Verdelin, autre amie suspecte ; au faible et bon Malesherbes ; à ce Hume enfin qui devait achever de ruiner son honneur. Pas un de ceux qu'il avait connus et aimés n'est oublié. Du Peyrou obtient son estime et bientôt après son amitié. Il l'appelle *son cher hôte*. Les visiteurs accourent en foule : le misanthrope se laisse observer, questionner, régenter ; il parle à tous de ses malheurs, de ses affaires, de ses projets. Chacun peut lire à son aise dans cette *âme soupçonneuse*. Un jeune Hongrois vient à Motiers : Rousseau s'attache à lui dès le premier jour. On lui écrit que cet étranger est un espion de M. de Choiseul, dont la mission est de l'attirer en France : il va avec lui à Pontarlier, lui donne la lettre d'avis, et l'embrasse en lui disant : « Sau-
« tern n'a pas besoin que je lui prouve ma confiance, mais le public
« a besoin que je lui prouve que je la sais bien placer. » Plus loin, il ajoute : « Je ne croirai jamais que Sauttern fût un espion, ni qu'il
« m'ait trahi, mais il m'a trompé. » A quelque temps de là, il lui envoya de l'argent. En 1768, M. Laliaud, qui s'était lié avec Sauttern, sans que Rousseau ait pu savoir comment, lui fit part de sa mort. Voyez la réponse du *misanthrope* (19 décembre 1768). Il s'attendrit sur cet aventurier, il se reproche de l'avoir négligé. « La gé-
« nération dans laquelle il a vécu, dit-il, n'était pas faite pour le
« connaître ; c'était l'homme qu'il me fallait pour me fermer les
« yeux, etc. » On ameute contre lui la canaille de Motiers, qu'il comblait de bienfaits. Un autre, fort de la protection du souverain, se fût vengé cruellement. Rousseau se retire, « car, dit-il, le spec-
« tacle de la haine du peuple me causait un déchirement de cœur
« que je ne pouvais plus supporter. » Il part pour rejoindre Milord Maréchal à Berlin : on l'attendait à Strasbourg. Quelques caresses triomphent de sa longue antipathie ; l'étranger l'emporte sur l'ami

éprouvé. Rousseau se laisse conduire en Angleterre ; il la quitte un an après, traité de fou et de scélérat par le fourbe qui l'y avait entraîné. Il revient en France attéré, éperdu. Vous le croyez corrigé? Erreur. Jamais l'âme du misanthrope ne fut plus expansive, jamais sa sensibilité ne fut plus exaltée. Le prince de Conti le reçoit à Trye : il s'attendrit sur la *générosité de ce grand homme*, et remet son sort entre les mains de l'amant de Mme de Boufflers. Du Peyrou s'était montré présomptueux, injuste même, dans ses jugements sur l'affaire de Hume : Rousseau oublie tout. Voyez-le mendier la présence de son ami, se plaindre affectueusement de ses retards, de sa légèreté, de son indifférence, et passer deux mois à son chevet ! Genève avait diffamé et proscrit son meilleur, son plus illustre citoyen ; la discorde régnait dans son sein, et la guerre civile paraissait imminente. Rousseau, du fond de sa retraite de Wooton et déjà victime des manœuvres de Hume, s'écrie : « La paix! la paix, mes bons « amis! Hélas! il n'y a que cela de bon dans cette courte vie. Je « vous en conjure par votre patrie, par vos familles, par vos devoirs, « finissez promptement, *dussiez-vous beaucoup céder*. Puissé-je en ap- « prendre l'heureuse nouvelle et mourir de joie au même instant! » (A d'Ivernois, 9 février 1768). Un peu avant il avait chargé ce même d'Ivernois de faire pour lui une pension de cent francs à sa vieille tante Jacqueline qui l'avait élevé. Moultou, après deux ans d'oubli, revient à lui. Il le reçoit affectueusement, et avant de mourir il lui confie le manuscrit des *Confessions*. Chassé de Trye, il se rend à Grenoble, et de là à Chambéry pour visiter le tombeau de sa bienfaitrice (¹). L'imposture de Thévenin vient lui apprendre que sa diffamation complète est résolue, et cependant la confiance n'abandonne pas encore son cœur désolé. Il l'épanche dans celui de l'honnête Saint-Germain. L'infortune n'a pas amorti ses penchants bienfaisants, il est dans ce pays inhospitalier ce qu'il fut partout, compatissant, prodigue d'aumônes malgré sa pauvreté. Il retourne à Paris dans l'espoir d'y obtenir quelques lumières sur son triste sort ; il lit ses *Confessions* à des auditeurs choisis ; il les confie même à un ancien ami qui en abuse. [XXIV.] On s'étonne de la modération, de la douceur d'âme, de la sincérité inouïe qui règnent dans cet écrit singulier ; quelques hommes droits et généreux n'y reconnaissent

---

(¹) Je suppose que ce voyage eut lieu, et je me fonde sur un passage de la lettre de Rousseau à M. de Saint-Germain (26 février 1770), dans lequel il dit, en parlant de M. de Conzié : « J'avais en Savoie un témoin de ma jeunesse... *Je* « *vais le voir*, etc. »

pas le *monstre* qu'on leur avait dépeint, ils soupçonnent l'imposture sans oser se livrer à la recherche de la vérité, et Rousseau ne recueille de son abnégation que du scandale et du ridicule. Des fourbes, abusant de sa facilité et de son malheur, le recherchent pour l'insulter sous le masque de l'admiration ou de l'amitié : les lâches achèvent d'égarer sa raison. Il tente un dernier effort et compose ses *Dialogues*. Il va, cette fois, se livrer à toute l'exaltation de sa haine contre les hommes, au délire de son imagination bouleversée? Non, sa tête est malade, mais elle n'est pas perdue. Il y a encore dans cet écrit bien des pages dignes de l'auteur de la *Julie* et de l'*Émile*. L'auteur erre sur un seul point, le reste est à la hauteur de tout ce qui sortit de sa plume aux plus beaux temps de sa vie littéraire. Le fou n'est pas si fou qu'on l'eût désiré. Quant à son cœur, les épreuves n'ont fait qu'exalter sa sensibilité, sa bonté primitive. Le calme est loin d'y régner encore ; l'infortuné se débat énergiquement contre l'ignominie qui l'accable dans le présent, contre celle qui l'attend dans l'avenir. Il s'obstine à vouloir vivre dans la mémoire des hommes avec l'honneur que lui refusent ses injustes contemporains : il achève de dévoiler le mystère de sa singulière organisation *qui n'est rare*, dit-il, *que parce qu'elle est simple*, et chaque trait de ces *Confessions* nouvelles est un chef-d'œuvre d'observation, de sincérité et de sentiment. Là finit la lutte de Rousseau contre sa destinée. Le *misanthrope* comprend enfin qu'il a trop estimé les hommes, et que sa réhabilitation est devenue impossible. Il rougit d'avoir tant fait pour fléchir l'opinion, cette absurde puissance dont il n'attend plus rien et qu'il méprise désormais. L'espoir sort de son cœur, sans que la haine y puisse entrer. Les perplexités cruelles où le plongeait la perspective de sa mémoire à jamais flétrie, les efforts passionnés qu'elle lui suggérait, font place à l'espèce de fatalisme providentiel, à l'angélique résignation qui règnent dans les *Rêveries*, son dernier et peut-être son plus sage écrit. Arrivé aux portes de l'éternité, il se replie sur lui-même ; il emploie ses derniers jours à s'observer, à se rendre, *non meilleur, car*, dit-il, *cela n'est pas possible, mais plus vertueux*. Quelquefois, il jette un regard sur les rares et innocentes jouissances de sa vie et les décrit avec un charme incomparable. Le sentiment religieux, que son passage à travers une société sans foi n'avait pu altérer, se réveille et répand sur ses méditations je ne sais quoi d'ascétique et de claustral qui émeut et impose. La maladie mentale subsiste toujours, mais, l'idée fixe mise à part, quelle énergie de pensée, quel tact pro-

fond dans ces retours intimes sur lui-même ! Comme ce pauvre *insensé* est clairvoyant et sévère pour les dernières faiblesses qu'il surprend dans son cœur ! Ainsi cette âme si chétive en apparence, qui pliait au moindre souffle de sa destinée, s'épura, s'agrandit en silence, au sein des épreuves qui devaient l'anéantir, et retourna à son auteur après avoir démenti jusqu'à la fin les calomnies et les absurdes jugements des hommes. Ne croyez pas, pourtant, que le détachement de Rousseau fût aussi complet qu'il se le figurait. On trouve dans ses *Rêveries* quelques traits qui montrent à quel point il était encore accessible à la bienveillance, à la plus tendre expansion. J'indique surtout la scène des petites filles au bois de Boulogne, et celle du vieux invalide dans le bateau. Bernardin de Saint-Pierre raconte qu'ayant été mal reçu de lui, il cessa tout à fait de le voir. Celui-là ne ressemblait guère à tant d'autres que les duretés ne rebutaient pas. Rousseau le rencontre un jour et lui demande pourquoi il ne le voyait plus. Vous en savez la raison, lui répondit Bernardin de Saint-Pierre. « Il y a des jours, dit Rousseau, où je veux
« être seul. Je reviens si content de mes promenades solitaires ! Là,
« personne ne m'a manqué et je n'ai manqué à personne. Je serais
« fâché, ajouta-t-il, de vous voir trop souvent, mais je serais plus
« fâché encore de ne plus vous voir du tout. » Puis, tout ému : « Je re-
« doute l'intimité, *j'ai fermé mon cœur...* L'humeur me surmonte ;
« ne vous en apercevez-vous pas ? Je la contiens quelque temps, je
« n'en suis plus maître, elle éclate malgré moi. J'ai mes défauts ; mais
« quand on fait cas de l'amitié de quelqu'un, il faut prendre le bénéfice
« avec les charges. » Que dites-vous de cette manière *de fermer son cœur ?*

Ne méprisons pas les petites choses, elles ont leur importance dans l'étude des caractères. Les goûts d'un misanthrope ne sauraient être simples et innocents. Ceux de Rousseau, dans la bonne comme dans la mauvaise fortune, l'étaient quelquefois jusqu'à l'enfantillage. « Mon chien, dit-il dans sa troisième lettre à M. de
« Malesherbes, était mon ami, non mon esclave ; nous avions tou-
« jours la même volonté, mais il ne m'a jamais obéi. » Ce chien mourut à Montmorency. « Vous savez mes regrets, écrivait-il à
« Mme de Luxembourg, je ne me les reproche donc plus, et l'intérêt
« que vous y prenez me console de ma folie. Mon pauvre Turc n'était
« qu'un chien, mais il était sensible et désintéressé. Hélas ! com-
« bien d'amis ne le valaient pas, comme vous dites, etc. » Il eut un autre chien qu'il emmena en Angleterre et qu'il ramena en France ;

il l'avait encore à Bourgoin, et je crois même à Paris. C'est à propos de cet animal que Hume écrivait ironiquement : « On n'a pu le sé-
« parer de son chien, pendant une soirée, qu'avec toutes les peines
« du monde » (*Hist. de Rousseau*, t. Ier, pag. 114). — « Quand des
« sentiments douloureux affligent son cœur, dit Rousseau de lui-
« même, dans son deuxième *Dialogue*, il cherche sur son clavier
« les consolations que les hommes lui refusent. Sa douleur perd
« ainsi de sa sécheresse, et lui fournit à la fois des chants et des
« larmes... Il est passionné pour le chant du rossignol ; il aime les
« gémissements de la tourterelle ; il les a imités dans l'accompagne-
« ment d'un de ses airs ; les regrets qui tiennent à l'attachement
« l'intéressent. Sa passion la plus vive et la plus vaine était d'être
« aimé ; il croyait se sentir fait pour l'être. Il satisfait du moins
« ce penchant avec les animaux (¹). Toujours il prodigua son temps
« et ses soins à les attirer, à les caresser. Il était l'ami, pres-
« que l'esclave de son chien, de sa chatte, de ses serins. Il avait
« des pigeons qui le suivaient partout, qui lui volaient sur les bras,
« sur la tête, jusqu'à l'importunité ; il apprivoisait les oiseaux, *les*
« *poissons*, avec une patience incroyable. A Monquin, il est parvenu
« à faire nicher des hirondelles dans sa chambre, avec tant de con-
« fiance, qu'elles s'y laissaient même enfermer sans s'effaroucher.
« En un mot, ses amusements, ses plaisirs sont innocents et doux
« comme ses travaux, comme ses penchants. Il n'y a pas dans son
« âme un goût qui soit hors de la nature, ni coûteux, ni criminel à
« satisfaire, et pour être heureux ici-bas autant que possible, la for-
« tune lui eût été inutile, encore plus la célébrité ; il ne lui fallait
« que la santé, le nécessaire, le repos et l'amitié. » Ayant lu dans un
journal qu'un amateur avait élevé des hirondelles, il écrivit à
Mme de C..., qui lui avait envoyé ce journal, pour se procurer des
renseignements (9 janvier 1778). A la fin de sa lettre on lit la note
suivante : « L'hirondelle est naturellement familière et confiante,
« mais c'est une sottise dont on la punit trop bien pour ne pas l'en
« corriger. Avec de la patience, on l'accoutume à vivre dans des
« appartements fermés, tant qu'elle ne s'aperçoit pas de l'intention

---

(¹) Lord Byron aimait singulièrement les animaux ; il ne concevait pas qu'un pêcheur à la ligne pût être *un bon homme*. J'en ai toujours conclu qu'il n'était pas si *don Juan* qu'il voulait le paraître, et qu'il avait plus d'un rapport d'organisation avec ce pauvre Rousseau dont il a parlé si dédaigneusement comme son illustre compatriote Walter Scott, et comme tant d'autres, *faute de l'avoir étudié*.

« de l'y tenir captive. Mais sitôt qu'on abuse de cette confiance, ce
« à quoi on ne manque jamais, elle la perd pour toujours, etc. »
Voilà de quoi Rousseau s'occupait *six mois avant sa mort*.
Trouvez-moi des *misanthropes* qui aiment les chiens et qui apprivoisent des poissons et des hirondelles !

Que de choses je pourrais citer encore de ces *Rêveries,* et même de ces *Dialogues,* tant ridiculisés! Musset-Pathay prétend qu'il faut de la patience pour les lire. C'est une patience que j'ai eue bien des fois, que j'aurai encore, et qui me paraît très-peu méritoire. Ceux qui croient sur parole que ces écrits ne sont que des complaintes extravagantes, ne se doutent pas du grand nombre de traits charmants et de hautes vérités qu'ils y découvriraient, s'ils voulaient prendre leur parti sur le reste. J'ai été souvent tenté d'en faire des extraits pour les lecteurs faciles à rebuter ; j'ai renoncé à ce travail. Tout se tient dans ces singulières productions ; à chaque instant l'erreur y conduit à la vérité, et la vérité à l'erreur ; et telle était l'énergie logique de leur auteur, que ce mélange, si hétérogène en apparence, forme un tout compact qui ne se prête pas à la dislocation. Rousseau ne plaît pas et n'ennuie pas comme tout le monde. Ses divagations ont un cachet original qui captive invinciblement, et lors même qu'elles sont tout à fait déraisonnables, le sujet en est si sérieux, la plainte si douloureuse, que la compassion est plus forte que l'impatience.

Les dernières particularités de la vie de Rousseau sont encore des actes de confiance et de sensibilité. Le comte Duprat lui offre un asile : il l'accepte. Ses deux lettres sur ce sujet sont pleines d'une gratitude exprimée avec la plus touchante simplicité (31 décembre 1777 et 3 février 1778). Musset-Pathay raconte l'anecdote suivante, empruntée à l'éditeur du recueil des romances de Rousseau. « M. le comte Duprat ne manquait guère, lorsqu'il était
« à Paris, d'aller tous les matins visiter M. Rousseau. Une semaine
« entière s'étant passée sans qu'il y allât, Rousseau prit l'alarme,
« et ayant demandé de ses nouvelles avec beaucoup d'inquiétude,
« il apprit qu'il était malade. Contraint par la loi qu'il s'était im-
« posée de ne plus aller chez personne, il passait tous les jours le
« long de l'hôtel du comte Duprat. Un soir, après s'être arrêté
« quelque temps devant la porte, le voilà tout à coup qui s'élance,
« et pénètre jusqu'à l'appartement du comte, qui jouit alors de la
« douce satisfaction de voir le penchant l'emporter sur les principes»
(*Hist.*, t. II, pag. 74). Des obstacles, dont on ignore la nature,

s'opposèrent aux projets bienfaisants du comte Duprat. Rousseau alla mourir à Ermenonville, universellement regretté des habitants de ce pays. « Il était bien triste, disaient-ils, mais il était bien bon » (*Lettres de Mme de Staël,* pag. 116). J'ajoute ici une anecdote que j'ai oublié de mettre à sa place. Mme de La Tour écrivait ce qui suit à Rousseau (1er novembre 1763) : « Il y a quelque temps, deux
« Anglais de distinction engagèrent M. de Méhégan à les accom-
« pagner à Montmorency, pour leur faire voir la maison que vous
« avez occupée. La partie fut exécutée le dimanche 25 septembre
« 1763. A peine ces messieurs étaient-ils arrivés sur la place, que
« quelques-uns des habitants reconnurent M. de Méhégan, pour
« l'avoir vu aller chez vous. Ils en appelèrent d'autres, et il fut
« entouré de tous ces bons paysans, qui s'assemblèrent tumultueu-
« sement pour demander de vos nouvelles. Eh ! monsieur, comment
« se porte votre ami ? disait l'un, nous sommes bien malheureux
« qu'on nous l'ait enlevé ; il était si charitable ; il était notre père
« à tous. — Il nous donnait du vin quand nous en avions besoin,
« disait l'autre ; il n'y avait sorte de bien qu'il ne nous fît ; nous ne
« l'oublierons jamais. — Un autre ajoutait : C'était notre protecteur
« auprès de M. le Maréchal ; nous avons tout perdu en le perdant.
« Et les bonnes gens de s'attendrir jusqu'à pleurer ; et M. de
« Méhégan, et les Anglais eux-mêmes, de ne pouvoir tenir à ce
« touchant spectacle et de pleurer aussi.... Il ne faut pas s'étonner,
« disaient ces bons villageois, si on l'a traité comme cela ce bon
« M. Rousseau, *c'est qu'il prédisait l'avenir.* Ce n'est pas tout :
« arrivé à l'auberge, M. de Méhégan parlait à l'aubergiste de ce qui
« venait de lui arriver. Cet homme lui répondit qu'il en arrivait
« autant à ceux qui étaient reconnus pour être de votre connais-
« sance ; que l'amour et la vénération que vous portent tous les
« habitants ne sauraient s'imaginer, et que si vous aviez été d'hu-
« meur à profiter de leur bonne volonté, il n'y en avait pas un seul
« qui ne se fût fait hacher pour vous. Et je ne vous aimerais pas ?
« et mon attachement se rebuterait de la langueur du vôtre ? etc. »
Ces détails rendent croyable un fait plus extraordinaire, c'est que Rousseau, *seul de tous les étrangers qui jamais vécurent en Angleterre, fut pleuré du peuple de Wooton* (voyez le second *Dialogue*).

Je suppose qu'on me dispensera d'en dire davantage sur la misanthropie. Je passe à l'orgueil. Ce vice tient de près au précédent. C'est parce que le misanthrope a une haute idée de lui-même, qu'il méprise et déteste les hommes. Si j'ai prouvé que Rousseau n'était pas misanthrope, j'ai prouvé aussi qu'il n'eut pas l'orgueil propre à la misanthropie. C'est toujours une monstruosité de moins. Il ne me reste plus qu'à rechercher quel peut être le genre d'orgueil qu'on lui reproche. Est-ce celui qui lui fit refuser les bienfaits? Mais il est démontré qu'il ne refusa que les bienfaits des fourbes et des orgueilleux. C'était un noble orgueil que celui-là, on le souhaiterait à tous ses détracteurs. Etait-ce celui que lui inspirait son génie? Soit: que d'écrivains, qui se récrient tant là-dessus, sont fiers de leur médiocrité! Mais c'est encore une erreur. Cet orgueilleux douta longtemps de sa supériorité, et lorsqu'il la connut enfin, on la lui fit expier si durement qu'il en vint à regretter sa primitive et heureuse obscurité. Il fallait que *les fumées de la gloire* lui parussent *bien âcres*, comme il l'a dit, pour qu'il se reprochât de n'avoir pas épousé la petite Merceret, femme de chambre de Mme de Warens, lorsqu'il la reconduisit à Fribourg (*Conf.*, liv. IV). Rousseau connaissait son mérite littéraire, j'en conviens ; voyez cependant avec quelle sévérité, il l'a jugé dans ses *Confessions*. L'auteur d'Emile n'a-t-il pas refusé une place de rédacteur dans le *Journal des Savants*, parce qu'il ne se sentait pas capable de la remplir? (*Conf.*, liv. X). Etait-ce aussi par orgueil qu'il confiait ses fautes à ses *amis*? Il voulait, dit-on, attirer à tout prix l'attention publique : pourquoi donc évita-t-il d'être présenté au roi lorsqu'on joua à Fontainebleau son *Devin du village?* Pourquoi se retira-t-il dans une solitude? On répond que la retraite était un moyen original d'arriver à la célébrité. En ce cas, qu'on me dise donc pourquoi, parmi ces gens si fins, si faux, qui la poursuivent et qui font tant de bassesses pour l'obtenir, aucun ne s'avisa jamais de cet expédient si facile? Pourquoi *tous* restent-ils à intriguer dans les villes? Comment, avec tant d'orgueil, Rousseau se refusa-t-il si longtemps aux avances du maréchal de Luxembourg? Pourquoi, après avoir dîné avec l'élite de la cour de France, allait-il le lendemain manger la soupe du maçon Pilleu? (*Conf.*, liv. X). A Strasbourg, on le fête, on lui rend des honneurs, dérisoires probablement ; mais l'orgueil est si bête, que Rousseau qui en est pétri va se laisser prendre. Point du tout : *l'orgueilleux* s'empresse de se dérober à cette représentation bruyante. A Paris, même empressement, mêmes honneurs, et plus enivrants encore, puisqu'un prince du sang y présidait ; même répugnance! Il arrive à Londres, et n'y reste que *cinq jours*, pendant lesquels on a bien de la peine, dit Hume, à le *séparer de son chien!* Il y avait cependant quelques lauriers à recueillir sur ce nouveau théâtre. L'or-

gueilleux n'a pas de repos qu'il ne soit enseveli dans une solitude à cinquante lieues de Londres. Si c'est là une manière de courir après la gloire, elle est neuve en effet. Faut-il mettre encore sur le compte de l'orgueil cette aversion pour les éloges, qu'il poussa quelquefois jusqu'à la dureté? « Ces gens viennent vous voir pour votre célé-
« brité, lui disait un jour Bernardin de Saint-Pierre : il répéta avec
« humeur : *célébrité, célébrité!* Ce mot le fâchait : l'homme célèbre
« avait rendu l'homme sensible trop malheureux. » Mais, dira-t-on, le délire des *Dialogues* et des *Rêveries*, mais ce mot : « *l'Europe*
« *liguée contre le fils d'un horloger!* » l'orgueil n'est-il pour rien dans tout cela? J'ai démontré que l'idée de complot, si ridiculisée, n'était pas en tout une chimère ; que l'erreur de Rousseau ne portait que sur les détails et non sur le fond. Le complot est une question de fait ; c'est avec des faits qu'il faut l'attaquer, et non avec cette imputation banale d'orgueil qui n'est qu'une injure. En outre, on oublie encore que ces propositions absurdes, que ces exagérations choquantes que je n'ai point épargnées, appartenaient à un état maladif ; est-il juste d'en faire des arguments contre le caractère? Qui a jamais songé à prendre au sérieux les visions d'un monomane? Pourquoi Rousseau serait-il seul excepté de cette immunité que l'équité et la compassion accordent aux infortunés dont la raison est altérée? Mais n'est-ce pas l'orgueil qui a imprimé à sa monomanie la préoccupation excessive et toute personnelle qui la distingue? Je ne suis pas un apologiste systématique ; je défends, je justifie ; mais je ne rends pas de culte. Rousseau avait naturellement de la vanité, et la célébrité, comme on sait, ne rend pas modeste. Ceux qui l'accusent d'orgueil en étaient bien autrement malades que lui. Que pensez-vous, par exemple, de l'orgueil d'un Voltaire, d'un Diderot et d'un *baron de Grimm!* Ce qui distingue Rousseau de tous les gens de lettres qui furent ses ennemis et ses calomniateurs, c'est qu'il eût l'étonnante énergie de rechercher la part que l'orgueil pouvait avoir dans les actes de sa vie, et de la déterminer avec une justesse qui ne laisse presque rien à faire à la critique. Je ne parle pas des *Confessions;* voici de Rousseau des aveux plus précieux encore, parce qu'ils datent d'une époque où le désordre intellectuel avait atteint en lui ses dernières limites. « *Un innocent*
« *persécuté,* dit-il dans ses *Rêveries, prend longtemps pour un pur*
« *amour de la justice l'orgueil de son petit individu;* mais aussi, la
« véritable source une fois connue, est facile à tarir. L'estime de
« soi-même est le plus grand mobile des âmes fières ; l'amour-pro-

« pre, fertile en illusions, se déguise et se fait prendre pour cette
« estime... Je n'eus jamais beaucoup de pente à l'amour-propre,
« *mais cette passion factice s'était exaltée en moi dans le monde, sur-*
« *tout quand je fus auteur.* J'en avais peut-être moins qu'un autre,
« *mais j'en avais encore prodigieusement.* Les terribles leçons que
« j'ai reçues l'ont bientôt renfermé dans ses premières bornes. Il
« commença par se révolter contre l'injustice, il a fini par la dédai-
« gner... Dès lors, j'ai retrouvé la paix de l'âme et presque la féli-
« cité ; car dans quelque situation qu'on se trouve, ce n'est que par
« l'amour-propre qu'on est constamment malheureux, etc. » Je me
borne à cette citation ; mais je recommande de lire toute la huitième Promenade, d'où elle provient ; on la croirait écrite par un
trappiste. Les *Rêveries* contiennent beaucoup d'autres traits d'observation intérieure, tout aussi extraordinaires. Cherchez dans les
intelligences *fortes* de semblables leçons de résignation, de renon-
cement et de sévérité pour soi-même ! Non : il n'est pas possible
que l'homme auquel le désordre de sa tête permettait de se juger
ainsi, soit devenu fou d'orgueil !

Il y a moins de calme dans les *Dialogues*, ouvrage apologétique
dans lequel l'indignation, l'amour-propre blessé ont encore trop
d'influence ; et cependant, que d'aveux difficiles, que de véritable
humilité ils contiennent encore ! « Il y a peu de suite dans ses ac-
« tions, dit Rousseau, parce que ses mouvements naturels et ses pro-
« jets réfléchis ne le menant jamais sur la même ligne, les premiers
« le détournent à chaque instant de la route qu'il s'est tracée, et
« qu'en agissant beaucoup, il n'avance point. Il n'y a rien de
« grand, de beau, de généreux dont, par élans, il ne soit capable ;
« mais il se lasse bien vite et retombe aussitôt dans son inertie.
« C'est en vain que les actions nobles et belles sont quelques instants
« dans son courage ; la paresse et la timidité qui succèdent bientôt
« le retiennent, et voilà comment, avec des sentiments grands et éle-
« vés, *il fut toujours petit et nul par sa conduite.* »

C'est sans doute ce passage qui a donné lieu à certains critiques
de dire que Rousseau *avait voulu mener les devoirs comme les passions, par élans, par instinct* (voir chap. IX, pag. 491). On n'a
pas vu, ou plutôt on n'a pas voulu voir qu'il n'y est question que
d'une infirmité de son organisation, et non d'un principe général,
d'une règle de conduite. Rousseau écrivait à Mme de La Tour (26
septembre 1762) : « Quiconque ne se passionne pas pour moi n'est
« pas digne de moi. » On a relevé ce trait comme ridiculement va-

niteux, sans considérer qu'il s'agit ici d'affection et non d'enthousiasme littéraire. Ces citations, dont on tire toujours des conséquences si absolues, sont habituellement tronquées, et pour cause. Voici le trait en son entier : « Vous dites que je ne suis indifférent à « personne, tant mieux : je ne puis souffrir les tièdes. J'aime mieux « être haï de mille à outrance et *être aimé de même d'un seul*. Qui« conque ne se passionne pas pour moi n'est pas digne de moi. » On a cité aussi comme modèle de présomption et d'insolence le trait suivant de la même lettre et qui vient immédiatement après le précédent : « A l'égard de mon livre, vous le jugerez comme il vous « plaira. Vous savez que j'ai toujours séparé l'auteur de l'homme : « on peut ne pas aimer mes livres, et je ne trouve pas cela mauvais ; « mais quiconque ne m'aime pas à cause de mes livres est un fri« pon ; jamais on ne m'ôtera cela de l'esprit. » Les critiques n'ont cité que cette dernière phrase ; cependant ce qui précède importe beaucoup à son interprétation. Rousseau dit qu'il a toujours séparé *l'auteur de l'homme* : cela veut dire qu'on peut blâmer les principes d'un écrivain, et en même temps honorer sa personne, à moins que ces principes ne soient de ceux qui dénotent nécessairement de la perversité. Or, Rousseau n'est pas, je pense, dans ce cas. Je dois dire pourtant que j'ai connu des hommes très-religieux, très-excellents, des absolutistes outrés, mais pleins de loyauté, qui détestaient de tout leur cœur l'auteur de l'*Emile* et du *Contrat social*, précisément à cause de ces deux livres. C'est que tous le jugeaient sur l'autorité d'autrui, ou qu'ils étaient fascinés par des préjugés de position, et surtout par le souvenir des excès de la Révolution auxquels Rousseau a tant contribué sans le vouloir. J'en ai vu d'assez sincères pour avouer leur erreur, et rendre justice à l'homme en continuant d'abhorrer ses écrits. Dans ces hommes bons et sincères, la conscience parlait plus haut que l'intérêt et que les préjugés ; mais c'est une exception très-rare. Quant à ceux qui, moins dominés et plus intelligents, haïssent dans Rousseau l'écrivain indépendant, le hardi censeur des abus, des turpitudes, des charlatanismes, des tyrannies de toute espèce ; le défenseur de Dieu, de la conscience, de la rémunération future ; ceux qui l'attaquent avec animosité et se plaisent à flétrir sa vie, j'affirme, avec lui, que ceux-là se sont reconnus dans ses livres, et que la haine des idées les a conduits à celle de l'écrivain. Il y a, du reste, un moyen bien simple de se convaincre du mauvais principe de ce genre de haine ; c'est de suivre un peu de près certains détracteurs de Rousseau, réfléchis, acharnés, comme il y en a trop encore ; après les avoir laissés parler, voyez-les agir, et vous demeurerez convaincus que la proposition de Rousseau n'a rien d'exagéré.

On s'est aussi beaucoup scandalisé d'un passage de la lettre à M. de Beaumont, dans lequel Rousseau dit : « S'il existait en Europe un « seul gouvernement vraiment éclairé et dont les vues fussent utiles « et saines, il eût élevé des statues à l'auteur d'*Emile*. » Ceci n'est pas de la modestie, j'en conviens ; c'est mieux que cela, c'est de la vérité ; car ces statues existent aujourd'hui, et je ne parle pas de celles qu'a élevées la démagogie. D'ailleurs, ce n'était pas pour son talent d'écrivain que Rousseau réclamait des statues, c'était pour les vérités qu'il avait proclamées dans son livre et pour le bien qu'il croyait qu'elles pouvaient faire aux hommes ; ce qui change déjà un peu la question. Ecoutez maintenant ce que disait Montesquieu à la fin de la préface de l'*Esprit des lois* : « Si cet ouvrage a du « succès, je le devrai beaucoup à la majesté de mon sujet : *cepen-* « *dant je ne crois pas avoir manqué totalement de génie*. Quand j'ai « vu ce que tant de grands hommes, en France, en Angleterre et en « Allemagne, ont écrit avant moi, j'ai été dans l'admiration ; mais « je n'ai pas perdu courage : « moi aussi je suis peintre », ai-je dit « avec le Corrége. » Si cette déclaration n'a pas tout à fait l'aplomb de celle de Rousseau, il est sûr qu'elle n'est pas non plus un acte d'humilité ; cependant je ne vois pas que personne, pour cela, ait songé à faire de Montesquieu un prodige d'orgueil. Ces messieurs ne se trompaient pas, ils prophétisaient leur gloire future, mais je conviens volontiers qu'ils auraient pu laisser dire tout cela à d'autres.

Il ne me sera pas difficile maintenant de faire justice du dernier chef d'accusation ; de l'hypocrisie. J'ai prouvé, dans le cours de cet écrit, que Rousseau n'avait jamais été convaincu une seule fois de mensonge, tandis que ses détracteurs, c'est-à-dire ceux mêmes qui ont forgé l'accusation d'hypocrisie, ont été pris à chaque instant en flagrant délit d'imposture. Cela seul me dispenserait de tout examen ; mais l'incrédulité est si grande qu'il faut bien me résigner à discourir encore. Je dois, avant tout, relever une contradiction échappée à l'animosité des calomniateurs. Ils ont fait de Rousseau un misanthrope et un hypocrite ; c'est trop à la fois. Le misanthrope fuit les hommes, l'hypocrite les recherche. Le misanthrope rugit dans la solitude, l'hypocrite intrigue dans les villes. Le premier est brutal et caustique ; l'autre est doucereux et rampant. Tout cela est incon-

ciliable : logiquement, il faudrait opter ; la haine a préféré cumuler. Comme je crois être quitte de Rousseau *misanthrope*, je n'insiste pas davantage sur cet amalgame, et je reviens à Rousseau *hypocrite*. Je vais me répéter et j'en ai bien regret, mais j'y suis forcé. Le métier d'apologiste n'est pas tout à fait aussi facile que celui de calomniateur. Je voudrais donc encore une fois qu'on m'expliquât comment un hypocrite a pu dévoiler à ses amis l'abandon de ses enfants, sans autre motif que celui de ne pas paraître meilleur qu'il n'était ? Comment il a pu écrire ses *Confessions*, ses *Dialogues*, ses *Rêveries*, où chacun peut fouiller à son aise dans tous les replis de son âme ? Mais laissons ces arguments ennuyeux à force d'être simples et de répondre à tout. On a beau comprimer la vérité, elle s'échappe toujours par quelque fissure. Voici un ennemi de Rousseau bien avéré, bien cruel, et dont la conscience inquiète va laisser échapper le plus bel éloge qu'on ait jamais fait de sa sincérité. Mme d'Epinay, c'est tout dire, écrivait ce qui suit au lieutenant de police, M. de Sartine, à l'occasion des premières lectures des *Confessions*. « Il n'y
« a rien de si insupportable pour les personnes surchargées d'affai-
« res, monsieur, que ceux qui n'en ont qu'une. C'est le rôle que je
« me meurs de peur de jouer avec vous ; mais comptant, comme je
« le fais, sur votre amitié et sur votre indulgence, je dois vous dire
« *encore* que la personne dont je vous ai parlé hier matin a lu aussi
« son ouvrage à M. Dorat, à M. Depezai et à *M. Dussaulx* ([1]). C'est
« une des premières lectures qui en aient été faites. Lorsqu'on prend
« ces messieurs pour confidents d'un *libelle*, vous avez bien le droit
« d'en dire votre avis, sans qu'on soit censé vous avoir porté des
« plaintes. J'ignore cependant s'il a nommé les personnages à ces
« messieurs. Après y avoir réfléchi, je pense qu'il faut que vous
« parliez à lui-même avec assez de bonté pour qu'il ne puisse s'en
« plaindre, mais avec assez de fermeté pour qu'il n'y retourne pas.
« *Si vous lui faites donner sa parole, je crois qu'il la tiendra*. Par-
« don, mille fois, *mais il y va de mon repos*, et c'est le repos de

---

([1]) On remarquera avec quelle *fidélité* certains auditeurs de Rousseau rendaient compte à ses ennemis de ces lectures confidentielles. Le nom de Dussaulx suffit pour trahir l'obséquieux révélateur. Objectera-t-on que les *accusés* devaient être prévenus ? Je l'accorde : mais ils ne devaient pas l'être par ceux qui se disaient les *amis* de l'accusateur. Ce double rôle est abject. Pour le remplir avec honneur, il eût fallu déclarer à Rousseau qu'on n'écoutait ses révélations que sous la condition de les rendre publiques, et cela était d'autant plus facile que, loin d'exiger le secret, Rousseau n'avait d'autre but que de faire parvenir la vérité jusqu'à ses calomniateurs, et de les forcer ainsi à s'expliquer.

« quelqu'un que vous honorez et qui, quoi qu'en dise Jean-Jacques,
« *se flatte de le mériter.* Ne vous donnez pas la peine de me répon-
« dre, *cela n'en demande pas,* etc. »

« Cette lettre, dit Musset-Pathay, remarquable par les terreurs
« d'une conscience coupable et par cet aveu : *je crois qu'il la tien-*
« *dra,* fit probablement suspendre les lectures des *Confessions.* On
« sait que Rousseau fut mandé à la police, mais on ignore ce qui se
« passa entre lui et le magistrat » (*Hist.*, t. Ier, pag. 209). Musset-
Pathay fait aussi remarquer que le trouble extrême de Mme d'Epinay
lui fait oublier ses prétentions au style, et que sa lettre contient même
une faute de langage assez grossière.

Revenons à l'histoire de ce *fourbe* de Rousseau, proclamé *esclave
de sa parole* par la maîtresse de Grimm. Son premier écrit est une
diatribe contre les sciences, les arts et ceux qui les cultivent. L'*habile
charlatan* débute dans la carrière des lettres par se mettre à dos
tous ceux qui la suivent. Il est pauvre et sans protecteurs ; une tirade
méprisante l'abandonne d'emblée à ses propres ressources. Son discours *sur l'inégalité* est un tableau désolant des misères sociales,
une sombre diatribe contre les heureux de la terre. Sa lettre *sur la
musique française* blesse au vif la vanité nationale ; elle met en
danger la liberté, la vie même de l'auteur. Son *Emile* attaque intré-
pidement les préjugés consacrés, la philosophie et la religion dominante, le despotisme et la démagogie. Il y flétrit les histrions, les
intrigants, les fripons, les oppresseurs de tout rang, de toute couleur. Son *Contrat social* pulvérise le droit divin et fait de la démocratie une utopie dangereuse. Sa lettre *sur les spectacles* est pleine
de mépris pour les mœurs licencieuses de son époque ; sa lettre à
l'*archevêque de Paris* est presque aussi téméraire que la *Profession
de foi du vicaire savoyard.* Les lettres de *la Montagne* démasquent
un parti de cafards et de petits despotes soutenus par la France ;
la *Julie* même est frondeuse. Partout la vérité inexorable, l'indépendance, la haine du mal. Dites-moi donc, de grâce, à qui ce *tartufe* a voulu plaire, et quelles sortes de gens il s'est proposé de séduire ? Au lieu d'étaler ses fausses vertus dans les villes et d'y faire
fructifier ses talents, il va s'ensevelir *adroitement* dans de profondes
retraites, il y compose ses imprudents écrits et devient, à quarante-
cinq ans, amoureux fou d'une femme qui en aime un autre !
Comme tout cela est sournois ! Le hasard le pousse malgré lui dans
la maison d'un grand : le *fourbe* y commet tant de gaucheries que
ce qui devait être l'occasion de sa fortune le conduit à sa perte.

Il est décrété, ses livres sont brûlés par la main du bourreau, on le chasse, on le lapide, on le diffame ; sa raison s'altère, il meurt dans l'opprobre et la pauvreté ! En vérité, voilà une destinée d'hypocrite qui ressemble assez à celle d'un martyr. Heureusement que les points de comparaison ne manquent pas. Les hypocrites, ce sont ceux qui flattent l'opinion, qui attaquent les croyances fondamentales, qui empoisonnent les mœurs publiques ; ce sont ceux qui deviennent pensionnaires, favoris des princes, commensaux des ministres et des financiers ; ce sont ceux qu'un public idolâtre couronne sur la scène et qui meurent d'une apothéose ! Voyez Grimm, Voltaire, d'Alembert, Diderot, Hume, Marmontel, etc. ; ils ont vécu rassasiés d'honneurs et de bien-être. La plus sûre garantie de la sincérité de Rousseau, il l'a dit lui-même, ce sont ses malheurs, c'est la haine des méchants. Il eut trop d'ennemis parmi les hypocrites pour en avoir été un lui-même.

On a encore regardé comme un acte d'hypocrisie orgueilleuse la réforme somptuaire de Rousseau, et l'espèce de fièvre vertueuse dont il fut saisi à la suite de ses débuts littéraires. Musset-Pathay s'est élevé avec raison contre cette calomnie, mais il a expliqué cette révolution morale, de manière à confirmer lui-même l'opinion fausse qu'il prétendait réfuter. Il a avancé qu'à l'exemple d'Alfieri, Rousseau, ayant formé la résolution de se vaincre, prit le parti d'éviter le combat. « Pour cela, dit-il, il se séquestra de la société pour n'y « plus rentrer ; il adopta un costume qui n'y était pas reçu » (*Hist.*, t. Ier, pag. 55). Il n'y a aucun rapport entre Rousseau et Alfieri. Ce dernier, esclave d'une passion violente pour une femme avilie, se dérobe par une séquestration volontaire à son déshonneur, qu'il n'a pas la force d'éviter autrement : Rousseau, saisi d'un enthousiasme subit de vérité et de vertu, se met, un instant, au-dessus de son naturel timide, par des actes de vigueur qui cessent avec cette cause accidentelle ; je ne vois absolument rien de commun entre ces deux manières d'être. L'erreur de Musset-Pathay consiste à regarder comme l'effet d'un calcul ce qui ne fut que l'entraînement de la passion. Ce qu'en dit Rousseau dans ses *Confessions* annonce l'exaltation passagère d'un homme qui, méconnaissant la mesure de ses forces, s'abandonne à des illusions sublimes ; mais rien n'y fait naître l'idée de cet expédient pénible imaginé par Musset-Pathay. Ce fut surtout l'arrêt de mort du chirurgien Morand qui détermina Rousseau à renoncer à la vie du monde. La réforme du costume était non-seulement une conséquence naturelle de cette résolution, elle était encore une affaire d'économie. De toutes manières, l'interprétation de Musset-Pathay ne saurait donc être admise.

« La cause des faux jugements portés sur Jean-Jacques, dit Rous-
« seau dans son second *Dialogue*, est qu'on suppose toujours qu'il lui
« a fallu de grands efforts pour être autrement que les autres hommes ;
« au lieu que, constitué comme il l'est, il lui en eût fallu de très-
« grands pour être comme eux. » Musset-Pathay se trompe encore
plus lorsqu'il prétend que Rousseau *prit à dessein, dans ses premiers écrits, un ton qui le mit dans l'impossibilité de se dédire.* Voilà
bien le plus misérable calcul qu'on puisse prêter à un homme de
génie. Musset-Pathay n'a pas vu qu'au moyen de cette explication,
il donnait un démenti formel à tout ce que Rousseau a dit sur ce
sujet, et qu'il accréditait les fables racontées par Diderot, Marmontel
et autres détracteurs, relativement au *Discours sur les sciences*. Ce
qu'il y a de pis c'est que, ce trait de charlatanisme une fois admis,
tous ceux du même genre qui ont été mis à la charge de Rousseau
deviendraient probables ; et voilà comment, en voulant être ingénieux et profond, Musset-Pathay a compromis encore une fois le
caractère de l'homme dont il a pris si noblement la défense.

Dans une allocution académique qui eut, il y a quelques années,
un certain retentissement à Paris[1], un des personnages marquants
de l'époque parle avec dédain de *ces organisations débiles qui pleurent sur elles-mêmes.* Il fait remarquer que ce type ridicule est une
création propre au dix-huitième siècle, et il a raison. Jamais on ne
vit tant de faux sentiment et de douleurs postiches qu'à cette époque,
si ce n'est peut-être depuis l'avénement de cette nouvelle jonglerie
qui infecte la nôtre, et qu'on nomme le *romantisme.* Il y a de la
sensiblerie jusque dans les phrases mortifères des terroristes. On
sait que Marat traitait l'*élégie,* et qu'il s'est donné pour *disciple de
Rousseau !* Mais M. Molé veut que Rousseau soit un de ces odieux
tartufes. J'ose appeler de la sentence prononcée par l'illustre académicien. Comme tous les caractères ardents et sensibles, Rousseau
a eu le tort de s'abandonner trop facilement à la tendance mélancolique de ses idées ; la réalité de ses malheurs ne l'excuse pas entièrement. Il est sûr que cet amollissement excessif de l'âme a des inconvénients graves. A force de céder au charme de l'attendrissement, on affaiblit le ressort moral ; on s'habitue insensiblement à
reculer devant tout acte énergique, sous prétexte qu'on n'est pas

[1] Discours de M. Molé à l'occasion de la réception de M. Alfred de Vigny.

assez fort pour résister, et que c'est en vain qu'on lutte contre son organisation. Ici-bas la contemplation exclusive n'est bonne pour personne. Il est impossible, quelque détaché qu'on soit de la société, de ne jamais se retrouver en contact avec les hommes et les choses. Dans les positions les plus humbles, il faut être préparé à une foule de devoirs imprévus qui demandent de la force : or, l'habitude de la mélancolie, l'exaltation de la sensibilité n'en produisent pas. Il n'en est pas moins vrai que la rêverie sérieuse et même empreinte d'une douce tristesse a aussi son utilité pratique. Elle dispose à la bienveillance universelle, à l'oubli de tous ces sentiments intéressés, chagrins ou hostiles que les rapports sociaux font germer dans les meilleurs naturels. Elle arrache l'âme aux préoccupations égoïstes, aux séductions ignobles de la vie matérielle. C'est surtout au déclin de la vie que ces avantages sont plus sensibles. Elle aide à combler le vide intérieur qui succède alors aux orages des passions, et qui rend si malheureux ceux qui ne savent pas vieillir. Elle remplace, dans les âmes tendres, des sentiments auxquels elles ne peuvent plus s'abandonner désormais sans ridicule. Auxiliaire précieux des idées religieuses, elle leur donne ce caractère de mansuétude et d'élévation, sans lequel elles dégénèrent toujours en dégradation intellectuelle, en fanatisme impitoyable. Elle fait achever la vie dans la sérénité, dans la résignation ; elle affermit, elle épure, elle console ; elle est en quelque sorte le prélude de la vie des cieux.

On croit trop généralement que ces ressources de la vie méditative ne conviennent qu'aux âmes faibles. Cela vient de ce que l'on confond la sensibilité avec la pusillanimité, la dureté avec l'énergie. Il a existé, il existe encore, je n'en doute pas, des âmes très-sensibles et très-fortes ; je les crois rares de nos jours, précisément parce qu'on les dit communes. Je me suis laissé prendre autrefois à ces beaux types de l'époque, cela ne m'arrivera plus. Lorsqu'à cette heureuse combinaison de bonté et de force se joignent la supériorité intellectuelle et l'instinct religieux, on peut dire que l'homme a atteint la mesure de perfection que Dieu a attachée à sa constitution terrestre. J'en citerai un exemple presque oublié aujourd'hui ; c'est *Lanoue*, dit *Bras-de-fer*, héros chrétien, encore plus remarquable par ses vertus que par ses talents militaires. Fait prisonnier en 1580 par les Espagnols, il fut enfermé dans une prison inventée exprès pour lui par le féroce Philippe II. C'était une tour sans toiture, et dans le bas de laquelle on avait creusé un réduit étroit, seul abri du prisonnier contre les intempéries de l'air. Il resta cinq ans, au fond de ce puits, et eut la force étonnante d'y composer *ses Discours politiques et militaires*, dans lesquels on trouve réunies la résignation du chrétien, la profondeur du philosophe et du politique, la science pratique de l'homme de guerre, et, chose incroyable, les saillies enjouées d'un observateur spirituel. Le vingt-cinquième Discours de ce recueil unique en son genre est intitulé : *Que toute personne, selon sa capacité et vocation, peut user de la contemplation* (¹). Je recommande la lecture de ce véritable chef-d'œuvre de raison, de sensibilité et de piété. Ainsi Lanoue, un des hommes les plus énergiques qui aient jamais existé, pratiquait la *contemplation :* ceci soit dit en passant pour les *forts*, suivant la mesure du siècle.

C'est un genre de sagesse très-rare aussi, et très-difficile, que celui qui consiste à se placer ici-bas selon la portée de son intelligence et les forces de son âme. L'erreur, à cet égard, est toujours fatale; et l'histoire de Rousseau en offre une preuve frappante. Il prit pour de l'énergie l'exaltation de la sensibilité et l'indignation d'un cœur honnête ; il se mit, comme Don Quichotte, en travers d'un troupeau de buffles. Ce terrible essai lui révéla sa faiblesse ; il se l'exagéra, il se crut tout à fait incapable de vertu parce que la sienne, plus qu'ordinaire, avait succombé dans une lutte qui eût écrasé une âme de fer. De là ce découragement, cette défiance de lui-même qu'on remarque dans le reste de sa vie, et dont ses derniers écrits offrent tant de traces. Le même homme qui, dans ses *Dialogues*, déclarait qu'il ne dépendait pas de lui de résister au moindre de ses désirs, oubliait les sacrifices qu'il avait su faire à ses devoirs dans le cours de sa vie; il oubliait ce trait vigoureux de l'*Emile :*
« Il n'est pas vrai que le penchant au mal soit indomptable et qu'on
« ne soit pas le maître de le vaincre avant d'avoir pris l'habitude
« d'y succomber... C'est la seule tiédeur de notre volonté qui fait
« notre faiblesse ; on est toujours fort pour faire ce qu'on veut for-
« tement » (livre IV). Cette espèce de quiétisme de Rousseau est, à mon avis, sa plus grave erreur, en ce qu'elle peut séduire les âmes faibles et les jeter dans une torpeur dangereuse. Son précepte d'éviter les situations violentes qui forcent l'homme de faire le mal est excellent, mais il exagère encore lorsqu'il dit que le seul moyen de le mettre en pratique est de se séquestrer absolument du monde ; il fallait se borner à conseiller la retraite au lieu d'en faire une nécessité. Cependant il faut bien accorder qu'il peut survenir dans

---

(¹) *Discours politiques et militaires du seigneur de Lanoue*. Lausanne, 1587.

les idées et les mœurs d'un peuple des altérations tellement profondes et d'une nature si étrange que la proposition de Rousseau se trouve presque entièrement justifiée. La société française offre, en ce moment, un bien triste exemple de cette dégradation morale et politique qui force l'honnête homme à s'abstenir de tout rôle actif, sous peine de devenir malgré lui l'instrument d'un parti. Enfin, des raisons particulières d'organisation peuvent encore légitimer, non la séquestration que je ne crois jamais permise, mais la retraite telle que je viens de la caractériser. Il existe encore bien des hommes droits, paisibles, religieux, naturellement portés vers l'étude et les méditations sérieuses, qui fuient le tumulte et renoncent quelquefois à de brillantes chances d'avenir pour vivre dans l'obscurité. Contents de remplir sans ostentation des devoirs modestes et quelquefois difficiles, ils ne montent sur aucun tréteau, ils ne jouent aucune farce religieuse, politique ou philanthropique; ils ne font jamais de ce bien qui se publie à son de trompe, mais ils sont purs des turpitudes secrètes qui infectent si souvent la vie des hommes publics. Il en est que la vue du mal ou l'infortune jettent dans une tristesse exagérée, maladive comme celle de Rousseau : ceux-là méritent la compassion et non le mépris superbe que leur inflige M. Molé. D'autres, moins malheureux ou mieux organisés, restent dans le vrai, mais, revenus de leurs douces et honnêtes illusions, ils se demandent à eux-mêmes les consolations qu'ils n'ont pas trouvées dans les mensonges de la vie sociale. Leur mélancolie est douce et aimante. S'ils écrivent, leurs productions portent un cachet particulier de gravité et d'onction, bien différent de l'afféterie des élégiaques du siècle dernier et de ceux du jour surtout, dont la tristesse est une affaire de commerce, et qui vendent leurs *larmes* à des libraires. Je ne vois pas pourquoi des hommes si délicatement organisés seraient obligés de descendre dans l'arène où les âmes réputées *fortes*, parce qu'elles sont sèches et dures, exposent si résolument leur honneur, leur repos et celui de leurs semblables.

J'ai prouvé que la retraite de Rousseau à la campagne ne pouvait être attribuée qu'à un penchant légitime, estimable, comme celui dont il vient d'être question. Les gens du monde, dominés par leurs habitudes de mouvement, de relations incessantes, ne conçoivent pas l'amour de la solitude et n'y voient qu'un travers d'esprit. Certains philosophes, dans leur rage de matérialiser et de déshonorer tout; d'autres, matamores de vertu et de philanthropie, ont fait semblant d'y découvrir un vice de caractère. Pour comble d'ignominie, la médecine, secte mesquine, dure et sans foi, en a fait une maladie mentale, sous le nom pédantesque de *lypémanie*. Tous ces juges arrogants sont loin d'imaginer la sérénité parfaite dont jouissent ces rêveurs qu'ils disent être en proie au délire de la misanthropie. Si le goût de la retraite est une maladie noire ou un indice de dépravation, qu'ils expliquent donc pourquoi les solitaires sont, en général, si tranquilles, si inoffensifs, si aimants, tandis que le monde renferme tant d'êtres haineux, malfaisants et malheureux ! Il est vrai que les solitaires parlent souvent des excès de la vie sociale avec mépris et même avec amertume ; mais on se trompe fort quand on croit que c'est là leur idée dominante. Tout au contraire, ils la repoussent tant qu'ils peuvent, pour se livrer aux plus douces rêveries, aux fictions les plus riantes. Rousseau eut la bêtise de vouloir prouver cela à ses indignes amis, au lieu de les envoyer paître et de vivre à sa guise. Il y a même des solitaires si singulièrement organisés (¹), si peu propres à la vie du monde, qu'il faut regarder comme une direction providentielle l'espèce d'instinct qui les en éloigne. Grâce à lui, ils sont dispensés de faire une continuelle violence à leur faible, mais inflexible nature ; ils ne traînent pas à travers les huées et les répulsions brutales de la foule leur probité sauvage, leur dangereuse franchise. On peut dire de ceux-là, et Rousseau en est le type parfait, que la solitude fait leur sagesse et leur salut. Quant à la solitude maladive, c'est une véritable folie, et je ne blâme pas la médecine de l'avoir signalée, mais il ne fallait pas ne voir que des solitaires malades.

Cependant la vie retirée a des inconvénients graves dont je ne vois pas que Rousseau ait parlé, quoiqu'il en ait été victime plus que tout autre. La solitude est pleine de charmes quand on y porte des affections qui suffisent aux besoins du cœur ; dans le cas contraire, elle est une source de tourments et de dangers. Rousseau en est encore un bien triste exemple. Ce fut faute de trouver dans le commerce des personnes qui l'entouraient un aliment suffisant à ses penchants affectueux, à l'ardeur de son imagination, qu'il se jeta dans les rêveries auxquelles on doit la *Julie*. Ce fut aussi au milieu de cette dangereuse effervescence que l'apparition d'une femme

(¹) On s'est mis depuis peu à nier les singularités de Rousseau et toutes les singularités sans exception. Jonglerie, singerie, sot orgueil, faiblesse d'esprit, dit-on ! Il y a des hommes tellement artificiels en tout, qu'ils n'imaginent pas qu'on puisse être réellement ce qu'on paraît être.

aimable le surprit, sans force et sans refuge contre la passion violente qu'elle lui inspira à la première vue. Dans le monde, les impressions se succèdent et se détruisent mutuellement comme les flots de la mer. A part quelques cas assez rares de sympathies subites et profondes, rien n'y ressemble à ces perturbations fatales qui, trop souvent, désolent en secret l'âme du solitaire séquestré. L'isolement, tel que Rousseau osa se l'imposer, était peut-être la plus difficile des épreuves qui l'attendaient. Là, les moindres impressions agissent avec un levier énorme : nul mouvement, nulle diversion, nul terme de comparaison. L'objet qui frappe le solitaire parle en maître, parce qu'il n'a pas de rivaux. Ce qu'il eût bravé dans le tourbillon social, le fascine par son unique et continuelle présence. Ce *rien* de tous les instants, ce faible mais opiniâtre appel à des passions irritées par l'imagination, par les exigences mêmes du devoir, devient, petit à petit, un ennemi redoutable ; et c'est alors que l'homme d'honneur n'a pas trop de toute son énergie pour étouffer un sentiment dont il ne soupçonnait pas les progrès perfides. Ces luttes sont longues et pénibles ; elles déchirent l'âme, mais elles la forment et l'ennoblissent, et tel fut le résultat honorable de la passion de Rousseau pour Mme d'Houdetot. « Les vies retirées, dit « Montaigne, soutiennent, quoi qu'on die, des devoirs autant et « plus aspres que ne font les autres vies. » C'est là ce qu'on peut appeler *la gloire* de la solitude. Rousseau, qui s'y condamna imprudemment, lui dut une partie de ses malheurs, mais il lui dut aussi la fixité que sa nature, à la fois faible et résistante, conserva jusqu'à la fin. Ce fut dans cette espèce de captivité volontaire qu'il apprit à se connaître, qu'il puisa le courage qui lui dicta ses *Confessions*, et la résignation religieuse qui l'aida à supporter sa triste destinée. Il s'est dit faible, et il l'était ; il y eut pourtant de la force dans cette âme, puisque l'infortune en fit sortir de telles vertus. Endurer patiemment l'infamie, les outrages et l'abandon ; recevoir avec résignation ces longs jours, mornes, silencieux, dont chaque heure portait avec elle son sujet de tourment ou de dégoût ; se débattre sans cesse contre l'irritation et le découragement ; refouler des passions répulsives ; étouffer des regrets inutiles, des espérances de réhabilitation presque chimériques ; voir, sans tomber dans le désespoir, un nom honorable voué à une ignominie perpétuelle ; opposer à cette agonie lente le noble mais unique témoignage de la conscience, et l'espoir du bonheur éternel ; forcer, pour ainsi dire, la consolation, la sérénité, à sortir d'une existence qui semblait

faite pour anéantir toutes les forces de l'âme : juges de Rousseau, si légers, si injustes, et si heureux sans doute, sachez que ce sont là des actes de courage qui, pour être obscurs, n'en sont pas plus faciles, et qu'il y a plus de véritable grandeur à combattre ainsi, sans autres témoins que Dieu et soi-même, qu'à étonner les hommes par le prestige vulgaire des actions d'éclat! Rousseau, dites-vous, *pleurait sur lui-même*. Un sarcasme est bientôt lancé, mais que de phrases il faut pour en faire justice! Je suis de ceux qui croient que les malheureux peuvent pleurer, et même qu'il faut quelquefois pleurer avec eux. Les hommes ont beau se raidir contre la nature, ils ont des larmes. Napoléon lui-même, le moins sensible des hommes, en a versé ([1]); mais il y a larmes et larmes. Écoutez ce que Rousseau dit des siennes : « Pour peu qu'il soit ému, ses yeux
« se mouillent à l'instant. Jamais la seule douleur ne lui fit verser
« une larme ; mais tout sentiment tendre et doux, ou grand et noble,
« lui en arrache infailliblement. Il ne saurait pleurer que d'atten-
« drissement ou d'admiration... Il peut voir ses malheurs d'un œil
« sec, mais il pleure en pensant à son innocence et au prix qu'avait
« mérité son cœur » (deuxième *Dialogue*). Plaignons ceux qui ne savent pas pleurer ainsi, et qui en sont fiers. J'ai connu des *sages*, pleins de mépris pour les *larmes* de Rousseau, pour sa manie rêveuse, et qui tournaient en ridicule sa passion *stérile* pour Mme d'Houdetot, son respect chevaleresque pour cette femme, et les regrets un peu trop scrupuleux, j'en conviens, qu'il éprouva d'avoir osé aimer la maîtresse de son ami. Cette ironie, digne de nos mœurs, comble la mesure des absurdités de l'opinion. Je me figure que le pauvre Rousseau aurait pu répondre ainsi à ces *honnêtes* censeurs: « Com-
« ment connaîtriez-vous les nobles sacrifices du véritable amour,
« vous qui n'avez même pas le temps de former un désir, tant les
« jouissances vous pressent et vous accablent ; vous que des ardeurs
« honteuses, satisfaites sans mesure et sans obstacle, conduisent si
« promptement à la satiété, au mépris de tout? Je les connais, moi,
« j'en ai cruellement souffert, parce que je n'ai pas consumé comme
« vous toute l'énergie de mon âme dans ces grossières voluptés ;
« parce que j'ai su épurer mes passions et les soumettre à la loi du
« devoir. Les délicieuses images de l'amour m'ont poursuivi comme
« des fantômes ; elles m'ont facilement séduit, moi, faible et impru-

---

([1]) A une représentation de *Roméo et Juliette* il fut tellement ému, qu'il quitta précipitamment sa loge; le *héros* n'eut pas le courage de paraître *homme* !

« dent solitaire : au déclin de ma vie, une fatale passion est venue
« assaillir mon cœur amolli par de longs rêves. J'ai porté l'ardeur
« des désirs jusqu'à la déraison, jusqu'à l'égarement ; j'ai aimé sans
« mesure, sans espoir, mais sans déshonneur. Vous allez sourire de
« pitié ; j'ai fait plus : après avoir poursuivi si aveuglément la vo-
« lupté entourée d'obstacles, je l'ai dédaignée quand rien ne m'em-
« pêchait plus de m'en repaître (¹). Alors je ne voulais plus d'un
« bien si passionnément envié, et qui devait s'acheter au prix des
« véritables biens de l'âme. Oui, moi, le plus sensible, le moins
« énergique des hommes, je l'ai fait, ce noble effort : j'ai eu le cou-
« rage de mettre, d'un côté, l'assouvissement d'un penchant fréné-
« tique, les jouissances enivrantes dont l'idée obsédait mon imagi-
« nation ; de l'autre, la perte irréparable d'une longue suite de jours
« sans tache, et la perspective d'un avenir de dégradation. Mon
« âme *débile*, puisque c'est ainsi que vous l'appelez, s'est décidée
« pour le parti de l'honneur. J'ai compris l'énormité, l'absurdité du
« sacrifice que j'étais prêt à faire aux instincts les moins nobles de
« la nature humaine ; j'ai frémi en voyant l'esprit déjà courbé
« sous les lois de la matière, et menacé de s'éteindre dans le
« bourbier de la sensualité. Douce et sainte habitude de la médi-
« tation, *tristesse* salutaire, c'est vous qui m'avez arraché à cette
« mort de l'âme. Oui, je l'avoue, *j'ai pleuré sur moi ;* j'ai pleuré de
« honte sur mes faiblesses ; j'ai pleuré de reconnaissance pour les
« consolations que Dieu a versées sur mes infortunes ; j'ai pleuré de
« joie en pensant à la félicité sans fin dont sa miséricorde récom-
« pensera mes misères d'un jour et mes chétives vertus. Riez-en
« donc, faux stoïciens, fanfarons de sagesse et d'énergie ; flétrissez
« de vos sarcasmes ces objets sacrés du salut d'une pauvre âme que
« votre arrogante philosophie a toujours laissée sans chaleur et sans
« vie ! Un jour, vos cœurs seront ouverts devant Dieu, comme le
« mien l'est à cette heure ; votre force sera pesée avec ma faiblesse
« dans la même balance ; je ne crains pas d'être plus sévèrement
« jugé que vous ! »

Après une si longue apologie, il est juste de parler des torts de
Rousseau ; j'en ai exposé et condamné quelques-uns dans le cours

---

(¹) Voyez ce que dit Rousseau des succès de la *Nouvelle Héloïse*, parmi les
femmes (*Confess.*, liv. XI). On sait qu'à cette époque les grandes dames *se dis-
putaient* un Vadé, un Rétif de la Bretonne, et autres cyniques. Faut-il ajouter
que de nos jours nous avons vu l'assassin Lacenaire recevoir dans sa prison des
messages de femmes lettrées, et l'empoisonneuse Lafarge faire des passions !

de cet écrit avec une impartialité qui, je l'espère, ne sera pas méconnue : le reste de ma tâche est facile, car cet homme si opiniâtrement défiguré a encore cela d'exceptionnel que nul ne saurait le juger plus sévèrement qu'il ne s'est jugé lui-même. Les *Confessions* ont presque renouvelé de nos jours l'abnégation des chrétiens primitifs, qui s'accusaient en présence de leurs frères. Marmontel, en terminant ses insipides *Mémoires*, avoue qu'il ne s'est peint *qu'en buste*. *J'écrivais pour mes enfants*, ajoute avec une fatuité cynique l'auteur des *Contes* soi-disant *moraux*. Que de *bustes* comme le sien dans nos menteuses *biographies!* Rousseau seul a eu le courage de tout dire; il a même trop dit, il en convient dans ses *Dialogues*. Il ajoute qu'il a souvent tu le bien *lorsqu'il l'honorait trop;* réticence bien rare, dont on n'a eu garde de lui tenir compte. Quant au mal sur lequel on a tant insisté, qu'on a aggravé et dénaturé, qui le saurait s'il ne l'avait dit? On aurait dû se rappeler aussi qu'il avait été abandonné à lui-même de très-bonne heure, et que les mauvais traitements du brutal chez lequel on l'avait mis en apprentissage durent altérer singulièrement les heureuses dispositions qu'il avait montrées dans sa première enfance. Enfin, on ne peut nier que ces dispositions ne fussent très-énergiques, puisqu'elles l'arrachèrent à sa vie errante, à l'abaissement passager où il se trouva réduit, et qu'elles l'élevèrent enfin au rang des célébrités les plus honorables de son époque.

Je ne rappellerai pas toutes les erreurs avouées par Rousseau, la générosité la plus vulgaire répugne à cette énumération : que voulez-vous dire à un homme qui se fustige ainsi? Mais je ne puis me dispenser d'examiner s'il eut réellement le droit de nommer tous les personnages qui figurent dans ses *Confessions* et d'être aussi sévère pour eux qu'il le fut pour lui-même. J'ai traité en partie cette question à l'article de Mme de Warens; j'ajoute ici que j'aurais désiré qu'au moins le nom de sa bienfaitrice ne fût jamais sorti de sa plume. L'indiscrétion qui regarde Mme de Larnage est bien autrement coupable. Ici, il ne s'agit que d'une aventure galante, dans laquelle Rousseau ne figure que sous les traits de l'inexpérience et de la niaiserie, et qui, par conséquent, ne jette pas une bien grande lumière sur son caractère. Je n'ai pu m'empêcher d'être choqué d'un trait des *Confessions* qui, à ma grande surprise, n'a été relevé par aucun des innombrables détracteurs de Rousseau. Il s'agit de la proposition de Lenieps, au sujet du testament du bonhomme Mussard (*Conf.*, liv. XII). Comment Rousseau n'a-t-il pas senti qu'en citant cette anecdote, il s'honorait aux dépens de son ami? Avec des initiales ou une désignation vague, il évitait cette indiscrétion, sans affaiblir le mérite réel de son procédé. Je m'explique d'autant moins cette faute, que dans ses *Confessions* il a fait preuve, à l'égard de ses plus mortels ennemis, d'une discrétion excessive, et que ses réticences scrupuleuses sont même un des grands embarras de sa justification. Comparez sa narration sévère, mais toujours pleine de dignité, avec les diatribes haineuses de ses calomniateurs, et convenez que ce seul contraste suffirait pour indiquer de quel côté se trouve la vérité, quand les preuves matérielles manqueraient totalement.

J'avouerai encore que Rousseau n'est pas excusable d'avoir inséré dans ses *Confessions* des détails obscènes, qui déparent, en pure perte, la décence extrême du reste de l'ouvrage. Ils avaient été supprimés dans les éditions primitives; il est au moins bizarre qu'on se soit cru obligé de les rétablir dans les éditions subséquentes. Il est nécessaire d'ajouter pourtant que ces traits n'ont pas été inventés à plaisir, et qu'ils sont décrits avec tout le dégoût qu'ils méritent. Je les compare jusqu'à un certain point aux obscénités de Juvénal, si différentes de celles d'Horace. L'un accusait les mœurs de son temps, il parlait aux infâmes leur propre langage; l'autre était leur gracieux complice. Le seul épisode de Zulietta contient des *nudités* dessinées avec une certaine complaisance que je n'approuve pas; mais ici il s'agissait, au moins, d'une particularité de caractère, excuse insuffisante qui manque aux autres anecdotes.

Quant à la légitimité des *Confessions*, il me semble qu'elle ne peut être contestée. Rousseau, victime d'un des plus ingénieux systèmes de diffamation qu'ait inventés la méchanceté humaine, pouvait-il se présenter devant la postérité avili, désarmé? Pouvait-il abandonner le soin de sa défense, lorsque ses ennemis, puissants et honorés, vouaient sa mémoire à l'infamie dans des écrits dont les temps et les efforts des amis de la vérité ne parviendront peut-être jamais à faire justice? Loin de blâmer Rousseau d'avoir écrit ses *Confessions*, on doit plutôt regretter qu'il n'ait pas eu la force de les achever, comme il en avait le projet, surtout si l'on avait joint à son travail le recueil de lettres auquel il renvoie si souvent dans ses récits [1].

Je viens d'exposer fidèlement tout ce que j'ai vu de répréhensible

---

[1] Ces lettres ont été copiées en totalité à Neufchâtel, par M. Ravenel, conservateur de la Bibliothèque nationale. Il ne me reste plus qu'à faire des vœux pour que ce précieux travail soit bientôt livré à la publicité par son honorable auteur.

dans le caractère et la vie de Rousseau, et dont il ne paraît pas avoir eu l'entière conscience. Il ne manquera pas de *loups quelque peu clercs* pour hurler : *Manger l'herbe d'autrui, quel crime abominable !* Soit. Ceux qui n'ont pas de haines instinctives à satisfaire me rendront, je l'espère, la justice d'avouer qu'à l'exemple de l'homme dont je défends la mémoire, j'ai dit tout le mal et négligé beaucoup de bien. Ce bien se trouve disséminé dans tous ses écrits, mais c'est surtout par la lecture de sa *Correspondance*, de ses *Dialogues* et de ses *Rêveries*, qu'on achèvera de connaître son cœur. Les bornes de cet écrit déjà si long ne m'ont pas permis d'en dire davantage.

CHAPITRE XI.

Des ouvrages de Rousseau [1].

Dans ses *Confessions*, Rousseau a parfaitement jugé la valeur littéraire de son premier Discours. Il aurait pu ajouter qu'il s'y trouve souvent de l'enflure et des tirades trop apprêtées ; entre autres la prosopopée de Fabricius, amplification de collége que je n'ai jamais pu admirer, quoique Rousseau paraisse en faire beaucoup de cas. Quant à l'idée mère du discours, elle a donné lieu à tant de controverses qu'il serait presque ridicule d'y revenir. Je me contenterai d'un rapprochement malheureusement trop facile à faire. Il y a juste un siècle que Rousseau jugeait si sévèrement l'influence des lettres sur les mœurs. Pendant ce long intervalle, les faits ont parlé plus haut que les raisonnements. Les sociétés modernes ont marché à grands pas dans la voie des progrès intellectuels ; la lumière a jailli de toutes parts, *la pensée libre* est devenue une faculté populaire ; il a paru des génies ; il s'est fait des choses qu'on a appelées *grandes* : cette fièvre de l'esprit humain dure depuis soixante ans ; loin de se ralentir elle augmente : et voyez, la barbarie plane sur cette brillante Europe ! Ce ne sont plus des Huns et des Vandales qui la menacent ; ce sont des philosophes, des savants, des médecins, des avocats, des artistes, des poëtes, des rhéteurs, des écri-

[1] Il ne s'agit pas ici d'une critique complète ; ce travail est au-dessus de mes forces, et je suis sûr que le lecteur m'en fera grâce bien volontiers. Je n'examine les écrits de Rousseau que dans les points qui touchent à son caractère.

vailleurs de toute condition, entraînant à leur suite des masses raisonneuses enivrées de théories athées, de démagogie féroce, de littérature obscène, de poésie baroque. Quel est le foyer qui recèle surtout ces hordes de sauvages lettrés ? C'est la France, c'est la terre classique des idées, le siège du goût, le *guide*, le *modèle* des nations ! C'est de ce *sanctuaire* qu'est sorti le *socialisme*, cette dernière expression du délire de l'intelligence et de l'abjection des mœurs ! Adversaires de Rousseau, je vous laisse conclure. Qu'on me permette une dernière observation. M. Villemain prétend que « ce sont les mauvaises mœurs qui font la mauvaise littérature, « et qu'au lieu du *blâme ingrat* jeté sur les lettres, il eût fallu les « montrer souvent pures et sublimes, sauvegarde des mœurs qui « les inspirent, et la gloire de la nation qui les cultive » (*Tableau de la littérature française au dix-huitième siècle*, t. II, pag. 249). M. Villemain a oublié d'indiquer l'époque où les lettres ont rempli cette magnifique mission. J'ai beau interroger l'histoire, je n'y vois pas une seule grande phase littéraire qui n'ait coïncidé avec une excessive corruption. Il est singulier que les apologistes des lettres parlent toujours de ce qu'elles devraient être et non de ce qu'elles sont, et qu'ils citent des exceptions pour détruire une règle générale: Que les mauvaises mœurs contribuent à dégrader la littérature, nous ne le savons que trop ; ce qu'il faudrait prouver, c'est que les bonnes mœurs ont créé le goût des lettres ; ce qu'il faudrait surtout montrer, c'est un peuple à la fois très-éclairé, très-lettré et très-moral. En attendant, la thèse de Rousseau subsiste. On lui a encore reproché de vouloir ramener le genre humain à l'ignorance. Je renvoie aux réfutations péremptoires que contient sa polémique avec les défenseurs des lettres. Voici un trait des *Dialogues* que personne peut-être n'a remarqué, tant est grand le mépris qu'on a pour l'écrit qui le renferme. « La nature humaine, dit Rousseau, « ne rétrograde pas, et jamais on ne remonte vers les temps d'inno- « cence et d'égalité, quand une fois on s'en est éloigné. C'est en- « core un des principes sur lesquels il a le plus insisté. Ainsi son « objet ne pouvait être de ramener les peuples nombreux ni les « grands Etats à leur première simplicité, mais seulement d'arrêter, « s'il était possible, le progrès de ceux dont la petitesse et la situa- « tion les ont préservés d'une marche aussi rapide vers la perfection « de la société, et vers la détérioration de l'espèce. Ces distinctions « méritaient d'être faites, et ne l'ont point été. On s'est obstiné à « l'accuser de vouloir détruire les sciences et les arts, les théâtres,

« les académies, et il a toujours insisté, au contraire, sur la con-
« servation des institutions existantes, soutenant que leur destruc-
« tion ne ferait qu'ôter les palliatifs en laissant les vices, et *substituer*
« *le brigandage à la corruption* (¹). Il avait travaillé pour sa patrie
« et pour les petits Etats constitués comme elle. Si sa doctrine pouvait
« être aux autres de quelque utilité, c'était en changeant les objets
« de leur estime, et retardant peut-être ainsi leur décadence, qu'ils
« accélèrent par leurs fausses appréciations. Mais malgré ces distinc-
« tions si souvent et si fortement répétées, la mauvaise foi des gens
« de lettres, et la sottise de l'amour-propre qui persuade à chacun
« que c'est toujours de lui qu'on s'occupe, ont fait que les grandes na-
« tions ont pris pour elles ce qui s'adressait aux petites républiques.
« On s'est obstiné à voir un promoteur de bouleversements dans
« l'homme du monde qui porte un plus vrai respect aux lois et aux
« constitutions nationales, et *qui a le plus d'aversion pour les révo-*
« *lutions et pour les ligueurs de toute espèce, qui la lui rendent bien.* »
Quant au conseil qu'on prête à Diderot au sujet de ce premier
discours, et que citent servilement tous les biographes, voici un trait
qui achèvera d'en démontrer la fausseté. « Mes adversaires, dit
« Rousseau dans sa préface de *Narcisse*, peuvent crier tant qu'il
« leur plaira qu'en me déclarant contre les sciences j'ai parlé con-
« tre mon sentiment. A une assertion aussi téméraire, *dénuée éga-*
« *lement de preuves* et de vraisemblance, je ne sais qu'une réponse ;
« elle est courte et énergique, et je les prie de se la tenir pour
« faite. » Dans sa lettre à M. de Beaumont, Rousseau adjure tous
ceux qui l'ont connu de déclarer au public si, en quelque temps que
ce fût, ils ont trouvé en lui ombre de fausseté ou d'hypocrisie.
« Qu'ils le disent, qu'ils révèlent tout ; qu'ils me dévoilent, dit-il,
« j'y consens, je les en prie, je les dispense du secret de l'ami-
« tié, etc. » Comment se fait-il que Diderot n'ait pas répondu alors à
cet appel si hardi, et qu'il ait attendu la mort de Rousseau pour insérer dans ses *Notes* sur Sénèque le conseil qu'il prétend lui avoir
donné au sujet de son premier discours ? (Voir chap. II, pag. 65)

Dans son écrit sur les causes de l'inégalité, Rousseau admet pour
l'homme une condition primordiale qu'il appelle état de nature,
et dans lequel les individus isolés, errants, étaient uniquement occupés, comme les animaux, à se nourrir et à se reproduire. Il va
jusqu'à exclure de cette existence la société prolongée du mâle et

---

(¹) C'est précisément ce que veulent faire les novateurs du jour, et ce qu'ils feront peut-être.

de la femelle. Cette hypothèse attaquait de front les doctrines chrétiennes sur l'origine de l'homme. Rousseau, plus prudent alors qu'il ne le fut dans la suite, comprit le danger et se mit à couvert par le trait oblique que je vais citer : « Il n'est pas même venu dans l'es-
« prit de nos philosophes, dit-il, de douter que l'état de nature eût
« existé, tandis qu'il est évident par la lecture des livres sacrés que
« le premier homme, ayant reçu immédiatement de Dieu des lu-
« mières et des préceptes, n'était pas lui-même dans cet état, et
« qu'en ajoutant aux écrits de Moïse la foi que leur doit tout phi-
« losophe chrétien, il faut nier que, même avant le déluge, les hom-
« mes se soient jamais trouvés dans l'état de nature, etc. »

Cette concession ressemble assez à l'orthodoxie postiche du sceptique Montaigne. Après avoir jeté ce gâteau dans la gueule de Cerbère, Rousseau revient à l'état de nature par une distinction évasive, que je n'aime pas beaucoup non plus : « La religion, dit-il,
« nous ordonne de croire que Dieu lui-même ayant tiré les hommes
« de l'état de nature immédiatement après la création, ils sont iné-
« gaux parce qu'il a voulu qu'ils le fussent ; mais elle ne nous dé-
« fend pas de former des conjectures tirées de la seule nature de
« l'homme et des êtres qui l'environnent ; sur ce qu'aurait pu de-
« venir le genre humain s'il fût resté abandonné à lui-même. » Il y a loin de ces détours timides à la logique audacieuse de la *Profession de foi du vicaire savoyard.*

Sans recourir à l'autorité de l'Écriture, il est facile de démontrer que l'état de nature, tel que Rousseau l'a décrit, n'a jamais pu exister. Son hypothèse de l'isolement primitif des individus humains est contraire à l'observation. L'homme, considéré seulement sous le rapport physique, appartient évidemment à cette classe d'animaux qui, en vertu de l'instinct de *sociabilité*, se réunissent en troupes. Or, l'action de l'instinct étant toujours irrésistible et immédiate, l'homme, dès le principe, a dû obéir à la *sociabilité* comme tous les animaux qui en sont doués ; et, en effet, à moins de causes accidentelles, on ne l'a jamais rencontré nulle part à l'état d'individu isolé, quelle que fût d'ailleurs l'infériorité de ses facultés intellectuelles. L'agglomération en groupes plus ou moins nombreux doit donc être considérée comme l'état primitif de l'espèce humaine. Faute d'avoir aperçu ce fait si simple et si irrécusable, Rousseau s'est créé des embarras dont son talent et sa logique n'ont pu triompher. Ainsi, après avoir admis dans l'homme naturel des facultés qu'il avait *reçues en puissance*, c'est-à-dire dont le germe était en lui, il affirme que ces facultés n'auraient jamais pu se développer d'elles-mêmes. « Elles avaient besoin pour cela, dit-il, du concours « fortuit de plusieurs causes qui pouvaient ne jamais naître, et sans « lesquelles il fût demeuré éternellement dans sa condition primi- « tive. » Ces facultés sont, d'après Rousseau, la perfectibilité, la moralité ou conscience, et la pitié. Or, je demande à quelle fin l'homme eût été doué de ces facultés, si elles ne devaient se développer que fortuitement, et si même elles pouvaient ne pas se développer du tout ? La perfectibilité surtout, accordée à un être qui n'était pas nécessairement destiné à se perfectionner, et pouvait rester *éternellement* à l'état de brute, serait un véritable contre-sens du Créateur. Il est donc évident que ces facultés, admises par Rousseau, durent entrer en action en même temps que l'instinct de sociabilité dont elles sont les régulateurs naturels, et que c'est leur ensemble qui a organisé la vie sauvage, véritable point de départ de l'humanité.

Quant aux causes accidentelles et fortuites auxquelles Rousseau attribue le développement des facultés rudimentaires de l'homme naturel, ce n'est qu'une hypothèse gratuite, et aussi inutile que celle de l'être imaginaire auquel il l'applique. Les véritables causes du progrès intellectuel et moral de l'homme primitif ne sont ni fortuites ni accidentelles ; elles résident dans son organisation, dans ses rapports avec les objets extérieurs, et surtout avec ses semblables. Elles ont été instituées d'avance par le Créateur ; leur action a commencé dès l'instant où l'homme a paru sur la terre. Quelques faits exceptionnels ont, sans aucun doute, influé sur la marche de la perfectibilité humaine, mais cette dernière n'en dépendait pas essentiellement. Rousseau a décrit longuement et avec beaucoup de talent la transformation de l'existence tout individuelle de l'homme naturel, en existence collective. Il suppose que cette transition exigea un laps de temps incalculable. D'après ce qui précède, cette partie de son travail est manifestement imaginaire. Rousseau n'est dans la réalité que lorsqu'il arrive enfin à l'état sauvage. Il définit parfaitement cet état et la mesure de perfectibilité qui lui est applicable ; puis il arrête brusquement à ce point la marche de l'humanité : « Plus on y « réfléchit, dit-il, plus on trouve que cet état était le moins sujet aux « révolutions, le meilleur à l'homme, et qu'il n'a dû en sortir que « par quelque funeste hasard, qui, pour l'utilité commune, n'eût « jamais dû arriver. L'exemple des sauvages, qu'on a presque tous « trouvés à ce point, semble confirmer que le genre humain était fait

« pour y rester toujours ; que cet état était la véritable jeunesse du
« monde, et que tous les progrès ultérieurs ont été, en apparence,
« autant de pas vers la perfection de l'individu, et, en effet, vers la
« décrépitude de l'espèce. »

Examinons si, pour être parfaitement heureux, l'homme devait réellement s'arrêter dans la voie du progrès à la limite que Rousseau vient de poser. Il a parfaitement décrit dans son *Discours* tout ce qui a rapport au développement successif des facultés et des passions humaines, à l'origine des arts et des sciences, de la législation et du gouvernement. Dans ce tableau, tracé de main de maître, Rousseau arrive tout d'une haleine à la société civilisée, telle qu'elle existe de nos jours, et il en flétrit les excès avec une indignation que je ne trouve pas exagérée. Il me semble pourtant qu'il y avait une pause à faire. Il est impossible d'admettre que l'homme n'ait pu s'arrêter dans cette marche funeste, et que l'horrible abus de toutes choses qui constitue l'excès de la civilisation, soit une conséquence irrésistible, fatale en quelque sorte, de la perfectibilité. N'est-il pas permis de supposer un état de civilisation moyenne, dans laquelle le bien eût dominé le mal, au lieu d'être, comme à présent, une exception presque insignifiante ? La liberté morale qui a créé tant de types individuels, dignes de l'éternelle admiration des hommes, n'aurait-elle pu créer aussi des sociétés bien ordonnées, des sociétés comme celles dont Rousseau parle dans la dédicace de son *Discours* ? Est-il logique de refuser aux masses la puissance morale qu'on accorde aux individus ? Il y avait donc au delà de la vie sauvage une forme *possible* de l'humanité, caractérisée par le développement et l'exercice de ces facultés nobles de l'âme, qui ont fait dire qu'elle est créée à l'image de Dieu. Cet état doit être considéré comme la jeunesse de l'espèce humaine, dont l'état sauvage serait l'enfance, et non l'état de nature, qui n'est qu'une fiction. Quand on prouverait que cette civilisation moyenne n'a jamais existé, il n'importerait guère : ce n'est pas de son existence qu'il s'agit, c'est de sa possibilité ; or, on ne peut nier cette possibilité, sans nier en même temps la liberté morale, et sans accuser Dieu d'avoir en quelque sorte prédestiné l'espèce humaine à l'iniquité et à la dégradation. Ainsi, en proscrivant tout progrès au delà de la vie sauvage, Rousseau, défenseur ardent du libre arbitre, n'a pas vu qu'il proclamait l'impuissance de cette magnifique faculté, et qu'il ne laissait à l'espèce humaine aucune alternative entre l'enfance et la décrépitude.

Je conviens avec lui que le sauvage est plus heureux que l'homme civilisé ; mais c'est de la civilisation extrême qu'il faut l'entendre. Comment admettre que la vie toute matérielle du sauvage soit au-dessus de celle à laquelle l'homme eût pu s'élever s'il n'eût pas abusé de la perfectibilité ? On a cité le triste état des peuplades de l'Océanie, civilisées ou plutôt corrompues par les Européens. Personne ne le déplore plus que moi. Cette dégradation n'appartient pas à la civilisation, mais à ceux qui en ont fait sur ces pauvres gens des applications si fausses et si égoïstes. Des marchands avides, des aventuriers barbares ont opposé leurs spéculations et leur perversité à l'œuvre, un peu étroite dans les détails, mais réellement admirable des missionnaires anglais. Pour comble de malheur, la France vient d'importer au milieu de ces hommes simples le fléau des discordes religieuses. Les haines nationales ont pris le masque de l'orthodoxie. Sous la protection de nos escadres, des missionnaires catholiques ont élevé autel contre autel, tandis que leurs profanes auxiliaires se faisaient un jeu cruel de *restaurer* parmi ces pauvres insulaires leurs anciens penchants de prostitution et d'ivrognerie. Nul doute que la vie sauvage ne soit bien supérieure à une telle civilisation. Cependant, voyez la petite colonie de l'île Pitcairn, fondée par un des révoltés du Bounty ; elle est non-seulement un exemple de ce qu'on eût pu faire en Océanie avec des moyens et des hommes meilleurs ; elle confirme encore tout ce que j'ai dit précédemment des bornes raisonnables de la perfectibilité, puisqu'elle offre le spectacle, unique peut-être en son genre, de la vie sauvage sans brutalité, combinée avec la civilisation sans excès.

« Le premier, dit Rousseau, qui ayant enclos un terrain, s'avisa
« de dire : ceci est à moi, et trouva des gens assez simples pour le
« croire, fut le vrai fondateur de la société civile. » On a conclu que l'auteur de cette proposition était un adversaire de la propriété. Je vais prouver que cette accusation est aussi injuste que les autres. La propriété est réellement, comme le dit Rousseau, le fait initial de la civilisation, et ce fait, à la rigueur, *est un abus*. Cependant, il est sûr que la propriété devait s'établir tôt ou tard par la force des choses. L'accroissement de la population sur un point donné, et l'insuffisance des productions naturelles, durent inspirer à l'homme sauvage l'idée de cultiver la terre. Je demande maintenant comment l'agriculture pouvait être fondée autrement que par la prise de possession ? On conviendra qu'il eût fallu aux premiers hommes une conscience bien scrupuleuse, une intelligence bien développée,

pour que l'idée du droit égal de tous à la propriété de la terre se présentât à leur pensée. N'est-il pas absurde de loger dans des têtes sauvages des notions qui, maintenant encore, sont si peu accessibles au commun des hommes ? Le premier qui se fit un enclos ne dut apercevoir qu'un seul droit, celui de la nécessité et du travail, et, de nos jours, ce n'est que sur ce droit que les défenseurs de la propriété ont fondé leurs argumentations. Quant à ceux qui ne se souciaient pas de faire des enclos, ils n'avaient certainement aucune notion du *droit commun*, ni de l'usurpation commise par le propriétaire, lors même qu'ils brisaient ses clôtures et qu'ils volaient ses récoltes. Les uns et les autres n'étaient mus que par un instinct grossier d'égoïsme. Bien mieux, si quelque sentiment de moralité put alors s'appliquer à cette question de propriété, il devait naturellement décider en faveur du travailleur, contre le vagabond oisif qui lui ravissait le fruit de ses peines. Enfin, qu'on dise donc comment ces premiers hommes auraient pu s'y prendre pour légitimer la possession ? Est-ce par un congrès général suivi d'un partage égal des terres ? Mais pour cela, il faut s'assembler, délibérer, il faut s'accorder surtout. Ce n'est pas tout, le mesurage des terres exige des opérations géométriques, des instruments, des calculs, l'usage de l'écriture, la connaissance de la valeur des terres. Il eût fallu des actes publics pour constater le partage, et des lois pour le sanctionner. C'est-à-dire que la propriété qui a réellement créé la civilisation, ne pouvait être fondée *équitablement* sans le secours d'une civilisation déjà très-avancée. Le cercle vicieux est évident. La prise de possession par le travail, tel est donc le début nécessaire de la propriété, et l'unique droit sur lequel elle repose : « Il est impos-
« sible, dit Rousseau, de concevoir l'idée de la propriété naissante
« d'ailleurs que de la main-d'œuvre ; car on ne voit pas ce que, pour
« s'approprier les choses qu'il n'a pas faites, l'homme y peut mettre
« de plus que son travail. C'est le seul travail qui, donnant droit au
« cultivateur sur le produit de la terre qu'il a labourée, lui en don-
« ne, par conséquent, sur le fonds, au moins jusqu'à la récolte ; et
« ainsi d'année en année ; ce qui, faisant une possession continue,
« se transforme aisément en propriété. » Les passages suivants du *Contrat social* sont encore plus clairs. Le droit de premier occupant, quoique plus réel que celui du plus fort, ne devient un vrai droit qu'après l'établissement de celui de propriété. Tout homme a naturellement droit à tout ce qui lui est nécessaire ; mais l'acte positif qui le rend propriétaire de quelque bien, l'exclut de tout le

reste ; sa part étant faite, il doit s'y borner et n'a plus aucun droit à la communauté. *Voilà pourquoi le droit de premier occupant, si faible dans l'état de nature* (état sauvage), *est respectable à l'homme civil* (liv. I, chap. IX). « Ce que l'homme perd par le contrat social, « c'est la liberté naturelle, et le droit illimité à tout ce qu'il peut « atteindre. Ce qu'il y gagne, c'est la liberté civile *et la propriété de* « *tout ce qu'il possède*. Il faut bien distinguer la possession, qui n'est « que l'effet de la force ou le droit de premier occupant, de la pro- « priété qui ne peut être fondée que sur un titre positif » (liv. I, chap. VI).

Si l'on joint à ces citations le dialogue d'Émile avec le jardinier Robert (liv. II), on ne peut refuser de convenir que si Rousseau a attaqué la propriété dans son origine, il l'a sanctionnée au moyen de la société civile et de la législation ; doctrine assurément très-différente de celle des sectaires modernes. Cependant, tout ce qu'il dit à ce sujet ne me paraît pas entièrement juste. Après avoir fait une description désolante des excès auxquels dut donner lieu la prise de possession des terres avant l'établissement des lois, il imagine une transaction captieuse au moyen de laquelle les riches amenèrent les pauvres à sanctionner la propriété. « Telle fut, dit-il, ou « dut être l'origine de la société et des lois qui donnèrent de nouvelles « entraves au faible, et de nouvelles forces au riche ; détruisirent sans « retour la liberté naturelle, fixèrent pour jamais la loi de la pro- « priété et de l'inégalité ; d'une adroite usurpation firent un droit « irrévocable, et, pour le profit de quelques ambitieux, assujettirent « tout le genre humain au travail, à la servitude, à la misère. » Ici c'est le philosophe indigent et morose qui parle ([1]). Rousseau met tout au pis, et ne suppose même pas qu'un sentiment d'équité ait pu présider à l'établissement du contrat social. C'est une nouvelle injure qu'il fait, sans s'en douter, à la conscience humaine. Il est possible que les choses aient eu lieu comme il le dit, mais cette origine intéressée, odieuse même, de la société civile n'était pas inévitable, comme il paraît le croire. En outre, dans l'ordre social

---

([1]) Rousseau, dans sa lettre à M. de Saint-Germain, 26 février 1770, se plaint de l'influence que Diderot exerçait alors sur ses idées. « Il est certain, dit-il, « qu'il abusa toujours de ma confiance et de ma facilité pour donner à mes « écrits *un ton dur et un air noir*, qu'ils n'eurent plus sitôt qu'il cessa de me « diriger. Le morceau du philosophe qui s'argumente en enfonçant son bonnet « sur ses oreilles *est de lui en entier.* » Ne pourrait-on pas aussi lui attribuer celui que je viens de citer sur l'origine du droit de propriété ?

moyen, auquel l'homme pouvait arriver par la seule puissance du libre arbitre, une législation équitable, appuyée sur de bonnes mœurs, eût facilement corrigé les abus primitifs de la propriété, et renfermé dans des bornes raisonnables ces deux mobiles essentiels de toute civilisation. Aujourd'hui, les complications énormes de notre système social et l'excessive corruption des masses rendent toute réforme à peu près impossible. Les rhéteurs modernes qui attaquent la propriété, et je n'excepte pas ceux qu'on dit sincères, ne sont au fond que des apôtres de brigandage. Leurs prédications n'aboutiront qu'à des spoliations brutales et à d'incalculables calamités ; et comme l'inégalité est une loi naturelle à laquelle l'humanité ne saurait se soustraire, la propriété déplacée, mais non détruite, sortira du sein de cet affreux désordre plus absolue, plus abusive que jamais. Dans la dix-huitième note de son Discours, Rousseau insiste fortement sur l'impossibilité de ramener les sociétés modernes à la simplicité des premiers âges, et sur la nécessité de conserver des abus qu'on ne pourrait détruire sans tomber dans le chaos. Ne semble-t-il pas qu'il ait pressenti les tristes aberrations de notre misérable époque ? Il est bien clair maintenant que Rousseau n'est point un précurseur du socialisme. Des juges moins prévenus se sont contentés de voir, dans son discours *sur l'inégalité*, un monument irrécusable de son penchant pour le paradoxe : « On pour« rait croire, dit M. Villemain, qu'il fut tenté, sans le savoir, par le « plaisir amer de dire à cette société élégante et raisonneuse : Un « sauvage, un homme à demi brute est plus sage et plus heureux « que vous. » Après les nombreuses preuves que j'ai données de la sincérité de Rousseau, je crois pouvoir me dispenser de répondre à ces imputations. Je transigerai tant qu'on voudra sur ses erreurs, jamais sur ses convictions. Il est d'ailleurs facile d'expliquer pourquoi il a, en quelque sorte, mutilé la destinée providentielle de l'homme, en regardant la vie sauvage comme son terme légitime. Bon et sensible à l'excès, il avait déjà trop souffert des abus de la vie sociale pour ne pas tomber dans l'exagération lorsqu'il en écrivit l'histoire. Il aima mieux renoncer dans son système aux chances raisonnables de la perfectibilité, que de lancer l'humanité dans cette voie redoutable. Son horreur pour les maux d'une civilisation extrême lui fit méconnaître les bienfaits d'une civilisation moyenne. Trop préoccupé des tristes réalités qui frappaient ses yeux, il négligea l'étude du possible ; il enferma l'homme dans la vie sauvage pour le sauver de la vie européenne : erreur grave, sans doute, sous le rapport philosophique, mais dont la cause est la même que celle qui lui a dicté tous ses écrits, *la haine ardente du mal.*

Je passe à un de ses ouvrage qui tient de bien près au précédent, c'est le *Contrat social.* Je ne discuterai pas les principes fondamentaux sur lesquels repose l'argumentation de Rousseau, et dont je ne connais pas de réfutation sérieuse. Mon but est seulement de répondre au reproche qu'on leur a fait d'avoir favorisé les excès des démagogues modernes. On a d'abord mis à la charge de Rousseau l'expression lugubre et à jamais déshonorée de *souveraineté du peuple*. Il a proclamé, j'en conviens, la souveraineté de la volonté générale. Est-ce sa faute si des monstres ont traîné cette grande vérité dans la fange et dans le sang ? On a voulu encore faire de lui un philosophe démocrate ; voici ce qu'il dit de la démocratie :

« Que de choses difficiles à réunir ne suppose pas ce gouvernement !
« Premièrement un Etat très-petit où le peuple soit facile à rassem-
« bler, et où chaque citoyen puisse aisément connaître tous les au-
« tres ; secondement, une grande simplicité de mœurs qui prévienne
« la multitude d'affaires et les discussions épineuses ; ensuite beau-
« coup d'égalité dans les rangs et dans les fortunes, sans quoi l'éga-
« lité ne saurait subsister longtemps dans les droits et dans l'autorité.
« Enfin, peu ou point de luxe ; car, ou le luxe est l'effet des riches-
« ses, ou il les rend nécessaires ; il corrompt à la fois le riche et le
« pauvre, l'un par la possession, l'autre par la convoitise ; il vend
« la patrie à la mollesse, à la vanité ; il ôte à l'Etat tous ses citoyens
« pour les asservir les uns aux autres, et tous à l'opinion... S'il y
« avait un peuple de Dieux, il se gouvernerait démocratiquement ;
« un gouvernement si parfait ne convient pas à des hommes » (*De la démocratie*, chap. IV).

Dans son écrit sur la Pologne, Rousseau disait encore : « La li-
« berté est un aliment de bon suc, mais de difficile digestion. Je
« ris de ces peuples avilis qui, se laissant ameuter par des ligueurs,
« osent parler de liberté, sans même en avoir l'idée, et, le *cœur*
« *plein de tous les vices des esclaves*, s'imaginent que pour être li-
« bres il suffit d'être mutins. Fière et sainte liberté, si ces pauvres
« gens pouvaient te connaître, s'ils savaient à quel prix on l'ac-
« quiert et le conserve, s'ils sentaient combien tes lois sont plus
« austères que n'est dur le joug des tyrans, leurs faibles âmes te
« craindraient cent fois plus que la servitude » [1]. Voilà ce que

---

[1] Consultez aussi la *Correspondance* de Rousseau avec d'Ivernois et Moultou au sujet des troubles de Genève.

Rousseau pensait de la portée politique des peuples de son temps. Pour nous, je sais que nous avons la prétention de comprendre la liberté et d'en être dignes, parce que nous avons culbuté trois trônes depuis soixante ans ; parce que nous avons décapité un pauvre honnête homme de roi, décimé lâchement sa famille et exterminé beaucoup d'innocents ; parce que, courbés sous la main de fer de Napoléon, nous avons ravagé l'Europe, et qu'aujourd'hui, aussi mutins que nous étions serviles alors, nous versons sur elle les fléaux de la démagogie et des théories antisociales. Cependant, après tant de luttes acharnées, tant de gloire stérile et tant de sang inutilement répandu, voici le spectacle curieux et terrible qu'offrent les sociétés modernes et la nôtre surtout : des gouvernements sans force, dans lesquels les systèmes et les hommes se succèdent à tour de rôle ; des aristocraties méprisées et dignes de l'être (¹) ; des classes moyennes avides d'argent, de places et de plaisirs ; des populaces ignorantes, dégradées, féroces, flattées, fanatisées par des vauriens ambitieux, par de faux enthousiastes ; et, dans un coin du tableau, le droit divin acculé, traqué, bafoué, mais plus incorrigible que jamais, et plein des plus risibles espérances. Partout l'égoïsme, la frivolité, la friponnerie, le mensonge, les viles palinodies, l'irréligion ou le scepticisme, le libertinage effréné, le machiavélisme, la tendance au brigandage et à la dissolution ! Que ces misères aient leurs prôneurs, sincères ou intéressés, je ne m'en étonne pas ; ce que je conçois moins, c'est que bien des gens sensés et honnêtes, car il en reste, Dieu merci, plus qu'on ne croit, se tourmentent tant à chercher la solution d'un tel chaos. Tibère, en sortant du sénat qu'il avait vu ramper à ses pieds, s'écriait : *O homines ad servitutem paratos* (²) *!* Voilà la solution. Le despotisme est le terme nécessaire de tout ce qui se passe aujourd'hui en Europe. Dieu seul sait à quel prix il s'établira et ce qu'il sera. Ceux qui trouveront ce jugement extravagant feront bien de lire un chapitre de l'*Esprit des lois* qui a pour titre : *De la corruption du principe*

(¹) Les mœurs de palefrenier, de garde-chasse, de brelandier, les allures d'écuyère de Cirque, tous les menus détails du cynisme moderne, sont en progrès au faubourg Saint-Germain. Joignez quelques types de sacristain, quelques énergumènes, quelques beaux diseurs, les hobereaux de province et les jésuites ; voilà sur quelles fortes bases repose le brillant avenir de l'aristocratie française. Je connais de belles exceptions, je les honore, mais c'est de la règle que je parle.

(²) O hommes faits pour la servitude !

de la démocratie, livre VIII, chap. 11; Montesquieu y est bien plus sévère que moi.

Je dois dire ici qu'il ne m'a jamais été possible de partager l'enthousiasme de Rousseau pour les institutions de Lacédémone. On ne peut nier qu'elles n'aient eu des résultats prodigieux, mais à quel prix ils ont été obtenus, et quelle horrible violence ils ont fait à la nature humaine! Ne sont-ce pas de tristes vertus que celles qui ont permis, au dedans l'ilotisme, au dehors la domination et le machiavélisme? Rousseau objectait, à cet égard, qu'on ne pouvait former à la fois un homme et un citoyen. Il n'a pas fait attention que toute la dédicace de son *Discours sur l'inégalité* dit le contraire, et que dans l'*Emile* il s'est proposé précisément de former un homme et un citoyen. Rousseau admirait Sparte comme il aimait les Jésuites, *par souvenir*. Dans son enfance, il lisait Plutarque, il nourrissait sa jeune imagination des grands types républicains de l'antiquité; *il se croyait Grec et Romain*, dit-il! Il vivait alors dans sa patrie, dans sa famille; il était heureux et chéri. Il se rappelle tout cela plus tard, et voilà ce qui le séduisait réellement dans la république de Lycurgue.

L'*Emile* a été le sujet de nombreuses controverses; c'est déjà une preuve que tout n'y est pas sophistique ou absurde comme on l'a tant répété : on ne s'occupe pas tant d'une extravagance. La plupart des critiques n'y voient qu'une utopie; d'autres croient qu'on peut le réaliser en partie. Je pense, avec ces derniers, que le système de Rousseau est le plus logique de tous ceux qui ont été imaginés pour résoudre le problème de l'éducation, mais je restreins de beaucoup la mesure des succès qu'ils promettent à ceux qui tenteront les applications pratiques. On jugera de leur extrême difficulté par l'aveu qu'en fait Rousseau lui-même : « Où place-
« rons-nous cet enfant, dit-il, pour l'élever ainsi comme un être in-
« sensible, comme un automate? Le tiendrons-nous dans le globe
« de la lune, dans une île déserte? l'écarterons-nous de tous les
« humains? N'aura-t-il pas continuellement, dans le monde,
« l'exemple des passions d'autrui? Ne verra-t-il jamais d'autres
« enfants de son âge? Ne verra-t-il pas ses parents, ses voisins,
« sa nourrice, sa gouvernante, son laquais, son gouverneur même,
« qui, après tout, ne sera pas un ange? *Cette objection est forte et
« solide.* Mais vous ai-je dit que ce fût une entreprise aisée qu'une
« éducation naturelle? O hommes! est-ce ma faute si vous avez
« rendu difficile tout ce qui est bien? Je sens les difficultés, *peut-*

« *être sont-elles insurmontables ;* mais toujours est-il sûr qu'en s'ap-
« pliquant à les prévenir, on les prévient *jusqu'à un certain point.*
« Je montre le but qu'il faut qu'on se propose ; *je ne dis pas qu'on*
« *puisse y arriver,* mais je dis que celui qui en approchera da-
« vantage aura le mieux réussi. »

Supposons, par impossible, le plan de Rousseau réalisé en entier, et cherchons quelle sera, dans l'ordre social, la place et la destinée de son élève. Il est incontestable que l'homme formé à une telle école sera bon, judicieux, droit et ferme. Il sera admirablement préparé aux vicissitudes de la fortune, aux injustices des hommes. C'est déjà quelque chose, sans doute ; mais ce ne sont là que des qualités générales, et il s'agit d'un rôle déterminé, et approprié aux idées de la société dans laquelle Emile est destiné à vivre. Sera-t-il prêtre, soldat, avocat, médecin, magistrat, écrivain, marchand, laboureur ? Prêtre, il n'aurait que les convictions déistes du vicaire savoyard, et, quoi qu'en dise Rousseau, il serait forcé de mentir à chaque instant. Soldat, il abhorre le duel et méprise la triste gloire des combats. Avocat, il ne sait pas souffler le chaud et le froid. La magistrature lui conviendrait à la rigueur, mais n'est pas magistrat qui veut ; il faut postuler, intriguer quelquefois pour être seulement juge ou substitut ; or, Emile ne veut rien devoir qu'à lui-même. L'étude des lettres ne pourrait être pour lui un état ; s'il écrivait, ce ne serait pas pour faire des petits vers, des articles de journaux, des romans ; ce serait pour lancer dans le monde, à l'exemple de son maître, de grandes et périlleuses vérités, sauf à les expier aussi cruellement que lui, peut-être, sans corriger personne. Restent l'industrie et l'agriculture. Rousseau penche pour cette dernière ; mais on sait à quelles conditions se soutient aujourd'hui l'industrie ; la culture n'est guère moins chanceuse. Admettons qu'Emile puisse être laboureur sans compromettre ses principes, il n'en est pas moins vrai que, par une suite nécessaire de ces mêmes principes, il est impropre à toutes les autres professions. Rousseau ne s'est pas fait illusion sur ce résultat. Dans le livre V de son *Emile,* après avoir passé en revue tous les états, comme je viens de le faire, il les juge avec une sévérité très-judicieuse, mais en même temps très-propre à en dégoûter son élève, et c'est ce qui arrive. Rousseau lui propose de voyager, d'étudier le génie des nations, leurs mœurs, leurs gouvernements. Cette épreuve terminée, le maître veut en connaître le résultat, et savoir *à quoi se fixe son élève.* L'élève répond qu'il a examiné les institutions sociales et qu'il les méprise ; qu'il veut être libre, avant tout ;

que si la fortune est un obstacle à son indépendance, il en fera le sacrifice et travaillera pour vivre. Le maître cherche à modérer la fougue du jeune homme ; il lui rappelle qu'il doit quelque chose à ses semblables, et finit par transiger avec lui en lui conseillant de se retirer à la campagne *pour y créer l'âge d'or autour de lui*. Ainsi, de l'aveu même de Rousseau, Emile, riche, ne peut être qu'un philanthrope campagnard ; pauvre, il ne peut être qu'un ouvrier. Je ne vois pas de place tenable pour lui entre ces deux manières d'être. Cependant, au commencement du livre Ier de l'*Emile*, je lis ce qui suit : « Dans l'ordre naturel, les hommes étant tous égaux, leur vo-
« cation commune est l'état d'homme, et quiconque est bien élevé
« pour celui-là ne peut mal remplir ceux qui s'y rapportent. Qu'on
« destine mon élève à l'épée, à l'église, au barreau, peu importe.
« Avant la vocation des parents, la nature l'appelle à la vie humaine.
« Vivre est le métier que je veux lui apprendre. En sortant de mes
« mains, il ne sera, j'en conviens, ni magistrat, ni soldat, ni prêtre,
« il sera premièrement homme, tout ce qu'un homme doit être ; il
« saura l'être, au besoin, tout aussi bien que qui que ce soit ; et la
« fortune aura beau le faire changer de place, il sera toujours à la
« sienne. » Il me semble qu'ici Rousseau se contredit, puisqu'après avoir annoncé que son élève est *propre à tout*, il finit par le regarder comme propre à très-peu de chose, et à lui prescrire l'éloignement du monde. Ainsi le rôle d'Emile dans la société moderne sera purement passif ; il ne pourrait prendre part sans inconvénient à la vie publique que dans un siècle de mœurs et sous un gouvernement parfaitement libre. C'est peut-être le plus bel éloge qu'on puisse faire du système de Rousseau, mais cet éloge est en même temps sa condamnation. Que voulez-vous qu'on fasse de nos jours d'une conception qui conduit nécessairement au mépris des institutions existantes, et à un genre de vie presque négatif ? *J'aurai formé un homme*, dit Rousseau ; je le crois ; mais, qui est-ce qui se soucie de former un homme ? Ce ne sont pas des hommes comme il les entendait, qu'il nous faut, ce sont des *rouages* qui puissent fonctionner dans nos machines modernes, et ceux-là ne peuvent être fabriqués que dans nos ateliers ordinaires d'éducation. Emile sera *homme :* ce n'est pas assez, ou plutôt c'est trop pour notre époque ; car cet *homme* n'y trouvera de place nulle part ; il y sera non-seulement inutile, il y sera nuisible par sa perfection même. Laissons donc là l'utopie de Rousseau, et continuons à faire des éducations de collége ; nos idées désordonnées, nos détestables mœurs ne nous demandent rien de plus.

Le principe fondamental de l'*Emile*, c'est que l'homme est né bon et que la civilisation l'a rendu méchant. « Tout est bien, dit Rous-« seau, sortant des mains de la nature. » Certains philosophes ont soutenu la proposition contraire. Cherchons de quel côté se trouve la vérité. Nous voyons tous les jours des individus qui restent bons quand tout concourt à les rendre mauvais ; conciliez cela avec la méchanceté originelle. On entend dire à chaque instant : *il était naturellement bon, il est devenu méchant.* Qu'est-ce que cette locution vulgaire, sinon l'expression d'une vérité instinctive qui proteste contre l'injure que la philosophie fait à la nature humaine? D'ailleurs, comment admettre que Dieu ait créé l'homme méchant? Est-ce que Dieu peut créer le mal? Ensuite, comment un être originellement méchant pourrait-il devenir bon ? Quel est l'agent qui opérerait cette merveilleuse transformation? On répond que c'est la civilisation. Mais la civilisation n'est que l'homme en action, et si l'homme est né méchant, la civilisation ne peut qu'aggraver sa méchanceté naturelle. Il en est de même de l'éducation. Elle développe des germes préexistants, mais elle ne crée rien. Or, ces germes sont mauvais, puisqu'on veut que l'homme soit né méchant. Montrez-moi donc, encore une fois, en vertu de quoi il deviendra bon. En outre, ce sont des hommes qui donnent l'éducation : si ces hommes sont naturellement méchants, ils ne pourront élever que des hommes aussi méchants qu'eux. D'où vient donc la bonne éducation? Les sauvages, dit-on, sont féroces et vicieux. C'est vrai ; mais cela vient de ce que les sauvages sont déjà des hommes civilisés. Ils ont les vices propres à leur société grossière ; ils sont méchants comme nous, à cause de leurs besoins et de leurs passions, et non en vertu d'une perversité naturelle. Mais il y a plus, si l'homme était né méchant, le sauvage ne devrait être qu'une bête féroce, et il se trouve que souvent il vaut mieux que l'homme civilisé; expliquez donc la bonté du sauvage. On ne peut se tirer de là qu'en accordant qu'il y a du bien originel dans le cœur de l'homme, et si l'on fait cette concession, que devient l'axiome philosophique : *l'homme est né méchant ?*

On trouve dans le quatrième livre de l'*Emile* une note sur le duel, dans laquelle Rousseau dit que son élève ne se battra pas, mais qu'il saura bien empêcher un spadassin de l'insulter deux fois. Le sens de cette note est assez clair ; toutefois un lecteur s'y trompa ou feignit de s'y tromper. Il écrivit à Rousseau pour avoir des éclaircissements. Rousseau répondit (14 mars 1770) qu'Emile insulté se ferait justice lui-même en tuant l'offenseur, et que si les tribunaux le condamnaient, *il mourrait avec l'estime de tout homme équitable et sensé.* Dans la *Julie* et dans la lettre *sur les spectacles*, il n'est pas moins sévère contre la manie du duel. J'ai vu des hommes graves, ou qui avaient la prétention de l'être, soutenir la nécessité de cette coutume barbare et trouver atroce la note d'*Emile* ci-dessus indiquée. Mon intention n'est pas de ressasser les lieux communs des moralistes sur le duel, je ne ferais que me rendre ridicule comme eux. Je me borne à faire observer que le moyen extrême, admis par Rousseau comme légitime, ne s'applique qu'à des outrages réels, et non au simple point d'honneur, qui n'est qu'une faiblesse. Voici un fait qui s'est passé il y a quelques années aux Etats-Unis. Une jeune personne est recherchée par un jeune homme qui en abuse et l'abandonne. Son frère se met à la poursuite du séducteur, l'atteint après deux ans de persévérance, lui brûle la cervelle en pleine rue et se constitue prisonnier. Mis en jugement, il fut acquitté à l'unanimité. Voilà exactement le cas supposé par Rousseau. Il y a certainement beaucoup de sagesse dans ce verdict du jury américain. Jugerait-on ainsi en France? Je ne conseillerais à personne d'y compter; et pourtant quelques arrêts comme celui-là viendraient bien à propos pour intimider les misérables qui s'y jouent impunément du repos et de l'honneur des familles.

La seule tache qui dépare le chef-d'œuvre de Rousseau, c'est la thèse antichrétienne que contient la seconde partie de la *Profession de foi du vicaire savoyard*. Voici comment son auteur prétendait justifier ses attaques contre la religion révélée. « Tant qu'il reste
« quelque bonne croyance parmi les hommes, il ne faut pas trou-
« bler les hommes paisibles, ni alarmer la foi des simples par des
« difficultés qu'ils ne peuvent résoudre et qui les inquiètent sans les
« éclairer. Mais quand une fois tout est ébranlé, on doit conserver
« le tronc aux dépens des branches... Il est des préjugés qu'il faut
« respecter, cela peut être ; mais c'est quand d'ailleurs tout est dans
« l'ordre et qu'on ne peut ôter ces préjugés sans ôter aussi ce qui
« les rachète. On laisse alors le mal pour l'amour du bien ; mais
« lorsque tel est l'état de choses que plus rien ne saurait changer
« qu'en mieux, les préjugés sont-ils si respectables qu'il faille leur
« sacrifier la raison, la vertu, la justice, et tout le bien que la vérité
« peut faire aux hommes ?... J'ai toujours vu que l'instruction pu-
« blique avait deux défauts essentiels qu'il était impossible d'en
« ôter. L'un est la mauvaise foi de ceux qui la donnent, et l'autre
« l'aveuglement de ceux qui la reçoivent... Or, quoi qu'on fasse,

« l'intérêt des hommes publics sera toujours le même ; mais les
« préjugés du peuple, n'ayant aucune base fixe, sont plus variables ;
« ils peuvent être altérés, changés, augmentés ou diminués. C'est
« donc de ce côté seul que l'instruction peut avoir quelque prise,
« et c'est là que doit tendre l'ami de la vérité. Il peut espérer de
« rendre le peuple plus raisonnable, mais non ceux qui le mènent,
« plus honnêtes gens. J'ai vu dans la religion la même fausseté que
« dans la politique, et j'en ai été beaucoup plus indigné ; car le vice
« du gouvernement ne peut rendre les sujets malheureux que sur la
« terre ; mais qui sait jusqu'où les erreurs de la conscience peuvent
« nuire aux infortunés mortels ? J'ai vu qu'on avait des professions
« de foi, des doctrines, des cultes, qu'on suivait sans y croire, et
« que, rien de tout cela ne pénétrant ni la raison ni le cœur, n'in-
« fluait que très-peu sur la conduite » (Lettre à M. de Beaumont).

Il me semble apercevoir deux erreurs dans le raisonnement de
Rousseau. Voici la première. Effrayé des progrès de l'incrédulité
et des doctrines matérialistes dans toutes les classes, il crut trop
facilement, ce me semble, au néant religieux universel, et méconnut
l'ascendant profond qu'avaient encore sur les masses les idées chrétiennes [1]. Sa seconde erreur consiste à s'être bercé du chimérique
espoir de remédier aux tendances irréligieuses de son époque, et
surtout à celles du peuple, en proclamant le déisme pur. Comment
n'a-t-il pas vu que le peuple est toujours dupe de ses guides, quels
qu'ils soient, et qu'il ne pouvait se dégager des mains du clergé catholique que pour tomber aussitôt entre celles des philosophes
athées ? C'est en effet ce qui a eu lieu, et plus d'un demi-siècle s'est
écoulé sans qu'il se soit arrêté dans la voie du progrès antireligieux.
La première partie de la *Profession de foi du vicaire savoyard* a
pu réhabiliter dans quelques âmes sincères les vérités religieuses
fondamentales ; quant à la seconde partie, Rousseau a suffisamment
vécu pour sentir combien il s'était mépris sur les résultats généraux qu'il attendait de cet imprudent écrit.

Après avoir avoué franchement ses torts, il est juste d'ajouter que
sa bonne foi fut entière. Il se crut appelé à subordonner les dogmes
chrétiens au précepte évangélique de la charité, et à reculer indé-
finiment les limites de l'orthodoxie en matière de foi ; erreur estimable sous bien des rapports, mais difficile à concevoir dans un

---

[1] Moultou lui fit cette objection sans le convaincre. Voir la lettre de Rousseau du 16 février 1762.

homme si peu accessible à l'illusion quand il s'agissait d'innovation et de progrès. Il faut aussi remarquer que, bien différent des raisonneurs de son temps, Rousseau n'a pas avili ce qu'il s'est cru obligé d'attaquer. L'horrible formule : *Ecrasez l'infâme*, n'a jamais souillé sa plume. La décence, le respect même adoucit sans cesse l'inflexibilité de sa logique. On voit partout l'homme ardent et sincère, engagé dans une lutte dangereuse par le pur amour de la vérité, et succombant avec une sorte de courage chevaleresque qui contraste avec le cynisme et la rage des champions de la philosophie athée. A coup sûr, une si noble modération peut faire excuser bien des méprises et bien des torts. On peut encore dire en faveur de Rousseau qu'aucune des propositions qu'il a émises dans la *Profession de foi du vicaire savoyard* n'est nuisible à la morale, ni à l'ordre public. Il l'a parfaitement prouvé dans la première partie des *Lettres de la Montagne*; et c'est encore ce qui le distingue essentiellement des matérialistes, ses mortels ennemis, dont les doctrines tendent évidemment à la subversion universelle.

La lettre *sur les spectacles* est un des meilleurs écrits de Rousseau, quoiqu'il y règne une exaltation verbeuse dont il a expliqué la cause (*Conf.*, liv. X), et qu'il s'y trouve des exagérations. Il ne tarda pas à reconnaître qu'il avait fait trop d'honneur à ses concitoyens en prenant tant de souci de leurs mœurs. « Ne nous faisons plus
« illusion, écrivait-il à Moultou ; je me suis trompé dans ma lettre
« à M. d'Alembert : je ne croyais pas nos progrès si grands et nos
« mœurs si avancées. Nos maux sont désormais sans remède ; il ne
« nous faut plus que des palliatifs, et la comédie en est un » (29 janvier 1760).

Rousseau a démontré très-solidement dans cet écrit que le théâtre n'est que l'écho des mœurs publiques, et que, par conséquent, il ne saurait les *corriger*, comme on l'a prétendu. « Qu'on mette,
« pour voir, dit-il, sur la scène française un homme droit et ver-
« tueux, mais simple et grossier, sans amour, sans galanterie, et qui
« ne fasse pas de belles phrases ; qu'on y mette un sage sans préjugés,
« qui, ayant reçu un affront d'un spadassin, refuse d'aller se faire
« égorger par l'offenseur ; qu'on épuise tout l'art du théâtre pour
« rendre ces personnages intéressants comme le Cid au peuple fran-
« çais : j'aurai tort si l'on réussit. » J'ajoute : qu'on essaye de rétablir la censure dramatique et de priver le public des infamies qui souillent la scène actuelle ; qu'un écrivain honnête s'avise de gémir sur le cruel égoïsme de ces gens qui, pour satisfaire leurs goûts

dépravés, traînent avec eux leurs femmes et leurs enfants dans ces *mauvais lieux* qu'on nomme *les petits spectacles;* qu'un auteur dramatique, indigné de tant de cynisme, se mette à faire de la chasteté exclusive; vous verrez comment le public accueillera ces tentatives d'épuration!

Une des meilleures critiques de la *Nouvelle Héloïse* est celle que Rousseau en a faite lui-même dans la préface de cet ouvrage; il me semble pourtant qu'il n'a pas tout vu. Son roman est plein de situations attachantes, de sentiments vrais et parfaitement exprimés, de grandes vérités, de pensées énergiques; il y règne surtout une douceur d'âme, un ton d'honnêteté, de sincérité, qui inspirent l'estime profonde, la vive sympathie pour l'auteur de ce charmant rêve; mais tout ce qui appartient au genre léger y est, selon moi, au-dessous du médiocre. Rousseau a cru peindre dans ses personnages, et de dessein prémédité, l'inexpérience du monde, le ton provincial, la prolixité, le mauvais goût, et, au fond, c'est lui-même qu'il a peint. Il a pris les imperfections de sa personne fidèlement et involontairement retracées dans son tableau, et les défauts de son talent, pour des traits de mœurs, pour ce qu'on appelle aujourd'hui de la *couleur locale;* il s'est trompé. L'auteur de la *Julie* est dans sa fiction ce qu'il était dans le monde, passionné, vigoureux, sublime dans les sujets sérieux, simple et vrai dans les choses de sentiment, mais lourd, guindé, affecté même, lorsqu'il s'avisait d'aborder la grâce et la plaisanterie fine. Ce contraste est très-exactement reproduit dans les caractères de Julie et de Claire.

Walter Scott s'est montré très-dédaigneux pour le roman de Rousseau; c'est qu'en effet rien de plus opposé que les caractères de ces deux écrivains. Il y a énormément d'imagination, de talent descriptif et d'originalité dans l'Écossais; mais, chez lui, la sensibilité est faible, quelquefois même artificielle. C'est tout le contraire dans le Genevois. Ses incidents sont vulgaires; il y a de l'emphase, du bavardage, souvent de la niaiserie dans ses personnages : c'est sa profonde sensibilité qui sauve tout cela, comme la fécondité, la diversité, les saillies ingénieuses et l'immense érudition de l'autre dissimulent la sécheresse et les détails hideux de quelques-uns de ses sujets. On reconnaît dans les fictions de Rousseau le solitaire inculte, bizarre, le rêveur affectueux; dans celles de Walter Scott, l'Anglais épicurien, l'observateur spirituel et fin, le savant, le légiste *tory.* Il n'y a pas de *monstres* dans la *Julie;* il y en a trop dans Walter Scott et même dans Richardson; autre trait sur lequel Rousseau a insisté avec raison, et qui est tout à son avantage. En effet, il me paraît impossible qu'un ouvrage d'imagination, quelque travaillé et fardé qu'il soit, ne révèle pas jusqu'à un certain point le caractère et même les mœurs de son auteur. Je n'en donnerai pour preuve que les romans du jour, où l'on est presque toujours sûr de retrouver, enveloppées de fictions bizarres et de faux sentiment, toutes les mauvaises passions qui nous conduisent à l'abîme.

Les défauts de style de la *Nouvelle Héloïse* se retrouvent çà et là dans les autres écrits de Rousseau. Cet homme si profondément original n'a pu éviter de sacrifier quelque peu au mauvais goût de son temps. Voici quelques formules de l'*Emile*, qu'il emprunta sans doute aux encyclopédistes, ses anciens maîtres : « Homme, ne déshonore pas l'homme. » « Prends garde, jeune pilote, que ton câble ne file ou que ton ancre ne laboure et que ton vaisseau ne dérive avant que tu t'en sois aperçu. » « Jeune homme, imprime à tes travaux la main de l'homme, etc. » Les *Confessions* contiennent le trait suivant : « Chacun d'eux jeta son cœur dans le premier qui s'ouvrit pour le recevoir. » Il est répété dans les *Dialogues*, ce qui prouve que Rousseau y tenait. La Harpe l'a relevé avec son fiel ordinaire ; il a même fait semblant de voir dans cette mauvaise image un indice de *fausseté de caractère;* tant la haine voit de choses ! Il est bon, du reste, que les jeunes lecteurs soient prévenus que Rousseau n'est pas toujours un guide sûr en fait de style. Mais, de nos jours, on a tellement à cœur de rabaisser son talent, que j'aurais pu m'épargner cette critique. Les psychologistes, principalement, n'ont vu en lui qu'un phraseur mélancolique qui ne mérite pas même de prendre place parmi les organes de la véritable philosophie. « L'idéa« lisme, dit M. Cousin, fut représenté, en France, par deux hommes, « dont l'un, M. Turgot, enlevé de bonne heure à la philosophie « par la politique, ne rendit contre les conséquences de la philoso« phie de Condillac que des combats partiels et sans éclat, et dont « l'autre, *plus littérateur que philosophe*, tantôt le *complice*, tantôt « l'adversaire de la philosophie régnante, *épuisa son génie en pro« testations sentimentales qui n'appartiennent pas même à l'histoire « de la science. On voit que je veux parler de Rousseau* » (Introduction à l'*Histoire de la philosophie*, pag. 389). On a vu, chap. IX, pag. 482, avec quel mépris M. Cousin traite le style de Rousseau, et il me semble avoir démontré que ce mépris n'est qu'une affaire de suffisance ; celui des idées n'est pas plus fondé. Je conviens que les psychologistes actuels ont analysé le mécanisme de l'intelligence

avec une rigueur qu'il ne faut pas chercher dans les écrits de Rousseau ; mais l'importance excessive qu'ils attachent à cette étude est puérile, car c'est bien moins de la description de l'instrument qu'il s'agit que de son usage. En outre, leur jargon ridicule, leur luxe de classifications, leurs inextricables controverses, ont entouré la science d'une espèce de ceinture de récifs qui la rendent presque inabordable. Après l'avoir ainsi isolée, ils l'ont desséchée ; ils n'ont voulu y souffrir que de la *raison pure* et du froid dogmatisme. Jamais la moindre trace de sentiment ne vient animer leurs argumentations boursouflées ; et ce qu'il y a de pis, c'est que cet appareil de supériorité et de nouveauté ne recouvre guère que des vérités banales. Rousseau, au contraire, parle bien plus au cœur qu'à la raison ; il est intelligible pour tous, même lorsqu'il traite les questions les plus élevées ; Rousseau est le plus redoutable des adversaires du matérialisme, parce que ses arguments sont vulgaires et qu'ils vont réveiller les instincts, au lieu d'éblouir les intelligences. Hume, athée fanatique et sombre métaphysicien, ne le sentit que trop ; sa haine et celle de ses collègues n'eurent pas d'autre source. Pour moi, penseur vulgaire, il me semble apercevoir dans la philosophie l'anarchie qui désole toute notre société moderne, et je crains bien que tant de gens occupés à subtiliser la pensée humaine, à réformer la condition des peuples, ne ressemblent beaucoup aux architectes de la tour de Babel. Que m'importent l'idéalisme, l'éclectisme, les hautes intelligences, les professeurs à chaires officielles, et les initiés qui les applaudissent ? Ce que je voudrais, c'est, comme Rousseau, un peu de foi religieuse, un peu de moralité, de bon sens, de charité et de paix. Si la supériorité ne produit rien de tout cela, à quoi donc sert-elle ? « Les hommes, dit Montaigne, ont fait de la science
« comme les *parfumiers* de l'huile : ils l'ont sophistiquée de tant
« d'argumentations et de discours appelez du dehors, qu'elle en est
« devenue variable et particulière à chacun, et a perdu son propre
« visage constant et universel... *Pour Dieu, s'il est ainsi, tenons*
« *doresnavant escole de bestise* » (*Essais*, liv. III).

Ici finit la tâche difficile, pour moi du moins, que je me suis imposée. Quelques masques sont tombés spontanément depuis la mort de Rousseau ; d'autres ont cédé sous les efforts de ses défenseurs, et je crois en avoir soulevé un certain nombre qui, jusqu'ici, avaient échappé à l'attention des observateurs. Cependant, je ne doute pas que l'opinion ne persiste longtemps encore dans ses inexorables préjugés. J'ignore ce que la Providence fera dans l'avenir pour la manifestation de la vérité, mais j'affirme d'avance que tant que nos idées et nos mœurs resteront dans le triste état où nous les voyons en ce moment, il est impossible que Rousseau reprenne, dans l'estime des hommes, la place honorable qui lui est due. Sa justification a cela de respectable et d'encourageant pour ceux qui s'y sont voués, et qui s'y voueront encore, qu'elle dépend surtout de la restauration des principes en tout genre. Maintenant, j'abandonne mon livre à celui qui tient entre ses mains les destinées des nations ; lui seul sait si le bien et la vérité sortiront enfin des convulsions sociales dont nous sommes témoins et victimes.

FIN.

NOTES SUPPLÉMENTAIRES.

I. Chap. II, pag. 81. Voltaire écrivait ce qui suit à d'Alembert (16 juillet 1770) : « Je persiste dans la prière que je vous ai faite de rendre à « *Jean-Jacques* sa mise (sa souscription pour la statue); *c'est l'avis de* « *M. de Saint-Lambert.* » Ce conseil hostile est d'autant plus frappant, que d'Alembert insistait pour que Rousseau fût maintenu sur la liste (voir sa lettre à Voltaire, du 2 juillet 1770).

II. Chap. III, pag. 120. Mme de Luxembourg faisait semblant d'être très-indignée contre Voltaire, qu'on signalait comme l'auteur secret des persécutions que Rousseau subissait en Suisse. Voy. la lettre basse et méchante que lui écrivait Voltaire à ce sujet (9 janvier 1765).

III. Chap. IV, pag. 127. Le fils de Tronchin était secrétaire de l'ambassadeur d'Angleterre à Berlin; poste qu'il devait sans doute à la protection de D. Hume.

IV. Chap. IV, pag. 127. Voltaire écrivait à d'Alembert (16 octobre 1765) que Rousseau, pour être admis à la communion, avait promis à son pasteur d'écrire contre Helvétius, *dont il avait reçu dans le temps quelques louis.* Il cite la formule d'engagement, et il ajoute : « Ceci est écrit et « signé de la main de Rousseau, et frère Damilaville vous apporte l'exem- « plaire d'où ces belles paroles sont tirées. »

On pourra déjà se faire une idée de la bassesse de ce mensonge en lisant la lettre de Rousseau à du Peyrou (8 août 1765), sur ses rapports avec le pasteur de Motiers. De plus, ce dernier, dans ses lettres apologétiques, dit que Rousseau, pour lui prouver qu'il n'était pas un impie, comme on affectait de le répandre, lui déclara « que son but, en écrivant la *Profession de foi* « *du vicaire savoyard*, avait été de s'élever contre le *Livre de l'Esprit*, « qui, suivant le détestable principe de son auteur, prétend que *juger*, « *c'est sentir*, ce qui établit le matérialisme » (*Édition de Genève*, t. XXVII, pag. 234). Voilà ce que Voltaire appelle *un engagement d'écrire contre Helvétius, pour être admis à la communion.* Notez que, quand il écrivait cette calomnie, il avait sous les yeux les lettres du pasteur Montmollin, d'où j'extrais la citation ci-dessus. A coup sûr, Rousseau avait bien le droit d'attaquer le *Livre de l'Esprit*; et pourtant, une note des *Lettres de la Montagne* nous apprend qu'il jeta au feu une réfutation de cet ouvrage, uniquement parce que son auteur venait d'être poursuivi par le Parlement. Après cela, le moyen de croire aux assertions de Voltaire? Dans cette note, Rousseau parle d'Helvétius avec beaucoup d'estime; le philosophe athée l'en remercia, en répandant qu'*il lui avait donné quelques louis*, et en coopérant à la fausse lettre du roi de Prusse. Enfin, j'ajoute que Rousseau, dans ses réponses aux questions de M. de Chauvel (5 janvier 1767), démentit formellement les affirmations de Voltaire au sujet du *Livre de l'Esprit*.

V. Chap. IV, pag. 133. Voici une preuve positive des menées de la France en Suisse. Voltaire à M. de Cideville (4 juin 1763) : « J'aurais bien « voulu vous envoyer *Olympie*, mais il n'y a plus moyen d'envoyer aucun « imprimé par la poste. La lettre de Rousseau à M. de Beaumont *a mis* « *l'alarme partout*. On a ouvert et supprimé tous les paquets qui conte- « naient du moulé, de quelque nature qu'ils fussent. » Voltaire écrivait la même chose à M. d'Argental le 17 juin.

VI. Chap. IV, pag. 141. Voltaire au maréchal de Richelieu (27 février 1765) : « Je me défais de mes *Délices*, parce qu'ayant la plus grande par- « tie de mon bien sur M. le duc de Wirtemberg, et mes affaires n'étant « pas absolument arrangées avec lui, j'ai craint de mourir de faim aussi « bien que de vieillesse. » Voilà encore un échantillon de la véracité du poëte.

VII. Chap. IV, pag. 144. Au sujet des *Lettres de la Montagne*, Voltaire écrivait que Rousseau était un *monstre*, qu'il méritait d'être pendu (27 février et 20 mars 1765). A Dorat (28 janvier 1767) : « Vous savez que « M. de Choiseul n'est que trop informé des manœuvres *lâches et crimi-* « *nelles* de Rousseau ; vous savez que son *complice* (Lenieps) a été arrêté « à Paris([1]) ». Au même (20 février 1767) : « Les procédés de Rousseau « ne sont pas des querelles de littérature ; ce sont des complots formés par « l'ingratitude et la méchanceté la plus noire, dont les médiateurs de Ge- « nève et le ministère de France ne sont que trop instruits. » Au même (23 mars 1767) : « Je ne vous dissimulerai pas combien il était dangereux « pour moi d'être confondu avec Rousseau, convaincu aux yeux de M. de « Choiseul, et *même à ceux du roi*, des manœuvres *les plus criminelles*. « Je pousserai même la *franchise* jusqu'à vous avouer que je venais de re- « cevoir des reproches de M. de Choiseul sur les affaires qui concernaient « ce Genevois. » A Damilaville (11 août 1766) : « Vous trouverez dans la « *Gazette de France*, n° 249, la justice que rendirent les médiateurs de « Genève, en traitant Rousseau de *calomniateur atroce*. » Il est bon de savoir aussi ce qu'écrivait Voltaire à M. d'Argental : « Engagez, lui di- « sait-il, M. de Beauteville à garder pour lui ce droit négatif([2]) dont nous « avons tant parlé... *Ne manquez pas l'occasion de vous assurer un jour* « *de Genève;* la Corse, dont vous vous êtes mêlés, vous était bien moins « nécessaire. Il me semble que M. le duc de Praslin approuvait cette idée; « *il la fera goûter sans doute à M. de Choiseul.* »

VIII. Chap. V, pag. 193. Voltaire à Damilaville (14 *juillet* 1766) : « Voici ce qu'on m'écrit sur Rousseau : *J'ai vu les lettres de M. Hume :* « *il mande que Rousseau est le scélérat le plus atroce, le plus noir* « *qui ait jamais déshonoré la nature humaine;* qu'on lui avait bien dit « qu'il avait tort de se charger de lui...; qu'il avait mis le scorpion dans son « sein ; que le procès avec cet homme affreux *allait être imprimé en an-* « *glais, qu'il priait qu'on le traduisît en français*, et qu'on vous en « envoyât un exemplaire. » On remarquera que l'*Exposé* succinct de Hume

([1]) Voir, pour les causes de cette arrestation, la lettre de Rousseau à M. de Saint-Germain, 26 février 1770, et la note du premier *Dialogue*.

([2]) Ce droit négatif était le *veto* du gouvernement genevois.

était déjà fait, ou au moins commencé, puisqu'il parlait de *l'imprimer* et qu'il cherchait *un traducteur*. Autre preuve de la sincérité de ses éditeurs, qui ont prétendu qu'il n'avait ébruité son affaire qu'avec *la plus grande répugnance*, et seulement à l'occasion de la lettre de Rousseau à Guy, *qui est du 2 août 1766*.

IX. Chap. v, pag. 222. Voltaire à d'Alembert (16 juillet 1766) : « J'ou-
« bliais une grande nouvelle : c'est la brouillerie de *Jean-Jacques* avec
« M. Hume... M. Hume a demandé une pension du roi pour Rousseau,
« du consentement de ce dernier, et l'a obtenue avec beaucoup de peine (¹).
« Il s'est pressé de lui annoncer cette nouvelle. Rousseau a répondu en
« l'accablant d'injures (il s'agit de la lettre du 23 juin 1766); qu'il ne
« l'avait amené en Angleterre que pour le déshonorer ; qu'*il ne voulait*
« *point de la pension du roi* (il n'y a pas un mot de cela dans la lettre),
« ni de l'amitié de M. Hume, etc. Ce qu'il y a de fâcheux pour Rousseau,
« ajoute Voltaire, c'est que les gens raisonnables croiront M. Hume, quand
« il a dit qu'il avait le consentement de Rousseau ; *mais Rousseau le*
« *niera*, et il trouvera aussi des gens qui le croiront ; car je gagerais bien
« qu'il n'a pas donné son consentement par écrit. *Il paraît* que son plan
« a été de laisser agir M. Hume, en lui donnant un simple consentement
« verbal, et de refuser ensuite la pension avec éclat *pour se faire des*
« *amis dans le parti de l'opposition;* se mettant peu en peine de com-
« promettre M. Hume envers le roi et la nation, pourvu qu'il ait des par-
« tisans et fasse parler de lui. Le bon *M. Hume dit avoir des preuves*
« *que depuis deux mois Rousseau méditait de lui jouer ce tour. Il*
« *se prépare à donner cette histoire au public.* » Il est clair, d'après cela, que, dans ses lettres à ses amis, Hume accusait Rousseau de nier qu'il eût consenti à recevoir une pension du roi. De plus, Mme de Boufflers était bien informée, lorsqu'elle reprochait à ce même Hume d'avoir dit que Rousseau *voulait se ranger du côté de l'opposition*. Il est curieux de voir ce fourbe démasqué par Voltaire.

X. Chap. vi, pag. 291. Rousseau écrivait ce qui suit à du Peyrou, le 25 décembre 1765 : « M. le prince de Conti désirait beaucoup me retenir
« tout à fait et m'établir dans un de ses châteaux, à douze lieues d'ici
« (à Trye); mais il y avait à cela une condition nécessaire (le changement
« de nom), que je n'ai pu me résoudre d'accepter, quoiqu'il ait employé
« deux jours consécutifs toute son éloquence, et il en a beaucoup, pour me
« persuader. » On doit se rappeler que, dans le même moment, M. de Choiseul exigeait le prompt départ de Rousseau. Ces instances du prince ne venaient-elles pas du désir secret de donner une leçon à l'insolent ministre qui bravait un prince du sang ?

XI. Chap. vii, pag. 308. J'ai enfin retrouvé le libelle de Dussaulx, et j'ai vérifié par moi-même que Musset-Pathay avait omis précisément ce qui s'y trouve de plus odieux. Pour donner une juste idée de ce venimeux écrit, il faudrait le transcrire en entier, mais c'est bien assez de ce que je vais citer.

Pag. 3. Dussaulx raconte qu'étant allé en 1788 prendre les eaux dans

---

(¹) On voit par là à quel point Hume se faisait valoir.

les Pyrénées, il emporta avec lui la *Correspondance* de Rousseau, « *chère*
« *à son cœur*, dit-il, et dont il ne s'est jamais séparé, *quelque mal qu'elle*
« *lui ait fait* » ; qu'il la lut à des amis qui l'engagèrent à la publier.

Pag. 14. Il proteste que son intention n'est pas d'*inculper* Rousseau, mais de l'*expliquer*. Pag. 16. « Je vais, sur la parole de ses *amis* et
« même de ses *amies*, car il n'en manquait pas, exposer quel homme c'é-
« tait quand il vint pour la première fois à Paris. »

Puis vient un éloge pompeux de d'Holbach, tendre protecteur de Rousseau, qu'il *purgea de ses levains originels*. Ainsi Dussaulx laisse voir tout d'abord qu'il est l'ami des *amis* de Rousseau et qu'il ne parle que d'après eux. Cela seul fait pressentir tout le reste du libelle. Après avoir conté l'anecdote banale du premier Discours, Dussaulx ajoute : « Ce moyen de
« réputation une fois trouvé, Rousseau ne fit plus dès lors que des pas de
« géant ; sa secte grossit, *et malheur à qui ne le regardait pas déjà comme l'apôtre de la nature.*

Dussaulx s'introduit chez Rousseau au moyen d'un billet de recommandation de Duclos. Il fait à ce sujet une scène de fausse sensibilité sur laquelle je passe. Pag. 39, en parlant de Thérèse, il écrivait à Rousseau :
« Pour un solitaire, cette femme est un trésor, et vous avez raison de l'ap-
« peler *votre Cerbère*. » M. Petitain, malgré son mépris pour Dussaulx, n'en a pas moins cité cette invective comme un témoignage à la charge de Thérèse. Il n'a pas vu que la haine de Dussaulx pour cette femme n'était qu'une conséquence de celle qu'il portait à son mari. Page 40, Dussaulx avoue que Rousseau a été calomnié, mais que ceux qu'il appelait ses ennemis en sont innocents ; puis il fait l'éloge de Hume. « *Je l'ai connu*, dit-il,
« (je m'en serais douté) ; *c'était la probité jointe au talent et l'un des*
« *meilleurs esprits de son temps.* » Dussaulx fait ici sans s'en douter sa profession de foi, car ce *meilleur esprit* était un athée forcené ; comment d'ailleurs l'admirateur de Hume pouvait-il être un ami de Rousseau ?

Dussaulx, dans son libelle, avait pour objet principal d'établir qu'il débuta auprès de Rousseau par le plus vif enthousiasme, par la confiance la plus aveugle ; tandis que Rousseau *tendait des piéges à sa candeur, pour lui imputer des torts imaginaires et rompre avec lui en criant à la trahison.* C'est sur ce mensonge absurde que repose tout le reste de sa fiction. Admis à une lecture des *Confessions*, il prit des notes ; Rousseau étant venu chez lui les parcourut : « C'est singulier, dit-il, *je n'ai pas une*
« *date, et vous n'en avez pas manqué une. D'où vient cela ? Je vous ai*
« *suivi des yeux du cœur*, répond le *sensible* Dussaulx, depuis votre dé-
« but dans la carrière des lettres jusqu'au jour où je me suis présenté chez
« vous. » Et il dit que Rousseau se paya de cette tartuferie. Ces dates, d'où pouvaient-elles venir, si ce n'est des *anciens amis ?*

A propos de la lecture des *Confessions* faite chez Dorat, Dussaulx raconte « qu'un essaim de jeunes littérateurs s'y rendit. La conversation
« tomba d'abord sur *la grande conspiration* à laquelle on feignit de
« croire par égard pour la manie de Rousseau, *et aussi pour en tirer*
« *quelques anecdotes dont on était très-friand et qui avaient alors*
« *grand cours dans le commerce.* »

Page 69. Plus loin, page 113, il dit que « Rousseau après avoir diné
« chez lui avec beaucoup de monde, se plaignait des chuchotements des

« convives, de leurs rires moqueurs, de leur silence perfide et de tant
« d'autres choses qu'on sent mieux qu'on ne peut les exprimer. » Et Dussaulx sourit de pitié, comme si la première anecdote ne confirmait pas
tous les soupçons de Rousseau. Il dit aussi que « celui-ci faisait de ces pré-
« tendus ennemis des portraits à la manière de Juvénal, et qu'*ils gardaient*
« *tous un profond silence.* » Dussaulx feignait d'ignorer les *Notes* sur
Sénèque, l'Éloge de Milord Maréchal, et le débordement d'outrages qui eut
lieu après la mort de Rousseau. Quel *silence!*

Maintenant va commencer l'imbroglio au moyen duquel le *machiavéliste*
Jean-Jacques préparait sa rupture avec l'*ingénu et dévoué* Dussaulx. Premier piège : Rousseau l'invite à dîner. Dussaulx apporte *douze* bouteilles
de vin d'Espagne au lieu d'*une* que lui avait demandée Rousseau, qui se
fâche sérieusement. A ce sujet, Dussaulx dit « que le *sort de ses amis les*
« *plus intimes* dépendait d'un mot, d'un geste. Hume, Mably, Diderot,
« Grimm, d'Holbach, d'Alembert, Condillac, Deleyre, l'ont éprouvé. A
part Condillac et Deleyre, Dussaulx nomme ici les persécuteurs avérés de
Rousseau ([1]); il ne manque plus qu'un nom, c'est le sien. On se met à table ;
le panier de vin d'Espagne est entamé. « *Il me versait toujours*, dit Dus-
« *saulx, et s'abstenait. Pourquoi cela? j'aurais dû m'en douter* » (page
81). Le *monstre* enivrait sa victime ! « Je ne me défiais de rien, continue
« Dussaulx du ton de l'agneau de la fable, mais, comme un criminel, j'allais
« subir la question ordinaire et extraordinaire. » En effet, le bourreau,
plus rassis, l'interroge sans pitié sur tous les détails de sa vie, *sur ses liaisons principalement*. Il avait deviné qu'un ami, et probablement un émissaire de *ses plus intimes amis* d'autrefois était devant ses yeux, cet homme
pervers ! « Son *regard oblique ne perdait pas un geste* (page 83).
On m'a fait passer pour un corrupteur, dit sévèrement Rousseau : est-ce
pour cela que, quand j'entre chez vous, *vous avez grand soin d'éloigner la jeune personne que vous avez élevée?* Ce procédé outrageant,
dont il est question dans les *Dialogues*, était donc réel ! Dussaulx prétend
avoir fait une réponse *sincère, mais il ne la cite pas.* Rousseau veut savoir ensuite ce qu'il pense des *Confessions.* Il ne m'est pas possible de
citer le long et sanglant jugement de Dussaulx ; il me suffira de dire qu'il
traita l'écrit de *libelle posthume, de lâche vengeance qui ne sert qu'à
décrier impunément et sans fruit;* il ajouta « qu'on n'avait jamais vu
« un honnête homme laisser subsister après lui contre ceux qu'il a fré-
« quentés ce qu'il n'a pas eu le courage de publier pendant sa vie([2]); que
« Rousseau avait provoqué les faiblesses qu'il révélait, qu'il avait violé
« les lois de l'hospitalité et blessé les mœurs, etc. » (page 114). Je crois toute
cette critique composée après coup. Après de telles insultes, Rousseau n'eût
pas exigé plus tard de Dussaulx qu'il s'expliquât *sur ce qu'il pensait de
lui*, il eût rompu sur-le-champ. Deux jours après Dussaulx le rencontre
tout joyeux. « Qu'est-il donc arrivé? se dit-il, *aurait-il retrouvé ses
enfants?* Excellent Dussaulx ! Mais voici la dernière épreuve que lui ré-

---

([1]) Il faut dire pourtant que Deleyre était fort lié avec Dussaulx.

([2]) Dussaulx oubliait que Rousseau avait lu publiquement ses *Confessions*,
et qu'il avait été un de ses auditeurs.

servait cet homme dangereux *qui le faisait boire* pour fouiller dans *son âme sincère*. L'innocent imagine de lui lire *le portrait d'un maître fourbe calqué d'après nature*. « Ce mot de *fourbe* lui donna, dit-il, un
« *premier éveil* dont il eut peine à se remettre... j'entrevis *confusément*
« que j'avais fait un mauvais choix. » Ce fourbe, dans l'article de Dussaulx, était un aventurier audacieux, ruinant au jeu les jeunes gens riches, portant le trouble dans les familles, bravant l'honneur et les lois. « Les four-
« bes, dit Dussaulx, ne tardent pas à se trahir (il devait le savoir). Celui-ci,
« en garde de tous les côtés, pouvait opposer à chacun de ses vices la pra-
« tique de la vertu contraire. *Ici je m'aperçus que Rousseau pâlissait,*
« *cependant je continuai.* » Cela seul prouve que Dussaulx comptait d'avance sur l'effet de cette lecture et qu'il tenait à l'aggraver en *continuant*. « Tel
« fut le monstre qui s'était emparé de ma jeunesse. Que d'art et de per-
« fidie ! *Il me tenait de beaux discours et de non moins touchants que*
« *l'illustre Jean-Jacques en a composé depuis sur les mœurs et l'édu-*
« *cation.* » Rousseau indigné interrompit Dussaulx et le congédia. Musset-Pathay a eu le courage de le blâmer ; que ne mettait-il, pour voir, son nom à la place de celui de Rousseau ? Après tout ce qu'on vient de lire sur le rôle odieux que Dussaulx fait jouer à Rousseau dans sa *Notice*, est-il possible de méconnaître la cruelle intention de cette lecture ?

Deux jours après, Dussaulx reçut de Rousseau la lettre du 9 février 1771. Elle caractérise bien mieux que je ne pourrais faire l'outrage détourné contenu dans l'épisode du *maître fourbe*. Les auditeurs de Dussaulx, et surtout un certain Dupont, dont le rôle consistait à approuver ses anathèmes et à les aggraver, firent semblant d'être *outrés* de cette lettre.
« Qu'avez-vous pu répondre, dirent-ils, à un homme *qui composait len-*
« *tement son fiel depuis plus de six mois ? Je l'aimais encore*, répondit
« le *sensible* Dussaulx, et, d'ailleurs, il pouvait me déshonorer dans sa
« secte, aussi nombreuse que puissante (¹). » Voici la réponse de Dussaulx :
« Ce que je pense de vous, monsieur, je vous l'ai si souvent déclaré, et cela,
« avec tant de franchise et d'abandon, que vous n'auriez jamais dû vous
« permettre un doute à cet égard. Puisque vous l'ordonnez, je vais le
« répéter, *car je n'ai pas, comme vous, le talent de l'invention*. En-
« chanté de vos sublimes ouvrages, j'ai dit, à mesure qu'ils ont paru, que
« la seule vertu pouvait les avoir dictés, et j'ai brûlé d'en connaître l'au-
« teur. Que dire de plus en parlant à vous-même ? Vous pouvez vous rap-
« peler comment et à quel titre je me suis produit chez vous. Avais-je sur
« le front l'empreinte de la duplicité ? avais-je un air impudent et curieux ?
« La première fois que je vous ai vu, *hélas !* prêt à manquer de tout, sans
« égard à la froideur de votre réception, j'ai dévoré des larmes qui n'ont
« coulé (²) qu'après m'être séparé de vous. Vous me croyiez sincère alors,
« puisque, de vous-même, vous êtes venu vous jeter dans mes bras : nous
« allons voir si j'ai cessé de l'être. *Vous qui m'avez tant de fois éprouvé,*

(¹) Grimm, dans sa *Correspondance*, et Naigeon, dans les *Notes* virulentes qu'il a ajoutées à celles de Diderot sur la vie de Sénèque, ont aussi fait semblant de croire à cette *secte nombreuse et puissante* de Rousseau.

(²) Voyez, dans le deuxième *Dialogue*, le trait de perfidie d'un de ces *pleureurs*.

« assignez-moi une seule circonstance où je me sois démenti. Je m'ouvrais
« a vous sans réserve et *je croyais que, de votre côté, vous en feriez au-*
« *tant.* L'idée que j'avais conçue de votre caractère et de vos mœurs s'était
« renforcée par des sentiments de tendresse et de vénération qui, chaque
« jour, prenaient de nouvelles forces ; en un instant vous avez tout *em-*
« *poisonné.* Qu'avez-vous fait, monsieur ! vous venez de navrer, de flétrir
« mon cœur. (Style du temps.) Où avez-vous été prendre tant de soupçons
« *déshonorants* dont votre lettre est *souillée ?* sur quoi sont-ils fondés et à
« qui s'adressent-ils ? à celui qui a toujours commercé avec vous du fond
« de sa conscience ; à un homme libre comme l'air, qui se montre sans
« voile, qui ne veut rien, ne craint rien, et qui aurait donné l'un de ses
« bras pour sauver le vôtre. Et voilà celui que vous consternez par des
« réticences plus cruelles encore que vos *abominables soupçons.* Cependant,
« vous n'êtes pas cruel ; non, vous ne sauriez l'être ; vous êtes malade.
« Pauvre humanité ! mon Dieu, que les grands hommes sont petits quelque-
« fois ! *Le généreux Jean-Jacques, le vertueux Jean-Jacques* inquiet
« et méfiant comme un lâche criminel. On ne le croira pas ; je ne le croirais
« pas non plus si je n'en avais pas fait la dure expérience.

« Quel dommage qu'avec une âme telle que la vôtre, vous n'ayez plus
« d'organes pour commercer avec vos semblables ! car vous êtes sourd
« et aveugle, si vous m'avez pris pour un flagorneur et un espion. Après
« une telle méprise, il ne vous convient plus de juger les hommes. Re-
« noncez-y, vous ne risquerez pas, du moins, *de calomnier l'innocence.*
« Je m'attends bien, à moins que je ne me sois prodigieusement abusé,
« que vous expierez bientôt cet *attentat* ; c'est pourquoi je vous le par-
« donne. Je fais plus, je vous estime encore, mais je vous plains.

« Vous me dispenserez, s'il vous plaît, de m'excuser sur le passage en
« question ; *vous savez mieux que moi ce qui en est;* votre mal, *qui vient*
« *de plus loin,* tient à des *infirmités morales* qu'il est trop tard d'en-
« treprendre de guérir. Si, comme vous, je me livrais aux suppositions et
« à la méfiance, je vous dirais que *ma perte était jurée* dès le premier
« jour que vous m'avez vu ; je vous dirais que, depuis cette époque, vous
« n'avez pas cessé de me chercher des torts *par les épreuves les plus insi-*
« *dieuses.* Enfin, je prétendrais que *c'est le portrait du fourbe qui vous*
« *a le plus affecté.* (Ceci est en italique dans la notice), *et que le reste*
« *n'est qu'un prétexte pour rompre avec moi, comme vous avez fait*
« *avec tant d'autres;* mais je dédaigne ce genre d'escrime ([1]).

« Allons au fait, je m'en tiens au texte de votre lettre. De bonne foi, que
« porte-t-il ? j'en ai pitié pour vous. *Convenez que vous m'avez fait*
« *une querelle de sophiste.* Si j'avais senti les conséquences de ces fatales
« lignes, *dont vous avez torturé le sens,* je ne les aurais pas écrites ; si j'a-
« vais eu un mauvais dessein, je ne vous aurais pas obéi lorsque vous m'a-
« vez pressé de lire. Cessez donc de m'accuser, puisque j'ai supprimé ce
« qui pouvait vous déplaire. Juger d'un homme sur une méprise, le
« condamner sans l'avoir entendu ; ne pas se contenter de soumissions ver-
« bales ; le sommer de répondre par écrit à des *soupçons infâmes,* ap-

---

([1]) Il ne l'a pourtant pas dédaigné dans son libelle, qui est tout entier employé à prouver ces imputations qu'il a l'air de repousser ici.

« pelez-vous cela de la justice et de la bienveillance? *Honnête homme!*
« rentrez en vous-même et respectez votre égal, du moins en *candeur* et
« en probité. Défiez-vous surtout du *dangereux talent* qui vous a fait, jus-
« qu'à ce jour, *soutenir et défendre avec trop de succès le pour et le contre.*

« Je peux manquer de goût (¹) dans mes compositions, et cette lettre, écrite
« dans le trouble, en est la preuve ; mais je suis bien sûr que ma conduite
« continuera d'être exempte des artifices dont vous voulez que je me jus-
« tifie. Allez, qui voit mon visage voit mon cœur. A moins d'être encore
« plus insensé que méchant, comment aurais-je pu former le dessein de
« trahir un homme qui est *l'idole* de son siècle? A d'autres! *vous n'en*
« *croyez rien vous-même.* Finissons, car je m'y perds. Sentez-vous au
« dedans de vous une voix qui vous accuse et vous parle en ma faveur?
« je revole dans vos bras ; persistez-vous dans vos funestes préventions,
« je ne l'imputerai qu'à la fatalité. Je ne vous reverrai plus ; mais, *ô mon*
« *cher Rousseau !* je vous aimerai toujours (il l'a bien prouvé par la suite) ;
« et cela parce que j'ai commencé ; *parce qu'il est arrêté que je res-*
« *pecterai jusqu'au dernier soupir* celui à qui je dois une partie, et la
« plus belle, de mon existence morale. Si vous rompez, vous me regret-
« terez, je vous le prédis. Tôt ou tard vous reviendrez à moi, et je serai tou-
« jours prêt à réchauffer mon cœur à la flamme du vôtre. *Je vous embrasse.*»

Voilà la lettre à laquelle Rousseau n'osa répondre immédiatement, de *peur d'être injuste!* Je ne crois pas qu'on puisse entasser avec plus d'art les éloges équivoques, la fausse sensibilité, les injures déguisées, le mépris et la haine. S'il reste, à cet égard, quelques doutes aux lecteurs timorés, ils ne vont pas tarder à être éclairés tout à fait. Rousseau répondit par la lettre du 16 février 1771. Il va sans dire que cette lettre fut jugée *atroce* par l'auditoire. « Le sang me bouillait, s'écria le *compère* Dupont, avant de « l'avoir entendue tout entière. » On a vu Dussaulx garder une certaine mesure dans la lettre que j'ai citée ci-dessus ; voici, pour ceux qui pour- raient être dupes de son artificieuse rhétorique, des extraits d'une autre lettre dans le *style romain*, qu'il avait écrite en réponse à la dernière de Rousseau et qu'il n'envoya pas : « *Tu* t'obstines à faire du bruit pour obéir « à la rage de gloire qui te maîtrise » (pag. 172). Tu te plains de manquer « d'amis, c'est parce que tu manques d'amitié... Que d'autres traits je « pourrais citer de toi et qui sont marqués au coin de *l'ingratitude* et *de* « *l'immoralité* (pag. 173). Tu te vantes d'aimer la vertu : *où en sont les* « *preuves ? C'est dans les mœurs qu'il faut la chercher et non dans les* « *discours* (pag. 174). Tu voulus être grand *à quelque prix que ce fût ;* « tes écrits, tes actions le prouvent » (pag. 180). Et Dussaulx prétend qu'il n'inculpe pas ! Dans la lettre qu'il envoya à la place de celle-ci, il ose dire à Rousseau : « Quoique vous m'ayez fait autant de mal qu'un méchant « puisse en faire, je ne vous crois pas méchant ! *Vous êtes fou comme Pas-* « *cal*», ajoute-t-il. Cela n'était que trop vrai ; mais, en ce cas, pourquoi ne pas laisser ce fou tranquille ? Pourquoi se venger de ce qu'on appelle *son erreur*, par des calomnies ingénieuses, par des traits de rage ? Oui, Rous- seau était fou, mais ce fou a parfaitement vu dans Dussaulx ce qu'il était réellement, un des plus cruels tartufes qui aient insulté à ses malheurs.

(¹) Dussaulx veut faire croire que son allusion n'est qu'une *faute de goût !*

A la fin du libelle de ce fourbe, on trouve la lettre de Rousseau à M. de Saint-Germain, précédée d'une Notice injurieuse dans laquelle on fait tenir à ce digne militaire un langage très-dur, et très-peu vraisemblable par conséquent. M. Petitain dit que cette Notice s'accorde parfaitement avec celle qu'on trouve dans un recueil manuscrit qui lui a été communiqué par M. Barbier, bibliothécaire du Conseil d'Etat, et qui contient une copie de la *Correspondance* de Rousseau avec M. de Saint-Germain. Je lis dans le premier volume de l'ouvrage de Musset-Pathay, p. 170, la note suivante :
« Les lettres de Rousseau et de M. de Saint-Germain ont été longtemps
« entre les mains de M. Royer, libraire, rue du Pont-de-Lodi, qui cherchait
« à les vendre. C'est dans la Notice qui les précède qu'on dit que M. de
« Saint-Germain *évita de rencontrer Rousseau que tout le monde courait.*
« On a dit et imprimé que cette Notice était de M. de Saint-Germain, en
« avouant cependant, *qu'elle n'avait aucun caractère d'authenticité*. Il
« ne faut que la lire pour être convaincu qu'un militaire plein d'honneur
« ne parlerait pas de soi comme on suppose que M. de Saint-Germain l'aurait
« fait, et surtout *qu'il serait exact;* tandis que l'auteur de la Notice est
« loin de l'être. » A l'appui de cette note, Musset-Pathay cite le résultat des recherches qu'il fit faire à Bourgoin. Il apprit d'une personne de cette ville, avec laquelle Rousseau avait eu des rapports directs, que *loin de l'éviter, M. de Saint-Germain fut des premiers à visiter Rousseau avec les notables de Bourgoin*. L'auteur de la Notice a donc menti, et cela seul prouve que cet auteur ne saurait être l'honnête Saint-Germain. Enfin on a trouvé dans les papiers de cet officier une note sur Rousseau, peu juste quant aux jugements qu'elle renferme, mais pleine d'estime, et par conséquent très-différente de la Notice dont il s'agit. Ce qu'il y a de certain, c'est que Dussaulx eut, on ne sait comment, à sa disposition la correspondance de Rousseau et de M. de Saint-Germain; je ne regarde donc pas comme impossible qu'il soit l'auteur secret de la Notice hostile et menteuse qui l'accompagne. On trouve dans le numéro du 29 floréal an VI un article sur le pamphlet de Dussaulx inséré par le citoyen Villeterque, son ami. Cette pièce est au moins aussi haineuse que l'écrit dont elle rend compte. Elle contient ce trait remarquable : « *Il importe à la réputation de quelques-uns de*
« *nos contemporains* (Grimm et Saint-Lambert), à la *mémoire de plu-*
« *sieurs hommes célèbres* (Diderot, Voltaire, Hume, d'Alembert), de faire
« enfin connaître par des faits positifs les causes qui ont successivement
« modifié le caractère de Rousseau. » Ainsi, il est clair que le libelle de Dussaulx n'était au fond qu'une apologie des ennemis de Rousseau, et l'on n'avait que faire, pour en être sûr, de la déclaration du citoyen Villeterque. Celui-ci ajoute : « Les éditeurs de Rousseau, ou *plutôt Rousseau lui-même*,
« ayant supprimé les lettres que l'auteur (Dussaulx) lui avait écrites, en
« publiant celles qui l'accusent, les faire connaître, ce n'est que rétablir les
« faits. » Le citoyen Villeterque renchérissait ici sur les calomnies de son ami, car Dussaulx dit expressément : « Rousseau avait pris la précaution
« d'insérer *notre* correspondance dans ses liasses numérotées pour servir un
« jour à la réintégration de sa mémoire » (Notice, pag. 90). Il est très-vrai que les lettres de Dussaulx avaient été omises par les éditeurs d'un supplément aux *Œuvres de Rousseau*. Ce fut Deleyre qui l'en prévint (voir la lettre de Dussaulx à Corancez, dans le *Journal de Paris* du 24 messidor an VI).

Mais cette omission n'autorisait en aucune manière son odieuse Notice; un homme qui n'eût pas eu de haine dans le cœur, se fût borné à exiger l'insertion de ses lettres à la suite de celles de Rousseau, ou s'il eût donné des détails sur ses rapports avec lui, ils eussent eu un tout autre caractère que ceux qui souillent la Notice de Dussaulx.

Corancez, dans le numéro 251 du *Journal de Paris*, fait l'éloge de *l'excellent morceau* du citoyen Villeterque. « Je présume, dit-il, que ceux de mes lecteurs qui ont lu ce morceau *me sauront gré de lui avoir donné la préférence.* » Cette sympathie de Corancez pour la diatribe de Villeterque est encore une nouvelle preuve de son hostilité envers Rousseau.

Lorsque M. Jourdan publia son article contre Dussaulx (voyez chap. VII, pag. 304), ce dernier inséra dans le *Journal de Paris*, du 25 messidor an IV, une réponse brutale à cette critique. Elle finit ainsi : « Je présume, « *bon et brave Corancez*, que vous ne refuserez pas d'insérer cette défense « légitime dans votre journal impartial. » Dussaulx avait raison de compter sur Corancez qui, dans le même numéro, publiait la Notice dans laquelle il prend ouvertement son parti. Il est clair, au ton intime de Dussaulx, que ces deux hommes se connaissent de longue date, comme je l'ai supposé. De plus, cette intimité prouve que la mercuriale de Corancez contre Dussaulx, que j'ai citée chap. VII, pag. 315, n'était qu'un jeu; en étalant ainsi sa fausse impartialité, Corancez s'assurait d'avance de la crédulité des lecteurs, pour ses propres mensonges.

XII. Chap. VII, pag. 338. Lakanal a commis cette méprise dans le discours qu'il prononça à la Convention pour demander la translation des cendres de Rousseau au Panthéon. Après avoir fait l'éloge des *maximes révolutionnaires de l'auteur du Contrat social*, il cite comme *prophétique*, le passage de la lettre à Moultou.

XIII. Chap. VII, pag. 371. M. Bailly de la Londe, auteur d'un *Voyage pittoresque à Genève et dans le canton de Vaud* (Paris, 1842), a donné des renseignements sur les manuscrits de Rousseau qui existent en ce moment à Genève. « M. Coindet (neveu) me fit voir, dit-il, le manuscrit original de l'*Émile*, qui fut remis à son oncle François Coindet par Rousseau lui-même. L'écriture est nette, jolie, correcte, presque sans rature. » Ces détails achèvent de prouver que ce manuscrit servit à l'impression de l'ouvrage. Si Coindet ne le reçut pas de Mme de Luxembourg, comme je l'ai supposé, il se le procura sans doute chez le libraire Guy, qui avait imprimé l'*Émile*. Quant à Rousseau, il n'est pas probable que son manuscrit lui ait été rendu, et il l'est encore moins qu'il l'ait donné à Coindet. J'en ai dit les raisons. M. Bailly de la Londe ajoute que le docteur Coindet possède cent vingt lettres de Rousseau, la plupart inédites; « il y en a, dit-il, de 1770, por- « tant la date singulière et le quatrain de l'époque. Les cachets de Rousseau « étaient petits et portaient l'empreinte de la lyre, avec la devise : *Vitam* « *impendere vero.* » Je ferai observer que parmi ces lettres de 1770, il ne doit pas s'en trouver qui soient adressées à Coindet, autrement celui-ci n'eût pas manqué de les publier, comme preuves de la continuation de sa correspondance avec Rousseau après leur rupture *fictive*, selon lui (voyez chap. VII, pag. 369). M. Bailly de la Londe ne parle pas du portrait peint par La Tour, dont il est question dans la Notice du docteur Coindet. Le manuscrit des *Confessions* remis à Moultou par Rousseau est maintenant entre les mains de Mlle Moultou, sa petite-fille, à laquelle son père l'a légué en 1832.

M. Bailly de la Londe, fort hostile envers Rousseau, répète, au sujet de Thérèse, toutes les imputations de Sennebier et de Coindet, dont j'ai prouvé ailleurs la fausseté.

XIV. Chap. VII, page 373. M. Petitain, dans son Appendice aux *Confessions* de Rousseau, prend au sérieux les *exigences conjugales* de Thérèse. Il oublie que Rousseau disait d'elle que *ses sens étaient tranquilles* (*Conf.*, livre IX). Il serait plaisant qu'on voulût en savoir là-dessus plus que lui. Au lieu de fouiller dans toutes ces vilaines petites questions, M. Petitain eût mieux fait de se rappeler le trait de la *fille de la rue des Moineaux*, le cynisme de Gauffecourt, et surtout le refus de livrer à Mme d'Epinay les lettres de Mme d'Houdetot.

XV. Chap. VII, page 396. Il existe à la bibliothèque de l'Assemblée nationale un manuscrit autographe du *Devin du village*, daté de 1752, et acheté, il y a quelques années, à la vente du mobilier d'un musicien nommé Clos, par M. Drouon, conservateur de cette bibliothèque. A ce manuscrit est annexée une lettre du *petit-violon* Francœur, un des symphonistes qui exécutèrent pour la première fois la musique du *Devin du village*. Elle est datée du 21 floréal an X, et répond à une autre lettre inconnue, dans laquelle on demandait des détails sur l'origine de l'opéra de Rousseau. Francœur, qui devait être alors fort âgé, commence par un anachronisme de douze ans seulement. Il dit que le *Devin* fut donné à l'Opéra en 1765, tandis que ce fut en 1753. Il prétend ensuite tenir d'un certain *Travernol*, violon de l'Opéra à cette époque, « *que Rousseau, étant en une mai-*
« *son de campagne, avec un autre homme de lettres qu'il croit être*
« *Dufresny*(¹)*, fut invité à composer un petit acte, dont Dufresny*
« *fit les paroles ; que Rousseau n'ayant pas eu le temps d'en composer*
« *entièrement la musique, parodia divers airs peu connus, dont il fit*
« *choix, ainsi que cela se pratique dans les pièces en vaudeville, et ne*
« *fit que la musique de l'ouverture du premier monologue, les accom-*
« *pagnements et le récitatif ; le reste était de M. Fanton, maître de mu-*
« *sique de la Sainte-Chapelle.* » ; mais Francœur ajoute qu'il ne l'affirme pas. Il dit aussi *que son oncle fut chargé de faire les coupures et changements nécessaires, parce que l'ouvrage avait été fait précipitamment ;* et que désirant le donner à l'Opéra, ce même oncle, qui était probablement directeur ou chef d'orchestre du théâtre, y *ajouta des airs de ballet, des ariettes de Rameau et autres auteurs, pour lui donner de la rondeur.* « On m'assure, dit aussi Francœur, que les héritiers de Rameau,
« instruits que ces morceaux étaient de leur parent, voulurent faire oppo-
« sition entre les mains du caissier de l'Opéra. » En réunissant ces détails au trait de D'Holbach et de Grimm, rapporté dans les *Confessions*, et au conte du musicien de Lyon, on conviendra que Rousseau ne pouvait guère éviter de passer pour un plagiaire. Les additions dont parle Francœur durent être faites pendant le séjour de Rousseau à l'Ermitage ; je

---

(¹) Notez que **Dufresny** est mort en **1724**.

ne pense pas qu'on eût osé se les permettre pendant qu'il habitait Paris. Il n'existe peut-être pas d'exemple d'une atteinte aussi audacieuse aux droits et à la réputation d'un compositeur.

Le même manuscrit contient une Notice du musicien *Clos*, assez plate et hostile. Voici ce que dit ce musicien de la représentation du second *Devin du village :* « Les directeurs de l'Opéra, Rebel et Francœur, par
« ménagement pour l'amour-propre de Rousseau, ne firent pas représen-
« ter le second *Devin du village*. Le sieur Devismes, qui leur a succédé,
« persuadé que cette nouveauté lui rapporterait beaucoup d'argent, acquit
« de la veuve de Rousseau la nouvelle partition, et en donna la première
« représentation à l'Opéra, le 20 avril 1779. Elle fut écoutée avec une
« vénération silencieuse, mais sans applaudissements. Puis, quelques mur-
« mures sourds se firent entendre. A la seconde représentation, il y eut
« des cris et des sifflets qui empêchèrent d'achever ; le public redemanda
« la première musique. Il n'y eut à cet égard aucune cabale. Les parti-
« sans de Rousseau sont convenus qu'il n'y avait aucune teinture de cette
« simplicité touchante qui caractérise la première composition. *Aussi
« les jaloux de ses premiers succès profitèrent de cette chute pour
« étayer les assurances qu'ils avaient données que Rousseau n'était pas
« l'auteur de la première musique.* Une discussion très-animée s'éleva
« à ce sujet entre les partisans de Rousseau et ses détracteurs. »

Un amateur publia sur le second *Devin* une réclamation insérée dans le *Journal de Paris* du 25 avril 1779. Il prétendit que l'exécution de l'opéra avait été détestable ; qu'on avait méconnu à plaisir les *prescriptions écrites que Rousseau avait remises à l'administration de l'Opéra ; qu'on avait changé le mouvement et l'expression des airs ; qu'on avait substitué à l'ancienne ouverture, conservée par Rousseau, un morceau qui n'était pas de lui.* « Ainsi, dit-il en terminant, on a le droit de se
« plaindre de ce qu'on n'a pas daigné faire essayer *une seule répétition* dans
« la forme indiquée par l'auteur. Quant au public, il est trop juste pour
« vouloir juger, sur une seule représentation détestable, un ouvrage con-
« tre lequel une habitude de trente ans devait nécessairement l'avoir pré-
« venu. » J'ajoute, comme confirmation de ces détails, que Grimm soutenait que le nouveau *Devin avait été bien exécuté (Corresp.*, t. II, page 114). Il ne serait pas impossible que Rousseau se fût fait illusion sur le mérite de son œuvre, et j'avouerai moi-même, qu'à part le premier *Devin*, je trouve toute la musique que j'ai vue de lui extrêmement faible.

XVI. Chap. VII, p. 403. Le 16 mai 1779, Mme Rousseau fit insérer dans le *Journal de Paris* la réclamation suivante : « L'empressement
« que vous avez mis à accueillir dans votre journal tout ce qui avait rap-
« port à l'homme dont j'ai l'honneur de porter le nom, me fait espérer
« que vous voudrez bien y insérer la déclaration suivante, dont l'original
« existe dans ses papiers. Elle doit tenir le public en garde contre la *nou-
« velle imposture* d'un libraire de Bruxelles qui, en annonçant une édition
« en 9 volumes in-4 des *Œuvres de Rousseau*, a osé avancer, dans le
« n° 33 de la *Gazette de Leyde*, que cette collection avait été avouée et
« dirigée par l'auteur.

« Voici la copie de la déclaration de Rousseau ([1]) : « On a tâché de m'in-
« téresser à cette édition par l'appât du gain, et l'on m'a fait faire pour
« cela, par un libraire de Paris, des propositions assez magnifiques pour
« me tenter. Non-seulement je me suis refusé à la proposition, j'ai encore
« désavoué, dans une protestation, tout ce qui s'imprimerait désormais
« sous mon nom. On a pris le parti de se passer de moi et d'aller en avant,
« comme si je participais à l'entreprise. L'édition se fait par souscription,
« et s'imprime, dit-on, à Bruxelles, en beau papier, beau caractère, belles
« estampes. On n'épargnera rien pour la prôner, pour en vanter surtout
« la fidélité et l'exactitude. Comme elle contiendra beaucoup de nouvelles
« pièces refondues ou fabriquées par mes ennemis, on ne manquera pas
« de les appuyer de titres plus que suffisants aux yeux d'un public qui ne
« demande pas mieux que de tout croire. »

« Cette prédiction, ajoute Mme Rousseau, s'est accomplie à la lettre,
« car on y a ajouté, en forme de supplément au IXme volume, une multi-
« tude de pièces controuvées et non avouées par la note que l'auteur a
« faite lui-même des pièces qui devaient composer son édition générale.
« Comme le libraire a osé annoncer qu'il allait mettre sous presse les
« *Œuvres posthumes de J.-J. Rousseau*, je crois devoir déclarer que
« tous ses anciens ouvrages corrigés par lui-même, et les originaux
« des nouveaux écrits annoncés dans un prospectus, actuellement sous
« presse, et que va faire paraître la Société typographique de Genève, ont
« été remis à ladite Société, qui est chargée de la seule édition complète
« et authentique des ouvrages de feu M. Rousseau, et qu'on ne doit ajou-
« ter aucune foi aux prétendus ouvrages qu'on pourra annoncer de toute
« autre part. »

Je pense que cette réclamation a été rédigée par du Peyrou, qui préparait alors son édition de 1782. Quant au style authentique de Thérèse,
en voici un échantillon recueilli à la bibliothèque de Neufchâtel par M. Ravenel, conservateur de la Bibliothèque nationale de Paris : « Mercredi,
« 23 juin 1762. Mon cher ami, quelle joie j'ai eue de recevoir de vos chè-
« res nouvelles. (*Queles goies que ge évues deu reuceuvoier deu vocs
« cher nouvele.*) Je vous assure que mon esprit ne tenait plus à rien
« de douleur de ne pas vous voir, et de nous séparer, sans pouvoir vous
« dire tous mes sentiments, que mon cœur a toujours été pour vous et
« qu'il ne changera jamais, tant que Dieu vous donnera des jours et à moi
« aussi. Quelle satisfaction pour moi de nous rejoindre tous les deux et de
« passer nos douleurs ensemble. Je n'attends que le moment de vous re-
« joindre et de vous embrasser du fond de mon cœur. Vous savez bien
« mon cœur pour vous, et que je vous l'ai toujours dit, quelque part que
« vous fussiez, je voulais vous allez joindre, fût-il les mers à passer et
« les précipices pour vous aller trouver : qu'on n'avait qu'à me dire,
« que je partirais bien vite. Mais on n'a pas jugé à propos de me le
« dire ; je n'ai pas réussi à le savoir ; et puisque vous ne voulez pas me le
« dire, je vous assure que j'avais peur qu'il ne vous fût arrivé quelque
« chose, et qu'on me l'eût caché. Mon pauvre esprit n'y était plus, ni la
« tête. Vous me l'avez remise, mon cher ami, de tout au tout, mais il

---

([1]) Elle est tirée du troisième *Dialogue*.

« sera encore mieux remis quand je serai auprès de vous, et de vous témoi-
« gner la joie et la tendresse de mon cœur, que vous connaissez, que j'ai
« toujours eue pour vous et qui ne finira qu'au tombeau. C'est mon cœur
« qui vous parle, *c'est pas mes lèvres* (*ces mon quere qui vous palen,
« c'est paes mes levres*). J'aspire (*Gapire*) le moment pour vous rejoin-
« dre ; je ne tiens plus à rien que pour vous, mon cher ami.

« Je suis, avec toute l'amitié et la reconnaissance possible et l'attache-
« ment, mon cher bon ami, Votre humble et bonne amie,

« Thérèse Levasseur.

« *P. S.* Je vous assure que je n'oublierai jamais de ma vie M. le Maré-
« chal (*leu Marichaleu*) et Mme la maréchale de tous les mouvements et
« les douleurs qu'ils ont eues dans votre séparation (*qui lon évues dans
« votre ceuparasion*). J'ai eu l'honneur de parler à monseigneur le prince
« de Conti (*Monceugneur leu preceu Contiez*) et à Mme de Boufflers, qui
« m'ont remis un peu ma pauvre tête. M. et Mme Laroche *m'ont* pas
« abandonnée dans mon chagrin. Que de bonnes gens (*bon gan*), remplis
« de sentiment et de tendresse (*tandrecceu*) pour vous ! J'ai été dans le
« moment chez le père Alamanny pour vos bandages ; il m'a promis qu'il
« allait les faire *tout suite*. Il m'a témoigné bien de la douleur d'avoir
« perdu un si bon ami, et le père Mandar aussi qui en a été bien touché,
« et M. le curé aussi qui m'a témoigné bien de l'amitié pour vous. M. Mal-
« tras et son neveu *a été* bien touché de vous ; ils vous embrassent de tout
« leur cœur (*i vous sanbraceu deu tout leur quere*). M. le curé de Gros-
« lay est dans la plus grande douleur de vous ; il est toujours malade. Il
« vous présente ses amitiés (*ces samities*) et M. son neveu aussi (*osies*). »

Quand on aura bien ri, et on en a le droit, je demanderai à faire une observation. Tout est dévouement et abnégation dans cette grotesque épître. La pauvre brute qui l'écrivait n'y a exprimé que deux idées : le désir de rejoindre son maître et sa reconnaissance pour la pitié dont elle était l'objet, pour les regrets que Rousseau avait laissés à Montmorency. Consolée *par un prince du sang*, protégée par deux grandes dames qui auraient pu se charger d'elle et assurer son avenir, elle ne songe qu'à retourner auprès de celui qui lui avait dit en partant : « N'attends plus à ma suite qu'affronts et misères. » Les calomnies et le ridicule ne suffisent pas pour effacer des traits comme ceux-là.

XVII. Chap. viii, page 424. « Houdon, dit M. Quérard, a deux fois
« immortalisé les traits de Rousseau ; d'abord par un masque de plâtre
« moulé sur la figure de Rousseau peu d'heures après sa mort. Ce masque
« a été vendu, en 1822, à M. Gossuin fils pour 1,800 francs ; ensuite
« par un buste supérieurement exécuté, qu'il fit en 1779, presque en même
« temps que ceux de Voltaire et Franklin » (*France littéraire*, article Rousseau).

XVIII. Chap. viii, p. 434. Cette assertion de d'Escherny a été répétée par Grimm, qui y ajouta cette lâche insulte : « La veuve de Rousseau

« eût mieux fait d'employer cette somme à faire une fondation pieuse dans
« la maison des Enfants-Trouvés » (*Correspondance*, octobre 1780).

XIX. Chap. VIII, p. 438. Séance de l'Assemblée nationale du 21 déc. 1790 (n° du *Moniteur* du 23 déc.). BARRÈRE (de Vieuzac) : « Vous avez décrété
« solennellement que des récompenses pourraient être accordées aux veu-
« ves de ceux qui ont servi la patrie. Conformément à ce sage décret, j'ai
« l'honneur de vous présenter la veuve d'un homme célèbre, qui vient
« réclamer auprès des représentants de la nation des secours dans l'indi-
« gence qui la menace. Cette veuve est celle de J.-J. Rousseau. Elle jouit
« de quelques modiques pensions, qu'elle ne doit qu'au nom de son illustre
« époux, mais ce ne sont là que des bienfaits précaires. *Si les titres de*
« *ces bienfaits existent, elle ne les connaît pas* (¹). Ces sources de sa
« subsistance peuvent tarir à chaque instant et la laisser en proie au be-
« soin. Cette crainte est justifiée par la perte d'un de ses bienfaiteurs, dont
« les enfants paraissent épuiser chaque jour la succession. *J'entends déjà*
« *les clameurs de la calomnie.* (*Un grand nombre de voix :* Ce n'est pas
« ici.) Elle a si longtemps tourmenté l'auteur du *Contrat social*; elle
« a si lâchement entrepris de remuer sa cendre, qu'elle ne pouvait pas
« épargner sa veuve. *Cette femme respectable est accusée d'avoir avili*
« *le nom de Rousseau dans les bras d'un second mari.* C'est dans le tem-
« ple des lois qu'on doit venger la veuve du législateur de l'univers. *Non,*
« *elle n'a jamais manqué à la mémoire de Rousseau; elle ne voudrait*
« *pas changer le titre de sa veuve pour une couronne.* (*On applaudit.*)
« Ce sont ses propres expressions que j'ai recueillies, et que je n'ai pu
« entendre sans émotion. J'en tiens dans les mains des témoignages au-
« thentiques, qui *m'ont été remis de la part de MM. les curés d'Er-*
« *menonville et Plessis-Belleville, sur les paroisses desquels elle de-*
« *meure depuis son veuvage, en y donnant tous les jours l'exemple*
« *des bonnes mœurs et de la bienfaisance...* Athènes éleva la famille
« d'Aristide; que fera la nation française pour la veuve de Rousseau ?...
« Vous êtes justes, vous avez à cœur la gloire de la nation. Vous penserez
« qu'il convient que la veuve d'un grand homme soit nourrie aux frais
« du Trésor public. Mais elle a mis elle-même des bornes à votre bienfai-
« sance ; elle ne veut accepter que la somme de 600 livres. (*Un très-*
« *grand nombre de voix :* Ce n'est pas assez.) Je vous propose, en con-
« séquence, le décret suivant : L'Assemblée, pénétrée de ce qu'elle doit à
« la mémoire de Rousseau, accorde une pension de 600 livres à sa veuve.
« (On applaudit.) » A la suite de ce discours, M. Eymar reproduisit sa motion relative à l'érection d'une statue à l'auteur du *Contrat social*.

(¹) Il s'agit ici de la rente de Milord Maréchal, reversible pour moitié sur la tête de Thérèse, et payée par du Peyrou. Le titre n'étant jamais sorti des mains de ce dernier, la veuve pouvait en effet ignorer son existence. Les autres pensions devaient être : 1° celle que payaient des *particuliers de Genève*, acquéreurs des manuscrits de Rousseau (Voir la lettre de Thérèse à Corancez, chap. VIII, pag. 417); 2° celle que la veuve recevait de M. de Girardin, à qui, suivant la même lettre, elle avait confié tout son argent, *pour qu'il eût soin d'elle pendant le reste de sa vie*, et qu'elle accuse de l'avoir remboursée en assignats. Rien n'empêche encore de croire que les titres de ces deux pensions n'avaient pas été communiqués à Thérèse.

Cette statue et une pension de 1,200 livres à Thérèse Levasseur furent votées dans la même séance. (La salle retentit d'applaudissements unanimes et réitérés.)

On remarquera qu'il est question, dans le discours de Barrère, d'un *bienfaiteur* de Thérèse. Je demanderai si une personne un peu recommandable aurait voulu protéger la veuve de Rousseau, *concubine d'un palefrenier?* Au reste, que ce nom de *Barrère* n'effraye personne. C'était le Barrère de 1790 qui parlait. A cette époque, Robespierre lui-même était loin de prévoir son effroyable dictature.

En 1794, sur le rapport de Roger Ducos, la Convention augmenta de 300 livres la pension de Thérèse, attendu, dit le rapporteur, qu'elle se trouvait *ébréchée* par 247 livres 16 sous 6 deniers de contribution (N° 354 du *Moniteur*).

Je vais achever l'historique des rapports de la veuve de Rousseau avec M. de Girardin. N'ayant pu retrouver à Paris l'édition de Rousseau publiée en 1790 par du Peyrou, et dans laquelle ce dernier a inséré une note relative à ce qui se passa entre lui, M. de Girardin et Moultou, après la mort de Rousseau, je suis obligé de m'en tenir à l'extrait de cette note qu'a donné Musset-Pathay. « Après la mort de Jean-Jacques, M. de Girardin se rendit à Neufchâtel, *chargé des intérêts de la veuve. Il apportait les papiers de Rousseau.* M. Moultou vint aussi chez M. du Peyrou, ayant plusieurs manuscrits, et, en particulier, les *Dialogues*. On fit un choix, et l'on convint de faire une édition générale à Genève. Elle produisit 2,400 f., *y compris les six premiers livres des Confessions.* On mit à part des lettres destinées à ne paraître qu'avec la suite des *Confessions*. D'autres devaient faire partie de la collection qu'on allait imprimer. Les copies de ces dernières furent faites par M. Jeannin, notaire, et envoyées à M. Moultou. Les originaux restèrent entre les mains de M. du Peyrou. M. Moultou ne fit imprimer qu'une partie de ces lettres ([1]). Le même Jeannin fit pour du Peyrou une copie des *Confessions* qu'avait M. Moultou, et dont on voulait faire encore un si grand mystère. Le prince Henri de Prusse ayant demandé communication de ce manuscrit à M. du Peyrou, celui-ci ne put le satisfaire, parce qu'il fallait le consentement d'un tiers, qui fut refusé ([2]). On était convenu de ne pas publier les six derniers livres des *Confessions*, lorsque M. du Peyrou apprit qu'on avait le projet de les faire paraître. Comme il passait pour être dépositaire des *Confessions*, tandis qu'il n'en avait que la copie, il sentit qu'on l'accuserait de cette indiscrétion, et fit insérer dans le *Mercure* une déclaration à ce sujet, pour détromper le public. M. du Peyrou ne pouvait pénétrer le mystère, parce qu'il fallait, d'après l'accord passé, son consentement pour cette publication. Les *Confessions* parurent avec les lettres, dont il possédait les originaux. Il était clair que M. Moultou fils (son père était mort depuis peu), avait livré la

---

([1]) Pourquoi Moultou se permettait-il de supprimer une partie de ces lettres qui lui avaient été confiées pour qu'il les publiât? Ce trait suspect est bon à rapprocher de tous ceux du même genre que j'ai cités de lui.

([2]) Ce tiers était probablement Moultou. Quant à du Peyrou, s'il eût eu ce consentement, il eût communiqué le manuscrit, et violé sans scrupule les prescriptions de son ami. J'en suis fâché pour lui.

copie de ces lettres et le manuscrit des *Confessions*, ne se croyant pas obligé, sans doute, de tenir les engagements de son père. Après des débats et des plaintes, du Peyrou se décida à publier de son côté le manuscrit qu'il avait entre les mains. *A la mort de Rousseau, il s'en est trouvé un autre dans son bureau, d'un format grand in-8°, qui contenait, dans un seul volume, les douze livres des Confessions.* (C'est celui qui existe à la bibliothèque de l'Assemblée nationale), tandis que celui de M. Moultou, d'un beaucoup plus petit format, est en deux volumes, chacun de six livres. *Le format in-8° contenait des notes en addition qui ne se trouvent pas dans l'autre* » (Musset-Pathay), *Hist*., t. II, pag. 464). Musset-Pathay a ajouté ce qui suit : « M. du Peyrou dit dans une note, qu'en 1767, allant « voir Jean-Jacques à Trye, il lui porta le même volume, qui lui avait été « envoyé d'Angleterre, enveloppé et cacheté, et qui, autant qu'il peut s'en « souvenir, était relié en veau fauve. Il ajouta que, dix ans après, le ma- « nuscrit existait encore. » Il y a erreur dans cette indication de du Peyrou ; le manuscrit dont il parle ne pouvait contenir que les six premiers livres des *Confessions*, les six derniers n'ayant été écrits qu'en 1769.

Je joins à la note de du Peyrou celle que M. de Girardin inscrivit en 1794, probablement, en tête du recueil des lettres de Rousseau à Mme de Luxembourg, et qui est ainsi conçue : « Note sur les manuscrits de Rousseau re- « mise au Comité d'instruction publique par le citoyen René Girardin. « Tous les manuscrits originaux qui ont servi à l'édition générale des « *Œuvres de Rousseau* sont restés entre les mains de du Peyrou, bourgeois « de Neufchâtel, y demeurant. Il fut expressément convenu avec lui par ses « deux autres coéditeurs, Moultou, citoyen de Genève, et René Girardin, « *dépositaires des dernières intentions de l'auteur*, que tous les ma- « nuscrits seraient, après leur impression, remis à la bibliothèque d'un « peuple libre. A ce titre, le peuple français a le droit, plus que tout autre, « de réclamer aujourd'hui de du Peyrou la remise de ces manuscrits dans « la Bibliothèque nationale. Il a, en outre, entre ses mains un recueil intime « de lettres de Jean-Jacques Rousseau, dont celles qui ont paru présenter « quelque objet d'intérêt public ont été tirées alors pour être imprimées. Il « doit lui rester encore une lettre relative à la guerre de Corse. Le ministre « Choiseul et quelques autres personnes de la cour d'alors y sont peints « d'une manière si forte, que les typographes de Genève n'osèrent pas « l'imprimer. (C'est la lettre de Rousseau à M. de Saint-Germain, 26 fé- « vrier 1770.) Le manuscrit qui, dit-on, est actuellement à Beaugency, « contient, à ce que je crois, une copie des *Dialogues* que Rousseau avait « remise lui-même à l'abbé de Condillac. Il reste entre les mains de la « veuve : 1° une copie exacte que je lui ai remise des lettres intimes dont « le manuscrit original est entre les mains de du Peyrou ; 2° le manuscrit « original et unique de la partition, paroles et musique des *Muses galantes*, « que j'ai fait retrouver et revenir avec beaucoup de peine d'Angleterre (¹). « Si on voulait faire représenter au Théâtre des Arts cet ouvrage, qui réunit

---

(¹) Je ne pense pas que ce manuscrit ait été retrouvé. Il est regrettable en ce qu'il eût pu servir à apprécier la mesure réelle du talent musical de Rousseau, dont le *Devin du Village* ne donne pas une bien haute idée, malgré sa vogue presque séculaire.

« tous les genres de poésie lyrique, la représentation pourrait en être
« agréable au public et profitable à la veuve. »

Si M. de Girardin eût été dépositaire des dernières intentions de Rousseau, comme il le prétend dans sa note, il n'eût pas manqué d'apporter à Neufchâtel le titre qui lui conférait cette qualité, et plus tard il eût publié cette pièce intéressante par elle-même et honorable pour lui. Il ne fit rien de tout cela, et l'on vient de voir que du Peyrou ne fait mention d'aucun acte émané de Rousseau. Il dit simplement que M. de Girardin était *chargé des intérêts de la veuve*; cette dernière, dans sa lettre à Corancez (voyez chap. VIII, pag. 417), confirme ces expressions. Voici maintenant d'autres détails. Le 5 vendémiaire an III, Thérèse Levasseur offrit à la Convention un paquet cacheté, portant la note suivante *écrite de la main de M. de Girardin et signée de lui* : « Remis par M. J.-J. Rousseau « *pour n'être ouvert qu'en* 1801. » Dans l'allocution très-correcte, élégante même, que Thérèse prononça à la barre de l'Assemblée, elle déclara que son époux, « *une heure avant sa mort*, lui avait confié *deux manu-* « *scrits* (¹) avec une inscription qui annonçait que son intention était que « le sceau apposé sur l'enveloppe ne fût rompu qu'en 1801. » Une discussion s'engagea sur la question de savoir si l'intention de Rousseau serait respectée. L'ouverture du paquet fut décrétée. Pendant les débats, le représentant Pelet fit la communication suivante : « La veuve de Rousseau « vient de me faire dire au bureau que ce paquet était resté longtemps « entre les mains de Girardin ; que, dans les discussions élevées entre lui « et la veuve, il avait souvent fait difficulté de le lui rendre, et que, pour « le ravoir, *elle a été obligée de le menacer de la Convention.* » Ces discussions ne seraient-elles pas celles qui durent avoir lieu au sujet du remboursement en assignats? (Voir chap. VIII, pag. 417.) Quoi qu'il en soit, il résulte des détails qui précèdent que le titre de *dépositaire des dernières volontés de Rousseau* que s'est donné M. de Girardin ne repose absolument que sur la suscription *mise par lui-même* sur le paquet, ce qui est déjà assez suspect. Maintenant il est clair que si Rousseau remit son manuscrit à sa femme, *une heure avant sa mort*, il n'avait pu le déposer antérieurement entre les mains de M. de Girardin. Quand l'affirmation de la veuve serait fausse, celle de M. de Girardin n'en serait pas plus démontrée pour cela. D'ailleurs le témoignage de l'honnête du Peyrou résout complétement la question. En effet, si Rousseau eût confié son manuscrit à M. de Girardin, du Peyrou n'eût pas dit dans sa *Note qu'on l'avait trouvé après sa mort dans son bureau*, et il est important de remarquer qu'il ne pouvait tenir cette particularité que de M. de Girardin, qui en cela a déposé contre lui-même ; de plus, la suscription du paquet eût été écrite de la main de Rousseau et non de celle de M. de Girardin. Il est donc évident que ce dernier ne reçut pas de Rousseau le dépôt de son manuscrit. Il reste à expliquer comment ce manuscrit portait une note écrite de la main de M. de Girardin. Que Rousseau ait remis ou non son manuscrit à sa femme, une heure avant sa mort, ce n'est pas ce qui importe ;

(¹) Le manuscrit de la Bibliothèque est en effet composé de deux cahiers, recouverts de papier de couleur, et réunis par une couverture en basane, que je suppose avoir été ajoutée après le dépôt.

ce qui est certain, ou au moins très-probable, c'est qu'il avait dû l'envelopper, le cacheter et y mettre une suscription portant que le paquet ne devait être ouvert qu'en 1801. Effectivement, cette intention est clairement exprimée à la fin du VIIIe livre des *Confessions*, et M. Bailly de la Londe affirme, d'après les renseignements qu'il se procura à Genève, qu'en remettant son second manuscrit à Moultou, Rousseau lui avait imposé l'obligation de ne le publier qu'à la fin du siècle (*Voyage à Genève*, t. Ier, pag. 432). L'analogie est donc en faveur de ma supposition. Dans sa lettre à Corancez, Thérèse dit qu'après la mort de son mari, M. de Girardin *s'empara de tous ses papiers et de tous les effets qui composaient son avoir*. Admettons qu'elle ait exagéré ou même menti, il est démontré, par les termes de la note de du Peyrou ci-dessus citée, que M. de Girardin eut à sa disposition *tous les papiers de Rousseau*, et, par conséquent le manuscrit des *Confessions* dont il s'agit ici. Je ne doute pas que, tenté par la forme mystérieuse du paquet, il n'ait cédé au désir d'en connaître le contenu, et je fonde encore cette conviction sur le témoignage de du Peyrou. Si M. de Girardin eût respecté jusqu'en 1794 le dépôt qui lui avait été confié, non par Rousseau, mais par Thérèse, du Peyrou n'eût pas écrit *en 1790, qu'après la mort de Rousseau on trouva dans son bureau un manuscrit des Confessions*; il n'en eût pas décrit le *format* et surtout il n'eût pas dit qu'*il contenait des notes et additions qui ne se trouvent pas dans le manuscrit de Genève?* Il ne pouvait encore tenir ces détails que de M. de Girardin, lorsqu'il se trouva en rapport avec lui peu de temps après la mort de Rousseau; or, comment M. de Girardin eût-il pu les lui donner s'il n'eût pas ouvert le paquet? Qui sait même s'il n'apporta pas le manuscrit à Neufchâtel? A, cette indiscrétion déjà si blâmable, il ajouta le tort plus grave encore de retenir ce manuscrit pendant *seize ans*, malgré les réclamations de la veuve à qui il appartenait de droit, lors même que Rousseau ne le lui eût pas confié spécialement. Dans sa lettre à Corancez, Thérèse dit que M. de Girardin lui remboursa en assignats l'argent qu'elle lui avait confié; que les traites sur Genève, provenant de la vente des manuscrits, ne furent pas payées; que sa pension sur l'Etat était arriérée d'un an. Si ces faits sont réels, elle dut se trouver, à l'époque désastreuse de 1794, dans un état voisin de la misère (¹); il était donc naturel qu'elle cherchât à tirer parti du manuscrit en l'offrant à la Convention. D'après les détails qu'elle donna à la barre de l'Assemblée, M. de Girardin refusa d'abord de le rendre et ne céda qu'à la crainte d'une plainte publique. S'il eût été réellement dépositaire des dernières volontés de Rousseau, s'il n'eût eu aucun reproche à se faire envers sa veuve, cette menace ne l'eût pas intimidé. Il se fût présenté lui-même à la Convention avec son manuscrit et ses pouvoirs; d'accusé il fût devenu accusateur. Au lieu de cela, il est probable qu'il transigea avec Thérèse. Pour s'épargner l'aveu d'une curiosité impardonnable, et motiver tant bien que mal son refus de rendre le manuscrit, il l'enveloppa, le cacheta et y mit la suscription dont il a été parlé ci-dessus. L'enveloppe du paquet a été conservée à la bibliothèque de l'Assemblée nationale.

(¹) Barrère en fit même l'observation dans la séance du 5 vendémiaire, et à propos de la remise du manuscrit.

M. Bailly de la Londe dit qu'on distingue sur la cire l'empreinte de la lyre que portait le cachet de Rousseau. Je n'ai pas vérifié l'exactitude de cette assertion qui, d'ailleurs, n'infirme rien de ce que je viens de dire. Thérèse avait sans doute conservé ce cachet et consentit à ce que M. de Girardin en fît usage pour rendre au paquet l'apparence d'un dépôt religieusement conservé. Il n'est pas non plus impossible que le *beau discours* de Thérèse fût de la composition de M. de Girardin. Enfin, je répète une dernière fois, qu'il est surprenant que ce dernier n'ait fait aucune protestation contre les assertions de Thérèse, portées à la tribune par le représentant Thuriot. A cette époque, le règne de la Terreur venait de finir, et l'on ne risquait plus d'être envoyé à la mort pour crime de lèse-majesté envers l'auteur du *Contrat social* (¹). Ce silence, celui qu'il garda en 1798, lorsque Corancez publia la lettre de Thérèse, celui de son fils dans sa lettre à Musset-Pathay (voir chap. VIII, pag. 434), achèvent de confirmer toute cette explication.

Je crois pouvoir affirmer que le manuscrit des *Confessions*, conservé à la bibliothèque de l'Assemblée nationale, est celui que Rousseau écrivit à Wooton et en Dauphiné, et je me fonde sur les raisons suivantes : 1º L'écriture en est extrêmement ténue; elle occupe toute la surface des pages, excepté en dedans, où il reste une marge d'un centimètre et demi de largeur tout au plus. Cette forme, singulièrement compacte, s'explique très-bien. Tourmenté par la crainte de voir son travail tomber entre les mains de ses ennemis, Rousseau dut s'appliquer à lui donner le moins de volume possible. 2º On trouve, dans le VIIᵐᵉ livre des *Confessions*, une note relative à Duclos, et ainsi conçue : « Voilà ce que j'aurais toujours pensé, *si je n'étais « jamais revenu à Paris.* » Cette *note* est écrite en long sur la marge de la page ; l'encre qui a servi à l'écrire est moins noire que celle du texte. A ce sujet, je rappellerai une idée extravagante énoncée par Rousseau dans ses *Dialogues* : il prétend que, lorsqu'il écrivait en Dauphiné la seconde partie de ses *Confessions, on était parvenu à écarter de lui toute encre lisible*, et qu'il avait été obligé d'employer de l'encre de Chine. En effet, la teinte de cette substance est très-reconnaissable dans cette fraction du manuscrit, et tranche avec celle de l'encre ordinaire qui a servi à écrire la première partie. Il est donc évident que la note dont il s'agit a dû être écrite postérieurement au texte, et qu'elle date de l'époque à laquelle Rousseau habitait Paris (1770-1778), puisqu'elle fait mention d'une circonstance de son séjour dans cette ville. Presque toutes les autres notes du manuscrit sont en surcharge, comme celle dont je viens de parler, et offrent la même différence dans la teinte de l'encre, ce qui vient encore à l'appui de mon opinion. 3º On ne trouve pas, dans le manuscrit de la Bibliothèque, le paragraphe final du XIIᵐᵉ livre des *Confessions*, qui commence ainsi : *J'ajoutai ce qui suit*, etc. Comme ce paragraphe se rapporte aux lectures publiques des *Confessions*, faites à Paris par Rousseau, son absence prouve que le manuscrit existait déjà avant ces lectures, qui eurent lieu dans l'hiver de 1770 à 1771. (Voir la lettre de Dorat, édition de Genève, t. XXX, pag. 260.)

(¹) Hébert voulut faire périr Palissot parce que, dans sa comédie des *Philosophes*, il avait fait marcher Rousseau *à quatre pattes*. (Voyez *Mémoires littéraires de Palissot*, t. II, p. 228.)

Ces observations réunies démontrent, d'une manière à peu près certaine, que le manuscrit conservé à la bibliothèque de l'Assemblée nationale est celui que Rousseau écrivit à Wooton, à Trye et à Monquin.

M. Prévost de Genève, qui fréquentait beaucoup Rousseau dans les dernières années de sa vie, raconte qu'en 1777 il crut qu'on lui avait volé le manuscrit de ses *Confessions* (*Arch. littér.*, t. II, pag. 205). Grimm, dans sa *Correspondance*, rapporte le même fait en ces termes : « Ce que « nous savons de bonne part, c'est que Rousseau a dit, il y a quelque temps, « à des personnes de notre connaissance, qu'il avait égaré le manuscrit de « ses *Mémoires*, et qu'il en était peu surpris, rien de ce qu'il possédait ne « pouvant plus être en sûreté chez lui. Ce que nous savons plus sûrement « encore, c'est qu'il a dit, depuis, *à un de nos amis communs*, que l'ou-« vrage n'était pas perdu, soit qu'il l'eût retrouvé, soit qu'il en eût deux, « et qu'il l'avait déposé entre les mains d'un académicien dont la probité « ne pouvait laisser aucun doute. On nous a assuré, depuis, que cet aca-« démicien était M. de Malesherbes » (*Correspond.*, juin 1778, tom. X, pag. 234).

La soustraction momentanée du manuscrit n'a rien d'invraisemblable ; il n'est pas non plus impossible que Rousseau se soit trompé. Ce qu'il y a de remarquable dans la particularité que je viens de citer, c'est que Grimm était au fait des moindres détails de la vie de Rousseau, et que ceux qu'il relate dans la citation ci-dessus ne pouvaient guère lui venir que de M. Prévost, ce qui ferait d'emblée du professeur de Genève un ennemi de l'espèce la plus vile. (Voy. pag. 405, la note où il est question de lui.)

Je n'admets pas que Rousseau ait confié le manuscrit de ses *Confessions* à M. de Malesherbes. Grimm confondait ce manuscrit avec celui des *Dialogues*, remis à Condillac. Mais comment savait-il que Rousseau avait fait un dépôt de manuscrit entre les mains d'un académicien ? Si l'indiscrétion ne vient pas de Condillac, il faut nécessairement admettre que Rousseau avait parlé vaguement de ce dépôt *devant les amis communs*. Nouvelle preuve de l'espionnage actif du *baron* et de ses *respectables* collègues.

XX. Chap. IX, pag. 450. On lit ce qui suit dans une brochure intitulée : *Voyage à Ermenonville* (par M. Le Tourneur 1788) : « On ne s'est pas « contenté de couvrir la tombe de Rousseau d'inscriptions satiriques et « insultantes, on a effacé celles qui y avaient gravées l'amitié. C'est depuis « ces excès que M. de Girardin ne permet plus qu'à des personnes connues « d'aborder l'île. » Voici, suivant le même auteur, ce que disaient les paysans d'Ermenonville de cet homme dont les gens de bon ton insultaient la tombe : « Le pauvre M. Rousseau, il n'est pas resté longtemps « parmi nous, six semaines à peine ; mais il connaissait déjà tous les pauvres « du village ; il ne rentrait jamais chez lui sans avoir fait du bien. Ah! « tout le village l'a pleuré et le pleure encore ! »

En 1780, la reine alla visiter Ermenonville et l'île des peupliers, où reposait J.-J. Rousseau. Grimm s'empresse de dire que *l'auguste pèlerine ne marqua aucune espèce d'intérêt pour l'homme auquel le monument avait été élevé*, et il ose ajouter : « Que de haines et de jalousies ce silence a dû consoler ! » (*Corresp.*, août 1780.)

XXI. Chap. IX, pag. 464. Rousseau écrivait à d'Ivernois, le 8 avril 1765, que sa santé ne lui permettait pas de recevoir M. de Servan, *quelque désir qu'il en eût.* « Dans tout le cours de ma vie, dit-il, il n'aurait pu choisir plus mal son temps pour me venir voir. Dissuadez-l'en, je vous prie, et qu'il ne s'en prenne pas à moi s'il perd ses pas. » Le magistrat pardonna-t-il ce procédé? J'en doute.

XXII. Chap. ix, pag. 476. « Les cendres de Rousseau, dit M. Quérard,
« restèrent au Panthéon ; mais, le 29 décembre 1821, ces cendres et le
« tombeau qui les renfermait furent relégués dans un caveau privé d'air,
« avec le tombeau de Voltaire. L'entrée du caveau fut murée. Cette pré-
« caution *infernale* donna une action telle à l'humidité, que le 20 août 1830,
« lorsqu'on voulut remettre ces sarcophages à leur place d'honneur dans
« l'église souterraine, les plus grandes précautions ne purent qu'en partie
« les préserver de la ruine » (*France littéraire*, art. Rousseau).

Le 16 mars 1822, M. Stanislas de Girardin, ayant appris qu'il était question de retirer les cendres de Rousseau du Panthéon, les réclama pour les replacer à Ermenonville. Le ministre de l'intérieur lui objecta jésuitiquement « *que tant que la loi de 1794 sur la translation ne serait pas rapportée*, on ne pourrait lui accorder les restes de Rousseau, qui sont une propriété nationale et même universelle. » Cette réponse fut suivie d'une homélie aussi bête que haineuse du député *Marcassus* de Marcellus ([1]). En voici la fin : « Si les prétendus philosophes qui ont éclairé le monde comme
« un feu dévorant pour le ravager ; si, *dis-je*, ces prétendus philosophes
« ont disparu de ce temple, enfin reconquis par la religion, c'est que les
« vaines idoles fuient et tombent, fuiront et tomberont toujours devant le
« vrai Dieu. » (Vive adhésion à droite, une foule de voix : Très-bien, très-bien.) (Une voix à gauche : *L'impression du discours de M. Marcellus.*) (On rit.) *M. de Girardin :* « Ils ont donc disparu du temple? » On ne répond pas à cette question et l'on passe à autre chose (*Moniteur* du 26 mars 1822).

XXIII. Chap. ix, pag. 484. M. Cousin a inséré dans le *Journal des savants* une notice relative aux manuscrits des *Confessions* et à celui de l'*Emile*, qui existent à la bibliothèque de l'Assemblée nationale. Il a très-bien prouvé, et M. Petitain l'avait fait avant lui, que le manuscrit des *Confessions* remis à Moultou est beaucoup plus complet que celui dont il vient d'être parlé, et qu'il doit être considéré comme contenant *le dernier mot* de Rousseau.

Le manuscrit de l'*Emile* est une mise au net avec des additions et corrections considérables. C'est très-certainement cette pièce que Rousseau désignait par l'expression de *brouillon*, dans sa lettre à Moultou, du 12 décembre 1761. M. Cousin suppose que ce précieux manuscrit fut acquis dans une vente publique.

Il dit, d'après M. Beuchot, conservateur de la bibliothèque de l'Assemblée nationale, qu'il a été vu par une personne digne de foi entre les mains de Hérault de Séchelles, qui prétendait le tenir du libraire de Rousseau; mais, ajoute M. Cousin, comment ce libraire possédait-il une copie d'*Emile*

([1]) *Immortalisé*, ainsi que son collègue M. Clausel de Coussergues, par la comique exclamation de Paul-Louis Courier (voyez *Pamphlets*, lettre IX).

qui n'avait pas servi à l'impression? Voici des détails qui pourront jeter quelque jour sur l'origine de ce manuscrit et des brouillons de la *Julie* conservés dans la même bibliothèque.

Séance de la Convention nationale du 28 vendémiaire an III. *Lakanal*. « Je viens offrir à la Convention et à ma patrie le fruit de mes recherches sur les manuscrits de Rousseau insérés jusqu'ici dans des portefeuilles particuliers. Ce sont quinze cahiers écrits en entier de la main de Rousseau ; on y voit les premiers jets des pensées de ce philosophe, et les modifications qu'elles ont éprouvées avant d'avoir cette perfection admirable de style qu'on trouve dans tout ce qui est sorti de sa plume. » Lakanal ajoute qu'il tient ces manuscrits de la citoyenne Mogurier à qui, dit-il, « la Convention accordera, sans doute, l'indemnité que sa position l'oblige « de réclamer. » D'après les expressions très-significatives de ce rapport, il est très-vraisemblable que le manuscrit d'*Emile* et les brouillons de la *Julie*, conservés à la bibliothèque de l'Assemblée nationale, faisaient partie des quinze cahiers annoncés par Lakanal. Hérault de Séchelles a pu être possesseur du manuscrit d'*Emile*, mais je ne crois pas plus que M. Cousin qu'il l'ait reçu du libraire de Rousseau, puisque cette pièce n'est pas une mise au net. On sait d'ailleurs que non-seulement les auteurs ne donnent pas ces sortes d'écrits, mais qu'il en est bien peu à qui l'amour-propre permette de les conserver. Je pense que les manuscrits dont il s'agit existaient chez Rousseau au moment de sa mort; et les termes de la note de du Peyrou (voir pag. 588) prouvent qu'ils durent passer, avec le reste des papiers, entre les mains de M. de Girardin, mandataire de la veuve. Comme, en raison du désordre de leur rédaction, ils n'étaient pas susceptibles d'être imprimés ([1]), M. de Girardin les garda et en disposa sans doute à son gré. Je suppose que Hérault de Séchelles put recevoir de lui le manuscrit d'*Emile*, et que pour dissimuler l'abus de confiance, il fut convenu entre eux d'attribuer le cadeau au libraire de Rousseau. Sans rien affirmer, je raisonne ici par analogie rigoureuse. M. de Girardin, qui s'appropria le manuscrit des *Confessions* (voir pag. 591), et qui ne le rendit que lorsque la veuve de Rousseau le menaça de la Convention, put bien aussi retenir et donner des manuscrits moins importants en apparence. Hérault de Séchelles ayant péri sur l'échafaud, ses papiers durent être saisis, puis dispersés, et c'est ainsi que s'expliquerait l'existence du manuscrit d'*Emile* entre les mains d'une inconnue, la *citoyenne Mogurier*, que Lakanal eut tort de ne pas questionner pour savoir d'où lui venaient les cahiers qu'elle offrait à la Convention. Il est clair maintenant que MM. Bailly de la Londe et Petitain se sont trompés en avançant que le manuscrit d'*Emile* et les brouillons de la *Julie* avaient été offerts par la veuve de Rousseau.

On lit ce qui suit dans la *France littéraire*, article Rousseau : « La-
« kanal, membre de l'Institut, s'était proposé de publier, en 1 volume in-
« 12 et 1 volume in-4, *plusieurs manuscrits de Rousseau extraits de*
« *ceux réunis dans la bibliothèque du Comité d'instruction publique*,
« *et dans plusieurs autres dépôts littéraires*. Ces manuscrits formaient

---

([1]) On pourrait les reproduire sous la forme de *fac-simile* lithographiés. Dans des temps meilleurs, cette publication serait favorablement accueillie, surtout en pays étranger.

« dix-sept cahiers de vingt pages chacun. Deux renfermaient des ad-
« ditions considérables au *Contrat social;* deux, des additions à l'*Emile;*
« trois, à la *Nouvelle Héloïse;* deux, aux *Confessions;* deux, aux écrits
« *sur la Musique;* un, des vues générales sur l'agriculture, le commerce et
« les finances ; deux, des notes sur les personnes citées par l'auteur, et la
« clef de ses écrits, ou nomenclature des noms qui n'y sont indiqués que
« par des initiales. A ces extraits, M. Lakanal se proposait de joindre un
« grand nombre de lettres écrites par Rousseau à plusieurs savants, gens
« de lettres et artistes qui avaient bien voulu les lui communiquer. Mais
« l'éditeur n'ayant pas obtenu de souscriptions suffisantes pour couvrir
« les frais de l'entreprise, M. Lakanal ne publia pas ces manuscrits. »

Avant tout, et pour éviter la confusion, je dois dire que les dix-sept cahiers qui sont décrits dans ce prospectus se composaient de manuscrits choisis par Lakanal parmi les quinze cahiers offerts à la Convention, et d'autres manuscrits provenant de diverses sources. Maintenant, je ferai observer que des *additions* à l'*Emile* et à la *Nouvelle Héloïse* ne peuvent être la même chose que *ces premiers jets de pensée, et ces modifications successives de style* dont parle Lakanal, et qui, malgré la forme sommaire de ses expressions, désignent clairement le manuscrit d'*Emile* et les brouillons de la *Julie*. D'ailleurs, les *additions* dont il s'agit ne formaient que *cinq cahiers de vingt pages chacun*, tandis que le manuscrit d'*Emile* contient 637 pages, et les brouillons de la *Julie* autant, tout au moins ; en outre, je répète que ces deux pièces ne pouvaient être livrées à l'impression : l'identité est donc inadmissible. Il me semble que ces détails achèvent de prouver, autant que cela est possible, que le manuscrit d'*Emile* et les brouillons de la *Julie* faisaient partie des papiers offerts à la Convention, et que ce sont ces deux écrits que Lakanal a voulu indiquer dans son rapport ([1]). Il est probable que de la bibliothèque du Comité d'instruction publique ils passèrent dans celle du Corps législatif. Je trouve une preuve indirecte de cette translation dans le trait suivant, tiré de la séance du Conseil des anciens du 23 flor. an VI (N° du *Moniteur* du 25 flor.) : L'archi-
« viste de la République demande l'autorisation de déposer aux Archives na-
« tionales le manuscrit original des *Confessions* de J.-J. Rousseau qui se
« trouve dans les papiers de l'ancien Comité d'instruction publique. » Je suppose que la même mesure fut prise à l'égard des autres manuscrits, mais je n'ai pu en retrouver la preuve dans les journaux du temps. Que sont devenus les manuscrits que Lakanal avait extraits de ceux réunis dans la bibliothèque du Comité d'instruction publique, et qui, d'après les détails précédents, devraient avoir été remis également à la bibliothèque du Corps législatif? Il faut croire que Lakanal, à qui ils furent confiés pour la publication qu'il projetait, négligea de les rendre, et qu'à sa mort, survenue en février 1845, ces précieux documents auront été dispersés et peut-être détruits. Des recherches entreprises par MM. les conservateurs des bibliothèques de Paris pourraient en faire retrouver quelques-uns.

En réunissant au prospectus de Lakanal le dépôt, presque inaccessible

---

([1]) Le fait est démontré, quant aux brouillons de la *Julie,* par une note qu'on lit en tête de ces brouillons.

maintenant, fait par du Peyrou à la bibliothèque de Neufchâtel ([1]), en songeant à tout ce que Rousseau a détruit lui-même, à tout ce qui a été égaré après sa mort, à la grande quantité de pièces et de lettres inédites qui existent chez les particuliers, en France et à l'étranger surtout, on aura une idée de ce qui manque aux éditions les plus complètes pour égaler le total des travaux d'un écrivain malade, paresseux, et qui composait si difficilement.

J'ajoute à ces détails, que M. Cousin a traité Rousseau assez durement à propos de l'excessive perfection de style à laquelle il prétendait, et dont l'examen de son manuscrit offre tant d'indices. Je demanderai à M. Cousin et à tous les hommes de lettres s'ils consentiraient à initier le public au mystère de leur composition, en lui livrant leurs brouillons *authentiques*.

M. Cousin a aussi blâmé avec raison une tirade de l'*Emile* qui contient une invective absurde contre les rentiers. Il dit que ce trait est *le plus faux et le plus noir de ce sombre tableau, et que c'est la maxime qui aujourd'hui évoque les furies de l'anarchie* : le tout pour une boutade morose, écrite il y a bientôt un siècle, et que de nos jours son paisible et sincère auteur se fût hâté de réprouver lui-même!

Je n'ai pu m'empêcher de rire en lisant, dans le feuilleton du *Constitutionnel* du 31 mai 1851, le trait suivant sur Robespierre : « Quand il « écrit, sa figure favorite est l'apostrophe ou la prosopopée, et le ton ha-« bituel de son style, le *lyrisme*. Il avait pris ces formes de Rousseau, « *dont il avait un peu l'âme et beaucoup le caractère.* » Sous la Restauration, j'ai entendu pis que cela ; mais ce qui me passe, c'est de trouver de tels rapprochements dans un journal qu'on dit sérieux et éclairé. Nouvelle preuve des haines personnelles dont Rousseau est encore l'objet.

Il existe aussi à la bibliothèque de l'Assemblée nationale un manuscrit contenant la *correspondance* de Rousseau avec Mme de la Tour-Franqueville. Les lettres de Rousseau sont de sa main et ne peuvent être que des doubles, car elles ne sont ni signées ni pliées. Plusieurs portent l'indication *A moi*, au moyen de laquelle Rousseau voulut sans doute distinguer la lettre qu'il se réservait de celle qui devait être envoyée. Sur quelques-unes des lettres de Mme de la Tour on lit : *De moi;* autre indication que je crois destinée par cette dame à empêcher que ses lettres ne fussent confondues avec celles de son amie (*Claire*), qui figurent dans le manuscrit.

Aucune note n'indique comment et par qui le manuscrit dont il s'agit ici a pu être déposé à la bibliothèque de l'Assemblée nationale ; on ne peut donc émettre à cet égard que des conjectures. Ce qui est certain, c'est qu'il a dû servir à la publication de la *Correspondance* faite à Paris, en 1803, par les éditeurs *Giguet* et *Michaud*, car il porte les traces manifestes d'un travail typographique. On y remarque aussi que toute la lettre de Mme de

---

[1] Ce n'est qu'avec bien de la peine, et muni des recommandations les plus éminentes, que M. Ravenel, conservateur de la Bibliothèque nationale, est parvenu à pénétrer dans cette véritable *cachette*. On ne conçoit pas que des hommes éclairés, ou qui, du moins, sont censés l'être, croient avoir le droit de mettre ainsi sous le boisseau une lumière qui appartient à tout le monde.

la Tour au sujet des enfants de Rousseau est soigneusement raturée et rétablie au moyen d'un feuillet volant dont l'écriture diffère de celle du manuscrit.

Les éditeurs Giguet et Michaud ont cité dans leur *Introduction*, page 11, un extrait du testament de du Peyrou ainsi conçu : « Instructions et di-
« rections pour M. le notaire Jeannin, que je commets spécialement pour
« les objets ci-après, etc. J'entends que tous les papiers et manuscrits de J.-J.
« Rousseau, cahiers, lettres par lui écrites, ou celles à lui adressées, qu'il
« avait déjà transcrites et rassemblées comme pièces justificatives, soient
« recueillis et rassemblés en paquets étiquetés et cachetés pour être déposés
« dans une bibliothèque publique bien assurée. Les lettres à moi adressées
« seront également déposées, après leur copie tirée et imprimée, mais res-
« teront dans le dépôt, sans pouvoir être réclamées. M. Jeannin pourra en
« remettre la copie à Fauche-Borel pour leur impression. La correspon-
« dance originale entre J.-J. Rousseau et Mme de la Tour, *que celle-ci*
« *m'a léguée*, sera aussi déposée avec les autres papiers, *mais la copie de*
« *cette correspondance devra être imprimée*, et pourra être remise aussi
« à Fauche-Borel, qui, pour cet article comme pour le précédent, fera
« bien de consulter soit Mme de Charrière, soit MM. les pasteurs Chaillet et
« Meuron, en un mot, quelques personnes lettrées. Fait à Neufchâtel, ce
« vendredi 22 juillet 1791. »

Fauche-Borel était imprimeur à Neufchâtel. Quant au notaire Jeannin, ce fut lui qui fit une copie des *Confessions* pour du Peyrou (voir pag. 588). Au manuscrit de la bibliothèque est annexée une lettre du professeur Meuron, de Neufchâtel, datée du 9 septembre 1813 ; elle ne porte pas d'adresse, mais son contenu indique qu'elle répond à des informations prises par les bibliothécaires de l'époque. D'après cette lettre, le manuscrit de la bibliothèque de Paris serait la copie que du Peyrou, dans son testament, prescrivit de remettre au libraire Fauche-Borel ; mais M. Meuron ne peut expliquer comment ce manuscrit se trouve maintenant à Paris. Je soupçonne que le libraire Fauche-Borel traita pour l'impression avec les éditeurs Giguet et Michaud, et que, l'opération terminée, ces derniers firent hommage du manuscrit à la bibliothèque du Corps législatif. M. Meuron affirme que l'écriture des lettres autographes de Mme de la Tour, contenues dans le manuscrit de Neufchâtel, est la même que celle des copies qui existent dans le manuscrit de Paris, ce qui prouve que les unes et les autres sont de la main de cette dame. Il suppose que le manuscrit de Paris fut fait du consentement de Rousseau, lorsque Mme de la Tour lui proposa de publier leur correspondance ; ce qui n'est guère admissible, si on se rappelle que Rousseau refusa non-seulement de consentir à la proposition de Mme de la Tour, mais que, dès ce moment, cette dame lui devint suspecte. Je crois plutôt que Mme de la Tour, sachant que les doubles des lettres que Rousseau lui avait écrites existaient entre les mains de du Peyrou, adressa à ce dernier une copie des siennes, pour composer du tout un manuscrit pour l'impression, au moyen de quoi on évitait de livrer les lettres originales aux ouvriers typographes (voir, à cet égard, l'extrait du testament de du Peyrou, ci-dessus).

La lettre relative aux enfants de Rousseau n'est pas biffée dans le manuscrit de Neufchâtel ; celui de Paris ayant été destiné à l'impression, on pourrait croire que du Peyrou y supprima la lettre dont il s'agit, par ménagement pour la mémoire de son ami; mais cela n'est guère probable, puisque les *Confessions* étaient déjà imprimées depuis longtemps. Ces ratures sont donc tout à fait inexplicables.

Dans la note inscrite par M. de Girardin sur le recueil des lettres de Rousseau à Mme de Luxembourg (voyez pag. 589), je remarque le trait suivant : « J'ai remis à la veuve une copie exacte des *lettres intimes dont le ma-* « *nuscrit original est entre les mains de du Peyrou.* » Je croyais d'abord que cette copie était celle de la *Correspondance* de Rousseau avec Mme de la Tour, et, dans cette supposition, j'attribuais les ratures à Thérèse ; mais les détails du commencement de la note démontrent qu'il ne s'agit que d'une copie des lettres de Rousseau livrées par du Peyrou à l'impression. J'ajoute ici une observation au sujet de la note de M. de Girardin dont il vient d'être parlé. Elle dut être rédigée par lui en 1794, à l'occasion des recherches entreprises par Lakanal pour retrouver les manuscrits de Rousseau, et de plus, elle prouve que M. de Girardin avait retenu ce manuscrit, et que ce fut lui qui en fit le dépôt dans la bibliothèque du Comité d'instruction publique.

XXIV. Chap. x, pag. 526. M. Petitain a avancé que le manuscrit des *Dialogues*, qui existe à la bibliothèque de l'Assemblée nationale, est celui qui fut remis par Rousseau à Condillac. Il n'avait pas lu l'avis suivant, qui se trouve au verso de la couverture : « Ce manuscrit a été donné par l'au- « teur à une dame de la famille de Cramayel, qui le donna elle-même à « M. de Clérigny, ancien administrateur des domaines de la couronne. Celui- « ci le donna à M. de la Chapelle. Il est passé ensuite à M. Flobert. »

De plus, M. Petitain n'a pas remarqué que ce manuscrit contient le récit de la visite de Rousseau à Condillac, et que, par conséquent, sa date est postérieure à celle du manuscrit qui fut confié à cet académicien. On trouve dans le *Moniteur* du 8 vendémiaire an III et dans le *Journal de Paris* du 10 fructidor an VIII, des détails sur le manuscrit de Condillac, qui ne m'ont pas paru mériter une mention expresse. Cette pièce n'a pas encore été retrouvée. Le manuscrit de la bibliothèque offre, au commencement, la note suivante écrite de la main de Rousseau : « Si j'osais faire quelque « prière à ceux entre les mains de qui tombera cet écrit, ce serait de vou- « loir bien le lire tout entier avant d'en disposer, et même avant d'en parler « à personne. Mais, très-sûr que cette grâce ne me sera pas accordée, je « me tais et remets le tout à la Providence. »

Je croyais d'abord que le texte de ce manuscrit ne différait pas de celui que contiennent les éditions des *Œuvres de Rousseau;* un examen plus attentif m'y a fait découvrir un assez grand nombre de traits inédits. Je vais transcrire les plus curieux.

Page 86 du manuscrit, après le trait qui finit ainsi : « *Il me rendit* « *aussi maître chez lui que chez moi* », vient l'addition suivante : « Je « n'avais presque d'autre habitation que la sienne.

« *Le Français.* Comment ! vous y mangiez aussi ?

« *Rousseau.* Tous les jours.

« *Le Français.* Quelles précautions avez-vous donc prises pour que ce « fût impunément?

« *Rousseau.* Une seule qui vous paraîtra plus bizarre qu'utile, mais dont
« il a fait une condition nécessaire pour être admis à sa table. C'était de
« renoncer à celle de vos messieurs, et surtout de ne jamais dîner avec ni
« chez aucun médecin, après avoir, eux le sachant, dîné chez lui la veille.

« *Le Français.* Voilà, sans mentir, une étrange précaution. Que si-
« gnifie-t-elle, et quel peut en être le but? Pour justifier un monstre, pré-
« tendriez-vous en faire cent?

« *Rousseau.* Ah! je ne prétends rien, je vous le proteste; je n'entends
« accuser ici ni justifier personne. Dieu seul sait la vérité. Pour moi, je me
« tais et gémis. Tout ce que je sais, en général, est que ces messieurs sont
« bien de leur siècle, et que, grâce au Ciel, mon Jean-Jacques à moi n'est
« pas du sien. » Ici, il y a une note ainsi conçue : « Je souhaiterais de
« bien bon cœur que faire le mal soi-même pour en charger ceux qu'on
« hait fût une manœuvre étrangère au siècle où j'ai eu le malheur de
« vivre.

« *Le Français.* Mais, en vérité, monsieur Rousseau, vous n'y pensez pas;
« si, peut-être, il y a chez quelques médecins un peu de rancune cachée
« contre J.-J. Rousseau, vous n'ignorez pas, en revanche, combien leur
« corps se distingue de tous les autres par sa grande probité.

« *Rousseau.* Pardonnez-moi, monsieur, je sais qu'il se distingue, mais
« j'ignorais que ce fût par là.

« *Le Français.* Tant pis, monsieur, il faut l'apprendre; mais quelque
« opinion que vous puissiez avoir d'eux et de leurs principes, soyez sûr que
« dès qu'il s'agira de J.-J. Rousseau, ils ne seront pas accusés de préva-
« rication. » Ici il y a en note : « J'en connais un (médecin) que j'en crois
« incapable. Je me fais un devoir et un plaisir de cette déclaration. Homme
« de bien et aimant la vertu, il peut être trompé comme le public, mais
« non séduit, ni corrompu. Cependant, pour ne pas l'exposer aux batteries
« de ces messieurs, je me garderai de le nommer. »

Ce médecin était M. Le Bègue de Presle, qui fut lié intimement avec
Rousseau dans les dernières années de sa vie. Il fut un des témoins de son
autopsie, et publia une relation de sa mort (voir chap. VIII, pag. 429).

Dans ce dialogue, Rousseau donne à entendre que les médecins étaient
capables d'empoisonner l'homme qui aurait dîné chez lui la veille, pour
mettre le crime à sa charge. L'idée est d'une rare extravagance, et il faut
bien que le pauvre monomane ait fini par le sentir, puisqu'il ne l'a pas reproduite dans les manuscrits qui ont servi à l'impression de l'ouvrage.

Page 120 du manuscrit. Rousseau dit qu'il a composé son écrit sur la
Pologne à la sollicitation d'un des premiers patriotes de cette nation, *qui lui
faisait un devoir d'humanité des soins qu'il lui imposait.* Après ce dernier trait, il y a ce qui suit : « et qui, pour toute gratitude du zèle et du
« temps qu'il a mis à ce travail, lui a marqué dans la suite qu'il ne voulait
« lui avoir aucune obligation, et puis a voulu lui envoyer du vin. » En
note : « Il faut que je passe pour un grand amateur de vin, car M. le duc
« de Grammont a voulu aussi m'en envoyer pour divers morceaux de mu-
« sique, qu'à sa prière j'avais composés pour lui. Mais cette dernière offre
« était beaucoup plus convenable et même aurait pu s'accepter. »

Il ne s'agit pas ici d'une vision, mais d'un fait. Le procédé presque insultant du comte de Wielhorski s'explique par la note du troisième *Dialogue* qui se rapporte à lui. On lui avait fait croire que Rousseau l'avait calomnié dans un journal étranger. Ces offres de vin étaient au moins singulières; elles blessaient Rousseau, parce qu'il savait qu'on l'accusait d'ivrognerie (voir le premier *Dialogue*).

Page 155 du manuscrit, la note du second *Dialogue* relative à Fréron contient le nom de *Marmontel* en toutes lettres.

Page 156. Après ce trait : « Tous s'admirant eux-mêmes se font contre
« lui les satellites de ces messieurs, et, comme écrivait Jean-Jacques à
« M. Dussaulx, sont fiers d'être des traîtres. » On lit ce qui suit en note :
« Il y a entre M. Dussaulx et moi une vive et courte correspondance, digne,
« peut-être, de quelque curiosité. Par un propos que m'a tenu l'un de ces
« messieurs, j'ai lieu de penser qu'en mon absence et à mon insu ils ar-
« rangent cette correspondance comme tout le reste. Il y aurait, peut-être,
« un peu plus d'embarras, moi présent, mais c'est un inconvénient dont
« ils savent se garantir. »

Rousseau ne se trompait pas de beaucoup ; voyez tout ce que j'ai dit de Dussaulx.

Page 165. Le trait du second *Dialogue* : « Grâce à des personnes que
« je ne veux pas nommer et aux oratoriens devenus, je ne sais comment,
« les plus ardents satellites de la ligue, etc. », est accompagné de la note suivante :

« Dangereux ennemis, s'il en fut jamais, non-seulement à cause du
« corps qu'ils composent et des colléges qu'ils gouvernent, mais parce qu'ils
« savent encore mieux que les philosophes cacher leur animosité sous un
« air béat et doucereux. Pendant mon séjour à Montmorency, ils eurent
« avec moi le plus beau jeu du monde par l'estime que j'avais pour eux et
« par l'aveugle confiance qui en était l'effet. J'y fus encore enlacé par deux
« prêtres déguisés qui faisaient la *Gazette ecclésiastique* et qui prenaient,
« à mon égard, les directions de M. d'Alembert avec lequel ils logeaient à
« Paris. Dans la sécurité de l'innocence et sans le moindre soupçon de
« complot, je donnai, à plein, dans tous leurs piéges, jusqu'à ce qu'il en
« résulta enfin ce beau décret et l'explosion qui en fut la suite. Tout cela
« ne suffit pas encore pour m'ouvrir les yeux ; mais les oratoriens m'ayant,
« dans la suite, détaché à Monquin un jacobin, frère d'un des leurs, celui-
« ci me fit sentir par ses monastiques œuvres ce que j'avais eu la bêtise de
« ne pas même soupçonner jusqu'alors » (voyez *Confess.*, liv. XI, ce que Rousseau dit des deux aventuriers dont il est question dans cette note).

Page 192. « C'est dans les entretiens particuliers, dans les cercles, dans
« tous ces petits tribunaux dont les femmes sont les présidents, que s'affilent
« les poignards dont on le crible sous le manteau. » Après ce trait vient le suivant : « Le fougueux Voltaire allait d'abord tout rondement, vomissant
« ses ordinaires injures ; mais le cauteleux d'Alembert, sous le prétexte d'un
« voyage d'Italie qu'il ne voulait pas faire et qu'il ne fit point (ici il y a
« une note que je transcris à la suite de ce passage), se rendit à Ferney, et
« là, s'abouchant avec lui tout à son aise, lui fit comprendre que cette ma

« nière ouverte de dire et de faire n'était pas dans le système de la ligue,
« et n'en avait pas l'approbation ; qu'il devait se conformer à la méthode
« convenue d'agir toujours sans jamais se montrer, de dire en public et
« même avec affectation du bien de J.-J. Rousseau et de ses talents, de
« paraître toujours s'intéresser tendrement à lui, mais de tâcher, à force de
« sourdes et continuelles indignités, *de le forcer à se tuer enfin de déses-*
« *poir, ce qu'on interpréterait sans peine dans le public comme s'il*
« *s'était tué de rage ;* car c'est là, n'en doutez pas, le vrai but caché de
« la ligue, et auquel, quoi que vous puissiez dire, elle n'a pas encore déses-
« péré de réussir. Taisez-vous, disait d'Alembert à Voltaire ; ne parlez pas
« du tout de lui et laissez-nous faire ; nous serons bientôt délivrés tous de
« ce b..... là. L'autre, depuis lors, a suivi cet avis, attendant toujours
« l'effet de la promesse qu'il est pressé de voir accomplir. »

Note. « Je devinai que ce voyage d'Italie n'était qu'une feinte par l'af-
« fectation avec laquelle on m'en parlait avant le départ. Cette affecta-
« tion pouvait-elle m'échapper à moi, à qui l'on fait des mystères de tout,
« même des choses les plus indifférentes ? »

Ici Rousseau peut avoir exagéré les intentions de ses ennemis ; cependant, j'ai fait voir, chap. VIII, combien ceux-ci tenaient à accréditer l'idée du suicide, et cela donne à penser. Ce qu'il y a de sûr, c'est que Rousseau, persuadé qu'on voulait le pousser à se détruire, dut mettre une sorte de point d'honneur à supporter son sort avec courage et à déjouer l'espoir cruel de ses persécuteurs. C'est un argument de plus contre le suicide.

Page 207. A la suite de ce trait du troisième *Dialogue* : « Cette haine
« est tombée sur les mêmes objets, etc. », on lit cette note : « En ce mo-
« ment, la France vient de se diviser en deux partis, l'un de la cour et du
« duc de Choiseul, qui mène tout sous le voile, l'autre de la ville et des
« philosophes qui dirigent les opinions publiques. A la tête de chacun de
« ces deux partis sont mes plus implacables ennemis. En général, tout homme
« de parti, par cela seul ennemi de la vérité, haïra toujours Jean-Jacques.
« Les Français n'ont pas d'existence personnelle, ils ne pensent et n'agis-
« sent que par masses, chacun d'eux par lui seul n'est rien. Or, il n'y a
« jamais dans ces corps collectifs nul amour désintéressé pour la justice ;
« la nature ne le grave que dans les cœurs des individus où il est bientôt
« éteint par l'esprit de ligue. On peut juger de l'équité, qu'au milieu de
« ces cabales, je dois, moi, pauvre isolé, espérer du public !

Page 213. Après le trait suivant du troisième *Dialogue* : « Ajoutons-y
« la douceur de voir encore deux cœurs honnêtes et vrais s'ouvrir au sien »,
« Il y a en note : « Je n'en espère pas tant, mais un désir me reste encore ; si
« j'apprends un jour que cet écrit ait été lu par un homme ayant un cœur
« droit et un jugement sain, je n'en demande pas davantage et je meurs
« content. »

Page 216. Après ce trait : « Cette idée était si folle et si romanes-
« que, etc. », on lit en note : « Cette idée et celle du dépôt sur l'autel
« (de Notre-Dame) m'était venue durant la vie de Louis XV, et alors elle
« était un peu moins ridicule. »

Je ne me charge pas d'expliquer ce passage. Je ne l'ai cité que parce qu'il prouve que les *Dialogues* étaient déjà composés avant 1774, époque de la mort de Louis XV. Je penche à croire que le manuscrit dont il est question ici est la première mise au net de cet ouvrage. Je me fonde sur ce qu'il est plein de surcharges, de passages grattés et corrigés, de ratures dont une a sacrifié trente-quatre lignes ; enfin sur ce qu'il contient des traits qui ont été supprimés dans les autres manuscrits, tandis qu'on n'y trouve pas plusieurs notes qui existent dans ces derniers.

Page 219. Rousseau parle ainsi du jeune Anglais auquel il remit son manuscrit : « Je n'ai pas trouvé dans la manière dont ce jeune homme reçut mon dépôt, ni dans tout ce qu'il me dit en me quittant, le ton d'un homme qui eût senti le prix de ma confiance et qui en eût été touché. Je savais qu'il avait des liaisons dans la ligue dont je suis l'objet ; je trouvais plus de cajoleries que de vrai sentiment dans la façon dont il s'était conduit envers moi, et je m'accusais de folie d'avoir été me confier à un Anglais, nation personnellement animée contre moi, et dont on n'a jamais cité aucun acte de justice contre son propre intérêt. D'ailleurs, pourquoi m'était-il venu voir, pourquoi ses petites attentions mignardes? cela seul ne devait-il pas me le rendre suspect? »

Pour juger de l'injure que Rousseau faisait involontairement à l'honnête Brooke Boothby, son dépositaire, il faut lire l'introduction que celui-ci a composée pour l'édition anglaise des *Dialogues* (voyez le tome XXI de l'édition de Rousseau, dite de Genève).

Je joins à ces détails inédits une lettre autographe de Rousseau, également inédite, et dont je suis possesseur. Elle est adressée à son ami Lenieps, au sujet de la mort de sa fille, Mme Lambert.

Ce Dim : (ce Dimanche).

« Mon Dieu, que m'apprenez-vous ! si c'en est fait, venez à Montmo-
« rency verser *vôtre* (sic) affliction dans un cœur qui la partage. Je me
« suis blessé à la main droite et je ne puis écrire, mais venez. »

Point de signature. L'adresse porte : *à Monsieur Lenieps, rue de Savoye, à Paris*. Timbre postal : Enghien-lez-Paris. Au dos de la lettre il y a : *Rousseau, Montmorency, 18 avril* 1762 ; *reçue le 19, répondue le... sur la mort de Madame Lambert*. L'authenticité de cette lettre, suffisamment établie par l'écriture et par les détails qu'elle contient, est confirmée par le trait suivant d'une lettre de Rousseau à Moultou, du 25 avril 1762 : « Vous verrez que cette lettre est écrite à deux reprises, parce
« que je me suis fait une blessure à la main droite qui m'a longtemps em-
« pêché de tenir la plume. »

XXV. Chap. II, pag. 72. Après avoir cité le principe sommaire de la morale de Grimm, ainsi formulé par ce fourbe : « *L'unique devoir de
« l'homme est de suivre les penchants de son cœur* », Rousseau ajoute :
« C'est la doctrine intérieure dont Diderot m'avait tant parlé, mais qu'il ne
« m'a jamais expliquée » (*Confess.*, liv. IX). Ce trait, quoi qu'en dise M. Génin, confirme parfaitement l'assertion de Naigeon au sujet de la *double doctrine*.

XXVI. Chap. XI, pag. 558. Voici ce qu'écrivait Rousseau au ministre protestant Romilly, de Genève, qui lui avait envoyé un de ses sermons contre le luxe : « Je vous dirai que je n'aime pas la fin de votre lettre. « Vous me paraissez juger trop sévèrement les riches ; vous ne songez pas « qu'ayant contracté dès leur enfance mille besoins que nous n'avons pas, « les réduire à l'état des pauvres, ce serait les rendre plus misérables « qu'eux. Eh ! monsieur, si nous avions les vertus contraires aux vices que « nous leur reprochons, nous ne songerions pas même qu'ils sont au monde, « et bientôt ils auraient plus besoin de nous que nous d'eux, etc. » (*Corresp.*, juin 1758).

FIN DES NOTES.

ERRATA.

Page 70, ligne 31. Supprimer le guillemet au commencement de la ligne ; et le reporter avant le mot : *C'est*, etc.

Page 196, ligne 30. *Guy venait souvent*, lisez : *Guy qui venait souvent*.

Page 210, ligne 18, lisez : *c'eût été*.

Page 561, ligne 3 de la note : *Joignez*, lisez : *Ajoutez*.

Page 562, ligne 18, *il se rappelle*, lisez : *il se rappela*.